UMA MULHER VESTIDA DE SILÊNCIO

UMA
MULHER
VESTIDA
DE SILÊNCIO

WAGNER WILLIAM

UMA MULHER VESTIDA DE SILÊNCIO
A BIOGRAFIA DE MARIA THEREZA GOULART

3ª edição

EDITORA RECORD
RIO DE JANEIRO • SÃO PAULO
2019

CIP-BRASIL. CATALOGAÇÃO NA PUBLICAÇÃO
SINDICATO NACIONAL DOS EDITORES DE LIVROS, RJ

W688m
3ª ed.

William, Wagner
   Uma mulher vestida de silêncio: a biografia de Maria Thereza Goulart / Wagner William. – 3ª ed. – Rio de Janeiro: Record, 2019.
   :il.

   Inclui bibliografia e índice
   ISBN 978-85-01-11467-9

   1. Goulart, Maria Thereza, 1940–. 2. Cônjuges de presidentes – Brasil – Biografia. 3. Brasil – Política e governo – 1961-1964. I. Título.

18-54215

CDD: 923.20981
CDU: 929-057.177.1-058.833-055.2(81)

Vanessa Mafra Xavier Salgado – Bibliotecária – CRB-7/6644

Copyright © Wagner William, 2019

Fotografia de Maria Thereza Goulart na cerimônia de casamento do motorista Avelar: *Jornal do Brasil*, 2 de setembro de 1962/CPDoc JB. Todas as demais fotografias reproduzidas no encarte integram o acervo pessoal de Maria Thereza Goulart. As capas de revista pertencem ao acervo do autor.

Todos os direitos reservados. Proibida a reprodução, armazenamento ou transmissão de partes deste livro, através de quaisquer meios, sem prévia autorização por escrito.

Texto revisado segundo o novo Acordo Ortográfico da Língua Portuguesa.

Direitos exclusivos desta edição reservados pela
EDITORA RECORD LTDA.
Rua Argentina, 171 – Rio de Janeiro, RJ – 20921-380 – Tel.: (21) 2585-2000.

Impresso no Brasil

ISBN 978-85-01-11467-9

Seja um leitor preferencial Record.
Cadastre-se no site www.record.com.br e receba informações sobre nossos lançamentos e nossas promoções.

Atendimento e venda direta ao leitor:
sac@record.com.br

"De todo o modo
o vencedor é dono também da verdade,
pode manipulá-la como lhe convier."

Primo Levi

"Ficamos nós
A hesitar
Por entre as brumas do futuro."

Pedro Ayres Magalhães

Sumário

1. João e Maria — 9
2. A primeira volta do parafuso — 19
3. A gota de orvalho numa pétala de flor — 71
4. Nas asas da Panair — 93
5. A segunda volta do parafuso — 105
6. O vento vai levando pelo ar — 129
7. Mesmo a tristeza da gente era mais bela — 149
8. É assim como a luz no coração — 183
9. E tudo se acabar na quarta-feira — 215
10. E a tarde caiu e o sol morreu e de repente escureceu — 237
11. Azul que é pura memória de algum lugar — 251
12. A terceira margem do rio — 279
13. Uma dor assim pungente — 309
14. Não há de ser inutilmente — 351
15. Que sufoco louco — 363
16. Era como se o amor doesse em paz — 375

17. E nuvens lá no mata-borrão do céu	405
18. Pra lá deste quintal era uma noite que não tem mais fim	427
19. A esperança equilibrista	451
20. Mas eis que chega a roda-viva e carrega a roseira pra lá	457
21. Mesmo calada a boca, resta o peito	499
22. Colher a flor que já não dá	511
23. Essa palavra presa na garganta	539
24. Silêncio na cidade não se escuta	569
25. Vai valer a pena ter amanhecido	597
Agradecimentos	599
Notas	601
Bibliografia e fontes	623
Índice onomástico	631

1.
João e Maria

Um envelope pardo com mais de cinquenta folhas, lacrado com fitas adesivas que davam voltas e mais voltas e que demonstravam a importância de seu conteúdo. Ter sido escolhida para realizar aquela tarefa representava uma enorme responsabilidade. A missão mais significativa que a adolescente recebeu na vida. Ouviu inúmeras recomendações sobre o valor político dos documentos que iria levar. Decorou as explicações sobre quem deveria recebê-los.

Maria Thereza Fontella precisava entregar o envelope com urgência, o que, no início da década de 1950, significava quase um dia, o tempo necessário para a Maria Fumaça, em um trajeto repleto de paradas, vencer a distância de cerca de 600 quilômetros entre Porto Alegre e São Borja. Um percurso que Maria Thereza e as amigas do Colégio Metodista Americano estavam acostumadas a fazer. A viagem que terminou na tarde de 11 de dezembro de 1950 foi diferente para a menina que nunca se preocupava com suas obrigações. Daquela vez, ela não desgrudou um minuto de sua missão.

Assim que chegou à casa de sua tia Dinda, na rua Félix da Cunha, no centro de São Borja, Maria Thereza revelou às amigas quem deveria receber o envelope. A novidade provocou um alvoroço. As garotas vibraram com o que estaria para acontecer. Finalmente haveria uma desculpa para que uma delas tivesse a chance de conhecer um poderoso homem da região; um dos líderes de uma das mais tradicionais famílias do lugar; um político que vivia uma trajetória fulminante. Nos sussurros da pequena cidade e para as jovens que lá viviam, aquele homem — "o homem", como era conhecido pelos empregados e moradores —, além de muito querido, alcançara a popularidade de uma estrela de cinema, a ponto de sua foto, recortada dos jornais, decorar a parede dos quartos femininos ao lado das imagens de Clark Gable e de Gary Cooper.

Maria Thereza só precisava atravessar a rua para chegar à Casa Amarela, como era conhecida a residência onde "o homem" morava e que ocupava metade do quarteirão. Construída em 1927, era uma atração na cidade e refletia o modo de vida austero das ricas famílias do Pampa gaúcho, com uma morada principal e um anexo com outros dormitórios no fundo, onde costumavam dormir convidados e empregados. Tanto a residência principal quanto o anexo tinham apenas um pavimento. Abaixo da casa principal, o porão, aliado ao pé-direito alto, evitava a umidade do inverno e o calor do verão. Além dos muitos quartos, havia o oratório, a rouparia, uma sala de estar com lareira e uma sala de jantar envidraçada. As áreas de serviço eram voltadas para o jardim, onde havia uma parreira, árvores frutíferas e um canteiro de flores que formavam a palavra Tinoca, o carinhoso apelido da matriarca da família.

Armada de coragem e incentivada pelas colegas, Maria Thereza atravessou a rua, mas a primeira tentativa não deu certo. Quem a atendeu foi Ivan, irmão caçula do destinatário. Ela explicou que tinha algo importante para entregar. O jovem se ofereceu para receber, mas a garota não concordou, afinal ouvira tantas instruções sobre a importância do envelope... Ivan então pediu que ela voltasse quando ouvisse a chegada de um automóvel. Era fácil ouvir o carro do "homem". Sempre ao volante do último modelo, ele pilotava seu Chevrolet branco em alta velocidade, deixando para trás uma onda de poeira que invadia a casa da tia de Maria Thereza.

As amigas estavam tão eufóricas que montaram guarda no portão e ficaram vigiando. Menos de meia hora depois, um carro se aproximou da Casa Amarela. A confirmação veio com a buzina: era ele. Fizeram um sinal para Maria Thereza, que foi sozinha cumprir sua missão.

Não admitia, mas estava eufórica. Finalmente iria matar a curiosidade e conhecer um ídolo da cidade. Eram tantas histórias sobre ele, tantos comentários sobre suas aventuras.

O portão estava sendo aberto por um empregado. Sem sequer erguer os olhos, ela perguntou ao motorista:

— O senhor é o doutor João Goulart?

— Sou sim, minha filha. O que queres?

— Tenho uma correspondência do doutor Dinarte Dornelles para o senhor.

João Goulart saiu do carro, pegou o envelope das mãos da menina e começou uma série de perguntas:

— Muito obrigado. Mas, tu, quem és?

— Eu... sou Maria Thereza.

— Filha de quem?

— Sou filha do Dinarte Fontella.

— E tu moras onde?

— Moro aqui em frente, com minha tia Dinda, irmã de meu pai.

— Que interessante! Como eu nunca tinha visto uma menina tão bonita que mora pertinho da minha casa?

— É... não sei não, senhor. — Mais e mais encabulada, obrigava-se a explicar sua resposta para cada pergunta. — É que estudo em Porto Alegre e só passo as férias e alguns fins de semana aqui.

— Mas tu estás me achando muito velho, por isso estás me chamando de senhor?

— Não, senhor.

Envelope entregue, despediram-se. Maria Thereza voltou para casa, onde as amigas a esperavam à porta, ansiosas para saber dos detalhes e da impressão que João Goulart — ou Jango, como era conhecido em todo o Brasil — lhe causara. Ela percebeu a empolgação e tratou de aumentar a euforia das colegas.

— Ele é simpático, sorridente, amável e... bonito.

Foi uma pletora de gritos.

No entanto, o que não contou a ninguém, mas escreveria anos depois em seu diário, foi que Jango, no momento em que se conheceram, pareceu-lhe um menino mimado.

Maria Thereza Fontella fora a última das amigas a voltar para São Borja. Havia ficado de segunda época no Colégio Americano Metodista, o melhor instituto de ensino feminino do Rio Grande do Sul. Suas notas não eram tão ruins. Ela até conseguia médias nada brilhantes, mas suficientes para aprovação. Porém o comportamento agitado e a personalidade forte prejudicavam o seu desempenho nas aulas.

Em Porto Alegre, ela morara durante quatro anos com outra irmã de seu pai, a tia América, que era casada com Espártaco Vargas. O casal estava se mudando para o Rio de Janeiro, capital federal, em virtude da posse do novo presidente, Getúlio Vargas, irmão de Espártaco. Aclamado nas eleições de 3 de outubro, o são-borjense Getúlio voltaria à Presidência no último dia de janeiro de 1951, o janeiro do verão das mudanças. O retrato do velho voltava a ser pendurado nas orgulhosas paredes gaúchas.

E assim, Maria Thereza, mais uma vez, trocaria de lar e de família. A nova mudança, a política e o colégio, no entanto, não eram prioridade na cabeça da adolescente. Férias de verão. E, como acontecia todos os anos, Maria Thereza estava ansiosa para voltar a São Borja. Como poderia pensar em estudar se era hora de tentar ser criança? Era a chance de retornar ao lugar que mais amava, a Fazenda Capão Alto, para reencontrar a mãe, o pai e os irmãos sob o céu azul sem fim do Pampa; para sentir o cheiro de sua infância, correr livre pela fazenda, brincar com seus bichos, montar a cavalo, atirar com espingarda e comer os deliciosos doces que a mãe preparava e que saíam quentinhos do forno a lenha.

Começava o verão para Maria Thereza, que ainda tinha de dividir o tempo com sua tia Dinda, que cuidara dela durante a sua infância e a quem já estava completamente afeiçoada.

O verão em que entregou o envelope a Jango foi o último em que a criança que ainda existia dentro dela se mostrou. Voltar para a fazenda dos pais já não a entusiasmava tanto. Os sinais da adolescência revelavam outros interesses. No verão das mudanças, descobriu que uma parte de si ficara para sempre na Fazenda Capão Alto e que deixara de pertencer àquele lugar. Preferia a companhia das amigas, as conversas, os namoros, os passeios e as diversões dos jovens na fronteiriça São Borja.

Tudo acontecia na Praça XV de Novembro, em frente à Igreja Matriz de São Francisco de Borja. Lá se desenrolavam o flerte, a declaração e o namoro, que poderia durar meses, dias, minutos ou segundos. O relacionamento que ultrapassasse um ano já era considerado noivado. Os casais formados passavam o tempo a andar de mãos dadas. E assim as paixões mudavam a cada semana. E os namorados também. Em Porto Alegre, nas poucas vezes em que o Colégio Americano a dispensava nos fins de semana, vivia namoros de sorvete e bilhetinhos. Às vezes, esquecia-se do pretendente da vez para ir ao cinema com as amigas. Para as moças de São Borja, bem mais importante que ter um namorado era saber que haveria alguém com quem dançar nos bailes. Muitas vezes, o namoro só valia a pena porque renderia assunto para as conversas com as amigas.

Quando uma rara chance aparecia, aproveitava-se a oportunidade para um beijo ou um abraço mais longo. Nada além. A revolução sexual estava longe de acontecer e o rock ainda engatinhava. No Rio Grande do Sul de regras e história escritas a sangue e a bala, era natural uma discussão terminar com o revólver descarregado contra o oponente. Dentre as leis criadas por homens e obedecidas sem contestação pelas mulheres, havia uma que assombrava qualquer menina criada no Pampa. A crônica de um vexame anunciado. A noiva que não casasse virgem era devolvida pelo noivo em um espetáculo público. A família da moça cumpria então um ritual ainda mais cruel e rejeitava a garota, que, sem saída, abandonava a cidade e deixava de ter qualquer laço com aquelas pessoas, que se cobriam com um manto de vergonha. Ninguém ousava arriscar. As jovens de família, nascidas, criadas, orientadas e vigiadas para seguir a tradição, esperavam pelas núpcias. Os rapazes de família, nascidos, criados, orientados e vigiados para seguir a tradição, extravasavam suas necessidades em prostíbulos afastados. Nem se pensava em questionar esses padrões que formavam um caminho inevitável, obrigatório e bem diferente para homens e mulheres.

Era assim. Deveria ser assim.

Além dessa pressão, na cabeça da jovem Maria Thereza ainda pulsava a história de uma vizinha da tia Dinda, que viajou com o namorado, mas voltou sozinha. Mesmo sendo criança, Maria Thereza não se esqueceu da maneira assustadora como a tia contava e recontava que a moça se tornou o assunto da cidade até ser enviada pela família para outro lugar.

Se a tia Dinda havia contado, ela deveria acreditar. Maria Thereza devotava a ela um grande amor, respeito e admiração. Confundia-se nos próprios sentimentos, já que achava estranho sentir mais saudade da tia do que da própria mãe. Dinda, apelido de Horaildes Fontella Zamboni, era viúva e se casara pela segunda vez com o argentino Ângelo Zamboni, que gostava de ouvir música clássica na vitrola e tango no rádio, a caixa falante que fascinava Maria Thereza. Dinda não tivera filhos, mas criava seis meninas: Fátima e Teresa Franco, que eram irmãs, Heloísa, Irma e Zulema, além de Daniza, que era prima de Maria Thereza — ou Tetê, como passaria a ser chamada a "sétima filha" de Dinda.

No dia da entrega do envelope, foram essas colegas que se empolgaram com a chance que Maria Thereza ganhara. Havia mais gente na casa — grandes amigas: sua prima mais velha, **Terezinha Fontella**, e as colegas Marina e Tanira.

Poucos dias depois, Maria Thereza e sua prima, Terezinha, foram a um dos principais pontos de São Borja, a lanchonete da Jorgina, localizada na Praça Matriz. As mesas eram colocadas na calçada e, no implacável verão gaúcho, o lugar, no coração da cidade, era um dos mais frequentados.

As duas viam o tempo passar — ou, na linguagem própria do Rio Grande do Sul, lagarteavam —, tomando sorvete, quando Jango e seus amigos Leônidas e Marcílio se aproximaram e sentaram-se perto delas. Não se cumprimentaram, mas Terezinha e os outros clientes repararam na chegada dos rapazes:

— Olha, Maria Thereza, é o Jango.

A garota não demonstrou entusiasmo. Desviou rapidamente o olhar e não fez nenhum comentário. Continuou tomando seu sorvete de creme, sabor que adorava.

Terezinha e Maria Thereza pediram a conta, mas Jorgina informou:
— Já foi paga.
— Por quem? — perguntou Terezinha.
— Ele pediu que eu não dissesse.

De nada adiantou o mistério. Maria Thereza pouco ligou. Terezinha ficou indignada, sentindo-se quase ofendida.

— Tetê, esse cara está dando em cima de ti! Onde já se viu pagar o sorvete pra gente?

Elas se levantaram e saíram. Não agradeceram. Maria Thereza mostrava-se indiferente. O restante da cidade, não. A ida de Jango à lanchonete logo virou assunto na casa de tia Dinda, e Terezinha já sabia que o motivo não fora o sorvete.

Naquele mesmo verão, João e Maria voltaram a se encontrar em uma festa no Clube Comercial de São Borja. Ela era uma das garotas convidadas para ser modelo em um desfile beneficente. Após se apresentar na passarela, foi procurada por Jango. Dessa vez, deu-lhe uma chance e aceitou o pedido para que ela e a inseparável prima Terezinha se sentassem à mesa com ele. Conversaram por alguns minutos e Jango aproveitou para convidá-las a conhecer sua fazenda. Mesmo sabendo de antemão qual seria a resposta da tia, Maria Thereza tentou pedir a permissão de Dinda.

— De jeito nenhum. Imagina... as duas sozinhas na fazenda de João Goulart?!

— Mas, tia Dinda, não tem problema.

— Não vão e pronto. E como iriam? No carro dele? Não vão!

A fama de Jango era grande.

— Nada de andar de carro com João Goulart, porque ele é muito conquistador e, Maria Thereza, tu ainda és uma criança.

Nem importava que o autor do convite tivesse sido o doutor Jango. O "não" de Dinda era inquestionável. Maria Thereza acabou omitindo um outro convite, justamente para dar uma volta em seu carro.

E assim confirmava-se um dos apavorantes mitos na sociedade das pequenas cidades: a carona. Uma moça que aceitasse carona e entrasse no carro de um rapaz, qualquer rapaz, imediatamente passava a ser alvo de maldosos comentários. Dinda sabia disso. Seu maior medo era que as meninas que estavam sob sua responsabilidade passassem a ser conhecidas como "caroneiras". O que Dinda não imaginava era que, nos flertes da Praça, muitas delas — e Maria Thereza entre elas —, apesar de sentirem receio de serem descobertas, já haviam cometido a ousadia de aceitar carona para voltar para casa.

Sem escolha, impiedosamente alertada pela tia, Maria Thereza também recusou esse convite. Jango não se mostrou surpreso. Ele compreendia bem o estigma da carona.

— Ela não quer que tu entres no meu carro, não é?

Jango não desistiu e voltou a convidar Maria Thereza e Terezinha, dessa vez para um churrasco na fazenda do Itu, de Getúlio Vargas. Maria Thereza só conseguiu autorização da tia porque quase toda a sua família estaria lá. Dinda certificou-se de que sua irmã América também iria e de que Maria Thereza estaria acompanhada por Terezinha, Marina e Tanira. Nesse dia, ela conheceu Getúlio Vargas pessoalmente. O futuro presidente até pediu para tirar uma foto com aquelas "moças bonitas", como se referiu a elas.

Getúlio fora um grande amigo de Vicente, o pai de Jango, e tinha muito carinho pelo jovem, que lhe retribuía o sentimento. Durante o tempo em que ficou afastado da política na fazenda do Itu, Jango o visitava com frequência. Charlavam por horas, tomando mate. Poucas vezes a expressão "herdeiro político" teria um significado tão adequado.

O churrasco foi a última vez em que João e Maria se viram nas férias do verão das mudanças. De volta a Porto Alegre, mesmo não admitindo e reagindo com desdém a cada comentário, ela passaria a prestar atenção às conversas políticas que envolviam o nome de João Goulart. Ele, por sua vez, não perderia nenhuma chance de encontrar "por acaso" com a garota. Mas a vida seguiria seu rumo. Maria Thereza com seus estudos, bailes e namoros adolescentes. Jango com suas fazendas, seus negócios milionários, a promissora carreira política e mulheres.

Maria Thereza não percebia, mas já encantava. Naquele verão, seu olhar tímido desconcertava rapazes que se recolhiam derrotados por sua beleza. Sem notar, vencera bem mais que os 600 quilômetros da pequena São Borja à enorme Porto Alegre. A criança se libertara da fazenda definitivamente. A adolescente passara a conhecer outro mundo, seguindo um trajeto que às vezes a assustava e, outras, a acalmava, convivendo, sem se abalar, com pessoas que decidiam o destino do país na sala ao lado.

Acostumou-se, como sempre. Afinal, desde pequena, aprendera a viver de lar em lar. A sobreviver de lugar em lugar.

Separações doídas e mudanças bruscas marcaram sua infância.

Para sempre.

Na alma cigana que se formava, essa seria a sina que cumpriria.

Para sempre.

2.
A primeira volta do parafuso

Uma beleza que se repete melancolicamente e faz a vida passar de um modo diferente. A planície a perder de vista em um cenário de apenas duas cores: o verde da vegetação rasteira e o azul do céu, as marcas do Pampa gaúcho, onde foram fundados os Sete Povos das Missões, aldeamentos indígenas criados por jesuítas. No mais antigo deles, São Francisco de Borja, escreveu-se uma história de violentos conflitos entre espanhóis, portugueses, indígenas, paraguaios, jesuítas e bandeirantes paulistas, desde o dia de sua fundação, a partir da divisão da Redução de Santo Tomé em 1682.[1] Essa terra forjada com sangue voltaria a sofrer mudanças radicais no fim do século XIX, com a chegada de imigrantes europeus, principalmente italianos e alemães, que iriam desenvolver a agricultura e a pecuária em toda a região. A cidade que surgiu desse aldeamento fora batizada oficialmente de São Borja em 1887 e cresceu às margens do rio Uruguai, ao lado de sua vizinha argentina Santo Tomé.

A 48 quilômetros do centro de São Borja ficava a Fazenda Capão Alto, que pertencia a Dinarte Fontella, um homem de baixa estatura, rosto anguloso, tímido, calado, desconfiado e seco. Dinarte era um homem do Pampa. Um homem da fronteira. Filho de Julcemira e do coronel de Exército João Manoel Fontella, que, ao lado das tropas de Getúlio, lutara contra os paulistas na Revolução Constitucionalista de 1932.

Ele vivia com uma belíssima jovem italiana, de longos cabelos negros, chamada Maria Giulia Giane Pascoalotto, que chegara ao Brasil aos 8 anos de idade, junto com o pai, Giovanni, a mãe, Plácida, e os irmãos Victor, Ítalo e Vitória. A família imigrara em busca de melhores condições, vinda da cidade de Sarno, a cinquenta quilômetros de Nápoles.

A união do casal Dinarte e Maria Giulia foi feita de modo estranho, mas nada surpreendente para o interior gaúcho daqueles tempos. Dinarte foi até a fazenda de Giovanni, na cidade vizinha de Itaqui, para comprar gado. Em meio às negociações, os olhos claros de Dinarte, então com mais de 50 anos de idade, cruzaram com o olhar marcante e forte da filha de Giovanni, que tinha apenas 16. Surgiu ali uma paixão à primeira vista. Giulia, seguindo um plano combinado com Dinarte, fugiu de casa para viver com ele, apesar da diferença de mais de trinta anos de idade entre os dois.

Grávida de nove meses, mas acreditando estar com menos tempo de gestação, Giulia quis reencontrar os pais — que não via desde que fugira, havia pouco mais de um ano — e ter o bebê na casa da família em Itaqui, ao lado da mãe e dos irmãos. A desgastante viagem só poderia ser feita de carruagem puxada por dois cavalos, transporte comum na região, porém nada veloz. O trajeto de 50 quilômetros entre as fazendas levava quase vinte horas para ser feito. Durante o percurso, que Giulia fez acompanhada de Dinarte e da irmã Vitória, em uma gélida noite de 23 de agosto de um ano que poderia variar, provavelmente, entre 1936 e 1937, ela começou a sentir dores e contrações. Dinarte correu para pedir socorro na pequena casa de uma fazenda próxima à estrada, onde o capataz morava. Ele ajudou com o que podia, água e panos. O parto foi feito lá mesmo. Os donos da fazenda deram algumas peças de roupa para vestir o nenê. Um dia depois de Giulia dar à luz a filha, que receberia o nome de Maria Thereza Fontella, a família prosseguiu viagem.

Dinarte e Giulia aproveitaram a emoção que Giovanni sentiu ao reencontrar a filha e conhecer a neta recém-nascida e pediram autorização para o casamento. Acertaram em cheio. O sangue italiano falou alto. Encantado com a netinha, Giovanni esqueceu-se da fuga de Giulia e aceitou o casal. E mais, os laços de família seriam reforçados. Os irmãos de Giulia passariam a trabalhar com Dinarte na Capão Alto. Mas a união oficial só foi feita anos depois. A dificuldade para se conseguir registrar um casamento ou um nascimento era tamanha que Maria Thereza ganharia sua certidão muito mais tarde. Além disso, apesar de seu registro apontá-la como são-borjense, ela, na verdade, nascera em um lugar que fazia parte de Itaqui. Dinarte, porém, preferiu registrá-la como natural de São Borja porque sua fazenda se localizava naquela cidade.

Ele também iria alterar várias vezes o ano de nascimento da filha. Conforme as exigências do governo ou das escolas, a pequena Maria Thereza iria "ganhar ou perder" alguns anos de idade durante sua infância. À época, mudar a idade dos filhos era um recurso comumente adotado pelos pais no interior do país. Em pouco tempo, nem mais as tias de Maria Thereza lembrariam qual era o ano exato, o que acabaria atrapalhando os seus estudos. O nascimento seria lembrado por Dinarte, pouco tempo depois, por outro motivo: "Essa menina dá muito trabalho porque nasceu no meio do mato."

Os meninos João José e Juarez, o caçula, completariam a família. As três crianças foram educadas graças à dedicação de Giulia, que ainda mantinha a casa em ordem como se isso fosse uma missão mortal. Era ela também que cozinhava para todos na fazenda. Uma mulher batalhadora, que sabia fazer pães e doces disputados pelos irmãos, que queriam comer um mais que o outro. Mesmo com tanto serviço e sem nenhum tempo para si, Giulia manteria a beleza ao longo dos anos. Dócil e totalmente submissa às decisões do marido, falava pouco e jamais questionava Dinarte. Uma típica família da época e do lugar. O marido mandava, a mulher trabalhava e obedecia. Regras absolutamente comuns na fronteira gaúcha.

Dinarte levava uma vida seca e parecia adorar a solidão. Ou era alguém que se deixou vencer pela timidez. O fato de conversar pouco fazia com que as pessoas o respeitassem ainda mais. Nem familiares, muito menos empregados, aproximavam-se para falar com ele. Se um desavisado chegasse perto puxando assunto, ele se afastava. Quando precisava se dirigir a quem quer que fosse, apenas explicava o necessário e saía.

No culto ao silêncio que professava, não poderia haver alguém mais diferente dele e que desequilibrasse a ordem de seu mundo do que Maria Thereza. Desse choque de personalidade nasceu um sentimento de temor da filha pelo pai. Tinha medo de receber um castigo ou uma reprimenda apenas por ter tentado se aproximar. Cheia de dúvidas sobre ele, a menina cresceu tentando entendê-lo. Dinarte não gostava de nada que alterasse sua rotina e nunca participava das festas locais. Sua reclusão conflitava com o espírito alegre da família de Giulia, que vibrava com a aproximação da celebração dos santos locais ou da entrega da safra de arroz. Como os fazendeiros da região negociavam gado e grãos entre si, não faltavam motivos para comemoração, e os familiares de Giulia não perdiam uma. Acompanhada pelos irmãos Victor e Ítalo, a quem chamavam de "Baiano", ela levava os filhos às festas. Todos se divertiam. E Dinarte ficava na fazenda.

Desde os primeiros passos, Maria Thereza não parava na sede da fazenda. Uma imensidão de descobertas a esperava lá fora. Não faltava espaço para correr e brincar ao lado de seu cachorro Ticó. A menina gordinha, de pele bem branca, sardenta e de cabelos castanhos passava o dia inteiro no belo jardim e no pomar, subindo em árvores para colher frutas. Gostava de mexer na terra. Fazia pequenos buracos e plantava todas as sementes e os caroços que encontrava. Além de devorar as frutas, adorava comer formigas vivas.

A fazenda era um mundo enorme para ela. Além de Ticó, Maria Thereza chegou a criar um pequeno lagarto. Ela o encontrara com a perna ferida, no riacho que ficava atrás da casa, onde Giulia lavava as roupas. Tanto cuidou dele que, ao vê-la, o bicho ia atrás dela. Maria Thereza amarrava uma cordinha ao pescoço do lagarto e o levava para todo lado. Deu-lhe até nome: Bereco. E ai de quem colocasse nome nos bichos sem sua autorização. Era Maria Thereza quem batizava os animais. Por causa da ferida na perna, o lagarto não cresceu e já não queria voltar para o riacho. Os irmãos arrumaram um pequeno tanque com água, onde Bereco passou a morar, alimentando-se com fartas porções de goiaba dadas pela menina. Bereco acabou sendo a exceção que unia Maria Thereza a seus irmãos, que não suportavam o sacrifício de brincar com ela. Ela gostava de provocar Juarez, o caçula, que só rodeava a mãe e era apegado demais a ela, chamando-o de "Mimoso". Usando seu poder de irmã mais velha, era teimosa e briguenta. Qualquer que fosse o jogo, sempre queria ganhar. Criou a fama. E pagaria por isso. Era apontada como a responsável por todas as artes que aconteciam. Até roubar bolo, uma especialidade de João José. Os três irmãos só se uniam para brincar com Bereco e para ajudar na limpeza, o que faziam sem reclamar. A menina admirava Giulia e aprenderia com ela a ser extremamente organizada. Essa era a única tarefa que realizava sem questionar. A sintonia de alma que faltava com o pai sobrava na relação entre mãe e filha. Em uma fazenda dominada por homens, Maria Thereza não demorou a descobrir que, na verdade, quem exerce o comando, falando em voz baixa, era a mãe.

Fosse no forno, preparando as refeições, fosse varrendo e limpando a casa, lavando as roupas no riacho ou dando banho e trocando os filhos, Giulia não parava nunca. Também ensinava religião às crianças. Foi com ela que aprenderam a rezar. Ver a mãe fazendo tanto serviço impressionava Maria Thereza, que tomou uma decisão:

— Não quero ser pobre quando crescer porque não quero fazer tudo o que a senhora faz.

Giulia caiu na risada.

— Filha, nós não somos pobres. Temos tudo de que precisamos.

Maria Thereza se surpreendeu. E a mãe completou:

— E eu gosto de fazer o que faço.

Manter a família unida e feliz era, para Giulia, o que havia de mais importante na vida. Maria Thereza jamais esqueceria desse ensinamento. A filha carregaria na alma a missão que via sua mãe cumprir. Mas se espantava com a quantidade de comida que ela conseguia fazer. E vinha mais um comentário:

— Quando eu crescer, eu também não quero cozinhar, não!

— Mas, minha filha, o que há? Já falei que eu gosto muito de fazer isso — respondia Giulia, sem perder a paciência.

O ritual das refeições era sagrado para Dinarte. Tanto no almoço quanto no jantar à luz da lamparina, ninguém ousava se levantar da mesa antes que ele terminasse de comer. As suas regras deveriam ser seguidas sem reclamação. Se algum filho abrisse a boca para qualquer comentário, lá vinha a frase, constantemente repetida:

— Se sua mãe colocou na mesa, é para comer.

Com a distância imposta por Dinarte, Maria Thereza encontrou no tio Victor a sua referência. Ele se tornou um herói para a garota. Bonito, loiro, olhos verdes e com um rosto marcado pelos traços italianos. O verdadeiro amigo que entendia a menina. Um companheiro.

Na fazenda, Victor era o primeiro a acordar. E, por vezes, Maria Thereza vencia o sono para acompanhá-lo. Durante a jornada puxada, ele juntava e trazia o gado para alimentar, vacinar e ordenhar, enquanto Maria Thereza cobria de elogios o tio, que considerava o seu príncipe:

— Tio Victor, como tu és lindo!

Em retribuição, ele lhe ensinava várias molecagens, como atirar e cavalgar. Victor foi um ótimo professor. A pontaria da menina tornou-se excelente, a ponto de, nas semanas de festas e churrascos, virar atração ao exibir seu talento com armas de fogo. E, mesmo pequena, já cavalgava sozinha. Tinha verdadeira paixão pelos cavalos da fazenda, principalmente por Relâmpago. Quando o montava, do alto de sua marcante ousadia, chegava a desafiar os empregados do pai para uma corrida.

Após um dia inteiro de aventuras, ao lado do tio mais lindo do mundo, ela voltava para casa cansada, embalada em um sono profundo, o que provocava a reclamação de Dinarte. Chegavam a discutir por causa de Maria Thereza. Victor a defendia da rigidez do pai e sabia enxergar o mundo que se passava em sua imaginação.

O pai a proibia de andar a cavalo. A menina não se intimidava. Nem mesmo depois do dia em que, montando Relâmpago, se desequilibrou, caiu e seu pé ficou preso no estribo. Assustado, o cavalo continuou correndo e só parou próximo à cerca da propriedade. Victor estava com ela, mas separava o gado quando Relâmpago disparou. Maria Thereza ficou pendurada pela perna direita e um grande corte se abriu no tornozelo. Ela precisou levar pontos para fechar a ferida, o que lhe valeu uma cicatriz. Nem por isso deixou de cavalgar.

O susto que a marcaria por toda a vida, porém, aconteceria na água. Ao acompanhar o pai e os tios em uma pescaria, Maria Thereza saiu de perto deles, ficou com vontade de brincar e foi entrando no riacho, seguindo as pedras e a sua determinação. Não sabia nadar, mas não sentiu medo. Quando percebeu que o lugar onde estava não dava mais pé, começou a se debater e a gritar. Engoliu água. Estava quase se afogando, mas foi puxada a tempo. O susto foi tão traumatizante que ela passou a ter pavor de água. Até então só tinha medo de tempestade. Trovões e relâmpagos a deixavam em pânico.

Ao mesmo tempo que se sentia provocada pelo pai, nenhum sentimento superava o medo que tinha dos seus castigos. Desafiado constantemente pela filha, ele a trancava no quarto. Lá dentro, sozinha, ela soltava o choro até ficar rouca. A situação piorava porque seus berros irritavam Dinarte ainda mais. E ele aumentava o tempo da punição. E ela gritava com força redobrada. Os castigos, até por não encontrarem efeito, tornavam-se frequentes. Para a menina, a única saída era esperar pelo tio Victor, que ficava observando o cunhado se afastar para liberá-la.

Além do tio, os bichos da fazenda eram solidários com ela. Ticó não abandonava a sua pequena dona nem mesmo quando ela era obrigada a ficar sentada, de castigo, em um banco muito alto para uma criança tão pequena. O cachorro deitava-se a seu lado e permanecia imóvel olhando para ela. Maria Thereza não conseguia sair sozinha e pedia ajuda ao bicho usando um idioma próprio que misturava português com espanhol:

— *Baja* eu, Ticó.

A frase ficou famosa na fazenda, que tinha muitos empregados argentinos.

Para Maria Thereza, aquele mundo era perfeito. Só não gostava das velhas portas da fazenda e pedia que fossem trocadas por novas. Crescia livre, cercada de bichos, mato, flores e frutas. O entrosamento com a natureza era tão grande que passou a conversar com os animais que viviam ali. Na falta deles, falava consigo mesma. Em um ambiente dominado por homens fronteiriços, esse jeito de Maria Thereza provocava certo estranhamento nos empregados, que não viam que aquela era a forma que a criança encontrava para espantar a solidão. Eles procuravam seu Dinarte e dona Giulia para avisar que a menina tinha alguma coisa e que vivia falando sozinha. E esse nem era o maior problema. Maria Thereza passou a sonhar e contar os sonhos para a mãe. Falava, mas ninguém dava importância. Até ser a primeira a avisar que a avó Plácida iria morrer. Menos de um mês após seu comentário, a avó faleceu. A menina detalhava para a mãe, já impressionada, os diálogos que tinha com pessoas que não existiam. Essas conversas poderiam ser apenas criação de sua imaginação fértil. Mas seria difícil encontrar alguém que, na fazenda, pensasse dessa maneira. Suas horas de sono também eram ruins, ela custava a dormir e ficava agitada. Era comum despertar no meio da noite, gritando e chorando. Em uma das vezes em que acordou aos berros, seu pai foi ao quarto e encontrou uma cobra enrolada no pé de sua cama. Nos dias de verão, as cobras entravam nas casas para se proteger do calor. À noite, saíam para procurar comida. Daquela vez, os gritos salvaram sua vida.

Nas noites de sábado, os peões se reuniam no galpão. Formavam a roda para tomar mate e pitar cigarro de palha. Em torno do fogo de chão, contavam histórias quase reais de maragatos, de chimangos, do boitatá e do negrinho do pastoreio.

Seu Ventura era o mais velho e o mais forte. Seguindo a tradição dos empregados gaúchos, dedicava a vida aos patrões e estava pronto para morrer por eles. Era um verdadeiro guardião da família Fontella e todos gostavam dele. Mesmo sem saber ler e escrever, seu Ventura ensinou a menina a marcar no chão o número 90, que se tornaria o número favorito de Maria Thereza. Nas rodas de conversa, ele falava de guerra e de morte. Tinha mais de 80 anos e, entre os peões, acreditava-se que nunca dormia. Ele confirmava essa lenda, justificando que era preciso estar atento, sempre à espera do inimigo.

Dinarte ficava lá por pouco tempo. Victor e Ítalo se divertiam. Apesar de desconfiarem de seu jeito de falar com os animais e com pessoas que não viam, os empregados consideravam Maria Thereza o xodó da fazenda. Ao lado do tio preferido, a menina nem pensava em sentir sono quando a peãozada se reunia. Contavam-se histórias e mais histórias enquanto patrões e empregados churrasqueavam e tomavam chimarrão juntos; um ritual que se repetia nas estâncias do Pampa... dos Fontella aos Goulart.

A popularidade de Maria Thereza na fazenda, contudo, atormentava Giulia e Dinarte, que não gostavam de ver a filha convivendo com adultos de maneira tão próxima. Ela continuava aprontando. Já detestava carne de frango e decidiu que também não comeria mais carne vermelha. Assim, doces, pães e frutas passaram a ser a sua alimentação. Mas não diminuía o ritmo. Seguia brincando e gastando energia. Não demorou para ficar com anemia, além de sofrer crises de bronquite que deixavam Giulia alarmada.

Como os tratamentos médicos na Fazenda Capão Alto se resumiam a chás e ervas, o pai levou-a para a casa de sua irmã Horaildes, a Dinda, em São Borja. Ticó acompanhou sua dona, mas Bereco ficou. Era a primeira vez que Maria Thereza iria conhecer uma cidade. A despedida da família foi algo incompreensível para ela, que se sentiu muito triste. Viu Giulia chorando, cobrindo-lhe de abraços e beijos. Não entendia — e ninguém tentou explicar a ela — por que estava deixando a fazenda, a mãe, o pai, os tios e os irmãos.

Na cidade, Maria Thereza ficaria mais perto do hospital. Foi tratada por médicos conhecidos em São Borja, Osvaldo Cunha e Emílio Trois, durante um ano, período em que Dinda se apegou demais à sobrinha.

Para a menina, a casa da tia era uma festa permanente. Tantas novidades e tantas garotas mais velhas, que usavam roupas lindas, iam à escola e passeavam pela praça. Um mundo novo se descortinava para ela, que enfrentava calada a saudade da mãe, enquanto se apegava à Dinda, com quem dividiu a alegria de ver e ouvir o primeiro rádio e de quem ganhou uma bicicleta. Ao lado da tia, sentiu a emoção de entrar pela primeira vez em uma igreja. Ela só havia conhecido pequenas capelas nas festas dos padroeiros e se impressionou ao ver a imagem de Cristo crucificado.

— O que Jesus está fazendo ali pendurado e todo machucado? — perguntou à tia.

Ficou fascinada pela porta da igreja. Queria que a tia comprasse e levasse a porta para casa. Pouco tempo depois, naquela mesma igreja, em um só dia, seria batizada e faria a primeira comunhão.

Entre Dinda e Maria Thereza nasceria uma inevitável relação de mãe e filha. Com carinho, a tia abria caminho para as novidades, tornando-se um amparo fundamental durante seu crescimento. A saudade dos pais doía — jamais cessaria de doer —, mas Dinda a ajudaria a suportar as mudanças que se tornariam frequentes. Com Dinda, passou a existir outra Maria Thereza. Os raros desentendimentos resolviam-se facilmente com um pedido de perdão. No caminho da criança que viraria adolescente e se tornaria mulher, Dinda seria a luz, ensinando-a a olhar para a frente, a reconhecer perigos e valores e a tentar entender por que agora sua vida era completamente diferente.

A menina, porém, não passava um dia sequer sem sentir falta da mãe. Sua imaginação a ajudava a vencer a tristeza. Para quem falava com bichos, aquilo seria fácil. Mirava o espelho do quarto e passava a imaginar uma conversa com a mãe, mostrando a primeira foto que tirara usando um vestido. Agarrava-se a seus sonhos e revelava um segredo para Giulia: "Mãe, agora eu sou uma princesa." Assim que as duas se reencontraram, Maria Thereza lhe deu a foto de presente.

Desde o momento em que foi morar com Dinda, transferiria, lentamente, grande parte desse afeto para a tia, que passaria a ser a pessoa mais importante na sua vida. A mudança para a cidade foi um grande acerto, porque Maria Thereza ainda teria outros problemas de saúde. Em São Borja, o acesso aos médicos, mais rápido, era muito oportuno, afinal, ela continuava a mesma. Brincando sem parar. Acidente atrás de acidente. Em certa ocasião, pulou o muro com as amigas para pegar laranjas da árvore do vizinho. Mas o cachorro que vigiava a casa não gostou de ver as meninas no seu território e as botou para correr. Na confusão, ao pular o muro de volta, Maria Thereza caiu em cima de uma garrafa, que quebrou. Um caco cortou o seu joelho direito e lá ficou. Dinda desesperou-se ao ver a sobrinha com um pedaço de vidro pendurado no joelho. Chorando, a menina foi levada ao hospital e levou mais alguns pontos. Foi assim que ganhou uma nova marca em sua perna. Logo após voltar para casa, ela recebeu uma visita. Era o vizinho, que queria pedir desculpas.

Dinda a matriculou no Sagrado Coração de Jesus, um colégio de freiras dirigido pela madre Jerônima Zannoni, cuja beleza e altura imediatamente chamaram a atenção de Maria Thereza. Para uma menina que poucos meses antes corria livre em uma fazenda, não poderia haver lugar pior do que um colégio de freiras e suas regras rígidas. Apenas a madre Jerônima gostou de Maria Thereza. As outras freiras não simpatizaram com seu jeito falante.

Apesar de contar com a simpatia da diretora, Maria Thereza exibia uma energia incompatível com o ensino da escola. A mesma menina que enfrentava o pai passara a desafiar as professoras. Mas o tempo em que esteve no Sagrado Coração não foi perdido. Lá ela iniciou os estudos. E tornou-se destra. Maria Thereza era canhota, mas naquela época escrever com a mão esquerda era considerado um sinal de desrespeito, um tabu com origens bíblicas. Entre as freiras, o fato de Maria Thereza ser canhota explicava seu comportamento rebelde. Por essa razão, ela foi forçada a escrever suas primeiras letras com a mão direita, mesmo contra sua vontade. O esforço das freiras não valeu porque ela aprendeu naturalmente a escrever com a mão esquerda.

Nem mesmo a madre Jerônima conseguiu mantê-la na escola. Eram muitos os problemas envolvendo Maria Thereza. Durante a discussão com uma colega, jogou o conteúdo de um tinteiro nela, que, coberta de tinta, ficou chorando com o uniforme manchado. E assim a ex-canhota teve de deixar o colégio.

Pelo menos, a anemia desaparecera e as crises de bronquite diminuíram. Dinda ficou feliz, mas com uma ponta de preocupação. A saúde frágil de Maria Thereza havia sido o principal motivo para a menina morar com ela. Temia que, com a melhora, Dinarte decidisse que a filha deveria voltar para a fazenda. Dinda foi até Capão Alto e levou Maria Thereza. Em uma conversa a sós com o irmão, pediu para continuar criando a menina e, obviamente, omitiu os problemas de indisciplina na escola.

Dinarte, satisfeito em ver que a filha estava estudando e se recuperara bem, decidiu, sem sequer falar com Giulia, que Maria Thereza iria viver na casa de sua irmã. No fundo, ele esperava que esse tempo com a tia pudesse acalmar o gênio forte da menina, mas outros fatores pesaram na decisão. Como pai e homem da fronteira, preocupava-se com o ambiente que a cercava na fazenda e sabia que, em São Borja, ela teria mais companhias femininas. Ainda não compreendia – ou aceitava – a personalidade da filha, que fazia o que queria, não gostava de usar camisola, vivia de pés descalços, correndo pelo campo e montando a cavalo.

O pai chamou Maria Thereza para uma conversa e lhe deu a sentença:

— Olha, estou vendo que tu estás bem melhor lá na casa da tua tia. A partir de agora tu vais morar lá.

A segunda despedida foi difícil, mas não tanto quanto a primeira. Pelo menos dessa vez ela sabia para onde estava indo.

De volta a São Borja, iria conhecer uma nova escola. Dinda a matriculou no Grupo Escolar Getúlio Vargas, onde lecionava.

Surpreendentemente, ela não deu tanto trabalho. Talvez por saber que sua tia estava próxima, não desafiava mais as professoras.

Foi na casa de Dinda que sentiu, pela primeira vez, um medo que sempre a acompanharia. Despertou de madrugada aos gritos e viu a imagem de uma bruxa. Ficou apavorada e começou a chorar bem alto. Dinda entrou no seu quarto assustada. Maria Thereza quis se levantar, mas não conseguiu. Uma forte dor a impediu. Estava com apendicite. Foi levada para o hospital e operada às pressas. Recuperou-se rapidamente, mas a imagem da bruxa voltaria a assombrá-la em outros momentos.

Os cuidados que Dinda tinha com a alimentação de Maria Thereza eram tantos que até conseguiu convencê-la a voltar a comer carne vermelha. A sobrinha já poderia ser considerada uma criança gordinha, o que era um alívio para a tia, que, agora sim, via muita saúde na menina um pouco acima do peso.

Apesar de admirar todas as colegas que moravam na casa de Dinda, Maria Thereza iria criar uma forte amizade com Teresa Franco, que tinha quase a sua idade, mas com uma história bem diferente. A mãe de Teresa, negra e pobre, entregou a filha para Dinda cuidar e nunca mais voltou para vê-la, apesar de morar não muito longe dali. As meninas adoravam brincar juntas e chegavam a escapar da casa para acender fogueiras nos terrenos próximos. Tornaram-se cúmplices. Certa vez, Teresa ficou doente, de cama e sem apetite. De tanto ouvir a tia dizer que era importante que a menina se alimentasse, Maria Thereza não teve dúvida: pegou uma linguiça e levou para Teresa, escondendo a comida debaixo do travesseiro da amiga. No dia seguinte, um cheiro insuportável no quarto denunciou a ação.

Aprontavam juntas. E bastava que uma delas fosse pega para as duas apanharem. Dinda era clara quanto às regras do castigo. Ela já criava algumas crianças quando se casou com Zamboni. Uma das condições para aceitar o novo matrimônio foi não permitir que o marido castigasse as filhas de criação. Quem fazia isso, sem jamais despertar temor, era a própria Dinda. Anos mais tarde, nos dias de férias que Maria Thereza passava em sua casa, Dinda redobrava a atenção e a proibia de ir aos bailes. Nessas horas a parceria entre Maria Thereza e Teresa Franco voltava a funcionar. Assim que a tia dormia, Maria Thereza pulava a janela para se encontrar com outras amigas. Teresa Franco lhe dava cobertura e ficava dormindo na cama de Maria Thereza para que a tia não percebesse a armação.

Maria Thereza viveu um tempo feliz em São Borja com a tia Dinda. Porém, no final de 1946, na fazenda dos pais, ela foi chamada por Dinarte para outra conversa, que parecia ser séria, pelo modo como pediu que ela se sentasse e olhasse para ele.

— Olha, tu estás grande e agora vais morar com tua tia América em Porto Alegre e estudar em um colégio interno.

Maria Thereza, calada, continuou mirando o pai, que completou:

— A partir de agora, tu és dona de tua vida e responsável por tuas atitudes. Tudo o que fizeres de errado vai ser tua responsabilidade, vais ter de responder pelos teus atos sozinha. É isso mesmo que eu estou te dizendo.

Maria Thereza nunca mais se esqueceria dessas palavras.

Como da outra vez, e como sempre, Giulia era o silêncio a que se forçava. Essa era a maneira, ainda incompreensível para a menina, de seus pais mostrarem o quanto se sacrificavam por ela, que adorava a vida na fazenda, mas que sofreu, amadureceu e aprendeu a amar São Borja, Dinda e o mundo em que viveu durante anos, até aquele dia.

Agora, além de dizer adeus aos tios, irmãos, pai e mãe, teria também de se separar de Dinda e de São Borja.

A terceira despedida foi bem mais dolorosa que a segunda.

No bairro Moinhos de Vento, um dos mais elegantes de Porto Alegre, ficava o apartamento da família que criava o laço entre Maria Thereza e Getúlio Vargas. Lá viviam o irmão de Getúlio, Espártaco, e sua esposa América Fontella Vargas, irmã de Dinarte e de Dinda. O casal tinha uma filha adotiva, Yara.

A partir de 1947, foi lá que Maria Thereza passou a morar. Mas seu endereço de fato não seria o apartamento da tia América. Matriculada em regime de internato no tradicional Colégio Metodista Americano, ela descobriria um mundo novo. Passou a ver as professoras e as amigas mais velhas como exemplos. Sentia-se protegida também por outro motivo: a prima e amiga Terezinha Fontella estudava lá. Terezinha era órfã de pai e de mãe. Graco, irmão de Dinarte, falecera quando ela era criança. Dinarte, Dinda e América passaram a dedicar atenção especial a Terezinha e a sua irmã mais velha, Irene. Nem foi preciso incentivar a amizade entre as primas. Desde pequenas, eram inseparáveis. Assim, Maria Thereza sabia que Terezinha seria mais uma a ajudá-la em um colégio em que ela era a aluna mais nova.

Na realidade, Maria Thereza era mais nova ainda. A idade mínima exigida pela Lei Orgânica de 1942 para que um estudante iniciasse a 1ª série do 1º grau era de 11 anos completos em 30 de junho. Para que ela fosse aceita no Colégio Metodista Americano, Dinarte modificou a data de seu nascimento para o totalmente improvável – em comparação com a idade das primas – ano de 1934, o que a prejudicaria nos estudos. Assim, ela teria de acompanhar uma turma com alunas mais velhas que ela. Quanto à aparência física, isso até seria possível. Maria Thereza já parecia uma adolescente e poderia facilmente se passar por uma menina de 11 anos. Em pouco tempo, nos documentos sobre a aluna Maria Thereza Fontella que viriam a ser arquivados no Americano, surgiriam outros "anos de nascimento", que variavam entre 1934 e 1937.

A regra do colégio que transformaria o Americano na sua casa estabelecia que as alunas só seriam dispensadas para passar o fim de semana com a família se apresentassem bom comportamento. E esse nunca foi o perfil de Maria Thereza. Mas isso não a abalou. Fascinada pelo novo ambiente com estudantes tão bonitas e inteligentes, os ensinamentos do Americano ajudariam a moldar seu caráter. Aprenderia a obedecer à rotina da escola, acordando às seis da manhã todos dias. A arrumação dos quartos era de inteira responsabilidade das alunas, mas essa era a parte mais fácil. Herdara da mãe, no dia a dia da fazenda, o gosto pela organização. Fazia questão de deixar o quarto em ordem e, muitas vezes, ajudava as colegas, já que dividia a acomodação com as grandes amigas Marina Oliveira, Maria Mirtô e Heloísa Macedo. Cada uma cuidava de sua parte e do banheiro com dois boxes, que também precisavam ficar impecáveis. A vistoria era diária e as inspetoras não aceitavam nenhum deslize. Um sapato fora do armário e elas receberiam uma advertência.

Como Maria Thereza não suportava desordem e não gostava muito de estudar, as meninas logo fizeram um acordo. Enquanto Maria Thereza cuidava do quarto, as colegas faziam a sua lição. Ela concordou, apesar de suas notas não a preocuparem muito. Fora aprovada, em dezembro de 1946, no exame de admissão para a primeira série ginasial com média 9,7 em Português; 9,0 em Matemática; 6,0 em Geografia; e 8,0 em História, o que dava uma média geral de 8,4.

Foi nessa época que criou o seu primeiro poema, elogiado pelas amigas.

> *Eu queria, ele queria*
> *Eu pedia, ele negava*
> *Eu chegava, ele fugia*
> *Eu fugia, ele chorava*

Nos primeiros meses de aula, o seu comportamento continuava a ser um problema. A prima Yara, que era inspetora federal de educação, teve de ir ao colégio algumas vezes para defendê-la, enquanto Maria Thereza criava as histórias mais fantásticas para se justificar. Uma vez contou que o seu desenho de nanquim estava na janela para secar, mas uma chuva repentina acabou estragando o trabalho.

Chegava a discutir com as professoras. Irreverente e respondona, recebia punições frequentes e perdia a folga de fim de semana, que ia da sexta-feira à noite até o domingo à noite. E aí estava outro segredo que poderia também justificar suas atitudes. Ao contrário do que poderia parecer, passar o fim de semana no colégio era muito divertido para ela. Só havia atividades extracurriculares. Teria mais tempo para praticar violão e piano, ensaiar para a peça de teatro "A Corte de Luís XIV" e jogar vôlei. Tanto treinou que, apesar da baixa estatura, tornou-se uma das melhores jogadoras da escola. Participava ainda das aulas de culinária, de postura e desfile. Tentou até natação, arriscando enfrentar, sem sucesso, o seu trauma. Não passou da primeira aula. Aproveitava o "castigo" para ler romances, tantos romances que passou a acreditar que poderia esperar por um príncipe. E como falava desse príncipe para as amigas... Lia, encantava-se e encarnava as personagens. As colegas riram de seu jeito inocente e romântico quando ela, muito séria, pediu que a chamassem de Esmeralda, personagem do clássico *O Corcunda de Notre-Dame*, do francês Victor Hugo. Naqueles inesquecíveis fins de semana, havia música, esporte, leitura e teatro. Gostava até de um estranho prato que serviam nas refeições: salada de banana com amendoim. Os estudos, ela deixava de lado. Não eram prioridade, ainda mais durante as "punições".

Os raros fins de semana em que conseguia ser liberada não deixavam de ser divertidos. Ia ao cinema com Marina e Terezinha. Quase sempre viam filmes românticos como *A sombra da outra*, uma produção da Companhia Atlântida com Anselmo Duarte e Eliana Macedo. Na volta, as colegas que não tinham assistido ao filme ficavam sem escolha. Mesmo não querendo, eram praticamente obrigadas a ver Marina e Maria Thereza interpretar, com uma espantosa semelhança, quase toda a história.

Inscrevia-se em todos cursos extras que o colégio oferecia. Não concluía nenhum. Entusiasmava-se com a mesma vontade com que abandonava a ideia, característica que levaria para sempre. Assim também eram seus sonhos profissionais. Queria ser comissária de bordo, a linda mulher com uniforme e cabelo impecáveis que voava por todo o mundo, como dizia para as amigas. Desejou também ser médica, até o dia em que uma colega levou um tombo perto dela e cortou o rosto. Ao ver o sangue escorrendo, Maria Thereza se desesperou, chorou mais que a colega e desistiu da Medicina.

Lentamente, foi se adaptando. A vida no meio do mato a fizera pensar que seria eternamente livre, mas a sua maturidade forçada lhe daria coragem para suportar as provações que viriam. No Colégio Americano aprendeu a resolver sozinha qualquer desafio, afinal a sentença do pai ecoava em sua mente. Forjou, bem precocemente, uma personalidade independente e segura. Apesar dos métodos rígidos de um colégio interno, vivia um dos períodos mais felizes de sua vida. O seu futuro, o que imaginava para si — "um príncipe e lindos filhos" —, girava em torno da tradicional escola que formava alunas para saírem de lá como donas de casa exemplares, senhoras da sociedade gaúcha que dominariam tudo sobre o lar: como colocar a mesa, comandar a casa, receber convidados.

Mas, se uma festa fosse marcada para o fim de semana, o comportamento de Maria Thereza se modificava imediatamente. Tudo para conseguir a dispensa. Ela não perderia a chance de usar brincos, se maquiar — o pouco que a tia América permitia — e tentar parecer adulta, afinal tinha um exemplo a seguir. Mais velha que ela, a prima Yara havia se tornado sua referência. Maria Thereza imitava tudo o que ela fazia, até o estilo de se vestir e o jeito de andar.

Discretamente, Maria Thereza ficava no canto do quarto olhando como a prima se penteava e se maquiava, que vestidos escolhia. Assim que Yara saía, ela voltava ao quarto para vestir as roupas, que lhe ficavam enormes, mas não se importava. Olhando o espelho, copiando os gestos de Yara, Maria Thereza achava-se linda. Queria ser como ela.

No mesmo apartamento onde ela sonhava, a realidade política dava as caras. Espártaco tornara-se uma referência no cenário gaúcho e recebia muitos visitantes. O jovem Leonel Brizola era um deles. Em 1948, recém-eleito deputado estadual pelo Rio Grande do Sul, Brizola causava sensação entre as primas Yara e Terezinha, que se arrumavam quando sabiam que ele iria aparecer. Em uma dessas visitas, percebendo que poderia desagradar a uma delas, dirigiu politicamente seus elogios à pequena Maria Thereza:

— Que garotinha mais bonita.

Foi o suficiente para que ela ficasse lembrando e provocando as primas. Gostava de receber elogio. O que não suportava era ser chamada de "gordinha, gorducha, fofinha", resultado dos anos que passou aos cuidados de Dinda. Ao ouvir qualquer comentário sobre seu peso, Maria Thereza respondia aos berros:

— Eu não sou gorda!

Decidiu, então, emagrecer da maneira mais simples e rápida. Fechou a boca e não comia. Pular corda e tomar suco de limão viraram mania. Como consequência, passou a sofrer alguns desmaios de fome.

No Colégio Americano, ela seguia no seu ritmo. Às vezes, Terezinha aparecia de surpresa no quarto e perguntava:

— Maria Thereza, tu estás estudando?

Ela nem precisava responder. Segurava uma revista de moda ou um livro. Já os cadernos escolares ficavam esquecidos em um canto. Herdara a paixão pela moda da sua avó Plácida, que, por necessidade, usava a criatividade para reaproveitar as roupas da família, construindo novas peças. Na fazenda dos pais, Maria Thereza chegava até a parar quieta só para observar atentamente o trabalho da avó.

Terezinha ficava nervosa com a calma da prima. Maria Thereza não se importava, não esquentava a cabeça. E inevitavelmente passaria o mês de dezembro no colégio para realizar os exames de segunda época. Mesmo assim, poucas vezes abriria o livro para estudar. Contava com a ajuda dos professores.

Em um desses dezembros, pouco antes de começar um exame final de matemática, foi sincera com o professor Falcão:

— Ah, professor, não sei nada. Quase não estudei.
— Fale-me o que sabes.
— Eu só sei o Teorema de Tales.
— Então a prova vai ser sobre o Teorema de Tales.

Com a colaboração do professor Falcão, a aluna foi aprovada.

No fim de 1950, a vida de Maria Thereza iria mudar novamente, dessa vez com a ida de Espártaco, América e Yara para o Rio. A família então encontrou um novo lar para ela, que passaria a morar, dessa vez, com um tio de Getúlio, e outro importante nome do PTB: Dinarte Dornelles, filho de Modesto Dornelles, que era irmão de Cândida Dornelles Vargas, a mãe do presidente. Seria Dinarte quem daria o envelope para Maria Thereza.

As despedidas da tia América e da prima Yara doeram, mas as separações já não abriam feridas. Para evitar mais tristeza, desistira de compreender o que estava sendo deixado para trás e o que surgiria no futuro. Como uma adolescente já acostumada a sofrer com separações e a vencer a solidão, ela chegou ao verão das mudanças, o verão em que entregou o envelope a Jango. Era só mais um verão em que tudo em sua vida mudaria. Mais uma vez.

Depois do envelope, com o fim das férias, Maria Thereza esqueceu-se de Jango. Ele não. A cada reunião na casa de Dinarte Dornelles, não deixava de perguntar sobre a garota. Depois de Dinda, foi a vez de Araci, esposa de Dinarte, preocupar-se com o interesse de Jango por Maria Thereza, que sempre encontrou alguém que a protegesse nos quatro lares onde morou. Sua mãe Giulia, as tias Dinda e América, e depois Araci, que ficava atenta a cada rápido olhar que os dois trocavam nos dias em que Maria Thereza e Jango estavam na casa ao mesmo tempo.

Vista por todos como uma adolescente que começava a ser apresentada à sociedade, Maria Thereza amadurecia rapidamente, mas não largava seus escudos. Marcada pela frase que ouvira do pai, mesmo com as tias a seu lado, sabia que, apesar de tudo, estava sozinha. Era responsável por si mesma. Justamente por isso, o excesso de atenção que o tal de Jango lhe dispensava mexia com ela.

A vida em Porto Alegre também seguia feliz. Vigiada pelas tias e primas, Maria Thereza saía com as amigas, ia a festas e aniversários, já com liberdade para se maquiar e usar brincos, o que passaria a detestar. A preocupação natural dos mais velhos era acompanhar qualquer moça da família, mas com Maria Thereza o cuidado era extremo. Seu corpo se desenvolvia à frente de sua idade e ela parecia bem mais velha. Seu rosto, marcantemente clássico, já era fascinante. Uma linda adolescente que chamava a atenção dos jovens de Porto Alegre. Alguns não esqueceram, como Paulo José, um dos rapazes que admiravam a beleza de Maria Thereza e que, ao receber o título de cidadão porto-alegrense anos mais tarde, em 1999, registrou em seu discurso: "Lembro que a deusa da minha rua era a Maria Thereza Goulart, que não era ainda Goulart. Ela morava no Edifício Glória e recebia visitas misteriosas de um João, este, sim, Goulart, que era invejado por toda a garotada da Barros Cassal." Paulo José, sem saber, referia-se a mais uma mudança de endereço de Maria Thereza. Dinarte começou a passar muito tempo no Rio, na articulação do governo. Maria Thereza então foi morar com sua prima Daniza no Edifício Glória, na rua doutor Barros Cassal, para alegria do futuro ator e diretor de cinema e televisão.

O que Paulo José, Daniza, Dinarte, Terezinha, América e Dinda claramente percebiam era que Jango se tornava cada vez mais interessado nela. E quem se encantava com a beleza da moça tinha motivos reais para invejar aquele tal João, que também começava a aparecer de surpresa no Americano. A essa altura, qualquer notícia que saía sobre Jango nos jornais era recortada por Maria Thereza e pelas colegas para ser colada em um painel na parede branca do quarto do colégio.

Enquanto todos se preocupavam com a aproximação de Jango, Maria Thereza não se abalava. A pouca importância que ela dava a esses galanteios tinha outro motivo. Se Jango era conhecido, mais famosas eram as histórias sobre suas conquistas amorosas. Milionário, jovem, simpático e bonito; ele tinha um encanto particular e possuía uma legião de admiradoras.

Filho do fazendeiro Vicente e de Vicentina, a dona Tinoca, Jango nasceu em 1º de março de 1919. Foi o sexto filho de uma família de nove — Elfrides, a "Fida"; Maria; Nair, que faleceu ainda criança; Rivadávia, o primeiro filho homem, que morreu de meningite; e Iolanda, a "Landa"; depois de Jango vieram Tarsila, Neusa e Ivan. Fora campeão gaúcho de futebol, jogando como zagueiro do time infantojuvenil do Sport Club Internacional, o Colorado de Porto Alegre, mas encerrou a carreira esportiva por causa de uma doença venérea, que provocou uma artrite gonocócica. Seu joelho esquerdo ficou semiparalisado, o que faria com que ele mancasse por toda a vida.

Aos 15 anos, começou a trabalhar na fazenda do pai, chefe político da região. Mesmo matriculado na Faculdade de Direito, continuou sendo invernador de bois. Com menos de 20 anos, já conduzia tropas de São Borja para Livramento, que ficava a 26 dias de viagem em estrada de terra batida. Formou-se em Direito em Porto Alegre em 1939, mais uma obrigação imposta pelo pai do que uma vocação. Gostava mesmo era da terra. Quatro anos depois, o pai morreu em decorrência de um câncer. Jango tomou a frente dos negócios e multiplicou a fortuna da família.

Estimava-se que possuía 15 mil cabeças de gado bovino e mais de 5 mil de ovino, o que equivaleria, à época, a mais de meio milhão de dólares, sem contar outros bens e imóveis.[2] Em 1944, entregara à

Swift Armour 30 mil novilhos gordos de sua propriedade. E foi além. Criou uma empresa jamais imaginada na região, a Aéreo São Borja, de transporte por táxi-aéreo, reforçando a amizade com Maneco Leães, que passaria a ser seu principal piloto. Mas seu melhor amigo era Deoclécio Barros Motta, apelidado de "Bijuja", que manteria com Jango, para sempre, um forte laço de companheirismo.

Em sociedade com o filho de Getúlio, Maneco Vargas, adquiriu o jornal *Uruguai* e a emissora de rádio Fronteira do Sul. Em 1947, seduzido por Getúlio, disputou as eleições e se tornou deputado estadual. Viveria uma rápida ascensão política como deputado federal, secretário de Estado e ministro do Trabalho.

Esse era o Jango que todos conheciam, mas ninguém chegava perto de compreender o enigma. Para decifrá-lo, era necessário entender e conhecer o gaúcho, o gaúcho da fronteira. Um pecuarista do Rio Grande do Sul precisava estar lado a lado com seus empregados. E Jango era um patrão típico, que saía de madrugada para a lida, tinha rasgos de bondade alternados com momentos em que não pensava duas vezes em sacar a arma; sentava-se com seus peões, dividia a mesma cuia e a mesma bomba na hora de beber o mate, seguindo o ritual da roda do chimarrão. De seus empregados recebia gratidão, reconhecimento e total fidelidade. Poderiam chegar ao extremo de sacrificar a própria vida para protegê-lo, sem que isso alterasse o tratamento e o respeito por ele, amado e temido à mesma proporção.

Jango tinha história para contar, mas, entre ouvir ou falar, era mais de se calar. Um poderoso homem da fronteira que fazia com as mulheres o que a sociedade e a época esperavam dele.

Alguns anos depois, escrevendo em seu diário, Maria Thereza mostrou que tinha motivos para não considerar as gentilezas de Jango. Já o entendia bem:

> O prazer de viver bem ocupava grande parte de seu tempo, mas suas horas de trabalho eram sagradas. A companhia constante de lindas mulheres sempre disponíveis havia influenciado sua opinião sobre o

sexo oposto em geral. Eram bonecas que ele queria para brincar. Delas não esperava nada mais que não fosse passar um tempo agradável, sem jamais pensar em algo mais sério, e fazia questão de deixar claras suas intenções.

Além dessa fama, havia outro motivo que não iludia Maria Thereza. Em São Borja, ele tinha uma "noiva quase oficial", filha de um médico. Ela namorava — ou acreditava namorar — Jango havia um bom tempo e sofria com os comentários. Tapava olhos e ouvidos para não saber das escapadas do quase noivo e era considerada a mulher ideal pela família. Tanto que, assim que Jango convidou Maria Thereza para acompanhá-lo no casamento da irmã Neusa com Leonel Brizola, ela recusou, lembrando-lhe que sua "noiva" estaria presente. A sua sensibilidade ajudou-a a escapar de uma situação constrangedora. Durante a festa, os amigos e parentes formaram uma roda e colocaram Jango e a namorada ao centro, e, brincando, diziam que seriam os próximos a subir ao altar.

Pela boca de Jango, Maria Thereza acabou sabendo o que aconteceu. Nascia entre eles uma relação de espantosa sinceridade. Não que Jango fosse revelar tudo o que fizera, mas não fugia de suas perguntas. Queria mudar a corte que fazia a Maria Thereza para algo mais sério. A oportunidade surgiria em agosto de 1951, quando seriam comemorados os 15 anos dela. O ano de registro da matrícula no Colégio Americano era deixado de lado. Apesar de não existir uma certeza definitiva quanto ao ano de nascimento graças às constantes mudanças realizadas por Dinarte, América decidiu celebrar o aniversário de debutante de Maria Thereza naquele ano.

A tia organizou uma comemoração em seu apartamento na Rua Rodolfo Dantas, em Copacabana, e garantiu para a sobrinha que, a partir daquele ano, sempre faria um jantar para festejar o seu aniversário. Maria Thereza passou vários dias empolgada, mas o encontro não entrou para as memórias da debutante. Apenas Terezinha tinha a mesma faixa etária da aniversariante, que, na tentativa de parecer mais velha, usou um vestido preto de tafetá, com brincos e broche de brilhante emprestados da tia. O resultado final não a agradou.

O jantar, com a presença de Benjamin, Lutero e Espártaco Vargas, além de Jango, transformou-se, como era previsível, em uma reunião política. Mas serviu como uma oficialização do namoro. Pelo menos por parte de Jango, porque ela continuaria sem levar o romance a sério. Ele se manifestava frente à família de Maria Thereza, enquanto ela, pela primeira vez, admitia que o jeito simples e sedutor de Jango passava a despertar-lhe mais atenção.

Os convites de Jango para passear com Maria Thereza tornaram-se tão comuns que a família passou a escalar Terezinha para acompanhá-la. A prima cansou-se de ouvir a mesma frase: "Tu não deixas a Maria Thereza sozinha com Jango."

Sem opção, Terezinha obedecia. Tornou-se o "doce de pera", expressão comum no Rio Grande do Sul para se referir àquela pessoa que não saía de perto de um casal. Para sorte do namoro, Jango simpatizava com Terezinha. Mas, para equilibrar os passeios, ele chamava o amigo Maneco Vargas. Não demorou para acontecer um namorinho entre Maneco e Terezinha. Quando os mais velhos perceberam, reforçaram a vigilância, determinando que Irene, irmã mais velha de Terezinha, passasse a acompanhar os dois casais. Irene cumpriu a ordem com uma determinação que chegava a irritar a irmã e a prima.

Ignorando o terremoto que se formava a seu redor cada vez que Jango se aproximava, Maria Thereza seguia sem ligar para o namoro que começara sem que ela se desse conta. No início do relacionamento, deixava escapar, várias vezes, um "senhor" enquanto falava com Jango. Não seria fácil lidar com a ideia de que agora estava namorando "o homem". Apesar de achá-lo lindo, duvidava que uma das pessoas mais importantes do país estivesse apaixonado por ela. O pouco interesse que demonstrava aumentava o fascínio que Jango sentia por ela. Talvez estivesse aí o segredo. Ele acabava indo atrás dela. E apelava. Para conquistá-la, pedia ajuda a Terezinha, Dinda, América, ao amigo Íris Valls e a quem encontrasse pela frente.

Ainda assim, ele não fazia força para esconder sua fama de mulherengo. Gostava de colecionar beldades. De todos os tipos. Desfilavam a seu lado em São Borja de moças da alta sociedade gaúcha às mais famosas vedetes e estrelas dos shows do teatro de revista do Rio de Janeiro.

Era esse o namorado que Maria Thereza passava a conhecer.

Advertia a si mesma para jamais criar a ilusão de que ele melhoraria depois de um — improvável — casamento. Achava engraçada a forma como era tratada por ele, que levava lembranças a cada encontro. Flores e presentes não faltaram, mas sabia que ele continuava se encontrando com outras mulheres. Não brigava. Não reclamava. Apenas usava ironia nos comentários. Não valia a pena confrontar Jango. "Se ele fazia isso em São Borja, o que não aconteceria no Rio?", pensava ela.

Para quem se negava a empolgar-se com o namoro, Maria Thereza já sofria demais. A pressão poderia ser insustentável para uma garota de 15 anos que namorava o "homem", mas ela suportou, justamente por não acreditar. Seguia mostrando a fibra da menina que deixou a casa dos pais ainda criança. Não tirava os pés no chão. Em algumas ocasiões, era vista pelas amigas chorando no vestiário do colégio. Explicava à amiga Marina que havia brigado com Jango e que estava confusa. Não queria um compromisso mais sério, apesar de encantar-se com a atenção que recebia dele, como demonstrou em seu diário:

> Aos 15 anos se tem sempre boas armas de defesa. Em alguns momentos, o mito se tornava tão infantil quanto eu e isso me segurava emocionalmente. Gostava de descobrir meus segredos e divertia-se com meus sonhos. Não era um romântico enamorado, mas tinha momentos de grande ternura. Em algumas coisas combinávamos bastante, porém, sendo bem mais velho e experiente, sabia sempre como sair do ar. Tinha uma espécie de medo de demonstrar seus sentimentos para não ser manipulado. Bem-humorado, bom companheiro, nunca preocupado em impressionar a quem quer que fosse com palavras ou gestos.

Quando estava em São Borja, Maria Thereza não dava o braço a torcer, mas Dinda percebia seu sofrimento. Era a tia quem mais se preocupava. Continuava com medo do namorado da sobrinha:

— Cuidado. Esse rapaz tem muitas namoradas...

— Ah, Dinda, não estou nem aí pra ele.

Mas a cidade começou a se incomodar e a comentar. Maria Thereza achou engraçado quando se tornou o principal assunto do lugar. Não era apenas esse "namoro" que ela não levava a sério. Despreocupada e totalmente cabeça fresca, não ligava para nada. E rebatia com bom humor as observações machistas e paternalistas de Jango, que se sentia, pela primeira vez, questionado por uma "mulher". Maria Thereza mantinha a distância... Não desejava fazer parte da vida dele, ou de qualquer outra pessoa — e muito menos entrar para a lista de suas conquistas —, mas se entusiasmava ao perceber que, em alguns momentos, o poderoso homem se abria e a deixava emocionada. Para ela, o flerte de Jango fazia parte de uma relação leve, sem nenhum envolvimento mais sério, exatamente como seus antigos namoricos na praça.

Assim, marcava encontros com ele e esquecia-se do compromisso, enquanto Jango já considerava seriamente a relação — tanto que fez questão de apresentá-la à família. Depois de algumas recusas, Maria Thereza acabou aceitando o convite graças aos esforços da prima Terezinha, que, àquela altura, se tornara uma interlocutora de Jango. A prima a acompanhou e praticamente a empurrou até o apartamento de Dona Tinoca em Porto Alegre. Como esperava, ou como julgou sentir, foi recebida com frieza. Dona Tinoca lhe dirigiu um protocolar "como vai?". Era de esperar. A mãe e as irmãs já estavam acostumadas a conhecer as namoradas de Jango. Porém, quando viram a adolescente, ficaram bem surpresas. Tinham motivos para acreditar que o namoro não iria longe. Contudo, até os empregados de Jango percebiam que havia algo diferente naquela relação porque o patrão deixava qualquer pessoa falando sozinha assim que a via.

Terminado o ciclo escolar, Maria Thereza seguiu o caminho da maioria das jovens do interior gaúcho e, sem incentivo algum, não prosseguiu os estudos. Ela não gostou, mas aceitou. Passaria a viver com Dinda em São Borja, ou com a tia América no Rio de Janeiro ou ainda em Porto Alegre, com Araci ou Daniza. Também ficaria mais tempo com os pais, mas as visitas a Capão Alto serviam apenas para matar a saudade. O gramado e o pomar já não eram tão grandes assim.

Sem perceber, aquela seria a primeira vez que estava sem um lugar fixo para morar. Não reclamava. Mudava de casa sem lamentos e sem dor. Nem notava.

Resultado exclusivo da insistência de Jango, o que se limitava a visitas à família e a passeios vigiados foi se tornando algo mais sério. Maria Thereza continuava sem enxergar futuro no relacionamento. Enquanto as dúvidas a cercavam, o namoro tornou-se mais normal. Jango já criara um apelido exclusivo: "Teca", que registrou na primeira dedicatória que fez a ela em uma foto. A família e as amigas continuavam chamando-a de Tetê.

Ao lado de Jango, ela foi, pela primeira vez, a uma boate, a Casablanca, onde assistiu ao espetáculo *Acontece que eu sou baiano*, estrelado por Dorival Caymmi e Ângela Maria e produzido pelo dono da casa e um dos reis da noite do Rio, Carlos Machado. Nessas boates, ao contrário do ambiente quase totalmente masculino do teatro de revista, o clima era bem mais familiar. Mesmo assim, o casal estava acompanhado por Terezinha e Maneco Vargas. Maria Thereza era, com certeza, menor de idade, e não poderia entrar. No entanto, era difícil barrar uma convidada que estivesse acompanhando Jango, um grande frequentador do lugar.[3] Maria Thereza ficou fascinada por conhecer uma boate, mas se sentiu constrangida com a quantidade de pessoas que se dirigiam a Jango, principalmente as lindas artistas da casa. Percebeu, um tanto decepcionada, que não era só a ela que ele dirigia seu olhar tímido, que evitava fitar seus interlocutores. Foi naquela noite que Maria Thereza cometeu, também pela primeira vez, a ousadia de tomar uma bebida alcoólica, uma cuba libre.

Ficara tão entusiasmada com o show na Casablanca que Jango a levaria a outro templo da noite carioca, a Boate Vogue, que chegava a concentrar metade da riqueza nacional[4] e recebia grandes ou futuras estrelas, como o jovem Ibrahim Sued, que fotografava as personalidades que por lá passavam. Ao lado do namorado, um mundo de fama e poder apresentava-se a ela. Mesmo assim, resistia. Formara uma opinião e não se deixava iludir. Jango jamais se casaria com uma menina como ela. Impressionada pela beleza das mulheres que cercavam Jango, provocava-o:

— Se eu te encontrar com uma mulher feia, eu vou me sentir horrorosa.

Ele não se abalava e respondia com um elogio carregado de ironia:

— Fique tranquila, eu não gosto de mulher feia.

Tornava-se difícil, mas resistia e permanecia com os pés no chão. Afinal, era impossível esquecer-se da lição do pai, uma frase que continuava doendo, mas ao mesmo tempo lhe dava força.

Sempre escoltados por Terezinha, os namorados iam de lancha até a praia de Icaraí, em Niterói. No Rio, ela conhecia novidades que a fascinavam, mas era em São Borja que o casal encontrava suas verdadeiras afinidades. Os gostos combinavam perfeitamente. As mesmas aventuras. No Pampa, faziam um passeio nada romântico, mas que ambos adoravam: pescar e caçar. Durante as caçadas, realizavam disputas de tiro ao alvo. Os dois tinham ótima pontaria, o que insuflava a competição até um nível de enorme irresponsabilidade. Como Jango não acreditava que Maria Thereza pudesse vencê-lo, arriscavam-se em um jogo bem perigoso. Na frente da fazenda Rancho Grande, onde havia um descampado e um pequeno riacho com pedras, deixavam a caça e a pesca de lado para abusar da sorte. Jango pedia que Maria Thereza erguesse o braço e segurasse uma lata. Afastava-se cerca de duzentos metros. Mirava e disparava o rifle. Acertava em cheio. Terezinha, desesperada, morria de medo e protestava, enquanto Maria Thereza achava tudo engraçado. Não largava a lata. A disputa terminava aí. Jango nunca teve coragem de segurar a lata para Maria Thereza atirar.

Montar a cavalo era outra diversão que os apaixonava. Jango tinha cavalos que disputavam provas no Jóquei Clube do Rio. Tanto ele quanto Maria Thereza cavalgavam bem. E várias vezes disputavam corridas, que eram vencidas por Jango, apesar de Maria Thereza ser rápida e não fazer feio.

Nas pescarias, saíam-se bem e voltavam com dourados enormes. Mantinham as tradições da culinária gaúcha. Mas nesse quesito Maria Thereza não teria chance. Jango era um especialista em churrasco. Ela se limitava a ouvir atentamente suas aulas e aprender como a carne e o arroz tropeiro deveriam ser preparados.

E havia mais. O violão, que Maria Thereza aprendera a tocar no Americano, e com o qual arriscava todo o seu talento musical. E Jango gostava. Estava mesmo apaixonado. Quem ouvia Maria Thereza tocar e cantar tinha certeza de que a música não era o seu forte.

Convocada de supetão, venceu a timidez e até atuou em alguns capítulos de uma radionovela transmitida pela Rádio Fronteira do Sul. Com a óbvia interferência do dono da emissora, ela substituiu uma das atrizes que deixara o emprego inesperadamente. Assim como a música, essa também não era a sua vocação.

Convivendo com Jango, um apreciador de bons carros e de velocidade, em pouco tempo ela começou a gostar de automóveis e a entender de motores. Ele passou do incentivo à prática e deu-lhe um jipe de presente. Nem Maria Thereza nem Terezinha sabiam dirigir, mas viram no jipe a chance de aprender. O problema era a altura de ambas. Não conseguiam alcançar o pedal, fazer a troca de marcha e cuidar da direção ao mesmo tempo. Resolveram dividir as funções. Terezinha ia no banco do carona trocando a marcha, enquanto Maria Thereza cuidava da direção e dos pedais. Aprenderam a dirigir assim. Acelerando muito, revezavam-se na função de motorista e de "trocadora" de marcha. Terezinha, a princípio, se saiu melhor ao volante, mas ao fazer uma curva perto do Regimento de São Borja, não evitou que Maria Thereza voasse do jipe e caísse sentada em um gramado fora da estrada.

Esse jeito moleque da linda garota surpreendia e conquistava Jango cada vez mais. Apesar da pressão da política e dos negócios, revelava-se para ela como um homem alegre, que chegava a bancar o criançao, mas deixava evidente o medo de demonstrar o que estava sentindo. Certa vez, Jango mostrou-lhe uma foto dele com 3 anos. Usava vestido e tinha cabelos compridos. Explicou que era uma promessa que a mãe fizera. Dona Tinoca havia perdido o filho mais velho, Rivadávia, mas as filhas estavam bem de saúde. Para enganar o destino, prometeu que, se tivesse um menino, ele seria batizado com nome de santo e o vestiria com roupas de mulher até que completasse 3 anos. Logo após ouvir essa história, Maria Thereza perguntou a Jango:

— Quando perguntavam teu nome, tu dizias "Joana"?

Ele riu. Esperava um comentário triste, veio uma dúvida irreverente. E, se Maria Thereza parasse de brincar, era a vez de Jango perguntar sobre seus sonhos e segredos. Gostavam de conversar um com o outro. Mas ela nunca ouviu de Jango uma palavra espontânea sobre seus desejos e medos. Os amigos, a família... não havia quem conhecesse totalmente sua personalidade. No fundo, o ídolo da cidade era um homem tímido e isolado. E a solidão — um traço da personalidade dele, e um caminho obrigatório para Maria Thereza — acabava por uni-los fortemente.

A adolescente Maria Thereza conseguia atingir a sensibilidade de Jango. Mais uma vez, ela enfrentava o peso do mito do homem gaúcho, que não demonstrava o que sentia. Jango apenas se calava. Um silêncio que fazia Maria Thereza lembrar-se de seu pai.

Mas, assim que a conversa mudava, mostrava-se um amigo bem-humorado, com um charme que conseguia demolir, a cada dia, a indiferença que ela demonstrava em relação a ele. Era cativante. Com grande facilidade, transformava as pessoas que o conheciam em seus admiradores. Ironicamente, as mesmas pessoas que não aceitavam o namoro. Como fãs de um astro de cinema, ficavam inconformados porque seu ídolo não poderia estar apaixonado por uma menina. A pressão contra o namoro serviu para aproximar o casal. Jango a apoiava e um clima de cumplicidade surgiu entre eles. Maria Thereza passou a demonstrar seu descontentamento abertamente com os comentários sobre o relacionamento. Não media palavras ao ouvir qualquer tipo de insinuação. E, quanto mais falavam dela, mais ela respondia.

Sentindo-se insegura, em uma de suas visitas à fazenda dos pais, Maria Thereza pediu ajuda a uma pessoa em quem confiava muito:

— Mãe, o que a senhora acha do Jango?

Giulia não desejava ver a jovem filha envolvida com uma pessoa tão poderosa. Queria mesmo que ela até voltasse a estudar. Tinha medo, mas escondeu o que pensava:

— Eu não acho nada. Tu que tens que achar!

E lembrou, com humor, dos comentários que Maria Thereza fazia quando era criança:

— Mas, pelo menos, não vais precisar cozinhar.

A recordação fez ambas sorrirem.

A cada mês de agosto, América cumpria a promessa e não deixava de oferecer um jantar para festejar o aniversário da sobrinha. O de 1954 foi um dos mais marcantes e tristes na vida de Maria Thereza. A comemoração de seus 18 anos (a família mantinha a coerência matemática com a data de seu debute) seria realizada no apartamento de Yara na rua Duvivier, em Copacabana, exatamente no dia 23 de agosto, uma segunda-feira. Era um momento crítico para o governo de Getúlio Vargas, que vinha sofrendo uma série de acusações de corrupção. Os ataques da oposição pressionavam e isolavam o presidente.

Nesse clima nada festivo, a comemoração transformou-se, uma vez mais, em reunião política, porém bem mais tensa que nos anos anteriores. Maria Thereza ganhou de Jango uma pulseira na qual ele mandara gravar a data em que haviam se conhecido. Mas nem puderam conversar. Um telefonema do Catete convocou Jango para um encontro com Getúlio. E assim a festa praticamente acabou. Yara acompanhou Jango e pediu que Maria Thereza, Terezinha, Daniza e

Irene ficassem lá e dessem um jeito no apartamento. Naquela noite, Getúlio entregaria a Jango um envelope fechado com sua carta-testamento. Depois de deixar o Palácio do Catete, Jango foi direto para o seu quarto no Hotel Regente.

As moças acordaram cedo. Após arrumarem a sala e a cozinha, conforme Yara — que não ainda havia retornado — pedira, foram à padaria. Nesse momento, as emissoras de rádio passaram a transmitir a notícia que mudaria a história do país. Getúlio se suicidara. Os comerciantes, espantados, aumentavam o volume dos aparelhos. Assustadas, elas viram pessoas começarem a chorar. Em poucos minutos, o ambiente de desespero se transformou em revolta.

Foi na calçada da rua Duvivier que Maria Thereza descobriu que seu grande ídolo político estava morto. Ela e as primas também caíram em lágrimas antes mesmo de voltar ao apartamento. Fora as trocas constantes de família que criavam suas bruxas internas, aquele era o primeiro choque que vinha de fora. A morte do presidente provocou-lhe mais um amadurecimento à força.

Preocupada com as possíveis reações populares, América proibiu as sobrinhas de irem a São Borja para acompanhar o enterro. Elas ficaram sozinhas no Rio. Ouviram que "eram muito crianças". Arrasado com a morte de seu grande amigo e líder político, Jango telefonou para Maria Thereza avisando que não sabia quando voltaria ao Rio. Muito abalado, recolheu-se à Granja São Vicente, em São Borja, e demorou semanas para se animar, até ser praticamente obrigado pelo PTB a candidatar-se ao Senado pelo Rio Grande do Sul. Fez uma campanha apática, sem emoção, e foi derrotado. Voltou-se para suas fazendas e ensaiou um abandono da política. Maria Thereza não arriscava lhe dar conselhos. Apenas ouvia suas dores. Foi um momento raro em que ele falou abertamente sobre seu sofrimento com a perda do amigo. Mas já se mostrava definitivamente envolvido com a política. Em 1955, haveria eleição presidencial. A imbatível dobradinha criada por Getúlio, a chapa PSD-PTB, mantinha sua força. O acordo seria mantido. Como cabeça de chapa, o PSD indicaria o mineiro Juscelino Kubitschek, que fora o único governador a comparecer ao enterro do ex-presidente. E o PTB, para vice, escolheria Jango.

O xadrez político mexia com a vida de Maria Thereza. Logo após Jango ser indicado, o casal foi convidado para um jantar em São Borja. Foi então que ele fez o pedido pela primeira vez:

— Eu quero me casar contigo.

A reação de Maria Thereza foi coerente com o que sempre repetia. Talvez até o próprio Jango esperasse a resposta que ouviu.

— Tu estás brincando comigo? Eu não quero me casar agora.

— Não. Não estou brincando, eu quero me casar. Vou falar com teu pai.

— E quem disse que eu quero me casar?

— Mas eu quero...

Sucederam-se vários "quero" e "não quero" e a noite terminou em certeza, para Jango, e em interrogação para Maria Thereza, que dedicava a essa declaração a mesma importância que dera ao namoro. Não acreditou. Assim que chegou à casa de Dinda, contou à tia sobre o pedido. Fez um comentário que comprovava o quanto acreditava no futuro do namoro.

— Coisa estranha, acho que ele está brincando. Imagina ele falar que quer se casar comigo...

A resposta negativa ao primeiro pedido de Jango em nada mudou o relacionamento. Era como se Jango não tivesse ouvido a namorada. Os dias se seguiram com Jango treinando uma nova abordagem. Voltaram a se encontrar, porém ele não falou mais sobre casamento. Ela estranhou, mas se sentiu aliviada.

Em São Borja, a possibilidade de que Maria Thereza se tornasse a esposa de Jango — mesmo sem o anúncio oficial, a notícia correu — transformou-a em alvo de muita inveja. Ela reconheceu o que acontecia e anotou em seu diário:

Fui amadurecendo (como ele queria), mas comecei a sofrer com as histórias sobre Jango e suas conquistas. Essa gente sem ter o que fazer começou a apostar com nossas vidas e nosso futuro. E isso foi se tornando cansativo (...). Quanto mais confusa eu me sentia, mais força o Jango me dava, criando um clima de carinho e atenções.

Em seguida, Jango precisou voltar ao Rio. Maria Thereza seguiu para a fazenda dos pais. Estava amedrontada porque uma nova realidade surgiu na sua frente. Ela se dava conta de que o namoro que fingiu não viver acontecera de verdade.

Na Capão Alto, procurou Dinarte e pediu sua opinião:

— Pai, será que ele está brincando?

— Não sei, minha filha.

Saberia em breve.

Jango enviou uma carta para Dinarte Fontella na qual o pressionava quanto à aceitação do casamento e, ao mesmo tempo, "terminava em definitivo" o noivado que Maria Thereza nem sabia que existia. Isso explicava o seu silêncio nos encontros após o pedido. A razão para a possibilidade de rompimento do namoro, por parte de Jango, não era esclarecida. Provavelmente, reclamava da indecisão e da demora de Maria Thereza, que relutava em se casar. Jango tinha pressa. Em poucos meses, entraria em uma violenta disputa eleitoral.

Maria Thereza retornou a São Borja em seguida. Dias depois recebeu a visita do deputado e grande amigo de Jango, Doutel de Andrade, que ela considerava uma pessoa de confiança. Ele foi a esse encontro com um objetivo.

— Tu sabes que o Jango me mandou falar com teu pai?! Eu nem sabia o que fazer.

— Falar o que com meu pai?!

— Fui falar oficialmente sobre o casamento.

— O que meu pai disse?

— Ele não concordou com o casamento porque achava que tu eras muito nova e que deverias estudar mais.

— E o que tu vais fazer agora?

— Vou ficar mais uns dias aqui e depois vou retornar para falar com ele novamente.

O envio de Doutel para conversar com seu pai despertou uma das impressões que ela teria sobre Jango para sempre: "Ele é muito engraçado, em vez de vir falar comigo, manda o Doutel falar com meu pai?!"

A estada de Doutel em São Borja iria se prolongar. Ignorando o "não" anterior, tentou mais uma vez. Dinarte mostrava-se perdido:

— Não sei mais o que dizer. Ela não quer se casar agora.

Dinarte queria apenas encontrar uma maneira para despachar o emissário sem ser mal interpretado.

Pela terceira vez, Doutel foi a São Borja. Estava saturado da sua função e parecia ter perdido a paciência:

— Olha, Maria Thereza, se não queres casar, tu precisas falar com o Jango de uma vez por todas. Estou cansado de ir e voltar com recados.

— Está bem, Doutel. Vou falar com ele.

Mas, antes de se encontrarem, Jango mandou seu avião para buscar Dinarte. E não havia como dizer não a Jango. Convencido pelo futuro genro, ele finalmente aceitou o casamento, mas ressaltou que a filha também precisaria concordar. Conquistada a adesão do sogro, Jango só tinha agora de convencer a noiva.

E ele foi. Bateu à casa de Dinda e recebeu o recado que Maria Thereza e Terezinha estavam na casa das amigas Nitinha e Delminda, da família Bandeira. Àquela altura, Maria Thereza já sabia que seu pai transferira a decisão para ela. Bem longe de se deixar levar pela ilusão da chegada do príncipe encantado, ela passou a aceitar a possibilidade de se casar.

Jango estacionou o carro na frente da casa da família Bandeira, mas não desceu. Ficou no automóvel e buzinou. Maria Thereza foi até ele. Conversaram dentro do carro:

— Já falei com o teu pai. É coisa séria, hein? Ele concordou, mas disse que tu que tens de resolver.

— Sim! Falaste com meu pai, mas não falaste comigo.

— Como? Eu falei que queria me casar.

— Mas eu não quero me casar. Agora não. Quero estudar, quero me formar. Casamento é uma responsabilidade grande... e com uma pessoa tão importante... Jango, tu conheces tanta gente, tem tanta mulher mais bonita do que eu correndo atrás de ti. Por que se casar comigo?

— Ah, minha filha, isso é coisa do coração. E no coração a gente não manda. Eu gosto muito de ti.

A resposta surpreendeu Maria Thereza. Uma ocasião quase inédita em que Jango arriscava-se a ser romântico:

— Eu quero me casar contigo.

— Jango, então está bem. Eu aceito me casar.

Ela não sabia se era a decisão correta e nem por que concordara. Certeza, tinha apenas uma. Estava assustada. Não se considerava preparada, mas a pressão de Jango, e tudo o que aquilo representava, tornou impossível dizer "não" a ele.

Após aceitar o pedido, o pânico tomou conta dela. Seguiram-se cumprimentos, parabéns e votos de felicidades. Só uma pessoa da família de Maria Thereza não gostou da notícia, Giulia. De forma serena, como costumava agir, procurou a filha para conversar. Sabia que tudo o que dissesse não a faria mudar. Talvez por isso tenha escolhido dar sua opinião apenas quando teve a certeza de que o casamento era irreversível. Giulia não falou sobre o noivo. Apresentou à filha um problema, na sua visão, bem maior:

— Minha filha, tu sabes o que vai enfrentar? Vais enfrentar um mundo que não é o teu.

Várias conversas se seguiram com Giulia insistindo com a filha para que ela adiasse o casamento. Mas já era tarde.

Jango marcou a cerimônia para abril. Haveria três meses de espera. Um tempo importante para acreditar que o namoro — que não daria em nada — terminaria em casamento.

Antes de Jango voltar ao Rio, Maria Thereza fez seu único pedido, mas testemunhou que o romantismo de Jango durara pouco:

— Jango, meu sonho era casar vestida de noiva.

— Mas vamos fazer uma cerimônia simples. Não combinaria.

Não era comum em São Borja as noivas usarem vestidos tradicionais e o sonho de Maria Thereza era feminino demais para que Jango pudesse entendê-lo.

Quando reencontrou a tia, a romântica Maria Thereza continuava intrigada:

— Dinda, que coisa estranha. Ele nem me deu uma aliança...

Noiva romântica.

Noivo apressado.

No período anterior ao casamento, Maria Thereza deveria manter-se calma, tapar os ouvidos e ignorar a falação da cidade.

Não estava preparada para isso.

A menina que não fazia força para agradar, que era amiga da solidão, que adorava bichos, que subia em árvores, que andava a cavalo, que atirava bem, que não sorria à toa, que pulava janelas, que gostava de festas, que sabia que era linda, que enfrentava qualquer discussão, que respondia na cara, que sonhava, que dançava, que namorava por namorar, que não entendia o pai, que chorava de saudade da mãe, que sentia falta da família, que falava sozinha, que pegava carona, que cantava mal, que sabia pescar, que desafiava professores, que dirigia um jipe, que não obedecia a regras, que era a filha de fazendeiros da fronteira conquistava um dos homens mais desejados do Brasil.

Encerrada a operação que reuniu amigos e parentes em busca do "sim" de Maria Thereza, o agora noivo voltou para a campanha política. A eleição presidencial comandaria a agenda política e Jango precisaria viajar pelo país. No sistema da época, o eleitor também votava para vice. Dependendo do resultado das urnas, o país ficaria na curiosa situação de ter um presidente de uma chapa e o vice de outra. Assim, Jango não estava em campanha para pedir votos para sua chapa, mas lutava no corpo a corpo tentando garantir a própria vitória.

Passado o silêncio pelo suicídio de Getúlio, o luto deu lugar à tradicional troca de acusações. O panorama político voltava a ser perigosamente instável. A UDN, tendo o deputado Carlos Lacerda — rival histórico de Getúlio — à frente, e sem acreditar em seu candidato, o general Juarez Távora, já dava sinais de que não aceitaria outra derrota. Lacerda era o dono do jornal *Tribuna da Imprensa*, que usava para atacar abertamente seus opositores. No Ministério da Guerra, o general Henrique Lott prometia que a vontade das urnas seria respeitada a qualquer custo. E, na Presidência, tentando equilibrar o cenário, sem coragem e talento para tanto, Café Filho, vice de Getúlio e seu sucessor constitucional, governava o país ao sabor do vento.

Para Jango, o casamento provocaria uma interrupção na campanha. Por isso, só voltaria a São Borja às vésperas da cerimônia.

Para Maria Thereza, restava enfrentar o imenso espanto com que era olhada nas ruas.

No dia do casamento civil não havia movimentação nas ruas. Mas não foi a cerimônia que parou São Borja. Alguns dias antes, uma forte chuva caíra sobre a região. A cidade ficou inundada. As estradas, intransitáveis. Jango, que viajava em seu avião, não conseguiu chegar perto de São Borja e retornou para Porto Alegre.

Casamento houve, mas sem o noivo. Às onze da manhã do dia 26 de abril de 1955, uma terça-feira, Dinda recebeu parentes e amigos para o que tentava ser uma discreta reunião social. O irmão de Jango, Ivan, com uma procuração nas mãos, assinou por ele. Já por Maria Thereza, menor de 21 anos, quem assinou foi o pai. A cerimônia, presidida pelo suplente de juiz Miguel Viana Pacheco, foi registrada no livro B 18, páginas 80 a 83, termo 2.313. Nessa certidão, Maria Thereza era tratada como "senhorinha". E, mais uma vez, um novo ano de nascimento surgia: 1935. Ficava estipulado que o casamento era celebrado segundo o regime de separação completa de bens atuais e futuros; e que Jango daria um dote de três milhões de cruzeiros para a família da noiva, conforme escritura pública de pacto antenupcial firmada entre Jango e Dinarte Fontella.

As famílias reunidas e Maria Thereza lá, com o irmão do noivo. Sem ter certeza do que estava acontecendo, procurou ajuda da tia.

— Dinda, mas isso vale? Eu fico do lado desse homem que eu nem conheço direito?

Dinda, que se rendera a Jango e estava contente com o casamento, explicou:

— Sim, fique tranquila, filha. Essa cerimônia vale!

A tia que a amparava não fugiu ao discurso adotado pela família, mas ao menos mostrou um novo caminho:

— Ah, minha filha, Jango é uma pessoa maravilhosa. Não fiques nervosa. Eu sei que é uma responsabilidade muito grande que tu estás sentindo agora.

— Ah, Dinda, eu estou apavorada... como eu vou encarar a vida agora?

— Toda jovem que se casa fica assim, cheia de dúvidas. Tu vais ter de terminar uma fase da tua vida, começar outra e fazer as coisas acontecerem. Tu não gostas do Jango?

— Gosto. Minha dúvida é sobre o futuro. O que vai ser agora?

Pela primeira vez, a enchente não era o assunto. A população de São Borja encontrara um clichê para explicar tanta chuva. O céu chorava porque Jango iria casar. A metáfora nada criativa ocorreu a tantas pessoas ao mesmo tempo que, de tão repetida, perderia a pouca graça. O casamento de João e Maria monopolizou a cidade e virou até um jogo no qual se apostava dinheiro. As opções: Jango apareceria para se casar ou abandonaria a noiva?

A ausência de Jango mereceu uma polêmica antecipada. A princípio, o boato era que ele tinha desistido e não apareceria. Mas, quando se soube que o casamento fora válido mesmo sem a presença dele, aí sim, Maria Thereza passou a ser alvo de comentários e motivo de piada. A esposa sem noivo.

Ela não parava de pensar na loucura em que sua vida estava se transformando. Depois de casar no civil, sua agonia aumentou. A segurança e a confiança dos tempos de namoro viraram pó. Para a menina sonhadora, aquilo não era um conto de fada. Não suportava as perguntas que fazia e as respostas que não encontrava.

A chuva parou, mas ninguém criou uma frase de efeito. A maior parte dos convidados partiu a caminho de Porto Alegre. Maria Thereza passara a noite acordada olhando pela janela e pensando: "Meu Deus do Céu, agora estou casada."

A cerimônia religiosa realizou-se na Capela do antigo seminário da Catedral Metropolitana de Porto Alegre, celebrada por dom Vicente Scherer, Arcebispo Metropolitano de Porto Alegre, no dia 27 de abril de 1955, uma quarta-feira, às 17h30. Uma tarde ensolarada. O tão sonhado vestido era um tailleur azul-claro com uma camisa fechada até o pescoço encomendados pela sua cunhada Neusa. A noiva usava luvas, um broche e, no braço direito, uma discreta pulseira. Estava com um arranjo de flores do campo no cabelo. Ela própria havia feito o corte, bem curto, e o penteado um dia antes, com a ajuda da mãe, que preferiu ficar em São Borja.

A cerimônia foi acompanhada por Dinarte, João José, Juarez, Maneco Vargas, dona Tinoca, Terezinha, Anita Bandeira e Haeckel Fontella; além de Dinda e Ângelo Zamboni, Naio Lopes de Almeida e Iolanda, que deu as alianças de presente, João Luiz Moura Valle e Tarsila; Neusa e Leonel Brizola, que passou a celebração segurando uma vela de meio metro de comprimento; Marcilio Goulart Loureiro e Maria Goulart Dornelles; Elfrides Goulart Macedo; América e Espártaco Vargas, entre outros.

Apenas um dia separou as cerimônias, mas o documento expedido pela Igreja Católica que atestava o casamento deixava evidente que Maria Thereza nunca saberia a data exata de seu nascimento – e ela passaria a aceitar isso. Pouco mais de 24 horas após a união civil, e seu ano de nascimento mudava novamente. Dessa vez, para 1934.

Brizola e Neusa ofereceram um jantar após a cerimônia. Maria Thereza era, com certeza, a mais jovem na recepção do próprio casamento. A quantidade de políticos reunidos — a eleição seria realizada em outubro — ajudou a tirar um pouco da atenção sobre a noiva.

Maria Thereza sentia a falta da mãe, que não quis ir, alegando que não se sentiria bem em uma festa tão importante. O pai, no silêncio ritualístico de seus gestos, assistiu à cerimônia sem demonstrar qualquer reação. Durante a recepção, manteve-se afastado. Apesar disso, para Maria Thereza, ficou a impressão de que ele tentava esconder certa tristeza.

Era esperado que o casamento de um candidato a vice-presidente e um dos líderes do PTB chamasse a atenção da imprensa. As duas maiores revistas do país, *O Cruzeiro* e *Manchete*, trouxeram reportagens sobre a cerimônia de Porto Alegre. A *Manchete* publicou um pequeno texto com fotos da celebração religiosa, enquanto *O Cruzeiro* dedicou duas páginas, trazendo mais detalhes e dando uma escorregada. O sobrenome Fontella se transformava em Fontenella. A noiva, como se esperava, era uma das curiosidades dos repórteres. Nas fotos tiradas na catedral, Maria Thereza estava com a face tensa e assustada. Na recepção, aparecia mais descontraída, com um sorriso aberto no rosto. Os repórteres não sabiam, mas a noiva, poucos anos depois, ajudaria as duas revistas a vender muitos exemplares.

Durante a recepção, Maria Thereza não saiu de perto de Jango. Sentiu-se mais uma vez amparada por ele, que a conduzia, apresentava e a ouvia:

— Jango, estou apavorada com o relacionamento que vou ter com tua família. Não sei como lidar com isso.

— Isso não importa. A gente é que importa. Tu não tens por que te preocupar em ser agradável à minha família. Nem eu.

— Não tenho condições de suportar toda essa pressão em cima de mim.

— Te preocupes apenas conosco. Com a nossa vida. O resto a gente vai administrando.

Com essa conversa, percebeu que o que faltara em São Borja fora a presença de Jango. A maneira com que ele falou a acalmou e lhe devolveu a confiança.

A lua de mel foi na cidade de Garibaldi, no Hotel Casacurta. Estavam bem menos tensos, e até alguns incidentes terminaram em risadas. Ao lavar o rosto na pia, Maria Thereza retirou a aliança, que escorregou da sua mão e foi para o ralo. A de Jango também não durou muito. De tanto vê-lo mexer no dedo, ela percebeu que a bonita e grossa aliança estava apertada e o incomodava.

— Escuta, não estás gostando de usar essa aliança?
— Não.
— Então tira, não precisa usar.

Mais tarde, Jango a presenteou com outra aliança, de platina com brilhante, que Maria Thereza nunca perdeu. Nesse hotel, esqueceram a frasqueira com o dinheiro que levaram. Tiveram de voltar para buscá-la. A dona do hotel ainda devolveu a camisola da noite de núpcias, que Maria Thereza havia deixado no quarto.

De Garibaldi, a intenção do casal era ir a Bariloche. Porém, o avião pilotado por Maneco Leães teve de pousar, por causa de uma forte névoa, em um minúsculo povoado argentino. Não havia hotel no lugar, mas alguns moradores alugavam suas cabanas. Jango negociou um quarto para passarem a noite, mas, assim que abriram a porta, encontraram um cachorro deitado na cama. Decidiram dormir dentro do avião, onde Maneco também se abrigava. No dia seguinte, o tempo melhorou e seguiram para Bariloche. Havia pouca neve, mas, mesmo assim, arriscaram esquiar por alguns metros.

A campanha prosseguia. Jango, de homem gaúcho, passava agora a ser um marido gaúcho. Decidiu que a esposa deveria morar na Granja São Vicente, fazenda que ficava próxima a São Borja, e explicou a Maria Thereza que isso seria bom para ela:

— Tu ficas lá para dirigir a casa e se entrosar com os empregados.

Aquela ordem a deixou espantada pela maneira com que seu futuro estava sendo decidido. Não gostou e não aceitaria, se tivesse chance de falar. Mas Jango nada perguntou.

A escolha não poderia ter sido pior. Em todas as vezes em que estivera na Granja São Vicente, Maria Thereza era a namoradinha de Jango. Mesmo casada, não chegaria à fazenda como a senhora do lugar. Pelos empregados, era até natural que fosse encarada como uma estranha. No primeiro dia sem Jango, a cozinheira, uma mulher baixa, de cabelo curto e rosto pequeno, encarou sua nova patroa e a cumprimentou:

— Bom dia.

— Bom dia.

— Eu sou a cozinheira do doutor. O que a senhora quiser vai ter de pedir pra mim.

Esse seria um dos raros diálogos que teriam. Houve ainda uma tentativa de Maria Thereza de fazer alguma tarefa doméstica, o que foi encarado como uma ofensa. A partir daí, a cozinheira apenas olharia para a nova patroa. E não diria mais nada além de uma frase. A mesma frase. Todo dia:

— Dona, a comida está pronta.

Sozinha, suportou duas semanas de silêncio. Um dia após outro. Um dia se arrastando após outro em lentos e repetitivos minutos. Para quem não parava quieta, o tédio era destruidor. Arrumou um cachorro que andava pela fazenda para lhe fazer companhia em seus curtos passeios. Mas não conseguia mais conversar com bichos, nem suportar o olhar que os empregados lhe dirigiam. Nenhum dos cerca de quinze funcionários falava com ela. A devoção que ofereciam a Jango era tamanha que a confundiam com uma ameaça, como se ela estivesse roubando o seu patrão.

Sentia-se espionada de dia e de noite, perdida em um mundo que não era o seu. Telefonava para Dinda e pedia que ela viesse visitá-la e trouxesse comida, biscoito, sanduíche e frutas. Atormentada por suas dúvidas, suspeitando dos empregados, não confiava em mais nada que a cozinheira oferecesse.

Mal conhecia o lugar onde estava morando. Não encontrava referências pessoais para se identificar. Nem uma fotografia, uma planta, um quadro, uma peça de louça. Tudo era estranho e desconhecido. A solidão era um teste para a vida, pensava. Mais um. A vida de casada seria assim, e ela teria de se acostumar... Era essa a dúvida que mais a atormentava.

Se antes estava com medo, o vagaroso passar dos dias fez nascer o pânico. Implorava ajuda para Dinda. Pedia que os irmãos a visitassem. Queria voltar para a casa da tia, que foi contra:

— Agora tu és uma mulher casada. Como tu não vais morar na casa do teu marido?

Percebendo a visível inquietação de Maria Thereza, Dinda e Juarez passaram a vê-la quase diariamente. Levavam frutas e lanches, que eram guardados no armário do quarto, fechado a chave. A tia estranhava o medo que a sobrinha demonstrava e mandou que Teresa Franco, a amiga de infância, fosse morar com ela. Maria Thereza ficou um pouco aliviada. Para comprovar o exagero da amiga, Teresa Franco não deixava de limpar o prato sempre que a cozinheira avisava que o almoço estava pronto. E chegava a repetir, comendo a parte de Maria Thereza também.

A ausência de Jango aumentava seu sofrimento. Restava apenas sentir saudade. Saudade dos tempos de colégio, das amigas, de Porto Alegre, de Dinda, dos pais, do tio Victor, enquanto a realidade mostrava para ela um mundo completamente diferente, no qual era forçada a habitar. Sem marido e com o medo ao seu lado. Assim passou o primeiro mês de casada. Mesmo com Teresa Franco dormindo em seu quarto, apavorava-se ao ouvir os empregados que passavam ao lado da janela durante a madrugada. Não dormia. Alimentava-se mal. Tentava contato com Jango, enviando recados para que fosse buscá-la, mas ele respondia que não poderia voltar. Estava andando pelo Brasil em campanha aberta.

As velhas fechaduras da casa, de tão desgastadas, não funcionavam e não impediam que as portas fossem abertas, mesmo trancadas com a chave, o que aumentava sua desconfiança. Teresa percebia que a amiga estava muito nervosa, mas não encontrava tantas ameaças que explicassem o seu choro contínuo. Aceitava o seu medo e a ajudava a esconder a comida. Não saía do seu lado.

Quase três meses vivendo assim. A falante Maria Thereza já não dizia palavra alguma.

Em uma manhã, ela acordou, levantou-se e desistiu. Ficou parada por instantes e comentou com Teresa:

— Estou cansada dessa casa. Não aguento mais.

Foi ao banheiro, abriu o armário e pegou todos os comprimidos de Seconal que encontrou. Colocou água em um copo. Esfarelou os comprimidos e misturou o pó na água. Na sequência, engoliu as pequenas cápsulas de cor esverdeada de um frasco do tranquilizante Bellergal e bebeu o líquido que preparara. Não conseguiu voltar ao quarto. Desmaiou lá mesmo, ao lado da pia. Do quarto, Teresa Franco ouviu a queda de Maria Thereza. Saiu pedindo ajuda. Em minutos, ela avisou os empregados. Um deles já estava saindo de carro para buscar um médico, quando Teresa correu e entregou a ele os potes que estavam no chão do banheiro. Isso salvou a vida de Maria Thereza. Assim que o doutor Emílio Trois, um dos médicos que cuidava dela desde criança, viu os remédios, levou para a fazenda os medicamentos apropriados. Trois chegou e notou que a pele de Maria Thereza estava roxa. Ele lhe aplicou uma injeção e a levou para o hospital de São Borja, onde seria internada na UTI.

Maria Thereza não conhecia os dois remédios que eventualmente eram tomados por Jango, que tinha dificuldade para dormir. O Seconal era um barbitúrico classificado como sedativo para tratar insônia, e agia diretamente no sistema nervoso central. O Bellergal era o calmante da moda. A superdosagem de qualquer um deles poderia ser fatal.

Jango, que estava na Bahia, retornou imediatamente. Quando Maria Thereza despertou, três dias depois, ele estava a seu lado. Acompanhou a sua internação, assim como Dinda e Terezinha. A recuperação foi rápida. Em menos de uma semana, recebeu alta. A força da sua juventude ajudara muito, explicaram os médicos.

Em São Borja não era mais necessário criar histórias sobre a esposa de Jango. Bastava acompanhar as notícias que surgiam do hospital.

As pessoas que comprovaram o sofrimento de Maria Thereza na Granja São Vicente não imaginavam que seu desespero a fizesse ir tão longe. Tentando explicar-se, ela chorava só em falar sobre a fazenda, o que preocupou demais Jango. Eles, que costumavam conversar sem parar, trocaram poucas palavras durante esse período. Maria Thereza sentia vergonha do que tinha feito. Jango sentia medo do que poderia ter acontecido. Suas suspeitas eram outras. Esperou Maria Thereza recuperar-se. Queria acabar com suas dúvidas.

— Aconteceu alguma coisa contigo lá?
— Não.
— Mas alguém fez alguma coisa pra ti?
— Não.
— Ninguém fez nada?
— Não. Eu me sentia uma estranha naquela casa. As pessoas me olhavam como se eu fosse um fantasma. A casa não tinha nada meu. Era uma prisão. Eu era uma prisioneira.

Jango decidiu então tirá-la de São Borja. Pediu ajuda a América e Dinda para que planejassem a mudança de Maria Thereza para o Rio. Após a alta, ela viajou para Porto Alegre e passou dois dias com Daniza. Em seguida, foi para o Rio. Iria morar com Jango no apartamento da rua Rainha Elizabeth, em Copacabana.

A atitude de Maria Thereza foi esquecida por Dinda, que jamais a questionou. Mas a família de Jango ficou inconformada e Dona Tinoca demonstraria sua opinião por muito tempo.

O copo com água e os comprimidos de Seconal e Bellergal marcaram o fim de um ciclo de vida, uma história de quase vinte anos, cinco casas e cinco famílias diferentes, um namoro que não se definia e uma pressão que não conseguia suportar. Era a conscientização de que estava casada com um dos homens mais importantes do Brasil. Ao fim de tantas mudanças, uma solidão como nunca sentira.

No Rio de Janeiro, a capital do país, iniciaria uma nova fase. Estaria longe de comentários e olhares. Mas ainda se sentia arrasada por ter decepcionado o marido, o que era mais um peso nas suas obrigações de uma mulher do Pampa gaúcho da década de 1950. Tinha na cabeça a certeza de que deveria cumprir a missão de ser a esposa perfeita de um importante político. Era isso.

Desde o momento em que vestiu as roupas de Yara pela primeira vez e se mirou no espelho, desejou ter uma família feliz e lindos filhos. "Seguir apostando no futuro de sonhos", como ela mesma falava, repetia e escreveria em seu diário. Era isso que estava fazendo. Novos sonhos surgiriam de repente, enquanto outros teriam de ser completamente esquecidos. Era preciso se adaptar ao poder. Já descobrira que o poder jamais se curvaria a ela.

Aos poucos, os meses na Granja São Vicente e os comprimidos seriam esquecidos, ou escondidos, por ambos.

Ele nunca mais perguntaria sobre isso.

Ela nunca mais falaria sobre isso.

No Rio, Maria Thereza acompanhou bem de perto o encerramento de uma tensa campanha eleitoral, mas Jango só lhe dava as boas notícias. Ela via o marido chegar ao apartamento entusiasmado, contando a ela de onde estava vindo e que a recepção popular o deixara contente. Teriam motivos para sorrir. Jango foi o candidato mais votado. Conquistou a vice-presidência do país com 3.591.409 votos. Curiosamente, 513.998 a mais que Juscelino Kubitschek, que também venceu e se tornou presidente, para desespero da UDN e de Carlos Lacerda, que, mais uma vez, não aceitaram a derrota. O general Lott precisou colocar a tropa na rua para garantir o resultado da eleição e a frágil democracia brasileira.

O início de vida de recém-casados no Rio prometia felicidade. Companheiros, namoravam e reforçavam a amizade. Maria Thereza, fascinada pelo marido, sentia por Jango uma mistura de atração e admiração.

E o melhor. A Maria Thereza que ele conhecera estava de volta. Nada mais havia da menina fraca que se apagou nos dias de melancolia na Granja São Vicente. Na primeira vez em que Jango, seguindo um velho costume gaúcho, passou a andar na sua frente pelas ruas de Copacabana, ela protestou na hora:

— Se continuares andando na minha frente, eu volto pra casa e nunca mais saio contigo.

Havia muito a fazer no apartamento da rua Rainha Elizabeth. Maria Thereza, entusiasmada, aceitou o pedido de Jango para que cuidasse da reforma e da decoração. A sua felicidade ficou maior ainda ao ouvir dele também a sugestão para que ela administrasse a casa.

Já dirigia bem desde os tempos do jipe em São Borja. Porém, não tinha habilitação. Matriculou-se na autoescola e tirou a carteira. A antiga colega de volante, a prima Terezinha, que se casara com o advogado Pedro Batista da Silva, estava morando em Porto Alegre. A distância as afastaria por um tempo, porém Maria Thereza foi conhecendo novas amigas com a ajuda de Yara e América. Logo que Maria Thereza chegou ao Rio, elas a levaram à Casa Canadá de Luxe — a mais famosa *maison* de alta-costura da cidade, gerenciada pelas irmãs Mena Fiala e Cândida Guzmann. Fundada em 1928 por Jacob Peliks, a Casa Canadá acabou com o contrabando de vestidos trazidos por aventureiros franceses e formou um comércio de luxo. Ao instalar a primeira butique, Peliks introduziu a profissão de modelo no Brasil. Além disso, ele não vendia os saldos e as coleções antigas, e sim a última moda parisiense.[5]

A prima e a tia se tornariam fundamentais para sua adaptação. Era um alívio para Maria Thereza morar em uma cidade grande. Ao lado de América, andava pela orla do Rio e ficava sem jeito nas raríssimas vezes em que era reconhecida como a esposa do recém-empossado vice-presidente.

Não era só Maria Thereza quem passava a viver uma época de sonho. No Rio de Janeiro da década de 1950, ao som da bossa-nova, que surgia para conquistar o mundo, a elegância ainda era uma obrigação que se via refletida nos vestidos que deveriam combinar com chapéus e luvas.

Quando não estava com América, passava a maior parte do tempo acompanhada por sua empregada, Ambrosina Rodrigues, a quem todos chamavam de "Neta". Ela trabalhara para a família de Jango em São Borja e era considerada uma amiga por Maria Thereza, que só pensava em não atrapalhar Jango novamente. O que fizera na Granja São Vicente ainda pesava.

No dia a dia da casa, a relação mantinha o espírito do namoro. Jango chegava e ia para a cozinha, preparar bifes e ovo na chapa. Quando tinha tempo, além de lavar a louça, dedicava-se a um cardápio especial para agradar a esposa. Certa vez preparou uma receita de camarão com chuchu. Prontos para jantar, receberam a visita inesperada de um ministro de Juscelino. Convidado para acompanhá-los, o ministro comeu, repetiu e elogiou o talento culinário de Maria Thereza, sem saber que o prato fora feito pelo próprio Jango. No começo do casamento, uma situação como essa divertia Maria Thereza. Ela até achava engraçado ter de dividir com Jango o que sobrara do camarão atacado pelo ministro. Em alguns anos, essas visitas, realizadas a qualquer hora, se tornariam comuns. E já não teriam a mesma graça.

Maria Thereza ainda tinha esperança de que o casamento pudesse estabelecer uma trégua no assédio que Jango sofria. Uma inocente esperança. As mulheres que cercavam o agora vice-presidente não mudariam só porque ele agora estava casado. Jango, muito menos, ela descobriria mais tarde. No fundo, sabia que seria assim. Era difícil acreditar que houvesse tantas reuniões políticas até tarde da noite. Mas, no início da vida a dois, fazia questão de dizer a si mesma que tudo estava bem, sem enxergar e questionar o óbvio. Só encontrava essa força porque voltara a confiar em si. De vez em quando reclamava com o marido que, em meio a tantas "reuniões", quase não tinham tempo para ir ao cinema ou jantar fora.

Sentia-se solitária, mas permanecia em silêncio.

Em menos de um ano, vivera em três casas diferentes, casou, quase morreu e viu seu marido tornar-se vice-presidente. E agora, e definitivamente, o resto da tristeza pelo que aconteceu na fazenda São Vicente dava lugar à euforia de realizar o seu maior sonho.

Estava grávida.

3.
A gota de orvalho numa pétala de flor

A gravidez fez com que a ordem de suas prioridades mudasse, porém a insegurança que sentia — sem admitir — não ia embora. Jango ficou eufórico com a notícia. Apesar da felicidade que surgia, ela passaria a se preocupar com as beldades que não deixavam de orbitar o seu marido. O ciúme nascia e ficava. Poderia suportar, pensava. Soube rir um pouco disso. Nos seus pensamentos repetia uma velha frase a si mesma: "Todas elas são lindas. Jango tem muito bom gosto."

Bastou saber que a sobrinha estava grávida para América acompanhá-la com maior frequência ao ginecologista e obstetra Paulo Barata Ribeiro, que garantia que Maria Thereza teria uma gestação tranquila. A tia levou-a mais uma vez à Casa Canadá, imaginando que a sobrinha iria precisar do enxoval tradicional para uma mulher grávida. Ela se preocupava com as roupas que Maria Thereza deveria ter para frequentar as festas e recepções oficiais. Conhecer a Casa Canadá fez renascer em Maria Thereza a paixão esquecida que sentia pelo mundo da moda. Desde pequena, era fascinada por roupas. Arriscou participar de desfiles beneficentes. Lia sobre moda, mas nunca tivera nenhum contato profissional. A Casa Canadá promovia desfiles exclusivos para suas clientes, que passavam as tardes na loja, tomando chá com as — então chamadas — manequins à sua disposição. Esses eventos acabariam se tornando tradição em outras casas, restringindo as novas tendências a poucas e milionárias famílias do eixo Rio-São Paulo. As esposas de diplomatas e políticos, como as primeiras-damas Darcy Vargas e Sarah Kubitschek, eram assíduas clientes da Casa Canadá.

Porém, se dependesse de Jango, ela não deveria se importar com suas roupas. Maria Thereza até pedia para acompanhá-lo nos eventos oficiais. A resposta era a mesma:

— É uma reunião política, só com homens.

Assim, tinha chance de usar as belas batas de gestante apenas quando era convidada para festas beneficentes e chás da tarde. Ao lado de Jango, comparecia somente às solenidades em que o protocolo exigia a presença das esposas. Grávida e mais sensível, percebia que a maioria dos cumprimentos que recebia nessas reuniões não era sincera. Chegava a comentar isso com Jango. Notava a reação de espanto ao ser apresentada como sua esposa. Os políticos e os jornalistas a viam como novidade. As esposas dispensavam o "dona" e o "senhora" ao conversarem com ela. Ao serem apresentadas, já a chamavam somente pelo nome ou por "você". Percebia que havia um tom de ironia em relação a sua idade.

Esforçava-se para entender o mundo de Jango, o mundo em que estava acabando de entrar. Durante sua adolescência, não dava importância aos encontros políticos que aconteciam sob o mesmo teto onde morava. Sentia necessidade de mudar. De um dia para o outro, fazenda, passeios e cinema transformaram-se em almoços com ministros. Apesar de conviver com suas tias, não foi preparada, como elas também não, para aquele ambiente.

Mas agora era diferente. Mesmo ficando à distância, ela fazia parte do jogo. Demorou para se dar conta de como o poder estava próximo. Às vezes, na sua cozinha. Certa vez, ao atender à campainha, abriu a porta do apartamento e deu de cara com o presidente. Sozinho, Juscelino fora visitar Jango. Maria Thereza vacilou por instantes e só então o cumprimentou:

— Presidente?! Como vai?

— Muito bem, minha filha. O Jango está?

— Sim! Entre, presidente! Fique à vontade!

Juscelino entrou, tirou os sapatos e foi para a cozinha, onde Jango preparava o café. Ficaram conversando por horas. Meses depois, uma nova visita, da mesma maneira, mas com uma pergunta a mais. Brincando com a silhueta de Maria Thereza, Juscelino perguntou:

— Mas, minha filha, você não está grávida? Essa criança não nasce?

— Falta pouco, presidente.

— O quê? Mas onde está a sua barriga?

Mesmo com os elogios que recebia quanto à sua forma, evitava comparecer a encontros sociais porque se sentia desajeitada. Quem se divertia com essa preocupação era Jango, que aproveitou e colocou mais um apelido na esposa. Passou a chamá-la de "Gorda", para brincar com os 8 quilos que ganhou durante a gravidez, que, somados a seu peso normal, totalizavam 55 quilos.

Mesmo tendo participado de poucas recepções, Maria Thereza precisaria enfrentar, em abril de 1956, um grande desafio. Para retribuir a visita feita pelo vice-presidente norte-americano Richard Nixon em janeiro do mesmo ano, João Goulart e Maria Thereza fariam sua primeira viagem oficial, acompanhados por políticos como Roberto Silveira, Herbert Levy, Doutel de Andrade, o senador Lima Teixeira e Yara Vargas, que acompanharia Maria Thereza.

A imprensa norte-americana viu a visita como um esforço em reverter a fama de comunista do vice-presidente.[1] A comitiva foi recebida pelo próprio Nixon e Jango teve um rápido encontro com o presidente Dwight Eisenhower.

Na delegação, o senador Lima Teixeira levava o grupo às gargalhadas. Comprava tudo o que via. Principalmente relógios de pulso. Jango não se continha:

— Senador, comprou outro relógio?

— Sim, comprei mais um. E esse tem despertador.

— Cuidado para não despertar na hora errada.

A comitiva compareceu a várias recepções e homenagens. Em seguida viajou para o Canadá, onde participaria de um banquete oferecido pelo governo. No instante em que iam brindar à rainha Elizabeth, o despertador do relógio do senador disparou em alto som. Fez-se silêncio e houve um constrangimento geral que irritou Jango. Teixeira, no entanto, não se abalou. Puxou a manga do paletó e desligou o despertador.

Do Canadá, retornaram aos Estados Unidos. Mais jantares, dessa vez em Nova York. A viagem, as festas e o mundo político norte-americano fascinavam a garota de São Borja, que estava indo bem, porém, no México, encarou um aperto inédito. Em uma recepção oferecida pela Prefeitura de Trujillo, Maria Thereza viu pela primeira vez um prato de lagosta. Sentada ao lado do prefeito, ela foi salva pela prima. Em uma rápida troca de olhares, Yara percebeu sua aflição e rapidamente começou a comer, para que Maria Thereza imitasse o que ela fazia. Não seria necessária tanta preocupação. Um convidado da comitiva mexicana não parava de falar com ela. A lagosta ficou no prato.

Quando voltou ao Brasil, Maria Thereza percebeu que havia sobrevivido ao primeiro teste. Surpreendeu-se com suas reações. Mantivera a calma, mesmo ao se tornar o foco de atenção dos fotógrafos. Escapara das gafes que tanto temia. Essa viagem foi importante. Apesar do glamour, mantivera os pés no chão. Ganhou elogios de Jango. E só. No Brasil, continuava na mesma. Raramente ele pedia à esposa que participasse de eventos. E ela nem se importava. Às vésperas de tornar-se mãe, sentia-se feliz. Redobrou a atenção com a saúde. Caminhava pela praia. Mas não era só ela que estava de volta à sua pacífica rotina. Jango também voltava ao Rio.

Nos últimos respiros de uma aparente sociedade conservadora no Rio de Janeiro, ter encontros eventuais ou até rotineiros fora do casamento não abalava a imagem nem de quem traía nem de quem era traído. Os casos que os senhores da alta-roda mantinham com artistas e vedetes nem passavam perto de ser considerados uma ameaça à instituição da família. Não existia a menor chance de um casal se separar. As aparências valiam muito. Nenhum respeitável senhor da época teria coragem suficiente para deixar a esposa em casa e ir a uma festa ou outro evento social com a amante, que era mantida confinada. Eram essas as regras seguidas na zona sul carioca. E não havia motivo para ser diferente com Maria Thereza.

Nos anos 1950, era absolutamente tolerável que maridos tivessem casos amorosos. Era quase uma tradição. Com certeza, ele voltaria para casa e continuaria sendo o bom pai e o marido exemplar. Até a imagem da amante era idealizada. A mulher sensual que ficava à disposição do homem, a qualquer hora, e que recebia um presente a cada visita. Os mais ricos compravam apartamentos, conhecidos pelo nome de "garçonnière", para realizarem esses encontros com mais tranquilidade. Dali, nenhuma delas sairia para realizar a destruição de um lar ou de uma família.[2] O que mais se prezava era a aparência. O maior medo, o escândalo. Jamais haveria esse perigo. Então era melhor fingir que não existia problema.

Maria Thereza até tentava seguir o padrão da esposa que acreditava que o marido tinha reuniões até altas horas da noite, porque havia, sem exceção, a certeza. Depois de se deliciarem nos braços das falenas, eles, todos eles, voltariam aos braços de suas helenas. Eram anos que o tempo iria dourar. As mulheres oficiais do Rio, de Atenas e da avenida Madison participavam da encenação esperando seus *mad men* para lhes servir um prato quente e caprichado assim que chegassem. Era o que Jango, abertamente, repetia: "Nunca vou deixar de voltar para casa." No dia seguinte, Maria Thereza, como outras esposas, escolhia e separava o paletó e a gravata que o marido deveria usar, deixando tudo à mão para que ele não perdesse tempo. Era a regra do jogo que ela não se cansaria, tão cedo, de jogar. Ai de ti, Copacabana.

Ela não chegava a se preocupar com as fugas de Jango. Já havia passado por vários testes para encarar essas situações. Esforçava-se para não perder o bom humor. Bem pior que suas escapadas era o afastamento que sentia surgir entre eles. A política poderia ser mais destruidora que uma amante. Eram encontros, telefonemas, compromissos e viagens que impediam o marido de passar mais tempo em casa. Maria Thereza não se atrevia a questionar Jango, que esgotara todo o seu pequeno estoque de romantismo durante o namoro. Ela achava que, se demonstrasse sua irritação com a ausência dele, poderia prejudicar o relacionamento. Vivia um mundo que se tornara ainda melhor com a expectativa da chegada do primeiro filho. Amadureceu rapidamente. Deixou de ter dúvidas em suas decisões. Tinha certeza de que o amava. Não queria estragar o momento. Concentrava-se em ser uma boa esposa para o vice-presidente do Brasil.

Apesar das muitas reuniões, das boates e das mulheres que tomavam o tempo de seu marido, a pressão sobre ela diminuíra bastante. Os tempos eram outros. Os flashes não seguiam seus passos. Era apresentada como a mulher de Jango e os comentários não passavam de "que mocinha, que bonitinha...", o que já não a desagradava tanto. Passara até a gostar dessa tranquilidade.

Mas Jango sabia que não poderia ignorar o gênio de Maria Thereza. Na zona sul carioca, onde todos se conheciam,[3] encontros casuais ou, pior, acidentais, poderiam acontecer. Em um de seus passeios por Copacabana ao lado de América, Maria Thereza, grávida, reconheceu o carro de Jango. Ele estava ao volante e uma vedete o acompanhava no banco do carona.

Disfarçou. Nada comentou com a tia. Guardou a raiva para a noite.

— Eu te vi passando aí com uma daquelas vedetes. Vou ter o meu filho e vou embora.

— Mas vais para onde?! Era só uma carona para uma amiga.

— Que amiga, nada! Conheço essa das revistas e de São Borja. Tu não tens jeito! Não tens jeito!

Jango sorria.

— Mas isso não é nada, Teca. Não te preocupes. Foi só uma carona.

Até ali, Maria Thereza encaixava-se no perfil da esposa da zona sul. Porém, ter visto Jango "dando carona" a uma mulher zerou rapidamente sua tolerância. O choque serviu para despertá-la. Ainda não anestesiada pelas convenções sociais e pela conversa do marido, Maria Thereza mandaria às favas o papel de esposa resignada e iria à luta. Já não esperava por ele. Ia atrás. Mesmo grávida, levou ao desespero a turma de amigos que frequentava o bar Michel, na rua Fernando Mendes. Maria Thereza queria saber onde estava o marido, mas a solidariedade masculina... os amigos — entre eles, Doutel de Andrade e o jornalista Samuel Wainer — corriam para cumprimentá-la. Passaram a inventar histórias sobre o paradeiro de Jango, garantindo que ele quase nunca visitava o lugar. Convidaram-na para se sentar e conversar, e em pouco tempo já se ofereciam para levá-la de volta ao apartamento.

A fama de brava de Maria Thereza crescia e contribuía para a "operação abafa". Após muita conversa e justificativas, ela relevava mais uma vez. Mas o recado estava dado. O mínimo que exigia era que ele fosse mais discreto. Seria bom não abusar e manter as aparências. Na mesma noite,

Jango — como qualquer chefe de família que se aventurava em outros lençóis — estaria de volta ao lar, agindo como se nada tivesse acontecido.

O Ocidente pós-guerra virava de ponta-cabeça e chacoalhava seguindo a coreografia de Elvis Presley, mas no Brasil as mudanças chegavam em um ritmo lento. Era inevitável. A geração de senhoras casadas dos anos 1950 refletia um mundo de padrões fixos, de um machismo dominador e inquestionável. Maria Thereza e as mulheres da época eram produto de um pensamento de que nada deveria mudar, principalmente as relações entre esposa e marido, com o chefe da família tendo direito a toda liberdade. A principal regra determinava que o casamento era, de qualquer maneira, para sempre, afinal havia uma inevitável pressão da sociedade que excluiria a ambos em caso de separação. Tudo estava bem, desde que aparentasse estar bem. À mulher lhe cabia o seu mesmíssimo e devido lugar estabelecido há décadas.[4]

Maria Thereza, que adorava ir às bancas de jornal, poderia até ter comprado a edição de 14 de março de 1957 do *Jornal das Moças*, que, apesar do nome, era uma revista publicada desde 1914 e tinha como um de seus slogans: "100% familiar. A revista que o senhor e a senhora podem deixar em sua casa porque não há perigo de perversão em nenhuma de suas páginas". Na edição daquela data, ela poderia ter lido a coluna de Germaine Nicol, que ensinava as esposas a lidarem com o "homem alegre e boêmio":

> É um espírito vivo e alegre. Não tenha a preocupação constante de prendê-lo para encontrar um tema de interesse, porque certamente ele é o centro do próprio universo e não lhe dará oportunidade para ser mais espirituosa do que ele (...) Pretenda estar pendente de cada palavra do seu amado. Diga-lhe quanto lhe agrada ouvi-lo falar. Jamais lhe passe pela cabeça recordar reuniões em que ele não esteve. Faça-lhe sentir que o mundo é horrível sem ele. Esta conquista pode resultar uma verdadeira prova para a paciência de qualquer moça, mas se você ama-o verdadeiramente, todos os sacrifícios serão removidos pela sua força de vontade. Não seja uma desmancha-prazeres, em geral quando uma mulher ama um homem alegre vai se contagiando e o resultado é um casal alegre e divertido.[5]

As aspirações das mulheres, assim como as reboladas de Elvis, ainda não provocavam reações.

Ocupada em compreender a vida de esposa de Jango, evitando ser uma "desmancha-prazeres" e com um mundo novo desfilando à sua frente, Maria Thereza só sentiu medo do parto quando estava perto de ter o bebê. Jango praticamente tomara todo o seu tempo. Tivera uma gravidez tranquila, mas passou mal faltando poucos dias para o nascimento, e o doutor Barata Ribeiro decidiu adiantar o parto. Jango estava viajando, mas América, dona Tinoca e sua cunhada Tarsila correram para ajudá-la.

João Vicente Goulart nasceu em 22 de novembro de 1956, de cesariana, pesando 3,850 quilos. Jango retornou rapidamente ao Rio, lamentando não ter acompanhado o nascimento do filho. Os fotógrafos amontoaram-se na Maternidade Santa Lúcia em busca de uma foto do recém-nascido. Maria Thereza e Jango passaram os primeiros dias de João Vicente quase sem sair do apartamento. Já se podia notar uma clara mudança no comportamento do novo pai, que ficaria mais tempo em casa. Apegou-se ao filho e praticamente não se desgrudaria mais dele. Maria Thereza era só felicidade. O casal escolheu o médico Barata Ribeiro para ser o padrinho de João Vicente. Dona Tinoca seria a madrinha.

Jango ajudou tanto nas tarefas da casa que Neta, a empregada, passou a ter menos trabalho, mesmo com um morador a mais no apartamento. Ainda assim, de tanto ouvir seu nome, "Neta" foi a primeira palavra que João Vicente disse, o que deixou Jango inconformado depois de tanto esforço para fazer o filho falar "pai". Observando e valorizando cada minuto da vida em família, Maria Thereza desfrutava de um momento que não iria acabar tão cedo. Três meses após o nascimento de João Vicente, estava grávida novamente.

Denize Goulart nasceu em 29 de novembro, um ano e sete dias depois do irmão. Para a imprensa, a chegada de mais um filho do vice-presidente não despertou o mesmo interesse. Dessa vez, nenhum fotógrafo esteve na Maternidade Santa Lúcia. O nascimento de Denize foi a confirmação de que Jango iria tornar-se um pai exageradamente coruja. Maria Thereza não esperava que ele se derretesse tanto pelos filhos. Jamais o havia visto tão eufórico. O modo com que Jango os tratava chegava até a espantá-la. Ele passou a ter atitudes que antes não tinha, como avisar onde estava, e se iria demorar para chegar. Nas viagens, encontrava tempo para telefonar várias vezes por dia. Tornou-se um especialista em fazer mamadeira e aprimorou seu talento na cozinha. Tanto carinho com as crianças bagunçava a rotina da casa. Maria Thereza sofria para fazer os filhos dormirem. Eles se acostumaram a pegar no sono apenas depois que o pai chegasse.

O apartamento da rua Rainha Elizabeth ficou pequeno, agora que contava com mais dois moradores e os muitos brinquedos que o pai comprava. A família mudou-se então para um dos lugares mais caros e elegantes do Rio: o Edifício Chopin, ao lado do Copacabana Palace. Da janela do novo apartamento de 350 metros quadrados no Bloco Prelúdio se viam a piscina, a pérgula do hotel e a praia. Além disso, os moradores do Chopin tinham direito a usar a famosa piscina do hotel. Para Jango, era só descer e dar uma esticada no Golden Room ou no Meia-Noite, as boates do Copa. Além disso, haveria mais segurança e privacidade, mesmo em uma época que a esposa do vice-presidente não era perseguida por fotógrafos.

Além do endereço, houve outra mudança. Neta deixou seu trabalho com a família para realizar o desejo de se tornar enfermeira. Em seu lugar, o casal chamou a sobrinha de Neta, Djanira da Silva Rodrigues, uma amiga que Maria Thereza conhecia desde São Borja e que era filha de Marcisa da Silva Rodrigues, empregada na casa da família de Jango. Fora ele quem pagara os estudos de Djanira.

Em uma fase de absoluta alegria, com filhos pequenos e um marido que chegava a participar da rotina do lar, a mudança trouxe boas novidades para Maria Thereza. Durante os passeios que as mães do Chopin faziam pelo calçadão, ela conheceu mais uma Terezinha que se tornaria uma grande amiga. Terezinha Vinhaes, casada com Aloysio Macedo Vinhaes. Eles tinham três filhos: Roberto, Claudia e Cynthia, crianças na idade de João Vicente e Denize. O entrosamento foi imediato. Era comum encontrar os cinco, de pijama e chinelo, nos corredores do Chopin, brincando e trocando de apartamento. Maria Thereza adorava juntar todos eles e ainda participava das brincadeiras. Jango, além de levar doces ou brinquedos para João Vicente e Denize, agora não esquecia dos filhos de Terezinha Vinhaes.

De vez em quando, fotógrafos apareciam pedindo autorização para uma foto com os filhos na praia. Era o máximo de incômodo.

Após três anos no Rio, contudo, ela começava a ficar conhecida. Jerônimo André de Souza, o Mestre Jerônimo, que, em 1941, ao lado de três companheiros, fizera a travessia do Ceará ao Rio de Janeiro na jangada "São Pedro" para pedir a regulamentação da profissão de pescador a Getúlio Vargas, anunciava agora uma nova travessia. Dessa vez iriam do Ceará a Buenos Aires, na jangada que foi batizada com o nome de "Maria Thereza Goulart".

Jango continuava sem incentivar a esposa a levar uma vida social mais ligada a recepções políticas. Ela pouco ligava. Tudo era lindo para Maria Thereza. Dia de luz, festa de sol. O seu futuro havia chegado.

Além das crianças, o apartamento era um entra e sai de políticos, sindicalistas e correligionários. Maria Thereza e Djanira acostumaram-se a preparar rapidamente refeições para os convidados que Jango levava sem avisar, a qualquer hora do dia ou da noite, e que ficavam até a madrugada.[6] Ela, porém, esperava a oportunidade certa. Assim que terminavam de comer, saía discretamente e ia para o quarto dormir. Não se importava com a bagunça que faziam. Era um preço bem pequeno. O lado bom era muito maior.

Levava uma vida tão normal que era difícil crer. Voltando da praia, Maria Thereza quis ir com os filhos à piscina do Copacabana Palace. Porém, de maiô, chinelo e saída de banho, foi barrada pelo segurança, que não acreditou que aquela mulher era a esposa do vice-presidente do Brasil. Ela não discutiu, deu meia-volta e foi para seu apartamento, onde horas depois recebeu um telefonema com um pedido de desculpas da direção do hotel.

Com Jango vivendo uma fase mais caseira, aproveitava para ir ao cinema e ao teatro com ele. Tinha aula de violão com um dos maiores músicos do Rio, Miltinho. Mesmo com um craque como professor, não conseguiria aprimorar sua vocação para a música.

A chegada dos filhos e a mudança para o Chopin a transformaram. Não se sentia mais só. A jovem que não fazia força para agradar começava a dar lugar a uma senhora da década de 1950. A fase de paz tornava tudo mais suave. O eterno e velho problema havia diminuído, porém estava longe de ter fim. O maior número de novas amigas trazia junto inevitáveis comentários sobre Jango. Ela se esforçava para não confrontar o marido. Sabia que as brigas não dariam em nada. Preferia o silêncio. Tinha medo de que aquele período terminasse. Apesar das vedetes, Jango era dedicado e carinhoso com ela. Se antes seu medo era atrapalhá-lo, agora temia que qualquer reclamação pudesse destruir aquele quadro. Desde o verão em que tudo mudou, tinha certeza de que Jango continuaria o mesmo. E fora avisada por ele. Mantendo sua seca honestidade, alertou que a esposa iria ser a primeira em tudo, mas não poderia proibi-lo de sair à noite, para não entrarem "em conflito". Decidiu aceitar isso. Ou tentar.

Com dois filhos e a Copacabana da Bossa Nova, tudo estava bem. Ou quase. Mesmo com Maria Thereza se esforçando para ser paciente, Jango não se preocupava em ultrapassar o limite. E justo ele, que conhecia a esposa. Havia noites de gritos de desabafo, principalmente quando era esquecida por Jango. Ela se preparava, deixava as crianças aos cuidados de Djanira, escolhia um bonito vestido e passava a noite no sofá esperando pelo marido, que só chegava de madrugada. Em algumas ocasiões, cansado de reuniões políticas, mas em outras, cheirando a perfume feminino. E aí não havia convenção social que fizesse Maria Thereza se acalmar.

Foram muitas noites esperando por Jango. Na maioria das vezes, ela perdia para a concorrência, que era forte. Havia a boate Sacha's, do pianista Sacha Rubin, no Leme. Na Cinelândia, próximo ao Palácio Monroe, sede do Senado brasileiro, a Night and Day e, em uma irônica coincidência, o Edifício São Borja, onde os políticos mantinham suas garçonnières.[7] A Black Horse, no posto 2 de Copacabana, também era uma opção. O vice-presidente circulava por todas, sem ser vigiado pela oposição, que bailava junto. A imprensa mantinha uma respeitosa distância. Os jornalistas da capital também se encantavam pelas atrizes que faziam sucesso na época. Estavam no auge Fernanda Sotto Maior;

Carla Morel; Aída Campos, apelidada de "Joãozinho Boa-Pinta" por causa do corte de cabelo rente à nuca; Mara Rúbia e Angelita Martinez,[8] conhecida como "um dos maiores espetáculos da Terra",[9] que não deixava por menos e mantinha um caso com o craque Garrincha.

A noite do Rio seguia as mesmas regras que separavam a esposa da amante. As boates de Carlos Machado, em Copacabana, eram frequentadas por casais, enquanto as de Walter Pinto, na praça Tiradentes,[10] recebiam um público masculino; políticos, empresários, atletas, diplomatas e milionários que não estavam interessados apenas em arte. O desfile de mulheres transformava os camarins em uma sessão alternativa do Congresso ou de um clássico no Maracanã. Era possível realizar as tarefas de trabalho e de lazer quase ao mesmo tempo.

Nos anos 1950, porém, o *Jornal das Moças* estava nas bancas. Havia ocasiões em que Jango voltava de madrugada e achava normal acordar Maria Thereza para perguntar onde estava o comprimido para dor de cabeça e, ainda mais, fazê-la sair da cama para pegar o remédio. Quando cumpria o combinado e levava a esposa para jantar, também convidava sindicalistas e políticos. Durante o encontro, só se falava em política. E Maria Thereza ouvia as conversas sem abrir a boca.

O dourado daqueles anos já brilhava menos. Era possível enxergar, no bairro que se consagrara como a "princesinha do mar", a decadência descrita pelo cronista Rubem Braga:

> E no Petit Club os siris comerão cabeças de homens fritas na casca; e Sacha, o homem-rã, tocará piano submarino para fantasmas de mulheres silenciosas e verdes, cujos nomes passaram muitos anos nas colunas dos cronistas, no tempo em que havia colunas e havia cronistas. Pois grande foi a tua vaidade, Copacabana, e fundas foram as tuas mazelas; já se incendiou o Vogue, e não viste o sinal, e já mandei tragar as areias do Leme e ainda não vês o sinal. Pois o fogo e a água te consumirão.[11]

Uma era estava chegando ao fim. Até o momento, para Paulo Francis, "as ruas da zona sul eram 'nossas', da classe média e acima".[12] Mas surgiam os "playboys" ou "rebeldes sem causa" ou a "juventude transviada", que tomava para si a tradução do clássico do cinema com James

Dean. O fim da inocência poderia ser marcado pelo "caso Aída Curi", a jovem que fora jogada de um prédio depois de lutar contra seus agressores, que queriam violentá-la. O assassinato de Aída revelava o surgimento de uma geração violenta em uma cidade que em breve iria desaparecer.[13]

Com quase cinco anos de casamento, Maria Thereza cansava-se de participar do teatro das esposas da zona sul, mas fugia do confronto com perguntas indiretas, distantes de suas verdadeiras intenções. Jango respondia, mas agia como se não percebesse a desconfiança da esposa. Não iam além. O mais espantoso é que Jango não mentia. Nunca negou. Maria Thereza cultuava, como uma questão de honra, o fato de jamais ter presenciado um mínimo deslize do marido. Quando estava com Jango, todas as atenções eram para ela. Contudo, a cada noite maldormida à espera dele, a sua irritação acumulava-se. Mesmo assim, insistia em sua dolorosa teoria, vivendo na redoma da maioria das mulheres. Não viu, não aconteceu. Se a desafiassem, informando o local para um flagrante perfeito, simplesmente respondia:

— Não vou. Não quero ver.

Era essa a regra que impunha a si mesma.

Estava bem mais madura. Inevitavelmente, tornava-se popular em todo o país. Ganhava experiência e aprendia a lidar com os ritos do poder. Além da tia América e de Yara, aproveitava os encontros com esposas dos amigos e dos políticos que apoiavam Jango. Conversava, confiava, tirava dúvidas, tentava aprender. Parecia haver um sentimento recíproco, já que elas reconheciam sua sinceridade e a ajudavam. Raramente, aprofundava-se em conversas mais detalhadas sobre o cenário político com Jango, apenas perguntava sobre o que estava acontecendo no país, enfim, o que lia nos jornais e nas revistas. Jango só desabafava se o dia tivesse sido horrível. Ela não chegava a pedir que abandonasse a política. Não adiantaria. Sentia sua constante preocupação e via que seu modo de vida, a falta de horário para alimentar-se e dormir e o cigarro que fumava sem parar poderiam prejudicar sua saúde.

Assim, sem Jango perceber, incentivava-o a voltar para onde tirava suas forças. Sempre que tinham chance, iam a São Borja. Maria

Thereza via seu rosto transformar-se. Ele dizia que queria descansar, ao mesmo tempo que saía para pescar, caçar, visitar as fazendas, rever a família, conversar com velhos amigos, fazer churrasco e tomar mate com os empregados.

A fazenda Pesqueiro, que ficava nas barrancas do rio Uruguai, era a preferida nessas folgas. Uma pequena propriedade com uma casa de madeira e o piso de chão batido que possuía um quarto e um banheiro. Lá, Jango e Maria Thereza passavam a noite dormindo na rede, enquanto os empregados ficavam em barracas. Assim foi o Natal de 1956. Com João Vicente com um mês de vida, receberam a visita do padre Juan, um argentino a quem Jango confiava até a responsabilidade de dar mamadeira para o filho. Padre Juan e Jango saíram para pescar, enquanto Maria Thereza prepararia o almoço. Ela ainda estava aprendendo a cozinhar com Jango, que lhe pediu que fizesse uma sopa e passou a receita. Maria Thereza guardou as instruções de cabeça, mas se confundiu e colocou a massa apenas no fim do cozimento. Ao chegarem da pescaria, a sopa foi servida. O padre elogiou a comida, principalmente o aipim. Logo após o almoço, Jango chamou Maria Thereza discretamente e tirou suas dúvidas. Já sabia onde ela havia errado. Até tentou manter-se sério, mas terminou rindo:

— Não tinha aipim na sopa, deixaste a massa para o fim e ficou tão dura que o padre pensou que era aipim...

Ficou decepcionada por não conseguir fazer uma comida que Jango elogiasse, mas acompanhou as risadas do marido. À noite, com a iluminação de uns poucos lampiões, faziam fogo de chão. Ambos gostavam dessas aventuras no meio do mato. As disputas de tiro ao alvo continuavam, mas ela não segurava mais a lata.

A relação com dona Tinoca melhorara muito. Acostumada à seriedade da sua casa, a sogra pedia que a falante Maria Thereza fosse visitá-la apenas para ouvir suas histórias. Ela era o reflexo da felicidade que sentia. Se não estivesse com um sorriso no rosto, logo ouvia a pergunta de Jango: "Está tudo bem?" Ele costumava brincar: "Se a Teca está calada, é porque viu algo que quer comprar ou então está doente."

Sem o peso da responsabilidade, foi conhecendo mais o mundo da política. Estava experiente, afinal já passara dos 20 anos de idade. Ao mesmo tempo que se tornava uma boa dona de casa, amava criar os filhos e passear com eles à beira da praia, ao lado da tia América ou de Terezinha Vinhaes e do monte de crianças que tanto a alegrava. Se o lugar permitisse, a jovem mãe chegava a rolar no chão e a subir em árvores com eles, com Jango assistindo a tudo com uma visível satisfação no rosto.

Era hora de agradecer. Aos estudos no Colégio Americano, aos seus quatro lares, às suas quatro famílias e à frase do pai que jamais saiu da sua cabeça.

A infância que não teve começava a não fazer falta.

Em junho de 1959, Maria Thereza, João Vicente e Denize seguiram com Jango em uma providencial visita oficial à Europa. Ele chefiava a delegação brasileira que participaria da Conferência Internacional do Trabalho, em Genebra. Era uma excelente hora para ficar longe do Brasil. A chapa que concorreria à sucessão de Juscelino — e que tentaria manter a aliança PSD-PTB — ainda não fora definida. Muitos políticos e uma pequena multidão foram ao aeroporto se despedir. O provável candidato a presidente, o marechal Henrique Lott, marcou presença. Estrategicamente, Jango ficaria fora das discussões sobre o próprio papel na eleição presidencial, enquanto deputados e assessores amarravam os acordos por ele.

A primeira parada foi em Roma. A família, acompanhada pelo amigo e secretário de imprensa de Jango, Raul Ryff, visitou o papa João XXIII. Foi o encontro oficial que mais impressionou Maria Thereza. A simpatia e a humildade do pontífice a conquistaram. Ela usava um vestido preto, com a cabeça coberta por uma mantilha da mesma cor, como mandava o protocolo, e segurava a mão de Denize. Jango, a de João Vicente, que não parava quieto. Mas a audiência contou com um imprevisto. Assim que o papa os viu, deu um terço para Denize e outro para João Vicente, que o colocou na cabeça e falou:

— Quero ir no banheiro.

O papa olhou para eles. Ao lado, Ryff percebeu a aflição do casal.

— Tem que ser agora, me leva, mãe.

Maria Thereza pediu ajuda:

— Ryff, o que eu faço? O João Vicente quer ir no banheiro.
— Pode deixar que eu levo.

O secretário de Jango pegou João Vicente e o levou ao banheiro. Jango e Maria Thereza, envergonhados, contaram ao papa o que estava acontecendo. João XXIII riu da situação e disse para não se importarem. No curto período que passaram juntos, tiveram a impressão de que estavam na companhia de um velho amigo. Quando João Vicente retornou, o papa lhe disse: "*Siamo due Giovanni*" ("Somos dois Joões"). Apesar da pompa da situação, para Maria Thereza, ele lembrou-lhe um simpático padre de uma cidade do interior.

Em Pistoia, no dia 25 de junho, visitaram o Cemitério Militar Brasileiro onde estavam enterrados os corpos dos soldados que combateram na Segunda Guerra Mundial. Maria Thereza depositou flores na imagem de Nossa Senhora Aparecida, que ficava logo na entrada. Foram acompanhados pelo cônsul brasileiro em Florença, Murilo Pessoa, e por um dos maiores colecionadores de peças e obras de arte do período de Napoleão Bonaparte, Maximo Sciolette, chamado pela imprensa brasileira de ministro para as questões econômicas em Paris.

No Grand Hotel Nizza Et Suisse em Montecatini, onde estavam hospedados, Jango recebeu a visita de Ranieri Mazzilli e do médico Moura Brasil, que viajavam com suas esposas. Conversaram sobre a sucessão de Juscelino. Também concedeu uma entrevista para o jornalista Carlos Castello Branco, que fazia a cobertura da viagem para *O Cruzeiro*.[14] No fim da tarde, enquanto o casal tomava o chimarrão que Jango não dispensava, ela ouviu um segredo a respeito da eleição. Desde que surgiram os boatos sobre as possíveis candidaturas, era a primeira vez que comentava sobre seu futuro político. Disse que estava quase tudo certo para que fosse novamente candidato a vice-presidente, dessa vez com o general Henrique Lott na cabeça da chapa. Deixou escapar que não estava em seus planos essa candidatura, mas que a aliança PSD-PTB prevaleceu mais uma vez. Apesar de contar com a simpatia popular, já era fácil prever que Lott, o militar que garantira sua posse e a de Juscelino na eleição anterior, com sua honestidade desconcertante, não enfrentaria bem uma campanha eleitoral, ainda mais contra o candidato da UDN, Jânio Quadros, um mestre no teatro de agradar plateias.

Maria Thereza também pensava assim. Jango deu a notícia, ela arriscou um palpite:

— Tu vais ganhar; mas o Lott, não.[15]

Achava o futuro marechal uma excelente pessoa, mas não acreditava que ele, como político, pudesse empolgar.

Em seguida, viajaram para Bruxelas, onde se hospedaram na embaixada e de lá foram para o Hotel Roger de Flor, na cidade de Lloret del Mar, a 75 quilômetros de Barcelona. Ela e os filhos aproveitariam as lindas praias do lugar, enquanto Jango seguiria para a Conferência em Genebra. A indicação do hotel partiu de um amigo de Jango, o médico espanhol Antoni Puigvert, referência mundial em urologia, autor de vários livros e criador de técnicas cirúrgicas revolucionárias. Políticos de várias correntes ideológicas eram pacientes de Puigvert: Fidel Castro, Francisco Franco, Rafael Trujillo e o amigo pessoal de Jango, o argentino Juan Perón, além de artistas como Salvador Dalí. Puigvert aproveitava sua convivência com esses líderes para interceder em favor de presos políticos.[16] O médico era próximo a Joan Gaspart Bonet, proprietário do hotel e dos grupos hoteleiros Husa e Lisa, e pai de Joan Gaspart Solves, que viria a ser presidente do Futbol Club Barcelona. O próprio Bonet sugeriu a Jango — que procurava um hotel mais afastado — que se hospedasse no Roger de Flor.

Após a conferência, Jango teve alguns dias de tranquilidade em Lloret que acabaram assim que pisou no Brasil. Não só para ele, mas também para Maria Thereza. Ou pela fama, ou por convenientes esquecimentos. A revista *Manchete* de 30 de janeiro de 1960 trouxe uma reportagem sobre o dia a dia de Jango no apartamento 604 do Bloco 10 do IPASE em Brasília. O texto destacava a campanha presidencial, e o cuidado que Jango dedicava a João Vicente e Denize, mas não tocava no nome de Maria Thereza. Houve uma única referência a ela, em um trecho que dizia que Jango, em contato "com os candangos (...) levara sua mulher e seus dois filhos para confraternizar com os humildes operários construtores de Brasília". A ausência de outras citações a Maria Thereza deu margem a pequenos boatos. Nada que pudesse abalar o casal, mas houve quem entendesse a matéria como se Maria Thereza fosse a mãe que não se preocupava com os filhos e o marido.[17]

A campanha eleitoral estava apenas começando.

Outros ataques, mais orquestrados, partiam de militares contrários a Lott e Jango. Como se tornaria tradição na história das eleições brasileiras, os partidários sairiam às ruas para espalhar mentiras, como o capitão Luiz Helvécio da Silveira Leite e outros oficiais do Exército: "Todo dia eu lançava um boato. Todo dia em que eu encontrava chance para fazer algo contra ele (Lott) eu fazia. (...) A gente saía depois do expediente, tirava o uniforme, assanhava o cabelo e mandava brasa contra ele (Lott) até a Praça da Bandeira: 'Olha aí o dinheiro do povo...' 'Olha aí a d. Maria Thereza Goulart gastando...'"[18]

Em 21 de abril de 1960, enquanto a campanha estava nas ruas, Juscelino concretizava sua metassíntese e entregava Brasília ao país. Maria Thereza já havia visitado a nova capital e tivera a mesma impressão das pessoas que acompanhavam o projeto. A cidade não estava nem pronta nem preparada. Por outro lado, além da corrida imobiliária que transformava a zona sul carioca em um desfigurado monte de prédios, o Rio de Janeiro iria sofrer com a mudança da capital.

Com a disputa eleitoral tomando todo o tempo de Jango, Maria Thereza se limitava a comparecer a jantares acompanhando o marido. O casal concordava quanto ao seu papel. Jango não queria que ela fosse além disso. Fazia o convite e já completava com um "mas acho que tu não precisas ir...". Maria Thereza não reclamava. Ficava aliviada. Não se sentia bem ao fazer campanha de rua. Assim surgiu e tornou-se evidente também a forte fobia que sentia. Tinha medo de ver-se cercada por pessoas. Até mesmo no cinema, preferia ser uma das primeiras a entrar e a última a sair. O que tinha, mas não sabia, era um distúrbio de ansiedade que se manifestava no medo de lugares abertos ou com muita gente, chamado de agorafobia. O terror maior era saber como poderia deixar o local, e que não poderia receber socorro médico se precisasse. A primeira manifestação surgira poucos anos antes, ao lado de Jango, recém-eleito vice-presidente, em uma viagem a Belo Horizonte. No hotel, atendendo aos correligionários, ele improvisou um discurso com a esposa a seu lado. Foi se formando uma aglomeração. Vendo o número de pessoas aumentar, Maria Thereza passou a suar e teve tonturas. Sua pressão baixou, enquanto um medo incontrolável tomava conta dela.

Um mandato depois, ousou arriscar. Convenceu Jango e iria finalmente acompanhá-lo a um evento da campanha. Sem jamais ter buscado tratamento, achou que poderia encarar os eleitores. Assim que ela e Jango chegaram ao aeroporto dos Guararapes, em Recife, encontraram um saguão lotado de simpatizantes. Enquanto os homens cercaram Jango, as mulheres corriam para abraçá-la e conversar. Sentiu-se sufocada e passou mal. Teve tonturas, mas deixou-se levar. Muitas pessoas a rodeavam. Ela se esforçava para manter o sorriso. Já estava a uma boa distância de Jango quando foi resgatada. Um político local abriu caminho entre as admiradoras:

— O Doutor Jango está procurando a senhora.

Maria Thereza, já pálida, suando, respondeu em voz baixa:

— Por favor, me tira daqui. Me leva para qualquer lugar, mas me tira daqui.

Ela foi conduzida para perto de Jango, mas ficou atrás dele, longe da massa humana que se formara. Melhorou a tempo de aproveitar seu lado fã do marido, admirando a desenvoltura de Jango, que abraçava, sorria e conversava com quem se aproximasse. Maria Thereza permaneceu lá, parada, ainda assustada e vendo com um pouco de inveja como Jango se saía bem. Empolgava-se com sua habilidade para discursar em público. E não cansava de repetir-lhe isso. Jango nada falava e sorria em agradecimento. Sobre o que acabara de passar, olhando a multidão, pensava: "Nunca mais."

Apesar de entrar para a história como um fenômeno de votos, Jânio Quadros elegeu-se sem alcançar a maioria absoluta (que não era exigida) nas eleições de outubro de 1960. Ficou com 48% dos votos. Jango também venceu e foi reeleito vice-presidente com 4.547.010 votos, bem mais do que o seu companheiro de chapa, o marechal Lott, que recebeu 3.846.825.

Jânio e Jango tomaram posse em 31 de janeiro de 1961. Muito feliz no Rio, Maria Thereza acreditava que morar em Brasília não seria uma mudança traumática. Afinal, ela era apenas a esposa do vice-presidente.

Já sabia o que esperar. Seriam mais cinco anos de um ou outro jornalista querendo uma foto ou uma entrevista, algumas viagens, raros eventos políticos e muita dedicação aos filhos.

Seguindo o que fizera nas fazendas e casas da família, Maria Thereza tomou à frente na decoração da Granja do Torto, a residência oficial do vice-presidente. Seriam os primeiros a morar no lugar que tinha um jeito aberto e despojado, lembrando uma fazenda, que agradou ao casal. Ela não pôde fazer as mudanças que desejou porque Jango, temendo uma reação da oposição, que estava de olho nos gastos para a construção da capital, pediu que aproveitasse objetos pessoais e particulares da família.

Em 28 de julho de 1961, Jango embarcaria para a Europa em uma visita oficial a vários países, na qual ele assumiria, a pedido de Quadros, a chefia de uma missão comercial à China. O convite partiu do governo de Pequim, primeiramente em caráter particular. Quadros, por um motivo que seria revelado em breve, alterou o caráter da visita para uma missão oficial do governo brasileiro. Em seguida, o Congresso Nacional autorizou oficialmente a viagem. Com o vice-presidente seguiriam, além de empresários e técnicos em comércio exterior, o diplomata Araújo Castro, os senadores Barros Carvalho e Jerônimo Dix-Huit, e os deputados Franco Montoro e Gabriel Hermes. O objetivo da visita seria colocar no mercado chinês produtos brasileiros como açúcar, arroz, couro, peles, algodão, cacau e café.[19]

Três dias depois do embarque de Jango, Maria Thereza, João Vicente, Denize, João José e Djanira seguiram para Paris, onde se encontrariam com ele. Entre uma e outra reunião, puderam conhecer a capital francesa. No dia 9 de agosto, Jango continuaria a visita oficial e deixaria a família hospedada no apartamento de Maximo Sciolette, em um elegante prédio na Place Vendôme. Maria Thereza tornou-se amiga da esposa de Sciolette, Irene, uma russa naturalizada francesa, e de Eda, a empregada do casal. Eda ia trabalhar de lambreta. Claro que Maria Thereza iria pedir que ela lhe desse uma carona. Para ela, a cidade era maravilhosa a pé, mas, de lambreta, seria melhor ainda. Além de divertir-se com os passeios conduzidos por Eda pelas ruas da capital francesa, Maria Thereza ria muito com o papagaio de Sciolette, que era bilíngue: falava francês e italiano.

Foi para Sciolette que Jango pediu, pela primeira vez, indicações de apartamentos para compra na capital francesa, mas o desejo não passou de uma empolgação de primeira viagem. Jango ficou uma semana com a família. Em seguida, iniciou sua visita oficial. Maria Thereza, João Vicente, Denize, João José e Djanira viajaram, de carro, para Lloret del Mar. Ficariam no mesmo hotel Roger de Flor onde haviam se hospedado dois anos antes. Após a visita à China, Jango rumaria para Lloret e retornaria junto com a família ao Brasil.

Antes de viajar, Maria Thereza soube que o presidente Jânio Quadros daria ao ministro de Cuba Ernesto Che Guevara a mais alta condecoração brasileira, a Grã-Cruz da Ordem Nacional do Cruzeiro do Sul. Ela o admirava muito e passou uma missão para a prima Yara. Queria uma foto autografada pelo ministro de Cuba. Imaginava acertadamente que, se dependesse do marido, jamais teria essa chance. Yara também sabia que Jango não iria gostar, mas acabou cedendo aos apelos da prima e fez o pedido a Guevara, em nome de Maria Thereza.

Pouco tempo depois, Che enviou a foto, que Maria Thereza emoldurou e pendurou no corredor que levava ao quarto do casal na Granja do Torto. Jango não acreditou quando viu a foto. Argumentou que não havia nenhuma foto dele no corredor. Esqueceu-se dos mais de dez porta-retratos com sua imagem no quarto. Reclamava, deixando escapar um leve ciúme: "Agora, toda vez que eu entrar no meu quarto vou ter de passar por esse homem na parede." As reclamações tornaram-se ironias de Jango, que "cumprimentava" diariamente a foto: "Boa noite, Che. Bom dia, Che."

A estratégica viagem de Jango à Europa e à China, matutada por Quadros, deixaria Jango fora do país por quase dois meses. No hotel Roger de Flor, Maria Thereza, João Vicente, Denize, João José e Djanira passavam os dias exatamente como queriam: eram hóspedes comuns. Ninguém dava qualquer importância àquela mulher que era esposa do vice-presidente do Brasil. Ela usava biquíni, ia à praia com os filhos, brincava com eles na piscina e os levava para passear na cidade.

Seguiram essa rotina até a manhã do dia 26 de agosto de 1961, quando Maria Thereza, como fazia em todas as manhãs, de biquíni e saída de praia, acompanhada por João Vicente, Denize e Djanira, entrou no restaurante do hotel — que estava com quase metade das mesas ocupadas — para tomar o café da manhã. Mas, naquele dia, o dono do hotel, Joan Gaspart Bonet, correu para recebê-la e demonstrou uma atenção fora do comum. Em seguida, foram aplaudidos pelos outros hóspedes, garçons e funcionários. Maria Thereza olhou para os lados procurando alguma explicação para a recepção calorosa. Com um jornal na mão, o dono do hotel a saudou:

— Parabéns!

Maria Thereza não entendeu.

— Parabéns? Parabéns por quê?

Joan Gaspart então anunciou:

— Parabéns, Dona Maria Thereza. A senhora agora é a primeira-dama do Brasil.

4.
Nas asas da Panair

Coroando uma série de atitudes, factoides e pronunciamentos que deixaram a oposição confusa e a situação enfurecida, Jânio Quadros renunciou à presidência da República no dia 25 de agosto de 1961. O presidente da Câmara, deputado Ranieri Mazzilli, foi empossado. Quem deveria assumir era Jango, mas como ele estava na China, na missão comercial que Quadros tanto incentivara...

Se fosse realizada a simples aplicação da Constituição, bastaria a Jango embarcar no primeiro avião e assumir a Presidência. Contudo, ninguém em Brasília, na China ou em Lloret del Mar acreditava que a solução viria de uma maneira tão constitucional assim.

— Parabéns, Dona Maria Thereza. A senhora agora é a primeira-dama do Brasil.

Maria Thereza compreendeu claramente o que Bonet havia dito. Mas não acreditou. Então pediu uma explicação:

— Do que o senhor está falando?

Ele passou para suas mãos o jornal *La Vanguardia Española* com a manchete de capa: *Janio Quadros, presidente del Brasil, ha dimitido* (Jânio Quadros, presidente do Brasil, renunciou). Viu e reviu a manchete que anunciava a renúncia de Quadros, e Jango como novo presidente do Brasil: *Se espera la llegada del vicepresidente Goulart, de viaje en extranjero, al cual corresponde ocupar el puesto.* (Espera-se a chegada do vice-presidente Goulart, que está em viagem ao exterior, a quem cabe o direito de ocupar o cargo.)

E assim entendeu a saudação e os aplausos, mas demorou para acreditar. Imediatamente fez a associação da viagem de Jango com a renúncia de Quadros. Ficou preocupada com o fato de o marido estar longe, na China, além dos vários motivos que tinha para desconfiar da súbita renúncia. As palavras do dono do hotel estavam longe de empolgá-la. Se Jango não havia nem voltado ao Brasil, era melhor continuar sem acreditar.

Teve pouco tempo para respirar e tomar o café da manhã. No mesmo dia, o hotel foi invadido por repórteres e fotógrafos com vários pedidos de entrevista e fotos. Desde sua primeira viagem à Espanha, jamais fora abordada por ser esposa do vice-presidente do Brasil, mas agora sua privacidade terminara. E as férias também. Passaria dias confinada no quarto que ficava no primeiro andar, com apenas uma escada de acesso, o que facilitava o cerco dos jornalistas que lá se concentravam. Daquele dia em diante, João Vicente e Denize ficariam com Djanira enquanto Maria Thereza permaneceria trancada à espera de um telefonema de Jango ou de alguma informação.

Ela teria de esperar. No Brasil sem presidente, havia mais dúvidas. O país se perguntava sobre as razões para a renúncia de Quadros. Os ministros militares de um governo que não mais existia reuniam-se e articulavam para evitar a posse de Jango, que passaram a classificar como "inconveniente". Carlos Lacerda, desesperado com a possível chegada ao poder do herdeiro de seu rival histórico Getúlio Vargas, também manobrava nos bastidores.

Em Lloret del Mar, na manhã seguinte, dia 27, enquanto Djanira levava as crianças para a piscina, Maria Thereza permaneceu no quarto. Não podia mais sair porque seria seguida por repórteres e curiosos plantados ao pé da escada. Esperando notícias e buscando sossego, ela só recebia telegramas de felicitações e flores. Preocupada com a repercussão que qualquer declaração sua pudesse ter, pediu que João José atendesse à imprensa. Ao repentino assédio somava-se a aflição do silêncio. Em uma época de difícil comunicação, houve uma dramática inversão. Eram os jornalistas que traziam novidades, querendo uma opinião de Maria Thereza, o que aumentava o seu nervosismo. Naquela tarde, conseguiu falar com Jango por telefone pela primeira vez. Combinaram um encontro secreto. Ele a instruiu, explicando que Puigvert iria até o hotel e a levaria para o aeroporto da forma mais discreta possível. Ela e João José embarcariam para Paris, onde se encontrariam com Jango. Tentariam não chamar a atenção dos repórteres, que, percebendo que Maria Thereza não saía do quarto, gastavam os flashes com João Vicente e Denize. Eles não se importavam e já eram fotografados até pelos hóspedes. Djanira foi chamada por Maria Thereza e recebeu a orientação de que ficaria sozinha com as crianças e que não deveria conversar com ninguém.

No mesmo dia 27, *La Vanguardia Española* trouxe na capa uma foto tirada no restaurante do hotel. Maria Thereza desistira dos trajes de banho e usava calça comprida, estava com Denize e João Vicente no colo, lendo um exemplar do jornal. Na legenda:

> Dona Maria Fontella, esposa do novo presidente do Brasil, João Goulart, veio passar o verão na cidade catalã de Lloret de Mar, onde foi surpreendida com a notícia sobre a agitação política em seu país. Na foto de Pérez de Rozas a vemos, com seus filhos, lendo *La Vanguardia*, protegida pela calma da bela cidade.

Um texto bom para agradar os leitores sugeria um clima de tranquilidade que não existia.

Puigvert aplicou bem o plano que Jango criou. Maria Thereza embarcou com João José para Paris, enquanto, segundo a imprensa mundial, Jango poderia estar em qualquer lugar do mundo. O próprio *La Vanguardia* anunciava que ele se encontrava em Cingapura a caminho de Londres, quando, na verdade, estava no hotel símbolo da elegância parisiense, o Plaza Athénée, onde lhe arranjaram um escritório improvisado, graças a Mario Wallace Simonsen, um gênio do capitalismo brasileiro, comandante de mais de quarenta empresas, dentre elas a TV Excelsior, o Banco Noroeste, o Sirva-se (o primeiro supermercado do país), a exportadora Companhia Comercial Paulista de Café (COMAL), a Wasim Societé Financière, de Genebra, e a Wasim Coffee Corporation, de Nova York. Era também um dos principais acionistas da Panair do Brasil e um dos primeiros empresários a manifestar seu apoio à posse de Jango.

Em Paris, seria impossível manter-se longe dos jornalistas. O jornal *Última Hora* conseguiu uma declaração de Maria Thereza. Ela não mostrava nenhum cuidado político e abria a boca em relação à volta de Jango:

— Ele faz muito bem. Deve voltar o mais depressa possível. O lugar dele é à frente do seu povo, lutando pela legalidade. Se fosse eu, já estava lá.

Passariam uma noite em Paris — não dormiram no Plaza, pois era muito caro, segundo Jango, e sim no Claridge's, a cem metros da avenida Champs-Élysées — para, na segunda-feira, dia 28, às cinco para a seis da tarde, partirem do aeroporto de Orly para Barcelona. Jango disse aos jornalistas que iria ver seus filhos, mas que voltaria para se encontrar com a comissão de deputados que estava saindo do Brasil especialmente para encontrá-lo. Às 20h eles já estavam no saguão do aeroporto de Barcelona. A chegada foi registrada pelos jornalistas de *La Vanguardia*, com uma foto de Maria Thereza, segurando discos de vinil, ao lado de Jango e Puigvert, que o recebera com um forte abraço.

Jango trazia uma pequena mala e duas grandes caixas embrulhadas. Eram presentes para João Vicente e Denize. O casal estava acompanhado por mais uma pessoa além de João José e Puigvert. Era Max Rechulski, diretor internacional das empresas de Mario Wallace Simonsen, escalado pelo empresário para auxiliar e dar-lhe todo apoio na Europa. Os repórteres insistiam, pedindo uma entrevista. Não foi preciso muito esforço para Jango falar. Contou que viera para Barcelona apenas para reencontrar os filhos, já que fazia quase dois meses que não os via. Acrescentou que soube da renúncia de Jânio Quadros em Cingapura e de lá voara diretamente para Paris, onde fora informado que deveria esperar pela comissão de deputados para debater sua posse. (Finalmente as notícias no Brasil e na Europa eram quase as mesmas.) Os deputados deveriam chegar no dia seguinte, por isso Jango já havia comprado sua passagem de volta. Informou que voaria pela Air France, saindo de Barcelona às 11h.

Do aeroporto, o grupo foi para o consultório de Puigvert. Depois seguiram de carro para Lloret del Mar, onde chegaram às nove e vinte da noite do dia 28. Foram recebidos por Bonet e correram para o quarto de Djanira para reencontrar os filhos. Jango emocionou-se ao revê-los e exagerou na saudade: "Como estão crescidos!"

As caixas foram abertas. Um trator e uma bola para João Vicente e um cavalinho para Denize, presente que era maior que a própria filha. Ficaram com as crianças até caírem no sono. Em seguida, o casal, acompanhado por João José, Rechulski e Sciolette, foi para o quarto ocupado por Maria Thereza. Permaneceram no terraço, de onde os jornalistas que estavam no lobby podiam observá-los. Às 23h30, desceram para jantar no restaurante do hotel. Jango demonstrava uma ótima disposição, característica que mantinha mesmo após longas jornadas. Não aparentava cansaço e estava bem-humorado. Praticamente foi obrigado a fazer uma pausa para conversar com os jornalistas que se amontoavam na entrada do restaurante, mas deu apenas respostas curtas. Dos vários jornalistas que lá estavam, destacavam-se os do *La Vanguardia Española*, jornal pelo qual Jango nutria simpatia, e Narcis Pardas, do jornal catalão *Los Sitios* (que mais tarde mudaria o nome para *Diari de Girona*), que pilotou a própria moto por 40 quilômetros, de Girona a Lloret. Pardas não teve chance de fazer perguntas. Jango dedicava sua atenção ao repórter Carles Sentis do *La Vanguardia*. A entrevista não trouxe novidade. Jango mostrava-se defensivo. Repetiu que retornaria a Paris para conversar com uma delegação de deputados, porém não tinha certeza se iria voltar ao Brasil nem se conseguiria assumir a Presidência.

Após o jantar, Jango pediu que a recepção do hotel marcasse um táxi para as 8h30 da manhã seguinte, dia 29. O grupo se despediu. Jango e Maria Thereza voltaram sozinhos para o quarto. Retornaram ao terraço e continuaram conversando. Pardas permaneceu plantado no lobby, de onde não tirava o olho do terraço. Notou que Maria Thereza falava bem mais que Jango, que talvez estivesse apostando na sensibilidade da esposa. À 1h30 da manhã do dia 29, o telefone tocou no balcão da recepção. Era Jango, que pedia que lhe levassem uma garrafa de champanhe. A escolha dessa bebida ganhava uma interpretação particular. Em Cingapura, Jango recusara o brinde de champanhe que o senador

Barros Carvalho oferecera ao saber da renúncia de Quadros, justificando que preferia brindar ao imprevisível.

Assim que a bebida chegou, o casal deixou o terraço e entrou no quarto. Uma hora depois, um novo pedido. Uma outra garrafa. Pardas, que decidira passar a noite ali, de pé, ao lado da recepção, resolveu acompanhar o garçom até o quarto 32. O próprio Jango abriu a porta. Espantado, reconheceu o jornalista, mas teve uma reação inesperada. A persistência de Pardas seria premiada.

— O senhor já pode publicar que decidi pelo meu retorno imediato ao Brasil para assumir, sem nenhum tipo de atraso nem negociação, a Presidência que constitucionalmente me corresponde.

Pardas ficou perplexo. Temia ser enxotado, mas ganhou uma manchete exclusiva. Jango ainda completou:

— Minha esposa me convenceu.

Por volta das 7h30, Jango e Maria Thereza passaram rapidamente no quarto das crianças, que dormiam com Djanira, e desceram para um rápido café. Sozinhos, deram uma volta pelos jardins do hotel. Sciolette e Rechulski chegaram antes das 8h30, o horário combinado. Jango despediu-se de Maria Thereza, que estava um pouco nervosa. Entrou no táxi com Rechulski e Sciolette, cuja esposa, Irene, permaneceria no hotel fazendo companhia a Maria Thereza.

Houve confusão quando eles entraram no aeroporto de Barcelona. Assim que Jango pisou no saguão, os fotógrafos correram até ele. Muitos flashes foram disparados enquanto se despedia de Puigvert e de Escude, o diretor do aeroporto. Em vez da Air France, como havia dito, Jango e Rechulski embarcaram em um quadrimotor da Iberia com destino a Paris. Precavido, fugiu das perguntas sobre a situação política com declarações sobre a beleza de Barcelona, "cidade que lembra o Rio", além de declarar que se encantara com o lindo cenário de Lloret de Mar. A única informação mais relevante que deu foi que desconhecia o local da reunião. Bem-humorado, arriscou: "Com certeza, não seria realizada na embaixada brasileira." Mas havia com o que se preocupar. Alguns boatos que chegaram a Paris apontavam que a comissão de deputados iria pedir que ele apresentasse sua renúncia.

A visita de Jango ao hotel, o retorno dele a Paris e as entrevistas que concedeu diminuíram o número de repórteres no Roger de Flor. Mesmo assim, Maria Thereza não usaria mais biquíni nem voltaria à praia. Sentia-se mais aliviada porque poderia contar com a ajuda de Irene, que se tornaria um apoio importante. Aguardava ansiosa o *La Vanguardia*, que seguia realizando uma ampla cobertura da crise no Brasil. As notícias que lia, porém, não eram boas. O jornal publicou que havia uma real ameaça de guerra civil; que as Forças Armadas eram contrárias à posse de Jango; e que o Marechal Lott fora preso por manifestar-se a favor do cumprimento da Constituição. As bruxas rondavam sua cabeça, vaticinando que Jango não iria tomar posse e que algo terrível poderia acontecer com ele.

Em Paris, a tão anunciada comitiva resumiu-se a um único deputado. Carlos Jereissati, do PTB, foi escolhido para levar informações e comunicar que a ordem era esperar. Jango falou por telefone com Amaral Peixoto, Tancredo, Juscelino e Brizola, governador do Rio Grande do Sul, que preparava uma resistência armada em defesa de sua posse, além de uma rede de rádios batizada de Cadeia da Legalidade. Ouviu muito e pouco comentou. Telefonou em seguida para Almino Affonso, que sempre fora a favor do Parlamentarismo, mas que, naquele momento, era contrário à adoção desse sistema porque significaria um veto à posse. Jango disse-lhe que não se recusaria a discutir a possibilidade de implantação do parlamentarismo, mas que a bancada do PTB teria melhor condição de analisar a real situação. As ligações estavam grampeadas e os ministros militares tomaram conhecimento do conteúdo de todas as conversas.

Jango decidiu voltar para o Brasil marcando presença estrategicamente em vários países. Sua primeira escala seria nos Estados Unidos. Antes de embarcar, foi mais uma vez entrevistado por jornalistas franceses. Questionado sobre seu suposto comunismo, respondeu: "Já viu o senhor algum verdadeiro comunista que usa coisas desse tipo?" Abriu a camisa, mostrando a medalha da Virgem Maria que usava no pescoço. E prosseguiu: "Sou católico praticante. O trabalhismo brasileiro nada tem a ver com o materialismo dialético (...) É verdade que alguns dos nossos objetivos, como a reforma agrária, constam também do programa comunista. Mas é justamente nesse sentido que nosso movimento constitui uma barreira contra a ideologia marxista, cuja essência nos é estranha."

De Paris, Jango seguiu para Nova York em um Boeing 707 da Pan American, acompanhado pelo senador Barros Carvalho e Dirceu di Pasca. Entrevistas, jornalistas, novos telefonemas, mais trocas de informações e muitas especulações. Em Lloret, chegavam somente as especulações, o que aumentava a aflição de Maria Thereza. Enquanto Jango se deslocava, em um voo com escalas em Miami, Panamá e Lima, para Buenos Aires, o Congresso brasileiro rejeitava seu impedimento. Na tarde de 30 de agosto, desceu na capital argentina, com centenas de jornalistas esperando por ele no aeroporto de Ezeiza. O governo vizinho não estava à vontade com a presença do quase presidente brasileiro. Não foi nem recebido oficialmente. Menos de quatro horas depois, Jango voou, em um Constellation da empresa aérea Transcontinental, para Montevidéu. Foi uma recepção totalmente diferente. Em nome do governo, o ministro das Relações Exteriores do Uruguai o aguardava. Havia cerca de oitenta jornalistas brasileiros no aeroporto. Deu entrevistas e às 22h foi para a embaixada brasileira, seguido por repórteres, que não puderam entrar, mas ficaram nos jardins do imóvel da rua 20 de Septiembre, 1.415, onde Tancredo o esperava para convencê-lo a aceitar o parlamentarismo. Na madrugada, o Congresso aprovara a instalação do parlamentarismo por 233 votos a 55. As outras exigências feitas pelos militares foram ignoradas por Jango. Sabia que no Rio Grande do Sul encontraria apoio, desde Leonel Brizola, com arma e microfone na mão, a dom Vicente Scherer, convocando os católicos a defenderem a legalidade e a sua posse.

Às 21h30 da noite do dia 1º de setembro, a bordo de um Caravelle da Varig, Jango desceu no aeroporto Salgado Filho, em Porto Alegre. Foi direto para o Palácio Piratini, sede do governo estadual, onde 80 mil pessoas o aguardavam. Sua presença provocou euforia na multidão. Ele se limitou a acenar, mas não discursou, apesar dos pedidos. As imagens da TV Tupi mostravam um Brizola eufórico e um Jango cauteloso. No Piratini, jornalistas incentivavam Jango a recusar a proposta parlamentarista. Acusações. Gritos. Várias reuniões. As horas passando.

A multidão que esperava por seu discurso decepcionou-se e passou a vaiá-lo. A notícia da negociação com Tancredo irritou Brizola, que deixou o Palácio e foi para casa. Jango passou a ser hostilizado pelos conterrâneos. Mais tarde procurou Brizola para explicar que, para ele, o importante era chegar ao poder sem derramamento de sangue. Brizola não concordou, porém respeitou a decisão.

Com mais cautela, a quase 10 mil quilômetros dali, Maria Thereza lia a notícia de que Jango assumiria no regime parlamentarista, mas nem assim ficou tranquila. Apesar de continuar falando com ele por telefone, desconfiava desse acordo. Ele ligava para tranquilizá-la, mas não dava detalhes sobre as negociações. As ameaças prosseguiam. Jango chegaria a Brasília enfrentando um último perigo: a Operação Mosquito. Um grupo rebelde da Aeronáutica, inconformado com sua posse, tentaria abater seu avião durante o voo para a capital. Houve reação do lado legalista das Forças Armadas, que agiu contra o atentado. A cada novo lance político no Brasil, os jornalistas europeus corriam para ouvir a opinião de Maria Thereza, que só saberia a versão de Jango no telefonema seguinte. Até lá, seriam horas e horas de medo.

No dia 5 de setembro, com um clima popular que lembrava sua chegada a Porto Alegre, Jango desembarcou em Brasília. Mazzilli quis realizar a posse o mais rápido possível, mas Jango, para surpresa geral, não demonstrou pressa para receber a faixa. Insistiu em assumir no dia 7 de setembro. Alguns jornalistas que o criticavam viram, nessa espera, uma tentativa de acalmar os descontentes. A teoria de que o país estava dividido ainda valia. Ele tentava juntar os pedaços.

No dia 7 de setembro, como desejava, Jango recebeu a faixa oficialmente. Seu discurso pregava a democracia, a união e as reformas. Enquanto isso, os jornalistas na Espanha não se cansavam de perguntar o que Maria Thereza não teria como responder. Queriam saber o que ela achava do marido ter tomado posse.

Nesse dia ela recebeu um telefonema de Jango, o último na situação de dúvida, o primeiro a dar-lhe uma informação concreta:

— Yara vai embarcar para Barcelona. Vocês vão voltar com ela.

Na sexta-feira, 8 de setembro, Tancredo Neves foi nomeado primeiro-ministro de um gabinete batizado de "conciliação nacional". No mesmo dia, após falar com Jango mais uma vez, Maria Thereza e João José levaram Irene ao aeroporto de Barcelona. A amiga voltaria para Paris. Era a certeza de que tudo corria bem. Bem mais relaxada, Maria Thereza fez compras e foi rezar na igreja da Sagrada Família.

Na segunda-feira, dia 11, Yara chegou a Lloret. A ameaça da Operação Mosquito continuava preocupando Jango. A atenção agora se voltava para o transporte da família do presidente. Maria Thereza, João Vicente, Denize, João José, e Djanira embarcariam somente três dias depois da chegada de Yara. Às nove da noite do dia 14 de setembro, o DC-8 da Panair, matrícula PP-PDS, fez um desvio de rota — originalmente seguiria para Lisboa — para pousar no aeroporto de Barcelona. Os passageiros foram comunicados dessa alteração em pleno voo. Era uma operação especial da Panair do Brasil, a única companhia aérea em que Jango confiava e cujo controle acionário, além de Wallace Simonsen, pertencia ao carioca Celso da Rocha Miranda. O próprio presidente da companhia, Paulo de Oliveira Sampaio, estava a bordo do avião. Ele viajara até Barcelona exclusivamente para acompanhá-los.

No aeroporto, antes do embarque, ocorreu o primeiro contato da nova primeira-dama com o cerimonial. A despedida da Espanha recebeu um caráter oficial, com a presença do cônsul-geral do Brasil na Espanha, além de funcionários e curiosos. Visivelmente assustada com a cerimônia que se preparava, Maria Thereza se antecipou e dispensou qualquer formalidade protocolar durante o embarque.

A rota normal seria Paris-Roma-Lisboa-Dacar (escala técnica para reabastecimento)-Recife-São Paulo-Rio de Janeiro. Ao entrar no espaço aéreo brasileiro, o comandante pediu desculpas aos passageiros e explicou o motivo para seguidas mudanças no plano de voo. Comunicou que seria necessário fazer mais um pouso extra, em Brasília, porque a primeira-dama do Brasil, dona Maria Thereza Goulart, a esposa do presidente, com seus filhos, encontrava-se a bordo da aeronave. Ao mesmo tempo que ficou envergonhada, sentiu um grande alívio porque o comandante se referiu a ela como a "esposa do presidente". Era a confirmação de que precisava. Jango estava bem. Em seguida, uma nova surpresa: os passageiros a aplaudiram. Maria Thereza descobria que as coisas mudavam nas asas da Panair.

O avião pousou em Brasília às 7h, com quase duas horas de atraso. Maria Thereza agora só precisava levantar e seguir até a porta da aeronave. Mas faltava-lhe coragem para encarar os outros passageiros. Ela simplesmente permaneceu sentada. João José nem notou sua hesitação. Chamava-a sem parar e, com a intimidade de irmão, chegou a dar-lhe um empurrão:

— Vamos! Vamos!

Maria Thereza, imóvel, disse baixinho:

— Que vergonha! Não vou descer deste avião nunca.

Ela estava sem maquiagem e vestia um modelo francês branco de duas peças. Depois das cotoveladas de João José, que falava com a irmã e não com a primeira-dama, ela decidiu sair. Ficou em pé. Foi aplaudida novamente, mas não sorriu e não olhou para ninguém. Não sabia o que fazer.

Jango e sua comitiva estavam no aeroporto desde as quatro horas da madrugada. Ele estava com febre e não dormira. Aproveitou para emendar reuniões madrugada adentro e foi direto do Palácio para o aeroporto.

Quando Maria Thereza chegou à porta do DC-8, viu Jango subindo as escadas e muitas pessoas esperando por ela. Políticos, ministros, repórteres e fotógrafos. Não havia uma solenidade oficial, mas para quem tinha fobia de aglomeração, o número de pessoas que a aguardavam era enorme. Foi nesse momento que compreendeu, pela primeira vez, o que viria a seguir em sua vida, pensando: "O que é isso?! Meu Deus do Céu, cheguei. E o que eu faço agora?"

Mais segura após avistar Jango, ela agradeceu ao piloto, que, àquela altura, já estava ao seu lado. Começou a descer as escadas. Para sua sorte, Jango foi ao seu encontro com um buquê de flores e pegou Denize no colo. Bastou um olhar. Ele percebeu que Maria Thereza estava perdida e não se sentia bem. Ela obedeceu a um discreto toque de Jango e parou a seu lado para serem fotografados. Em seguida, entraram no Cadillac com chapa verde-amarela número 3 da Presidência da República.

No carro, Maria Thereza e Jango quase não falaram. Ela estava aliviada e as crianças faziam a festa por estarem novamente com o pai. Vencida a emoção do reencontro, puderam finalmente conversar, e ele lhe perguntou o que achara de ter assumido o governo em um sistema parlamentarista. Maria Thereza continuava com a mesma opinião.

— Tu tinhas de fazer como era teu direito. Tenho medo de que venha uma coisa pior. Se tu eras vice legalmente, por que vieram com isso?

— É para acalmar um pouco a situação neste momento, Teca.

Maria Thereza repetiria sua opinião para Tancredo. Era o pensamento de quem achava que a vida seguiria da mesma maneira, com o marido fazendo política e ela, em casa, cuidando dos filhos. Feliz pelo marido, não se dera conta do que estava para acontecer.

Era a linda esposa de um jovem político. Era uma mãe atenciosa que não largava dos filhos. Era uma mulher diferente cujo marido chegara à Presidência.

Não faltariam histórias e notícias a serem publicadas sobre ela.

Maria Thereza Fontella Goulart era a primeira-dama do Brasil.

5.
A segunda volta do parafuso

Foi nos Estados Unidos, a partir de 1877, que a expressão "primeira-dama" passou a ser adotada para se referir à esposa de um presidente. Quem primeiro recebeu o título informal de *first lady* foi Lucy Webb Hayes, considerada uma das mais atuantes e carismáticas mulheres do século XIX. Durante o mandato de seu marido, Rutherford B. Hayes, que governou de 1877 a 1881, ela visitava áreas carentes, asilos e hospitais. Foi a primeira esposa de um presidente norte-americano a ter diploma universitário.

A foto da chegada da família do presidente — Jango, de mãos dadas com Denize, João Vicente sentado no degrau, Maria Thereza segurando o buquê de flores, atrás dela Yara levando o cavalinho que Denize recebera de presente, e Djanira — foi capa da edição de 30 de setembro de 1961 de *O Cruzeiro*. Todos apareciam sorrindo, exceto Maria Thereza, que, com a fisionomia séria, olhava para o chão. A manchete prometia: "Reportagem com a primeira dama do país", resultado de uma curtíssima entrevista que dera. Ao ler a reportagem, Maria Thereza conheceu a principal característica que marcava o jornalismo brasileiro no início da década de 1960. O exagero. O texto era só elogios a ela; aos filhos; à maneira como cuidava das casas, "escolhendo e treinando" pessoalmente as empregadas; e ao bronzeado que havia conseguido nas férias: "A beleza que impressiona pela suavidade dos traços de um rosto autenticamente nacional." A matéria trazia fotos do casamento, do nascimento de João Vicente, da visita ao papa João XXIII — com a legenda: "Uma família cristã com o chefe da Igreja" —, e era encerrada com a inevitável comparação que ela passaria a ter de enfrentar: "Se dona Maria Thereza voltasse agora aos Estados Unidos, sem dúvida os jornais reconheceriam que o sucesso pessoal que a sra. Jacqueline Kennedy costuma fazer estaria ameaçado. O que ninguém discute, com efeito, é que a primeira-dama americana terá, de agora em diante, uma forte concorrente em matéria de beleza." Maria Thereza achou que a comparação não fazia sentido, principalmente porque admirava o casal presidencial americano e achava Jacqueline muito elegante. Para ela, Jango era muito mais bonito que Kennedy.

A revista *Manchete*, na mesma data, também trazia o flagrante da escada do avião na capa. A reportagem, com fotos de Maria Thereza com os filhos na Granja do Torto, explicava que o avião da Panair desviara da rota habitual por "gentileza especial" do seu presidente Paulo de Oliveira Sampaio.

Para a nova primeira-dama brasileira, a rotina do Palácio da Alvorada seria bem diferente da tranquilidade da Granja do Torto. Na residência do vice-presidente, havia um cuidado mínimo. A casa estava sempre aberta, com liberdade para os moradores e empregados. No Alvorada, eram mais funcionários, mais regras e, o que a tiraria do sério, mais seguranças. Seria obrigada a passar informações sobre tudo o que iria fazer. Toda vez que saía, um carro a seguia. Seria difícil, para ela e para as crianças, adaptarem-se à nova moradia. Ela tentou. Conseguiu autorização do cerimonial para reorganizar a ala privativa do inacabado Alvorada. Com o decorador Carlos Prata, buscou deixar o local mais alegre. Contudo, para ela e Jango, o jeito de fazenda da Granja do Torto era o ideal.

A parte destinada aos moradores do Alvorada não agradou. Os móveis de madeira, castigados pelo sol durante o dia, estalavam sem parar à noite, assustando as crianças, que não conseguiam dormir. O silêncio da manhã desaparecia porque as vozes dos funcionários ecoavam graças ao alto pé-direito da construção. Maria Thereza não suportava — Jango também não, mas não admitia — o excesso de pompa e o exagerado mobiliário do Palácio. Ela achava que ficavam expostos, com visitantes e empregados vendo tudo o que acontecia na casa. Passou a chamar o Alvorada de "grande aquário".

No primeiro sábado em que teve tempo livre, levou João Vicente e Denize à piscina, que tinha uma parte rasa. Mas o que vestia iria provocar um debate. Após a segunda ida à piscina, o presidente recebeu um comunicado. O protocolo classificou seu maiô de duas peças como um "traje sumário" e aconselhou a primeira-dama a usar maiô inteiro, de uma só peça. No texto, até sua calça jeans foi questionada.

O mais curioso era que Jango, apesar do ciúme que sentia, não costumava dar palpite nas roupas da esposa. Ela protestou como podia. Se não conseguia ir como desejava, não iria nunca mais. E não voltaria à piscina do Alvorada. Porém, quis saber por que teria de vestir uma roupa ou outra. A resposta do cerimonial foi que havia uma frequente movimentação de fotógrafos e um deles poderia flagrá-la. Replicou dizendo que a explicação servia para o uso do biquíni, mas não para o de jeans. Os questionamentos se repetiriam por muito tempo. Somente uma vez festejou uma observação do protocolo. Como Jango continuava com a mania de andar à sua frente, foi avisado que deveria ficar ao lado ou atrás de sua esposa. Depois de anos repetindo a ele que fizesse isso, Maria Thereza ganhava reforço.

Foram quase três meses no Alvorada. Até que surgiu a possibilidade de voltarem para a Granja do Torto. Ela pediu. Insistiu. Nem ela nem as crianças aguentavam a rotina do protocolo.

— Ai, Jango, não quero ficar aqui. Não temos liberdade para nada. E tem mais: os bajuladores podiam ficar do lado de fora.

Viver como se estivesse em casa. Maria Thereza queria o impossível. Voltar a uma vida que não existia mais. Estava insegura, com medo do assédio e das regras que surgiam por todos os lados. Até então o casal seguia uma rotina que agradava a ambos. Em raras ocasiões, Jango levava a esposa nos encontros políticos. Ela, por sua vez, não se importava. Cuidar dos filhos lhe bastava. Mas, agora, não. A presença da primeira-dama seria obrigatória em vários eventos. Mesmo sem dominar o que deveria fazer e como agir em tais situações.

Tanto os funcionários quanto os políticos que orbitavam Jango foram percebendo que não contariam com a simpatia imediata e automática de Maria Thereza. Ela poderia vir a gostar, mas antes iria manter uma boa distância. Eugênio Caillard Ferreira, secretário de Jango, era um exemplo. Nunca houve uma proximidade entre eles, mas ela admirava o seu trabalho. Respeitava-o e considerava-o um verdadeiro amigo de Jango.

Maria Thereza era a antipolítica em pessoa. Procurava preservar-se. O que era visto como um lugar para reuniões importantes — o local de trabalho de seu marido —, ela queria que fosse a sua casa. E queria que essa fosse a primeira opção. Ficava irritada quando algum político mais animado arriscava ir até a cozinha. Para o visitante, isso era um gesto de intimidade com o presidente; para ela, uma verdadeira invasão. Várias vezes pediu que Jango mantivesse os convidados no escritório. Se quisessem algo, que pedissem.

Fora os horários, que eram definidos pela inacreditável agenda de Jango. Qualquer hora era hora. Duas da manhã era um horário normal para algum ministro ou deputado chegar. Mas o que a deixava mais furiosa era a invasão começar bem cedo, já no café da manhã. A única refeição que poderia fazer, com rara tranquilidade, com Jango e os filhos à mesa. Ou quase. Como Jango nunca seguia uma programação definida, quem madrugava na porta do Alvorada acabava sendo recebido. Era o próprio Jango que mandava o recado pelos empregados "… diga para vir tomar um café conosco…". Em seguida, ouviam-se alguns ácidos comentários de Maria Thereza: "Ah, não, esse cara é um chato!"; ou uma pergunta que ela repetiria muitas vezes: "É engraçado… eu queria saber por que eles não podem tomar café na casa deles?!" E Jango, rindo, repetia: "Deixa, coitado, veio até aqui tão cedo."

Na nova capital, onde nada parecia estar terminado, seu único passeio era dirigir a Mercedes-Benz conversível que Jango lhe dera de presente; sair com as amigas, sua secretária Maria Moreira, a prima Terezinha e Djanira; e ir até o aeroporto para comprar as revistas que chegavam semanalmente. Agora uma excelente motorista, não tinha medo de acelerar fundo. Dirigia em altíssima velocidade pelas avenidas vazias da capital. Mal saía da Granja do Torto, um carro com seguranças a acompanhava. Incomodada por ser seguida dessa maneira, procurou os responsáveis e explicou que iria apenas comprar revistas.

Não adiantou. Pediu então que pelo menos mantivessem uma boa distância. Os passeios de Maria Thereza com sua Mercedes provocariam o surgimento de algumas amizades forçadas, como Diraci, cujo marido, o militar Edgard Santos Vale, trabalhava na assessoria da Presidência. Ela arrumava um jeito de entrar na Mercedes para participar do passeio. Maria Thereza não reclamava, porém achava estranha a sua atitude. Diraci não saía do Torto. Surgira do nada e estava sempre por perto.

Enquanto a segurança impunha mais condições, Maria Thereza achava um jeito de sair escondida com Djanira, que já havia combinado tudo com seu namorado. Ele chegava de jipe e as levava para fazer o mesmo passeio até o aeroporto.

Além desse trajeto aeroporto-palácio, o outro passatempo da primeira-dama, para alívio dos seguranças, era bem mais fácil de ser controlado. Ver filmes no cinema do Palácio. Ela passaria a promover exibições no Alvorada, uma grande diversão para quem adorava cinema desde adolescente. Por vezes, o diretor e os atores eram convidados para a sessão, que contava também com ministros e assessores. Claro que se falava de política e que geralmente Jango precisava sair durante as sessões, para decepção de Maria Thereza, que tentava fazer com que ele se concentrasse apenas na tela. Quando podia, o presidente seguia o conselho da esposa e relaxava até demais. Quase sempre dormia antes de o filme chegar à metade.

A volta para o Torto, que consideravam uma "pequena fazenda", provocou um pequeno protesto da segurança. A operação de retorno demorou uma semana para ser realizada porque foi necessário acabar com os pontos vulneráveis do lugar, as mesmas falhas que já existiam quando moravam lá e Jango era apenas o vice-presidente.

No Torto, quem chegava sem avisar descia do carro e ia direto para o escritório de Jango, que ficava próximo à entrada. No entanto, a piscina ficava bem mais exposta. A privacidade, contudo, era maior, principalmente pelo desenho da residência, com quartos e cozinha afastados das salas funcionais.

Outro motivo que incentivou Jango a voltar ao Torto foi a pista de pouso, que possibilitava aterrissagens e decolagens de um avião Avro. Porém uma paixão da família foi decisiva para o retorno. Jango, Maria Thereza e as crianças gostavam tanto de animais que o Torto acabou se transformando em um pequeno zoológico. Não havia Bereco, mas chegariam a ter dezoito cães. Como as reportagens sobre os filhos do presidente revelavam que Denize e João Vicente gostavam de cachorros, os amigos próximos, e outros nem tanto, passaram a presenteá-los com animais de várias raças. As crianças acabavam se afeiçoando aos bichos. Jango e Maria Thereza não tinham coragem de se separar dos animais. Uma pequena reforma foi necessária para a construção de um canil dentro da Granja, onde também ficava o cavalo Imperador, um puro-sangue que Maria Thereza ganhara de presente do general Amaury Kruel e de Cândida, sua esposa, que se tornara uma amiga. Logo após Maria Thereza comentar sobre como gostava de voltar a São Borja para poder cavalgar, Kruel, que se esforçava para ser — e aparentar ser — íntimo da família, deu o cavalo a ela. Brasília, quase deserta, ainda permitia que ela saísse bem cedo e cavalgasse em disparada por quilômetros, dando mais trabalho para os seguranças.

Contudo, o animal que mais chamava a atenção no Torto era uma pantera que Jango ganhou de presente: batizada de Brigite, chegou ainda filhote e cresceu rapidamente em poucos meses. A pantera ficou por lá até o dia em que Denize decidiu dar um pedaço de pão para o bicho. A menina chegou a colocar o braço dentro da jaula, que ficava próxima da piscina. Todos viram a cena e saíram correndo. Denize ficou mais assustada com os gritos do pai do que com a pantera, que foi doada ao zoológico em seguida.

De toda a confusão que se formara ao seu redor, somente uma mudança agradaria Maria Thereza. No dia 19 de setembro de 1961, ela foi eleita por aclamação presidente de honra da Legião Brasileira de Assistência, a LBA. O nome da primeira-dama foi proposto pelo padre Joaquim Horta, representante da Ação Social Arquidiocesana. Ela iria substituir Eloá Quadros, que só havia tomado posse no fim de junho. A LBA fora criada em 1943 para auxiliar famílias de soldados brasileiros que lutaram na Segunda Guerra. Passou a realizar eventos beneficentes que marcaram a atuação das primeiras-damas, ajudando mães e crianças carentes e arrecadando fundos para instituições que mantinham creches e orfanatos.

Maria Thereza ficou feliz por outro motivo. Fora o próprio Jango quem a incentivou a aceitar a função. A posse deu trabalho para os conselheiros, que nunca haviam visto tamanho público em seus eventos. De mãos dadas, tiveram de formar uma roda para que a primeira-dama conseguisse andar. No curto trajeto do carro até o gabinete da presidência da LBA no Rio, muita gente juntou-se para esperá-la. Estava assustada, porém o improvisado cordão de isolamento funcionou. Centenas de pessoas, a maioria mulheres, queriam abraçá-la, falar com ela e pedir favores. Algumas desejavam apenas vê-la e comentar sobre o vestido que usava ou checar se ela realmente parecia uma estrela de cinema.[1]

Teve medo da quantidade de pessoas que se acotovelou ao seu redor, mas surpreendeu até quem a conhecia bem. Tomou posse lendo um discurso redigido por Hermes Lima e enfrentando cumprimentos cara a cara. Não deixou o nervosismo vencer. Manteve a boa entonação com pausas adequadas ao pronunciar o termo de posse. A seu lado estavam Risoleta, esposa de Tancredo Neves; e Maria Dias, mulher de Hermes Lima, e ambas a ajudaram na preparação da cerimônia. Como se podia esperar, foi elogiada pela elegância. Usava um vestido amarelo-limão com um conjunto de bolsa, sapatos e luvas da cor marrom.

No discurso, afirmou que trabalharia para uma LBA "livre de influências personalistas e interesses estranhos aos seus objetivos". Seria preciso. Maria Thereza assumia uma entidade beneficente, mas ganhava um vespeiro. Em setembro de 1960, ainda no governo Juscelino, o Conselho Deliberativo da LBA rejeitara o balanço e as contas do então presidente Mario Pinotti, ex-ministro da Saúde. O Tribunal de Contas tomou providências legais em relação aos gastos da entidade. O relatório do Conselho pedia a instauração de ações para apurar as infrações apontadas e propunha ações civis para recuperação e indenização de valores e bens. A comissão de investigação, presidida pelo padre Joaquim Horta, iria apresentar um outro relatório,[2] que apontava a existência de mil funcionários em excesso.

O presidente do Conselho Deliberativo, Charles Edgar Moritz, que era presidente da Confederação Nacional do Comércio, seria eleito por unanimidade para substituir Pinotti. As suspeitas provocaram uma crise que paralisou os serviços assistenciais. O Governo Juscelino, preocupado com a dívida provocada por gastos injustificáveis, cancelou o repasse de verbas. Enquanto o padre Horta preparava-se para apresentar o relatório, 35 milhões de cruzeiros foram depositados a título de ressarcimento de uma das despesas ilegais autorizadas por Pinotti, que, agindo assim, praticamente admitia sua culpa. Se a intenção de Pinotti era dar um cala-boca no Conselho, sua atitude foi um desastre. A entidade não poderia aceitar um acordo com Pinotti, porque estaria constituindo crime de prevaricação e condescendência criminosa. A leitura da ata da Comissão foi adiada em três dias. Padre Horta não alterou o conteúdo do relatório e voltou a pedir abertura de inquérito policial. O Conselho, porém, amaciou sua posição e apontou apenas irregularidade administrativa. Endossavam a tese de que o presidente da LBA poderia fazer o que quisesse com o dinheiro, desde que repusesse a quantia. Essa decisão prejudicaria futuras investigações que apontavam um rombo de um bilhão de cruzeiros.[3] (O salário mínimo em setembro de 1962 era de CR$ 13.440,00.)

Era essa bomba-relógio que estava armada antes mesmo de Jânio Quadros assumir a Presidência.

Com algum esforço, driblando a oposição e fugindo de quem queria um cargo para aproveitar sua popularidade, Maria Thereza conseguiu montar uma equipe com pessoas de sua confiança: a secretária Maria Moreira; o irmão João José; Yara; Terezinha Fontella e seu marido Pedro Batista da Silva. De resto, foi difícil mexer com a antiga formação. José Joaquim de Sá Freire Alvim assumiu o cargo de diretor-superintendente; Ernesto Dória, chefe de relações públicas, Charles Edgar Moritz, que fora eleito de emergência como presidente no final do governo JK, permaneceu no posto de vice-presidente; e, na assessoria à Presidência, Oscar Seraphico. O Padre Horta continuava como membro do Conselho e superintendente-geral. Foi para ele que a primeira-dama entregou as ações executiva e administrativa. Maria Thereza ficou fora da parte contábil. Deixou os números para Yara e João José, que tratavam diretamente com Jango. O que levaram a ele era assustador. A crise na entidade era tão grande que o presidente determinou que o ministro San Tiago Dantas supervisionasse os gastos da entidade.

Dedicada à nova função, Maria Thereza mergulhou totalmente na chance de realizar um trabalho social que não podia esperar. Ao abrir a bolsa, quando voltou da cerimônia de posse, encontrou centenas de bilhetinhos com pedidos. Era apenas o começo. Em outubro receberia 1.050 cartas; em novembro, 1.105; e em dezembro, 1.845. A maioria solicitava ajuda financeira, moradia, empregos, comida e até transferência de repartição pública.[4]

Ela ainda não tinha noção dos furos contábeis que a entidade carregava. Cheia de compromissos, seu tempo foi tomado rapidamente. Foi necessário criar uma agenda que deveria ser fielmente seguida. Desejava cumprir as tarefas da LBA, mas não aceitava ficar longe dos filhos. Preocupada com um possível afastamento, tentava separar a sua função na LBA da vida pessoal. Para isso, o casal contava com seus dois empregados de confiança, Djanira e o motorista José Roberto Avelar.

Com João Vicente e Denize na escola, Maria Thereza fazia expediente de segunda a sexta, das 9h às 17h na LBA, mas não deixava de almoçar com as crianças, que não estavam se adaptando à escola nem conseguiam entender por que eram o centro das atenções. Denize se retraía enquanto João Vicente, mais esquentado, arrumava briga. Ambos não aceitavam a maneira como os outros colegas olhavam para eles. Apontados como os filhos do presidente, não percebiam que eram os colegas que se sentiam intimidados. Levou um bom tempo até conseguirem se entrosar. Maria Thereza sentia o descontentamento dos dois e se esforçava para enturmá-los. Fazia festas de aniversário e chamava os colegas deles. Não se importava em cumprir, ao lado de Jango, um ritual noturno para agradá-los. Como não se cansavam de ouvir que eram filhos do presidente, João Vicente e Denize botaram na cabeça que deveriam aprender o hino. Assim, toda noite, Jango e Maria Thereza cantavam o hino antes de dormir. Quando terminavam, João Vicente ainda avisava:

— Não tô dormindo, não.

Mesmo durante o desenvolvimentismo pregado por Juscelino, o assistencialismo era uma regra que não se questionava na LBA. Maria Thereza chegava a atender pessoalmente as mães que passavam a noite na porta da entidade. Contaria com um novo reforço em sua equipe.

Indicado por Yara, o oficial de gabinete da Presidência da República, José Carlos de Barros Carvalho — sobrinho do senador Antonio de Barros Carvalho, o mesmo que tentara brindar à renúncia de Quadros —, foi deslocado e se tornaria secretário da primeira-dama. O jovem Barros Carvalho estudara na Suíça e nos Estados Unidos e passaria a ser o seu intérprete e responsável por fazer a ligação com o cerimonial, além de coordenar a agenda da Presidência com a da primeira-dama, que estava determinada a dominar, rapidamente, as regras das cerimônias políticas.

Primeira-dama, mãe, presidente da LBA. Tanta exposição preocupou Jango. Além de seguir a cartilha do gaúcho, temia que a esposa se tornasse alvo da oposição, que, para atacá-lo, poderia apontar suas armas contra ela. Sem contar os escândalos de corrupção que vinham, havia anos, tornando a LBA insustentável. A crise piorara com o desdém de Jânio Quadros, que, durante seu meteórico governo, ignorou a entidade, mas o que quase aconteceu a Eloá Quadros, mulher do presidente, servira de aviso.

Uma semana antes da renúncia, o ministro Pedroso Horta fora chamado para depor em uma comissão geral permanente inflamada pelo ex-amigo do presidente, Carlos Lacerda. O nome da esposa de Quadros chegara a circular entre os deputados como a próxima a ser chamada para explicar sua gestão de menos de três meses à frente da entidade, como se Eloá fosse responsável por anos de péssimas administrações. Pior ainda seria deixar Maria Thereza exposta de bandeja para a oposição.

As ações que ela passou a realizar provocaram um rápido aumento das doações, mas isso, em vez de valer uma comemoração, tornava a posição da primeira-dama mais visada. Não bastasse esse estranho obstáculo causado por uma gestão de sucesso, a presidência de Maria Thereza incentivava a participação dos funcionários. E, com eles, mais perturbações. A maior delas surgiria em seguida. Teria de lidar com um movimento que protestava contra os escândalos que estouraram no final do governo Juscelino. Os funcionários pediam a moralização administrativa da LBA e a continuidade dos programas, além do preenchimento dos cargos de direção pelos servidores do quadro permanente. Também reclamavam que o trabalho poderia ter um enfoque mais profissional e que deveria ser evitado o recrutamento de voluntárias que se limitavam a fazer "casaquinhos de crochê".⁵

Envolvida na rotina de primeira-dama, Maria Thereza não poderia mais se esconder. Nem teria a opção de preferir ficar em casa. E Jango já não conseguia evitar que a esposa aparecesse. Em breve, ela percorreria o Brasil se reunindo com as primeiras-damas estaduais e participando de diferentes solenidades.

Em apenas um mês à frente da entidade, enfrentou uma maratona que incluía o patrocínio de lançamentos de filmes cujas bilheterias de estreia seriam destinadas à LBA, como *O sexto homem*, com Tony Curtis; a Festa da Barraca do Rio Grande do Sul em uma feira realizada em Brasília; uma homenagem da Comissão Técnica de Orientação Sindical; a organização da Cruzada Nacional contra a Tuberculose; a negociação com professores bolsistas do Instituto Nacional de Educação de Surdos, que reivindicavam melhores condições de trabalho; a recepção à Liga Feminina da Guanabara, que reclamava dos preços dos alimentos; a divulgação pública e o envio da carta que Jango escreveu ao papa João XXIII pedindo a canonização do Padre José de Anchieta; a participação na missa, ao lado de Jango e dos filhos, na Ermida de Dom Bosco; e na missa celebrada pelo padre Alexandre Língua na Igreja Nossa Senhora da Conceição, no Engenho Novo; o convite para ser jurada do Miss Universitária, concurso promovido pela União Metropolitana de Estudantes e pelo *Correio da Manhã*, que ela não pode aceitar porque havia o evento da Cruzada Nacional contra a tuberculose no mesmo dia, uma ausência que foi classificada como uma "grande decepção" pelo jornal que patrocinava o concurso.

A primeira-dama também assistia a peças de teatro como *My Fair Lady*, com Bibi Ferreira, de quem ganhou um LP autografado, e *Boeing Boeing*, com Jardel Filho, Eva Wilma, John Herbert e Ilka Soares. Para ver esse espetáculo, chegou minutos antes e comprou o próprio bilhete, assim como seus acompanhantes, os vizinhos do Chopin, Aloysio e Terezinha Vinhaes, além dos tios Espártaco e América e a amiga Irene Sciolette, que visitava o Brasil. Como costumava fazer, foi cumprimentar os atores no camarim, o que rendia boas fotos que seriam reproduzidas em jornais e revistas, aumentando assim a divulgação do espetáculo, que, por sua vez, fazia sessões exclusivas em benefício da LBA.

Ainda participou da festa do Clube do Congresso em benefício da campanha de "lã para o candango"; acompanhou as exposições dos alunos da Casa do Pequeno Jornaleiro; compareceu ao lançamento da pedra fundamental do Country Club de Caça e Pesca no Rio; foi madrinha de turmas de faculdade e inaugurou bazares de Natal da LBA por todo o país. Promoveu, em 1961, um espetáculo beneficente para 20 mil crianças que moravam no plano piloto. O evento foi transmitido por emissoras de rádio, com a presença do palhaço Carequinha e do herói da TV Tupi Falcão Negro.

E recebia cartas. No Alvorada, na LBA e na Granja do Torto. Muitas cartas. Um remetente frequente era um ex-presidiário que escrevia poemas e colecionava reportagens sobre ela. Escreveu tanto que Maria Thereza, como era padrão em suas respostas, convidou-o a visitá-la. Ele morava no Distrito Federal e apareceu no escritório da LBA, chamando a atenção pela sua beleza. Retribuiu a gentileza da primeira-dama com um convite para um almoço em sua casa. E lá foram Maria Thereza, Yara e João José. Após conhecer seus filhos e seu irmão, ela estranhou a ausência da esposa do anfitrião. Foi quando João José a avisou. Ele acabara de saber que o novo amigo de Maria Thereza cumprira pena por ter assassinado a própria mulher.

A agenda de presidente da LBA acumulava-se à de primeira-dama. Maria Thereza seria chamada para tantos batizados de aviões e navios que se tornaria especialista em quebrar garrafas em aeronaves da Varig e da Panair e em cascos de embarcações, principalmente nas cerimônias realizadas nos estaleiros da Verolme, sempre com a presença do presidente da empresa, Cornelis Verolme.

Houve também situações de emergência, como a enchente no Vale do Itajaí, em novembro de 1961. Maria Thereza doou para a LBA catarinense alimentos, roupas e remédios de uma verba emergencial. A mesma ação aconteceu na catástrofe do incêndio do Gran Circo Norte-Americano, que se apresentava em Niterói e deixou centenas de mortos e feridos a poucos dias do Natal. Além de um crédito especial de 60 milhões e toda a estrutura da LBA nacional colocada à disposição da primeira-dama do estado do Rio, Hilka, esposa do governador Celso Peçanha.

Marcada pelo luto da tragédia em Niterói, a festa de Natal da LBA contou com a presença de Maria Thereza, que se encarregou pessoalmente de distribuir os presentes para as crianças. Ali não sentia necessidade de seguir regras de protocolo. Estava feliz. Em um canto, um homem que viera do Ceará e acompanhava os filhos virou-se para o fotógrafo do *Jornal do Brasil* e, com um suspiro, comentou:

— Eta moça bonita.[6]

Maria Thereza, a princípio, espelhava-se em Sarah Kubitschek. Classificava o trabalho da esposa de Juscelino à frente da LBA como impecável. Estava enganada. Totalmente ocupada com as ações da entidade, não percebia qualquer turbulência em relação ao governo do marido ou à própria contabilidade da entidade que comandava, já que ficava longe dos seus alarmantes números.

Criou seu estilo de comando. Pedia ajuda a empresários e artistas. E era atendida. A LBA então recebia carros e caminhões. Organizava eventos com sorteios das doações, arrecadando dinheiro que seria repassado a creches e hospitais. Essa sequência de inaugurações, lançamentos de pedra fundamental, campanhas de saúde, festas, almoços e jantares beneficentes rapidamente formou um ciclo que se autoalimentava. Maria Thereza era a presidente da LBA, que recebia doações de empresários e industriais; e assim inaugurava e construía obras assistenciais, que recebiam ampla cobertura na imprensa, que vendia revista aproveitando a popularidade de Maria Thereza, que era a presidente da LBA, que atendia cerca de duzentas cartas por dia com pedidos.

A onda Maria Thereza conseguia mobilizar os estados brasileiros. Exceto um. Confirmando que algo não ia bem na relação entre seus maridos, a única primeira-dama que não participava das campanhas nacionais da LBA era sua cunhada Neusa Brizola, que sempre mantivera uma ligação próxima com o irmão. Brizola aproveitou uma reunião e entregou uma carta em que Neusa renunciava à presidência da LBA gaúcha. A carta de Neusa, escrita em tom gentil, não mencionava qualquer influência de Brizola na decisão.

Jango relevava, mas Maria Thereza percebia que as atitudes de Brizola atrapalhavam demais o caminho do marido, que, por mais fechado que fosse, às vezes deixava escapar comentários sobre o cunhado e suas declarações que tumultuavam o governo de um presidente que ainda não tinha autorização para mandar. Maria Thereza não se conformava e não aceitava as atitudes de Brizola. E aquela não era apenas uma relação política. Além de eventos em que o presidente do Brasil se encontrava com o governador do Rio Grande do Sul, havia encontros familiares, quando dona Tinoca se esforçava para evitar conversas sobre o governo.

Somente enxergava alguma afinidade entre Jango e Brizola quem queria criar o que não existia: uma ligação ideológica e de amizade entre ambos, um fantasma que interessava muito à oposição.

O lugar-comum das reportagens sobre Maria Thereza era a atenção dedicada às roupas que usava. Cores, tecido e modelo eram detalhadamente descritos.

Logo após a renúncia de Jânio Quadros, Maria Thereza possuía o mesmo guarda-roupa de uma moradora da zona sul carioca que passeava com os filhos na praia. Além de alguns vestidos para — raros — eventos aos quais o cerimonial solicitava a presença da esposa do vice-presidente, apesar da pouca empolgação de Jango em levá-la. Algumas vezes, longe de recepções políticas, ela mesma escolhia e produzia seu figurino.

Quando a recepção exigia um vestido mais formal, Maria Thereza comprava suas roupas na Casa Canadá, na butique da amiga Marli Sampaio ou na loja May Fair, que se autodenominava a primeira verdadeira "butique" do Rio de Janeiro, provocando a Casa Canadá. (Em voga na época, o termo "butique" referia-se ao lugar que ia além das tradicionais casas de moda porque também vendia artigos importados.) Mesmo assim, eram roupas com a cara do Rio, mais leves, coloridas e decotadas, bem distante do que se esperava para o figurino e o papel que ela estava assumindo.

No mesmo longo setembro em que desembarcou no Brasil como primeira-dama, sua tia América a levara, mais uma vez, à Casa Canadá.

Os desfiles da estação de verão de dois grandes concorrentes na costura foram realizados um dia antes da posse de Maria Thereza na LBA. Além da Casa Canadá, a Maison Jacques Heim apresentaria sua coleção. Sobrava rivalidade até na passarela. A coincidência de datas provocou uma troca de acusações.

No lançamento do estilista francês Heim, um desfile de vestidos com valores entre 40 e 80 mil cruzeiros,[7] o destaque foi a presença da primeira-dama do estado da Guanabara, Leticia Lacerda, que, ao lado das esposas dos simpatizantes de seu marido, tomava refrigerante. Na Casa Canadá, Maria Thereza, América e as esposas de ministros assistiam a um desfile com preços mais em conta: de 30 a 60 mil.[8] Mas bebiam champanhe.

Maria Thereza não se empolgou com o que viu nem com o que não viu. Usaria vestidos das duas Casas, mas não estava satisfeita. O mundo da moda era sua paixão. Procurava mais. Tinha uma grande chance e percebia que deveria marcar sua passagem como primeira-dama. Já começava a receber críticas por usar modelos da alta-costura francesa, em vez de prestigiar estilistas brasileiros.

Ao mesmo tempo que surgia uma nova primeira-dama, um fenômeno jornalístico despertava no Brasil. A "coluna social" ganhava fôlego e prestígio e entraria com todo o glamour nos anos 1960, na esteira de outra revolução no jornalismo brasileiro: a reformulação promovida pelo jornal *Diário Carioca*, que lentamente deixava de lado o exagero e a invenção nas reportagens, e cujas colunas sociais eram assinadas por Jean Pouchard, pseudônimo do jornalista Mauro Valverde. Jovem e impulsivo, Pouchard se tornaria um nome odiado na noite carioca por não deixar passar nada.[9]

No único jornal que simpatizava com Jango, o *Última Hora*, destacava-se o sofisticado — tanto no estilo quanto no conhecimento — Jacinto de Thormes, pseudônimo do jornalista Manoel Bernardez Muller. O colunismo social vivia uma revolução que misturava o velho jornalismo de salão — que se limitava a notas de casamentos e aniversários — à informação, à política, ao comentário irônico e até aos furos de reportagem. Uma nova geração brotava nos principais jornais do país: o escritor e compositor Antonio Maria, Sônia Rivelli, Chuck, Tavares de Miranda, Alik Kostakis, José Álvaro e Pomona Politis, que escrevia no *Diário de Notícias*, o mesmo jornal em que surgia o colunista que iria tornar-se referência e personagem de si mesmo, Ibrahim Sued.

Maria Thereza, no entanto, não era apenas notícia nas colunas sociais dos jornais. As revistas começavam uma competição. Depois de tomar posse na LBA, *O Cruzeiro* dedicou a capa de sua edição a ela e a seus planos. O repórter Arlindo Silva realizava a primeira longa entrevista exclusiva com a nova primeira-dama. Ao jornalista, ela disse que continuaria "vestindo, penteando e dando de comer aos seus filhos". Mostrava-se fã de música brasileira e italiana e dos clássicos como Mozart e Brahms, que aprendera a gostar com Zamboni, marido de Dinda. Mas insistia em levar o assunto para a LBA, revelando suas ideias de mudança e cutucando quem achava que não iria assumir essa responsabilidade:

> Vou abrir um voluntariado para que todas as senhoras de espírito humanitário me ajudem a desenvolver outras obras de caridade. Vou convocar todas as minhas amigas para essas tarefas assistenciais. Espero que muitas outras voluntárias se apresentem para dar um pouco de si aos que não têm nada. Estou certa de que nosso trabalho irá surpreender a quem, porventura, tenha julgado que iríamos nos abster das atribuições próprias da esposa do Presidente da República.

Não faltou a pergunta que já havia ouvido várias vezes desde que chegara ao Brasil como primeira-dama. Sobre o comunismo de Jango, ela dava uma resposta definitiva:

> É um absurdo. Se ele fosse comunista, não teria me casado com ele. Só faz tal acusação quem não conhece de perto a família Goulart. Dona Tinoca, mãe de Jango, vai à missa diariamente. As irmãs dele, Neusa, Maria, Sila, Landa (Iolanda) e Fida (Elfrides) foram educadas em colégios de freiras. Meu marido mesmo estudou em colégios de padres. Acho que não é preciso dizer mais nada. O fato de Jango ter se colocado, politicamente, ao lado dos interesses dos trabalhadores não quer dizer que tenha tendências extremistas. Ao contrário, revela espírito cristão e solidariedade ao próximo.

Falou de Jango, elogiando-o como sempre fazia: "É um pai exemplar que adora os filhos, e um marido igual ao comum dos maridos, com defeitos e qualidades. Mais qualidades que defeitos." Mas ficava difícil separar o homem do político e revelou o que a irritava: "A única coisa que não tomou jeito ainda é que ele não tem a mínima noção do horário das refeições. Às vezes almoça às cinco da tarde, às vezes janta às três da manhã."

Arlindo aproveitava algumas oportunidades para provocá-la e, como ele próprio escreveu, indagar de chofre: "Mulher bonita e em evidência tem aborrecimentos?"

Para sua primeira entrevista, Maria Thereza venceu a timidez e saiu-se bem. Já não estava tão tensa. Quanto mais espontânea, melhor a resposta: "Alguns. Aliás, qualquer mulher em evidência tem aborrecimentos causados principalmente por aqueles que não a conhecem. Nem é preciso ser bonita para sofrer com a maldade de alguns. É o preço da notoriedade. Às vezes é um preço bastante caro."[10]

Começava assim a corrida das revistas pela primeira-dama na capa. Na sua edição de 23 de setembro, era a vez de a revista *Fatos e Fotos* apresentar Maria Thereza. A matéria assinada por Pedro Müller ressaltava sua juventude, arriscava a idade em "24 anos" e garantia que ela aparentava bem menos. Reforçava essa impressão contando a história do atropelamento que ela sofrera em Copacabana, com a explicação do motorista: "Não vi a menina." A "menina" já era mãe de dois filhos quando, ao atravessar a avenida Atlântica, foi atingida, voou por cima do automóvel e caiu no calçadão. Machucou a perna e precisou ficar algumas semanas de repouso.

A passagem em que, ao lado dos filhos, foi barrada no Copacabana Palace também era apresentada aos leitores. O repórter dava destaque ao jeito simples de uma mulher que usava calças jeans. "Uma figura profundamente tímida e que só aparece em público quando sua presença se torna indispensável."

"Os Goulart na intimidade" era o destaque da revista *Manchete*, de 2 de dezembro de 1961, com mais uma foto de Maria Thereza na capa. A revista provocava ao destacar, com um filete vermelho, a garantia da exclusividade: "Só na *Manchete*." A matéria confirmava que a volta da família para a Granja do Torto fora um pedido de Maria Thereza. E fazia outras revelações. Ela continuava escolhendo a roupa do marido, cuidando das refeições dos filhos, esforçando-se para melhorar na cozinha. Já sabia fazer o prato preferido do marido, fios de ovos, que o próprio Jango lhe ensinara.

Contra a onda de elogios à primeira-dama, apenas uma observação de Souza Brasil, o colunista da seção "Notas e Comentários" do *Jornal do Brasil*. Em seu artigo de 10 de dezembro de 1961, ele não chegava a criticar Maria Thereza, mas o enfoque dado pela imprensa:

> Os jornais, dentro e fora da crônica social, insistem de maneira indelicada e pouco feliz em louvar os dotes físicos da Senhora Maria Teresa (sic) Goulart. A impertinência se nos afigura patente. (...) Que infelicidade e que pobreza! (...). Focalizar-se, apenas, a beleza física da primeira-dama — seja ela quem for — não constitui elogio (...) as esposas dos estadistas da atualidade, aqueles que realmente pesam na balança, timbram em ser discretas. Ou fazem questão de fugir à publicidade e às obras ocas de beneficência inconsequente, evitando a publicidade inconveniente das crônicas mundanas, que apenas acirra os ânimos e estimula o ódio dos desajustados e desfavorecidos. Nas terras da elegância e do bom-tom, quem se atreveria a considerar entre as dez mais — pela beleza física e pelo apuro no vestir-se — as senhoras De Gaulle, Macmillan, Franco, Américo Tomás, Gronchi? (...) Por tudo isso e por muito mais, deixemos em paz a beleza física da senhora Goulart e nela busquemos outras qualidades que, senão comuns à mulher brasileira, devem sintetizar-se na personalidade da primeira-dama, transformando-a em digna e autêntica representante desse povo amável e bom, resignado e doce, cordial e sofredor.

Souza Brasil deveria ter analisado a imprensa internacional. Um mês antes da publicação de seu artigo, a edição da revista alemã *Quick*, uma das mais populares do país à época, trazia uma reportagem com elogios a Maria Thereza.

Em novembro de 1961, pela segunda vez em menos de dois meses, a *Fatos e Fotos* estampava uma foto de Maria Thereza na capa:

"Americanos escolhem Maria Teresa (sic) a mais bela do mundo."[11] A matéria, assinada pelo mesmo repórter que escrevera na *Manchete* sobre "A intimidade dos Goulart", Milton Lomacinsky, destacava que os jornais *The New York Daily Mirror* e *The Journal American*, da cadeia Hearst, publicaram lado a lado as fotos de Jacqueline Kennedy e Maria Thereza, com a legenda: "Ninguém pode negar que Jacqueline é bonita, mas os Estados Unidos não têm o monopólio das belas primeiras-damas. Aqui está a sra. Maria Teresa (sic) Goulart, esposa do Presidente do Brasil."

A revista brasileira ia além, com fotos, inevitáveis comparações e uma lista de semelhanças: elas se casaram com um João; tinham dois filhos, um menino e uma menina; eram morenas; católicas; não gostavam de protocolo e preferiam a alta-costura europeia. O texto destacava que eram "motivo diário para os comentários" por aliarem "à suave beleza o charme da simplicidade" e, em tom de torcedor na arquibancada: "Dois fatos colocam a sra. Maria Teresa (sic) Goulart numa posição magnífica (em comparação a Jacqueline Kennedy): menor tempo no governo e dez anos menos de idade. Mais ainda: a sra. Kennedy pretende ser, apenas, dona de casa, enquanto a Primeira-Dama do Brasil, escolhida para dirigir a Legião Brasileira de Assistência, entregou-se de corpo e alma às suas novas tarefas." No último parágrafo, já comemorava: "A verdade é que a sra. Maria Tereza Goulart acaba de entrar para a primeira página dos jornais de todo o mundo como a primeira-dama capaz de desbancar do trono da beleza a sra. Kennedy."

Novos paralelos surgiriam em uma velocidade impressionante. Não resistiriam a uma análise da importância política dos dois países, mas refletiam um momento único de muito otimismo do Brasil. E a imprensa propagava, em doses incontroláveis, esse pensamento. Maria Thereza ainda não tinha três meses como primeira-dama. O país fora pego de surpresa pela atitude de Jânio Quadros. Não havia como esperar que ela estivesse preparada para o cargo, enquanto Jacqueline poderia ser considerada parte da equipe de Kennedy. A norte-americana recebera uma equipe da CBS em 14 de fevereiro de 1962, para, ao lado do jornalista Charles Collingwood, fazer um tour e mostrar seu projeto de restauração da Casa Branca. Com 54 minutos de duração, o programa alcançou uma excelente audiência. Jackie, como era chamada, levou o país para dentro da Casa Branca e explicou suas ideias. Kennedy apareceu só no final, permanecendo no ar por menos de cinco minutos. Ela realmente era uma integrante política do governo e servia para conquistar eleitores. Frequentemente fazia discursos em espanhol, o que angariava a simpatia dos eleitores hispânicos.

A ideia de usar a primeira-dama como uma peça-chave para a conquista e manutenção de popularidade, considerada normal nos Estados Unidos, não era adotada no Brasil. A criação de uma rivalidade que não existia ajudava a vender revista, mas chegava a incomodar. Houve quem percebesse o exagero. A colunista Sônia Rivelli, do *Diário da Noite*, criticava o empenho dos jornalistas em forçar a discussão sobre a beleza de Maria Thereza e Jackie Kennedy. Classificava ambas como bonitas, elegantes, com "maridos ricos"; e zombava da discussão: "Daí será fácil chamar-se Jacqueline de 'ianque imperialista'. Então, as jovens esquerdistas (...) sairão às ruas agitando cartazes: 'A Teresa (sic) é nossa', 'Abaixo Jacqueline' (...) É capaz até de acontecer uma troca de protestos diplomáticos."[12]

Vencida pela inexperiência e pelo medo, sem uma equipe especializada em comunicação a apoiando como aquela com que Jackie podia contar, Maria Thereza não teria condições de apresentar um programa de TV, ou algo parecido, como fizera a primeira-dama norte-americana. O jornalista e escritor Antonio Maria era um dos poucos que deixava a bajulação de lado para atacar. Em novembro, na sua coluna do *Diário da Noite*, ele informou que, na segunda quinzena de outubro, foram publicadas 36 fotos da primeira-dama e que esse número teria diminuído, a pedido da própria, para seis na primeira semana de novembro. Bastaram vinte dias para Antonio Maria voltar ao ataque, mais ácido, oferecendo, em tom de brincadeira, mil dólares para o repórter-fotográfico que registrasse o sorriso e 500 dólares para quem registrasse um ar feliz da primeira-dama. Com o título "Sorria, minha senhora", o famoso colunista demonstrava que ela não estava à vontade: "É impressionante como uma mulher tão jovem, tão bonita, tão bem aquinhoada pelo destino possa ter, constantemente, um ar tão vago e triste." Carregando na ironia, o colunista chegava bem perto: "Talvez preferisse que Jango fosse um pescador. A vida repleta de eventos da primeira-dama não a seduz nem a conforta." Não havia nenhum perdão pela pouca idade nem uma trégua para que ela pudesse se adaptar: "Em seu medroso coração, talvez preferisse ser apenas a mãe e a esposa. Não ostensivamente a primeira das esposas e a primeira das mães."[13] Não satisfeito, no dia 1º de dezembro, haveria mais Maria Thereza em um novo artigo, o que poderia até soar como oportunismo ou, vá lá, uma incoerência, mas o crítico Antonio Maria percebia que o assunto rendia... e vendia: "Ainda não sorriu, a bonita primeira-dama. Mais uma semana, mais uma reportagem da *Manchete* e a Excelentíssima senhora Maria Thereza Goulart volta a exibir o seu ar distante e vago."[14]

O raciocínio do colunista não estava errado, mas a dose era desproporcional. O cerimonial assustava a nova primeira-dama, que também se mostrava desconfortável com o protocolo. Recebia ordens e orientações do que fazer, mas não havia ninguém que lhe ensinasse. Apesar do apoio e da defesa que recebia de Yara, América, Terezinha e Maria Moreira, faltava a Maria Thereza alguém que lhe ajudasse a dominar o medo para lidar bem com as cerimônias. Yara, além de dedicar-se à administração da LBA, recolhia as informações que saíam sobre a primeira-dama, mas as notícias que lia a deixavam mais irritada. Reconhecia e sentia a falta de uma pessoa que pudesse mudar sua postura nada receptiva.

Mesmo sem mostrar o sorriso, Maria Thereza entrou para a lista das "Dez mulheres mais elegantes de 1961" de Jean Pouchard no *DC-Revista*. Preocupando-se com a concorrência e reforçando que a ideia da lista fora lançada na imprensa brasileira pelo *Diário Carioca*, Pouchard elegeu seu "selecionado de charme" com Teresa de Sousa Campos, Marcela Avelameda, Lourdes Catão, Fernanda Colagrossi, Lilia Xavier da Silveira, Neli Ribeiro, Nilza MacDowell da Costa, Andrea Morom, a senhora Francisco Serrador e a primeira-dama. Pouchard comprou a briga e cutucou os rivais: "Dizem que os jornais andam exagerando sobre a beleza da senhora Maria Thereza Goulart. Eu continuo achando que ninguém ainda encontrou adjetivo para qualificar o estado de espírito que reflete a beleza da primeira-dama do país."[15]

A criação dessa disputa poderia parecer estranha. Porém, a favor ou contra, os colunistas elegeriam Maria Thereza como assunto fosse qual fosse a ocasião. Em uma escalada absurda, seu nome era destaque em jornais e revistas e ia parar na boca do povo, que passaria a falar, comentar, opinar e, inevitavelmente, criar muito sobre ela.

Era claro que a fogueira de uma rivalidade entre Maria Thereza e Jacqueline Kennedy, mesmo sem ultrapassar fronteiras e confinada ao quintal brasileiro, seria interessante para as redações. Aceso o debate, o público iria reagir como torcida porque, até Maria Thereza aparecer, todos apontavam Jacqueline como a mais linda primeira-dama do planeta. Mas agora o Brasil tinha Maria Thereza Goulart. A imprensa nacional imediatamente percebeu que poderia faturar com essa disputa. Era só apimentá-la. E manter o fogo aceso.

O clima de orgulho verde-amarelo ajudava a elevar o tom da comparação. Ser o melhor do mundo já valia para outras áreas e o título de mais bela primeira-dama era reflexo de uma época em que o brasileiro enxergava-se como vencedor. E batia no peito defendendo o seu país, considerando-o o melhor do mundo. Era um Brasil diferente, que acreditava em si e fazia questão de ser o primeiro, como a seleção de Pelé e Garrincha, que conquistara a Copa do Mundo na Suécia e que iria buscar o bi no Chile. Se o futebol era um esporte popular, no sofisticado tênis havia Maria Esther Bueno nas quadras de Wimbledon; nos ringues, um dos maiores pugilistas da história, Éder Jofre. O mundo cultural brasileiro também vivia uma fase marcante.[16] Na música, o planeta aclamava o surgimento da bossa-nova de Tom Jobim, Vinicius de Moraes e João Gilberto. Uma espetacular geração de atores — Paulo Autran, Fernanda Montenegro, Cacilda Becker, Maria Della Costa, Tônia Carrero, Sérgio Britto, Ítalo Rossi, entre outros — transformaria o nosso teatro. No cinema, o filme *O pagador de promessas*, dirigido por Anselmo Duarte e baseado na peça de Dias Gomes, conquistava a Palma de Ouro em Cannes; e o jovem diretor Glauber Rocha liderava o movimento do Cinema Novo. Até o samba chegava a alcançar a classificação de arte. A arquitetura de Oscar Niemeyer tornava-se referência. E, quem diria, até nossas misses, outra obsessão das revistas brasileiras, começariam a ganhar títulos. Um país para se comemorar.

O revolucionário dramaturgo Nelson Rodrigues decretara: era o fim do complexo de vira-latas do brasileiro. Maria Thereza começava a se transformar em um fenômeno de mídia. A primeira-dama de um Brasil que sorria, elegante e sincero. Na esteira das mudanças — esportivas, culturais e sociais — que passariam a encher o povo brasileiro de felicidade, naqueles anos ainda dourados, Maria Thereza se tornaria modelo a ser copiado e ídolo das outras garotas da época. Mais que isso, pela primeira vez, havia uma mulher com menos de trinta anos no círculo do poder. Era esse país que se colocava nos ombros de Maria Thereza.

As capas de revista com sua foto se multiplicariam. Para os homens, inevitavelmente, ela significava algo bem menos idealizado e mais carnal. Essa exposição só iria aumentar e cobraria um preço.

Maria Thereza precisava compreender a condição única que vivia para enfrentar fotógrafos, jornalistas, o marido, o protocolo, os políticos, os admiradores, os inimigos, as solenidades, a população e a si mesma.

Não havia escolha. Ela teria de mudar.

6.
O vento vai levando pelo ar

A fama confirmada nas bancas de jornal refletia a popularidade que Maria Thereza ganhou nas ruas. Com pouco mais de seis meses como primeira-dama, já servia de inspiração para o carnaval de 1962. Ernesto dos Santos, o Donga, compositor do histórico samba "Pelo telefone", atualizou uma marchinha que fizera sucesso no fim do século XIX. O próprio músico explicou que a letra da canção mudava de ano em ano. Os foliões saíam às ruas para pular o Carnaval e acrescentavam novos versos, conforme surgiam fatos que mexiam com o país. Ele recordava que a marchinha fizera sucesso entre 1897 e 1906, modificada ano a ano, mas sempre se referindo a uma certa "Maria Tereza".

Seguindo a tradição, Donga e seu parceiro Valfrido Silva criaram novos versos:

Maria Tereza
Ô iaiá
Tereza Maria
Ô iaiá
Com sua beleza
Vai brilhar

Tem inteligência
Para reinar

Personalidaae
De abafar[1]

Não era apenas a linda mulher do presidente quem roubava a atenção. Em Maria Thereza havia a imagem da jovem mãe, com dois filhos em idade escolar, o que poderia gerar uma identificação imediata com outras mães e render mais notícias. Denize, muito tímida, abria espaço para João Vicente, para quem não havia protocolo que desse jeito. Na solenidade de entrega da bandeira nacional ao porta-aviões *Minas Gerais* — a polêmica compra de Juscelino que provocou uma crise entre Marinha e Aeronáutica —, o garoto aprontou de novo. Durante o evento organizado pelas senhoras da sociedade mineira, João Vicente aproveitou o instante em que sua mãe foi hastear a bandeira e correu até o pai. Sentou-se no chão, apoiando-se nos sapatos de Jango. Ficou quieto por alguns segundos. Em seguida brincou com a espada do chefe do Estado-Maior. A foto de pai e filho juntos nos jornais do dia seguinte ganhou mais destaque que as reclamações da Marinha, que continuava esperando uma definição quanto aos aviões que poderiam pousar no *Minas Gerais*.

Apesar de os responsáveis pelo protocolo mostrarem-se inflexíveis quanto às regras da Presidência, Jango e Maria Thereza no poder significavam uma refrescada no cerimonial. A visita de Eduardo Victor Haedo, Presidente do Conselho Nacional do Governo do Uruguai, cargo que equivalia à Presidência da República, comprovou que o formalismo iria ser deixado de lado. O jantar de gala no Itamaraty, no dia 8 de dezembro de 1961, seguiu o protocolo, com tradicionais discursos e uma soneca do general Amaury Kruel enquanto Jango se pronunciava. Foi desconcertante também o elogio de Haedo à mulher brasileira, representada por Maria Thereza, a quem chamou de "belíssima".

Dessa vez, contudo, o cerimonial não foi modificado pelo casal brasileiro, mas pela primeira-dama uruguaia. Tratava-se de um jantar de chefes de Estado e o vestido longo era exigido, porém Beatriz Haedo afirmou que desejaria ir de vestido curto. Maria Thereza, que já havia escolhido sua roupa, trocou o seu vestido por um outro, mais curto, branco-pérola, rodado, com alças finas e bordado. Nesse jantar, ela não usava nenhum adorno, apenas a aliança. Esse excesso de despojamento rendeu-lhe críticas dos colunistas brasileiros.

Com direito a caviar, peru, champanhe, uísque e salmão, o banquete terminou depois da meia-noite. Foi quando a primeira-dama do Uruguai tomou a iniciativa de dispensar os convidados. Ela estava preocupada com o horário porque gostaria de rever o show Skindô no Copacabana Palace e fez esse pedido durante o jantar. Depois de uns telefonemas, tudo foi acertado. Os produtores do show atrasariam o início da apresentação até que os casais chegassem. Uma pequena comitiva rumou para o Copacabana Palace, algo inimaginável em tempos de Jânio Quadros, por mais surpreendente que esse presidente tenha sido.

Quem não entendia era a plateia, que se mostrava impaciente com o atraso. A comitiva chegou a temer uma reclamação mais ríspida. O primeiro-ministro Tancredo Neves e sua esposa, Risoleta, entraram no salão e o público reagiu bem, aplaudindo o casal. As palmas continuaram para Haedo e sua esposa. Os últimos a surgir foram Jango e Maria Thereza. Surpresa e entusiasmada, a plateia ficou de pé para ovacionar o presidente a primeira-dama.

Era a estreia de Maria Thereza como anfitriã. Tornou-se, sem fazer esforço, uma das maiores atrações do jantar, recebendo elogios e alguns ataques, referentes à sua excessiva timidez e seus vestidos, elegantes, porém simples demais para banquetes com presidentes. Ela ainda não entendera que se exigia muito mais dela. Estar fascinante era, no mínimo, uma obrigação. Deveria surpreender e encantar. A cada aparição.

Uma nova visita oficial iria eriçar de vez os colunistas brasileiros. O príncipe Philip, duque de Edimburgo, marido da rainha Elizabeth, visitaria o país em 15 de março de 1962. A presença real não era uma deferência especial ao Brasil, já que Philip vinha de uma verdadeira excursão de dois meses por vários países da América. Mesmo assim, preocupada, a embaixada inglesa reuniu-se com os jornalistas para passar uma série de orientações. Dentre elas, duas mereceram atenção: seguir o horário e manter certa distância física.

A expectativa sobre o comportamento e a atuação da primeira-dama aumentava. Esperava-se uma postura mais participativa. O cerimonial, pressionado por notas da imprensa sobre um possível fiasco na recepção, não deu chance a falhas. Ao contrário, chegou a cometer alguns excessos, como contratar um ator para cronometrar o tempo que se levaria da rampa do Palácio ao Congresso Nacional, já que havia a previsão de que Philip faria esse trajeto a pé.

Famoso pelas gafes e pelas piadas de mau gosto, o príncipe não deixou por menos aqui no Brasil. Na subida da rampa, parou algumas vezes para puxar os penachos do uniforme de gala dos Dragões da Independência. Ao ser apresentado a Jango e a Maria Thereza, confirmou a fama. Mantendo seu histórico ao redor do mundo, provocou constrangimentos e quebrou regras. Disse que já conhecia Maria Thereza pelos jornais e revistas, mas que ela era muito mais linda pessoalmente. O príncipe não manteve "certa distância". Tascou um longo, bem longo, e nada protocolar beijo na mão da primeira-dama. Maria Thereza ficou sem ação e permaneceu com o braço estendido, achando estranho o que estava acontecendo. A face de Jango demonstrou abertamente seu descontentamento. De passagem, ele sussurrou um breve comentário no ouvido da esposa: "Que puxada, hein?" Philip não viu ou não quis ver a reação do presidente. Os galanteios prosseguiram. Como Maria Thereza não entendia bem o que Philip dizia, apenas sorria e agradecia. Jango, ao lado, não ligava ou fingia não ligar. O secretário da primeira-dama, Barros Carvalho, fazia mais que traduzir a conversa para Maria Thereza. Ele vinha em seu socorro, deixando de lado a tradução para fazer um fulminante resumo: "Ele está elogiando a senhora."

Antes do jantar oferecido pela Presidência, marcado para as nove da noite no Palácio da Alvorada, houve uma tradicional troca de condecorações. Ao entregar a Jango a medalha e a Ordem do Império Britânico, comentou que a comenda poderia ser penhorada pelo presidente em qualquer momento de aperto financeiro.[2] Sem a esposa ao lado, Philip sentia-se mais solto. Voltou a olhar e elogiar e sorrir e repetir que já conhecia a primeira-dama, mas que, realmente, ela era linda.

Com um sorriso forçado no rosto, Maria Thereza não conteve, porém, a careta e certo sentimento de repulsa assim que viu o príncipe, após comer um bom pedaço de folhado de creme e chocolate, apagar o cigarro no mesmo prato em que devorara a sobremesa.

Assim, surgiu um clima de "finalmente" entre os colunistas. A maioria concordava que Maria Thereza saiu-se bem na recepção. Ela não usou joias e seu vestido branco com bordado preto³ não empolgou; mas estava bem mais à vontade do que na recepção a Haedo. Foi até perseguida pelos fotógrafos porque sua presença em eventos oficiais era novidade. A colunista Pomona Politis registrava que ela deu "o ar de sua graça, afinal" e que estava "sorridente, conversando com todos, desempenhando muito bem o seu papel de primeira-dama".⁴ O *DC-Revista* do *Diário Carioca* até elogiava: "A bonita sra. Maria Thereza Goulart, que faz o impossível para não comparecer a nenhuma reunião social, estava elegantíssima e portou-se como uma primeira-dama de alto gabarito."⁵ No entanto, era pouco. Mais uma vez, o despojamento das suas roupas provocou críticas.

Nas reportagens da imprensa brasileira e estrangeira — escritas às pressas ou não — sobre a primeira-dama, os clichês repetiam-se obrigatoriamente. Jovenzinha, menininha, bonitinha e outras "inhas"... De tanto ler, ouvir e responder a perguntas sobre isso, Maria Thereza passou a se assombrar com a responsabilidade que havia assumido. Pesava a obrigação de se apresentar bem e de representar o Brasil, mesmo sem ter tido tempo para se adaptar. Preocupavam os comentários de Antonio Maria e, mais ainda, os do exigente Jacinto de Thormes, que no *Última Hora* criticou o vestido comum de Maria Thereza, argumentando que a vestimenta "quebrava o rigor" do protocolo.

Em maio de 1962, haveria um novo desafio. Ela e Jango seriam padrinhos de casamento de Maria do Carmo Neves, filha do primeiro--ministro Tancredo Neves. Uma cerimônia que contou com a presença de oito ministros. Uma pequena multidão cercou a Igreja da Candelária, no Rio. Maria Thereza usava um modelo da Maison Heim, um duas--peças em lamê de ouro com golas e punhos de visom e turbante em musseline, que levava o nome de *Palais Royal*.⁶ Nunca esteve tão deslumbrante desde que se tornara primeira-dama, mas se mostrava apreensiva. Não deu um sorriso ou fez um gesto que valesse um registro mais detalhado. Mesmo assim, o *Correio da Manhã* observou que ela alcançara uma "consagração de elegância".⁷ A novidade era a escolha de um modelo da Casa Heim, em vez da Casa Canadá. Enquanto brigavam entre si, as duas casas não percebiam que essa rivalidade seria atropelada por movimentos na economia, na indústria, na cultura, na sociedade e, inevitavelmente, na onda verde-amarela que cobria de otimismo o país que desejava ter a primeira-dama mais linda do mundo.

A indústria dos tecidos firmava-se no país, mas os estilos, que se apossavam a passos vagarosos das criações que vinham da Europa, estavam longe de buscar qualquer mudança. Nem vontade para isso havia. Para as jovens, a moda era a mesma. Comportados vestidos de menina-moça e enormes maiôs. Porém, se a década anterior terminava quase como começara, seria impossível segurar os anos 1960, que viriam com as minissaias, o jeans, os biquínis e as muitas cores. A rebeldia venceria, ao som dos Beatles na vitrola.

Na economia, uma novidade surgida em 1958 em São Paulo, a Feira Nacional Têxtil Brasileira (FENIT), inaugurada pelo presidente Juscelino Kubitschek e organizada pelo empresário Caio de Alcântara Machado e pelo Sindicato das Indústrias Têxteis, tentava mudar o cenário e valorizar a moda brasileira. A consolidação dessa indústria era importante para o mercado e para as ideias do governo Juscelino. A FENIT reuniu clientes e consumidores com uma nova maneira de apresentar tecidos e padronagens. Deslocava-se o eixo do vestuário. Se até o fim dos anos 1950, os movimentos restringiam-se aos fechados desfiles da Casa Canadá, Jacques Heim e da Casa Bangu, a moda brasileira iria agora se tornar acessível a quem quisesse comprar um ingresso. Para motivar e atrair público foram criados até prêmios. O "Agulha de Ouro" e o "Agulha de Platina" dariam uma enorme visibilidade à jovem geração de costureiros que surgia.

A FENIT precisaria de um tempo para acabar com a desconfiança. Em três anos, tornou-se aberta ao público com shows e desfiles. Um investimento pesado, mas uma aposta que se revelou muito acertada. A máxima que valeu por mais de um século na imutável sociedade brasileira, de que o chique seria importar tecidos para o guarda-roupa das senhoras, estava sendo demolida pela roda da História, que girou sem controle, impulsionada pelo fim da Segunda Guerra.

Embalada pelos anos Juscelino, a classe média saía às compras. Os brasileiros buscavam seu *way of life*, e o modelo americano de consumo passava a ser visto como ideal. A rigor, no mundo da moda, o estilo que surgia não apontava nada de revolucionário, mas mostrava um novo caminho.

A Editora Abril percebeu isso e lançou, em 1959, a revista *Manequim*, a primeira publicação de moda com uma tiragem nacional, trazendo moldes em seus encartes que transportavam a "última moda" para dentro das casas, algumas delas já com o primeiro televisor em preto e branco da família. A dona de casa ganhava a chance de fazer, na própria máquina de costura, o vestido da artista da capa da revista. Dois anos depois, o sucesso se confirmava e a Abril criava mais uma revista para o público feminino, *Claudia*. Pela primeira vez na história do país, uma geração de jovens não vestiria mais os mesmíssimos modelos usados por seus pais e suas mães. As moças, principalmente, passariam a consumir produtos acessíveis derivados da alta-costura.[8] A busca por novidades destruía antigas referências. A mudança de comportamento estava nas bancas. No mesmo ano do surgimento de *Claudia*, houve um sinal inequívoco de que algo mudara. Depois de 47 anos ditando regras, o *Jornal das Moças* deixou de circular.

O terremoto de mudanças estava por todos os lados e atingiu Maria Thereza, que realmente se via como uma "mulher casada, de classe média, cuja felicidade poderia ser medida pela aparência do marido e dos filhos; enfim, por suas roupas".[9] Surgiam várias colunas sociais. Páginas femininas promoviam festas, eventos, lançamentos e apontavam as mulheres mais elegantes da sociedade. Televisão e revistas passavam a dedicar mais tempo à moda. O mercado, é claro, percebeu isso. Em 1959, a Avon, gigante mundial no mercado de beleza, instalava uma fábrica no Brasil.[10]

A moda seria profética mais uma vez.[11] E estar "na moda" finalmente passaria a ser importante no Brasil, sobretudo para os jovens. A indústria queria vender e percebia que teria de romper com o padrão arcaico. As transformações que surgiram nas telas do cinema na primeira metade da década de 1950, como o filme *O selvagem*, com Marlon Brando, chegavam com atraso ao Brasil, mas chegavam. Os jovens queriam se vestir como jovens. Ou até mais. Queriam subverter a estrutura da moda.[12]

Nesses cenários econômico e cultural, Maria Thereza, como primeira-dama, não se decidira — nem sabia se iria tomar uma posição ou se passaria à margem durante o governo do marido, seguindo a invisibilidade de Eloá Quadros. Apoiada e promovida por sua beleza natural, muito se especulava sobre as escolhas da primeira-dama, e sobre seus possíveis — e esperados — encontros com Jacqueline Kennedy. Falava-se das suas visitas à Casa Canadá. Outras notas davam conta de que passaria a se vestir com Paulo Franco, da Casa Vogue em São Paulo. Essa experiência não foi além de uma entrega atrasada que provocou a sua ausência no jantar do Grande Prêmio Brasil de Turfe. Nunca mais compraria na Casa Vogue. Apesar de alguns boatos, e inúmeros nomes, os colunistas acertavam ao dizer que ela estava buscando um estilo. O vestido usado por Maria Thereza no casamento da filha de Tancredo Neves foi o último traje importado que comprou. Os colunistas brasileiros, como Jacinto de Thormes, na empolgação verde-amarela, pressionavam: "Jacques Heim é um ótimo costureiro francês, mas acho inteiramente errado não usar também modelos de figurinistas e confecção nacional."[13]

A indústria brasileira despertava da própria empáfia e consolidava a mudança no mundo das roupas. Grandes empresas internacionais, como a francesa Boussac — um império criado por Marcel Boussac, que praticamente controlava a fabricação dos tecidos de algodão na Europa —, que se associou às empresas Matarazzo para produzir tecidos no Brasil, se instalavam aqui. A Rhodia entrava de vez na briga com os fios sintéticos. O mercado seria sacudido por essa disputa.

Uma revolução estava prestes a ocorrer nos negócios e no consumo. O espetáculo estava montado. E a plateia, pronta para vaiar ou aplaudir. Faltavam os rostos e símbolos que marcariam esse novo tempo. No posto de destaque para uma mulher brasileira em uma época de rupturas, Maria Thereza era uma forte candidata. Mas outra pessoa também subiria ao palco com ela.

No mesmo ano da primeira FENIT, um jovem estilista brasileiro retornou da Europa e, cheio de ideias e acidez, abriu sua Maison. Dener Pamplona de Abreu, com 20 anos, já era considerado um fenômeno da moda. Participou do Festival Matarazzo-Boussac e ganhou os prêmios "Agulha de Platina" e "Agulha de Ouro". Em pouco tempo, vestiria Helène Matarazzo, da poderosa família de empresários paulistas.

Era o gênio certo, na hora certa. Ele mesmo se classificava como "o mais chato, o mais esnobe, o mais industrial, o mais respeitado, o mais besta...". Percebeu o desespero da mídia em busca de novidade e transformou-se em um produto de si mesmo. No Brasil da bossa-nova e da conquista da Copa do Mundo, Dener surgia usando tecidos nacionais nas suas celebradas criações.

Já a nova primeira-dama não estava satisfeita com os vestidos que comprava na Canadá ou na Jacques Heim. Acompanhando essa movimentação no mercado, fez um pedido a Maria Moreira:

— Me dá o telefone do Dener em São Paulo.

Ela própria telefonou para o costureiro e perguntou se ele gostaria de fazer uns vestidos para os seus jantares e recepções de Brasília. Dener concordou imediatamente e colocou-se à disposição. Sua idade foi o ponto principal para a decisão de Maria Thereza, que achava bonitas as roupas vendidas pelas maisons, e só. Ela buscava algo novo, alguém jovem como ela. No início de 1962, estava longe dos 30 anos e não queria ter a aparência de alguém de 50. Não tinha noção de que, com a escolha que iria fazer, estaria provocando uma reviravolta em sua vida e na moda brasileira.

Sensação em Brasília, Dener chegou à capital federal a bordo do Avro da Presidência. Hospedou-se no Hotel Nacional, que, confirmando seu slogan "Aconteceu em Brasília, passou pelo Hotel Nacional", aproveitou a repercussão de sua vinda e ofereceu estada gratuita ao já famoso costureiro.

Na esteira do governo JK, Dener percebia que havia algo no ar. Era hora de opor-se ao tradicionalíssimo estilo afrancesado das casas de moda. Ao mesmo tempo, conhecia os limites desse rompimento e mantinha-se conservador com criações atreladas aos últimos respiros de um padrão de comportamento imutável. Ele próprio demoraria para se livrar da influência da moda europeia, da qual o espanhol Balenciaga era sua maior inspiração. O ótimo costureiro ainda não alcançara a excelente personagem que ele próprio moldava. Suas criações refletiam, até então, o lado comportado dos anos 1950. As roupas não entravam em choque com a opinião de pais, maridos e namorados. Mas as mudanças ocorreriam. O vestir-se passaria a alcançar um ponto que serviria tanto no jogo da conquista como para a estabilidade e manutenção das relações.[14]

Logo na primeira reunião, Dener já chegou de seu jeito. Apresentou uma série de ideias, coleções e sugestões que Maria Thereza achou excelentes. A primeira-dama, que ganhara esse título de supetão, buscava um profissional como ele, mas percebeu o que havia encontrado somente naquele encontro. Seguiu a sua intuição. Descobriu que teria muito a aprender e a ganhar se investisse naquela parceria. Já Dener elogiou a primeira-dama por sua vontade de aprender e pelas medidas, que facilitariam seu trabalho, porque não seriam necessárias provas para a maioria das peças. Ela passara em seus testes. Costumava alardear que só atendia mulheres que se enquadravam em suas exigências. Teriam de possuir espírito de liderança e carisma. Quem atingisse esses requisitos era chamada por ele de "mulher luxo, a que não lançava moda, mas a consagrava". A indústria engatinhava, mas o visionário costureiro exibia conceitos de marketing que, décadas mais tarde, se tornariam surrados clichês, como valorização da marca e experiência de consumo.

Maria Thereza aprovara Dener. Não estava preocupada em ajudar a indústria nacional ao escolher um estilista brasileiro. Estava mesmo, desesperadamente, querendo salvar a si mesma. A afinidade de pensamento entre os dois foi imediata. Para vencer sua timidez e seus medos, apostou na sua característica intuitiva de simpatizar com uma pessoa ou odiá-la logo no primeiro encontro. Enquanto almoçavam no Alvorada, Maria Thereza sentenciou:

— É fundamental que eu me apresente bem. Então vou confiar em você. Não vou nem dar palpite. Faça a peça que se encaixe no meu estilo. Eu quero que você seja meu costureiro e faça todas as minhas roupas.

— Fico muito honrado. Preciso apenas que a senhora vá a São Paulo para escolhermos tecidos e modelos.

Desse momento em diante, Dener seria mais que o estilista da primeira-dama. Ele iria lapidar Maria Thereza. Os gestos, o andar, as reações, o olhar, a postura. Dener mostrava como fazer. Ela estudava, dedicava-se e aprendia com uma rapidez impressionante. Seria fácil. Maria Thereza possuía a mágica que misturava simplicidade com elegância.

Atendendo ao pedido do estilista, a primeira-dama foi ao ateliê. A viagem, como era de esperar, recebeu grande cobertura da imprensa. Dener era tratado como o ungido. O então jornalista Ricardo Amaral, que escrevia a coluna *Jovem Guarda* no *Última Hora* e era amigo de Dener, cravava e anunciava que o estilista havia se transformado no costureiro oficial da primeira-dama. A visita — que durou quase um dia — provocou fortes críticas da oposição.

Dez dias após o primeiro encontro, era Dener quem telefonava. Estava com a primeira prova da coleção pronta, com peças para dias e noites. O guarda-roupa seria composto de oito vestidos em cores claras. Explicava que os tons que melhor combinavam com o tipo moreno da primeira-dama eram branco, rosa, azul-claro, verde-água, turquesa, champanhe e dourado. O enfoque, segundo Dener, seria a simplicidade. Como se pudesse existir algo simples em se tratando de Dener, que enxergava além. Reconhecia a escolha de Maria Thereza como uma oportunidade que ele também recebia.

Porém, para a decepção de Dener e da imprensa que já fazia comentários sobre um possível encontro — ou confronto — entre Maria Thereza e Jacqueline Kennedy, Jango viajou sozinho para os Estados Unidos e para o México, em abril de 1962. O protocolo norte-americano fez uma série de exigências que desestimularam Maria Thereza. Ela e o próprio cerimonial brasileiro se sentiram intimidados pelas regras impostas. Jango, sem muita animação, chegou a dizer a ela que o acompanhasse. A ausência da primeira-dama foi questionada. Houve quem não aceitasse a justificativa do cerimonial norte-americano, como o *Diário de Notícias*, que criou a furada versão de que Maria Thereza não seguiria com Jango porque esperava o "provável nascimento de mais um herdeiro no último trimestre deste ano".[15]

Outros jornalistas lembravam que Maria Thereza já fora aos Estados Unidos acompanhando o então vice-presidente. A imprensa brasileira não a perdoou. Mais que criticar, Pomona Politis percebia que algo estava mudando e cobrava a primeira-dama: "Seria um acontecimento principalmente de atração jornalística internacional, e, por conseguinte, de grande efeito promocional. Basta lembrar que depois que a rainha Sirikit foi a Paris, Londres e Washington, todo mundo (e o resto do mundo que não conhece geografia) procurou ver no mapa onde fica a Tailândia..."[16]

Até os diplomatas estrangeiros ouvidos pelos jornais diziam que a ida de Maria Thereza com certeza iria trazer uma promoção e uma repercussão positivas para o país.[17] A sua ausência não foi bem aceita nos Estados Unidos. Jacqueline Kennedy nem ficou em Washington e foi passar uns dias na Florida durante a visita. Jango foi recebido por Kennedy no dia 3. Dois dias depois, já em Nova York, recebeu a tradicional chuva de papéis em um trajeto de três quilômetros na rua Broadway. De resto, foi só política.

Mas no México houve um susto. O primeiro susto de muitos que viriam. No dia 9 de abril, durante o intervalo de um espetáculo de balé asteca, a que assistia no camarote presidencial do Teatro de Belas Artes, na capital mexicana, Jango levantou-se para receber os cumprimentos de autoridades do país. Sentiu vertigem e ficou pálido. O general Amaury Kruel, chefe da Casa Militar, o ajudou a sentar. Jango disse que não passava bem e pediu para voltar ao Hotel do Prado. Desmaiou em seguida.[18] Foi levado ao hotel, onde foi atendido pelo doutor Elias Huerta Gonzalez e por Xavier de la Riva, médico pessoal do presidente mexicano López Mateos. Ambos fizeram a declaração padrão de que Jango tivera um mal-estar em decorrência do cansaço pelo ritmo da viagem e da altitude da Cidade do México, que fica 2.250 metros acima do nível do mar.

No dia seguinte, Jango realizou um eletrocardiograma que apontou sinais de insuficiência cardíaca. Os médicos aconselharam-no a suspender os encontros e as reuniões. Ele relutou. O presidente do México, que estava no quarto, mostrou que já conhecia a fama de Goulart em relação à sua saúde:

— Nós, os presidentes, estamos agora subordinados às ordens dos médicos e espero que Vossa Excelência obedeça. Ouvi falar que o senhor é um doente muito difícil.[19]

De volta ao Brasil, Jango encerrou a discussão. Maria Thereza nem teve chance de pedir que procurasse um médico. Ele colocou a culpa de seu mal-estar na combinação de altitude com a apimentada comida mexicana. Disse que o problema não fora sério. Não lhe contou que havia desmaiado e que as suspeitas eram de que tivera uma isquemia. Tentando manter segredo, continuava preocupado. Em julho, o cardiologista e professor John S. LaDue, presidente do American College of Cardiology, veio ao Brasil para examiná-lo. Seria o primeiro — de uma série de médicos — a indicar que deveria mudar o estilo de vida, buscar uma alimentação mais saudável, diminuir a ingestão de bebidas alcoólicas e parar de fumar.

Dentre todas as recomendações, Jango apenas seguiu a do repouso, talvez porque realmente se sentisse cansado. Não voltou imediatamente ao trabalho. Cumpria expediente, mas evitava entrar noite afora em reuniões. Mesmo assim, estava ao lado de Maria Thereza no jantar em que receberam as debutantes do ano. Aquele era um evento mais simples, porém já se notava a nova postura de Maria Thereza, que surpreendeu os repórteres e cumprimentou, chamando pelo nome, as 51 debutantes. Uma ideia de Dener, que a fez decorar a lista das convidadas. Era a primeira vez que ela usava um vestido feito pelo costureiro, um modelo preto com um clipe de brilhantes preso à cintura. Jango manteve-se discreto, sentado durante quase todo tempo, mas chamou a atenção dos repórteres por estar visivelmente mais magro.[20] Mesmo sendo realizado no Palácio das Laranjeiras com a presença do casal presidencial, aquele jantar do dia 5 de maio era encarado apenas como a preparação para um dos maiores acontecimentos da cidade do Rio de Janeiro: o esperado Baile de Debutantes no Palácio do Itamaraty, organizado pelo colunista José Rodolpho Câmara, da revista *Manchete*, que iria apresentar, no dia 12 de maio, aí sim com toda pompa, as jovens à sociedade.

Como Jango ainda não estava recuperado, Maria Thereza teria de ir sem ele ao baile. Era a primeira vez que enfrentava um grande evento social sem a companhia do marido. Já havia tido algumas aulas com Dener e sentia-se mais segura. Ele passou outras orientações, mas repetia e enfatizava a regra — criada por ele próprio — que Maria Thereza nunca deveria esquecer: "Mantenha a postura de primeira-dama; sorria, acene e nada de debater com a mulherada."

Acompanhada por Yara Vargas, Maria Thereza chegou ao Palácio do Itamaraty às 23h. Foi, sem dúvida, a personalidade mais aplaudida pelos mil convidados, dentre eles, o primeiro-ministro Tancredo Neves,

San Tiago Dantas e outros seis ministros, além de Lucy — diretora da revista *Joia*, que patrocinava a festa —, esposa de Adolfo Bloch, fundador do grupo Bloch, que editava a revista *Manchete*. Era a primeira vez que o Palácio do Itamaraty recebia uma festa de debutantes. Maria Thereza fora escolhida *patronesse* pelas 51 meninas que completavam 15 anos. Todas elas e seus pais — das famílias Baeta Neves, Moura Combacau, Mena Barreto, Queiroz Antunes, Martins Guinle e Alencastro Guimarães — fizeram fila para cumprimentá-la.

As debutantes dançaram três valsas. Nas mãos tinham buquês que vieram da Alemanha graças a uma cortesia da Lufthansa. O baile foi transmitido pelo rádio no programa *Desfiles Bangu*. Espártaco Vargas valsou com sua neta Inesinha Fontella Lopes, filha de Yara.

Maria Thereza dançou uma vez, com o ministro San Tiago Dantas. Saiu às três e meia da manhã. Não conseguiu distribuir acenos e sorrisos com facilidade. O nervosismo e a timidez eram claros, mas os elogios foram bem maiores. Havia um motivo a mais para sua presença: a renda integral obtida no Baile fora destinada à LBA.

A boa repercussão serviu para consolidar a parceria. O mundo mudava depois desse baile e Maria Thereza apostaria cada vez mais em Dener, que se tornaria um amigo fiel da jovem primeira-dama. Regida por Dener, ela passaria a ensaiar o andar, as conversas e sua postura em banquetes e encontros sociais. Seguiria as orientações quase sem discutir. Assim, mesmo no verão carioca ou na seca Brasília, ela usaria meia-calça transparente sempre que estivesse de vestido; não deixaria seu cabelo solto em recepções; daria adeus ao sapato baixo e às sandálias abertas — pelas quais o costureiro tinha um ódio especial — e à calça jeans, que o costureiro só "permitia" nas fazendas. A relação criada entre professor e aluna foi tão forte que Maria Thereza eventualmente usava calça jeans na Granja do Torto, mas só se tivesse certeza de que Dener não iria aparecer.

Tinham quase a mesma idade, mas Dener nunca deixou de chamá-la de "senhora". Chegava pela manhã no Torto e passava o dia ensinando Maria Thereza, que colocava os vestidos e refazia o percurso seguido nas cerimônias, enquanto ele, quase um maestro, comandava: "Caminhe... pare... sorria." Em seguida, um novo teste. Na escada do Hotel Nacional,

Dener mostrava como deveria vencer degrau por degrau: "Com elegância, nada de vir de frente, como se estivesse patinando." Se Maria Thereza fizesse algo de que não gostasse, ele não reclamava abertamente, mas abusava da sua ácida ironia.

Contido na frente da primeira-dama, Dener tinha uma personalidade envolvente e divertida. Era criativo tanto na tesoura quanto no automarketing. Chamado por Ricardo Amaral de "geniozinho asmático da alta-costura", jamais contestou ou negou a afirmação do colunista do *Última Hora*, apesar de não ter a doença. Aceitou o apelido por considerar chique ser asmático.[21] E fez mais: em público, demonstrava certo abatimento físico e forçava a tosse. Talvez o estilista-personagem estivesse mais de um século atrasado. Tinha um perfil que se encarnava nas características do Romantismo, o movimento literário e filosófico focado no sentimento, com seus protagonistas voltados para si mesmos, com fortes doses de paixão, drama e tragédia. Costumava assumir a farsa ou a brincadeira. Quando não era ele próprio quem inventava histórias, fazia de tudo para tornar verdadeiras as lendas criadas sobre si.

Com visão empresarial, o estilista-personagem sabia fazer bons negócios. Ele, que chocava e encantava o país com, como se dizia à época, seus trejeitos afeminados, foi o primeiro profissional da moda no Brasil a usar a mídia para se promover, equilibrando seu lado artístico com os negócios, mostrando uma competência excepcional para o marketing. Acabaria assim reforçando e promovendo, em um ciclo milionário, a força da sua assinatura. Ganharia um ar de todo-poderoso entre as elites e, mais, seria adorado pelo povão que comprava as revistas de celebridades e de moda. Seus comentários, tão corrosivos quanto espirituosos, despertavam paixão e temor entre famosos e aspirantes ao mundinho zona sul carioca e Jardins paulistanos.

Mesmo com o nome que criara não só na sua área, o convite e a assessoria que prestava à primeira-dama balançaram seu imensurável orgulho. Não deu o braço a torcer, mas festejou muito, sem perder a chance, claro, de fustigar os concorrentes: "Podem falar o que quiserem: que José Roberto, Guilherme, Joãozinho Miranda e outros bobocas são melhores do que eu. Mas eu sou o costureiro favorito da primeira-

-dama do país. E eles morrem de inveja e por essa razão fazem a maior campanha contra mim. Mas figas para eles."[22]

Ele encontrou o estilo de Maria Thereza e acertou em cheio nas roupas que fez, equilibrando perfeitamente a juventude da primeira--dama com a sobriedade necessária para o cargo, afinal a imagem era fundamental na função que ela estava exercendo. Assinar as roupas da primeira-dama elevou à estratosfera o mito que se formava em torno de seu nome. No rastro de Dener, a decisão de Maria Thereza impulsionava o esquálido mundo da moda no país.[23] Sem mirar, acertava em cheio até na política. Ao escolher Dener, seguia o discurso de Jango, de que um estilista brasileiro promovia ainda mais a indústria nacional.

Formava-se uma dupla que marcaria a história da moda no Brasil. O maior nome da costura no país iria potencializar a publicidade decorrente das aparições de Maria Thereza com suas criações. Não só ele, como o jovem mercado brasileiro: "Hoje, a primeira-dama é um fator importante no desenvolvimento da indústria nacional. Vejamos o caso da *haute couture*. A não ser em países pequenos como o Irã, o que obriga Farah Diba a viajar para se vestir na capital francesa, os costureiros nacionais são sempre prestigiados",[24] ensinava aos jornalistas, já imaginando capas de revistas estrangeiras que mostrariam Maria Thereza com seus vestidos.[25]

Feliz porque realizava seu sonho de forma indireta, Maria Thereza estava conhecendo os bastidores da atuação do melhor profissional do Brasil. Aprendia com as suas orientações. Prestava atenção ao conceito, ao modo de trabalho e às explicações sobre cada vestido. Reparava nos detalhes, como ele rapidamente resolvia um obstáculo que surgia e ajustava o caimento da peça. Revelava a ele que era apaixonada por moda e mantinha-se atenta a tudo o que o costureiro falava.

Mais de seis meses depois da posse, o susto passara. Agora estava motivada a aproveitar aquele período. Queria e precisava aprender. Como o processo estava dando certo com Dener, seguiu, com menos intensidade, o mesmo caminho na área da política. Já contava com a ajuda do amigo Doutel e elegeu mais três homens de confiança de Jango para se tornarem seus professores informais: Darcy Ribeiro, Waldir Pires e San Tiago Dantas.

Assim que um deles entrava na Granja do Torto, Maria Thereza corria para recebê-lo. Usava um recurso que funcionava. Fazia sempre a mesma pergunta, sem entrar em detalhes: "E no atual momento político, o que o senhor acha que vai acontecer?" Seguia-se uma longa e detalhada resposta, que Maria Thereza encarava como aula. Prestava atenção e tentava absorver tudo o que podia. Se o visitante tivesse tempo, vinham novas questões. E se ficasse para almoçar, o acompanharia com rara satisfação.

Aproveitava para pedir conselhos, principalmente a San Tiago, a quem chamava de professor, sobre a administração da LBA, que recebia cada vez mais cartas. Um dos mais urgentes impasses era a distribuição dos donativos. Ainda não havia cadastramento dos moradores de Brasília nem estrutura para a entrega de mantimentos e roupas. Não conseguia modificar a engrenagem, lenta e burocrática, da entidade, enquanto a grande simpatia popular conquistada pela LBA provocava o olho gordo de aliados que enxergavam ali uma bela chance de promoção eleitoral. Maria Thereza perguntava, mas não recebia boas notícias. San Tiago estava tendo trabalho. A missão de tentar sanear as contas era quase impossível. Maria Thereza seguia acreditando e torcendo. Darcy Ribeiro também esclarecia pacientemente as suas dúvidas, mas lhe recomendava em tom irônico: "Aprenda, mas não muito." Talvez Darcy percebesse o esforço de Maria Thereza, que chegava até a ler em voz alta os discursos do marido e de Tancredo, o primeiro-ministro que lhe dissera ser impossível conhecer, em um ano, todos os problemas do país. Outra pessoa com quem ela continuava contando era a prima Yara, a quem admirava desde a infância. Ela estava sempre a seu lado. Ajudava, tirava dúvidas, dava opiniões.

A Granja do Torto, afastada da cidade, cercada de mato, e com seu zoológico, era o que Jango e Maria Thereza tinham em Brasília para matar a saudade das fazendas. Mesmo assim, não era um lugar para Jango se recuperar. Preocupado com o que acontecera no México — o primeiro susto que o coração lhe deu —, começou até a seguir um regime. Desde sua volta, perdera 8 quilos. O mérito era mais do doutor Moacir Santos Silva e bem menos do teimoso paciente. "Se for rezar pelo catecismo do meu médico, acabo morrendo de fome"; reclamava frequentemente. Nessa época, foram muitas viagens para suas fazendas para que Jango pudesse descansar, aumentando assim os boatos sobre um possível pedido de licença.[26]

A doença de Jango tornava-se conhecida em todo o país. Na visita que a seleção brasileira fizera ao presidente, antes de embarcar para a Copa no Chile, com centenas de curiosos, amigos e assessores em volta da Granja do Torto, Pelé perguntou a Jango:

— Como vão essas coronárias, presidente?

A resposta veio com bom humor:

— Estão boas, mas não tanto quanto as suas.[27]

Enquanto Jango diminuía seu ritmo de trabalho, Maria Thereza enfrentava seu momento mais tenso à frente da LBA. Uma greve era anunciada. Ela tomou conhecimento dos pedidos dos funcionários, que queriam 50% de aumento nos salários e uma reestruturação do quadro. Jango falava pouco e mandava mensagens enigmáticas, o que já era suficiente para demonstrar que não estava satisfeito.

Alertada por João José sobre a grave situação financeira da entidade, Maria Thereza ouviu do irmão que deveria afastar-se antes que fosse responsabilizada por uma crise que não era sua. A solução encontrada, para não causar um descontentamento de políticos e da população, foi anunciar que continuaria promovendo os eventos, mas se manteria longe da presidência. Inicialmente, pediria licença de alguns meses. O vice da entidade, Charles Edgar Moritz, mais uma vez passaria a ser o presidente em exercício.

Antes de deixar o cargo, no entanto, houve um lance estratégico. Em uma tentativa de sanear as contas, Maria Thereza determinou a criação de uma comissão que iria analisar os níveis salariais dos servidores da LBA. Mexia no vespeiro. Além de reajustar o defasado salário da maioria dos empregados, a comissão estudaria a possibilidade de reduzir as remunerações milionárias de diretores e supervisores indicados, no intuito de diminuir a enorme diferença salarial que existia. Durante a licença de Maria Thereza, os servidores acusariam Moritz, adversário declarado da política de Jango, de estar sabotando as mudanças propostas e pediriam a Maria Thereza que reassumisse o posto. Ameaçaram novamente entrar em greve, lembrando que a LBA era uma entidade privada, regida pela CLT.

A crise na entidade aumentou em 6 setembro 1962. Moritz, na presidência, simplesmente não recebeu quinhentos funcionários que desejavam discutir as mudanças. Alegou que tinha outra audiência marcada. Com a demora nas negociações, a aprovação do plano proposto por Maria Thereza passou a fazer parte da pauta de reivindicações dos funcionários, que temiam que Moritz usasse a proposta para "beneficiar alguns de seus protegidos". Os empregados também questionavam o "regime de proteção" estabelecido por Moritz, que "beneficiava os ocupantes de funções elevadas em detrimento dos direitos dos funcionários menores".[28]

A diretoria da LBA tentava eximir-se, partia para um braço-de-ferro com Maria Thereza e devolvia a decisão para ela porque, àquela altura, sua licença havia terminado: "A primeira-dama foi quem designou a comissão para reestruturar os níveis salariais dos servidores da LBA", declarou o diretor de intercomunicação, Elpídio Reis.[29] Moritz negava as acusações de que tivesse criado um cabide de empregos e garantia que a diretoria não interferiu nos estudos do plano de reestruturação.[30] E articulava o contra-ataque. Reclamava do novo processo administrativo criado por Yara e implantado por Maria Thereza. Todos os cheques correspondentes a pagamentos deveriam ser enviados a Brasília para que Maria Thereza assinasse um por um. A suspeita de desvio de verba se confirmou. Após a análise de Yara, uma parte dos cheques, como se esperava, voltava em branco. A possibilidade de desvio de recursos se reduziu e os gastos foram controlados, mas a lentidão aumentou, prejudicando as relações comerciais da entidade. A Associação Comercial do Rio reclamou publicamente da demora do pagamento. A diretoria chiava e — não muito preocupada com a transparência dos gastos — apelava para que Maria Thereza simplesmente devolvesse os cheques assinados, destacando que havia a Comissão de Sindicância criada para investigar os contratos e as contas. Pelo que se via no balanço histórico da LBA, essa Comissão não estava trabalhando muito bem.

Ao mesmo tempo, o Parlamentarismo no Brasil não mostrava resultado. Depois da queda do primeiro-ministro Tancredo Neves em junho de 1962, e de uma indefinição de três semanas até Brochado da Rocha ser indicado e permanecer menos de três meses no cargo, em setembro o Congresso aprovou a nomeação de Hermes Lima, que nem fora eleito. Tornou-se chefe de governo graças a uma lei complementar que permitia que um gabinete provisório fosse formado sem o voto dos congressistas. Muito bem informado sobre essa instabilidade política, John Kennedy achou melhor adiar a visita que faria ao Brasil,[31] programada inicialmente para fins de julho, passando o encontro para novembro.

A popularidade de Maria Thereza e de Jango, mesmo assim, permanecia muito alta. Tanto que, em agosto de 1962, homenagens de sargentos não incomodavam tanto. O presidente e a primeira-dama compareceram a uma solenidade com suboficiais das três armas no Clube dos Sargentos e Suboficiais da Aeronáutica. Cerca de 8 mil militares o aguardavam, além do marechal Henrique Teixeira Lott, dos generais Osvino Ferreira Alves, Ladário Pereira Telles e Nicolau Fico; do almirante Cândido Aragão; e do brigadeiro Francisco Teixeira, entre outros oficiais de alta patente. Além da homenagem a Jango, que recebeu o título de sócio benemérito do Clube dos Sargentos do Exército, Maria Thereza ganhou uma coleção de mudas de rosa. Aos poucos, Jango começava a aceitar a possibilidade de ter a esposa a seu lado em eventos políticos. Maria Thereza sentia-se mais confiante e, se não conseguia superar, pelo menos mantinha seu medo de multidão sob controle.

Eram festas, recepções, aplausos e até fãs. Ela, porém, não havia tirado os pés do chão. Era como se ainda estivesse correndo descalça pela fazenda dos pais. Não se esquecia de suas origens. A menina de São Borja que tinha a "Lei de Dinarte" a determinar seu futuro. Um mundo de luxo e poder se oferecia à primeira-dama, mas ela se mantinha firme.

Até aquele momento.

7.
Mesmo a tristeza da gente era mais bela

Foi no clima de mais um gol do Brasil que uma série de importantes publicações mundiais elevou Maria Thereza à categoria de estrela internacional. Ela se tornava a primeira brasileira a ser capa de uma revista europeia de grande circulação.[1] Em fevereiro, a principal publicação da Alemanha, *Stern*, lançou uma edição com a foto de Maria Thereza na capa e a manchete *Morgen stürmen wir Rio* — um título que recorria ao "triplo sentido" e que mantinha o estilo incisivo da *Stern*. A manchete poderia ser traduzida como "nós vamos invadir (ou tomar) o Rio" e transmitia a ideia de movimento e mudança. O texto, assinado pelo jornalista Gordian Troeller, trazia fortes denúncias sobre as injustiças sociais no país e dava destaque a Francisco Julião, que assustava a oposição conservadora e preocupava Jango com as Ligas Camponesas. A reportagem repetia o artifício a que recorriam as revistas brasileiras e usava Maria Thereza como chamariz. Sobre ela, somente a observação de que não era apenas a primeira-dama, "mas também uma das mulheres mais bonitas do país". A foto da capa, tirada por Indalécio Wanderley, também fora publicada em *O Cruzeiro*.

Foi só o começo. A revista norte-americana *Time*, de 8 de junho de 1962, trazia na capa a foto do conselheiro econômico da Casa Branca, Walter Heller, e publicava uma longa reportagem sobre as mais belas primeiras-damas do mundo. Maria Thereza estava entre elas. A reportagem "Belas que reinam" escalava nove rainhas e esposas de presidentes: Farah Diba, do Irã; Sirikit da Tailândia; María Teresa Paz Estensoro, da Bolívia; Fabíola da Bélgica; Marie-Thérèse Houphouet-Boigny, da Costa do Marfim; Muna al-Hussein, da Jordânia; além de Grace Kelly, de Mônaco; Jacqueline Kennedy e da própria Maria Thereza.

O texto da *Time* não era assinado. Apenas as fotos eram creditadas. Fora o próprio Jango quem recebeu o russo Philippe Halsman, um dos maiores repórteres fotográficos do mundo, famoso por eternizar Salvador Dalí e Albert Einstein. Halsman passou oito semanas viajando pelo mundo para captar flagrantes das mulheres da reportagem. Jango não só ciceroneou o fotógrafo, como acompanhou e incentivou Maria Thereza, que, mesmo assim, não conseguiu ficar à vontade. Porém, sentia-se radiante ao perceber a satisfação com que o marido ficou a seu lado. Apesar do entusiasmo de Jango, não houve uma produção especial. Foi fotografada com o mesmo vestido que estava usando e sem maquiagem e iluminação especial. Halsman andou por todo apartamento no Chopin, escolheu o lugar, fez algumas orientações de posicionamento e tirou poucas fotos.

A *Time* afirmava que nenhuma das retratadas "havia nascido para o papel" e que, em 1962, essas primeiras-damas seriam "o melhor argumento para a diplomacia cara a cara". Destacava que quase todas haviam estudado piano e que Maria Thereza e a princesa Muna achavam Frank Sinatra o melhor cantor do planeta. Havia outra coincidência: as duas sabiam cavalgar — uma das especialidades de Maria Thereza — e gostavam da vida ao ar livre.

A revista apontava o que alguns governantes, Jango entre eles, demoravam para perceber: "Elas poderiam trazer imensas vantagens políticas e sociais para seus maridos." Especificamente sobre Maria Thereza, a reportagem não escapava de alguns exageros. Classificava-a como a mais "espirituosa", que se orgulhava do seu sangue gaúcho e que, "quando provocada", poderia atacar como "as onças que vagam pelo seu sul nativo". A publicação mencionava desentendimentos com o cerimonial, mas destacava sua simplicidade, informando que, mesmo com as "doze" fazendas da família, ela poderia ser vista fazendo compras e levando os filhos para passear na praia de Copacabana.

Outra revista norte-americana, a tradicional *McCall's*, também publicou um curto perfil de Maria Thereza com o título *The Beauty Who Is Brazil's First Lady*. Uma foto de página inteira da primeira-dama ilustrava a matéria da edição de 3 de agosto, escrita por David St. Clair, um jornalista de Ohio que trabalhava no Brasil.

No mês seguinte, Maria Thereza estreava nas bancas da França. A prestigiada publicação francesa *Paris Match*, de 22 de setembro, com Brigitte Bardot na capa, reproduzia uma versão carregada, e um tanto romanceada, da reportagem da *Time* sobre as primeiras-damas.

Era o fotógrafo francês radicado no Brasil Jean Manzon, que renovara o fotojornalismo no país, quem assinava o texto. Em *O Cruzeiro* ele formava com David Nasser uma das mais polêmicas duplas do jornalismo nacional. Bem ao estilo das redações da época, criava e recriava com tintas dramáticas o diálogo que Maria Thereza e Jango tiveram em Lloret del Mar, durante a crise da renúncia de Quadros, inventando e investindo pesado na emoção: "Você não tem que hesitar, repetia a senhora João Belchior Marques Goulart a seu marido em agosto de 1961, a Constituição te designa como sucessor legítimo de Jânio, pegue o primeiro avião e vá para a nossa casa. Os outros cederão, você verá, até Brasília, essa será a estrada do triunfo." As palavras não foram essas, assim como o primeiro encontro do casal ganhou uma nova versão saída da cabeça ou de Manzon ou de Nasser. Sabe-se lá por quê, preferiram escrever que o carteiro teria entregue, por engano, uma carta endereçada a Jango na fazenda de Maria Thereza e que ela então fora levá-la a seu verdadeiro destinatário.

Era um tipo de jornalismo que passava longe da realidade e da busca da exatidão. A objetividade deveria ser esquecida para que os textos ganhassem asas e palavras. Nasser e Manzon foram dois expoentes desse estilo. Claro que era mais tentador e saboroso acrescentar gestos e ações que não ocorreram de verdade. A história do gaúcho milionário que se apaixonou pela jovem e bela primeira-dama era um prato cheio para jornalistas que checavam menos os fatos e deliravam mais.

Ao fim dessa sequência de reportagens internacionais, o que mais surpreendeu Maria Thereza foi a reação de Jango, que andava com as revistas debaixo do braço para mostrar ao primeiro que se aproximasse.

Estava mais satisfeito que ela. Mesmo assim, ele não cogitava aproveitar o nascente carisma de Maria Thereza para ajudar na imagem do seu governo. Talvez o presidente soubesse da importância do papel da primeira-dama. Mas seria difícil para alguém tão ciumento colocar a própria esposa em primeiro plano, permitindo que ela se tornasse uma pessoa mais visada ainda.

Desde sua primeira viagem ao exterior, acompanhando o vice-presidente Jango aos Estados Unidos, Maria Thereza era alvo de fotógrafos e da atenção da mídia. Em uma época em que a palavra marqueteiro não definia eleições, Jango não fazia esforço para que sua esposa se destacasse. O gaúcho insistia que ela deveria evitar a exposição exagerada. Para justificar a rede de proteção que criara ao redor dela, explicava que uma entrevista ou frase distorcida poderia se transformar em um ataque ao governo. E distorcer fatos para socar verdades eram práticas normais na imprensa da época, uma especialidade de seu maior opositor, o governador da Guanabara, Carlos Lacerda.

A tradição e o conservadorismo pesavam. Os verdadeiros anos 1960 não haviam começado no Brasil, que mantinha o tabu. Mulher de político jamais subia ao palanque.[2] Talvez a visibilidade e a popularidade de Jacqueline Kennedy servissem para mudar esse conceito. Jango até poderia não ter total conhecimento de como a imagem de Jacqueline servia ao governo Kennedy, mas era impossível que não conhecesse o efeito positivo — e decisivo — da presença de Evita no governo do seu amigo Juan Perón.

A sequência de reportagens da primeira-dama brasileira na *Stern*, *Time* e *Paris-Match* provocou uma correria nas redações brasileiras. Imediatamente após a publicação, as revistas nacionais procuraram Maria Thereza. E lá ia ela, de novo, para as capas da *Manchete*, *Fatos e Fotos* e *O Cruzeiro*. As matérias tinham apenas algumas linhas, quando tinham. Em sua edição de 20 de outubro, *O Cruzeiro* estampou na capa uma foto da primeira-dama votando para anunciar a cobertura das eleições de 1962. No texto, nenhuma palavra sobre Maria Thereza. Ou na edição de *Fatos e Fotos* de 7 de setembro de 1963, com uma curta entrevista em uma reportagem cujo tema eram os acontecimentos do mês anterior, para assim ter chance de falar sobre o aniversário da primeira-dama.

As direções das revistas sabiam o que estavam fazendo. Essas publicações eram consumidas também por uma geração que tinha a primeira-dama como ícone.[3] Eram meninas-moças que usariam — por pouco tempo, apesar de não saberem disso — os mesmos modelos de roupa de suas mães; nem faziam ideia de que, em setembro de 1962, em Londres, os jovens John Lennon, Paul McCartney, George Harrison e Ringo Starr entraram no estúdio dois da gravadora Abbey Road para gravar o seu primeiro compacto. A inocência ainda era a regra e Maria Thereza tornou-se símbolo de extrema elegância em uma época que insistia em se apresentar como sofisticada. Mesmo em uma das cidades que rumava para tornar-se uma das mais informais e liberais do planeta, a primeira-dama era a mulher que se preocupava com o equilíbrio das cores e dos tons de cada peça que usava, com o uso correto do chapéu, a harmonia com as luvas. Ao vestir as roupas de Dener, além de promover naturalmente a indústria nacional, ela se tornava um modelo de beleza e sofisticação que imediatamente passou a ser admirado, copiado e invejado.

Assim, não demorou para que o vestido, o chapéu, os colares, as luvas, a bolsa e o penteado que usava virassem tendência.[4] Maria Thereza estava lá. Suas fotos e sua presença mexiam com a imaginação de jovens e mulheres que apenas sonhavam, e não pensavam em lutar por seus direitos. Havia uma renovação sem mudanças. Um novo tempo pelo qual se esperava sem saber. Já no início de 1963, "o fino da bossa era vestir calça de tergal com camisa Ban-Lon, usar saias acima de dois dedos do joelho e imitar os cabelos da primeira-dama Maria Thereza Goulart",[5] que fazia mais do que só se vestir bem. Encontrara seu lugar. Aprendera a lição de Dener. Andava e falava polidamente e com elegância, outra característica da mulher dos anos 1950. Seguindo a ordem de seu polêmico professor, não discutia nem revelava as opiniões dela ou do marido em público. Um satisfeito silêncio. Quando havia entrevistas, segurava-se para evitar qualquer comentário político ou sobre os políticos. Levava o assunto para a moda, filhos e família.

Mesmo feliz com o sucesso da esposa, Jango pedia a Maria Thereza que fugisse dos jornalistas. Ela tentou seguir a orientação, porém não tinha como impedir que fosse fotografada a cada evento de que participava. Um ano depois de seu pedido de privacidade, soaria como piada se ela, o cerimonial ou até o presidente solicitasse que se evitassem notícias e flagrantes sobre a primeira-dama. O fenômeno Maria Thereza saía do controle de Jango e dela própria. Pela primeira vez, ela se esquecia de Capão Alto e tirava os pés do chão.

A *Manchete* de 6 de outubro de 1962 trazia na capa Maria Thereza na rasa e segura piscina do Torto abraçada a Denize e a João Vicente. Na chamada: "Maria Teresa (sic) na imprensa mundial". A reportagem repercutia a matéria da *Paris Match* e mostrava doze fotos da família. A maioria delas de Maria Thereza, com um comportado maiô, ao lado dos filhos. Havia somente uma foto dela com Jango, ouvindo discos na vitrola. Uma reportagem altamente favorável, com o título "É primavera na Granja do Torto", descrevia um domingo da família. O texto fazia uma caprichada observação de que as revistas estrangeiras destacaram a primeira-dama, "como se houvesse um velado reconhecimento da supremacia de sua beleza sobre as demais".

O dia a dia na Granja do Torto era descrito como a revista imaginava e também como Maria Thereza desejava que fosse, mas longe da realidade. "A rotina diária na Granja do Torto é igual à de milhares de lares brasileiros da classe média. Apenas ali, o dono da casa ocupa a Presidência da República." Jamais uma família presidencial se aproximara tanto dos lares dos brasileiros. E, pela primeira vez, quem lia sobre a família do presidente poderia até identificar-se com eles. O surpreendente é que não havia quem sugerisse, dentro do governo, uma melhor exploração dessas reportagens para que o próprio Jango pudesse ganhar mais pontos.

Cada vez maior, a popularidade do casal era facilmente percebida. Foi com naturalidade que Jango e Maria Thereza aceitaram o convite para serem os padrinhos de casamento de José Roberto Avelar. Um gesto comum para eles, que batizaram vários filhos de funcionários e até de ministros. A ida do casal presidencial a Brás de Pina, zona norte do Rio, onde seria realizada a cerimônia, provocou tumulto. Para acalmar as 3 mil pessoas que correram para acompanhar o casamento, foi preciso instalar alto-falantes em torno da igreja de Santa Edwiges. Na primeira página da edição do *Jornal do Brasil* de 2 de setembro de 1962, as fotos de Maria Thereza, com um costume branco e luvas da mesma cor, de mãos dadas com o noivo, um motorista negro, no cortejo que abriu a cerimônia. A legenda abusava do duplo sentido: "Pela mão de Teresa (sic)". Em um dos principais jornais do país, essa reportagem trazia em si algo que o país jamais vivera e sequer discutira. Era uma mudança brusca em apenas uma foto que provocava identificação e espanto daquelas pessoas que se amontoavam para ver o casal presidencial participar do casamento de um morador do subúrbio; ao mesmo tempo, a tal foto poderia assustar e, com certeza, daria o que falar na zona sul.

Jango e Maria Thereza foram longe demais e uniram lugares separados por séculos.

Nunca Brás de Pina esteve tão perto de Copacabana.

Em mais de uma vez o carisma do casal foi aclamado em lugares difíceis de acreditar. Convidado pelo general Augusto Magessi para receber uma homenagem no Clube Militar, Jango, acompanhado por Maria Thereza, recebeu longos aplausos de centenas de pessoas que os aguardavam na rua. No Clube, não foi diferente. Cumprimentaram quase 1.500 convidados que compareceram à solenidade, dentre eles o embaixador norte-americano Lincoln Gordon.[6] O general Magessi empenhara-se no sucesso do encontro. O expediente para os militares se encerrou mais cedo para que todos pudessem comparecer.

Jango distribuía sorrisos e abraços. Maria Thereza esforçava-se, mas não conseguia ir além de um leve sorriso no rosto. Melhorara muito. Usava um vestido preto com sapatos da mesma cor e não se esquecia da regra de Dener. Falou pouco; sorriu e acenou.

A fama de Maria Thereza já podia ser sentida nas ruas. Mesmo com as recomendações dos seguranças, insistiu em ir com Maria Moreira assistir ao filme *O Grande Motim*, com Marlon Brando, cuja arrecadação da estreia seria destinada à LBA. Entrou na sessão no começo da exibição, com as luzes apagadas. Mas não pôde escapar. Assim que o público descobriu que a primeira-dama estava em um cinema da Avenida Atlântica, ela foi cercada e viu-se obrigada a dar autógrafos e receber cumprimentos. A princípio, controlou-se, mas veio o medo de ver-se cercada por dezenas de pessoas e ela quis deixar a sessão.

Passando pelo Clube Militar, de Brás de Pina à zona sul carioca, a fama de Maria Thereza chegava a Budapeste. A agência de notícias húngara Magyar Távirati Iroda divulgava para seus compatriotas a informação de que a primeira-dama brasileira estaria interessada em comprar mais um cachorro, dessa vez da raça Puli, que possuía uma tradicional história como o cão pastor que cuidava das ovelhas nas planícies húngaras. A nota, absolutamente sem importância jornalística, não deixava de carregar certo orgulho húngaro pelo fato de Maria Thereza escolher um cachorro da raça típica do país.

Já o jornal de língua francesa, editado em Israel, *L'Information*, estampava meia página com o perfil "A mais bela primeira-dama do mundo" e arriscava um novo conceito sobre o Brasil. "A simplicidade de Maria Thereza Goulart serviu-lhe para conquistar a simpatia do brasileiro, povo que está cada vez mais evoluindo entre os grandes do mundo."

E assim a imprensa fazia o aquecimento.

Aproximava-se o combate do século.

Em 3 de novembro de 1962, a *Manchete* publicava uma reportagem sobre Jacqueline Kennedy, destacando que ela viajava sozinha para outros países como representante do governo americano, algo ainda inimaginável para Maria Thereza. Em uma visita à França, o presidente norte-americano iniciara uma entrevista coletiva da seguinte maneira: "Não tenho necessidade de apresentações. Eu sou a pessoa que acompanha Jacqueline Kennedy..." A matéria destacava que ela e seus vestidos Givenchy e Cassini estavam prontos para sua visita ao Brasil. Jean Pouchard anunciava no *Diário Carioca* de 29 de maio de 1962 que o encontro entre as duas primeiras-damas aconteceria no Brasil e que Jackie já preparava o guarda-roupa com criações de Oleg Cassini. Praticamente incontrolável em sua euforia, Dener trabalhava freneticamente nos vestidos de Maria Thereza.

A chegada dos Kennedy foi marcada para 12 de novembro. As agendas estavam sendo acertadas e emissários do presidente dos Estados Unidos visitaram o Brasil para verificar a estrutura das cidades que receberiam o presidente: Rio, São Paulo, Brasília, Recife e Natal. Os jornais brasileiros não se aguentavam. Esqueciam-se de que o encontro principal era entre Jango e John, como o *Jornal do Brasil*: "Há grande expectativa em torno do próximo encontro, a 12 de novembro, das duas primeiras-damas mais bonitas do mundo."[7]

Os colunistas sociais escolheram a parte da agenda que realmente interessava a eles e só falavam da visita das primeiras-damas ao bairro Aliança, em Bangu, onde foram construídas casas populares com os recursos da Aliança para o Progresso. Lá seria inaugurado o Centro de Assistência Social Jacqueline Kennedy.

A euforia com o encontro era enorme.

A decepção que veio após o anúncio de um novo cancelamento ficou impossível de medir.

Dessa vez, além da indefinição da política brasileira, houve algo bem maior. Outubro de 1962 e seus dias que abalaram o mundo. A crise dos mísseis em Cuba. No dia 14, os norte-americanos divulgaram fotos que mostravam cerca de quarenta bases de lançamento de mísseis nucleares da União Soviética na ilha. O fantasma de uma guerra nuclear nunca pareceu tão real. O governo Kennedy declarou que a instalação dessas bases significava um ato de guerra contra os Estados Unidos.

Nikita Kruschev, o comandante da então URSS, rebateu, alegando que os mísseis nucleares eram defensivos e serviriam para impedir um novo ataque ao país de Fidel Castro depois da fracassada invasão, financiada pelos Estados Unidos, da Baía dos Porcos. Seguiram-se treze dias de tensão mundial. No dia 28, Kruschev, após um acordo secreto em que os norte-americanos retirariam seus mísseis da Turquia, anunciou a remoção das bases. Os Estados Unidos permaneceram em alerta e uma viagem do presidente tornara-se impensável.

Outro fator para Kennedy desistir foi a confirmação da realização — em janeiro — do plebiscito popular sobre o sistema de governo brasileiro.[8] A manutenção do Parlamentarismo ou a volta do Presidencialismo, que devolveria os poderes a Jango.

O encontro entre Jango e John, Maria Thereza e Jacqueline, era cancelado pela segunda vez. Não haveria uma terceira chance. Como consolação, a Casa Branca anunciou para dezembro a visita do irmão do presidente, o procurador-geral dos Estados Unidos, Robert Kennedy.

Contudo, a imprensa brasileira ainda tinha Maria Thereza. Em novembro, sem Jacqueline, até festa infantil virava notícia. A comemoração do aniversário de Denize era detalhadamente descrita. Os colegas dela viram um filme infantil no cinema do Palácio. Chegaram presentes de todos os cantos do país. Representantes da fábrica de brinquedos Estrela enviaram uma boneca Beijoca para ela e um trator para João Vicente, que não esperou, abriu a caixa e começou a brincar.

Uma notícia como essa poderia dar chance a ataques da oposição, mas seria difícil criticar quem usava o serviço dentário que a própria Maria Thereza criara na LBA de Brasília e que ficava sob a direção do cirurgião-dentista Jório Martins Ferreira. O mesmo dentista, na mesma sala, atendia as famílias carentes da cidade, os operários da Novacap, os funcionários públicos e a família presidencial, com João Vicente, com medo do temido motorzinho, dando um trabalho extra até a Flávio de Oliveira Castro, o chefe do cerimonial da Presidência. Outras vezes os motivos de tensão eram bem mais leves para João Vicente, que gostava de se esconder atrás das árvores e assustar, para desespero de Oliveira Castro, os ministros que tinham reunião agendada com o presidente.

E Maria Thereza continuava lá. Em menos de dois meses, a *Manchete* voltava a colocar a primeira-dama na capa para divulgar a aguardada lista de Ibrahim Sued que apontava "As mulheres do ano".[9] Ela não gostou da foto escolhida pela revista. Achou que seu cabelo, bem curto, fora penteado em excesso. Na lista de Ibrahim também recebiam destaque Helène Matarazzo, Maria Helena Alves, Bibi Ferreira e Sandra Cavalcanti.

Além de dar a capa para Maria Thereza, Ibrahim a classificava como "a mais bela primeira-dama da história", e explicava que ela "já fora fotografada por jornais e revistas de todo o mundo que mostraram sua juventude e elegância (...) em confronto com as outras primeiras-damas". O colunista era mais um a ver um potencial que o próprio governo — e Jango — só agora começavam a enxergar. Que ela, sem que ninguém se preocupasse em incentivar ou desenvolver essa ideia, se transformara em uma "*public relations* involuntária do Brasil" por manter uma "discreta atividade social", só participando das cerimônias protocolares que exigiam sua presença, mas se dedicando totalmente "às obras da Legião Brasileira de Assistência e aos cuidados dos filhos".

Sucederam-se novas capas internacionais, como a edição 2.649, de 9 de fevereiro de 1963, da revista *Blanco y Negro*, do grupo editorial Prensa Española, com a manchete "*La encantadora primera dama del Brasil*". A reportagem destacava sua vida, as atividades no governo, e seus 1,62 metro de altura e 47 quilos. E não faltou a comparação com Jacqueline Kennedy.

A onda de popularidade de Maria Thereza era cada vez maior. Linda, jovem e, na medida do possível, fora do padrão do que o país estava acostumado a ver. Havia algo novo na política brasileira, além dos impalatáveis discursos da direita e da esquerda que clamavam por uma briga. Longe do palco político, uma estrela brilhava. Nas capas de revista, na moda, no estilo e agora no governo, Maria Thereza era parada nas ruas para dar autógrafos em pedaços de papel, lenços, bolsas... Se em Brasília havia o deserto de gente e diversão, no Rio ela já não poderia mais sair sozinha para comprar discos na loja Master Ranger, na rua Rodolfo Dantas, como fazia enquanto era esposa do vice-presidente. Era freguesa da loja. Não deixava de levar Dick Farney e Miltinho, com quem tivera aulas de violão, mas, bastante influenciada pela onda do rock que mexia com sua geração, comprava todos os discos de Elvis Presley que apareciam. No cinema, não perdia nenhum filme do Rei do Rock, um gosto que passou para os filhos. Jango ouvia, mas não se empolgava, preferia música popular francesa e, sem ter como não gostar, Frank Sinatra, de quem Maria Thereza tornara-se fã e cujos discos não faltavam na vitrola da família. As modinhas gaúchas, a que os jornalistas faziam referência nas reportagens sobre o presidente, raramente eram tocadas no apartamento.

Gostando das ocasiões em que era tietada, chegava a tirar Jango do sério. Pedia para Avelar ligar a sirene assim que se aproximava do Chopin. Se estava com o marido no carro, ouvia a provocação:

— Tu queres que todo mundo corra para o carro e venha te pedir autógrafo, é isso, não?

E era o que acontecia. Os pedestres a reconheciam e vinham em sua direção. Ela então distribuía autógrafos e retribuía sorrisos e acenos.

Quem via a cena não poderia acreditar que no país daquela primeira-dama havia crise política, problemas econômicos, pressão internacional e uma oposição desesperada.

Se Maria Thereza estivesse sozinha no carro, e Jango, no apartamento, assim que ele ouvia a sirene, anunciava: "Lá vem Maria Thereza." Preparava então o sorriso para ouvir da própria esposa as suas aventuras do dia, que ela narrava detalhadamente.

Em Brasília, as idas ao aeroporto acabaram ficando famosas. E o seu gosto por velocidade também. Porém, por mais que acelerasse, o carro da segurança nunca saía de seu retrovisor. Na manhã do dia 13 de fevereiro de 1963 escapou de uma multa por causa da sua popularidade. Na entrada do aeroporto, o guarda de trânsito optou por manobrar o Mercedes-Benz, placa CB 16.95.68, enquanto ela era cercada por dezenas de pessoas que queriam conversar, conseguir um autógrafo ou pedir favores.

De Brás de Pina à zona sul carioca, passando por Budapeste e chegando ao maior cantor de todos os tempos. Frank Sinatra leu a reportagem da *Time* e enviou uma carta de agradecimento e uma coleção de seis discos inéditos no Brasil para Maria Thereza. O presente veio embrulhado em um papel que imitava a bandeira dos Estados Unidos. Ela estava na Granja do Torto quando recebeu o pacote. Ficou tão feliz que não teve dúvida. Correu ao gabinete de Jango para mostrar o que acabara de ganhar. Nem pensou que ele poderia estar ocupado ou que estivesse reunido com seus principais ministros. Abriu a porta da sala do presidente, com um sorriso escancarado, gritando entusiasmada:

— Jango! Jango!

O marido estava com Darcy Ribeiro, Waldir Pires e San Tiago Dantas. Ela ouviu o silêncio, imediato e constrangedor, que sua atitude provocara. E ficou paralisada:

— Que horror! Me desculpem!

Jango não se abalou:

— O que foi, Maria Thereza?

— Uma carta do Frank Sinatra. Recebi uma carta do Frank Sinatra e uma coleção de discos dele!

A notícia não entusiasmou Jango.

— Ah, que bom... depois eu leio a carta para ti — disse ele.
Darcy, ao lado do presidente, não se conteve e caiu na risada:
— É, Jango, agora vais ter de ouvir Sinatra a vida inteira.
Encerrada a reunião, Jango permaneceu no escritório. Continuava ocupado. Maria Thereza esperava. Impaciente, pediu ajuda a San Tiago Dantas. Na carta, escrita à mão, Sinatra contava, em tom formal, que leu a reportagem na *Time*, ficou feliz por ter "uma admiradora tão bonita" e agradeceu o elogio, afirmando que um dia iria ao Brasil e teria a oportunidade de conhecê-la pessoalmente.

Darcy acertou. Toda vez que a família estava na piscina da Granja do Torto, havia um disco na vitrola. Jango teve de ouvir Sinatra por muito tempo.

Se Maria Thereza ganhava elogios, manifestações de carinho e admiração, o risco de uma perigosa inversão, tão temida por Jango, também existia. Quanto mais popular se tornava, mais histórias eram criadas sobre ela. Inventar fatos e factoides sobre suas primeiras-damas era um dos esportes favoritos no Brasil. A única que escapara foi Carmela Teles Leite Dutra, a dona Santinha, católica fervorosa que pressionou o marido, Eurico Gaspar Dutra, e conseguiu o fechamento dos cassinos no país. Dona Santinha morreu durante o mandato presidencial do marido.

Não seria necessário procurar muito para explicar a multiplicação de comentários sobre Maria Thereza. Atacá-la — ou até enaltecer demais suas qualidades — era um meio enviesado de atingir o presidente. Nas cerimônias públicas, ela era colocada em situações constrangedoras ao receber elogios durante os discursos, o que a irritava ainda mais porque se via forçada a sorrir e a agradecer a "gentileza".

Circular ao lado de Dener também rendia críticas de uma ala mais conservadora. Contudo, o costureiro, apesar de seus chocantes trejeitos, não era atacado porque existia o temor de como viria a inusitada resposta, porque havia a certeza de que viria. E ninguém da alta sociedade queria perder prestígio com o geniozinho da costura.

O jovem secretário da primeira-dama também ouvia. Barros Carvalho tinha de escutar insinuações diariamente: "Mas você, tão jovem, é secretário da primeira-dama?! Secretário, hein?" Obrigado a estar ao lado de Maria Thereza, mesmo nas infalíveis solenidades para mulheres que se realizavam no Iate Clube de Brasília, o simpático e elegante Barros Carvalho, o único homem presente, era alvo de muitos olhares.

Não havia como controlar a irresponsabilidade de línguas prazerosas em difamar por difamar, porém o verdadeiro escândalo surgia quando a fofoca tornava-se oficial. Um dossiê sobre o presidente, produzido em março de 1962 pelo Departamento de Estado Norte-americano, recebeu o carimbo de "secreto" e informava que Goulart era casado com a "extremamente atraente Maria Tereza Fontela (sic)". Estava sobrando tempo — e faltando competência — para os arapongas internacionais. O dossiê continha a absurda informação de que Jango usava "uma perna artificial". Nos relatórios da Central Intelligence Agency (CIA), registrados com a mesma data, o mexerico ficava em primeiríssimo plano, indo do boletim escolar ao fuxico conjugal.

> Maria Tereza Fontela (sic) Goulart, mulher do presidente brasileiro Goulart, nasceu em 1937 em São Borja, na fronteira do estado do Rio Grande do Sul. Seu marido também é de São Borja. A senhora Goulart estudou no Colégio Americano, na capital do estado, Porto Alegre, onde se diz que possui um histórico escolar sem distinções. Os Goulart se casaram em 1955. Duas fontes confiáveis indicaram, no começo deste ano, que o casamento vem enfrentando dificuldades. A senhora Goulart tem sido caracterizada como vaidosa e ambiciosa. Aparentemente, relutou em vir com o presidente na visita oficial aos Estados Unidos. Tal má vontade é atribuída a uma inadequação mental e educacional à tarefa de enfrentar a imprensa americana e também ao fato de não gostar dos Estados Unidos.[10]

Os responsáveis pela ficha de Maria Thereza cometiam mais uma escorregada ao se esquecer da visita aos Estados Unidos que ela fizera com Jango na vice-presidência. Não pesquisaram direito ou, intencionalmente, criaram uma intriga banal entre ela e os Estados Unidos, porque, pelo jeito, não leram nenhum jornal brasileiro. Saberiam que Maria Thereza estava se preparando o "esperado duelo de elegância e beleza"[11] entre as duas primeiras-damas, cancelado por Kennedy, e no qual ela teria de enfrentar a imprensa norte-americana.

Maria Thereza estava nos jornais, nas revistas, nos relatórios dos serviços secretos estrangeiros e agora nas paradas de sucesso. O músico e humorista Juca Chaves, que já fizera modinhas para Juscelino Kubitschek como "Presidente Bossa Nova", emplacava agora um novo sucesso: "Dona Maria Thereza":

Dona Maria Thereza,
Diga a seu Jango Goulart
que a vida está uma tristeza,
que a fome está de amargar

E o povo necessitado,
precisa um salário novo,
mais baixo pro deputado,
mais alto pro nosso povo.

Dona Maria Thereza,
assim o Brasil vai pra trás,
quem deve falar, fala pouco,
Lacerda já fala demais.

Enquanto feijão dá sumiço,
e o dólar se perde de vista,
o Globo diz que tudo isso,
é culpa de comunista.

Dona Maria Thereza,
diga a seu Jango porque
o povo vê quase tudo,
só o parlamento não vê,

Dona Maria Thereza,
diga a seu Jango Goulart,
lugar de feijão é na mesa,
Lacerda é noutro lugar... ah ah ah!

O casal achou a música divertida e convidou o músico para um café da manhã na Granja do Torto. Assim que Juca chegou, Maria Thereza deu-lhe as boas-vindas:

— Fique à vontade, Juca. A casa é sua.

Juquinha não perdeu a chance.

— Que ótimo! Então vamos hipotecá-la.[12]

Em janeiro de 1963, o disco com a canção "Dona Maria Thereza" alcançou 22 mil cópias vendidas. A exemplo do que Juscelino fizera quando Juca lançou "Presidente Bossa Nova", Jango e Maria Thereza preferiram rir da crítica. Ela foi além e realmente gostou da canção. Porém, curiosamente, a música foi boicotada nas rádios cariocas por causa do ataque que fazia a Lacerda. Na parada musical, seria apenas a 84ª canção mais tocada no Rio em 1963, ano em que Jorge Ben, já exibindo um estilo único, alcançaria o primeiro lugar com "Mas que Nada".

A canção de Juca Chaves não despertou qualquer ponta de mágoa. Porém, o nome Maria Thereza chegaria à televisão. E nada seria mais destruidor para a imagem da primeira-dama que a "Maria Tereza" criada por Chico Anysio para o seu programa de humor na TV Excelsior.

Interpretada por Zélia Hoffmann, a personagem "Maria Tereza" era uma mulher jovem e bonita. A ação ligada à história da personagem girava em torno das traições que cometia, enganando o marido, o poderoso coronel do interior do Nordeste, João Pessoa do Limoeiro. Eles se conheceram em uma visita da companhia de Walter Pinto a Recife. O coronel Limoeiro se apaixonou e se casou com ela, que era uma das vedetes do musical. Desconfiado, passaria a seguir a esposa. Levantava várias suspeitas, de maneira grosseira, mas se desesperava ao ouvir da esposa a ameaça de que iria abandoná-lo. Faziam então as pazes e o coronel encerrava o quadro com o bordão: "Maria Tereeeeza, isso me ama, isso me ama! O pessoal fala que ela casou comigo porque eu tenho dinheiro, mas isso me ama."

Para o Brasil inteiro, a piada era outra. Como a personagem e a primeira-dama tinham o mesmo nome, a associação foi imediata. O efeito para Maria Thereza foi devastador. Chico Anysio sempre negou qualquer intenção de satirizar a primeira-dama. Em entrevista por e--mail ao autor em maio de 2010, Chico Anysio explicou que a personagem se chamaria Adalgisa, mas decidiu mudar porque queria um nome mais comum. Estava escrevendo o quadro de humor e a comediante Maria Teresa Fróes entrou em sua sala. Colocou então o nome na personagem. Anysio ressaltou que não se inspirou na primeira-dama; que não "faria graça" com a primeira-dama; e que "se tivesse lembrado que a primeira-dama tinha esse nome, colocaria o nome de Maria Rita ou Rosa Maria na personagem".

O problema era fazer essa explicação alcançar todos os cantos do país onde um aparelho de TV estivesse ligado. A personagem fez um grande sucesso e tirou Maria Thereza das nuvens. Um tombo de realidade. Sentiu-se julgada e condenada. O país confirmava sua vocação. Um programa de humor era entendido como verdade.

Décadas depois da criação dessa personagem, Maria Thereza foi a uma exposição de pinturas do humorista. Aproveitou e questionou-o, delicadamente, se a "Maria Tereza do coronel Limoeiro" era uma referência a ela. Anysio ficou espantado com a pergunta e negou, dizendo que "não tinha nada a ver". Repetiria a versão, em várias entrevistas, de que o nome surgiu por acaso, quando a comediante Maria Teresa surgiu em sua sala enquanto escrevia o roteiro e pensava em um nome para a personagem.

Coincidências à parte, um fenômeno se alastrava pelo mundo. Não adiantava Jango pedir à esposa que evitasse a imprensa. A roda da História — e até de acontecimentos não importantes — girara. Maria Thereza tornava-se um dos primeiros alvos no país da onda paparazzi retratada no clássico *A doce vida*, de Federico Fellini. O filme ganhara a Palma de Ouro no Festival de Cannes em 1960. Uma obra-prima visionária que mostrava as transformações que iriam ocorrer na década, que poderia ser interpretada aqui no Brasil através do circo das celebridades e de jornalistas que escolhia a jovem primeira-dama como um dos assuntos preferidos. As capas de *O Cruzeiro*, *Manchete* e *Fatos e Fotos* tornavam-se rotina, e a busca por uma foto exclusiva já ultrapassava limites. Um flagrante de Maria Thereza quase se transformou em uma crise política. Escalado pelo *Jornal do Brasil* para registrar as férias da primeira-dama no Espírito Santo, Walter Firmo levou a missão a sério. Depois que os fotógrafos dos jornais locais, da *Manchete* e de *O Cruzeiro* invadiram a praia quase deserta, que ficava em frente da residência oficial do governador, na Praia da Costa, em Vila Velha, Maria Thereza e os filhos não sairiam mais da casa. Ficaram na piscina para ter mais privacidade. Firmo, porém, tinha um trabalho a fazer. Deu algumas voltas pelo local e escolheu um lugar. Pediu a Luiz, motorista do *Jornal do Brasil*, que o erguesse. Escondido nos galhos das árvores e apoiado nos ombros do motorista, conseguiu uma bela recompensa. Firmo pôde ver Maria Thereza, com um comportado maiô de duas peças, brincando com os filhos. Cuidando de crianças pequenas, muitas vezes se abaixava para limpar seus rostos ou dar um copo de suco para eles. Foram essas poses de Maria Thereza que Firmo, a 30 metros dela, flagrou com sua teleobjetiva, em rápidos minutos.

Assim que bateu as fotos, desconfiando de que fora visto por um segurança, disse ao motorista:

— Vamos direto para o Rio.

Temendo ser pego, retirou os negativos e os escondeu debaixo do tapete do automóvel Aero Willys em que viajava. Colocou filmes virgens na máquina. Acreditava que seria parado na estrada. Foi o que aconteceu. Rodaram 6 quilômetros e a Polícia Rodoviária ordenou que o carro parasse:

— O senhor estava fotografando a primeira-dama?

— Tem certeza de que era eu?

— Tenho, me dê o seu material que nada vai acontecer.

Firmo embarcou na história e improvisou um teatro.

— Mas é meu ganha-pão. Vocês não podem fazer isso. Não se faz isso com um profissional.

Os policiais nem se abalaram. Firmo entregou os filmes virgens. Liberados, ele e Luiz seguiram em alta velocidade para a sede do jornal no Rio.

O fotógrafo percebeu que havia algo errado assim que entrou na redação. Já se sabia que fizera bem mais do que fora pedido. Estranhou, mas não perdeu tempo. Foi imediatamente revelar os filmes. Quando voltou à redação, ficou sabendo que o próprio Manuel Francisco do Nascimento Brito, diretor do jornal, ordenara que ele entregasse as fotos para que fossem guardadas no cofre. Foi o que Firmo fez, mas antes, discretamente, conseguiu esconder e levar para casa dez negativos.[13]

Apesar de Maria Thereza tentar se manter isolada e segura em seu mundo de primeira-dama, não deixava de ser perseguida por um adversário mais óbvio, a oposição a Jango. Eram políticos da UDN, tão fixados em destruir a aliança PSD-PTB que ganharam o apelido de "Banda de música", formada por excelentes oradores que tinham capacidade de criar uma crise a cada discurso. Afonso Arinos, Bilac Pinto, Aliomar Baleeiro, Adauto Lúcio Cardoso e Prado Kelly, regidos pelo maestro Carlos Lacerda.

Além da natureza do ser humano e do brasileiro, que se divertia com as histórias de pessoas públicas, esportistas, artistas e políticos, poderia existir algo bem mais concreto sobre a criação dos boatos de infidelidade que rondavam a sempre bem vigiada primeira-dama. Junto com a oposição rasgada e gritada de Lacerda, havia o embaixador norte-americano Lincoln Gordon, que, abertamente, tramava e — o que era muito mais grave — oferecia apoio e dólares para quem estivesse a seu lado e contra Jango. O empresariado conservador recebia a bênção financeira dos Estados Unidos para realizar qualquer ação, invenção, bajulação e confusão que pudesse atrapalhar o presidente.[14]

Gordon tivera seu nome apresentado para a embaixada por John Kennedy pouco antes da renúncia de Quadros. Mudou-se para o Brasil, com a esposa e a filha mais jovem, em outubro de 1961. Aumentou suas antigas ligações com a direita brasileira. Vivia-se o auge da Guerra Fria, e o espectro de Fidel Castro rondava a América Latina. A CIA vigiava de perto qualquer país que sinalizasse sair fora da linha. Da sua linha. Assim, surgiam movimentos e organizações bancados pelos norte-americanos cujo objetivo era desestabilizar o nada estável — e ainda parlamentarista — governo Goulart. O Instituto Brasileiro de Ação Democrática (Ibad) e o Instituto de Pesquisas e Estudos Sociais (IPES), fundado oficialmente em fevereiro de 1962, eram resultado da junção de grupos empresariais, a princípio do Rio e São Paulo, e logo se espalharam pelo país lançando uma campanha ideológica surda, que crescia com boatos sussurrados. Crises fabricadas que geravam um terremoto político.[15]

Os estudos do Ipes eram comandados pelo coronel Golbery do Couto e Silva. E o dinheiro era distribuído entre os empresários de comunicação para destruir a imagem do governo Jango.[16] Uma ampla rede de informação completava o serviço atuando, secreta ou abertamente, dentro das Forças Armadas, da administração pública, das classes empresariais, da elite política, das organizações estudantis, dos movimentos de camponeses, do clero, da mídia e dos grupos culturais. No Ipes, havia o Grupo de Levantamento da Conjuntura, GLC, que teria grampeado 3 mil telefones só no Rio de Janeiro. O GLC pesquisava as revistas nacionais e produzia mensalmente quinhentos artigos para serem difundidos na imprensa ou divulgados em forma de palestras, panfletos e outro material "dúbio",[17] algo como uma fofoca com know-how,[18] que poderia até explicar o dossiê do Departamento de Estado Norte-Americano, que recebera o carimbo de "secreto" para obter informações tão vitais quanto a de que Goulart era casado com a "extremamente atraente Maria Tereza Fontela (sic)".

Tema de inocentes musiquinhas e bordões de programas de humor, a vida do casal também passava a ser alvo de arapongas. O desapego às formalidades dos cargos e a facilidade com que quebravam protocolos, causando estranhamentos com o cerimonial, conquistavam a simpatia popular, mas facilitavam o trabalho da oposição, que iria aumentar a carga.

Da história do país, Jango era o presidente mais jovem, o mais diferente, o mais disposto à mudança. Maria Thereza, a mais linda, a mais moça e a mais falada primeira-dama. Juventude e beleza quase inaceitáveis. Corriam versões de brigas e traições conjugais. Eram tantos detalhes que "não se exigia a verdade, a dúvida em si já criava a atmosfera". Era só jogar no ar que "o Ipes espalhava pelo país". Invencionices que passavam de boca em boca "contavam de orgias domésticas, falavam de amantes em série ou da intimidade de perversões sexuais".[19]

Coscuvilhices e boatos que eram resultado de uma tradição brasileira.[20] Já se sabia que bastava ser primeira-dama para haver maledicências, mas uma primeira-dama fora do padrão, com uma personalidade diferente, e esposa de um presidente que vinha tentando promover reformas políticas era um pouco demais. E, no caso de

Maria Thereza, sua beleza incentivava as "calúnias udenistas sobre supostas infidelidades".[21]

A desconfiança de que houvesse um movimento coordenado que colocava Maria Thereza na mira dos boatos da oposição somente surgiria décadas depois. Eram tantos ataques ao governo Jango que as fofocas sobre a primeira-dama eram consideradas espontâneos falatórios de salão. Com a Guerra Fria no auge e o planeta dividido ao meio entre soviéticos e norte-americanos, valia tudo para manter a influência sobre os países alinhados. Desestabilizar e prejudicar a imagem de um presidente não era um trabalho que a CIA nunca tivesse feito antes em outros lugares do mundo.[22] Em 1957, em uma de suas mais desastradas ações, a CIA produziu um vídeo pornográfico que divulgaria como sendo do presidente da Indonésia, Sukarno, mantendo relação sexual com uma espiã russa. Assim, Sukarno, simpatizante da União Soviética, seria visto como um homem fácil de manipular, que se deixava enganar por uma agente da KGB, além de enfrentar o constrangimento de ter um vídeo íntimo assistido pela população de seu país. O problema foi que a CIA não encontrou um ator parecido com Sukarno. A solução foi improvisar uma máscara. O resultado não ganharia um Oscar de efeitos visuais. O vídeo rendeu apenas risadas. Sukarno permaneceu vinte anos no poder, mas não escapou do destino traçado. Foi deposto por um golpe apoiado pelos Estados Unidos[23] em 1967.

Seguindo essa linha de ação, o ataque não deveria se limitar a Jango. A imagem de um presidente jovem ao lado de uma linda primeira-dama e um casal de filhos era muito forte e poderia atrapalhar o objetivo. Gordon tinha o dinheiro, a missão e, além disso, adorava uma fofoca e deliciava-se ao refletir como isso poderia até ajudar o seu trabalho.[24] "O embaixador Gordon não era avesso a mexericos, e facilmente contava histórias acerca de Goulart e da esposa: de como ele lhe aplicara uns tabefes de deixar o olho preto, de como a mulher do presidente estava tendo um caso com um major da Aeronáutica. Lincoln Gordon sabia o quanto essas histórias feriam um homem cioso de sua honra como Goulart."[25]

A mentira pegava e se multiplicava, porém às vezes era calada por vozes solitárias. Como costumava fazer, Maria Thereza recebeu um grupo de atores da companhia Teatro dos Sete: entre eles, Fernanda Montenegro, Fernando Torres, Ítalo Rossi e Sergio Brito para um jantar no Palácio Laranjeiras, no Rio. Também foram convidados João José e sua noiva, Maria Odilia, a secretária Maria Elisa e o casal Aloysio e Terezinha Vinhaes. Na manhã seguinte, na praia com os filhos, Terezinha encontrou alguns amigos. Entre uma conversa e outra, um deles comentou:

— Vocês viram ontem? Teve uma festa de arromba com artistas e tudo no Laranjeiras!

Terezinha não se conteve:

— Bom, eu estava lá. O que eu vi foi um jantar em que se falou sobre teatro e cinema. Nada além disso. Como você pode falar uma coisa dessas?

Desse jantar, nasceu outro boato que foi para as páginas de jornal. Maria Thereza iria participar de uma peça de teatro do grupo Teatro dos Sete. Ela nem se preocupou em negar.

Entre uma mentira e outra, o objetivo vinha sendo alcançado: atingir Jango. O Ibad, com os dólares da CIA, passou a recrutar e financiar candidatos a deputados, senadores e governadores. Ao mesmo tempo, pressionava empresas como o grupo Ducal, que anunciava no *Última Hora*, jornal de Samuel Wainer, favorável a Jango. A empresa seria atacada e criticada por esse apoio, mesmo que indireto.[26]

Além da hostilidade institucionalizada, a imagem de um governo trabalhista criava uma má vontade da classe alta paulistana em relação a Jango. Por mais elegante que fosse, não haveria como o estilo Maria Thereza diminuir isso, mas ela poderia ajudar. Se estivesse ao lado de Dener, suas chances aumentariam muito.

O costureiro, que circulava com liberdade pelos salões de Brasília e de São Paulo, conseguia a presença de Maria Thereza — e assim, de Jango — em jantares e eventos, potencializando ainda mais a própria influência. Se, longe do poder, ele já era querido pelas senhoras da sociedade, passaria a ser bajulado agora pelos "senhores", mesmo sem precisar. Seu talento rendia-lhe dinheiro e prestígio suficientes. Sua fama propiciava livre acesso ao mundinho da alta sociedade. Para o governo Jango, que nunca pensou nisso, Dener poderia ter sido um caminho — incomum — para que a desconfiança em torno do presidente diminuísse e para que o casal da fronteira gaúcha pudesse entrar no *grand monde* quatrocentão.

A noite de 22 de abril de 1963 ficou marcada em Brasília para Maria Thereza e Dener. A alta classe compareceu em peso ao jantar em benefício da LBA. Mesmo afastada da presidência da entidade, Maria Thereza continuava patrocinando as festas. Apesar da ausência do presidente, que, poucas horas antes, viajara para o Chile e o Uruguai em visita oficial (mas sem uma agenda totalmente definida), ela foi mais uma vez aplaudida de pé em sua entrada no Salão do Hotel Nacional com um elogiado vestido branco criado por Dener. Dançou três músicas, com os amigos escalados para acompanhá-la quando Jango não comparecia aos eventos: Eugenio Caillard, secretário do presidente; o amigo Maximo Sciolette; e o irmão João José.

O ponto alto da noite seria o desfile de 98 modelos da coleção outono-inverno de Dener. Não era só o costureiro — feliz com o sucesso do evento, repleto de importantes sobrenomes — quem exultava pelo salão. O arcebispo de Brasília, Dom José Newton de Almeida Batista, mostrava-se entusiasmado com os recursos financeiros que o jantar traria para a LBA. A empolgação tomou conta dos participantes. Incentivados por Dener, os casais Lígia e Otto Willy Jordan, Espártaco e América, além do jornalista Ricardo Amaral e do padre Horta planejavam o desfile que seria realizado em São Paulo, marcando a perigosa estreia da primeira-dama em território paulistano. Dom José Newton garantia que telefonaria para Dom Carlos Carmelo de Vasconcellos Mota, cardeal de São Paulo, pedindo apoio ao jantar, que seria realizado três dias depois.

Satisfeita com a repercussão em Brasília, Maria Thereza estava preocupada com o evento na capital paulista, onde as revistas com sua foto na capa não deveriam vender tanto quanto no Rio. Além disso, uma provocação permanente norteava as relações entre as duas cidades. Na política, no futebol, nas emissoras de rádio e televisão, na imprensa, na cultura e no modo de vida, as duas maiores cidades do país pertenciam a planetas diferentes. A rivalidade mudava até a geografia, deixando Paris mais perto de São Paulo que do Rio. Maria Thereza contava com a volta de Jango, o que ajudaria a tirar de cima de si todos os olhares. Oficialmente, ela já havia viajado a algumas capitais para encontrar-se com as primeiras-damas dos governos. Mas dessa vez era ela e — ou contra — os tradicionais quatrocentões. Sabia o que a esperava. "Tenho um pouco de medo de enfrentar a sociedade paulista, porque, além de conhecer pouca gente, fala-se do fortíssimo muro de gelo que envolve as pessoas",[27] admitiu ao *Última Hora*. Em comum entre ela e os paulistanos, havia apenas Dener.

Seriam três encontros. Na quinta-feira, dia 25 de abril, um jantar no Palácio dos Matarazzo no bairro do Morumbi, oferecido pelo casal Helène e Ermelino. No dia seguinte, um almoço só para mulheres na mansão do casal Dulce e Victor Geraldo Simonsen. À noite, ceia, baile e mais um desfile da coleção de Dener na "Noite de Gala", como passou a ser chamada pelos colunistas sociais a reunião na mansão do casal Lígia e Willy Otto Jordan na rua Porto Rico. O valor arrecadado com os quinhentos convites, vendidos a 10 mil cruzeiros cada (quase meio salário mínimo na época), foi encaminhado para a LBA. A apresentação da coleção de Dener podia ser atrativa para as mulheres, mas o grande chamariz para os maridos seria a presença de João Goulart.

A chegada estava prevista para as 11h, porém o avião da primeira-dama pousou no aeroporto de Congonhas às 14h. Maria Thereza desembarcou na ala oficial de mãos dadas com Denize e João Vicente, que ficou envergonhado quando uma menina da sua idade entregou flores à sua mãe. Denize estava mais à vontade que o irmão e foi entrevistada por uma emissora de rádio paulistana.

No aeroporto, atendendo a um pedido do delegado regional do Trabalho, Roberto Gusmão, Maria Thereza fez um curto pronunciamento dirigido aos funcionários públicos do estado. Também receberam a primeira-dama o brigadeiro Anísio Botelho, comandante da IV Zona Aérea, e seu Estado-Maior. Ela estava acompanhada por João José, Yara Vargas, a secretária Maria Moreira e Evandro Lins e Silva, chefe da Casa Civil. A previsão era de que Jango voltasse direto do Uruguai para São Paulo, pois o encontro era importante para o governo.

Após um coquetel de recepção na Maison de Dener, Maria Thereza foi se preparar no Palácio do Horto Florestal, residência oficial de verão do governador de São Paulo. Quase pronta, recebeu um telefonema de Jango, que estava no Uruguai, dizendo que não poderia chegar a tempo para a "Noite de Gala", que seria realizada no dia seguinte. Maria Thereza, que se sentia insegura para enfrentar um jantar tão importante, ficou arrasada. No Uruguai, Jango tivera sua agenda redefinida horas antes, e seria necessário mais um dia para a assinatura de acordos bilaterais. Maria Thereza chorou. Como reparou Dener, que iria levar a primeira-dama e Yara Vargas em seu carro com chofer, as lágrimas estragaram sua maquiagem. Começava mal a tentativa de uma aproximação alternativa do governo com o, segundo a definição do próprio Dener, "clã paulista".[28] Para piorar, como o jantar dos Matarazzo era para casais, a ausência de Jango impedia a presença de Maria Thereza. Rapidamente Dener providenciou que fossem enviadas flores em nome do presidente com explicações e pedidos de desculpa. A responsabilidade pela ausência foi posta no cerimonial do Governo do Estado e na própria assessoria de Maria Thereza, que "teriam" marcado vários eventos para o mesmo horário. Foi a maneira encontrada para poupar Jango de mais críticas.

No dia seguinte, a maratona de compromissos começou cedo. Às 8h, Maria Thereza foi ao Congresso da Mulher Trabalhadora no Sindicato dos Metalúrgicos. Saiu de lá aclamada como a presidente do evento. Ainda visitou um Hospital mantido pela LBA no Morumbi. Seria impossível cumprir as três agendas feitas em seu nome. A LBA, o PTB e o cerimonial do Planalto marcaram eventos sem se consultarem. Para o almoço, escolheu um vestido vermelho. Usava também unhas postiças, apesar da alergia que sentia, para disfarçar o estrago que a mania de roer unhas fazia com suas mãos e que deixava Dener irritado. No carro, a caminho da casa dos Simonsen, uma das unhas postiças caiu. Preocupada com o atraso, Maria Thereza, de tão nervosa, teve um acesso de riso.

— Ai, caiu minha unha.

O motorista parou o carro. Ele e Yara abaixaram-se para procurar a unha, mas o desastre estava feito. Depois que a resgataram, retornaram ao ateliê de Dener para recolocá-la. Chegou atrasada ao almoço. Logo na entrada, Helène Matarazzo a esperava para tirar satisfação com uma ameaça:

— Você me perdoe, mas eu não poderei ir ao jantar de hoje. Eu não me incomodei e aceitei as suas desculpas. Mas você compreende: quem ontem ficou ofendida foi a indústria de São Paulo. E eu estou agora preocupada por sua causa.[29]

Surpresa e sem reação, Maria Thereza nada disse e continuou andando. Quem respondeu a Helène foi Yara:

— Então não se preocupe. Não há indústria ofendida por causa de um jantar com um presidente que, entre outras coisas, dirige o Banco do Brasil.

Durante o almoço, Maria Thereza fez força para controlar seu nervosismo. Abalada pelo atraso e pelo comentário de Helène, estava tensa. Yara tentava ajudar. A primeira-dama limitava-se a fazer pequenos comentários, mantendo o sorriso cravado no rosto. Não cometeu nenhuma gafe, mas quem esperava alguma conversa mais longa ficou decepcionado. Após o almoço, ainda visitou o cardeal Mota.

À noite, o grande desafio. Maria Thereza estava acompanhada por Dener, Yara e por João José. Logo à entrada, Ligia Jordan, a organizadora do jantar, recepcionou Maria Thereza, que usava um vestido verde e vinho. Chegaram atrasados, com o jantar servido, mas era fácil encontrar o responsável. Para Dener, a expressão "horário marcado" não existia. Já estavam presentes, acompanhados por suas esposas: Manoel Figueiredo Ferraz, Alberto Nagib Rizkallah, Samuel Klabin, Victor Simonsen, Lair Wallace Cochrane, Pinheiro da Fonseca, Roberto Suplicy, Silvio de Paula Ramos, Sergio Roberto Ugolini, José Ermírio de Moraes Filho, além de Leonor Mendes de Barros, presidente da LBA de São Paulo e mulher do governador Adhemar de Barros, e Raphael de Souza Noschese, presidente da poderosa Federação das Indústrias do Estado de São Paulo (Fiesp).

Por Ligia, Maria Thereza foi muito bem recebida, mas o constrangimento pela ausência no dia anterior ainda pesava. Contudo, Dener, a quem tudo era permitido, conseguiu mudar o ambiente. A festa se transformou com ele, que coordenou o desfile à beira da piscina. Um conjunto musical tocou até as seis da manhã. Maria Thereza dançou apenas uma música, com seu irmão João José. Distribuiu acenos e sorrisos. Para a colunista do *Última Hora*, Alik Kostakis, deu uma declaração na qual tentava diminuir o péssimo resultado de sua visita: "Gostei imensamente da cidade e de sua gente." A colunista, que acompanhara de perto o seu nervosismo, saiu em defesa da primeira-dama:

> Pessoalmente, dona Maria Thereza Goulart é tímida, daí aquele ar sério e fechado que se desfaz assim que surge mais intimamente. Ela prefere ficar em casa cuidando dos filhos a ser alvo de grandes reuniões sociais. Quando a surpreendemos roendo as unhas, ela nos pareceu mais uma menina-moça assustada com o mundo que de repente se lhe impôs, sem que para isso estivesse espiritualmente preparada. Seu rosto jovem possui traços graciosos e definidos (...) Os contratempos e atrasos de seu programa devem-se ao afobamento de seus assessores aqui em São Paulo. Além disso, há os cuidados com Denize e João Vicente, dos quais não se separa em hipótese alguma. Esperamos ter novas oportunidades de travar contato com a mais bonita primeira-dama do mundo.[30]

Foi uma das poucas opiniões simpáticas a Maria Thereza. Os atrasos, a sua excessiva timidez, a irritação de Helène Matarazzo e a ausência do casal presidencial na noite anterior foram considerados imperdoáveis. Mesmo acompanhada por Yara e João José, e levando seus dois filhos nas viagens que fazia, naquela noite nasceu um boato — mais um — que repercutiria nos Jardins paulistanos: Maria Thereza e Dener estariam tendo um caso.

Quando voltou a encontrá-la, Dener ainda estava furioso com o que acontecera em São Paulo. Não com a repercussão da visita ou com a prometida e cumprida ameaça de Helène Matarazzo, mas com as unhas de Maria Thereza.

— A senhora não pode continuar roendo as unhas! — exclamou.

Ela revelou a Dener o que ouvira de um embaixador que almoçava com Jango:

— Eu estava sem as unhas postiças, e esse embaixador virou para mim e falou na minha cara: "Dona Maria Thereza, me desculpe dizer isso, mas a senhora é uma pessoa tão bonita, como pode ter as unhas e as mãos assim?"

Desde a adolescência, ela roía as unhas até formar feridas que provocavam um leve inchaço nas pontas dos dedos. Depois da visita a São Paulo e da nova ordem de Dener, abandonou a mania.

Apesar da fama, as broncas de Dener não eram tão comuns. Quando ele estava na Granja do Torto, tentava outra tática para que tudo saísse como desejava. Recomendava que a primeira-dama usasse cabelos presos e explicava que o penteado coque "pedia" brincos. Mas Maria Thereza, que já não era a criança que se divertia com as roupas das primas, detestava usar brinco. O coque sugerido por Dener fora criado por Oldemar Braga Filho, mais conhecido na zona sul carioca como Oldy, e se tornaria uma marca inseparável da imagem de Maria Thereza. De sapatilhas de napa e blazer italiano,[31] com apenas 19 anos, Oldy encontrou um modo para disfarçar o rosto muito jovem da primeira-dama e tentar passar uma aparência mais velha. Assim surgiu o coque banana, que virou moda, dominando os pedidos nos salões de beleza, recebendo o nome de "coque à Maria Thereza".

Dener chegara a passar por situações tensas no Palácio. Percebia que a ausência de Maria Thereza era criticada pela imprensa. Entrou na briga. Foi um dos poucos que arriscou questionar Jango. Defendia que a primeira-dama deveria participar da vida pública e acompanhar o marido nos eventos políticos. Inteligente e espirituoso, não perdoava nem o presidente. Apresentava suas ideias com charme e humor. Com um jeito único de chamá-lo, transformando a sílaba "den" em um som quase inacabável, usado principalmente ao interceder por Maria Thereza:

— Presideeeeeeente, o senhor não pode ir sozinho. A primeira-dama tem de acompanhá-lo.

Contudo, o estilista sabia até onde poderia ir; o limite era quando ouvia a seguinte frase, que encerrava qualquer diálogo:

— Deixa isso comigo, Dener.

Outras vezes, uma divertida abordagem funcionava. O próprio Jango, que acabava rindo das tiradas do estilista, não escapava das suas observações:

— Presideeeeeeente, vou lhe mandar umas roupas de São Paulo. Seu estilo de vestir não combina com uma pessoa tão jovem e bonita quanto o senhor.

— Ah é, Dener? Pode mandar. Se for de graça, pode mandar.

Três belos ternos chegaram à Granja do Torto. Jango gostou tanto que praticamente passou a usar somente os três presentes de Dener em revezamento. Maria Thereza teve de escondê-los para forçar Jango a usar outras roupas. Ao reencontrar Dener, agradeceu e aproveitou para pedir gravatas. O estilista não perdeu a chance e mandou várias. Dener, quando prometia, não cobrava. Mas isso estava longe de afetar financeiramente sua relação comercial com Maria Thereza. Os vestidos eram caríssimos,[32] mas Jango, que pagava a Dener com cheques pessoais,[33] nunca reclamou do preço.

Em um Palácio não totalmente terminado de uma cidade que ainda estava sendo construída, a elegância não era prioridade, o que incomodava o costureiro. Ele foi além dos paletós para o presidente. Protestou ao ver que o presidente usava um carro de cor cinza, explicando que o automóvel usado pelo presidente deveria ser sempre preto. Não se conformava em ver os pesados uniformes — em cores preta ou azul — dos empregados e motoristas. Resumiu sua opinião em um comentário: "Que horror! Essas criaturas devem estar morrendo de calor!" Desenhou e enviou para a Granja do Torto — gratuitamente — novos uniformes em tom cinza e marinho, com tecidos mais leves. Sugeriu mudanças no protocolo das recepções realizadas pela Presidência, provocando um pequeno conflito com o cerimonial. Mas era necessário. Como narrou em seu livro de memórias, ficou espantado ao descobrir que Zé Lopes, o mordomo do palácio, costumava usar um sapato de couro de crocodilo nos jantares. Conseguiu mudar o figurino. Na recepção seguinte, o mordomo usava fraque.[34]

Era melhor seguir as indicações de Dener. O entrosamento entre os estilos era perfeito e Maria Thereza sabia disso. As opiniões de Dener pesavam muito. Ele detestava marrom. Ela nunca mais usaria essa cor. A discussão sobre o uso do brinco era uma raríssima exceção.

Às vezes, nas fazendas, era ela quem quebrava a regra e se vestia com roupas que não haviam sido feitas por ele. Se fosse fotografada para alguma reportagem, preparava-se. Com certeza, teria de ouvir suas marcantes ironias:

— Mas eu não me lembro de ter mandado essa roupa para a senhora...

Seguia-se uma explicação constrangida:

— Dener, é que essa roupa eu comprei no Rio, não é sua.

A explicação soava como um pedido de desculpa. A sutileza era delicadamente aceita:

— Ah, tá... mas até que caiu bem.

Maria Thereza sonhara ser médica, aeromoça e arquiteta; gostava de teatro, cinema, violão, piano e vôlei, mas nada se comparava à sua paixão por moda. Desde criança, quando se escondia e usava os vestidos das primas para se olhar no espelho, até a adolescência, arriscando umas criações e combinações originais. Sua preocupação era se vestir bem e gostar do que estava usando, um pensamento que levou para toda a vida.

Com Dener, tinha a chance que sempre quis. Aprendia com ele. E não acreditava no que via acontecer. O cabelo, os vestidos, os acessórios. O que Maria Thereza usava tornava-se moda na hora. Na avalanche de mudanças de comportamento, até o conceito de beleza estava sendo trocado. Muito além dos penteados e das roupas, Maria Thereza, sem saber, antecipava-se ao manter o porte físico mignon em contraste com as opulentas referências mundiais da época, como Marilyn Monroe e Sophia Loren. Bem antes da aparição em 1966 da primeira top model a alcançar fama mundial, Leslie Hornby, a Twiggy, com seus 43 quilos para uma altura de 1,57 metro.

Dener se somava a Darcy, Waldir, Doutel e San Tiago Dantas no restrito círculo de amigos que se transformaram em seus professores. Com Dener nasceu uma amizade sincera. Maria Thereza gostava até de presenciar as conversas dele com San Tiago Dantas, dois conhecedores de óperas e música clássica. Sentia-se grata em relação a Dener. Em um período de medo e insegurança, ele a deixou preparada para enfrentar o que viria pela frente. Dener costumava classificar a si mesmo "príncipe" e Maria Thereza, entrando no mundo do costureiro, passou a chamá-lo assim. O mercado agradecia a parceria. Dener, o criador, e Maria Thereza, o ícone, estavam no lugar certo, na hora certa, mudando a mentalidade e quebrando o complexo de colonizado reinante na moda.[35] O costureiro gostava de luxo, sem dúvida, mas, longe de sua personagem, não se deixava levar pela necessidade de sucesso. Ele bastava a si mesmo. E até essa lição foi importante para Maria Thereza.

Um membro da família Kennedy estava no Brasil. Não John, muito menos Jackie. No dia 17 de dezembro o grande irmão Robert foi recebido — com Lincoln Gordon a tiracolo — por Jango para uma longa reunião que terminou com uma proposta nada surpreendente. Robert ofereceu financiamento ao Brasil. Em troca queria um alinhamento com o pensamento norte-americano. Acusou Jango de abrigar comunistas no governo. O presidente pediu nomes. Robert silenciou e olhou para Gordon, que retribuiu o olhar e permaneceu calado.

A colocação de Robert fazia sentido porque essa era uma imagem do governo Jango que corria o mundo. Era difícil para o presidente se livrar da pecha de comunista. Em um de seus violentos artigos contra o governo, David Nasser — ele próprio um produtor rural preocupado com a ameaça da reforma agrária — atacava já no título: "O Mundo de João Vicente". Nasser, de modo grosseiro, percebia a real posição do presidente, mas querendo criticá-lo acabava por destacar o que era impossível esconder, a moldura que cercava o retrato de Jango: "Não pode ser comunista um homem que tem uma linda mulher, dois lindos filhos e não sei quantas lindas fazendas (...) Mas não basta que não seja comunista, é preciso que seja contra o comunismo. (...) Depende de seu pai, se você herdará fazendas, ou se você, João Vicente, viverá a sua vida numa granja coletiva."[36]

Mais uma vez, o discurso social e as reformas de Jango eram colocados em confronto com a tranquilizadora representação de sua esposa e seus filhos.

A onda do prestígio de Maria Thereza fortalecia a imagem da família presidencial: o carisma de Jango, a beleza da primeira-dama e as duas crianças rendiam fotos que valiam mais que mil discursos. Um símbolo que atenuava e contrastava com as ideias difíceis de digerir — pelo conteúdo e pelo discurso — do trabalhismo sindicalista.

Ao mesmo tempo, na maior potência do mundo, a onda do prestígio de Jackie Kennedy fortalecia a imagem da família presidencial: o carisma de John, a beleza da primeira-dama e as duas crianças rendiam fotos que valiam mais que mil discursos. Um símbolo que atenuava e contrastava com as ideias difíceis de digerir — pelo conteúdo e pelo discurso — da Guerra Fria.

O clã norte-americano ganhou o apelido de Camelot. Se o reflexo de Jacqueline ao lado do marido servia para transferir responsabilidade e seriedade a John, a presença de Maria Thereza ao lado do marido servia para suavizar o temido discurso das reformas de João.[37]

A comparação entre as duas primeiras-damas demorou, mas chegou aos Estados Unidos. Em novembro de 1962, após muito insistir, o jornalista norte-americano David Susskind conseguiu que Jango desse uma entrevista para o seu programa *Open End* exibido pelo WNTA-TV, de Nova York. Com mais esforço ainda, Susskind conquistou a raríssima chance de que a primeira-dama estivesse ao lado do presidente. A estreia de Maria Thereza na TV limitou-se a isso, ficar ao lado de Jango e ouvir do apresentador o inevitável comentário de que ela era considerada nos Estados Unidos "a Jacqueline Kennedy da América do Sul". Em sua biografia, Susskind divertiu-se narrando a dificuldade que envolveu essa entrevista. Primeiro, convencer o presidente. Em seguida, conseguir que ele permitisse a participação da primeira-dama. Durante as negociações, os boatos formaram uma geleia de invenções que se misturavam à imagem secular que o Brasil tinha no exterior. O norte-americano ouviu várias lendas sobre os homens que se aproximavam de Maria Thereza, até mesmo que um oficial teria sido jogado de um helicóptero na selva amazônica. O jornalista, sem dúvida, encantou-se com a criatividade do povo brasileiro.[38]

Muito além do mundo dos banquetes e das capas de revista, Maria Thereza e Jacqueline tinham em comum a dor da ausência e da traição dos maridos. Na Presidência, Jango tornou-se mais discreto, mas não diminuiu o ritmo de suas escapadas. Maria Thereza sentia menos as fugas conjugais porque via menos, atarefada com os filhos, compromissos, a LBA, recepções e viagens. Uma agenda quase lotada. Motivava-se e passou a gostar do ritmo em que vivia. Além disso, a imprensa brasileira, que poderia tirar vantagem direta disso, nada publicava sobre os casos de Jango. Eram outros tempos. Maria Thereza poderia ficar tranquila. Não passaria por nada sequer parecido com o que Jackie enfrentava.

A esposa do presidente norte-americano já tinha ideia do que viria pela frente em maio de 1962. Pegou os filhos e seguiu para Glen Ora, residência de campo da família, e não compareceu à comemoração dos 45 anos do marido. Mas ninguém criticou sua atitude ou sua ausência. A festa de aniversário de Kennedy se tornou um show. Comediantes e cantores se apresentaram no Madison Square Garden, mas... quem se lembra deles? As mais de três horas de discursos, canções e piadas se resumiram historicamente a um minuto e 29 segundos, o tempo exato entre Marilyn Monroe entrar, tirar o casaco, cantar o mais sussurrante, polêmico e sensual "Happy Birthday" para 15 mil pessoas ao vivo, e milhões de telespectadores pela TV, e sumir do palco assim que o bolo foi trazido. Era preciso correr. O vestido de 12 mil dólares precisara ser moldado no corpo da atriz. Ficou tão justo que não aguentou as curvas da estrela e rasgou, mostrando aos técnicos que trabalhavam no palco que Marilyn não usava nada por baixo da delicadíssima peça de roupa.[39]

Comparada a Jackie, Maria Thereza não tinha do que reclamar.

8.
É assim como a luz no coração

Depois da aparição na TV norte-americana, seria impossível dizer não aos pedidos dos jornalistas brasileiros. No início de 1963, recuperada de uma forte gripe, Maria Thereza acompanharia Jango em uma entrevista para Ibrahim Sued, que trabalhava para a Rede Tupi. A gravação estava marcada para as quatro da tarde do dia 4 de janeiro, porém a montagem dos pesados equipamentos no apartamento do edifício Chopin demorou mais que o previsto. Um atraso de seis horas irritou o apresentador e, por tabela, os entrevistados. Ibrahim ficou descontrolado por causa dos problemas técnicos. E Maria Thereza ficou nervosa com o visível destempero do jornalista, que lhe provocava temor e admiração. Tinha medo de ler sua coluna e encontrar uma crítica dirigida a ela. Ficar frente a frente com ele estava sendo mais difícil do que pensara. Percebia também que Jango estava tenso com a aparição da esposa na televisão. Assim, essa entrevista só poderia terminar em fracasso. Maria Thereza sucumbiu à pressão e deixou transparecer o nervosismo que decorria dos bastidores, do seu medo do apresentador e da expectativa do marido. Mostrou-se embaraçada e se perdeu durante as respostas.[1] Seguindo a regra da lei eleitoral, o programa não poderia ser exibido antes do plebiscito que ocorreria no domingo, dia 6, e que definiria se o sistema de governo permaneceria parlamentarista ou se voltaria ao presidencialismo. Assim, o que ninguém entendeu foi por que a entrevista, exibida somente na segunda-feira, dia 7, não foi editada antes de ir ao ar.

Toda a orientação do governo Jango estava voltada para o plebiscito. Os eleitores foram às urnas e decidiram. Os números não deixaram dúvida. De um total de 18 milhões de votantes, 2.073.582 concordaram com a manutenção do parlamentarismo, ao passo que 9.457.448 manifestaram-se pela volta do presidencialismo. Jango agora era presidente com todos os poderes.

Dias depois, Maria Thereza, as crianças, Yara Vargas e Maria Moreira viajaram para o Espírito Santo. Jango iria em seguida. Queriam aproveitar as praias da deserta cidade de Guarapari, a pouco mais de 50 quilômetros de Vitória. Maria Thereza tentou passar despercebida usando chapéu e óculos escuros. Porém, assim que desceu do carro modelo JK, com placa da Guanabara, ouviu alguém gritar: "Olha a família do presidente!" As crianças ainda aproveitaram para entrar no mar. João provocava Denize para que ela largasse a boia de borracha. Vigiada pelo repórter Jáder Neves, da *Manchete*, a primeira-dama não tirou a saída de banho para evitar que os fotógrafos conquistassem o que tinham ido buscar ali: sua foto de biquíni.

Ninguém disse à imprensa qual era o motivo da viagem, mas a coincidência das datas, menos de um mês depois da vitória no plebiscito, e os comentários de Jango deixaram evidente que queriam pagar uma promessa. E essa realmente era a razão. Maria Thereza e as crianças aguentaram firme, porém Jango sofreu para subir os 130 degraus da escadaria que levava até o Convento da Penha, na capital capixaba. Coordenar a campanha pelo presidencialismo talvez tenha sido mais fácil, mas promessa é promessa. Próximo ao altar principal, ajoelharam-se e rezaram. Não satisfeito, Jango pediu ao Frei Muller, superior do Convento, que rezasse por eles, porque estavam "precisando muito da proteção divina".[2]

No Clube Cauê, a entrevista informal que concedia aos repórteres foi interrompida por João Vicente:

— Papai, o senhor está conversando muito. A gente não veio para pescar?

Atendendo aos pedidos do filho, era hora de pegar os anzóis e os caniços.

As duas principais revistas do país não falharam. Fizeram uma ampla cobertura das férias da primeira-dama. *O Cruzeiro*, dessa vez, não colocou Maria Thereza na capa. As fantasias do Carnaval que se aproximava eram o destaque. Sobre a primeira-dama, foi publicada uma reportagem completamente fora do padrão. Estava começando uma reforma editorial que provocaria uma crise na redação da revista. O repórter Ubiratan de Lemos entrevistou a primeira-dama, mas, após uma discussão interna, quem escreveu a versão final foi Carlinhos de Oliveira, que assinou a reportagem com seu nome completo, José Carlos Oliveira, para desespero de Ubiratan.[3] Com essas mudanças, o todo-poderoso David Nasser perdia prestígio.

Só não houve discussão em relação às fotos da primeira-dama. Indalécio Wanderley, o talentoso fotógrafo das misses, realizou um trabalho marcante que conquistaria a admiração até da própria Maria Thereza, que usava calça e sapatos brancos e uma camisa estampada com gola canoa. A matéria apresentava dez fotos. Uma de Denize e três da mãe com a filha. As outras seis fotos eram *big closes* de Maria Thereza, obtidos sem que ela se desse conta. Wanderley trocara a lente da câmera. Com uma teleobjetiva, afastou-se para registrar os flagrantes de longe, o que evitava que a timidez da primeira-dama ficasse evidente. O forte vento insistia em embaraçar seus cabelos, deixando-a com um ar mais natural.

No meio do tiroteio da redação de *O Cruzeiro*, Maria Thereza saía como vencedora. O texto publicado era um único e enorme elogio, que chegava a afirmar que o sorriso dela influenciara a vitória no plebiscito. Do título "Saudação à senhora Goulart" até a última linha, uma louvação à primeira-dama:

> Eis, Senhora, a vossa imagem predileta aos olhos brasileiros: sorrindo sob os cabelos alvoroçados aos quatro ventos de Vitória do Espírito Santo, como se alvoroçavam na adolescência aos ventos dos Pampas. Já se disse, e convém repetir, que quando Jacqueline Kennedy, pela manhã, pergunta ao seu espelhinho mágico: "Qual a mais linda primeira-dama na face da Terra?", já não está certa de ouvir unicamente o seu próprio nome. Porque no espelhinho, junto à exuberante cabeça de Jackie,

outro rosto se reflete, fino, com algo de raposa nas sobrancelhas, do qual se irradia um sorriso que parece triste e que mostra uns olhos maternalmente preocupados com o destino do Brasil. Se a elegância da sra. Kennedy é aristocrática e sofisticada, a vossa beleza, sra. Goulart, revela-se tanto mais perfeita quanto menos trabalhada pelos cabeleireiros e maquiadores; e o sorriso com que recebeis a carícia do vento demonstra que preferis a simplicidade e que, por assim dizer, não tendes a consciência de ser bela. Já não vos temos visto, nas grandes cerimônias públicas, vestida e penteada como rainha — já não vos temos visto, nessas ocasiões, encarando perplexa as câmeras dos fotógrafos, como se não atinásseis com o motivo da curiosidade pública sobre a vossa pessoa? Sois nascida para a vida ao ar livre, no mar como no campo, em Guarapari como em São Borja — quase sem pintura, indiferente ao vento alvoroçante, na companhia de João Vicente e Denize —, razão pela qual, enquanto Jacqueline personifica o mito da esposa ideal do estadista, em vós identificamos um mito bem mais próximo do coração brasileiro: simplesmente a mulher, a esposa, a mãe, à semelhança de nossas esposas, mães, namoradas, irmãs. A inflação chegou a um ponto intolerável? O sorriso de Maria Thereza nos incita à esperança. E não foi só para que as instituições não se despedaçassem: foi também para que a alegria inundasse esses olhos negros que colocamos um xis no quadradinho ao lado da palavra não. Havendo presidente (eis o nosso raciocínio), continuará havendo primeira-dama... Senhora, sois tão franzina! (Como convém.) Tão de ombros pouco curvados! (Assim é que está certo.) Nada arrogante, embora altiva; sempre esquecida de ser primeira-dama, e bela. De modo que as brasileiras não vos invejam, e, pelo contrário, encontram em vós um exemplo e padrão; sois, antes de tudo, simpática, ó formosa e esquiva corporificação do Estado, cuja mera presença transforma a arrojada arquitetura em um palácio, em Brasília, em lar aprazível... Assim um brasileiro, em nome de setenta milhões, respeitosamente vos saúda.

As escolhas de Maria Thereza também garantiam o sucesso comercial dos locais por onde passava. O Salão Biboca, ao lado do Copacabana Palace, ficava lotado. Lá, a primeira-dama era maquiada por Ivone Teixeira, que sabia destacar o amendoado de seus olhos e acertava, conforme a ocasião, o tom do batom, do mais discreto ao mais forte, que ficaria melhor nela. Ainda precisava de unhas postiças. Mesmo superando a mania de roer as unhas, não achava as suas mãos bonitas. Também era no salão Biboca que Oldy cortava seus cabelos e fazia os penteados que iriam ser imediatamente copiados.

Oldy e Ivone foram importantes para Maria Thereza em maio de 1963, quando se repetiria o evento que levava os colunistas sociais ao delírio. O baile de debutantes do Itamaraty, mais uma vez organizado pelo jornalista José Rodolpho Câmara. Repercutindo o evento do ano anterior, os jornalistas atribuíam diretamente à presença de Maria Thereza a renovação do interesse pelo baile que contava com a presença de políticos, industriais e milionários.

Como se esperava, Maria Thereza foi um dos maiores destaques, gerando até irônicos comentários de que, com seu vestido branco com vidrilhos cor-de-rosa, estava bem mais jovem que algumas debutantes com ar de matronas.[4] Com toda a atenção sobre ela, houve quem reparasse que a primeira-dama estava com a mesma tiara que usara na Noite de Gala em São Paulo. Bem mais descontraída do que no ano anterior, cumprimentou as debutantes, que, uma a uma, após a valsa, entregaram-lhe rosas. Sorriu e acenou, mas, dessa vez, também conversou.

No Dia das Mães de 1963, Maria Thereza não pôde ir até São Borja para cumprimentar e matar a saudade de Giulia. Ela e Jango permaneceram no Rio e visitaram dona Tinoca, que estava internada na Casa de Saúde São Sebastião, com uma série de distúrbios de saúde. Dois meses depois, Jango estava despachando às 23h com o ministro da Marinha, quando recebeu a informação de que o estado de saúde de sua mãe piorara. Embarcou para o Rio de madrugada. Dona Tinoca faleceu enquanto Jango estava no voo. Maria Thereza, que se lembrava da felicidade de Tinoca ao receber de presente, em seu último aniversário, um vestido feito por Dener, foi para o Rio em seguida. A morte da mãe abalou o presidente. Já acostumada com a maneira com que o marido escondia os sentimentos, Maria Thereza se emocionaria ao ver, pela primeira vez, Jango perder o fôlego de tanto chorar. O enterro foi realizado em São Borja no dia 9 de julho. Após a morte de dona Tinoca, com as notícias sobre o abatimento de Jango dominando os jornais, até a oposição poupou o presidente por alguns dias.

Porém, ainda em julho, o país seria sacudido por uma notícia que aumentaria ainda mais a autoestima da população. A gaúcha Ieda Maria Vargas tornava-se a primeira brasileira a vencer o concurso de Miss Universo.[5] Sim, o Brasil ganhava o único título que faltava das conquistas consideradas vitais pela imprensa. Em 13 de agosto, Ieda voltou ao Brasil e parou a capital ao desfilar em carro aberto sob uma chuva de papel picado.

Jango ainda estava de luto pela perda da mãe e o cerimonial preparou uma recepção mais simples para a miss. Com uma bela foto de Ieda e Maria Thereza juntas, *O Cruzeiro* de 7 de setembro de 1963 celebrou: "Beleza mesmo, não se confronta — se contempla. Aqui, dois momentos contemplativos, de inspiração gaúcha: Ieda Maria Vargas, Miss Universo 63 — beleza eleita; D. Maria Thereza Goulart, a mais bela primeira-dama segundo a imprensa mundial — beleza aclamada. Encontraram-se dia 13, num cenário de Niemeyer: Brasília. Sem motivos de invejas."

Os colunistas estavam nas nuvens.

A recepção a Ieda foi um rápido respiro para Maria Thereza, que tentava entrar no mundo de Jango para diminuir a tristeza que o abatia. Além disso, ela própria enfrentava o seu pior momento político. Em junho, no dia 2, orientada por Jango e por San Tiago Dantas, enviara uma carta ao Conselho da LBA, comunicando sua saída definitiva da presidência da entidade. Exonerara dos quadros da LBA as cinco pessoas que levara para formar sua equipe: Yara, Maria Moreira, João José, Terezinha Fontella e Pedro. Além da sua equipe, Maria Thereza assinou a exoneração do padre Horta, que recebera dela vários poderes de decisão e era, efetivamente, quem fazia a coordenação executiva e administrativa da entidade.

Para evitar reclamações e apelos, ela solicitou uma nova licença por dois meses, enquanto o Conselho analisaria seu pedido. Sentia muito ter de deixar a LBA, mas seria perigoso continuar. A presidência voltou a ser ocupada interinamente, mais uma vez, por Charles Edgar Moritz.

O padre Joaquim Horta ficou inconsolável. Elogiou a dedicação de Maria Thereza às obras assistenciais, mas se mostrou aborrecido com a decisão. À imprensa, ela deu uma resposta padrão, alegando que, em razão dos diferentes compromissos, não tinha condições de exercer a função de primeira-dama e de presidente da LBA ao mesmo tempo. Continuaria participando e promovendo os eventos ligados à entidade, mas não cumpriria expediente na sede nem teria qualquer ligação formal com a entidade.[6]

Agora alertada constantemente por Yara e João José, Maria Thereza tinha conhecimento de que a situação financeira da LBA era preocupante. Os estranhamentos entre Yara e Moritz eram frequentes. Mesmo adorando o trabalho que estava fazendo, ela aceitou a decisão. Na carta de despedida da presidência da LBA, com uma ironia certeira, justificava as suas razões:

> Motivos superiores levam-me a solicitar exoneração do cargo de presidente da Legião Brasileira de Assistência.
>
> Tenho empenhado meus esforços para que essa organização realize as suas mais altas finalidades, mas, infelizmente, não consegui pôr em execução os meus propósitos dentro da amplitude que imaginei pudesse a mesma atingir. Talvez outra direção venha a conduzir a Legião aos objetivos sonhados por sua grande fundadora, Dona Darci Vargas. São os votos que faço a quem me suceder nessa árdua tarefa. Não há nesse meu gesto recriminação a quem quer que seja, pois sei que todos os membros do Conselho Deliberativo e os que trabalham para essa obra de assistência social são exemplares na sua dedicação e no desprendimento com que procuram servir aos necessitados.
>
> Aproveito a oportunidade para apresentar a todos que comigo colaboraram meus protestos de estima e consideração.[7]

Emocionada com seu discurso, não conseguiu se conter quando foi cercada pelos jornalistas. Queria fazer as mudanças para a entidade tornar-se profissional e não ser usada como um símbolo:

— Deixei a LBA porque gosto de trabalhar e não de ser um mero ornamento.[8]

A saída de Maria Thereza provocou uma esperada e forte reação. Principalmente porque ela era uma permanente geradora de eventos e doações. Mais uma vez, quem se movimentou para que Maria Thereza voltasse atrás foi o padre Horta. Para o público, sua saída permanecia um mistério. Os integrantes do Conselho teriam trabalho e agenda lotada para receber funcionários inconformados com a renúncia da primeira-dama.

Até a comissão Executiva do PTB entrou no meio e enviou-lhe um telegrama, destacando que "por unanimidade" dirigiam-lhe um apelo para que permanecesse na presidência da LBA. A atitude de Maria Thereza provocou uma repercussão que surpreendeu Jango. No dia 6, uma comissão de funcionários foi até a redação do *Jornal do Brasil* para pedir a volta da primeira-dama. Estavam espantados com a renúncia, que ocorria justamente quando iriam pedir mais um reajuste de salário e denunciar que, em alguns estados, empregados não recebiam havia mais de três meses. Os funcionários viram na administração de Maria Thereza uma chance para modernizar a entidade, tornando mais justa a relação com os empregados e menos absurdos os salários da corte. Porém, a direção, em quase vinte anos de atividade, se transformara em um clube hermético que se autoalimentava com polpudas benesses, blindando-se com tamanho poder que nem a pressão do governo dava resultado.

Outra chave para explicar a saída de Maria Thereza da LBA poderia estar em uma manchete do *Correio da Manhã*: "Presidência da LBA pode ir para o PSD."[9] Com um programa extremamente popular e de grande aceitação social, a LBA era um ótimo chamariz de votos. A presidência da entidade poderia entrar no jogo de equilíbrio político tão necessário à sobrevivência da aliança PSD-PTB.

O nome cogitado para assumir a presidência era o do médico mineiro Paulo Pinheiro Chagas, deputado federal pessedista, que acabara de deixar o Ministério da Saúde. A questão se estendeu. O ambiente na LBA, que não era dos melhores, piorou muito. No dia 12 de junho, o Conselho Deliberativo, por unanimidade, não aceitou o pedido de demissão de Maria Thereza. Uma comissão foi formada para se reunir com ela. O presidente do Conselho, Haroldo Correia Cavalcanti, foi escolhido para tentar convencê-la a voltar atrás.

Sua decisão ecoava. Maria Thereza entrava para as páginas de política. Em sua famosa coluna no *Jornal do Brasil*, o jornalista Carlos Castello Branco, o Castelinho, reproduzia no dia 25 de junho um ácido comentário de Jânio Quadros sobre a crise na LBA: "O Jango que se previna. A renúncia já lhe bate às portas."[10]

Para acabar com qualquer possibilidade de retorno e demonstrar publicamente sua insatisfação com a diretoria da LBA, Maria Thereza não compareceu aos eventos comemorativos dos 21 anos da entidade. Padre Horta fez um discurso anunciando o início de uma campanha para a construção de cem creches e justificou a ausência da primeira-dama, explicando que ela não poderia comparecer porque estava doente.

A LBA seguia a regra da maioria dos órgãos do governo dominados por barnabés que não simpatizavam com o presidente. Jango não permitiria que ela ficasse à frente de um lugar controlado por adversários. Houve uma última tentativa. O governo resolveu comprar uma briga gigante. Fortalecida pelos inúmeros apelos dos funcionários e pela reação popular, Maria Thereza retornou à presidência. Imaginou que voltaria com mais força ao cargo. Resistindo à pressão dos conselheiros, Maria Thereza negou-se a assinar uma autorização que aumentaria a disparidade salarial e a insatisfação dos empregados da LBA. O conselho inacreditavelmente fingia que não havia crise e pressionava-a para que concedesse um aumento de 100% aos seus membros e, na mesma canetada, desse um reajuste de apenas 30% para os demais funcionários. Maria Thereza disse não. Recusou-se a aceitar dois diferentes tipos de aumento.

Depois dessa atitude, não haveria, para a intocável direção da entidade, baile e doação que compensasse ter a mulher de Jango na presidência da LBA. O conselho deixaria de manifestar entusiasmo pela volta de Maria Thereza. Iniciava-se o processo de fritura. A crise interna na LBA chegava ao auge. Yara Vargas, mesmo afastada, não aceitava os rumos que o eterno provisório presidente Edgar Moritz queria dar à administração. Padre Horta recusava-se a dar entrevistas e tentava manter-se neutro, apesar de estar claramente ao lado do conselho.

E o PSD só observando. Ao pleitear a entidade, mirava a grande repercussão que as ações da LBA alcançavam. Não se preocupava com a conta. Esquecia que o ex-ministro Paulo Chagas teria de enfrentar uma comparação que o arrasaria. As notícias sobre a LBA decorriam, na maioria das vezes, da popularidade de Maria Thereza. Eram ela e suas ações sociais, doações e eventos. Ou será que o PSD acreditava que alguém pudesse se interessar pelo sorriso de Chagas?

O impasse da não aceitação de seu pedido de exoneração transformou-se em mais uma nova licença. Assim, afastada legalmente da entidade, continuou a ser a imagem da LBA em festas e inaugurações, mas não cumpria mais expediente no escritório. Acertou-se uma conveniente "orientação direta" de Maria Thereza que, no máximo, aceitaria doações por meio de cheques nominais à entidade ou somente anunciaria as ações da entidade, mas sem assinar nada. Como no dia 12 de setembro, quando a LBA enviou 27 milhões de cruzeiros à esposa do governador Nei Braga para ajudar os flagelados pelos incêndios no Paraná, uma calamidade que repercutiu em todo o mundo.

Padre Horta chegou a acreditar que a mudança de filosofia desejada por Maria Thereza seria adotada. Era outra questão decisiva para ela, que desejava diminuir a dependência das doações para transformar a LBA em uma "entidade impulsionadora dos recursos das comunidades"[11] que pudesse se preparar para enfrentar os problemas estruturais de cada região e não só se preocupar com as necessidades imediatas da população.

O que frustrava o governo era que as mudanças coordenadas por San Tiago Dantas e Yara, aplicadas por Maria Thereza, deram resultado, mas não o suficiente. Em maio, a LBA fechou com um déficit de 750 milhões. Ou seja, a situação financeira melhorara, mas o rombo continuava enorme. Sobrou mais trabalho para San Tiago Dantas. Jango determinou que ele apresentasse um plano para cobrir esse buraco sem fundo. Sobre a esposa, era definitivo. Ela teria de ficar longe desse abismo.

No dia 12 de setembro de 1963, Jango ganhou outros problemas. O baixo clero das Forças Armadas se revoltou contra a decisão do Supremo Tribunal Federal (STF) que confirmava a inelegibilidade dos sargentos para o Poder Legislativo. Cabos, sargentos e suboficiais, na maioria da Aeronáutica e da Marinha, invadiram e dominaram departamentos de segurança e comunicação de Brasília.

Um avião militar que iria fazer uma vistoria na Ilha do Bananal foi deslocado para pousar na Granja do Torto e garantir a retirada da primeira-dama e de seus filhos, se a chamada "Rebelião dos Sargentos" ganhasse força. A aeronave, com o secretário da primeira-dama, Barros Carvalho, e o chefe do cerimonial, Oliveira Castro, a bordo, passou por um tiroteio, sendo obrigado a fazer um pouso arriscado.

Enfrentar o tiroteio seria até fácil perto da reação de Maria Thereza. Aconselhada a deixar a Granja do Torto, mas sem ter recebido qualquer orientação de Jango, ela nem se mexeu:

— Daqui não saio até meu marido chegar. Esta é a residência oficial do presidente e é aqui que eu vou ficar.

Doze horas após o início do levante, a rebelião foi derrotada pelas tropas do Exército. No mesmo dia, Jango agradeceu a coragem de Barros Carvalho e de Oliveira Castro. Ainda brincou com os dois: "Vocês quiseram ser heróis, hein?"

Naquele momento político, qualquer ação se confundia com uma provocação. Não era, definitivamente, uma boa hora para João Goulart e Maria Thereza receberem a visita do presidente da Iugoslávia, Josip Broz, o Tito. Pouco importava para a oposição — que escondia — o fato de que a Iugoslávia, praticando uma política de não alinhamento, aceitava o lucro nas transações comerciais e havia muito se afastara da União Soviética. Os especialistas em barulho, como os governadores Adhemar de Barros e principalmente Carlos Lacerda, com a adesão do senador Auro de Moura Andrade, protestaram, enxergando em Tito o que o restante do mundo não via. A ameaça comunista. Não deixavam de lembrar que Tito, além de presidente da Iugoslávia, era o secretário-geral do Partido Comunista do seu país. Isso bastava. O título arrepiava a oposição a Jango e ele pagava caro por algo que não fizera. Na verdade, quem tivera a ideia do convite foi Jânio Quadros.[12] Oficialmente, a visita serviria para aumentar o intercâmbio comercial entre os dois países. Outro objetivo seria a assinatura de um convênio pelo qual o Brasil poderia usar o porto de Rijeka, na Iugoslávia.

No dia 18 de setembro, Tito e sua esposa, a ex-guerrilheira Jovanka, e uma comitiva de mais de cem pessoas chegaram ao aeroporto de Brasília. Muitos curiosos foram ver a recepção ao iugoslavo, com direito à salva de 21 tiros. Tito e Jovanka foram recebidos por João Goulart e Maria Thereza, que acompanharam o casal até o Palácio da Alvorada, onde os iugoslavos ficariam hospedados, junto com sua comitiva. Desde o primeiro contato, Tito, que seguia com os olhos qualquer mulher que passasse a seu lado, passou a mirar em Maria Thereza.

Do Alvorada, Tito foi se reunir com Jango no Palácio do Planalto. Um susto marcou a visita. Um cinegrafista da Agência Nacional escorregou e deixou uma lâmpada cair, fazendo um forte barulho. Jango ajudou o cinegrafista Ramon a levantar. Vendo que ele ficara constrangido, recomendou que fosse passar uma água no rosto e se acalmasse.

Jovanka seguiu para a Granja do Torto, onde um chá de boas-vindas seria servido. Além de Maria Thereza, Yara, América, Diraci e Terezinha Fontella a receberam. Ela também conheceu João Vicente e Denize, que se esforçou para vencer a timidez e responder às suas perguntas. Jovanka ficou pouco tempo no Torto, mas as convidadas de Maria Thereza continuaram lá, falando sobre a visita. Até que um grito interrompeu a conversa:

— João Vicente! Leve isso lá para dentro!

Era Maria Thereza que mandava o filho recolher o seu ratinho branco de estimação.

No dia seguinte, Maria Thereza, com cabelos presos no tradicional coque e vestindo um belo conjunto pérola, levou Jovanka para conhecer os projetos da LBA. A iugoslava ofereceu um aparelho de raios X para a entidade. Demonstrando interesse, conversava em inglês com Yara, que traduzia para Maria Thereza. Em retribuição à sua oferta, recebeu uma joia desenhada por Burle Marx. Houve alguns minguados protestos contra a visita. E muita preocupação. A princípio planejado para o Hotel Nacional, o almoço das primeiras-damas foi transferido para o Iate Clube, seguindo um pedido da segurança do Palácio. Maria Thereza foi a única que se sentiu ameaçada. Com muito medo da água, teve de esconder seu temor e passear com Jovanka pelo lago Paranoá a bordo da lancha Gilda.

À noite aconteceria o primeiro jantar de gala para celebrar o encontro. No Palácio do Planalto, decorado com 5 mil orquídeas, Jango iria oferecer um banquete a Tito. Durante o dia, o homem mais preocupado em Brasília não foi nenhum político. Oliveira Castro, o chefe do cerimonial, corria para que tudo desse certo. E insistia no cumprimento do protocolo, mesmo enfrentando certa irritação de Jango.

Precisamente às 21h, o carro que levava Tito e Jovanka chegou ao Palácio do Planalto. Mas Jango e Maria Thereza ainda não estavam lá. Desesperado com o atraso do casal presidencial, Oliveira Castro, sem encontrar outra solução, pediu que a comitiva de Tito desse uma volta em torno da Esplanada dos Ministérios.

O motivo do atraso era Dener.

Prontos para deixarem a Granja do Torto, Jango, de casaca, e Maria Thereza, deslumbrante em mais um vestido criado pelo costureiro, usava luvas, colar, coque, mas estava sem brincos, algo imperdoável para o estilista. O carro com o casal já saía da Granja do Torto, quando Dener não hesitou e correu até postar-se na frente do automóvel. Ameaçou se jogar. Avelar parou o carro. Dener aproveitou e correu para o lado de Jango.

— O que foi, Dener?

— Presideeeeeente, por favor, peça à dona Maria Thereza que coloque esses brincos. Já falei com ela, mas ela não quer usar. O penteado que sua senhora está usando exige brincos. Por favor, só o senhor pode conseguir isso.

Jango, entre a incredulidade e a irritação, mas segurando a risada, acabou com a discussão:

— Teca, coloca o brinco porque o Dener está mandando.

Maria Thereza não reclamou. A primeira-dama estava de brinco na recepção em que João Goulart condecorou Tito com o Grande Colar da Ordem Nacional do Cruzeiro do Sul. Em seguida, houve apresentações de grupos folclóricos gaúchos. O salão estava com várias mesas vazias. Muitos convidados, em protesto, não compareceram. Contudo, havia quem quisesse participar de qualquer jeito. Os convites determinavam que o traje obrigatório seria uniforme militar com condecorações ou casaca — o cerimonial esquecia que a capital federal estava situada em uma região que, naquele ano, enfrentaria 164 dias de estiagem.[13] Deputados como Bocayuva Cunha e Tenório Cavalcante apareceram, sem convite, usando o mesmo paletó com que frequentavam as sessões do Congresso. Oliveira Castro jamais permitiria a presença de quem não estivesse de acordo com o protocolo. Ele foi reclamar com Jango, que liberou a entrada dos deputados para não criar mais confusão.

Àquela altura, o protocolo era o menor dos aborrecimentos para Jango. Quem não gostou foi Maria Thereza, que reclamou com o cerimonial, sem saber que a autorização viera do próprio marido. Ibrahim Sued não perdoou e criticou o excesso de informalidade e centrou fogo nas senhoras e seus "vestidos comuns".[14]

Fora de Brasília, ninguém queria valsar com Tito. Os governadores não aceitaram recebê-lo. De improviso, tornou-se necessário criar uma agenda alternativa. No dia seguinte, haveria um novo banquete, mas dessa vez seria Tito quem homenagearia seu anfitrião e ofereceria o jantar, no Alvorada.

Oliveira Castro trabalharia menos. A comitiva de Tito ficou responsável pelo banquete. Montes de caviar e várias estátuas de gelo adornavam o salão. O iugoslavo já se sentia bem mais à vontade, mesmo perto de sua mulher. Durante o banquete, distribuía lembranças aos convidados e olhares para as convidadas. Tentava falar em inglês, mas sua pronúncia era péssima. Quem sofria com isso era Barros Carvalho. O secretário da primeira-dama ficava ao lado de Tito e, além de traduzir, suavizava suas palavras, porque o iugoslavo se entusiasmara.

Mais uma vez, Maria Thereza estava fascinante,[15] com um vestido salmão inteiramente bordado e um casacão de mesmo tom. Ela própria consideraria esse um dos mais belos vestidos feitos por Dener. Assim que o casal presidencial entrou no salão, houve um silêncio de admiração.[16] E Tito cravou os olhos na primeira-dama.

— Que mulher! Por ela, eu faria uma revolução.

Era só o começo.

Seguindo a orientação do protocolo, Tito sentou-se entre Jango e Maria Thereza, que mais uma vez seria apresentada a um prato que jamais tinha visto: faisão. O garçom aproximou-se e ficou a seu lado. A primeira-dama mirou a bandeja e viu somente penas. Não sabia o que fazer, mas tinha uma certeza. Desde criança não conseguia comer qualquer ave que parecesse com frango. Sentia aversão, mas manteve a calma. Sorriu e pediu que o garçom servisse Tito antes dela. Era o que precisava para ganhar tempo. Enquanto o iugoslavo era servido, já com a experiência de outros banquetes, virou-se para Yara, que estava do seu outro lado.

— O que que é isso? Essa galinha pintada?
— Isso é faisão, é chique.
— Mas é todo pintado e tem pena em cima dele.
— Afaste as penas, a carne está embaixo.

Maria Thereza enrolou o máximo que conseguiu. Usando os talheres, fingiu que estava comendo, enquanto na verdade ficava espalhando a carne pelo prato.

Além do nervosismo pela recepção e de ter de enfrentar um faisão à mesa, não estava suportando a dor que o sapato novo lhe provocava. Discretamente, conseguiu tirá-los e, descalça, passou a maior parte do jantar. Até o momento em que Tito, de supetão, decidiu propor um brinde. Todos se levantaram imediatamente para acompanhá-lo, exceto Maria Thereza, que procurava os sapatos com os pés, mas nada de encontrá-los. Tentando não chamar a atenção, cochichou para Barros Carvalho:

— Perdi meus sapatos.
— Pode deixar que eu vou procurar.

Barros Carvalho deixou o guardanapo cair, abaixou-se, encontrou os sapatos e rapidamente os colocou perto de Maria Thereza, que realmente acreditou que ninguém notara a ação. Descobriria que a maioria dos convidados fingiu não perceber o que acontecia ao lado de quem estava discursando. Tito, que bebera muito, iniciara seu improviso agradecendo ao governo brasileiro. Barros Carvalho, já liberado da missão de encontrar os sapatos, iniciou a tradução. Entusiasmado, Tito passou a elogiar o Brasil, o presidente Jango, a primeira-dama, suas roupas e seus atributos físicos, de maneira vibrante. Nesse momento, Barros Carvalho parou de fazer a tradução, embora Tito continuasse falando, lançando olhares para Maria Thereza. Empolgado, já misturava o idioma inglês com o servo-croata. Carvalho, com boa intenção, nada dizia. Porém o silêncio do tradutor acabou aumentando o constrangimento. Pelos gestos e olhares, seria fácil adivinhar a quem se referia. Jango olhou para Barros Carvalho e perguntou discretamente:

— O que ele está dizendo?
— É melhor não traduzir, presidente, porque ele está elogiando a dona Maria Thereza de maneira exagerada.

Visivelmente constrangido, o presidente deu um sorriso nervoso e contido.

Para Maria Thereza, Barros Carvalho tentou outra resposta. Como fizera durante a visita do príncipe Philip, mostrou um excelente poder de síntese, dando quase a mesma resposta:

— Ele está falando que a senhora está muito bonita nesta noite.

Os assessores do Itamaraty também sofreram com as provocações e os comentários de Tito. Sua vítima preferida era o embaixador Manoel Pio Corrêa, que o auxiliou durante a visita. Tito divertiu-se fazendo pedidos impossíveis de serem cumpridos apenas para ver a reação de Pio Corrêa.

Já na Granja do Torto, Jango e Maria Thereza preparavam-se para dormir, impressionados com o que viram. Jango mostrava-se irritado com os elogios de Tito à sua mulher. Não imaginava que os comentários tiveram início assim que Maria Thereza entrou no salão. Procurou encontrar um motivo:

— Também, ele tomou não sei quantas vodcas.

E Maria Thereza complementava, com mais uma observação:

— É, ele bebeu muito, mas a Jovanka não ficou atrás, não.

Jango e Maria Thereza ficariam ainda mais surpresos com o casal. Agora, com o seu poder de recuperação. Na manhã seguinte, eles estavam lá, no horário determinado, para mais um passeio. O governador Mauro Borges, de Goiás, tornou-se a exceção e aceitou receber o iugoslavo. Os casais iriam de automóvel até Anápolis para inaugurar a estação de tratamento de água da cidade, acompanhados pelo governador. Depois de quase cem quilômetros de viagem, a comitiva parou na cidade de Alexânia para reabastecer os automóveis. Lá, em um bar de beira de estrada, Jango e Tito tomaram uma dose da popular cachaça "Três Fazendas", enquanto Maria Thereza pediu uma Coca-Cola. Jovanka, dessa vez, preferiu acompanhar a primeira-dama. Após a cerimônia em Anápolis, o governador goiano ofereceu um almoço com churrasco e vatapá.

No dia seguinte, Tito continuaria sua viagem pela América, agora para o Chile. Ele ainda apareceu de surpresa na Granja do Torto e ficou espantado com a quantidade de animais, entre os pássaros e cachorros que havia lá. O encontro não seguiu nenhum protocolo, mas o embaixador Pio Corrêa estava lá. Enquanto o iugoslavo e Jango conversavam no jardim, Corrêa verificou os jardins da casa e colocou o rosto perto de uma vidraça para dar uma olhada na casa. Tomou um grande susto. Era o mesmo lugar onde Maria Thereza observava Jango e Tito conversarem. Ambos recuaram, assustados,[17] mas nada falaram. Como ocorria a qualquer um que desejasse oferecer um presente aos filhos do presidente, Tito deu um filhote da raça dálmata para Denize, mas foi João Vicente quem perguntou:

— Esse cachorro entende português?

Tito percebeu que João Vicente também gostaria de ter ganho um cachorro e prometeu a ele que lhe enviaria mais um.

Depois do Chile, o assustador e terrível comunista iria para os Estados Unidos, onde seria recebido por John Kennedy.

A oposição nada comentou sobre isso.

Pelo que aconteceu no Brasil, a única que deveria temer esse convidado era Jacqueline.

A visita rendeu a capa da *Manchete* de 5 de outubro com uma foto de Maria Thereza e Jovanka lado a lado, o que provocou uma desproporcional comparação.

Enquanto recebia Tito, João Goulart mexeu mais uma vez no seu gabinete militar. O general Assis Brasil tornou-se o novo chefe. Uma decisão de Jango, que o via como um homem de confiança, uma qualidade que valia muito para um gaúcho do Pampa. Apreciador de boas doses de uísque, Assis Brasil havia se destacado na Campanha da Legalidade. Incentivava Jango a realizar as reformas e proclamava sem parar o bordão "Manda brasa, presidente", que a imprensa repetia em tom jocoso. Era visto com estranheza pelos assessores do presidente. Maria Thereza não tinha nenhuma simpatia por ele. E falou a Jango, mais de uma vez, que "aquele homem" não passava nenhuma segurança. Ela, que raramente dava palpite político, defendia que Jango mantivesse o general Amaury Kruel em um cargo próximo da Presidência. Depois de exercer a chefia do Gabinete Militar e ser o ministro da Guerra de setembro de 1962 a junho de 1963, Kruel foi substituído pelo general Jair Dantas Ribeiro. Porém, usando a tática de manter os inimigos longe, mas por perto, Jango não o deixou na mão. Kruel "caía para cima" ao deixar o ministério e assumir o poderoso II Exército, sediado em São Paulo.

O general exibia uma vocação especial para a política, que poderia ser conferida no esforço que fazia para manter a amizade com Maria Thereza. Presentes de aniversário, como o puro-sangue Imperador, faziam parte de uma encenação bem montada que funcionou. Maria Thereza passou a considerar Kruel e Cândida, com quem ela realmente gostava de conversar, pessoas nas quais — ela acreditava — seu marido poderia confiar. O general esmerava-se em propagandear sua íntima proximidade com Jango. Criou-se — ou o próprio Kruel teria criado — a lenda de que ele teria batizado João Vicente e seria compadre de Jango, quando, na verdade, fora Kruel quem pedira que Jango batizasse um de seus filhos, como centenas de funcionários do governo fizeram. O general nunca foi o padrinho de João Vicente, mas sua ideia funcionou. A imprensa deu uma dimensão além da realidade à ligação entre Jango e Kruel. O general gostou da distorção e não fez força para esclarecê-la. A história dos compadres se perpetuaria até o século seguinte, sendo repetida em vários livros que apontavam esse fato para explicar a — assim considerada — forte amizade entre eles.

Como ouvia Jango falar com frequência sobre a possibilidade de golpe, Maria Thereza repetia que a saída de Kruel do Ministério da Guerra poderia aumentar a instabilidade. Tinha a sensação de que ele transmitia segurança, ao contrário do que via em Assis Brasil, cuja lembrança vinha associada a um copo na mão.

Preocupada com o que lia e ouvia, ela arriscava alguns palpites sobre o governo. Com exceção de Samuel Wainer, do *Última Hora*, os donos da informação atacavam Jango sem parar. A crise estava nas revistas e nos jornais, que continuavam batendo em Brizola, que batia em Kruel. Na visão de Maria Thereza, esses movimentos de Brizola contra Kruel pioraram o cenário. A partir do afastamento do general, ela não faria questão alguma de manter relações sociais com Brizola. Era ela quem escutava os lamentos de Jango, quando ele deixava escapar uma reclamação contra o cunhado.

A frase repetida nas ruas pelos admiradores de Brizola "Cunhado não é parente, Brizola para presidente" era apenas um lado da crítica desferida à política de conciliação proposta por um Jango inconformado com as intromissões de Brizola em seu governo. Como Darcy Ribeiro observara, Jango era "ciumentíssimo de quem ousasse desafiá-lo nesse campo com pretensões de comando".[18]

Mas Jango também conhecia bem — e preferiu não contar à esposa — a história do general Kruel desde que ele fora um dos primeiros a assinar o "Manifesto dos Coronéis" que o tirou do Ministério do Trabalho no governo Vargas. Kruel flertava com o poder e com o submundo havia tempos. Uma irresistível combinação.

À base de mortes[19] e corrupção,[20] Kruel administrara a polícia do Rio de Janeiro durante o governo Juscelino. O Serviço de Diligências Especiais (SDE) fora criado pelo general, e o que surgira para acabar com o crime se transformou em um ninho de podridão. Na parte policial, a ação da SDE resultaria no surgimento do "Esquadrão da Morte", um grupo paramilitar armado formado por policiais e colaboradores que realizava tortura e execuções extrajudiciais. Na área operacional, a SDE, em pouco tempo, administraria nove "caixinhas": jogo do bicho, lenocínio, hotéis baratos, ferro-velho, economia popular, cartomantes, aborto, drogas e cassinos clandestinos.[21] O general acabou demitido da chefia da polícia em 1959 pelo próprio Juscelino, já que o Rio era a capital federal e o cargo equivalia a um ministério. Kruel ainda lançaria mão de vários recursos para ressurgir à sombra do poder.

Sem entender nada de gado, adorava puxar conversa sobre fazendas com Jango. Presenteava Maria Thereza e seus filhos e fazia-se de velho amigo, aproveitando-se da fama de compadre do presidente. Ao considerar somente o que via, logo surgia a impressão de que Kruel seria melhor para o governo. Maria Thereza poderia até estar certa: ruim com Kruel, pior com Assis Brasil, general cuja única qualidade — que não podia ser desprezada — era a fidelidade. Contudo, era fanfarrão em excesso. Maria Thereza o achava incompetente, um homem sem personalidade e sem força.

Crise, rebeliões, e até sabotagens de quem dizia estar a seu lado, mas Jango continuava apostando em seu carisma. Não havia como negar: era difícil brigar e mais duro ainda manter alguma antipatia pessoal por ele.

O ajudante de ordens do presidente, coronel Ernani Azambuja, saía em defesa de Jango quando ouvia as críticas dos colegas militares. Azambuja, cujo apelido na caserna era Cocota, estava no apartamento do presidente no Chopin quando recebeu um telefonema e escutou mais uma provocação: "Tá ajudando o teu chefe, que só recebe pelego." Perdeu a paciência e pediu que esperassem na linha. Chamou o presidente, explicou a situação e passou o telefone para ele, que convidou os descontentes para uma visita imediata. Ninguém do grupo quis ir, exceto o capitão e instrutor da cavalaria João Baptista de Oliveira Figueiredo e dois alunos.

E Figueiredo foi.

Chegou, sentou e disse:

— O senhor não vai gostar desta conversa porque Getúlio Vargas perseguiu meu pai.

— Capitão, o senhor saiba que é isto que eu quero: franqueza. Pode falar à vontade.

Figueiredo queixou-se do governo, da questão militar e até de quanto ganhava como capitão. Conversaram por mais de uma hora. Jango então pediu a Azambuja que acompanhasse Figueiredo e os dois alunos até o carro. No térreo, Figueiredo despediu-se dele com um abraço:

— Olha, Cocota, como é difícil ser inimigo desse filho da puta. Esse homem é muito simpático.

Figueiredo se tornaria, bem na medida do possível, um amigo de Jango e de Maria Thereza. Às vésperas de março de 1964, repetiu a visita. Queria, de forma clara, declarar-se opositor de Jango:

— Presidente, vim aqui comunicar que eu estou entrando na conspiração contra o senhor. É um caminho sem opção e sem volta. Mas lembro que o senhor poderia resolver algumas coisas...

— Coronel, agradeço demais sua lealdade, mas não vou mudar nada nem tirar ninguém. Vou cair com meus amigos.

A conversa não foi dura, mas breve. Dessa vez Jango acompanhou Figueiredo até a porta. Ao se despedirem, Jango o abraçou e fez um comentário:

— Uma boa conspiração para o amigo.

Apesar das críticas políticas, a recepção a Tito rendera muitos elogios à primeira-dama. Era impossível não ver o que acontecia cada vez que Maria Thereza chegava a um evento, principalmente se fosse aberto ao público. Agora já aceitando o sucesso da esposa, Jango concordou com uma sugestão do Itamaraty. A primeira-dama faria uma viagem à Europa com a finalidade de suavizar a imagem do governo,[22] além de estreitar os laços de amizade e de cultura. Estavam previstas visitas a Portugal, Espanha, Inglaterra, França, Itália, Suécia, Finlândia e União Soviética.[23] Integravam a comitiva da primeira-dama as sempre presentes Yara Vargas e Maria Moreira, além de Barros Carvalho, que já pensava em como colocar tantas roupas sociais em uma única mala.[24] Apesar de concordar que essa viagem traria benefícios ao seu governo, Jango, preocupado com possíveis ataques, não se empolgara. Porém Dener, convidado especial para apresentar sua coleção na Itália, ficou incontrolável. A preparação da visita e os contatos entre as embaixadas já estavam sendo feitos, em sigilo, apesar de todos os funcionários já terem tomado as vacinas exigidas. Contudo, era difícil manter segredo com Dener envolvido. No *Última Hora* de 15 fevereiro, o colunista Ricardo Amaral, amigo do "geniozinho asmático", publicou em sua coluna que Dener estava organizando, junto com o embaixador Hugo Gouthier, uma apresentação de suas criações, que seria realizada durante a viagem da primeira-dama, no Palazzo Pamphili, o imponente prédio comprado pelo governo Juscelino para abrigar a embaixada brasileira em Roma.

Primeiramente, a comitiva seguiria para a Espanha. Jango participaria apenas da parte final da visita. Após um primeiro adiamento, a nova partida foi marcada para 7 de outubro. Os representantes do governo espanhol preparavam-se para receber a primeira-dama, porém a viagem foi outra vez adiada para, em seguida, ser cancelada definitivamente.

A crise política não combinava com uma viagem à Europa. A decisão final foi de Jango. Ele temia uma forte reação da oposição e da imprensa — os proprietários de jornal e os analistas políticos, bem entendido —, porque os colunistas sociais ficaram furiosos com a notícia. Mais que a crise em si, o motivo foi a possibilidade de crise. Ao *Correio da Manhã*, Daisy de Oliveira, esposa de Expedito Machado, ministro da Viação e Obras Públicas, mostrava o que era fogo amigo e afirmava que o país estava em "conflagração" e que Maria Thereza partiria para a Espanha com os filhos para "livrarem-se do perigo".[25] Assim, era necessário que Maria Thereza e Jango permanecessem no Brasil para acabar com qualquer boato.

Questionado pela esposa, ele respondeu vagamente:

— Não vamos mais. Mudou tudo.

E disse de tal maneira que Maria Thereza entendeu e percebeu que seria melhor não insistir.

A decepção com o cancelamento foi grande, mas já se especulava a possibilidade de uma nova data: maio de 1964. Inconformados, os colunistas escreviam que Maria Thereza traria "a simpatia e a publicidade de que tanto necessitamos". Os mais empolgados visualizavam "dona Maria Teresa (sic) na capa da *Paris-Match*". Falava-se em mais países, como Polônia e Israel[26]. Tantas notícias acabaram repercutindo no exterior. A própria embaixada francesa, para reforçar o restabelecimento do diálogo após o incidente diplomático batizado de "Guerra da Lagosta", sondara o governo sobre uma possível visita da primeira-dama em abril.[27] E Dener, desesperado, provocava mais um desentendimento interno ao declarar ao *Jornal do Brasil* que estava trabalhando no guarda-roupa da primeira-dama que iria "visitar a Rainha Elizabeth".[28]

Um arsenal de ataques estava preparado e era certo que haveria muita pressão se Jango viajasse para o exterior para acompanhar Maria Thereza. O *Jornal do Brasil* de 2 de junho de 1963 publicou que o "jovem e frágil" Dener viajaria com um passaporte diplomático fornecido pelo Itamaraty a pedido do governo e fuzilou: "Não se sabe qual a missão diplomática a ser desempenhada na Europa pelo costureiro que tem, em São Paulo, uma das maiores oficinas de costura, na qual trabalham cerca de duzentas costureiras, desenhistas e figurinistas na confecção de vestidos, cujo preço mínimo é de Cr$ 200 mil." O próprio cerimonial do Ministério das Relações Exteriores questionava a sua presença. A reclamação não parava por aí. Sobrava para Maria Thereza. O Itamaraty se mostrava inconformado com a preferência que ela demonstrava ao escolher homossexuais para trabalharem com ela.

Havia um histórico de sérios desencontros entre a assessoria de Maria Thereza e o Itamaraty. A mais comum era a lista de convidados dos bailes de gala. Frequentemente alguns generais eram chamados pelo Itamaraty, mas não figuravam na lista da primeira-dama, feita por Maria Moreira e principalmente por Yara, que não costumava dar moleza a quem não era afinado com Jango. As divergências escancaravam a falta de comunicação entre a assessoria de Maria Thereza e o cerimonial em um momento suscetível, capaz de gerar uma crise institucional porque esse esquecimento poderia ser facilmente interpretado como um recado de Jango.

Outro problema era a imprevisível reação de Dener, que apostara alto naquela viagem. Com o cancelamento, ele teve um chilique: "Dei toda a minha arte no guarda-roupa que desenhei para dona Maria Thereza. Com essa viagem, eu teria minha consagração no plano internacional! E agora, o que vou fazer?"[29] Inconformado, não desistiria e continuaria criando fatos na imprensa sobre sua apresentação. Uma coincidência, porém, mudaria o foco sobre as notícias que o costureiro gerava. Em uma recepção Maria Thereza encontrou, por acaso, o estilista José Ronaldo, da tecidos Bangu. Indo direto ao ponto, Ronaldo disse à primeira-dama que gostaria de fazer algumas roupas para ela, que lançou seu sorriso protocolar de agradecimento. Não passou disso, mas os colunistas sociais foram à loucura. A imprensa carioca vibrou com a possibilidade — que nunca existiu — da troca. E assim ressurgiram as críticas aos vestidos que Dener fazia para a primeira-dama. Concordavam que eram belas criações, mas que seguiam a orientação francesa e eram feitos para senhoras com mais de 40 anos. Achavam que ele deveria explorar mais o ar de — expressão já batida naquela época — "menina-moça" de Maria Thereza.

Nada de estado de sítio ou inflação ou ameaça comunista ou ligas camponesas. A crise política estava brava, mas o rumor de que Maria Thereza poderia trocar de costureiro interessava mais, bem mais, e tornou-se o tema nacional. Ibrahim Sued resumia, talvez até sem exagerar: "A notícia mais sensacional dos últimos tempos."[30] O *Diário da Noite* replicava: "estão todos comentando que a sra. Maria Thereza Goulart trocou de costureiro passando de Dener a ("libélula enlouquecida") para José Ronaldo, o célebre figurinista da Bangu (...) Não haverá analgésico suficiente para sustar as enxaquecas que Dener deve estar tendo por essas alturas. Dizem também que José Ronaldo quando soube da notícia mandou um telegrama para Dener "... tu não dançavas em Roma? Agora canta em São Paulo".[31]

Houve até quem protestasse, como o colunista Darwin Brandão do *Diário da Noite*, achando que a discussão estava fora da realidade. Mas, ao gastar tinta escrevendo sobre isso, acabava se contradizendo, apesar da ironia: "O grande problema dos colunistas sociais no momento é saber qual o costureiro predileto de d. Maria Thereza Goulart: se o sr. Dener ou o sr. José Ronaldo. E tanta gente pensando que o grande problema brasileiro no momento fosse a reforma ou a não reforma da Constituição."[32]

Setembro foi duro, mas outubro não seria melhor para Jango, que, sem fazer alarde, abandonara de vez a nova capital para governar a partir do Palácio Laranjeiras,[33] no Rio. Era comum Jango chegar por volta das três da manhã. Mas estavam longe os tempos das noites de Copacabana. Reunião atrás de reunião, Jango sentia na pele a crise política. Maria Thereza o esperava e o acompanhava no jantar. Jango bebia uma dose de uísque e os dois conversavam um pouco, interrompidos por alguns telefonemas. Logo cedo, ele já tinha um novo compromisso. Com as crises se sucedendo, eram esses os únicos minutos em que ficavam juntos.

Era um período tão estranho para o país que a presença de Maria Thereza em locais visados pelos colunistas, ao contrário do que se poderia esperar, trazia um efeito positivo. Não era criticada, mas elogiada. Nada de vaias. De Brás de Pina a Copacabana, ela continuava recebendo aplausos. Ibrahim Sued escreveu na sua coluna que ver a primeira-

-dama com parentes e amigos no Golden Room do Copacabana Palace assistindo ao espetáculo *O teu cabelo não nega* serviu para demonstrar tranquilidade a todos que estavam presentes.[34] Era o efeito do cancelamento da viagem à Europa — melhor a diversão do que a conflagração.

Como o barulho da oposição era cada vez maior, Jango não podia nem sonhar em sair do eixo Rio-Brasília. Nem tinha chance de visitar suas fazendas. A solução para as poucas folgas em família era passar o fim de semana no sítio do Capim Melado, sua propriedade em Jacarepaguá. Maria Thereza adorava brincar com as crianças, costumava lotar o carro e levar Roberto, Claudia e Cynthia, os filhos da amiga Terezinha Vinhaes. Muitas vezes, levava também os filhos do casal Samuel Wainer e Danuza Leão, Pinky e Samuca. O lugar era lindo, mas Denize sofria com os ataques de pernilongos. As picadas logo se transformavam em feridas e algumas vezes a família precisou apressar o retorno por causa da menina.

Ainda em outubro, a 700 metros do sítio, o Serviço Secreto do Exército encontrou dez metralhadoras Thompson calibre 45; 20 carregadores; 72 caixas de 50 cartuchos Remington 45; e dez granadas de gás lacrimogênio. Também havia material de transmissão, escuta telefônica e gravadores. Preso, o capitão-de-mar-e-guerra Heitor Lopes de Souza, autor do desvio de parte dessas armas, recebeu um aviso do general encarregado do IPM garantindo que a investigação não ia dar em nada,[35] ao mesmo tempo que o jornal *Última Hora* estampava essa descoberta em manchetes de primeira página.

Os moradores do local reconheceram Charles Borer,[36] irmão de Cecil Borer, chefe da Polícia do governador Carlos Lacerda, como um dos responsáveis pelo transporte, junto com o milionário empresário português Alberto Pereira da Silva, que possuía vários negócios na região.[37] A caminhonete Ford que fez o desembarque do armamento, chapa GB 61-43-58, estava registrada em nome do português. Aumentava a suspeita de que haveria um ataque contra Lacerda e, na sequência, um atentado contra Jango para gerar uma confusão geral. O IPM comprovou que existia uma intenção criminosa e que Jango e seus filhos eram os alvos.[38] Ele já sabia o que iria enfrentar. Mas seu chefe de gabinete, Assis Brasil, nem tanto.

Definitivamente longe de qualquer evento da LBA, Maria Thereza preparou uma pequena festa de aniversário para João Vicente no Iate Clube do Rio. A comemoração seria curta para Jango. Naquele dia, 22 de novembro de 1963, o presidente norte-americano John Kennedy foi assassinado em Dallas. Assim que recebeu a notícia, Jango voltou para o Palácio Laranjeiras.[39] O mais próximo de um tão esperado encontro entre Maria Thereza e Jacqueline Kennedy seria um jantar de Juscelino e Pierre Sallinger, ex-secretário de imprensa de Kennedy, que ocorreria três anos depois. Por coincidência, Jacqueline também estava no restaurante. Chamada à mesa, ela manteve uma longa conversa com os dois. Lamentou a ausência de Maria Thereza na viagem de Jango aos Estados Unidos e fez a pergunta que não poderia faltar: se Maria Thereza era de fato tão bonita pessoalmente quanto nas fotos das revistas.[40]

O Natal de 1963 aproximava-se. Dois meses após a visita de Tito, Goulart dava um nó na cabeça de quem o criticava por ter recebido o iugoslavo e tornava-se anfitrião do mundialmente famoso padre irlandês Patrick Peyton, que realizava a "Cruzada do Rosário em Família". Membro da Congregação de Santa Cruz, Peyton era o pároco de Hollywood e, por isso, conhecido como o "Padre das Estrelas". Repetia um bordão que seria consagrado no Brasil: "Família que reza unida permanece unida." A estrutura que o cercava era enorme e chamava a atenção. Tanta atenção que a ligação passava a soar óbvia. Financiado pela CIA, Peyton estava mais preocupado em combater a esquerda na América Latina do que manter a união das famílias brasileiras.

Para Jango e Maria Thereza seria moleza. Regularmente mandavam celebrar missas na Capela do Palácio, onde eram padrinhos de batismo dos filhos dos funcionários do governo — de faxineiros a exibidos ministros militares —, enquanto o presidente continuava botando fé na sua medalhinha de Nossa Senhora. Peyton encantou-se quando Darcy Ribeiro disse-lhe que o presidente, a esposa e os filhos queriam rezar o terço com ele.[41] No dia 8 de dezembro de 1963 — data que o presidente acusado de ser comunista decretou ser consagrada oficialmente como o Dia de Nossa Senhora da Conceição e Dia da Família —, Jango colocou à disposição do norte-americano uma rede de rádio e TV. Fez mais: participou do programa, transmitido para todo o Brasil, com Maria

Thereza, João Vicente e Denize, ao lado de políticos e celebridades do esporte e da televisão, rezando o terço ao vivo.[42]

Para surpresa dos leitores, Maria Thereza ficou fora da lista das mais elegantes de 1963 feita por Ibrahim Sued. Talvez o colunista estivesse irritado demais com o governo Jango, de quem era crítico, mas a ausência deixou muita gente inconformada. Ricardo Amaral contra-atacava no *Última Hora*, afirmando que a tal lista fora criada por Jacinto de Thormes e estava fora de moda, mas que, mesmo assim, Maria Thereza fora a elegância mais retratada no ano.[43]

Quem lesse os jornais da época e ignorasse os cadernos de política, jamais imaginaria que o governo de um presidente, cuja família rezava unida na TV e cuja esposa patrocinava bailes beneficentes repletos de membros da alta sociedade, pudesse estar ameaçado porque assustava justamente aos grã-finos que dançavam em suas festas e à Igreja que recebia suas doações.

Em dezembro seria realizado outro importante encontro de gala do Rio, o Baile do Itamaraty, que seria oferecido para o corpo diplomático e para os principais industriais do país, além da "sociedade" do Rio e de São Paulo, que desfrutariam de 30 quilos de caviar, 1.000 garrafas de champanhe e 400 de uísque.

Durante a recepção, houve até a apresentação de um balé. Atenta, conhecendo bem o entusiasmo de Jango por essa arte, Maria Thereza dava leves cutucões no marido a cada vez que ele ameaçava pegar no sono. Dois fatos rotineiros voltaram a acontecer. Sobraram elogios para a elegância da primeira-dama, mas o cerimonial do Itamaraty e a equipe de Maria Thereza estranharam-se mais uma vez. Um fraco boicote ao baile foi realizado e algumas mesas ficaram vazias. Ela considerou isso um fiasco do cerimonial, que poderia ter evitado esse revés se tivesse atuado bem na preparação do evento. O motivo do boicote não ficou bem esclarecido. A primeira hipótese levantada foi um protesto contra o governo. Se fosse isso, os responsáveis pelo movimento haviam se esquecido de avisar a Helène e Ermelino Matarazzo, que formavam um dos casais mais idolatrados pelos inimigos de Jango. Dessa vez, nada poderia ocorrer de errado. Assim que entraram no salão, Maria Thereza convidou-os para sentarem-se à sua mesa. Os dois casais conversaram por um bom tempo. Apesar de não tocarem no assunto que ainda incomodava — a ausência de Jango na festa da mansão Matarazzo —, ficou claro que o convite à mesa presidencial tinha a intenção de acabar com essa diferença. Ermelino, pelo jeito, não se fez de incomodado. Convidou — e dançou — com a primeira-dama. Jango permitiu essa exceção. Ela estava com um "branquinho", como classificou Ibrahim Sued — vestido esse feito por Dener, também presente, o que implodia a polêmica sobre a troca do costureiro oficial. Como se esperava, a sua mesa foi a mais animada. Mesmo com o aborrecimento dos bastidores, os funcionários do Itamaraty mostravam entusiasmo e não se cansavam de tentar cumprimentar o casal presidencial.

O Natal de 1963 repetiu o drama do ano anterior. Dessa vez, Giulia, a mãe de Maria Thereza, tivera uma crise de hipertensão arterial, precisou ser socorrida às pressas e foi internada no Rio. Mesmo sabendo que a mãe da primeira-dama estava doente, os colunistas escolheram como tema o novo corte de cabelo de Maria Thereza, uma franjinha que gerou comentários. O *Jornal do Brasil*, ao publicar a notícia sobre a visita de Maria Thereza à mãe na Casa de Saúde São Sebastião, classificou a franja como "graciosa".[44]

João Vicente e Denize estavam de férias, e ela levava os filhos à praia de Ipanema usando um maiô de duas peças. Mesmo cercada de parentes, esse passeio virou notícia.[45] Mas o que os colunistas queriam mesmo era um encontro entre ela e a estrela francesa Brigitte Bardot, que já se tornava uma figura constante no verão brasileiro. O desejo de que as duas se encontrassem era tamanho que os colunistas chegaram até a marcar essa reunião para 2 de fevereiro, dia em que Bardot estava em Búzios e Maria Thereza, que ficou irritada com a falsa notícia, em Petrópolis. E, para a imprensa, o encontro seria no Rio.

Bem mais confiante, Maria Thereza já se arriscava a comparecer sem Jango a solenidades. Enfrentava com elegância algumas liturgias das cerimônias e até se saía bem quando obstáculos inesperados surgiam. A solenidade de entrega simbólica do submarino *Rio Grande do Sul* para a Marinha fora marcada, a princípio, para sábado, dia 25, mas precisou ser cancelada porque João Vicente ficara adoentado. Maria Thereza manteve seu pensamento. Não era política. Entre cuidar do filho doente ou atender a um compromisso com militares, decidiria pelo que qualquer mãe faria. Porém eram tempos de intransigência. Houve quem se aproveitasse e considerasse essa ausência uma "atitude hostil" de Jango com a Marinha.

O evento foi remarcado para 28 de janeiro. Maria Thereza estava lá, ao lado de João Vicente, Denize e de Ligia Mora Stroessner, primeira-dama do Paraguai, que a acompanhou no batismo do submarino. A esposa de Stroessner estava de vestido e salto alto, e teve uma dificuldade imensa para vencer a escada do submarino. Acima do peso, quase ficou entalada. Os oficiais da Marinha tiveram de empurrá-la para que entrasse. Assustada, acabou desistindo de participar da rápida volta que o submarino daria pela Baía de Guanabara e preferiu aguardar em terra firme. Apesar do seu medo de multidão e de água, Maria Thereza não sentiu qualquer indisposição. Batizar navios e submarinos já era quase uma especialidade. Um mês antes, fora a vez do navio *Antares*, dos estaleiros Caneco.

A primeira-dama fez mais do que o rito pedia. Entregou a bandeira nacional à nova unidade da Marinha e pronunciou um rápido discurso. Ressaltou que representava o marido "com prazer e honra", lembrando que o submarino tinha o nome do seu estado natal. O ministro da Marinha, Silvio Mota, acompanhou a cerimônia, que foi encerrada com Maria Thereza pedindo a proteção de Deus ao submarino.

A presença da primeira-dama vencera qualquer descontentamento. As reclamações serenaram, mas ela não teve como escapar do ritual da Marinha aplicado a quem fazia seu primeiro mergulho no oceano: foi ungida com graxa, beijou uma pedra de sal, bebeu água salgada e café frio oferecidos pelo comandante do submarino, o capitão de fragata Nelson Riet Correia. Ainda seguindo a tradição, cada um que entrasse no submarino deveria receber o nome de um peixe. Para ela foi escolhido o nome de "Toninha". O ritual se estendeu a João Vicente e Denize. Enterrando de vez qualquer descontentamento com o governo, Jango, de helicóptero, sobrevoou o local durante o passeio. Acenou aliviado. Escapara do batismo.

A primeira-dama do Paraguai, que acompanhava a solenidade, não estava no Brasil a passeio. Ela chegara no dia 21, com a filha Graciela, de 19 anos, que iria se consultar com médicos brasileiros. Ao desembarcar, Ligia Stroessner disse aos jornalistas que deveria permanecer por quinze dias no país e revelou que seu "maior desejo" era conhecer Maria Thereza, que logo em seguida entrou em contato com ela, oferecendo apoio para o tratamento médico de sua filha. Depois de Graciela se submeter a uma intervenção cirúrgica, Ligia fez uma visita a Maria Thereza no Palácio Laranjeiras. Discretamente, pediu que a levasse em um ensaio de escola de samba.

O pedido de Ligia foi atendido. As duas primeiras-damas subiram o morro e, dando um drible nos jornalistas, acompanharam um ensaio da Mangueira, que à época preparava-se para o Carnaval no clube da fábrica Cerâmica. Estavam acompanhadas por um grupo grande, formado por Yara, Maria Moreira, Dener e alguns assessores de Ligia. Todos comeram churrasquinho e tomaram guaraná. Quando começaram a chamar a atenção, foram embora. Ficaram menos de uma hora no ensaio. A primeira-dama paraguaia demonstrou publicamente estar muito grata pela atenção que a brasileira lhe dedicou. Maria Thereza não sabia, mas ganhava uma amiga que seria importante nos próximos anos.

No fim de fevereiro, ela viajou com Denize, Yara Vargas e Maria Moreira para Florianópolis, onde seria realizada a Convenção Nacional da LBA. Maria Thereza participaria apenas da cerimônia de encerramento. Chegou no dia 29 e enfrentou uma maratona de eventos em que trocou de vestido cinco vezes em menos de 24 horas. Foi recebida pelo governador Celso Ramos no Palácio do Governo, onde a polícia não conseguiu controlar as pessoas que queriam conhecer a primeira-dama. O cordão de isolamento foi rompido pela população. Houve correria e um pequeno tumulto.

Vencida a confusão, Maria Thereza foi ao Teatro Municipal, para discursar no encerramento da Convenção. Ela própria havia escrito o pronunciamento, que foi revisado por Jango. Suas palavras foram bem mais políticas e menos focadas na entidade. "As mudanças sociais não cessam nunca, e no Brasil, onde o campo é vastíssimo, estamos com tudo por fazer." Uma saia-justa, porque Maria Thereza era a presidente licenciada da LBA e o discurso foi feito na presença do presidente em exercício, Charles Edgar Moritz, que fazia aberta oposição a Jango. Ela reforçou — ou ironizou — que não esperava encontrar um trabalho tão grandioso e apaixonante dirigido à mulher e à criança. Disse ainda uma frase que serviria, em seu íntimo, como guia para o que viria a acontecer em sua vida. Seria profética: "A família visa socializar o indivíduo, assegurar a satisfação das necessidades afetivas de seus membros e transmitir os valores da cultura. A mulher, na família, representa o elemento executor de todos esses itens. Historicamente a mulher representa o ponto de fixação da família."

Por onde fosse, a multidão de catarinenses a seguia. Os seguranças também não conseguiram conter as pessoas que desejavam apenas apertar sua mão. Ouviu uma serenata de estudantes feita especialmente para ela. Uma incontestável popularidade que tornava ainda mais misteriosa a sequência de fatos que aconteceria em breve.

O último evento em Santa Catarina terminou de madrugada. A comitiva retornou ao aeroporto. De lá, Maria Thereza viajou para a fazenda Três Marias, no Mato Grosso, para se encontrar com Jango, que faria aniversário no dia seguinte. Embarcou no avião carregando muitos presentes com etiquetas de lojas masculinas.[46] Jango não teria do que reclamar. Iria ganhar camisas, cintos, gravatas, suéteres e até chinelos.

O sol nascia quando o avião decolou.

Era o início do mês de março de 1964.

Um estranho mês de março com o povo enfrentando a polícia e rompendo cordões de isolamento para saudar a primeira-dama.

9.
E tudo se acabar na quarta-feira

O verão da primeira-dama. Era essa a capa da revista *Manchete* de 14 de março, que trazia um flagrante de Maria Thereza e Denize. A reportagem publicava fotos dela e dos filhos, mais uma vez na Praia da Costa, na residência de verão do governador do Espírito Santo, que costumava ficar cheia de crianças, novos amigos que João Vicente e Denize faziam. O lugar tornara-se o preferido da família no verão. A ideia era tentar fugir do assédio, porém os políticos e os jornalistas tiravam o sossego da família. Para aproveitar os feriados de Carnaval, Maria Thereza e as crianças chegaram antes de Jango, que se juntaria a eles, mesmo sem ter muito tempo de descanso.

Enquanto Maria Thereza levava os filhos à praia, o presidente permanecia na casa e enfrentava um volumoso maço de documentos ou uma longa conversa com seu secretário de imprensa Raul Ryff.[1] Sem Jango, Maria Thereza levou os filhos à matinê de Carnaval do Clube Vitória. Convidada pelo governador Francisco Lacerda de Aguiar, conhecido como Chiquinho, e por sua esposa, sua entrada provocou uma comoção no salão e ela não teve opção a não ser ficar na tribuna de honra. Repetia-se o "efeito primeira-dama" que aconteceu em Santa Catarina, com os seguranças tendo trabalho para impedir que ela fosse cercada por admiradores e curiosos.

Na Quarta-Feira de Cinzas, Jango voltou para Brasília, mas retornaria no fim de semana. Nesse mesmo dia, um jornalista usaria muita criatividade para conseguir uma entrevista com a primeira-dama. Paulo Roberto da Costa, repórter de *A Gazeta*, reparou que o automóvel em que Maria Thereza circulava tinha uma placa de "trânsito livre". O fotógrafo Júlio Monjardim, parceiro de Costa, tinha um carro de mesmo modelo e mesma cor. A partir daí, ficou fácil. Na oficina do jornal, fabricaram uma placa parecida com a oficial. Chegaram ao Palácio e buzinaram. Os portões foram abertos e eles entraram. Descoberto pelos seguranças, o jornalista apelou dizendo que seu emprego estava ameaçado se não conseguisse uma entrevista com Maria Thereza. O pedido foi levado até a primeira-dama e os repórteres esperaram, tomando uísque e comendo salgadinhos, por quase duas horas até ela concordar. Costa conseguiu arrancar uma rara declaração de Maria Thereza sobre o seu papel em relação ao marido-presidente. "Apesar de ajudá-lo algumas vezes, devo dizer que essa ajuda talvez não se estenda aos assuntos de maior importância que exigem atenção do presidente." A entrevista durou 20 minutos e foi publicada na edição de 16 de fevereiro. O plano deu certo, e o jornalista pôde dar sua opinião sobre uma questão que estava se tornando um mito: para ele, Maria Thereza era mais bonita que Jacqueline Kennedy.

Sempre havia espaço para mais informações sobre a primeira-dama. *O Cruzeiro* voltou a colocá-la na capa, com a manchete "Maria Tereza (sic) vai à praia". A revista, publicada em 21 de março, dedicava o seu espaço não para ataques ao governo, mas para uma reportagem sobre a primeira-dama, João Vicente, Denize e Jango em um "raro momento de tranquilidade". Foram onze fotos, clicadas por Rubens Américo, de Maria Thereza usando um enorme maiô claro, brincando com os filhos em uma jangada improvisada construída por João Vicente e por amigos que acabara de conhecer, com todo o apoio de sua mãe. O jornalista Hélcio José não perdeu a chance e teve uma boa sacada. "Dona Maria Thereza também resolveu jangar." Havia também flagrantes dela com Denize em um bote na areia, e sozinha, tocando violão, sentada em uma pedra. Vista pelos olhos da História, a legenda da foto mereceria um estudo. Algo estava errado. À beira de um maremoto político, o texto curto de uma revista que não morria de amores pelo governo Jango denotava uma calma de verão: "Um mar bem calmo, um violão bem afinado (...) a esposa do Presidente da República viveu dias sem preocupação a que espera voltar em breve."[2]

Quando essa edição chegou às bancas, faltavam apenas dez dias para o 1º de abril de 1964.

No Rio, a apuração do resultado do desfile das escolas de samba terminou em polêmica. A Portela conquistou o título de campeã, mas só se falava da nota baixa dada ao samba "Aquarela Brasileira", da Império Serrano, escola que ficou na quarta colocação. O samba da Império, composto por Silas de Oliveira, se tornaria um clássico. "Vejam esta maravilha de cenário / É um episódio relicário / Que o artista num sonho genial / Escolheu para este carnaval". Sobrou protesto dos sambistas até para o governador Lacerda.

Os primeiros disparos de março amedrontavam a primeira-dama. Em uma solenidade do Regimento-Escola de Infantaria, tropa especializada em conter tumultos de rua, o barulho da salva de tiros assustou Maria Thereza, que usava um vestido branco. Ela deu um pulo para trás e agarrou-se ao marido, usando-o como escudo. Na maravilha de cenário, requebros febris.

Em janeiro, fora definida a realização da grande aposta do governo. O comício em que Jango buscaria apoio popular para as reformas de base política, agrária, bancária, administrativa, universitária e eleitoral.[3] Oficialmente batizado de Comício Pró-Reformas de Base, já era chamado de Comício das Reformas e, na sequência, de Comício da Central, porque o local escolhido ficava entre a estação Central do Brasil e o Palácio Duque de Caxias, sede do Ministério da Guerra.

Quanto mais se aproximava a data da realização, sexta-feira, 13 de março, mais aumentava a radicalização. Sindicalistas, entidades trabalhistas, estudantes e servidores abraçaram a organização e a divulgação do comício, enquanto a oposição bombardeava a população com o espectro de uma dominação do comunismo e com as ameaças de golpe que Jango teria a intenção de realizar.

Foram dias de muita tensão, intrigas e provocações. Boatos propagavam as versões de que um atirador acertaria o presidente durante o discurso ou de que uma bomba explodiria no palanque. Foi quando se descobriu que a história não era tão delirante assim. Um atentado realmente fora planejado. Um major e alguns oficiais já haviam estocado gasolina e estavam dispostos a atacar e incendiar o palanque durante o discurso do presidente, mas o general Antonio Carlos Muricy — que também conspirava contra Goulart — conseguiu convencer o grupo a não seguir em frente com o plano.[4] Muricy impediu a ação, porém não revelou o nome do major.

Atentados. Tiros. Explosão. Ameaças que rondavam o governo e que qualquer pessoa que frequentasse o Palácio Laranjeiras sentiria no ar. Maria Thereza respirava esse clima de tensão e medo. O médico de Jango, Moacir Santos Silva, vinha aconselhando-o a não participar do comício, e ela reforçava o coro, tentando convencê-lo. Jango, contudo, estava determinado. E a explicação que dava não servia para acalmá-la:

— Teca, vou cumprir o meu dever, mesmo que seja o último.
— Mas tu não estás bem!
— Já está decidido. Eu vou.

Irritada com a intransigência de Jango, Maria Thereza rebateu:
— Então, Jango, se tu vais, eu também vou!

Para surpresa de Maria Thereza, ele não foi contra. Ao ouvir pela primeira vez a ideia da esposa, tentou demovê-la sem fazer esforço:
— Mas tu não gostas de multidão... Vais te preocupar e vais sentir medo.
— Está decidido. Eu vou.

O pouco empenho de Jango em convencer a esposa poderia ser facilmente compreendido. Tinha certeza de que ela estava blefando. Não acreditava que Maria Thereza tivesse coragem de encarar um evento daquele tamanho, com centenas de milhares de pessoas. Jango não sabia, mas o que a motivou foi outro medo. Temia que ele passasse mal durante o comício. Por isso, tomou a iniciativa, encarou um fantasma invencível e decidiu que iria acompanhá-lo. Nunca participara de uma manifestação popular com milhares de pessoas. Na verdade, nunca participara de qualquer manifestação política. Mas dessa vez estava irredutível. E a sua teimosia era maior que a de seu marido.

Desde a volta da viagem ao México, Jango recebera uma série de recomendações médicas que insistia em não obedecer. Em janeiro e fevereiro, chegou a ter crises de hipertensão. Pelo menos, de tanto falar, Maria Thereza fez com que Jango cumprisse a ordem de tomar remédios. Faltando menos de uma semana para a sexta-feira, dia 13, Jango teve um novo distúrbio cardíaco. Chamado a examiná-lo, o cardiologista Euryclides de Jesus Zerbini desaconselhou sua ida.

— Presidente, o senhor não está em boas condições e a sua pressão também preocupa. Como o senhor vai reagir a tamanha emoção?

— Eu vou. Estou me sentindo muito bem. Eu tenho que fazer esse comício, aconteça o que acontecer. É uma questão de honra.

— Eu acho que o senhor não está bem e não deve fazer esse comício. Seria melhor adiar.

— Não vou adiar, eu quero fazer o Comício. Vou correr todos os riscos. Nem que seja a última coisa que eu faça, eu vou de qualquer jeito.

O cardiologista desistiu. Tentou outro caminho. Pediu que, ao menos, ele seguisse uma dieta mais leve. Ao menos essa ordem médica ele seguiu, à sua maneira.

Maria Thereza presenciou o diálogo entre Jango e Zerbini. Ficou mais assustada. Lembrou-se do histórico da família de Jango, com várias mortes provocadas por doenças cardíacas. No mesmo dia, voltou a pedir a Jango que não fosse. Mas ele manteve sua decisão, para ele só existia uma resposta:

— Aconteça o que acontecer, eu vou de qualquer jeito. Eu já programei o comício. Eu tenho que comparecer.

— E eu já lhe disse. Eu também vou — rebatia Maria Thereza.

Ela exibia coragem diante de Jango. Longe do marido, mostrava-se com muito medo. Contou sobre sua decisão a Darcy Ribeiro, que a incentivou:

— Ah, que bom! Vamos! Vai ser uma linda manifestação.

Para Darcy, ela falou de seu medo.

— Mas eu tenho pânico de multidão...

— Não tem problema. A senhora vai ficar no palanque, bem longe da multidão.

Os boatos de atentado a assustavam.

— O senhor ouviu os boatos de que vão explodir o palanque?
— Mas haverá um forte esquema de segurança. Fique tranquila.

Realmente a segurança militar estava atuando. A principal preocupação era com um atentado com explosivos. A prevenção incluíra até a proibição de venda de armas de detonação, que, a partir de fevereiro, passou a ser feita apenas com autorização especial do Ministério da Guerra. O impacto do assassinato de Kennedy ainda assombrava. A Darcy, Maria Thereza, impressionada, confessou seu outro receio:

— Em uma explosão eu não acredito. Mas tenho muito medo de que alguém tente atirar em Jango.

Por causa da apreensão que cercava a realização do comício e a preocupação com os problemas de saúde de Jango, não houve nem tempo nem clima para que Maria Thereza pedisse uma roupa a Dener. Cometeu a ousadia de comprar na May Fair um vestido que estava na vitrine da loja. A lenda contaria que o vestido fora feito por Dener. Não foi. Mas, por telefone, Maria Thereza pediu a bênção do amigo:

— Dener, olha, eu decidi ir ao comício e comprei um vestido aqui no Rio mesmo.

— Pelo amooooooor de Deus, a senhora não comprou nada da cor marrom, não é?!

Ela estava cansada de saber que o costureiro detestava essa cor. Deu um leve sorriso e o tranquilizou:

— Não, não é marrom.

Esquecendo ou ignorando que a primeira-dama dissera que já comprara o vestido, ele sugeriu:

— Ainda bem. Tente encontrar um azul-turquesa, vai ficar bem na senhora.

Maria Thereza não acreditou. O vestido comprado e pronto para ser usado por ela era exatamente da cor sugerida por Dener.

Dois dias antes do comício, o *Última Hora* publicou uma notícia que irritou Jango. "D. Maria Teresa (sic): irei ao comício." Até ali, apostara no medo de multidão que sua mulher sentia, mas realmente ficou preocupado depois que ela aceitou o convite feito, em tom de gentileza, pelo deputado José Gomes Talarico. A primeira-dama ainda mandou um recado pelo jornal. "Fez também questão (...) de desmentir o noticiário publicado por um matutino, segundo o qual, acompanhada de seus filhos, viajaria para Brasília por determinação do Presidente da República, que desejaria assim 'afastar sua família da Guanabara, por causa do comício'. D. Maria Teresa (sic) afirmou que a notícia é absolutamente improcedente, daí seu desejo ainda maior de participar do comício."

Esse era mesmo o desejo de Jango, mas não o de Maria Thereza. A aposta não tinha dado certo. Espantado com a decisão da esposa, que ousava desafiar seu maior medo, os sentimentos de Jango confundiam-se. Estava preocupado com Maria Thereza, com o comício, com a repercussão, mas, no fundo, mostrava-se satisfeito porque ela queria acompanhá-lo. Mesmo assim, tentou uma última vez:

— Olha, Teca, vai ter coisa. A situação é grave e temos informações de que pode haver um atentado.

Jango não sabia que Darcy Ribeiro já havia comentado sobre um possível ataque. Ficou surpreso com a resposta da esposa.

— Eu estou sabendo.

— Então... é melhor ficares. Vai ter confusão e um monte de gente.

Maria Thereza ficou em dúvida se Jango falava a verdade ou se queria fazê-la desistir, mas manteve sua decisão.

— Se tu vais, eu vou.

Dessa vez, Jango estava vencido pela própria atitude. Não tinha argumento. Era perigoso para ela e muito mais arriscado para ele, que seria o alvo principal de um provável ataque e que, além disso, estava desobedecendo a duas recomendações médicas.

— Eu vou de qualquer jeito.

Repetindo a mesma frase usada pelo marido, Maria Thereza garantia seu lugar ao lado de Jango.

O palanque de madeira onde o presidente discursaria tinha cerca de 40 metros quadrados.[5] O orador se postaria em uma pequena tribuna elevada, onde nove microfones haviam sido instalados; atrás dela, uma enorme foto de Jango. Um platô onde ficariam jornalistas e deputados cercava a tribuna. O palanque foi montado à frente do Palácio Duque de Caxias, ao lado da Estação Central do Brasil. À direita, foi colocado um pôster de Getúlio Vargas.

Às 16h da sexta-feira, dia 13, uma agitação tomou conta dos deputados do PTB ligados aos comunistas. Chegava a notícia de que Jango desistira de participar por falta de segurança. Foram meses de trabalho para garantir a organização de um comício que colocaria o presidente, seus ministros, Brizola e o governador de Pernambuco Miguel Arraes no mesmo palanque. Clodsmith Riani, deputado estadual mineiro e ex-presidente do Comando Geral dos Trabalhadores (CGT), determinou que o dirigente comunista Hércules Corrêa, deputado pelo PTB, procurasse o presidente. Através do rádio de um tanque militar que já estava no local, Corrêa falou com Jango. O presidente recebera uma informação do Exército de que havia uma falha na segurança. Do local onde o palanque fora montado, os pontos mais vulneráveis para vigilância eram as janelas do Ministério da Guerra e da Central do Brasil. Quanto ao prédio do Ministério, a ordem que se colocassem soldados nas janelas, dada pelo próprio ministro Jair Dantas Ribeiro, resolvia a falha de segurança. Porém não havia como bloquear as janelas da Central do Brasil. Enquanto conversava com o presidente, Corrêa teve uma ideia:

— E se a gente colocar um companheiro nosso, ao seu lado, cobrindo o ângulo do prédio da Central?

— Quem?

— O Osvaldo Pacheco.[6]

O grandalhão Pacheco, famoso militante comunista, teria a honra de servir como escudo humano para proteger o presidente.

Quando soube dessa ameaça, Maria Thereza ficou mais decidida.[7] E muito apavorada.

Waldir Pires e Darcy Ribeiro passaram o dia com o presidente na preparação do discurso no Laranjeiras. No fim da tarde, Jango, Maria Thereza, Darcy, Waldir, Caillard e Espártaco ouviam as notícias pelo rádio que transmitia o comício ao vivo. Por volta das 18h, Jango comeu um sanduíche de queijo muçarela e presunto de Parma. Maria Thereza não saía de perto. Jango cedeu e orientou a esposa: ela deveria ficar ao lado dele, do lado seguro, entregando e recolhendo as folhas do discurso.

Além dos repórteres brasileiros, muitos correspondentes estrangeiros, de *The New York Times* ao *Pravda*, passando pela revista *Life*, estavam presentes. Já posicionadas, fazendo a segurança: as tropas dos Dragões da Independência, do Batalhão de Guardas, do 1º Batalhão de Carros de Combate, do 1º Batalhão de Polícia do Exército e do Regimento de Reconhecimento Mecanizado. Dentro do prédio do Ministério, outra tropa do Batalhão de Guardas. Uma bateria de refletores da Artilharia da Costa iluminaria o palanque.[8]

Dezesseis soldados postaram-se à frente do palanque; atrás, mais de trinta. Todos bem armados. Entre policiais fardados, tropas militares e agentes secretos, contavam-se 5 mil homens.[9] Havia um excesso até de bandas militares. À esquerda do palanque, posicionou-se a dos fuzileiros. À direita, a da Polícia Militar e a do Corpo de Bombeiros. Seis carros de emissoras de televisão estavam estacionados. Câmeras foram colocadas na marquise da Central.

Mal o comício teve início, antes das 18h, com o discurso do primeiro orador, José Lelis da Costa, presidente do Sindicato dos Metalúrgicos da Guanabara, centenas de milhares de pessoas já lotavam a praça Cristiano Otoni, o largo do Ministério da Guerra e do Mercado. As duas pistas da avenida Presidente Vargas estavam tomadas até o Campo de Santana.[10]

Um mar de faixas com pedidos para Jango: legalidade para o partido comunista, anistia para militares, reivindicações salariais de sindicatos e de aposentados, apoio às reformas de base. Havia também muitas bandeiras vermelhas com a foice e o martelo, e alguns recados menos sutis, como "Jango, trabalhadores querem armas para defender o seu governo".

Antes de o terceiro orador, o deputado Sérgio Magalhães, tomar a palavra, anunciou-se que Jango já havia assinado dois decretos. O primeiro desapropriava terras em uma faixa de dez quilômetros às margens de rodovias, ferrovias e barragens, o chamado decreto da Supra. A multidão explodiu em aplausos. O outro decreto transferia para o governo o controle de cinco refinarias particulares de combustíveis que operavam no país. As reformas começavam.

Apesar dos vários relatos que colocavam mais de dez pessoas diferentes dentro do carro presidencial, Jango e Maria Thereza estavam acompanhados por Espártaco, Caillard e Azambuja, além do motorista escolhido pela segurança militar. Tanta gente dentro do carro deixou o vestido de Maria Thereza amarrotado. Quanto mais o automóvel se aproximava da Central, mais aumentava o pavor que ela sentia. Tiveram de descer a uma boa distância do palanque. Os militares que faziam a segurança formaram um corredor de segurança. Enquanto seguia ao lado de Jango em direção ao palanque, Maria Thereza pensava em João Vicente e Denize, que tinham ficado no Laranjeiras.

Às 19h44, Jango, Caillard e Maria Thereza subiram ao palanque. Doutel discursava e interrompeu sua fala para anunciar a chegada do presidente. Seguiram-se muitos aplausos. Uma barulhenta saudação. Nesse momento, dois holofotes na rua Senador Pompeu e outros dois, no Campo de Santana, foram acionados, formando uma iluminação cruzada sobre o palanque. Completava-se, assim, a "segurança vertical",[11] que fora criada pela inteligência do Exército a partir do estudo das falhas que permitiram o assassinato de Kennedy, uma tragédia citada várias vezes durante a preparação dos planos de segurança.

Quando a esposa do presidente surgiu no palanque, algo aconteceu na multidão. Não uma expressão coletiva de admiração, mas uma onda humana de comentários, a maioria se referindo à beleza da primeira-dama,[12] que trajava o prometido vestido azul-turquesa, de manga longa. Calçava sapatos brancos e levava uma pequena bolsa. Usava também um grande broche em forma de rosa, um anel no dedo mínimo da mão esquerda e uma pulseira no braço direito, todos dourados. Sombra azul sobre as pestanas e um batom vermelho. As unhas estavam curtas e sem esmalte. O cabelo, com o penteado coque, mas, para desespero de Dener, ela não usava brincos.

A presença da primeira-dama espantava os oradores e o público.[13] Por alguns instantes, ela roubou totalmente a atenção. Como descreveria o jornalista Carlos Chagas: "Ao descer do carro oficial, Jango trouxe uma surpresa: a primeira-dama, Maria Teresa (sic), deslumbrante, uma das mulheres mais bonitas do país, acompanhava o marido. Foi um delírio."[14] Embora não percebesse, estava ajudando a inclinar emocionalmente a balança a favor de seu marido.[15] Era um paradoxo em carne e osso, ou como o jovem Paulo Francis registrou: "Um toque de Hollywood em nosso vazio social."[16] Chegou a "ajudar a distrair a atenção" das palavras de Brizola,[17] que discursava logo após Doutel. O futuro jornalista Lúcio Flávio Pinto, então com 14 anos e ao lado do pai no meio da multidão, não percebia a importância histórica do comício, mas se admirou com a beleza da primeira-dama e com sua naturalidade. Não só ele, mas quem estava a seu lado notava que ela procurava sorrir, mas disfarçava, como se estivesse escondendo algo.

Ainda perdida e com medo, em meio a políticos, jornalistas e soldados, ela não conseguia achar um lugar no palanque. Olhava a multidão e pensava como iriam sair dali — uma insegurança comum a quem tinha a sua fobia. Por sorte, ela havia chegado depois que funcionários da Petrobras, carregando tochas, incendiaram por acidente algumas faixas que estavam estendidas. O fogo deu início a uma desesperada correria, com pessoas pisoteadas e feridas.

Um repórter do *Jornal do Brasil* aproximou-se dela e reparou em seu rosto um ar de "indisfarçável espanto".[18]

— A senhora é a favor das reformas de base?

Maria Thereza não ouviu a pergunta. O barulho da multidão encobriu a voz do jornalista. Ela então tentou adivinhar a pergunta e arriscou uma resposta qualquer:

— Está maravilhoso.

Jango, que também não escutara a pergunta, chegou e tomou conta da entrevista, falando por ele e por ela:

— Ela está achando o comício muito bom, disse que é a favor das reformas e pergunta se você também é.

Assistindo ao comício pela TV, o historiador norte-americano Thomas Skidmore escreveria que "a presença de Jango com ela foi entendida como um recado ao país de que ele estava tomando o comando".[19]

Após o aclamado discurso de Brizola, falaram o vice-governador da Guanabara, Eloy Dutra, o governador do Rio, Badger da Silveira, e Lindolfo Silva, presidente da Confederação dos Trabalhadores Rurais.

Raul Ryff, Tancredo Neves, Darcy Ribeiro, Waldir Pires, Miguel Arraes, Abelardo Jurema, Seixas Dória, o ministro da Guerra Jair Dantas Ribeiro, almirante Cândido Aragão, Dante Pelacani, Osvino Alves, Baby Bocaiuva e Badger da Silveira, entre outros, estavam presentes. Mas era Maria Thereza quem se destacava. Era o contraponto àquele ambiente tenso. Destoava pela beleza, pela elegância e pela suavidade, três elementos que não eram vistos enquanto se fazia História no Brasil. Servia, novamente, como um recado indireto de que o comício não poderia ser tão feio assim.[20] Afinal, o que alguém como Maria Thereza estaria fazendo ali?

Sem ação de tanto medo que sentia, estava absolutamente impressionada com o tamanho do evento. Quando finalmente dominou seu nervosismo, esqueceu-se da multidão e passou a ler as faixas. Voltou a ficar preocupada. Aproximou-se de Darcy e fez um questionamento que, se pudesse ser ouvido em todo o Brasil, poderia marcar o fim do comício, o fim das divergências, e encerraria qualquer desconfiança em relação a João Goulart. Havia algo fora da ordem com a esposa de um presidente chamado a toda hora de comunista, porque ela, com certeza, não era a esposa de um comunista. Se fosse, não teria feito a pergunta que fez.

— Doutor Darcy, o que são essas bandeiras com o símbolo comunista?! Isso não é boa coisa, não!

Deslumbrado com a multidão, Darcy, em estado de graça, não via problema em nada:

— Está tudo bem... isso tudo é lindo... essa gente toda... é fantástico.

Maria Thereza expressou uma outra preocupação:

— Mas e se houver uma explosão?

Darcy continuava encantado. Até tentou brincar:

— Dona Maria Thereza, se houver uma explosão, nós vamos ser os primeiros a voar, porque somos os menores e os mais magrinhos.

Às 20h46, chega a vez de Jango discursar. Mais holofotes são acesos em direção ao palanque e às janelas dos prédios do Ministério e da Central. O calor aumenta. O apresentador anuncia o discurso de "Sua Excelência" e a presença da primeira-dama. Jango sobe na plataforma. Aparenta cansaço. O povo grita: "Jango! Jango!" Seguem-se 65 segundos de aplausos. Ele espera esse tempo para tentar dar início a seu pronunciamento. Mas apenas um "Brasileiros..." basta. Mais aplausos. Gritos de "Jango" e vozes femininas chamando "Maria Thereza". Mais 21 segundos e o presidente finalmente inicia seu discurso. Osvaldo Pacheco não falha. O líder sindical se posiciona à esquerda do presidente. Maria Thereza, à sua direita. Poderia ser o cenário político. Toda a atenção se volta para as três pessoas que estão na tribuna.

Conforme Jango pedira, Maria Thereza fica bem perto dele. Passa as folhas do discurso — discutido, analisado, revisto e corrigido — para ele. Ela sente medo e permanece com a cabeça baixa. Olha fixamente para os papéis. No rosto, um sorriso tenso. Pressiona as mãos.

Jango transpira muito. Interrompe várias vezes o discurso para enxugar-se com um lenço. Gravata e colarinho estão desalinhados. Ele cita o papa João XXIII e a encampação das refinarias particulares.

O nervosismo de Maria Thereza é fácil de perceber. Ela ergue o rosto e vê a multidão com olhos de "gazela assustada".[21] Uma mulher grita seu nome. Ela se vira e sorri.

Poucas folhas depois, Jango muda de ideia. Sinaliza para Maria Thereza não mais lhe entregar os papéis. Começa a falar de improviso. Após 14 minutos de discurso, Darcy sobe na pequena tribuna com uma garrafa de água nas mãos. Rojões explodem no céu. O barulho desvia a atenção de Maria Thereza. Darcy encosta em Jango e sopra algo em seu ouvido esquerdo. Jango faz uma pausa. Maria Thereza, sem as folhas, não tem mais em que se concentrar. Precisa erguer o rosto para encarar centenas de milhares de pessoas. Essa inquietude é vista como se ficasse alheia ao discurso do marido,[22] como se estivesse presente e ausente ao mesmo tempo.[23]

Por baixo da tribuna, esfrega uma mão na outra constantemente.[24] Está paralisada, sem esboçar reação. Uma imagem que nunca se viu, mas que resume um país, está formada. A primeira-dama ao lado do presidente enquanto o povo toma as ruas.[25] Um homem prega reformas. A seu lado, a linda esposa[26] povoa a imaginação de muitos brasileiros e estrangeiros.[27] O contraste do preto e branco de Jango com o azul-turquesa de Maria Thereza aumenta no palanque iluminado.[28] Jango, encharcado, eufórico, cansado. Maria Thereza, paralisada, encolhida, fascinante.[29] Ela é a cor. O resto não. Transforma o cenário cinza de guerra em um colorido de festa.[30] Mas só ela não vê o que todos percebem.

Passa a rezar baixinho. Pede proteção a Deus. Mira a multidão, como se fosse possível parar uma bala com o olhar. Suas mãos tremem. Agora, já tem certeza de que aconteceria um atentado. Tenta passar um copo d'água para Jango, que recusa. Move os dedos sem parar. Lembra-se mais uma vez dos filhos. Pressiona a mão esquerda contra a direita.

Darcy sobe novamente na tribuna. Um novo cochicho e uma nova pausa. Jango fala da reforma agrária no Japão, promovida pelos Estados Unidos. Ela mordisca os lábios. Jango gesticula. Bate sem querer com a mão em sua cabeça. Ela se afasta um pouco.

Darcy traz água mineral. Jango faz uma pausa para beber apenas duas vezes. Enxuga o rosto com seu lenço 35 vezes.[31] Às 21h50, encerra o discurso. Acena durante 25 segundos. É aplaudido. É muito aplaudido. É ovacionado.

Maria Thereza relaxou. Teve medo, mas o que viveu antes foi bem pior. O medo do medo. A bruxa que rondou sua cabeça foi mais assustadora do que a realidade.

Bastaram alguns segundos e seu pavor voltou. Como sairiam dali?, perguntava-se. Sem saber por quê, juntou as folhas do discurso e ficou segurando-as.

A multidão, em delírio, avançou em direção ao palanque.

Darcy gritou:

— Vamos sair. Vamos sair.

Maria Thereza ficou apavorada com a possibilidade de levarem Jango para o meio da multidão para festejar, e que as pessoas que estavam próximas ao palanque acabassem imprensadas.

Soldados subiram no palanque. Ela e Jango foram erguidos pelos seguranças. Mesmo se quisesse, Maria Thereza não conseguiria se mexer. Quando chegou no carro, as folhas do discurso já não estavam com ela. Jango, ao entrar, bateu com força a cabeça no teto do automóvel. Ela imediatamente debruçou-se para ver se ele se cortara. Jornalistas mais românticos interpretaram isso como um afago nos cabelos do marido. O carro não conseguia se mover, cercado pela população que queria ver, cumprimentar, saudar ou tocar no presidente. O automóvel balançava. Jango estava molhado de suor e respirava com dificuldade. Infinitos segundos se passaram até a polícia afastar a massa. Maria

Thereza agora sim estava descontrolada. O marido sentia-se mal a seu lado. O carro era chacoalhado e não saía do lugar. Ela passava a mão no rosto dele. Jango largou-se no banco. Maria Thereza desatou o nó de sua gravata e o abanou com um leque. Jango bebeu um pouco de água. Ele não estava bem, mas foi Maria Thereza quem não se segurou:

— Ai, meu Deus! Jango, o que é isso?!

— Calma, Teca, nós vamos chegar em casa.

A muito custo, policiais abriram caminho. O carro venceu a confusão. Os vidros foram abertos. O ar entrava pelas janelas. E os gritos e silêncios de um Brasil dividido também. Quem não gritava Jango, tinha uma vela acesa na janela, seguindo um pedido do governador Lacerda.

No carro, o presidente conseguiu voltar a respirar normalmente e não conteve a euforia:

— Agora, pode acontecer o que quer que seja. Eu realizei o que eu queria. Eu fiz o comício.

Quando entraram no Palácio Laranjeiras, Jango estava bem melhor. E Maria Thereza, aliviada. Doutor Moacir já esperava pelo presidente, que foi examinado em seguida. Estava bem, apesar da aparência, do cabelo despenteado e da roupa desarrumada. O médico aconselhou a Jango, pelo menos, que tirasse alguns dias para descansar, enquanto Maria Thereza pediu a Braguinha, o cozinheiro do Laranjeiras, que preparasse uma refeição leve. Antes de ir para o quarto, o casal foi olhar as crianças, que dormiam.

Jango repetia seu novo mantra.

— Estou muito contente porque eu fiz o comício.

Bem mais calma, Maria Thereza conseguiu falar sobre o que viveu:

— Ainda estou impressionada. Que multidão... Quanta gente... O povo todo aplaudindo.

Jango já voltara à realidade:

— O comício foi feito, mas isso pode ser uma despedida. Não sei o que pode acontecer agora.

A conversa seguia sem ligação. Cada um falava o que sentia. Ela vencera o seu maior medo e, eufórica por ter conseguido, confessou a Jango:

— Pela primeira vez na vida, achei simpático o título de primeira-
-dama.

Jango tomou um banho. Ele e Maria Thereza foram para a cozinha do Palácio.

Enquanto tomavam sopa, acompanhados por Darcy, Caillard, Waldir, Azambuja, Espártaco e o doutor Moacir, Jango voltou a falar. Apesar de surpreso com o tamanho da multidão, já previa o que viria pela frente:

— Agora, vamos esperar pelo pior.

Seria difícil dormir. Maria Thereza, que ainda não se livrara da carga emocional do comício, jamais imaginaria que sua presença alcançasse tanta repercussão. E que as fotos de um presidente brasileiro com a primeira-dama em um comício histórico se tornariam emblemáticas. Símbolos de uma era que terminaria em breve.

Nas ruas, um ponto muito debatido foi a quantidade de pessoas que compareceram ao comício. Cada jornal arriscou um número. Para *O Globo* havia 100 mil pessoas; *Jornal do Brasil*, 130 mil; *A Noite*, 200 mil; outros arriscavam mais de 300 mil[32] para 3.704.000 habitantes da cidade do Rio de Janeiro.[33]

Segundo o projeto do governo, esse foi apenas o primeiro de uma série de comícios que seriam realizados nas principais capitais. Jango já havia marcado um novo comício, dessa vez em Belo Horizonte, no dia 19 de abril. Maria Thereza já lhe avisara que iria. Porém, dessa vez, o plano para tirar a vida de Jango estava bem adiantado, articulado pelo coronel reformado da Polícia Militar de Minas Gerais, José Osvaldo Campos Amaral, e liderado pelo general da reserva José Lopes Bragança, com a participação de uma associação paramilitar chamada "Os Novos Inconfidentes",[34] que tinha, entre seus líderes, o industrial Nansen Araújo e o empresário Ruy Lage (que seria prefeito de Belo Horizonte). O grupo dava apoio civil ao general Bragança. O plano até que era simples. O grupo do coronel chegaria cedo e ficaria próximo ao palanque, como se fossem adeptos das reformas. Combinariam uma senha e, na hora acertada, "abririam fogo e arrasariam o palanque com granadas de mão".[35]

Os comentários sobre a presença de Maria Thereza cresceram ainda mais nos dias seguintes ao comício. A colunista do *Última Hora*, Baby Jane Souza, foi uma das que se sentiu chacoalhada ao ver uma mulher no palanque ao lado do marido:

> Foi, a nosso ver, uma demonstração inequívoca de que nós, mulheres, temos a obrigação de ler, ouvir e formar nossa opinião no sentido de manter-nos alerta contra toda sorte de "notícias", que por certo ouvimos e lemos. Por isso não concordamos absolutamente com alguns comentários de que a presença de dona Maria Thereza Goulart seria dispensável. Causou-nos até alegria o fato de saber que, no dia seguinte ao comício, ela interrogava a todos sobre o discurso de seu marido, indagando se estiveram presentes. Não resta dúvida de que é este o papel da mulher e da esposa: junto do seu marido, lado a lado, lutando pelos mesmos ideais e, o que é melhor, com aquela elegância e serenidade que caracterizam as grandes mulheres.[36]

Quanto mais conquistava destaque, mais continuava sendo, sem perceber, um dos alvos do ataque dos conspiradores que queriam derrubar o seu marido. O presidente do Clube Militar emprestava o auditório da sede para que a Escola de Aperfeiçoamento de Oficiais, a Escola de Comando e Estado-Maior do Exército e do Instituto Militar de Engenharia (IME) se reunissem. Além de protestarem contra o governo Jango e de reclamarem dos salários, os militares aproveitavam para dar vazão a um ódio incontrolável. Anos depois, o capitão Henrique Couto Ferreira Mello, que participou daqueles encontros, contou:

> Dois mil, três mil milicos dentro do Clube. Chegava um cara lá, fazia discurso e ofendia D. Maria Thereza Goulart, a primeira-dama do país. Um baixo-astral danado e quando chegava mais tarde um pouquinho, quando a turma estava com sono, cantavam uma canção militar, e ia todo mundo para casa heroicamente reconfortado. Eram canções da Escola Militar, pretensiosas para burro, um troço assim: "Escola Militar, heróis a lutar. Na paz como na guerra, honrando as tradições da nossa terra..." Aí fazia um estribilho assobiado. Aí marcavam reunião para o dia seguinte, iam para lá, xingavam o Jango, xingavam a Maria Thereza, xingavam esse, xingavam aquele e cantavam a Canção da Infantaria.[37]

Houve também quem visse, mas não enxergasse Maria Thereza ao lado de Jango, e continuasse tremendo de medo com a possibilidade de um golpe comunista. A população de São Paulo saiu às ruas. Seis dias após o comício da Central, centenas de milhares de pessoas participaram da Marcha da Família com Deus pela Liberdade, apoiada pelos governadores Lacerda e Adhemar, por organizações católicas e financiado pelos dólares que Lincoln Gordon distribuía. As manchetes de *O Globo* e *O Estado de S. Paulo* anunciavam 500 mil pessoas na Marcha, o que daria a histórica — porém difícil de acreditar — marca de 10,6% da população no protesto, já que a população da cidade de São Paulo era de 4.725.000 habitantes.[38]

Se esses números estivessem certos, haveria a certeza de que alguma coisa acontecia no coração paulistano. Um transtorno bipolar político. No domingo de Ramos, dia 22 de março, um exército de pesquisadores do Ibope tomou as ruas de São Paulo e de mais duas cidades: Araraquara e Avaí (na região de Bauru). O resultado da pesquisa, encomendada pela Federação do Comércio do Estado de São Paulo, jamais seria divulgado. Os números apontavam que 72% da população de São Paulo aprovava o governo João Goulart. Entre as camadas mais pobres, a porcentagem subia para 86%.[39] Esses resultados confirmavam outra pesquisa realizada em junho e julho de 1963, em 16 cidades de diferentes regiões do Brasil.

A persistente reclamação de Maria Thereza pesou e Jango decidiu acatar o conselho médico. Ele seguia angustiado, demonstrando cansaço e apreensão.

Na quarta-feira, dia 25, véspera da quinta-feira santa, o casal embarcou com seus filhos no Viscount presidencial para Porto Alegre. De lá, seguiriam em um avião da FAB para São Borja. Voltariam ao Rio na noite do domingo de Páscoa, dia 29 de março.

Em São Borja, Jango pegou o carro e rumou para a fazenda Rancho Grande. Estava muito ansioso e dirigia em altíssima velocidade. Tão rápido que o porta-malas abriu, uma bagagem caiu do carro e ele nem percebeu. A seu lado, de olho no velocímetro, Maria Thereza, que gostava de acelerar, brigou com o marido:

— Precisa correr tanto assim só para ir pescar?!

A jipeira de São Borja também pisava fundo. E, como todo motorista que se julgava um talento no volante, só confiava em um piloto: ela própria. Sentia medo se outra pessoa, mesmo que fosse o próprio Jango, dirigisse o carro em que estava, mas nunca teve coragem de contar isso ao marido.

Quando chegaram à fazenda, Jango transformou-se. Estava eufórico. Tamanho entusiasmo não alegrou Maria Thereza. Pelo contrário. Ela agora se preocupava porque via no repentino excesso de energia do marido um claro sinal de estresse. Mal chegou e Jango já avisava que iria preparar o jantar. Combinou com as crianças que iriam levantar bem cedo para pescar no dia seguinte.

A oposição inteira achando que o presidente preparava um golpe... e Jango pensando em pescar.

Não houve passeio.

Não houve pesca.

Depois do jantar, um carro parou em frente à fazenda. O general Assis Brasil, chefe da Casa Militar, anunciou:

— Presidente, os marinheiros estão amotinados.

Era o fim do descanso que nem começara.

Cerca de 2 mil marinheiros e fuzileiros reuniram-se no Sindicato dos Metalúrgicos do Rio de Janeiro no mesmo dia em que Jango viajara. Amotinaram-se contra a ordem do ministro da Marinha, Sílvio Mota, que determinava a prisão de quem comemorou o segundo aniversário da Associação dos Marinheiros e Fuzileiros Navais, entidade considerada ilegal pelo Ministério.

O "cabo" Anselmo, um dos líderes do motim, inflamava os companheiros. Uma farsa. Nem cabo era. Na verdade, José Anselmo dos Santos era um marinheiro de 1ª classe e um agente conspirador, remunerado, a serviço da CIA. Mais um que estava no bolso de Gordon. Comandava as ações e, esse sim, mandava brasa. Na quinta-feira santa, com Jango rumando de volta ao Rio, o ministro do Trabalho, Amaury Silva, conseguiu que os revoltosos desistissem. Os marinheiros que participaram do ato foram presos, porém Jango os anistiou em seguida. O alto escalão militar ficou furioso com a atitude do presidente que quebrava, de uma só vez, os dois preceitos básicos do militar: a disciplina e a hierarquia.

Na sexta-feira santa, Maria Thereza e os filhos voaram em um Avro para Brasília. Jango foi para a capital no sábado, dia 28. Na noite do domingo de Páscoa, San Tiago Dantas procurou Jango. Dentre as várias funções que exerceu no governo, Dantas havia sido ministro das Relações Exteriores. Com Caillard e Ryff participando da conversa, Dantas anunciou a Jango o fim do governo:

— Estão dizendo que não é verdade, mas é. A esquadra norte-americana do Atlântico está se preparando para apoiar qualquer movimento contra o seu governo, presidente. Essa é uma informação verdadeira, apesar de todos dizerem que é mentira. Eu acho que o senhor deve resistir, mas tive acesso a informações de que essa esquadra é muito forte.

Ninguém questionou Dantas, que prosseguiu sua explicação:

— Se o senhor resistir e uma guerra civil se instalar, não tenho dúvida de que os Estados Unidos vão invadir o país.[40]

Ao longo de seu governo, Jango havia participado de várias reuniões dos sargentos no Automóvel Clube. Algumas vezes, até acompanhado por Maria Thereza. Mas a presença do presidente, na reunião de segunda-feira, 30 de março, não seria uma boa opção. Para acabar com qualquer possibilidade de expectativa da presença da primeira-dama, Jango nem convidou Maria Thereza. Disse a ela que não havia necessidade de ir. Tancredo e Ryff tentavam convencer Jango a desistir. Assis Brasil, por outro lado, garantia ao presidente, na frente de Maria Thereza, que o seu dispositivo militar estava acionado:

— Não há perigo, pois comigo é na ponta da faca. Nosso dispositivo militar, se não é perfeito, é, pelo menos, o melhor de quantos já se armaram neste país.[41]

Talvez abalado pelas palavras de San Tiago sobre a intervenção norte-americana[42] e sabendo que não tinha nada a perder, Jango participou ao lado de Assis Brasil, o fanfarrão, e Anselmo, o falso. E os sargentos repetindo o bordão: "manda brasa, Jango". Na embaixada norte-americana, confirmando as informações que San Tiago passara ao presidente, o embaixador Lincoln Gordon recebia, em resposta ao telegrama enviado em 27 de março ao diretor da CIA, John McCone, e aos secretários de Defesa Robert McNamara, e de Estado, Dean Rusk, a confirmação de que um navio, ancorado em Aruba, carregado de "armas de origem não americana"[43] e munição, estava pronto para seguir para o litoral brasileiro.

Definitivamente, Gordon não estava preocupado em promover o chá-desfile beneficente que aconteceria no dia 9 de abril na sua própria casa. Maria Thereza, a esposa do perigoso inimigo, além de confirmar presença, empenhava-se em vender os ingressos para garantir o sucesso do evento que seria realizado na embaixada norte-americana.[44]

Eram tempos estranhos.

10.
E a tarde caiu e o sol morreu e de repente escureceu

Uma forte chuva desabou no Rio no dia 31 de março. Nas bancas, o *Correio da Manhã* estampava na capa o editorial "Basta", que abria com a seguinte pergunta: "Até que ponto o Presidente da República abusará da paciência da Nação?"

Paciência quem não teve foi o general Olympio Mourão Filho, comandante da 4ª Região Militar e da 4ª Divisão de Infantaria, que, no início da manhã, colocou as tropas de Juiz de Fora para marchar em direção ao Rio. Era o início da "Operação Popeye", batizada assim porque Mourão fumava cachimbo. Seu objetivo era invadir e dominar o prédio do Ministério da Guerra e esperar pelas adesões. Um general dava início ao golpe enquanto os conspiradores ainda sonhavam. Só a Casa Militar, com Assis Brasil no comando, não levou Mourão a sério e pensou que esse movimento se encerraria em si mesmo.

Era um falastrão contra outro. O propalado "dispositivo militar" do general Assis Brasil tinha algumas indisposições. Jair Dantas Ribeiro, o ministro da Guerra, estava se recuperando de uma cirurgia. Mesmo assim, seria simples acabar com a fanfarronice de Mourão. Assis Brasil repetia que apenas as tropas do I Exército seriam suficientes. Contava vantagem e continuava tranquilo. Ainda mais porque poderia ter a seu lado o II Exército, comandado pelo confiável amigo e "compadre" de Jango, Amaury Kruel. Afinal, Jango acabara de nomear o filho de Kruel agente do Lloyd Brasileiro e facilitara um financiamento do Banco do Brasil para que Kruel comprasse uma fazenda de café.[1] O restante do dinheiro, Kruel arrumara de repente.

Logo após proibir qualquer ataque aéreo contra as tropas rebeladas, Jango autorizou que o melhor contingente de infantaria da Vila Militar, o Regimento Sampaio, auxiliado pelo Grupamento de Obuses e pelo 1º Batalhão de Caçadores de Petrópolis, impedisse o avanço de Mourão. Ao mandar soldados experientes para deter recrutas, Jango reafirmava sua preocupação[2] de que se evitasse qualquer "derramamento de sangue".

Em Brasília, Maria Thereza, bem diferente do que ocorrera durante a Rebelião dos Sargentos, recebeu ordens específicas de Jango. Não deveria sair da Granja do Torto. Ela acompanharia os acontecimentos como a maioria da população: pelo rádio. Só houve um contato telefônico. Por volta das 19h, Tancredo pediu a ela que aguardasse orientações de Jango, repetindo várias vezes que não deixasse a Granja do Torto sem falar ou com ele ou com o marido.

O bem-informado San Tiago Dantas acertara. O presidente Lyndon Johnson autorizara o início da Operação "Brother Sam". A frota naval norte-americana começou a movimentar-se rumo ao litoral brasileiro, enquanto o ministro da Justiça, Abelardo Jurema, acreditava na reação. Em nome dos generais que estavam com o governo, Jurema sugeriu que Jango nomeasse o marechal Henrique Lott como ministro da Guerra, porém Jango se recusou. Darcy Ribeiro insistiu. O presidente voltou a negar o pedido. Referindo-se ao recém-operado Jair Dantas, justificou que não poderia demitir um homem que estava com a "barriga aberta numa mesa de operação".[3] Jango mostrava preocupações éticas. Lacerda não queria saber. Entrincheirado no Palácio Guanabara, dava ordens para prenderem sindicalistas, estudantes e qualquer sombra que se mexesse a favor de Goulart, que apostava na certeza de que o Regimento Sampaio dominaria facilmente os recrutas de Mourão.

Às 22h, Adhemar de Barros, golpista de primeira linhagem, anunciou através de uma cadeia de rádio que São Paulo e o Exército estavam unidos sob "o comando de um dos mais bravos militares, o general Amaury Kruel". O amigo de Maria Thereza manifestou-se em seguida, dando sua bênção ao Golpe. Entre os que estavam com Jango, ninguém estranhou que o pronunciamento de Kruel viesse logo após o do governador Adhemar. Antes disso, Kruel fora silêncio — o silêncio dos leiloeiros. O general Euryale Zerbini, irmão do cardiologista de Jango, foi um dos raros militares de alta patente a ficar publicamente ao lado do governo. Os telefonemas para Kruel sucediam-se. Caillard, o secretário de Jango; depois Abelardo Jurema, e por fim, Jango. Era chegada a hora de descobrir o que ele pensava de verdade, quem era aquele em quem Maria Thereza tanto confiava:

— Presidente, o senhor é capaz de me prometer que vai se desligar dos comunistas e decretar medidas concretas a esse respeito?

— General, sou um homem político. Tenho compromisso com os partidos e não posso abandoná-los ante a pressão dos militares. Não posso deixar de lado as forças populares que me apoiam.

— Então, presidente, nada podemos fazer. Essa é a opinião dos generais aqui presentes.

— Por que o general não vem ao Rio, conferenciar comigo e com os demais comandantes do Exército? Creio que arranjaremos as coisas.

— Não posso atender, presidente. Tenho compromissos com a linha de conduta que tracei para mim desde quando ministro da Guerra, contra o comunismo e em defesa do Exército, e não posso traí-la.[4]

A onda golpista alastrou-se pelo país. No Palácio Laranjeiras, Jango, Assis Brasil, Jurema e Ryff mapeavam as deserções e traições. Só havia notícias ruins. O chefe dos cozinheiros do Palácio, Braguinha, que passara por diversas crises políticas servindo a vários presidentes, sofreu um infarto e morreu.

Meia-noite. Começava o dia da mentira. Kruel ligou para Jango e repetiu as condições. Jango mais uma vez não aceitou. O II Exército pulava a cerca da legalidade e passava para o lado do golpe.

A posição norte-americana e a traição de Kruel não determinavam a derrocada do governo, mas veio a informação de que o Regimento Sampaio havia aderido aos rebeldes. Era o fim da esperança de uma intervenção. A derrota por antecipação.

Depois do "Basta", o "Fora". O editorial do dia 1º de abril do *Correio da Manhã* clamava: "Só há uma coisa a dizer ao sr. João Goulart: saia."

Como se fosse possível piorar, o ministro da Guerra não retribuiu o gesto que recebera e deu um ultimato para que o governo rompesse com os sindicatos. Jango recusou-se. Dantas, sem demonstrar sinal de gratidão, demitiu-se. O general Moraes Âncora foi nomeado novo ministro. Jango o enviou imediatamente para tentar convencer Kruel a voltar atrás. Antes de seguir nessa missão, Âncora sugeriu que Jango deixasse o Rio.

Passava do meio-dia. Jango saiu do Palácio acompanhado por Ryff e Caillard com destino a Brasília. Sem escolta, seu carro rumou para o aeroporto. No Santos Dumont, embarcou no Viscount presidencial. Estavam com ele: Eugênio Caillard, Ernani Azambuja, Oliveira Castro, os ministros Amaury Silva, Oswaldo Lima Filho, Wilson Fadul e o general Assis Brasil.

A saída de Jango foi festejada na zona sul com lençóis brancos nas janelas e chuva de papel picado. Os lacerdistas tomaram as ruas. Sem encontrar resistência, depredaram a sede do jornal *Última Hora* e incendiaram o prédio da UNE. Estudantes foram presos. A forra não parava por aí. Lacerda passou a comandar uma caça aos políticos trabalhistas. Às duas da tarde, a Rádio Nacional, que defendia o governo, foi retirada do ar.[5] O Ministério do Trabalho, cercado. O encontro entre Âncora e Kruel não deu em nada.

Maria Thereza continuava no Torto, Jango telefonou e reforçou o pedido: "Não saia daí. Fique aguardando notícias. Não sei o que pode acontecer nas próximas 24 horas." A seu lado estavam a prima Terezinha, Pedro, o ex-assessor da LBA Oscar Seraphico, o cabeleireiro Virgílio, a secretária Maria Elisa, João José e a babá das crianças, Etelvina, que substituíra Djanira, que se casara e não trabalhava mais para a família, mas mantinha a amizade com eles.

À tarde, o capitão responsável pela segurança solicitou aos funcionários que restaram que deixassem o lugar. Mais da metade deles já havia abandonado o trabalho. Maria Thereza ouviu a notícia de que Jango deixara o Rio. Já na capital, o presidente foi recebido por um grupo de oficiais e por Darcy Ribeiro. Seguiram para a Palácio do Planalto. Antes, Jango pediu a um de seus pilotos de confiança, o tenente-coronel da Aeronáutica Lauro Lott, filho do marechal, que conseguisse um avião menor que pudesse decolar da pista de pouso da Granja do Torto. E disse a Lauro que ele deveria ficar de sobreaviso para tirar sua família da capital.

Jango ficou pouco tempo no Palácio. Seguiu para a Granja do Torto. Falou rapidamente com Maria Thereza, contou que estava preocupado com a situação e que não sabia o que poderia acontecer. Repetiu, mais uma vez, que esperasse uma orientação dele ou de Tancredo para sair dali com as crianças. Jango reuniu-se com Darcy, Waldir, Doutel, Almino, Tancredo e Assis Brasil. Decidiram que um comunicado seria lido por Jango. A intenção era que essa mensagem fosse divulgada pelas rádios, o que jamais aconteceria.

Acharam melhor dividir o grupo. Jango e Assis Brasil seguiriam para Porto Alegre, enquanto os outros voltariam para o Congresso, onde lutariam contra a provável pirueta jurídica que a oposição buscava para transferir uma imagem de legalidade ao golpe: o pedido de impeachment.

Antes de deixar a Granja do Torto, Jango conversou mais uma vez com Maria Thereza.

— Eu vou para Porto Alegre, mas fique tranquila. Não quero violência nem tumultos. Fique aqui e aguarde notícias.

Despediu-se dela e dos filhos, mas nada falou sobre o avião que poderia buscá-los.

Pelo que ouviu de Jango, Maria Thereza ficou tranquila, com a certeza de que ele não ordenaria uma resistência armada. Passava das 21h. O capitão responsável pela segurança a procurou novamente:

— Dona Maria Thereza, vamos proteger a senhora. Não saia daqui. Estamos bloqueando os acessos. Aqui não vai entrar mais ninguém.

No aeroporto de Brasília, Jango embarcou com Caillard, Assis Brasil, os ministros Wilson Fadul, da Saúde, e Amaury Silva, do Trabalho, em um Coronado da Varig. Mas nada do avião partir. Uma pane providencial atrasou a decolagem. Os técnicos da Varig garantiram que estavam consertando uma avaria. Fadul, que fora médico da Aeronáutica, alertou Jango:

— Estou temendo uma sabotagem. Presidente, vamos pegar outro avião.

Por volta das 23h, Jango deixou o Coronado para embarcar no turboélice Avro da FAB em direção a Porto Alegre. Lauro Lott permaneceu em Brasília à espera de novas ordens. Darcy Ribeiro telefonou para Maria Thereza, avisando que um avião iria levá-la para Porto Alegre. Mesmo assim, ela não preparou a mala. Não queria admitir a si mesma que isso era necessário.

Quase nesse horário, Doutel entrou correndo no Palácio do Planalto e encontrou Waldir Pires. Mal conseguia falar:

— Onde está o Darcy? Eles querem dar o golpe, mas não têm quórum para votar o impeachment. Então vão dizer que o presidente fugiu...

Waldir colocou papel na sua Olivetti e pediu a Doutel que fosse até a sala de Darcy e o chamasse. Rapidamente, Waldir escreveu um comunicado da Presidência, informando que Jango estava voando para o Rio Grande do Sul, onde iria "defender a legalidade". Darcy assinou e entregou o comunicado para Doutel, que voltou correndo para o Congresso.

No início da madrugada do dia 2, o presidente do Senado, Auro de Moura Andrade, abriu a sessão. Tancredo leu a carta redigida por Waldir, mas foi ignorado. Teatralmente, Moura Andrade — que a essa altura, sem votos suficientes, desistira da farsa do impeachment — afirmou que Jango deixou a sede do governo e "a nação acéfala" e declarou "vaga a Presidência da República". Seguiu-se então um grande bate-boca. Ouviram-se os gritos de Tancredo: "Canalha! Isso não é verdade!" e de Almino: "Golpista!". Moura Andrade ordenou que os microfones e as luzes fossem desligados.

Na Granja do Torto, uma espera cruel. Maria Thereza foi ao quarto de João Vicente e Denize a fim de se certificar de que os dois dormiam. Ouviu pelo rádio a notícia de que o Congresso declarou vaga a Presidência. Só pensava em Jango, perguntando a si mesma onde ele estaria.

O silêncio a deixava mais nervosa. Falou para os amigos que estavam a seu lado, Maria Elisa, João José, Etelvina, Virgílio, Oscar Seraphico, Pedro e Terezinha, que deixassem o lugar, mas ninguém saiu. Barros Carvalho telefonou e conversou rapidamente com ela.

Uma nova ligação. Era Dener:

— Estou triste e preocupado com tudo que está acontecendo. As notícias no rádio são terríveis.

— Acho que eu vou precisar sair do Torto.

— A senhora vai nos deixar? Que horror! Estou muito triste! Por favor, me mande notícias de onde a senhora estiver. Quero continuar sendo seu amigo. Mande um grande abraço ao presidente e, amiga, para onde for, não vá vestida de marrom.

Mesmo após a conversa com Dener, ela não arrumou as malas. Apenas esperava. O telefone tocou novamente. Tancredo reforçou o pedido para que ela ficasse calma, afirmando que Jango estava bem, e repetiu o aviso que Darcy lhe dera, sobre o avião. Alertada pela segunda vez, Maria Thereza aceitou preparar uma mala, que ficou pronta em minutos: um tailleur branco, uma saia preta de couro, um blazer, duas camisas de seda, dois conjuntos para as crianças, perfume, um estojo de maquiagem, algumas joias e mil dólares.

O silêncio foi quebrado pelo som de uma aeronave se aproximando. Ela e Etelvina acordaram as crianças, que ficaram assustadas. Maria Thereza falou que iriam viajar. João Vicente e Denize estranharam o fato de a mãe não permitir que levassem brinquedos. O menino também não entendeu o conselho que Avelar deu a Maria Thereza, pedindo que ela se cuidasse.

O Avro pilotado por Lauro Lott e Dickson Lobo pousou na Granja do Torto. O coronel Azambuja saltou da aeronave e logo explicou a Maria Thereza que deveriam seguir imediatamente para Porto Alegre. Lá ela se encontraria com Jango.

Terezinha não se conformou e, chorando, tentou convencer a prima.

— Tu não podes ir. Tens que levar tuas coisas. Como é que tu vais viajar sem levar tuas coisas?

Maria Thereza, sem perceber o que poderia acontecer, acreditava:

— Não, mas eu vou voltar. Terezinha, não te preocupes.

— Mas tu tens que levar tuas joias. Será que tu vais voltar?

— Ai, Terezinha, fica quieta. Claro que vou voltar.

Chegava o momento de mais um adeus, mas ela nem se lembrou de Capão Alto. Maria Elisa, João José, Seraphico, Pedro e Terezinha se despediram de Maria Thereza, mas Etelvina e Virgílio, que choravam muito, não aceitaram se separar dela e das crianças. Insistiram. Ninguém conseguiu convencê-los. Embarcaram no Avro junto com Azambuja, Maria Thereza e as crianças.

Não havia iluminação na pista da Granja do Torto. Para a decolagem do avião, Lauro pediu que os carros que lá estavam fossem posicionados em lugares estratégicos com os faróis acesos. A Presidência estava declarada vaga, porém, os militares que faziam a segurança da primeira-dama realizaram o protocolo padrão exigido para o embarque da primeira-dama.

Mesmo com as precárias condições de iluminação, o avião fez uma decolagem tranquila. Enganando a si mesma, Maria Thereza acreditava que voltaria em breve e que poderia buscar o resto dos seus pertences, documentos, vestidos, fotos, discos, carros, quadros, estatuetas, a foto de Che Guevara, os cachorros, os objetos pessoais...

Com Ranieri Mazzilli novamente empossado, Jango chegou em Porto Alegre. Passava das três da manhã do dia 2 de abril em um Brasil de dois presidentes, quando seu avião aterrissou no aeroporto Salgado Filho.[6]

Brizola e o general Ladário Pereira Telles esperavam por eles. As notícias que tinham não eram boas. Receberam várias deserções de oficiais que invocavam a hierarquia e se sentiam desautorizados porque já havia um novo ministro da Guerra: o general Costa e Silva. Ladário levou o presidente para a casa do comandante do III Exército, acompanhado por Wilson Fadul e Assis Brasil. Amaury Silva se desencontrou do grupo e não estava com eles.

O Avro pilotado por Lauro, trazendo Maria Thereza, pousou no mesmo aeroporto pouco depois. Ela nem desceu do avião. Enquanto esperava novas ordens, Lauro aproveitou a parada e reabasteceu a aeronave. Maneco Leães, amigo e piloto particular de Jango, estava no local. Muito possivelmente foi ele quem deu as instruções para Lauro e Maria Thereza.

O avião seguiu para São Borja. Na fazenda Rancho Grande, havia uma pista de pouso. Assim que ouviu que iriam para lá, João Vicente perguntou se a mãe havia levado seu caniço.

O sol nascia em São Borja quando o avião tocou o solo e pousou. Maria Thereza começou a chorar. Buscava entender por que estava lá, para onde iria com os filhos e o que Jango estaria fazendo. Desceu do avião e viu a mesma mistura de cores que costumava marcar as rupturas em sua vida. Era o amanhecer no Pampa. Ficou totalmente arrasada diante do lindo azul sem nuvens que aparecia no céu. Foi tomada por um sentimento de angústia no instante em que caiu na realidade. A paisagem aumentava a tristeza. Com medo, chorava muito. "Estou sendo afastada da minha vida", pensou. Ficaria um trauma que iria apagar suas memórias sobre o que ocorrera naquela e nas próximas horas.

Amálio, o capataz da fazenda, correu ao encontro de Maria Thereza. Armado com uma Winchester 3.0, informou que Jango havia telefonado.

— O doutor Jango disse que o Maneco Leães vai estar aqui amanhã com o avião pequeno. Falou que a senhora ficasse tranquila e dormisse aqui na fazenda Rancho Grande. Nós vamos ficar na ronda.

Azambuja e Lauro já preparavam o retorno. Antes, haveria mais uma despedida. Virgílio perdia o fôlego de tanto chorar. E protestava:

— Eu vou ficar com a senhora.

Etelvina também não queria voltar:

— Não vou deixar a senhora aqui sozinha com as crianças.

Azambuja apressava a volta. Os pilotos se despediram. Virgílio pedia aos prantos:

— Eu quero ir com a senhora.

Maria Thereza, chorando, tentava convencê-lo:

— Olha, Virgílio, não dá. É sério. Se você for, sua vida vai virar um inferno. Você pode até ser preso. Volta para o Rio e nada vai te acontecer. Nem eu sei para onde eu vou...

Soluçando, ele aceitou os argumentos de Maria Thereza e, após um difícil adeus, Virgílio subiu na aeronave. Mas foi impossível convencer Etelvina. Ela se justificava dizendo que se apegara demais às crianças. Decidiu ficar e nada a fez entrar no avião.

Em Porto Alegre, ao amanhecer, foi realizada uma nova reunião na casa do general Ladário, com Brizola, os ministros Fadul, Osvaldo Lima e

Amaury Silva. O encontro teve a presença de Floriano Machado e mais três generais, que, junto com os ministros, se manifestaram contra qualquer resistência. Brizola e Ladário tentavam convencer Jango a lutar. Ele já havia se decidido, porém não citou o deslocamento da frota naval norte-americana. Para ele, tudo acabou quando fez uma pergunta:

— Vai correr sangue?

— Sim, presidente, vai correr sangue — respondeu Ladário.

— Agradeço sua lealdade, general. Não desejo derramamento de sangue em defesa do meu mandato. Seguirei para algum lugar do país, onde aguardarei os acontecimentos. Mas não renunciarei. Mande tomar as providências para eu me dirigir ao aeroporto.

Levantou-se e despediu-se de todos. Brizola foi atrás dele, profetizando aos gritos: "Tu nunca mais vais voltar para o Brasil desse jeito!" O general Floriano advertiu Jango:

— Tropas de Curitiba estão marchando sobre Porto Alegre. O senhor tem duas horas para deixar o país se não quiser ser preso.[7]

Jango voltou para o aeroporto acompanhado pelos seus ministros, por Caillard, Azambuja e pelo seu outro ajudante de ordens, o capitão Juarez Soares Motta. Às 11h30 da manhã do dia 2 de abril, Jango, Assis Brasil e Caillard seguiram para São Borja, mas não foram para a fazenda Rancho Grande.

Em Washington, o presidente norte-americano, Lyndon Johnson, reconhecia o novo governo.

Sem saber o que ocorrera em Porto Alegre, Maria Thereza esperava por notícias, ao lado de João Vicente, Denize e Etelvina. Raramente ela ia àquela fazenda, mas conhecia o caseiro e alguns empregados, que, junto com moradores de São Borja, formaram um cinturão de segurança em torno do local. O ritmo de trabalho continuou. Havia comida e os quartos estavam arrumados. Só não havia roupas, nem para ela, nem para as crianças.

Ajudada por Etelvina, Maria Thereza colocou João Vicente e Denize na cama. Haviam dormido pouco e estavam com sono. Elas retornaram para a frente da fazenda e ficaram esperando. Sentia medo. Misturando esperança com desespero, a primeira-dama repetia a mesma pergunta para Etelvina:

— Será que vai aparecer alguém?

Passava do meio-dia quando um jipe do Exército, com três soldados e um capitão chamado Ernesto, entrou na fazenda. Os quatro militares desceram do carro e foram até a casa do capataz. Maria Thereza, na sala da casa principal, observava, escondida, através da janela. Pensou que seria presa.

— Etelvina, se acontecer qualquer coisa comigo, tu ficas com as crianças e só as entregue para quem o Jango mandar.

Os quatro homens, acompanhados pelo caseiro, dirigiram-se à casa. O capataz chamou. Os militares guardaram distância. Maria Thereza e Etelvina saíram, mas permaneceram bem perto da porta. Mantendo um tom de voz calmo, o capitão Ernesto explicou:

— Dona Maria Thereza, a senhora tem 24 horas para sair daqui; caso contrário, será presa.

— Sim, mas eu dependo de alguém que venha me buscar.

— A senhora me desculpe, mas são ordens que eu recebi do general Mario Poppe Figueiredo.[8] Há uma preocupação com a sua presença aqui em São Borja e também com a sua segurança.

— Mas eu não tenho para onde ir. Não vou sair daqui enquanto não tiver notícia de alguém conhecido.

Assim como o capitão, Maria Thereza não elevou a voz, notadamente trêmula. Havia somente pavor em suas palavras. Dizia o que sabia e o que estava sentindo. O militar não gostou do que ouviu, mas não se exaltou:

— A senhora não pode falar assim comigo. Já lhe disse. Estou seguindo ordens superiores.

— Mas o senhor não pode me levar. Com o senhor, eu não saio daqui.

O prazo foi dado. Não havia mais nada a fazer ali. Considerando sua missão cumprida, o capitão apenas disse:

— A senhora está avisada.

Maria Thereza não sabia mais o que falar nem o que fazer. Estava tão desnorteada com a ordem que até agradeceu.

— Está bem, obrigada.

Então ficou desesperada. Sem ninguém para ajudá-la. Sem saber o que fazer. A chegada do Avro deixou a impressão na cidade de que

Jango fora buscar Maria Thereza. Vigiando os céus de São Borja, os militares enviados à fazenda procuravam por Jango. Aproveitaram para enxotar Maria Thereza. O seu pânico virou raiva. Estava odiando estar lá. Os empregados evitavam se aproximar. Olhavam de longe. Seus pensamentos alternavam-se entre um Pai-Nosso, uma Ave Maria e a frase de Jango: "Eu vou mandar buscar vocês."

Para seu alívio, as crianças não estranharam o passeio fora de hora. Almoçaram, brincaram com o que havia na casa, jantaram o que Etelvina havia preparado: arroz com carne e batata frita. Depois de um dia semelhante ao que a mãe vivera em Capão Alto, tomaram banho e pegaram no sono com facilidade.

O dia, que passou rápido para eles, demorou para Maria Thereza, que mal dormiu, preocupada com o prazo de 24 horas e o temor de que seria presa e que seus filhos seriam levados para longe dela. Na manhã seguinte, um dia tão bonito quanto o anterior, após tomarem café, ela e as crianças andaram pela fazenda. João Vicente e Denize tinham disposição para brincar. Enquanto observava os filhos no alpendre da casa, a contagem regressiva prosseguia em sua cabeça. Os militares voltariam à tarde. Ela continuava rezando. E pedia: "Meu Deus do céu, que apareça alguém, uma alma, um avião, uma coisa, uma condução para tirar a gente daqui."[9]

Pouco antes do almoço, Maria Thereza viu no céu o avião de Jango, o Cessna 310 bimotor prefixo PT-BSP. Mais tarde, ela teria uma explicação: "Rezei muito. Eu falei tanto com Deus que acho que ele me ouviu."

Maria Thereza pensou que Jango estivesse no avião, mas Maneco fora sozinho. Enquanto corria em direção ao Cessna, ao lado de Etelvina e das crianças, que também achavam que iriam rever o pai, repetia em voz alta "obrigada, meu Deus". Pela quarta vez, Maria Thereza chegou a soluçar de tanto chorar e mal conseguia falar. Exibia uma descontrolada felicidade que impressionou o piloto:

— Que isso? Calma, dona Maria Thereza! Não é preciso chorar.

— Que bom que chegaste! Maneco, que notícias tu tens de Jango?

— Apenas recebi ordens dele para tirar a senhora de São Borja com urgência porque os militares planejam invadir a fazenda. Vamos já, agora.

— Mas, Maneco, as crianças precisam comer.

— Não dá tempo. A gente precisa ir agora. Com certeza o avião foi visto.

Denize perguntou:

— Para onde nós vamos, Maneco?!

— Denize, a gente vai dar uma voltinha no Uruguai.

A menina fez outra pergunta. Precisava esclarecer uma dúvida:

— E no Uruguai tem banana?

— Tem, sim. Vamos, vamos todos para Montevidéu.

Maria Thereza voltou a perguntar:

— E o Jango?

— Olha, o doutor vai depois.

— Mas onde ele está?

— Num lugar seguro. Está tudo bem com ele.

— E a gente vai fazer o que no Uruguai?

— Está tudo certo. Só vamos dar uma voltinha lá. Já está tudo preparado.

Sem revelar o que sabia, Maneco cumpria as ordens do seu patrão. Iria levá-los para Montevidéu e seria o portador da carta de Jango pedindo asilo ao governo uruguaio.

— Precisamos sair rápido. Só pegue a mala.

Maria Thereza ainda acreditava que pudesse voltar para buscar seus pertences que tinham ficado em Brasília:

— Eu não tenho nada aqui. Para que mala, se a gente vai voltar logo?

Traído por si próprio, já que a voltinha não combinava com a necessidade de levar mala, Maneco desconversou:

— É sempre bom levar algumas coisas.

A pressa de Maneco era justificada. Ele havia recebido ordens, durante o voo, de que deveria pousar no aeroporto de São Borja e então dirigir-se à fazenda acompanhado por militares. Como não obedeceu, temia uma retaliação. Realmente o Cessna fora visto pelos militares e por moradores, que correram para a estrada com o intuito de atrasar o acesso do Exército.

João Vicente fez então uma pergunta mais difícil que a da irmã:

— Mãe, de que cor é o Uruguai?

Maria Thereza olhou ao redor para responder. Viu o início de uma linda tarde no Pampa.

— Não sei, filho. Acho que é azul.

Com a mesma mala que Maria Thereza fizera em Brasília, além de uma mamadeira para João Vicente, uma garrafa de água e um pacote de bolacha, eles embarcaram. Assim que o avião decolou, pela quinta vez em menos de dois dias, ela voltou a chorar. Mais perto do céu azul que lhe trazia lembranças da infância em Capão Alto, tentava evitar que os filhos vissem suas lágrimas, mas não conseguia.

— Mãe, por que que você está chorando?
— Porque eu estou contente que a gente vai sair daqui.

Irritados com a atitude do piloto de Jango, que não cumpriu o que lhe fora ordenado, os militares invadiram a fazenda e, com arados, destruíram a pista de pouso. Fizeram o mesmo no aeroporto de São Borja, usado desde os tempos de Getúlio Vargas, além de quebrar equipamentos e destruir a torre.

Enquanto venciam as mais de três horas de voo a bordo do Cessna, Maria Thereza quase não falou. Enxugava as lágrimas e pensava. Queria entender. Quanto mais refletia, mais longe ficava de uma resposta. Estava feliz por ter deixado a fazenda e aliviada por não ter sido presa.

Outro pensamento dominou sua cabeça. Exatamente o mesmo que a rondava quando deixara a fazenda dos pais, a casa da tia Dinda, o apartamento de América, lugares onde fora feliz. Mais uma vez perguntava a si mesma: "Será que eu vou voltar?"

Dentre tantas dúvidas, uma certeza. O Uruguai era azul. E seria azul.

11.
Azul que é pura memória de algum lugar

Seguindo as ordens recebidas pelo serviço de tráfego aéreo uruguaio, Maneco mudou o local de pouso do Cessna. A previsão era descer em Carrasco, o principal aeroporto da capital uruguaia, porém a torre de controle avisou que muitas pessoas aguardavam o avião de Jango. Poderia haver tumulto com os repórteres e políticos que acreditavam que o presidente também estava a bordo. O avião aterrissou na pista reservada aos táxis-aéreos no aeroporto Ángel S. Adami, em Melilla, nos arredores de Montevidéu.

Eram 17h15 do dia 3 de abril de 1964. Os primeiros exilados brasileiros entravam no Uruguai.[1]

Além deles e dos funcionários, havia um casal no aeroporto. O homem, Armando Taylor, reconheceu a primeira-dama e tirou várias fotos da chegada de Maria Thereza, João Vicente, Denize e Etelvina ao país. Quatro dessas fotos foram publicadas na capa do jornal *La Mañana* do dia 4 de abril: a primeira foto era do Cessna 310 PTB SP; na segunda, eles caminhavam em direção à pequena sala de imigração, Maria Thereza, de óculos escuros e um lenço de seda amarelo cobrindo o rosto, carregava a mala, enquanto Etelvina levava uma frasqueira e as blusas das crianças, que vinham logo atrás; a terceira registrava o momento em que embarcavam no táxi; e a última flagrava João Vicente e Maria Thereza já dentro do carro.

Taylor ganhou um prêmio do jornal. Além dessas, mais duas fotos, feitas pelos profissionais do jornal, foram publicadas na capa. Uma de Maria Thereza de perfil e outra das crianças.

A imigração foi realizada rapidamente e com a colaboração do governo uruguaio. Aos jornalistas de *La Mañana*, os únicos que conseguiram entrevistá-la no aeroporto, Maria Thereza agradeceu a hospitalidade, ressaltando que aquele país sempre estivera ao lado das grandes causas brasileiras. Disse que uma rebelião militar começara em Minas Gerais e que Jango estava no Brasil.

Eles ficaram aguardando o adido comercial na embaixada brasileira em Montevidéu, João Alonso Mintegui, gaúcho de Santana do Livramento, que deveria pegá-los em Carrasco. A mudança determinada pelo tráfego aéreo provocou um desencontro. Com 20 minutos de espera,[2] Maneco saiu à procura de um telefone. Ele não poderia perder tempo. Levava consigo o pedido de asilo do presidente e precisava entregá-lo a uma autoridade uruguaia contatada anteriormente pelo próprio Jango. Deu o endereço de Alonso Mintegui para Maria Thereza, que pensava no marido e lembrava-se de tudo o que deixou para trás. Porém, estava calma e agradecia a Deus a liberdade. Comemoraria mais tarde, escrevendo em seu diário: "Pisar em outra terra e ouvir outro idioma foi uma festa naquele momento! Passei do ódio à resignação, apagando todos os rastros, dona de meus sentimentos sem ser vigiada. Obrigada, meu Deus, por estar chegando neste lugar!"

Estava surpresa também com a reação dos filhos. Preocupou-se demais com eles, que nada perguntavam, nem reclamavam. Seguiram de táxi até o apartamento de Mintegui, em um prédio situado na Plaza Independencia, enquanto ele e sua mulher, que não sabiam da troca do local do pouso, aguardavam no aeroporto de Carrasco. O porteiro lhes informou que não havia ninguém no apartamento. Mesmo assim, entraram.

Maria Thereza levava Denize, que dormia em seu colo. João Vicente já dava sinais de cansaço e sentia fome. Etelvina continuava em silêncio. Pegaram o elevador. Acomodaram-se na escada do quinto andar, ao lado da porta do apartamento 502 e ficaram aguardando. Era o que lhes restava. Conforme o tempo avançava, a possibilidade de passar a noite dormindo nos degraus tornava-se mais real.

Após uma hora, Alonso Mintegui e sua esposa, Nela, retornaram. Estavam acompanhados pelo primo de Alonso, Domingos. Ficaram constrangidos ao verem que eles esperavam sentados na escada e pediram desculpas. Explicaram que estavam no aeroporto desde de manhã, mas não souberam que o pouso fora deslocado para Melilla.

Muito acolhedores, ofereceram um lanche, com sanduíches, bolachas e leite. O atraso deixou Alonso preocupado. Queria evitar o assédio dos jornalistas que estavam atrás de Jango e da própria Maria Thereza. Ele mesmo pudera comprovar, enquanto aguardava no aeroporto, que o destino da primeira-dama do Brasil interessava não só à imprensa uruguaia, mas a outros repórteres estrangeiros. Maria Thereza o cortou, perguntando se tinha informações sobre Jango. Para acalmá-la, Alonso, que nada sabia, deu o palpite de que, se Maneco decolou em seguida, ele iria buscá-lo. Ainda explicou que chamou seu primo, Domingos Mintegui, para levá-los imediatamente a uma pequena casa de praia que possuía no Balneário Solymar, a pouco mais de 20 quilômetros de Montevidéu.

Maria Thereza ajudou João Vicente e Denize enquanto eles comiam. Mesmo sem ter almoçado, ela não sentia fome. Tomou apenas uma xícara de café. Com Domingos ao volante de uma velha caminhonete, seguiram até a isolada Solymar. Ele não conhecia bem o caminho e demorou para chegar lá. Estava anoitecendo quando Maria Thereza abriu a porta e percebeu que o local não era utilizado havia muito tempo. Era uma casa pequena e térrea com chão frio de cimento, dois quartos, uma sala, banheiro e cozinha. Por volta das 21h, via-se um cenário assustadoramente deserto. A casa ficava em frente à praia, a cerca de 200 metros de distância. Depois que se acomodaram, Domingos disse que traria alimentos de manhã. Perguntou o que Maria Thereza queria. Ela pediu leite, biscoito, pão e café. Domingos deixou a casa em seguida. Antes que saísse, Maria Thereza insistiu para que ele fechasse o portão, como se o pequeno muro pudesse protegê-los.

Assim que Domingos foi embora, Maria Thereza sentou-se no sofá e chorou pela sexta vez. Era um choro de cortar a respiração, bem mais intenso do que quando chorara na fazenda Rancho Grande. Em segundos, viu tudo o que aconteceu naqueles dois dias. De Brasília para Porto Alegre, para São Borja, para o Uruguai e para uma casa de praia isolada.

Com ajuda de Etelvina, deu banho nos filhos e colocou-os na cama. Estavam muito cansados e dormiram rapidamente. Ela também tentaria descansar. Tentaria. Após a meia-noite, Maria Thereza ouviu um barulho. Alguém abrira o pequeno portão da casa. Chegou a pensar que pudesse ser Domingos voltando.

— Etelvina, dê uma olhadinha pela janela com cuidado.
— Tem um monte de homem com máquinas de fotografia.

Eram repórteres e fotógrafos, que passaram a gritar "Senhora Goulart!", pedindo uma entrevista. A edição do jornal *La Mañana*, que trazia o furo de reportagem sobre a viagem da família do presidente, também revelava que eles iriam para Solymar.

Com medo, Maria Thereza e Etelvina não sabiam se eram jornalistas de verdade, ladrões, policiais ou alguém que queria prendê-las. Eles passaram a noite na frente da residência. Quando o dia clareou, tentaram abrir a porta da casa. Maria Thereza e Etelvina gritavam que não iriam falar com ninguém. As crianças acordaram e começaram a chorar. Talvez por isso, eles tenham parado de gritar, mas não desistiram. O pequeno jardim na entrada da casa estava tomado por jornalistas. Pediam entrevistas, fotografias e demonstravam que não deixariam o lugar, mas a chegada de dois carros de polícia trouxe um pouco de calma.

Maria Thereza não queria atender ninguém. Pelas frestas da janela lateral do banheiro, viu policiais, jornalistas, cinegrafistas e câmeras. Calculou que, no total, havia umas cinquenta pessoas na frente da casa. Não sabia como agir, nem o que dizer. Ficava pensando no que Jango pediria a ela que fizesse. Tentava adivinhar qual seria sua atitude.

João Vicente e Denize, assustados, perguntavam o que estava acontecendo e por que não podiam sair. Denize estava calada, mas João Vicente repetia sem parar que queria ir para casa. Além de estranhar o lugar, sentiam fome. Nos armários havia apenas uma garrafa de uísque, um pacote aberto de café e outro de açúcar. As crianças voltaram a chorar. Maria Thereza estava com dinheiro — do total de mil dólares, pagara apenas a corrida do táxi —, mas não tinha como sair para comprar comida.

As casas daquela rua eram pequenas, mas próximas. Maria Thereza foi ao pequeno quintal — fora da visão dos jornalistas — e, olhando para um muro mais alto que ela, chamou.

— Senhora, senhora!

A esperança era que houvesse alguém do outro lado. A vizinha respondeu. Maria Thereza explicou que não tinham comida e que seus filhos estavam com fome. Sem se verem, a vizinha passou biscoitos salgados e doces e uma garrafa de vidro com um litro de leite. Maria Thereza esquentou o leite no fogão e preparou a mamadeira, como João Vicente ainda gostava. Denize comeu muito e Etelvina tomou um copo de leite.

Após alimentar os filhos, Maria Thereza retornou ao quintal, agradeceu o gesto e explicou mais detalhadamente o que estava acontecendo. A vizinha contou que se chamava Margot e disse que ajudaria no que fosse necessário.

Até um helicóptero começou a sobrevoar a casa. Domingos chegou logo depois. Assim que saiu do carro, com pacotes de supermercado nas mãos, os jornalistas o cercaram, pedindo que intercedesse por eles. Domingos deu respostas evasivas. Os jornalistas seguiram-no e, mesmo com os policiais tentando controlá-los, aproveitaram a chance e tentaram invadir a casa. Enfrentando muita discussão e alguns empurrões, Domingos entrou e disse para Maria Thereza:

— Acho melhor a senhora sair e falar. Só assim essa confusão vai diminuir.

Maria Thereza refletiu sobre a sua posição como esposa de um presidente que sofrera um golpe.

Reuniu coragem.

Preparou-se para o desafio.

Na verdade, não estava se sentindo bem e só o gesto de abrir a porta já seria uma vitória para ela. Saiu da casa junto com os filhos. Foram imediatamente cercados e fotografados. João Vicente soltou-se da mãe, correu até um policial de moto e pediu para dar uma volta com ele.

Surgiram as esperadas perguntas sobre a situação no Brasil. Maria Thereza descreveu os últimos momentos vividos no país. A respeito de Jango, repetia que não sabia onde ele estava. Havia questões sobre o golpe. "Foi tudo horrível", repetia. Não lhe fizeram nenhuma pergunta em português. A maioria foi feita em espanhol, inglês e até em francês, com Maria Thereza arriscando umas respostas.

Enquanto as crianças já conversavam tranquilamente com outros repórteres, ela era sufocada por microfones. Sem se controlar, disse chorando:

— Foi cometida uma grande injustiça com um homem que dedicou o melhor de sua vida para servir sua pátria.

Parava. Tomava fôlego.

— Ele não renunciou e continua sendo o presidente do Brasil. Meu marido nunca foi comunista.

Chorava e desabafava:

— Meu marido nunca foi comunista. Os que o acusam não sabem, certamente, o que é o comunismo e, pela sua ignorância, expressam qualquer opinião.

Quase em pânico, perturbada pelo cerco que sofria, pelas perguntas que não cessavam e, em lágrimas, Maria Thereza chegou ao desespero. Ela havia conseguido passar por centenas de milhares de pessoas durante o Comício da Central, porém não tinha mais forças para enfrentar algumas dezenas de repórteres. Descontrolou-se totalmente. Gesticulando, abriu espaço a tapas. E gritou bem forte:

— Parem! Parem! Não tenho mais nada a dizer.

Os repórteres se assustaram e recuaram, calados e surpresos. A reação acabou espantando a própria Maria Thereza, que achou engraçadas as expressões dos jornalistas. Teve um curto acesso de riso com o que aconteceu, ou o medo que sentia era tão grande que a fez rir de nervoso.

— Me desculpem, estou muito cansada.

Os repórteres se reaproximaram e voltaram a fazer perguntas, com mais calma. O nervosismo desesperador e o choro cortante de Maria Thereza, ao vivo nas rádios, chocaram e comoveram o país,[3] aumentando a simpatia que o povo uruguaio sentia por Goulart.

Bem mais divertidas foram as entrevistas com as crianças. Entre uma brincadeira e outra com o cachorro, que pertencia à vizinha, o falante João Vicente, em vez de responder, devolvia novas perguntas aos jornalistas: "Você conhece meu pai?"; "Minha mãe não é bonita?"; "Você tem um cachorro? Traz ele aqui para tirar uma foto comigo." Até Denize acabou se soltando e deu umas respostas.

Após quase uma hora na frente dos jornalistas, Maria Thereza sentia-se exausta. Voltou a passar mal, mas dessa vez, de cansaço. Sentindo vertigem, pediu desculpas e despediu-se dos repórteres. Ao entrar na casa, conseguiu alcançar o sofá e desmaiou. Etelvina se assustou. Domingos correu e deu-lhe um copo de uísque. Ela despertou, mas fazê-la beber foi uma péssima ideia. Além de fraqueza, sentiu o estômago se revirar. Teve ânsia e só não vomitou porque não havia o que colocar para fora. Então se lembrou que desde o café da manhã na fazenda Rancho Grande, no dia anterior, não havia comido mais nada.

Permaneceu deitada no sofá. Aos poucos, foi melhorando e conseguiu alimentar-se. Na frente da casa, apesar da entrevista, a movimentação era a mesma. Chegaram mais policiais de moto e mais viaturas. Maria Thereza estava surpresa e orgulhosa de si mesma. Apesar da explosão, conseguiu enfrentar as máquinas fotográficas, os microfones, as câmeras e as perguntas.

As crianças estavam mais tranquilas. Maria Thereza, porém, só pensava em Jango. Sua maior preocupação era saber se ele conseguiria sair do Brasil. Acreditando na promessa que ele fizera de sempre voltar para casa, confiava que, a qualquer momento, seu marido abriria a porta e aprontaria mais uma de suas surpresas, como costumava fazer.

A esperança que ressurgiu — e a proteção dos policiais que guardavam a casa — fizeram com que ela, bem mais disposta depois de se alimentar, saísse da casa mais uma vez. João Vicente agora brincava com os cachorros da vizinha e Maria Thereza era fotografada sem lágrimas no rosto, bem diferente de quando dera a entrevista.

Antes do almoço, a surpresa foi a chegada de Alonso Mintegui. Ele e Maneco haviam recebido a garantia oficial do governo de que Jango seria bem recebido no Uruguai. Maneco retornara com o Cessna para São Borja, onde Jango se encontrava, despistando seus perseguidores, escapando de fazenda em fazenda. Assim, se tudo ocorresse conforme esperavam, Jango chegaria no início da noite. Alonso os levaria para o aeroporto, onde esperariam por ele. Ficaram eufóricos. João Vicente e Denize, pela natural expectativa de reencontrar o pai. Maria Thereza, por muito mais. Acreditava que só seria possível viver e sobreviver a essa nova fase ao lado de Jango. De saída para Montevidéu, outra novidade animou as crianças. Um dos policiais que vigiava a casa deu um cão de presente para João Vicente. Estavam em outro país, mas continuavam ganhando cachorros. Decidiram que seria Jango quem escolheria o nome.

Era dia 4 de abril, mas Maria Thereza se confundiria e escreveria em seu diário (e repetiria em inúmeras entrevistas ao longo das décadas seguintes) que a chegada de Jango ocorreu no dia 6.

> Para nossa grande alegria, de manhã, recebemos uma grande notícia: nosso chefe está para chegar! A casa tornou-se magicamente transformada. Parece que nosso pesadelo vai terminar. Consegui flores, que coloquei na mesa da sala. Algumas margaridas e outras do campo formam um arranjo bem colorido. Coloquei uma champanhe na geladeira. Não fiz perguntas a ninguém. Não interessa o que ninguém pensa. Eu é que sei o que sinto e o que quero. Bem de dentro de mim sinto a certeza de uma nova experiência chegando. É um pressentimento estranho... não sei o que vai acontecer, mas agora sei que Jango estará comigo nesta aventura. Eu não sinto medo. Sinto que será um longo tempo. Mas eu precisava dele por perto para me acostumar mais facilmente com tudo isto. Com ele, tudo parecerá mais simples e natural. Me sinto bem, tão bem que às vezes preciso me beliscar para ter certeza de que não estou sonhando.

Por volta das 19h do dia 4 de abril, o mesmo Cessna 310 PT-BSP que havia trazido Maria Thereza aterrissou no Uruguai. A torre de comando repetiu o procedimento do dia anterior e evitou que Jango descesse em Carrasco. Acompanhado pelo general Assis Brasil, o agora ex-presidente foi recebido por várias autoridades uruguaias, entre elas um representante do Ministério das Relações Exteriores, Aureliano Aguirre; o subsecretário do Ministério da Defesa Nacional, Pérez Fontana; o general da Força Aérea, Conrado Saez; o diretor da Escola Militar de Aeronáutica, José Pérez Caldas; o chefe de Polícia de Montevidéu, coronel Ventura Rodríguez. Era um dia quente para o outono uruguaio. Jango vestia um terno azul-escuro, camisa branca e gravata combinando com o terno.

A chegada de Jango mais parecia a visita de um presidente em exercício. Assim que desceu do avião, foi muito aplaudido. As crianças e Maria

Thereza o observavam de longe. Vestiam a mesma roupa que usaram no dia anterior. Ela achou lindo ver a acolhida que o marido recebia e chorou mais uma vez. As pessoas gritavam "Jango! Jango!". Um dos fotógrafos, Aurelio González, que trabalhava para o jornal *El Popular*, impressionou-se com a postura e o controle emocional de Jango.

No aeroporto, Maria Thereza reconheceu os mesmos repórteres que a cercaram pela manhã na casa de Solymar. Porém, a maioria das pessoas que lá estavam era formada por admiradores, confirmando a simpatia que o povo uruguaio nutria por ele. A cena lembrava mais um comício da vitória do que a recepção a um asilado político.

Só após alguns minutos, com certo esforço, Jango foi levado para perto de Denize, João e Maria Thereza. Deu-lhes um longo abraço, como se nunca mais fosse soltá-los. Alguns jornalistas chegaram a se emocionar. Os quatro permaneceram juntos por um tempo longo e muito curto, suficiente para perceber que estavam em total sintonia. Maria Thereza chorava. Retomou a respiração e conseguiu falar, deixando escapar o seu maior temor:

— Ainda bem que tu chegaste. Pensei que não ia te ver nunca mais.

Jango agarrou seu braço e, como raramente fazia, buscou os olhos de Maria Thereza. Voltou no tempo e, com outras palavras, repetiu o que lhe dissera durante o jantar do casamento:

— Há algo muito importante acontecendo entre nós e não vamos fechar as portas para nossa felicidade. Fugir não é a solução. Vamos em frente.

Maria Thereza via os olhos castanhos de Jango brilharem enquanto falava. Contudo, a trégua dos repórteres e fotógrafos acabara e eles voltaram a cercá-lo. Maria Thereza afastou-se com os filhos. Observava aliviada e orgulhosa ao notar como Jango, durante um longo tempo, deu conta de responder às perguntas com calma.

Ela mostrou que, em um dia apenas, melhorara no contato com os jornalistas, que não se esqueceram dela. Mesmo chorando, conseguiu responder às perguntas que lhe faziam. Era sua segunda entrevista para as rádios do Uruguai, mais uma vez, entre soluços e lágrimas.

Em Solymar, com a polícia isolando a casa para evitar a aproximação de estranhos, a noite foi relativamente calma. O casal colocou os filhos para dormir e finalmente teve uma longa conversa. Maria Thereza ainda acreditava que iria retornar e que teria de volta tudo o que deixara. Jango não tinha a mesma opinião:

— Esqueça, Teca, esqueça de tudo. O que tiver que chegar nas suas mãos, vai chegar. Não pensa mais nisso.

Estava passando, sem perceber, por mais um momento em que se separava da vida que levava. Dos pais para Dinda, de Dinda para América, de América para Araci, para se casar, para se sentir só, para ter filhos, para viver o que jamais imaginara. Agora, uma nova mudança. Bem mais difícil de notar e de aceitar.

Sem medir o quanto a felicidade pela presença de Jango estava influenciando seus pensamentos, Maria Thereza acreditou que, naquele dia 4 de abril de 1964, ao lado do marido, tudo se acertaria. Não imaginava que o que possuíam no Brasil se transformaria rapidamente em um butim de guerra liberado para rapinas. Enquanto Jango chegava ao Uruguai, oficiais da Aeronáutica descobriram rádios, motores de barco, televisores, materiais elétricos, roupas, aparelhos domésticos e peças de decoração largados de qualquer maneira no pomar da Granja do Torto. Segundo a informação da imprensa que festejava o golpe, foram saqueados pelos funcionários.[4] Duas semanas depois, outros móveis e objetos do casal eram encontrados no Terminal Rodoviário do Cruzeiro, a mais de 30 quilômetros do Torto, pelo Departamento Federal de Segurança Pública, que também localizou na Superquadra 114 o Impala de Jango e o Mercedes-Benz de Maria Thereza. Os carros foram levados ao depósito do Batalhão de Guarda Presidencial.[5]

Mais que o dinheiro ou bens que se conseguiria com essa pilhagem, revelava-se o prazer em realizar o butim. Tropas invadiram as fazendas no Rio Grande do Sul. Não se conhecia a finalidade desse ataque, mas os relatórios oficiais apontavam o que todos sabiam: que Jango era querido pelos seus empregados e que havia bom gosto na decoração de suas propriedades. Restava descobrir qual a importância estratégica dessas conclusões. Outro feito, talvez vital para a manutenção do golpe militar, foi a descoberta de um presente da época de namoro. Um exemplar do livro *O pequeno príncipe* com uma dedicatória de Maria Thereza para Jango: "Este livro eu li e gostei muito. Mando-lhe para você. Esquecendo um pouco a política, encontre nele momentos suaves."[6]

Na manhã do dia 5 de abril, em Solymar, repetiu-se a cena com fotógrafos e repórteres amontoando-se em frente à pequena casa. Entre eles, Aurelio González continuava registrando as movimentações de Jango mas sentia-se envergonhado e constrangido, como uruguaio, ao ver o lugar onde o ex-presidente do Brasil estava hospedado. Fizeram mais perguntas para Jango do que para Maria Thereza, que conseguiu escapar para brincar com os filhos na praia. O vento gelado de abril não diminuiu o entusiasmo de João Vicente e Denize, que estranharam a diferença em comparação com o Rio. A areia era mais grossa, com mais conchas; a água, escura e fria, e o mar, agitado.[7]

Apenas uma semana depois da chegada de Jango, parecia que a família estava morando em Solymar havia muito tempo. Como Jango sempre fizera em suas casas, era um entra e sai de gente sem fim, o que irritava Maria Thereza.

Nos raros momentos em que não estava atendendo às visitas, Jango ficava de cabeça baixa ao lado do rádio, ouvindo notícias do Brasil e acompanhando os jornais da Argentina e do Uruguai. Foi em Solymar que leu a revista *Time*, a mesma que colocara Maria Thereza entre as mais belas primeiras-damas do mundo, mas que agora atacava seu governo e aplaudia a ação militar. A edição de 10 de abril de 1964 trazia a reportagem "Adeus a Goulart", em que criticava o "gasta-constrói da administração Juscelino Kubitschek" e os planos econômicos de Goulart. Exagerava no apoio popular ao movimento militar e garantia que o Golpe "estava praticamente concebido em outubro". Jango provavelmente lembrou-se da informação que San Tiago Dantas lhe passara. Descrevendo a sucessão de fatos ocorridos a partir de 31 de março com algumas imprecisões, a revista norte-americana concluía que, após a posse de Ranieri Mazzilli, Jango deveria "aceitar o inevitável e seguir sua amada esposa, Maria Thereza, para o Uruguai".[8]

Amigos, conhecidos, novos exilados e incontroláveis curiosos apareciam em Solymar. Apresentavam-se e engatavam uma conversa com o ex-presidente. João Vicente e Denize continuavam sua aventura. Iam com os pais de carro a Montevidéu, eufóricos com os policiais que os seguiam de moto. Embora as crianças gostassem, Maria Thereza já não suportava ter um guarda de sentinela na frente da casa, além de viaturas seguindo-os assim que saíam. Reclamou com Jango, que tentou diminuir essa vigilância. O governo uruguaio não quis conversa. Jango nada poderia fazer. Antes havia seguranças porque eram presidente e primeira-dama; agora tinham seguranças porque não eram mais presidente e primeira-dama.

Mal saíam para almoçar e já eram observados com curiosidade. Em uma das primeiras idas até o centro de Solymar para almoçar em uma churrascaria, Jango foi aplaudido assim que entrou no restaurante. Bem mais que ficar feliz, mostrou-se preocupado. Não queria criar qualquer embaraço para o governo uruguaio. Seu pedido de asilo ainda não fora oficialmente aceito. Achava que manifestações como essa poderiam perturbar a nova relação. Porém não havia como evitar que uruguaios, autorizados pelos policiais, se aproximassem e pedissem autógrafos ao casal.

Além das visitas e das saídas para almoço, nada mais fazia o tempo passar na pacata Solymar. O casal não decidira o que fazer, mas se preocupava com os filhos. Eles queriam que João Vicente e Denize entendessem o que havia acontecido e por que estavam ali. Os pais criavam um problema maior do que a realidade. A reação das crianças foi bem mais tranquila do que esperavam. Apesar de sentir muito por ter deixado Bacon e Pinky,[9] seus cachorros, em Brasília, João Vicente facilitou a explicação:

— Pai, você me disse que ia sair da Presidência quando eu tivesse 9 anos, mas você já saiu e eu só tenho 8.

— É que, naquela grande casa do Congresso, fizeram uma lei e me deixaram sair antes. Agora vamos ter mais tempo para ficar juntos.

A justificativa de passar "mais tempo" com eles alegrava os filhos e seria usada constantemente como recurso. Outra preocupação era que os filhos já estavam gostando de Solymar. Passavam o dia brincando na praia ou com a moto do policial que dera o cão de presente. Jango decidiu homenagear o oficial e passou a chamar o cachorro de Capitão. Aliviados com a boa reação das crianças, não saberiam prever se aceitariam deixar a casa para morar em um hotel na capital do país.

O casal queria mudar para Montevidéu. Solymar até recebia turistas na alta temporada de verão, mas na metade do mês de abril era um lugar melancólico. Contudo, qualquer desejo de Jango teria de esperar a resposta oficial do governo uruguaio. Além da preocupação com o asilo político, ele tinha outro motivo para continuar em Solymar. Estava sem dinheiro e sem o controle das contas que possuía nos bancos brasileiros. Recebia ajuda de amigos que lhe emprestavam dinheiro, transportado por funcionários como o velho amigo Bijuja, e também pelo seu contador Lutero Fagundes, que se arriscou em uma viagem de ônibus de Porto Alegre a Montevidéu levando um cheque de 115 mil dólares dentro do sapato. Era um empréstimo do seu ex-ministro da Fazenda, Walter Moreira Salles; um valor que seria fundamental para Jango começar a vida no exílio.

Nos primeiros dias de Uruguai, Jango, sem acesso a seus bens, precisou aumentar o número de procuradores. Dentre eles, Waldir Borges, Carlos Cunha e o advogado Wilson Mirza, que cuidava especificamente dos processos que o governo militar estava instaurando contra ele. Borges, Cunha e Mirza passariam a visitar Jango no Uruguai com frequência e receberiam atenção especial dos militares brasileiros, tendo que responder a caprichadas perguntas toda vez que retornassem ao Brasil.

Enquanto Jango passava o dia atendendo a pedidos de encontros com políticos e jornalistas, Etelvina arrumava a casa. Maria Thereza fazia a comida e cuidava das crianças. Ficou aliviada ao não notar tristeza em Jango, que exibia disposição para atender, sorrindo, todos que batiam à porta. Ouvia pacientemente seus comentários, sem deixar questão sem resposta, para alegria dos repórteres. Mas seria impossível ouvir dele uma declaração mais forte. Esforçava-se para não chamar atenção. Do outro lado, o inimigo atacava. No dia 13 de abril, o governo militar brasileiro enviou ao Uruguai uma missão especial. O objetivo era impedir que Jango se asilasse no continente americano. Como alternativa, sugeria que o Uruguai confinasse o ex--presidente no Departamento de Montevidéu, o que facilitaria o seu monitoramento.[10] Pressionaria para que os próximos asilados fossem impedidos de "buscar impacto para seus planos conspiratórios através de entrevistas à imprensa nacional e estrangeira, declarações pelo rádio ou televisão, ou de outros meios eficazes".[11]

No dia 15, a missão brasileira comunicou ao governo uruguaio a posse do general Castello Branco na Presidência, mas não recebeu qualquer manifestação. Dois dias depois, o próprio presidente do Conselho Nacional do Uruguai, Luis Giannattasio, acompanhado do ministro de Estado das Relações Exteriores, Alejandro Zorrilla de San Martin, recebeu a missão presidida pelo enviado especial, ministro Jayme de Souza Gomes, que reforçou sua preocupação com a presença de Jango no país vizinho. Gomes fez o alerta e colocou a diplomacia de lado. Lembrou que poderia haver incidentes como incursões de militares ou policiais brasileiros descontrolados, em território uruguaio, para deter asilados, e chegou até a ameaçar uma militarização da fronteira com riscos de confronto entre tropas.

Havia uma forte razão para Giannattasio e San Martin ignorarem os pedidos dos brasileiros. A população e a imprensa uruguaias, além de criticarem a vinda da missão especial, demonstravam muita simpatia por Jango. Por fim, Giannattasio humilhou o enviado do Brasil pedindo que deixasse o território uruguaio, mas sabia que essa ousadia contra o gigantesco vizinho não poderia durar por muito tempo. Assim, com uma mão, o Uruguai concedia o asilo a Jango; com a outra, entregava o que a missão não pedira e reconhecia o novo governo brasileiro.[12]

No dia 21 de abril, o Conselho de Governo declarou "o cidadão brasileiro dr. João Belchior Marques Goulart asilado político", com direito de poder escolher e fixar residência em qualquer lugar do país. Era o que Jango desejava desde que pisara em solo uruguaio. Era o que temia o governo militar e o recém-empossado presidente, general Castello Branco. O inimigo moraria ao lado.

Com o pedido de Goulart aceito, havia a certeza de que milhares de brasileiros buscariam asilo no Uruguai. A acolhida que o país deu a Goulart já era uma demonstração de como pretendia tratá-lo. Jango, o gaúcho no poder, era querido pelos uruguaios. Houve um forte repúdio popular à queda de Goulart e o movimento foi descrito pela imprensa local como um "golpe de gorilas".

O dia 26 de abril, em Solymar, foi diferente para Maria Thereza. Ela preferiu ficar em casa enquanto todos foram almoçar em Montevidéu, e escreveria sobre isso em seu diário. Era a primeira vez, desde o golpe, que pedia um tempo somente para si. Quis ficar sozinha. Depois de 24 dias, olhou o lugar e percebeu que não havia nada de sua família na casa. Tocava as paredes e as perguntas se sucediam em sua mente: "Até quando ficaremos aqui? Somos culpados pelo que ocorreu? Por que Jango foi condenado daquela maneira? E os amigos? E meus pais? O que todos estariam pensando agora?"

Era cedo demais para desafiar a própria solidão, uma briga que não venceria. Abriu a janela da sala e ficou olhando as poucas pessoas que passavam em frente à casa. Reparou que havia um carro estacionado na rua no mesmo lugar desde que chegaram. E viu, claro, os policiais. Somente três, porque o outro grupo acompanhou Jango, João Vicente, Denize e Etelvina. Agora ela já não conseguia suportar estar sozinha. O filme voltava a passar em sua cabeça, com muitos momentos de tensão em tão pouco tempo. Não demorou para arrepender-se. Desistiu de tentar entender o que acontecera porque isso daria chance para que as bruxas deixassem seus esconderijos. Saiu da casa para não ter de buscar respostas. Caminhou, foi parada por desconhecidos que estavam a par de sua história e que faziam questão de dizer isso a ela. Na volta, puxou assunto com os guardas que tomavam mate em frente à casa. Ramón, Arturo e Juan, o mais velho deles. Eram simpáticos, mas desconfiados. Tiveram uma rápida conversa e fizeram um pedido que a surpreendeu:

— Nós podemos tirar uma foto com a senhora? É para termos uma lembrança.

"Não sei de quê", pensou Maria Thereza, que aceitou e posou ao lado de admiradores que jamais imaginou ter.

Esse dia ficou marcado em sua memória. Um treinamento para o que viria pela frente. Não seria mais possível sucumbir ao enfrentar apenas algumas horas de solidão. Precisava mudar e ser forte. Teria preocupações demais com o sofrimento — irreversível — de Jango e com a criação dos filhos. Decidiu então que não iria sofrer por si. Sem lamentos, restava não sentir saudade.

Nesse mesmo dia, o *Jornal do Brasil* trazia uma reportagem sobre Maria Thereza em Solymar com uma grande foto dela de maiô de duas peças, assim como outros flagrantes obtidos enquanto brincava com os filhos. Ela não autorizou — nem percebeu — a ação do fotógrafo Alberto Ferreira. A manchete da matéria: "Maria Teresa (sic) em outras águas". No texto, ela era chamada de "última banhista retardatária".

A publicação trazia mais duas fotos em que ela usava um vestido azul-claro e colar, parada na frente da casa, vigiada por policiais, e outras duas fotos dela, com as crianças, na praia. O texto beirava a provocação e destacava a vida aparentemente tranquila que a família levava. Os tumultos, segundo a reportagem, resumiam-se às visitas à cidade, ao assédio popular e à perseguição dos jornalistas. A repercussão no Brasil, como seria de esperar, não foi boa, mas Ibrahim Sued destacou o maiô de duas peças "de listras horizontais pretas e brancas" e concluiu que, mesmo no exílio, ela ainda ditava moda.

Nunca mais Jango e Maria Thereza voltariam a conversar sobre aqueles dias azuis.

Mais um silêncio que iria doer.

Sem nenhum pacto feito, o golpe e o início do exílio receberam o mesmo destino dos comprimidos na Granja São Vicente. Tornaram-se temas proibidos para ambos. Mais que proibidos, foram sufocados. Dessa vez, nem seria preciso esforçar-se para esquecer. Ela passaria a ter imensa dificuldade em se lembrar do que acontecera entre 31 de março e 4 de abril. Era como se tudo tivesse se apagado. Como se não houvesse vivido esse período. Exceto as passagens mais traumáticas, como a ameaça que recebera dos militares em Rancho Grande, e do céu de infinito azul, não recuperaria as memórias daqueles dias.

Para Maria Thereza, não havia outra saída. Como acontecera quando, ainda criança, se despediu da mãe e seguiu para São Borja, estava nascendo para uma nova vida. Mais de um mês após o golpe, a emoção ficava de lado.

Porta fechada. Porta que se abre. Com dois filhos pequenos, não completara nem 30 anos e era esposa de um presidente deposto por forças que ela considerava doentias. Os ataques que ouviu a feriram muito. Machucava ainda mais ter de ficar calada, sabendo que esses três anos de boatos eram resultado da imaginação de quem se deixara levar pelos discursos contrários a Jango, como os de Carlos Lacerda.

Não o conhecera, mas sentia uma mágoa muito grande em relação a ele. Principalmente pelos boatos que criou. Para ela, Lacerda foi o único que ultrapassou o limite que separava a política do que ela mais amava, sua família.

Houve momentos, contudo, em que o imprevisível Lacerda repudiou qualquer tentativa de ataque a Maria Thereza. Já rodando o país em uma campanha presidencial que nunca existiria, viajando pelo interior paulista durante o governo Jango, Lacerda reagiu contra uma piada que o piloto do avião iria contar sobre a primeira-dama.[13] Porém, era claro que o núcleo criativo das histórias sobre a primeira-dama estava na UDN, que adaptava os mesmos enredos que haviam sido escritos contra Celina, esposa de Getúlio Vargas, e Sarah, esposa de Juscelino.[14] A finalidade era a mesma: inventar maldades sobre ela para atacar Jango. Uma das piadas mais repetidas — e que teria sido criada originalmente para atacar dona Sarah — era a pergunta que fizeram ao ver a primeira--dama usando um novo anel: "É diamante, dona Maria Thereza? Não, foi o Jango mesmo que me deu."

Buscando não mais pensar no que já acontecera, Maria Thereza desejava impedir que novos obstáculos ameaçassem o único mundo que realmente lhe interessava: Jango, João Vicente e Denize.

Agora, era por eles que iria até o fim.

Estava pronta para a luta.

A monotonia de Solymar era uma oportunidade para acertar-se com Jango. Poucas vezes ele esteve tanto tempo em um só lugar. Conformando-se aos poucos, Maria Thereza já olhava para a frente.

— A única coisa que eu vou pedir é que tu consigas uma casa para nós. Eu quero organizar a vida da família e não quero ficar na casa dos outros.

Jango concordou e tentou escapar da conversa, que tomava um rumo mais sério:

— Eu também não estou gostando daqui porque é muito afastado.

Ela passou longe da observação de Jango. Queria falar sobre outro assunto.

— Jango, mais do que nunca, agora nós temos de ficar unidos. Aqui não vai poder ser como era no Brasil. Tu tens de ficar mais tempo com a gente. Não vai dar para aceitar certas coisas que aconteciam.

Jango concordava, mas não ia além. Maria Thereza não sabia se o marido estava realmente aceitando o que ela falava ou se apenas se esquivava. Já acreditava que iam demorar para voltar. Falava de união, mas mirava as suas escapadas. Queria conversar sobre fidelidade, mas ouvia dele respostas sobre a nova casa, o trabalho, a escola dos filhos...

Em meio ao acesso aberto de jornalistas que Jango liberou em Solymar, um flagrante magoou demais Maria Thereza. A revista *Manchete* publicou uma foto tirada enquanto o casal terminava de jantar. Estavam em uma mesa pequena quase colada a uma geladeira, na minúscula cozinha da casa. Havia apenas uma panela e três copos vazios na mesa. O que impressionava eram os olhares perdidos e desencontrados. Ela, com uma expressão desolada, e Jango, de paletó e gravata, com a cabeça baixa. Maria Thereza odiou a foto e o título da reportagem: "O arroz amargo do exílio." Sentiu-se humilhada. Durante muito tempo, as visitas e os poucos amigos ouviram-na desabafar, repetindo que deixara tudo para trás e fazia sua comida com panelas, talheres e pratos emprestados. Perguntava-se qual seria o problema, o que queriam, quais os interesses reais por trás de reportagens como aquela. O que mais a revoltara foi o modo surrupiado como o flagrante fora feito.

Como se não pudesse ficar pior, a mesma foto foi reproduzida no anuário de 1964 da *Paris Match*. Antes, a revista francesa a colocara na capa de sua edição do dia 17 de abril. Na manchete: *Brésil: Mme Goulart — La Belle Exilée* ["Brasil: Senhora Goulart — A bela exilada"]. A reportagem reaproveitava a foto tirada por Philippe Halsman para a *Time* e requentava uma vez mais o texto sobre as primeiras-damas mais lindas do mundo, acrescentando o golpe militar e a queda de Jango. Assinada por Jean Manzon, creditado como "enviado especial permanente", a matéria exagerava na emoção com frases como "aos 28 anos, teve que escapar com duas crianças", e fazia uma confusão com as datas dos acontecimentos políticos. Maria Thereza era descrita como "a mais espirituosa e mais simples grande dama de Brasília (...) era descendente de gaúchos e nasceu em uma fazenda. Aos 18 anos, em 1954 (sic), ela se casou com Jango Goulart, que fez uma brilhante carreira política e sucedeu o presidente Quadros, quando ele renunciou em 1951 (sic). Mas, na primavera de 1964, Carlos Lacerda desencadeou uma revolução. Goulart fugiu para o Uruguai. A bela Maria Teresa (sic) o acompanhou em seu exílio. Ela havia prometido: 'Eu estou com você, aconteça o que acontecer.'"

Inventando fatos, como a porta do palácio que teria "ficado aberta quando Maria Thereza saiu" (ela estava na Granja do Torto), e até uma dramática pane no motor "no momento em que ela e os filhos, a bordo do avião, esperavam pela chegada de Goulart".

Manzon demonstrava que queria ser amigo do supostamente novo rei. Em uma reportagem repleta de erros, intencionais ou não, transmitia um conveniente clima romântico de aventura para o golpe, mas se tornava mais realista ao referir-se a Lacerda. Chamava-o de "o terrível"; o homem que "manipulou a revolução". Curiosamente, encerrava o texto escrevendo sobre outra primeira-dama. Uma foto de Leticia, esposa de Lacerda, com a legenda "com o sorriso nos lábios, a sra. Lacerda se junta ao povo que manifesta sua alegria nas ruas".

No Brasil, quem ficara chocado com a foto do "arroz amargo" foi Dener. Os anos dourados haviam mudado de cor. Dener poderia enxergar mais do que a queda de sua cliente mais famosa e ver ali o seu próprio futuro. O prêt-à-porter e o surgimento dos novos-ricos iriam ferir de morte o mundo de luxo de Dener. Era o fim de uma era. O adeus de uma geração que desfilou elegância em uma zona sul carioca que sobreviveria agora apenas nas letras de Tom Jobim.

No Brasil, o sonho começava depois e acabava antes.

A calmaria pela qual passavam Jango e Maria Thereza poderia levar a uma desequilibrada comparação entre o início do mês de março e o fim do mês de abril de 1964. A diferença dos últimos dias de Brasil para o que viviam no Uruguai reforçava a sensação de que agora estavam em um paraíso. Contudo, nem Jango e muito menos Maria Thereza sabiam que a ficha de João Belchior Marques Goulart, número 074771, havia sido aberta pelo Serviço Secreto uruguaio desde o dia em que ele se tornara oficialmente um asilado político. Seguido e monitorado todos os dias de seu exílio, as atividades do ex-presidente brasileiro seriam detalhadamente anotadas. Haja espião. Tanto a polícia uruguaia quanto a inteligência militar — ambas subordinadas ao Ministério do Interior — passariam a revirar sua vida. A ficha de Jango, porém, ficaria aos cuidados do Ministério da Defesa. Em breve, com ou sem autorização uruguaia, a tropa ganharia reforços. Chegariam dedicados brasileiros para ajudar na bisbilhotice. Todos os negócios, passeios, movimentações, visitas e reuniões que Jango e Maria Thereza fizessem seriam registrados em documentos confidenciais a que somente o governo do Uruguai teria acesso. Mas essa rede de espionagem ainda se aprimoraria...

Se a imprensa uruguaia demonstrava até certa honra em ter Jango como asilado, o governo brasileiro fazia outras reverências. A fuga de vários exilados para o Uruguai já preocupava. O espião norte-americano Philip Agee, que atuava na América do Sul, pediu socorro, pois não conseguia mais dar conta. Era muito brasileiro para um país tão pequeno. Para reforçar a qualidade da vigilância sobre os exilados,[15] um novo embaixador em Montevidéu foi escolhido a dedo para vigiar, grudar e seguir Jango.[16]

Manoel Pio Corrêa tinha vocação para o serviço. Era o mesmo xereta que dera um susto em Maria Thereza ao colar o rosto na janela da Granja do Torto, quando aproveitou a visita de Tito para dar uma fuçada na casa. O ungido Corrêa contaria com dois reforços: Lyle Fontoura, como primeiro-secretário, e o coronel Câmara Sena, com o providencial cargo de adido militar. Por ter uma função declarada abertamente, o adido militar deveria ser o único integrante da embaixada que não poderia espionar, mas a realidade era outra. A partir de Castello, a palavra "adido" tornou-se um eufemismo para designar o homem de ligação entre os serviços de espionagem local e o brasileiro.[17] O Brasil se tornaria exemplo para futuras ditaduras. Com caminho livre e usando a diplomacia como escudo, os adidos ganhariam total liberdade para espionar e formariam a Rede Agremil — agregados militares — nas embaixadas.

Pelo lado civil, o patriota Pio Corrêa teria um árduo trabalho pela frente. O outro brasileiro que provocava arrepios no governo militar também conseguira asilo político no Uruguai. Leonel Brizola chegara ao país vizinho quase um mês depois do golpe, em uma operação financiada por Jango. Mesmo assim, o rompimento entre ambos seguia evidente. Além das imensas diferenças políticas, havia um desacordo patrimonial referente à parte da herança de Neusa.[18] O golpe dividira a família de Jango. Pombo Dornelles, casado com Maria, e Miguel Macedo, marido de Elfrides, preferiram ficar ao lado do governo militar. Já Tarsila, a Sila, e o marido João Moura do Valle, um dos assessores políticos de Jango, seriam perseguidos e ameaçados se permanecessem no Brasil e foram para Montevidéu com os filhos José Henrique, o Ike, e Vicente Luís, o Vivi. Lá tentariam se livrar do trauma da violência que sofreram.

A real separação existente entre Jango e Brizola não interessava aos arapongas. Muito menos que chegasse à opinião pública. O melhor era continuar criando fantasmas, para que a ameaça de uma união de Jango com Brizola no Uruguai gerasse mais pânico para a família brasileira. Do lado prático, a fábula dos bons companheiros não faria mal. Quanto maior o monstro, mais verbas para destruí-lo.

O Uruguai não teria mais sossego.

Ao chegar em Montevidéu, Pio Corrêa precisava resolver uma tarefa imediata: fazer com que o país exigisse que os brasileiros seguissem as regras do asilo político. Para isso, recebera "carta branca" de Castello Branco.[19] Era o homem certo. Sentia-se como um pinto no lixo, revirando correspondências e trabalhando como um agente duplo para a CIA. Mostraria uma argúcia incontestável para chafurdar em segredos. Seu trabalho daria tão certo que, em breve, ele seria o responsável pela criação de um órgão ultrassecreto, o Ciex,[20] Centro de Informações do Exterior, que nem constava da estrutura oficial do Itamaraty. Formava-se, assim, uma eficiente rede de espionagem que contava com os serviços secretos do Exército (CIE), da Marinha (Cenimar), da Aeronáutica (Cisa) e do Planalto (SNI).[21]

Pio Corrêa reforçou a ligação do poder federal com o governador gaúcho Ildo Meneghetti, do Rio Grande do Sul, que colocou a Polícia

Civil e a Brigada Militar à disposição da embaixada brasileira. Era possível que Corrêa possuísse até uma verve para a arte dramática. Em seus primeiros dias de Uruguai, procurou Jango e apresentou-se como seu mais novo velho amigo. Na frente dele, mostrava-se afável e, como vários outros brasileiros, aproveitava para tentar estreitar os laços. Mas se a liberdade do asilado passasse a incomodar, inundava de memorandos e informes tanto o governo brasileiro quanto o uruguaio.

Mesmo com tanta dedicação, vigiar Jango, que mantivera relações fraternas com o país, e era querido pelo povo uruguaio, seria tarefa difícil para Corrêa. Apesar da dedicação de perdigueiro, chegava a sentir-se um pouco constrangido. Encontrava-se na delicada situação de um embaixador do Brasil que deveria tratar um ex-presidente como um foragido da Justiça.[22] Nada a que não pudesse se acostumar com o tempo. Assim conseguiria impedir que Jango dispusesse de quatro aviões, o que, pensava, poderia facilitar a ação dos emissários do ex-presidente.[23] Também faria pressão para que o governo uruguaio exigisse que ele comunicasse seus deslocamentos com antecedência.

As humilhações não ficavam confinadas ao território uruguaio. Sem Jango na Presidência, os golpistas e a imprensa que os apoiava aproveitavam para fazer um carnaval. Era o fim do tempo da delicadeza. Uma acusação mal estruturada e sem provas, que não resistiria a uma simples checagem, espalhou-se pelos jornais do país como se fosse verdade. Mais que isso, uma catarse. Em 22 de maio, o *Jornal do Brasil* estampou na página 5 do 1º caderno: "Milhões para Maria Teresa (sic)." Pior fez o *Diário de Notícias*, cuja manchete era: "Até D. Maria Teresa (sic) Goulart levou o dinheiro da Caixa." No dia seguinte, o mesmo jornal afundava-se no mau gosto ao repercutir a suposta notícia com uma manchete que abusava do duplo sentido: "Maria Tereza (sic) não deu nada." Em *O Globo*, na primeira página da edição do dia 23, a mentira virava conspiração: "A Caixa financiava a subversão". Segundo a reportagem do jornal carioca, Maria Thereza teria recebido um cheque em 13 de março — o mesmo dia do Comício da Central, uma espantosa conveniência que traria até certa veracidade à acusação — e o descontado na mesma data.

Essa série de manchetes surgia na esteira das acusações divulgadas pelo coronel Onaldo Cunha Raposo, que abrira um IPM para investigar Maria Thereza, depois que se constatou que dois cheques da Caixa Econômica Federal, recebidos por ela, um de cinco milhões de cruzeiros e outro de dez, nominais à Casa do Pequeno Jornaleiro, não foram repassados à entidade. Raposo esquecia-se de um detalhe: houvera um golpe e a primeira-dama teve de deixar o país às pressas. Orientado pela própria irmã, João José encontrou os dois cheques no quarto do casal da Granja do Torto, em uma prateleira, debaixo de um frasco de perfume. Entregou os cheques a Yara Vargas, que escreveu uma nota esclarecendo que estava em poder dos cheques recebidos por Maria Thereza, em nome da Casa do Pequeno Jornaleiro, entidade assistida pela LBA. Mesmo assim, demonstrando uma eficiência recorde, o IPM foi concluído em fulminantes 24 horas. Era até muito tempo para chegar à conclusão que chegou: Maria Thereza não repassara o valor do cheque à Casa do Pequeno Jornaleiro.

O mais inacreditável nesse pseudoescândalo que se tornou oficial: as suspeitas sobre Maria Thereza surgiram assim que os recibos dos cheques, assinados pela própria primeira-dama, vieram a público, mas os cheques não. Seria um caso único de alguém que assinou um recibo para comprovar a própria culpa.

Yara precisou fazer mais do que emitir a nota explicativa, já que o coronel Raposo insistia na acusação, questionando se Maria Thereza, a presidente licenciada da LBA, tinha procuração para assinar o recibo. O jovem deputado petebista Noronha Filho, que estava na suplência e acabava de assumir o mandato de deputado — justamente na vaga de Leonel Brizola —, foi chamado por Yara. Ela o encarregou de fazer a defesa de Maria Thereza, uma atitude de coragem em um momento em que a liberdade de expressão encolhia. Noronha não recuou. Fez um discurso na Câmara em que esclareceu todo o mal-entendido. Explicou o "motivo" pelo qual o cheque ainda estaria "em poder" de Maria Thereza com um raciocínio extremamente simples. Se Maria Thereza estava proibida de voltar ao Brasil, não poderia entregar o cheque. O deputado classificou a sequência de acusações infundadas como "exploração política". Citou as manchetes do jornal *Diário de Notícias*, aquele que escrevera "Maria Thereza não deu nada", e disse que as acusações sem provas estavam nascendo de suas páginas. Comprovou que o cheque não fora descontado, divulgando a numeração 909.867 da ordem de pagamento. Noronha foi mais longe e ironizou a atitude do coronel Raposo, afirmando que ele não sabia a diferença entre recebimento e desconto. O mais inacreditável era que — só percebiam agora — isso era verdade. O coronel pensara que Maria Thereza havia descontado os cheques.

O *Diário de Notícias*, um dos jornais de maior tiragem no país, não se incomodaria com o discurso e chegaria ao extremo da canalhice ao repetir o recurso do duplo sentido — que cabia bem em piadas rasteiras, mas não quando se pretendia fazer jornalismo. O periódico repercutiu a atitude de Noronha com a manchete "DN levou Maria Thereza aos anais" para então explicar que o deputado leu as reportagens do *Diário de Notícias* "para que constassem nos anais da Câmara".[24]

Assim que terminou o discurso, Noronha distribuiu cópias dos cheques. Ouviu, de passagem, o veterano deputado Último de Carvalho, do PSD, lhe dar um conselho: "Ei, garoto, tá cutucando onça com vara curta." O "garoto" foi o único deputado a sair em defesa de Maria Thereza. Em Montevidéu, depois que soube o que o novo deputado petebista fizera, Jango não se conformou por não ter conhecido Noronha antes do golpe.

No dia 13 de junho, na antepenúltima linha da página três do primeiro caderno, em uma pequena matéria que não trazia no título nenhuma referência a Maria Thereza, o *Jornal do Brasil* corrigiu — ou considerou corrigida — a acusação que fizera contra a ex-primeira--dama ao reproduzir a declaração do coronel Raposo, que garantia que "jamais" acusara Maria Thereza de ter-se apropriado do dinheiro de dois cheques da Caixa Econômica Federal. *O Globo* limitou-se a publicar a carta de Yara.

Contudo, havia um fio de independência e decência nas redações. A redenção de Maria Thereza partiu de um dos principais jornais do país. O *Diário Carioca* de 13 de junho de 1963 trazia na capa: "Coronel tira ação contra Maria Teresa (sic)". A reportagem explicava que ela fora inocentada pelo presidente da Comissão Militar de Inquérito de qualquer crime praticado na Caixa Econômica Federal. No dia seguinte, em editorial, o *Diário Carioca* voltaria a atacar o afobado inquérito contra Maria Thereza e a maneira como fora feito.

Já o *Diário de Notícias* redimiu-se, não pela postura de sua direção, mas somente pela independência de um dos colunistas que mais atacavam Jango. Ibrahim Sued dedicou metade de sua coluna a defender Maria Thereza. Percebendo o óbvio, notava que ali havia mais do que um falso histórico de acusações contra ela.[25] Tornou-se o primeiro a ligar os pontos. Os comentários e as fofocas fabricados em larga escala contra Maria Thereza buscavam, na verdade, atacar o seu marido:

> (...) A ex-primeira-dama foi vítima de mais uma calúnia. Que as comissões de inquérito apurem os fatos, todos nós desejamos (...) Mas caluniar, com provas falsas, principalmente a esposa do ex-presidente, para atingir o governo passado, é positivamente chocante, e só poderá desmoralizar a Revolução. (...) É preciso que as altas autoridades militares, principalmente o presidente Humberto, atentem para esse fato que acaba de ser desmascarado, a fim de que inocentes não sejam caluniados como no caso da ex-primeira-dama do país. A divulgação desse inquérito, com o objetivo de desmoralizar a esposa do ex-governante do país, com calúnias, é vergonhoso e deprimente para o Comando Militar. (...) A corrupção imperou principalmente entre os líderes da esquerda, mas para atingi-los não é necessário recorrer-se a calúnia contra a sra. Goulart.
>
> Aliás, já que estou falando da sra. Maria Teresa Goulart, aproveito também para relembrar alguns fatos noticiados após a vitória da revolução, quando pretenderam fazer crer que a ex-primeira-dama promovia festanças à beira da piscina do Laranjeiras com a participação de soldados que davam guarda no Palácio. São indignidades que não aceito, principalmente quando verifico que o desejo é o de tripudiar sobre os vencidos.
>
> Em parte, a sra. Maria Teresa Goulart foi a própria culpada dos boatos e das calúnias que surgiram em torno de seu nome. Não soube selecionar suas amizades, permitindo que até seu efeminado costureiro favorito, Dener, se tornasse um dos seus arautos... Mas não será por esses fatos que vou agora aceitar as calúnias contra a sua pessoa... Não é do meu temperamento árabe aceitar que se tripudie dos vencidos. Provem, com provas verdadeiras, que a sra. Goulart desviou donativos para sua bolsa, que me renderei aos fatos.[26]

O boato das festas na piscina do Laranjeiras, relembrado por Ibrahim, também incomodara demais Maria Thereza. Ela, que tinha medo de água, considerava essa piscina perigosa. Não se aproximava e nunca levou os filhos — nem João Vicente, que já sabia nadar muito bem, a ponto de ela achar que ele poderia se tornar um campeão olímpico. Quem inventou o boato das festas na piscina falhou por não se informar que Maria Thereza chegara perto da morte ao quase se afogar quando era criança.

Depois de, à sua maneira, corrigir as acusações, a imprensa tornava-se vidraça. Encerrando os seus minutos de fama, o coronel Raposo, em uma derradeira entrevista coletiva, explicou que não havia acusado a primeira-dama e que jamais afirmou que ela havia tentado ficar com os cheques. Raposo, por fim, achava um novo culpado. Os jornalistas, segundo ele, teriam dado uma "interpretação inexata" às suas palavras. A justificativa ficava pior ainda. Com 73 dias de atraso, o coronel Raposo percebeu o erro e acrescentou mais um absurdo à própria incompetência: "Não posso acusá-la de dano, inclusive porque os cheques não foram recebidos e jamais o seriam, visto que os mesmos foram emitidos nominalmente às entidades."[27]

A onda prosseguia. A imprensa atacava, acusava e assim ficava. A revista *Time* voltava à carga. Na edição de 1º de maio, a reportagem "A auditoria de Jango", fazia acusações pesadas de que o ex-presidente possuía 1.900.00 acres (o equivalente a quase 7.700 quilômetros quadrados) e que redistribuir terra significava "redistribuir terra principalmente para ele mesmo". Havia uma única citação a Maria Thereza: que Jango estaria vivendo no Uruguai "com sua linda mulher e seus dois filhos pequenos". A reportagem conseguiu um feito raro. Deixou Jango fora de si. Ele chamou os deputados Pedro Simon e Marcírio Goulart Loureiro até o Uruguai somente para que pudesse responder a essa reportagem-acusação. Em um cartório, Jango registrou uma procuração em causa própria em favor do diretor-presidente do grupo *Time Life*, em que se comprometia a vender por um dólar qualquer fazenda comprada por ele ou Maria Thereza ou seus filhos desde que assumira a vice-presidência e a Presidência da República. Simon e Loureiro trouxeram a carta para o Brasil. Fizeram discursos que foram registrados nos arquivos da Assembleia Legislativa do Rio Grande do Sul, mas nenhum jornal repercutiu a atitude de Jango.[28]

Após dois meses vivendo no Uruguai, a família deixou Solymar. Mudou-se para o Hotel Columbia, um dos melhores de Montevidéu, que ficava ao lado da Plaza España, a um quarteirão das ramblas, as largas avenidas que costeavam o rio da Prata.

Com a família, seguiram os policiais que faziam um trabalho discreto mas que surgiam em todos os lugares. No hall, na entrada do hotel e perto do carro de Jango, que não saía sem escolta.

Dessa vez, a preocupação de Maria Thereza com os filhos fez sentido. Estranhavam as seguidas mudanças. João Vicente perguntou:

— Por que nós vamos morar aqui?

Os pais explicaram:

— É só por um tempo, daqui a pouco a gente vai mudar para uma casa. E vocês vão estudar aqui.

— Mas nunca mais nós vamos voltar para o Brasil?

— Por enquanto, não. Você e sua irmã vão ter de esperar comigo e sua mãe. As coisas vão ficar mais apertadas, não sei até quando. Mas o Uruguai é um país amigo e que está nos recebendo muito bem.[29]

Nesse ponto, João Vicente encontrou um problema:

— Mas eu não sei falar a língua desses homens daqui. Só dizem *gracias, gracias.*

Jango riu.

— Viu como você já está aprendendo?

Apesar das dúvidas que frequentemente voltavam a incomodá-los, o início de exílio foi uma festa para João Vicente e Denize. Nunca haviam passado, sem interrupção, tanto tempo junto com o pai. Essa presença acabou compensando a falta dos amigos e do Brasil. Para os filhos, as respostas de Jango e Maria Thereza seguiam uma honesta simplicidade. A pergunta variava, mas, em sua essência, voltaria a ser feita muitas vezes:

— Mãe, não gostavam do pai no Brasil?

— Gostavam muito dele, mas também tinha gente que não gostava.

— Ele não era o presidente?

— Era, mas as pessoas que não gostavam dele tiraram seu pai da Presidência.

— E cadê nossos brinquedos?

No Hotel Columbia, a movimentação continuou. Lá, Jango passou a receber mais exilados, que, em grande número, procuravam abrigo no Uruguai. Outras vezes, o ponto de reunião era o Café Sorocabana, na avenida 18 de Julio.

João Vicente e Denize recomeçavam suas vidas; Maria Thereza, em função deles, reconstruía a sua. Teria de superar, uma vez mais, a dor de ter perdido uma parte do que havia construído, mas enxergava além. Mirava um objetivo: a felicidade da família. Preocupada com Jango, ela foi à luta, mas esse era um desafio bem mais difícil. Ainda procuravam um rumo. Atordoados, não tinham tempo a perder com lamentos. Conversavam sobre o futuro. Maria Thereza, de modo empolgado; Jango, com cautela.

Depois da queda, a reconstrução. Nunca sofreram tanto, mas talvez nunca tenham sido tão felizes. Era surpreendente, mas a família Goulart preparava-se para viver o que Maria Thereza desejava. Uma fase de união e alegria. Porém, o que ela teria de enfrentar no infinito ano de 1964 faria o golpe militar parecer pequeno.

12.
A terceira margem do rio

Menos de dois meses após deixar o Brasil com os filhos e uma única mala, Maria Thereza tentou retornar ao seu país. Tinha um motivo forte. Dona Giulia vinha sofrendo havia meses com uma série de doenças que resultaram em um processo inflamatório de origem imunológica, provocando insuficiência renal aguda. Maria Thereza acompanhava a agonia de sua mãe e sabia que ela teria pouco tempo de vida. Quando seu estado de saúde agravou-se, Giulia foi transferida de Porto Alegre para São Borja. Os irmãos avisaram Maria Thereza, mas Jango não poderia sair de Montevidéu. Recebera o asilo, mas os governos uruguaio e brasileiro ainda discutiam quanta liberdade ele teria. Para Maria Thereza foi difícil encarar os filhos, despedir-se e dizer que não poderiam ir. Mais uma vez, era ela e só ela.

Não teria a seu lado Jango, que a protegia nessas horas. Ele não queria que a esposa fosse. Achara estranhos os vários conselhos que recebera para que ela entrasse no Brasil a partir da cidade argentina de Santo Tomé, vizinha de São Borja:

— Teca, vai acontecer alguma coisa. Podem te prender.

Eles discutiram. Maria Thereza não voltava atrás. Jango insistia:

— É um momento muito tenso. É melhor tu ficares.

— Mas eu quero ir, tenho de ver minha mãe. Se acontecer qualquer coisa no caminho, eu prometo que não continuo a viagem.

De Montevidéu, ela seguiu de Cessna, com Maneco pilotando, para a Argentina. Estava acompanhada da prima Terezinha e de Pedro. Santo Tomé era mesmo a melhor opção, porque poderia atravessar o rio Uruguai de lancha, sem chamar atenção. Mas já havia uma ordem oficial determinando que a entrada da ex-primeira-dama no Brasil estava proibida, o que provocou um reforço na vigilância. Para enfrentar a grave ameaça da invasão da esposa do ex-presidente, a cidade de São Borja foi tomada pelas tropas do III Exército. A ordem de prendê-la partiu da Polícia Civil do Rio Grande do Sul,[1] chefiada pelo major Léo Etchegoyen.

Em Santo Tomé, já dentro do barco que se preparava para atravessar o rio, Maria Thereza viu uma lancha aproximar-se. Sua tia Dinda estava a bordo, aflita para falar com a sobrinha.

— Maria Thereza, não venhas. Eles estão mandando o recado por mim. Eu fui avisada. Tu vais ser presa.

Convencida pela tia, Maria Thereza deixou o barco. Ficou no cais aguardando. A princípio, a proibição de pisar em solo brasileiro deveria valer apenas para João Goulart, mas assim que o boato da vinda de Maria Thereza circulou, uma ordem de prisão foi emitida rapidamente. Ela não poderia ver a mãe. Conforme o parecer dos médicos, Giulia teria poucas horas de vida. Com a noite chegando, Terezinha, Pedro, Dinda e Maria Thereza deixaram o cais e foram passar a noite na casa de uma família amiga de Jango, os Taranto, dona de uma grande loja de departamentos em Santo Tomé.

Às 3h15 da manhã do dia 6 de junho de 1964, Giulia faleceu. Nessa madrugada, eles retornaram ao cais. Dinda atravessou em direção ao Brasil, prometendo regressar com mais informações. Cansara de esperar e decidiu que ela própria iria pedir pela sobrinha que tanto amava. Maria Thereza aguardou, ao lado de Terezinha e Pedro. Dinda, acompanhada por Juarez, voltou com o sol nascendo. A ordem não havia mudado. Maria Thereza não poderia entrar no Brasil e, se tentasse, seria presa. A ela restou chorar abraçada a Dinda. A presença de Juarez não ajudou. Mais do que consolar Maria Thereza, era ele quem iria receber a atenção de todos. Seu estado preocupava. Estava arrasado com a morte da mãe.

No cais de Santo Tomé fazia muito frio. O minuano soprava forte. Apesar do que enfrentara, Maria Thereza jamais imaginou que o ódio contra ela fosse tão grande e que seria impedida de acompanhar o enterro da própria mãe. Dinda e Juarez retornaram a São Borja. Mais uma vez, Maria Thereza passou a gélida noite na casa da família Taranto com Terezinha e Pedro. No terceiro dia, ela não desistiu e retornou ao cais. Tinha a esperança de que, depois do enterro, realizado sob uma espalhafatosa vigilância policial, pudesse visitar o túmulo da mãe. O assunto inevitável no velório e no enterro foi a proibição de que Maria Thereza visse a mãe. A atitude surpreendia pela dureza e constrangia até os poucos opositores de Jango na cidade. Causava espanto a dúvida sobre que ameaça Maria Thereza poderia representar. Dinda atravessou mais uma vez o rio Uruguai para reencontrar a sobrinha. A ordem permanecia a mesma: não poderia nem ver e muito menos rezar no túmulo. Àquela altura, a presença de Maria Thereza no cais de Santo Tomé era notícia nas rádios e nos jornais de São Borja.

As tentativas de negociação para sua entrada foram feitas pelo general — e sobrinho de Getúlio — Serafim Vargas, que mantinha boas relações com militares como Golbery do Couto e Silva e Ernesto Geisel. Mesmo assim, recebeu vários "não". Um para Maria Thereza acompanhar o velório, outro para ela ir ao enterro e o último não, mais absurdo ainda, para uma visita rápida e solitária ao cemitério Jardim da Paz, em São Borja.

Os três dias em que ficou esperando no cais olhando para a outra margem do rio revoltaram a população e as autoridades da cidade. A espera de Maria Thereza virou notícia na Argentina. Dois conselheiros municipais de Santo Tomé enviaram uma carta a Jango e Maria Thereza em solidariedade. Nos atentos jornais brasileiros, nenhuma palavra.

Os pilotos de lancha e balsa que faziam a travessia, legal e ilegalmente — dependendo do horário e da situação —, eram figuras manjadas das polícias dos dois países. Sabiam quem era a mulher que chorava havia três dias plantada no cais. E nenhum deles queria se arriscar. Pelo rio Uruguai circulavam de um lado para outro farinha, graxa, carvão e azeite, conforme a necessidade e a proibição em cada país. Contrabandear produtos ilegais pelo rio Uruguai era quase uma tradição. Bem mais perigoso seria transportar uma mulher considerada altamente ameaçadora para o novo regime que governava o Brasil. No terceiro dia no cais, desesperada, Maria Thereza oferecia mais dinheiro para os pilotos de lancha. Somente um deles se interessou e quis receber antecipadamente. Além das notas, ela tirou do dedo um anel e deu ao piloto. Ficou combinado que eles atravessariam à noite, de forma totalmente proibida. Dinda, Juarez, Pedro e Terezinha protestaram. Pressionaram Maria Thereza até ela mudar de ideia e desistir da travessia. O dinheiro e o anel, porém, não foram recuperados. O piloto desapareceu.

Após três dias de choro, ódio e frio, Maria Thereza regressou a Montevidéu com Terezinha e Pedro. Ao ouvir o relato da esposa, Jango demonstrou horror e revolta com a proibição, mas ficou aliviado porque ela estava bem e não tinha sido presa. O que passou em Santo Tomé a abalou demais. Nos dias seguintes à morte da mãe, deixou-se dominar pela tristeza.

Exceto pelos cinco dias de abril que arrancara de sua memória, ela sempre se mostrara disposta a encarar o que viesse pela frente. A nova fase originara-se com uma dúbia explosão de felicidade em Solymar, assim que Alonso lhe contou que Jango chegaria. Contudo, após chegar tão perto, mas ser impedida de acompanhar o enterro da mãe, Maria Thereza, vivendo uma dor profunda no cais de Santo Tomé, voltou a chorar.

O Brasil, em breve, também passaria a embaralhar seus sentimentos.

Na imprensa, apenas uma nota de Ibrahim Sued, publicada com atraso, comunicou a morte da mãe da ex-primeira-dama. O colunista lamentava que a notícia tivesse chegado a ele uma semana depois, mas não fez referência sobre a proibição de Maria Thereza acompanhar o enterro. Uma voz mais informada surgiu no *Correio da Manhã* do dia 28 de junho, através de um artigo com um título corajoso e ainda não proibido, escrito pelo jornalista Hermano Alves: "A tortura". No texto, Alves citava Dilson Aragão, filho do almirante Aragão; Djalma Maranhão, ex-prefeito de Natal; e o poeta Ricardo Brandão. Todos haviam sido torturados. "Que aconteceu com nosso Exército?", perguntava. Revelou também que Maria Thereza recebera uma "resposta desaforada" quando pediu permissão para entrar no Rio Grande do Sul para assistir aos funerais de sua mãe. Encerrava perguntando: "Quem iniciará outra Marcha da Família com Deus pela Liberdade para que cidadãos não sejam torturados e para que as mulheres sejam respeitadas?"

Na rua Leyenda Patria, número 2.984, em frente ao Parque Juan Zorrilla de San Martín, ficava o elegante edifício Fontainebleau, onde vivia o funcionário diplomático Rui Mello. Nomeado por Jango, ele teria agora de cumprir a ordem do presidente Castello Branco de regressar ao Brasil. Mello morava no apartamento 301 e, assim que recebeu o comunicado do governo militar, apressou a sua volta e procurou Jango para se despedir. Na conversa, surgiu a possibilidade de Mello alugar o apartamento para Jango porque, como ele e Maria Thereza previam, as crianças não estavam gostando de morar no Hotel Columbia. Fecharam negócio em seguida, com Jango fazendo apenas uma visita ao apartamento e sem Maria Thereza saber. Ele tinha pressa. Conhecia bem a esposa. A mudança e o novo lar seriam ocupações que a ajudariam a esconder a dor do cais de Santo Tomé. Jango acertou. Ela adorou o apartamento e não pararia de repetir que tinha achado lindo o nome da rua. A decisão de alugar o apartamento na Leyenda Patria e matricular os filhos em uma escola local foi emblemática. Era como se ambos aceitassem, com quase quatro meses no Uruguai, que o retorno ao Brasil iria demorar.

No dia da mudança, Maria Thereza estava decidida. Muito mais que deixar um hotel para se instalar em um lugar que chamaria de casa, aquele seria o dia em que aceitou definitivamente o que teria de enfrentar. Depois do cais de Santo Tomé, não havia com o que sonhar. Era o Uruguai. Era pensar na vida dali para diante. O casal matriculou os filhos na Erwy School, uma escola anglo-espanhola, considerada uma das melhores de Montevidéu. Jango sugeriu que eles estudassem em período integral a fim de acelerar a adaptação. O novo idioma era a principal dificuldade das crianças, mas a velocidade com que João Vicente e Denize estavam aprendendo a língua espanhola surpreendia os professores. Sila matriculou os filhos na mesma escola, o que facilitou a adaptação para os primos.

Sem agenda, sem LBA e sem batizados de navio, Maria Thereza agora organizava a rotina familiar em função dos filhos, planejando até o crescimento deles. Jango, no início, participava dessas decisões, mas já se percebia que, ao contrário de Maria Thereza, ainda olhava para trás, procurando algum sinal. João Vicente também fazia aula de música, e Denize, balé. Na frente do edifício Fontainebleau, havia uma grande praça com árvores e o Clube Biarritz, onde Maria Thereza inscreveu-se para aprender a jogar tênis — ela tentou fazer com que o filho a acompanhasse, mas não conseguiu. Durante as aulas conheceu Norma e Berta, proprietárias da butique Ximena. Mais uma vez, o interesse pela moda fazia surgir novas amizades.

Na Leyenda Patria, estranhando a rara situação de uma calma que sobrava, Maria Thereza e Jango passavam mais tempo juntos. Apesar de não se conformar com a maneira com que fora arrancado do poder, Jango demonstrava que estava bem mais informado que os congressistas brasileiros que ainda acreditavam que haveria eleição no ano seguinte e deram, pelo voto, uma aparente legalidade constitucional ao novo regime, lustrando, assim, a posse do general Castello Branco na Presidência. Maria Thereza não queria saber de política, mas era isso que ditava o pensamento de Jango.

— Por que a gente não comprou uma casa em vez de alugar, Jango?

— Teca, eu quero juntar dinheiro para comprar uma fazenda.

— Tu achas que a gente vai demorar muito aqui?

— Olha, só sei de uma coisa: tu vais sair daqui viúva, avó e carregando um neto.

— Aí não! Tu estás maluco, Jango?

O novo apartamento da família seria muito comentado em uma reportagem que deveria ser publicada nas páginas de *O Cruzeiro*. Porém os vários vetos dos censores foram fazendo a matéria diminuir, diminuir e desaparecer. Uma equipe da revista, provavelmente em maio de 1964, procurou Jango pedindo uma entrevista. Ele acabara de receber o asilo uruguaio e não poderia falar com jornalistas. A solução foi escrever um texto que narrasse a nova rotina da família e explicasse o silêncio de Jango. O início da reportagem enfatizaria isso: "O ex-presidente não fez mais que confirmar o ponto de vista que já nos expressara (não dar entrevista porque quebraria um ponto do asilo) ao telefone. Mas mesmo assim fez-nos passar à sala onde d. Maria Thereza, Denize e João Vicente assistiam a um programa de televisão."

Ao contrário do que dissera aos repórteres, ele falaria muito para *O Cruzeiro*. A reportagem não foi publicada porque continha declarações de Jango, como a resposta que deu a uma provocação do repórter, que queria saber o que ele pensava sobre Amaury Kruel: "É meu amigo, um homem digno, um militar na acepção da palavra." O repórter então perguntou: "O senhor está brincando ou sua capacidade de perdoar não tem mesmo limites?" O texto prosseguia sem a resposta, apenas afirmando que Jango dera um sorriso.[2]

Três meses depois da frustrada tentativa, *O Cruzeiro* arriscou de novo. Dessa vez, com uma nova ideia para driblar a censura. Fazer uma reportagem sobre "os exilados Denise (sic) e João Vicente". Requentando uma parte do trabalho de maio, a equipe formada pelo repórter Tabajara Tajes e pelo fotógrafo Nelson Coria retornou a Montevidéu. O texto foi publicado na edição de 8 de agosto. Mostrava as crianças já adaptadas à nova vida e felizes porque conviviam mais tempo com os pais. Pela visão de João Vicente e Denize, era melhor um pai que ia buscá-los na escola do que um pai presidente que quase não viam. A reportagem mostrava fotos da sala de aula da Erwy School. Por causa da adaptação ao currículo uruguaio e o aprendizado da língua, Denize e João Vicente precisaram ser matriculados no pré-primário. Havia o lado bom para eles. Estavam gostando de serem tratados como alunos comuns. E ainda encontravam amigos brasileiros, filhos de outros exilados.

Apesar de tropeçar feio na matemática e fazer a alegria dos golpistas ao afirmar que o apartamento tinha dez cômodos — quando possuía na verdade uma ampla sala e um corredor que passava por uma saleta e levava aos três quartos — e de não conter nenhuma declaração de Goulart, um ponto contrário ao governo militar escapou à vigilância dos censores. Corajosa, a reportagem exibia a cópia da carta em que os conselheiros municipais da cidade argentina de Santo Tomé manifestavam-se contra a atitude do governo militar que impediu a presença de Maria Thereza no velório da mãe. Na carta, os conselheiros argentinos afirmavam que "a América e o mundo observaram horrorizados esse procedimento". Foi Jango quem fez questão de mostrar o documento e denunciar o que Maria Thereza passara. A revista chegou às bancas exibindo o trecho sobre a proibição imposta a Maria Thereza. A reportagem também revelou que João Vicente e Denize estranharam e não entenderam por que não puderam ir ao enterro da avó materna, já que se recordavam de terem ido ao velório de dona Tinoca.

Maria Thereza queria apenas paz, mas não encontrava nem tempo para chorar. Em julho, Jango passou mal novamente, dessa vez com um repentino problema de cálculo biliar, e foi internado no Sanatorio Americano, um dos melhores hospitais da capital uruguaia.

Mais que a saúde de Jango, o que preocupava Maria Thereza era o pânico de hospital que ele sentia. Mesmo sentindo dores, não queria saber de operação. O médico insistia, explicando que havia apenas um cálculo, mas que deveria ser retirado.

A conversa foi longa com os médicos, os amigos, os filhos e a esposa. Jango aceitou a cirurgia, que foi realizada com sucesso. O pós-operatório poderia até ser realizado em casa, mas os médicos e a própria Maria Thereza, conhecendo bem o paciente, entraram em acordo. Ele permaneceria internado mais dez dias, um período em que Jango só aceitou a presença de Maria Thereza a seu lado. Sem sair do hospital, ela ficou exausta, a ponto de estar caminhando pelo corredor, enquanto Jango dormia, e ouvir de uma outra paciente:

— A senhora foi operada de quê?

Mesmo sofrendo grande pressão do Departamento de Ordem Política e Social (DOPS) e da Polícia Federal, que vigiavam o aeroporto do Galeão, e com um inquérito civil rapidamente instaurado para investigar sua viagem, o doutor Moacir Santos Silva atendeu ao pedido de Jango e foi a Montevidéu para examiná-lo.

Na volta ao Brasil, o médico teve as malas revistadas e disse que considerava isso uma indignação. Sobre Jango, contou aos repórteres que o estado do ex-presidente era satisfatório, mas teria de manter o repouso por mais 15 dias. Doutor Moacir aproveitou para desabafar, declarando que era "médico de pessoas físicas, sem especificação de cargos civis ou políticos".[3]

Na indefinição inicial do exílio e recuperando-se da operação na vesícula, Jango viu-se obrigado a afastar-se das movimentações políticas, o que não o desagradou tanto. Teria de cumprir o acordo com o governo uruguaio e, ao menos no início do asilo, manter distância de reuniões. Recuperado fisicamente, sobrava algo que raramente tinha: tempo. Passou a fazer programas que raramente realizava com a mulher e os filhos, como ir ao cinema a pé, para assistir a dois filmes em uma matinê do Cine Casablanca, na esquina das ruas José Ellauri e 21 de Setiembre, bem perto da Leyenda Patria. A família fazia passeios pelos parques de Montevidéu, almoçava em restaurantes e até ia ao Jardim Zoológico. O mundo caía nas costas de Jango, mas seus filhos estavam felizes. Tinham o pai ao lado durante todo o dia, e alegria máxima, ele até ia buscá-los na escola.

Maria Thereza sentia-se bem após Jango prometer que iria atender o seu pedido. Dentre os muitos exilados que buscavam abrigo no Uruguai, ela queria que só os amigos frequentassem o apartamento da Leyenda Patria. Apenas os mais próximos, como Raul Ryff, Darcy Ribeiro e a esposa, a antropóloga Berta Gleizer Ribeiro, uma das maiores pesquisadoras da cultura indígena brasileira, além do casal Waldir Pires e Yolanda.

Havia também Doutel e Ligia (que se tornaria a deputada mais votada de Santa Catarina), Pedro e Terezinha, e outras visitas do Brasil: Aloysio, Terezinha Vinhaes e seus filhos, que brincavam com João Vicente e Denize; além das tias América e Dinda. Djanira, acompanhada por sua mãe, Marcisa, manteria a amizade com os ex-patrões. A filha de Djanira seria batizada em Punta del Este para que João Vicente e Denize pudessem ser os padrinhos.

Com uma chance para manter o lar mais perto da normalidade, Maria Thereza lutaria para afastar Jango da política. Mas é claro que não conseguiria. Assim que ele melhorou, fez um acordo com a direção do Hotel Columbia e passou a usar permanentemente uma suíte para reuniões políticas, de negócios e alguns encontros não tão formais, que necessitavam ser discretos, e que voltariam a acontecer, enquanto Maria Thereza repetia a Jango a sua determinação de fortalecer a família.

Com tantas mudanças, Maria Thereza realmente acreditou que Jango pudesse se transformar em um homem caseiro. Não demorou para que voltasse a ver a realidade, apesar de ter sido testemunha de que ele tentara mudar. Mas nem Jango deixara a política, nem a política deixara Jango. Ainda mais na capital uruguaia, onde acontecia o que o governo militar brasileiro temia. Políticos, professores, jornalistas, sindicalistas, estudantes e aproveitadores pediam asilo ao Uruguai. E Jango, claro, era uma das primeiras pessoas que esses brasileiros procuravam.

O assédio foi aumentando. A pressão contra Jango, também. Nem todos acreditaram que ele sofrera um distúrbio médico e viram o seu repouso como uma desculpa para se afastar dos exilados. Alguns deles, descontentes e sem rumo, passaram a criticar a sua falta de empenho. Para eles, Jango teria a obrigação de atender aos pedidos de conversas, empregos e ajuda que surgiam, em restaurantes ou nas ruas. Além da vigilância constante de espiões brasileiros e uruguaios, que se tornariam um teste de paciência para Maria Thereza, o cerco ao marido a irritava. Ela já havia decidido. Não havia volta. Jamais perdoaria quem atacou seu marido no governo e agora vinha pedir ajuda. Jango, porém, não tinha uma opinião tão definida assim. Essa diferença de pensamento provocaria brigas recorrentes entre o casal. Na opinião de Maria Thereza, Jango deveria simplesmente se esquecer de seus quatro anos em Brasília.

A decepção com o fim da ilusão que criara para si mesma era difícil de controlar. E vinham mais discussões. Acreditou que teria mais tempo com Jango. Esqueceu-se de que não era só ela que pensava assim. No Uruguai, ele passaria a ser procurado por qualquer amigo, ex-amigo e amigo de amigo. O assédio ao ex-presidente só aumentava, e, na mesma proporção, a paciência de Maria Thereza diminuía. Desabafou com Darcy, a quem disse: "Chega um momento que a gente pensa que o Jango é o culpado por todo mundo estar aqui."

No Uruguai, dois exilados com os quais Jango tinha pouco relacionamento pessoal passariam a fazer parte de seu círculo mais íntimo de amizade e negócios. Cláudio Braga, ex-dirigente sindical e o deputado estadual (PST) mais votado em Pernambuco, e Ivo Magalhães, ex--prefeito de Brasília.

Com o governo militar confiscando seus bens e colocando-os *sub judice*, Jango, a princípio, pensou que nunca mais veria o dinheiro que tinha no Brasil, mas as constantes viagens clandestinas de Bijuja, de Lutero Fagundes e de Maneco Leães estavam funcionando. Conseguiu recuperar uma boa parte de seus investimentos. Assim também sua sorte para os negócios foi voltando. Surgiu até uma oportunidade da qual não participaria, mas que lhe traria certo sossego sem ter de gastar nada.

Na esquina das ruas Sarandí e Juan Carlos Gómez, no centro de Montevidéu, um prédio chamava a atenção pela beleza de seu estilo clássico. Era o antigo Hotel Nacional, que mudara o nome para Alhambra, mas passava por um período de decadência. Fora arrendado por Luis Abel Pedoya, Cláudio Braga e Ivo Magalhães, que passaram a ser sócios. O arrendamento foi feito por um período de vinte anos, através da empresa Brest S.A., da qual cada sócio era detentor de 33,33% das ações. Os fiadores legais foram Danubio Santos e Moacir de Souza, mas o que bancou o negócio foi a proximidade de Jango, garantindo a operação no fio do bigode, apenas com sua presença. Ele não assinou documento nem colocou dinheiro, mas fez barba e cabelo. Determinou que Braga assumisse a gerência do hotel com direito a uma retirada mensal. E aproveitou para criar mais um escritório informal em Montevidéu. O Alhambra, por um curto período, seria o lugar onde seria achado por quem quisesse encontrá-lo. Por contratar vários exilados brasileiros, ficou a falsa impressão de que o hotel pudesse ser uma cooperativa ou que Jango fosse seu proprietário. Até os espiões — uruguaios e brasileiros — iriam acreditar nisso.

O arrendamento do Hotel Alhambra, ideia que nasceu para ajudar os exilados brasileiros, acabou se tornando um negócio lucrativo. Os noventa quartos do estabelecimento estavam frequentemente ocupados por uruguaios ou brasileiros que desejavam oferecer negócios a Jango ou por pessoas que queriam se tornar seu mais novo velho amigo, além de agentes dos serviços secretos do Uruguai e do Brasil que, de tanto se hospedarem lá, deixaram de ser secretos. Jornalistas marcavam presença e até turistas frequentavam o Alhambra. Ninguém queria chamar a atenção. A regra era pagar corretamente e sem reclamar da hospedagem. Trabalhando no hotel, no bar e no restaurante, brasileiros aumentavam a publicidade. Um sucesso.

Maria Thereza apelidou o hotel de "ninho dos brasileiros". O Alhambra tornou-se o primeiro lugar que o exilado buscava ao chegar no Uruguai. Jango virou frequentador habitual, mas sua esposa raramente o acompanhava. Nas poucas ocasiões em que ia até o hotel, Maria Thereza ficava na cafeteria, que servia um espresso delicioso. Ela não gostava de ir lá. Só via pessoas pedindo favores e ajuda ao marido, mas ninguém se oferecendo para ajudá-lo. Montar o escritório no hotel mostrou-se uma péssima ideia para Jango. A incessante rotina de pedidos e reclamações acabaria saturando-o e suas visitas se tornariam bem menos frequentes.

As atividades no hotel fervilhavam, o que aumentava a desconfiança sobre o próprio Jango, enquanto jornalistas, exilados e militantes de esquerda continuavam se hospedando lá, facilitando o trabalho dos espiões. O Alhambra repetia o fenômeno que ocorria na capital do Uruguai, que se tornou um polo da resistência à ditadura brasileira. Havia encontros públicos, reuniões com políticos uruguaios, negociações com emissários de exilados, manifestações abertas e encontros discretos. E na pequena e acolhedora Montevidéu, todos sabiam disso — inclusive os espiões brasileiros e uruguaios.

Mesmo assim, as fichas do serviço secreto uruguaio demonstravam um péssimo trabalho dos seus arapongas, que preguiçosamente apontavam Jango e Brizola como sócios-proprietários do hotel. Esse tremendo erro dos espiões serviu para aumentar a vigilância sobre o Alhambra, despertando a atenção sobre as ações do ex-presidente e de Maria Thereza.

O Alhambra tornou-se uma embaixada informal dos brasileiros, contudo era um negócio. No máximo, o exilado recebia uma primeira acolhida e ouvia orientações, porém, se não tivesse dinheiro, não poderia continuar lá. E o gerente Cláudio Braga deixava isso bem claro. O hotel estava longe de ser uma solução. Assim, não demorou a ser criada a Associação de Exilados Brasileiros no Uruguai (AEBU). Em comum, todos esperavam contar com a ajuda de Jango. Ele passou a dar uma contribuição de 60 dólares por mês para a AEBU. Nem os exilados se entendiam. A associação, segundo análise dos arapongas brasileiros e uruguaios, acabaria rachando em quatro grupos: os simpáticos a Jango;

os que seguiam Brizola; os militares cassados; e o grupo sindical. Se era difícil controlar os que o apoiavam incondicionalmente durante a Presidência, seria impossível prever as reações agora que estavam longe de casa e em dificuldades financeiras. Maria Thereza já percebera. Jango continuava enfrentando, em menor proporção, os mesmos aborrecimentos que seus apoiadores lhe causaram enquanto ocupava a Presidência. Jango tinha paciência, experiência e jogo de cintura para lidar com isso. Tinha no sangue o gosto pela política. Maria Thereza, que só suportava pelo bem do marido a presença invasiva de políticos durante o café da manhã em família, não tinha mais motivo para esconder sua insatisfação com as pessoas que corriam atrás de Jango, fossem empregados, asilados, novos amigos falando em espanhol ou em português. Para ela, o Brasil expulsara Jango. Quem deveria ter ajudado, só prejudicou. Não tinha a mínima vontade de ser simpática. Queria Jango, o marido e o pai dos seus filhos. As diferentes visões entre o Jango da política e a Maria Thereza da família iriam terminar sempre em discussão.

Como asilado, Jango temia o destino que poderia ser dado a seu dinheiro no Brasil. Mas o pior poderia acontecer em relação a suas propriedades. Proibido de entrar no país, desconfiava de que seus negócios se transformariam em uma tentação. Longe do olho do dono, qualquer empregado ou qualquer autoridade poderia reivindicar para si a coisa alheia. Uma pequena onda de roubos formava-se, mas não o ameaçava, apesar de mistérios, como 8 mil cabeças de gado de uma fazenda em Mato Grosso que sumiram de um dia para o outro.[4]

A solução, longe de ser a ideal, foi aumentar a distribuição de procurações entre sócios e empregados. Havia empregados que mereciam a sua confiança, como Bijuja. Porém, quase sem saída, Jango seria obrigado a assinar mais e mais documentos, criando um clube restrito que ganharia o nome de "los apoderados". Conformado, já calculava quanto seria desviado em cada transação, deixando escapar curtos comentários que Maria Thereza ouvia e guardava na memória. Outras vezes, ele erraria na dose de fé e perderia dinheiro.

Um negócio feito para valer por Jango, com dinheiro e assinatura, foi a compra do restaurante O Cangaceiro, na badalada esquina do calçadão de Pocitos com a rua Ramón Massini. Ele entregou a administração para seu ex-ministro Amaury Silva. O restaurante, confirmando o nome, apresentava um cardápio especializado em culinária brasileira. A comida era boa e o lugar ficava lotado. Denize gostava de ir lá porque havia guaraná. Muitas vezes, Jango e Maria Thereza almoçaram no restaurante com as famílias de Waldir e Darcy. Seguindo o que aconteceu no Alhambra, o restaurante empregava exilados brasileiros, como políticos e militares de baixa patente. Porém Silva se mostrava um administrador bem mais flexível que Cláudio Braga. O pendura acontecia com frequência. Assim como no hotel, o restaurante era frequentado por espiões. Várias fichas do serviço secreto do Uruguai e do Brasil foram produzidas em suas mesas. A vigilância estava atenta — e de barriga cheia.

O país calmo que Maria Thereza imaginava escondia um lugar não tão tranquilo para Jango. Dois dias antes de o ex-presidente chegar ao aeroporto de Melilla e ser recebido como asilado político, o guerrilheiro José Mujica havia sido preso em uma tentativa de assalto a banco. O Uruguai aparentava monotonia, mas o ambiente político, bem lentamente, radicalizava-se. Jango guardaria em segredo essa preocupação ao perceber que a esposa e os filhos se adaptavam bem à nova vida. Enquanto Maria Thereza seguia confiando somente em quem ajudara seu marido.

Eram essas pessoas a quem ela retribuía sua dedicação. Ajudava como podia quem enfrentava problemas, como o casal Waldir e Yolanda, que passou a residir a poucas quadras da Leyenda Patria. Baiana de nascimento, coração e calor, a família Pires sofria com o forte inverno, com a nova rotina e com a saudade. Waldir tentava arrumar emprego, mas não conseguia porque o governo brasileiro atrapalhava sua situação. Essa não foi a pior maldade dos militares, que também criaram dificuldades para o casal trazer os cinco filhos para Montevidéu. Só voltaram a se reunir em julho. Maria Thereza imediatamente foi se afeiçoando a eles, que passavam os fins de semana brincando com João Vicente e Denize no apartamento da Leyenda Patria. Para Maria Thereza, ter sete crianças em casa era uma alegria. Brincava com eles e os levava para passear, ao cinema e para tomar sorvete.

Waldemir, o Dimi, de 9 anos, tornou-se um grande companheiro de aventura de João Vicente; e Lídia, de 6, a melhor amiga de Denize. A extrovertida Vívian, de 8, foi com quem Maria Thereza mais se identificou. Havia também Cristina, a mais velha, e Francisco, o caçula. Muitas vezes, eles chegavam de roupa nova em casa. Sabendo das dificuldades financeiras pelas quais Waldir e Yolanda estavam passando, Maria Thereza explicava que não esperava um frio tão repentino e, com medo de que as crianças pudessem ficar doentes "durante o passeio", comprara agasalhos para todos. O casal baiano fingia acreditar, entendia o eufemismo e agradecia. Yolanda ficava feliz porque via que seus filhos realmente se divertiam.[5] Às vezes, sem se preocupar em criar desculpas, Maria Thereza dava-lhes discos dos Beatles e brinquedos.

Encantada com o Uruguai após a turbulência brasileira, Maria Thereza, mais despreocupada do que costumeiramente se sentia, já abusava da sorte. Certa vez, Yolanda pediu a ela um colar emprestado porque o casal fora convidado para um jantar. Maria Thereza simplesmente entregou sua caixa de joias para Cristina levar para sua mãe. A menina de 11 anos percorreu os cinco quarteirões que separavam as duas casas com a caixa nas mãos. Waldir não acreditou ao ver o que a filha trazia. Assim que reencontrou Maria Thereza, ele, com a autoridade de quem lhe ensinara sobre as complicações do parlamentarismo brasileiro, deu-lhe uma pequena bronca.

Um dos poucos brasileiros que chegara ao Uruguai com emprego garantido foi Darcy Ribeiro. Outra pessoa por quem Maria Thereza sentia forte carinho, apesar do relacionamento formal que mantinha com Berta. Achava estranho que, durante o governo, a amizade entre elas não fosse mais próxima, mas a esposa de Darcy não dava chance. Maria Thereza não entendia o motivo para isso. Mas não demoraria a compreender. Ficaria espantada por não perceber que sua vida de primeira-dama passava longe da realidade que imaginava.

Enquanto fora esposa do presidente, jamais chegou ao seu ouvido um comentário sobre como seu estilo mostrava-se um prato cheio para quem quisesse criar boatos. Afinal, era bonita, jovem com mentalidade jovem, e casada com Jango. E mais, uma primeira-dama que dirigia o próprio carro, usava biquíni, ia à praia, levava os filhos na escola, visitava ensaio de escola de samba, lançava moda, desfilava elegância, tinha amigos homossexuais, respondia na lata... Enfim, eram muitos crimes. No circo humano, não era de espantar ninguém que se tornasse um alvo. Surpreendente era o fato de Maria Thereza não perceber isso.

Foi somente no exílio que as companheiras de encontros protocolares se tornaram amigas de verdade. A convivência se tornou mais solidária. Com Berta, nasceram fortes laços de amizade. Não demorou para que ela e Yolanda descobrissem que havia muita invenção nas histórias que ouviam em Brasília a respeito da então primeira-dama. Maria Thereza só entendeu isso quando fez uma pergunta, sem maiores expectativas, para Yolanda:

— Coisa estranha... sempre que a Berta me cumprimentava, ela repetia: "Boa tarde, dona Maria Thereza, eu sou Berta, a esposa do Darcy." Dizia isso todas as vezes que nos cumprimentávamos! Por que será?

Era uma velha dúvida. Festa após festa, Berta fazia questão de se apresentar.

Com seu marcante sotaque baiano, Yolanda deu uma resposta que não a ajudou:

— Ah, querida, não sei o que ela queria dizer com isso, não.

— Mas isso ficou na minha cabeça. Fiquei invocada com isso.

Foi para Ana Lúcia, então esposa do exilado Eloy Dutra, que Maria Thereza pediu ajuda:

— Você é mais amiga da Berta que eu. Sabe que eu tenho vontade de perguntar uma coisa a ela, mas sinto vergonha? É que toda vez que a gente se encontrava, ela me dizia a mesma coisa: "Dona Maria Thereza, eu sou Berta, esposa do Darcy Ribeiro." Você sabe por que ela fazia isso?

Ana Lúcia não tinha resposta, mas ficou com a dúvida. Era a mais jovem do grupo e, assim que teve chance, perguntou:

— Berta, a Maria Thereza disse que achava estranho esse negócio de você, sempre que se encontravam, falar que era esposa do Darcy.

Berta esclareceu, de forma bem calma:

— Sabe, Ana Lúcia, é que lá no Brasil havia um boato de que o Darcy tinha um caso com a Maria Thereza. Vendo isso hoje, sei que não poderia ser verdade. Mas na época, conhecendo o Darcy, bem que eu acreditei.

Por telefone, Ana Lúcia anunciou que sabia a resposta e que iria pessoalmente contar. A explicação chocou Maria Thereza, que procurou Berta. E iria descobrir mais...

— Ai, que horror inventarem uma coisa dessa. Eu tenho a maior admiração pelo Darcy. E só. Uma pessoa tão querida e tão amiga do meu marido.

— Mas sabe como é... você, moça, linda, charmosa, maravilhosa. É difícil não te arrumarem uma história com alguém, a toda hora estavam te arrumando um caso.

O estranho dia a dia dos primeiros meses no exílio acabaria por uni-las. Berta, Yolanda, Ana Lúcia e Maria Thereza dividiriam seus medos, aflições e esperanças. Com a proximidade, descobririam que a ex-primeira-dama não era a devoradora de homens ou a bonequinha decorativa, duas classificações que chegaram a ouvir sobre ela nos tempos de Palácio.

A indignação inicial, ao descobrir como era vista por uma parte das pessoas que a rodeavam e estavam próximas do poder, transformou-se em motivo de piada. Com o tempo, iriam rir das lendas sobre a devoradora de homens. Mesmo assim, Maria Thereza ficaria ressentida porque ninguém a advertiu sobre os boatos. Tinha certeza de que não chegaram aos ouvidos de Jango porque ele não teria ficado calado. Outros ataques nasceram, deduziu, a partir de observações sobre seu comportamento diferente, a amizade com Dener, a desobediência ao cerimonial e, claro, as cantadas que recebeu publicamente. Fatos que ajudaram a criar um mito sobre uma primeira-dama que jamais se preocupara com o que iriam pensar sobre ela.

Inicialmente, minimizou o estrago que essas histórias poderiam causar e achava que isso não passava de fofoca e de comentários inconsequentes. Tantos boatos, alguns orquestrados, poderiam ter uma explicação mais lógica, conforme a própria Maria Thereza, décadas mais tarde, passaria a suspeitar.

O mexerico sobre Darcy, em especial, ecoou durante muito tempo em sua cabeça. Abalada com o que descobrira, perguntava-se em que situação os boateiros achavam que ela, constantemente vigiada pela segurança do Planalto, poderia manter vários casos fora do casamento enquanto seu marido governava o país. Não dava um passo sem ser seguida. O que mais lamentava era só tomar conhecimento dessas histórias quando estava no exílio. Se soubesse antes, iria tomar satisfação cara a cara. Talvez fosse impedida por Jango, que, possivelmente, falaria em nome das relações do governo e da necessidade de engolir sapos. Mas, agora, não. Estavam no exílio. Traídos e abandonados pelos mesmos que a fizeram silenciar. Sempre o silêncio. Obrigatório ou conveniente. Se houvesse oportunidade, iria confrontar os que deixaram sua garganta entalada. Alguns acertos viriam. Na conversa ou no tapa.

A franqueza de Berta serviu para Maria Thereza confiar nas novas amigas. Além dela, reforçou o carinho que sentia por Lígia, Ana Lúcia e Yolanda. Agora sim, descobria companheiras de sala e cozinha. Enquanto Jango, Waldir, Darcy, Doutel e Ryff reuniam-se na sala para lamentar e discutir como mudar o passado, suas esposas estavam na cozinha, falando sobre filhos, receitas, amizade e esperança no futuro.

O exílio mostrava-se um tempo de sofrimento e desespero, mas também de descoberta. Maria Thereza mirava o momento como o tempo perfeito para o basta. Não poderia concordar que continuassem a explorar seu marido, mesmo com ele fazendo parte do jogo. Era contra isso que iria brigar. O Jango presidente não existia mais. Para ela, só deveria existir o Jango pai e marido.

Assim que a vida na Leyenda Patria se aproximou de uma rotina, Maria Thereza, inspirada pela mania de Jango, que anotava suas atividades em folhas avulsas ou no primeiro papel que encontrasse pela frente, começou a fazer um diário. Nos primeiros dias, ficou viciada em escrever, a tal ponto que Denize precisou interrompê-la:

— Mãe, o que você tanto escreve?

— Isso aqui é um diário, estou anotando o que está acontecendo com a gente.

— Então não escreve tanto assim. Bota umas figurinhas pra todo mundo querer ver.

O diário evoluiu. O relato dos primeiros dias de exílio transformou-se. Em pouco tempo já havia lembranças da infância, poemas, desabafos e cartas que nunca foram entregues.

No apartamento, a família passou a contar com a ajuda de um dos mais confiáveis empregados que teriam. Pedro Roa parecia possuir um dom especial para perceber que Jango ou Maria Thereza precisavam de algo. Ele se tornaria um dedicado faz-tudo. Roa tinha outro talento, obrigatório para quem trabalhava com Maria Thereza. Ele gostava de crianças e passou a acompanhar João Vicente e Denize em todos lugares, além de contar histórias sobre sua suposta namorada de nome Marita, mas que ninguém viu nem sabia se existia de verdade.

Com todo incentivo de Maria Thereza, o apartamento se tornaria ponto de encontro dos pequenos amigos de João Vicente e Denize, exatamente como ocorria no Alvorada. Agora era vez de as mães uruguaias se surpreenderem com a mulher de um ex-presidente que aguentava tanta bagunça em sua casa, e ainda se mostrava satisfeita. Quando não estavam brincando no apartamento, saíam para andar de bicicleta na praça. Onde quer que estivesse, Maria Thereza chamava mais crianças para brincar com os filhos, fazendo da vida uma festa. O tratamento desconfiado que reservava aos adultos mudava se estivesse com crianças. Na praça em frente ao apartamento, ela era vista pedalando, correndo na grama e até jogando futebol. Sem fazer esforço para se enturmar, seguindo uma vocação natural, juntava-se aos filhos e a seus amigos e brincava de para-fantástico, batalha e esconde-esconde com a mesma energia dos tempos de Capão Alto. João Vicente e Denize já estavam gostando do Uruguai. O garoto até discutia futebol com o pai, defendendo o Nacional, time que escolhera para torcer, enquanto Jango simpatizava mais com o Peñarol.

Na distante relação que mantinha com empregados, Djanira, Etelvina, que voltara ao Brasil para se casar, e agora Pedro Roa formavam a exceção. Para os outros, criava sempre uma distância. Tinha a constante impressão de que novos empregados poderiam trair e prejudicar Jango, passando informações para seus inimigos. Ela reconhecia que era muito exigente. Com a rotina no Uruguai, sua cobrança diminuiria. Mas tinha certeza de que deveria desconfiar de todos que se aproximavam e ficava irritada quando Jango não fazia o mesmo.

A adaptação ao apartamento seguia bem, apesar de o governo uruguaio ter exigido que Jango concordasse em ser "protegido" 24 horas por dia, de domingo a domingo, com um oficial postado à porta de serviço do apartamento, o que deixava o casal irritado. E não era só a polícia uruguaia quem batia ponto na casa do ex-presidente do Brasil.

Os agentes do serviço secreto da Polícia Civil passariam a frequentar o parque Juan Zorrilla de San Martín. A vigilância de "los espías" não era nenhum esmero. Baseavam quase todo trabalho na amizade que fizeram com o porteiro do prédio. Sim, o porteiro do prédio, senhor Hugo, que, além de se tornar amigo de Jango, transformou-se em informante.[6] Assim, a ação dos agentes se resumia a sentar nos bancos da praça. Às vezes, mais relaxados, davam as costas para o prédio e ficavam observando as quadras de tênis do Clube Biarritz, acompanhando o movimento das jogadoras e dando uma escapadinha para tomar café em uma lanchonete que se localizava a dois quarteirões de distância do prédio que deveriam espionar. O parque, apesar de enorme, corria o risco de ficar superlotado. Além dos agentes de segurança do governo e dos espiões secretos uruguaios, oficiais brasileiros passariam em breve a frequentar o lugar.

Provavelmente foi Hugo, o porteiro amigo, quem comunicou ao serviço secreto uruguaio sobre o tiro que Jango teria dado dentro do prédio. Dezenas de histórias foram criadas sobre esse disparo. Naquele dia, Jango, armado — como de costume desde os tempos de São Borja —, entrara no elevador no terceiro andar. Porém uma pequena pane fez com que a cabine parasse bruscamente um andar abaixo, mas fora de nível, formando um degrau muito alto. Ao abrir a porta para tentar chegar ao hall do andar, Jango, prejudicado por sua perna, desequilibrou-se e deixou o revólver cair. Quando tocou o chão, o revólver disparou. Rapidamente, três versões diferentes correriam de boca em boca. A que teve maior repercussão foi a de que Jango sofrera um atentado. As outras duas, que teria atirado em Maria Thereza ou que reagira a um assalto.

Um elevador com defeito e um tropeção formavam uma história pouco emocionante para tantos espiões.

O trato que Maria Thereza tentara fazer com Jango para permitir somente visitas de amigos próximos na Leyenda Patria não ia dando certo. Mas agora, sempre que um estranho ou quase estranho batia à porta ela não escondia o descontentamento. Seu rosto não ostentava mais um sorriso obrigatório. Sozinha no apartamento, a campainha tocou mais uma vez. Ao abrir a porta e encarar Assis Brasil, ela, que jamais simpatizou com o general, iria realizar seu batismo político e demonstrar que o seu exílio seria bem diferente do que o marido pensava:

— O que o senhor está fazendo aqui na minha casa?!
— Vim visitar meu amigo Jango.
— Que amigo? O senhor não vai entrar na minha casa nunca.

Em vez de dizer que voltava em outra hora, Assis Brasil aceitou as provocações. Foi longe demais:

— Não?! Por que não vou entrar? Vim visitar meu amigo.
— Que amigo coisa nenhuma! Vou mostrar o que o piá merece.

Ela então o empurrou e deu-lhe um tapa com a mão esquerda, a canhota proibida, que atingiu o rosto do general. Em seguida, fechou a porta e trancou a fechadura. Tremia, mas sentiu-se vingada. Considerava-o fraco e perdido como ministro, mas ficara calada. Restringia-se a alguns comentários com Jango. Agora não. Estavam no exílio. Não havia mais um país. Não havia mais primeira-dama. Não havia mais governo Jango.

Assis Brasil nada falou e foi embora.

Jango soube o que aconteceu assim que entrou no apartamento. Maria Thereza contou-lhe tudo. Espantado, pediu que ela repetisse o que aconteceu mais de uma vez. Depois riu. E muito.

Se pudesse medir suas lágrimas, Maria Thereza teria a certeza de que, no período entre o golpe, os primeiros dias de abril, o cais de Santo Tomé, a internação de Jango e o fim de 1964, chorara mais do que em toda a sua vida. E bem mais do que desejava que seus filhos vissem.

Ela falava, incentivava Jango, entusiasmava João Vicente e Denize, mostrava firmeza, mas por dentro estava em pedaços. Sentia necessidade de mudar e escolheu uma nova data para despertar esse sentimento na família. Com uma enorme dedicação preparou uma festa de aniversário para João Vicente e, dias depois, outra para Denize. Queria mostrar aos filhos e a Jango que eles viveriam momentos felizes ali. Alugaram o salão de festas do Hotel Libertador e, claro, todos os colegas de escola foram chamados.

O primeiro telegrama que os aniversariantes receberam foi de Terezinha Vinhaes. A antiga vizinha falava das saudades que seus filhos sentiam. Terezinha também enviou uma foto da filha Claudia, a "namorada" de João Vicente, a quem Maria Thereza chamava, brincando, de futura nora. Ela até comprou um porta-retrato para colocar a foto de Claudia na escrivaninha que seu filho ganhara de presente. Maria Thereza tentava, mas ainda havia muitas lágrimas para serem derramadas. Terminou de ler a curta mensagem aos prantos.

Na carta de agradecimento que mandou a Terezinha, Maria Thereza não economizou elogios aos filhos. Contou que eles participaram da festa do colégio vestidos de gaúchos, João Vicente de chapéu, colete e lenço no pescoço; Denize de vestido de prenda. Segundo ela, eram os mais "bonitos e engraçadinhos". Não resistiu e desabafou um pouco, já que evitava comentar sobre seus sentimentos com Jango para não o deixar mais triste.

Após as festas de aniversário, havia outra preocupação para Maria Thereza. Uma data perigosa para quem a saudade pesava. Seria o primeiro Natal longe do Brasil. Maria Thereza se dedicaria a transformar essa comemoração em um momento alegre, sem dar oportunidade para lamentos. Da decoração aos presentes, tratou de passar serviço para todos. Viu em uma revista a foto de uma árvore com galhos secos pintados de branco, decorados com bolas coloridas. Empolgada, pediu um favor ao porteiro Hugo, que teria uma bela história para contar ao serviço secreto, já que Maria Thereza estava longe de dominar o idioma:

— *Señor Hugo, usted no me consegue un gallo seco para pintar de blanco?*

Hugo estranhou, mas consentiu, balançando a cabeça:

— *Sí, señora.*

Maria Thereza percebeu a dúvida no rosto de Hugo e repetiu:

— Para pintar de *blanco*.

No dia seguinte, Maria Thereza cobrou:

— *Señor Hugo, y el gallo?*

— *Señora, mire. Yo no la entiendo. Gallo es aquello que canta co-ricoco...*

Entre dúvidas e risadas, Maria Thereza voltou para o apartamento com "*una rama seca*". A história de como conseguira o galho divertiu a família e, sem querer, a ajudou a alcançar o que queria. Poupar o marido e os filhos de qualquer sentimento parecido com saudade. Jango, por fim, entusiasmou-se. Como fazia no Brasil, acabou montando a árvore feita de galhos secos. Na véspera de Natal, ele levou a família à Missa do Galo, um costume que repetia a cada ano.[7] No Réveillon, ao brindar, desejaria um ano melhor e que a esperança se mantivesse. João e Maria pensavam o mesmo, mas faziam pedidos bem diferentes. Ela pedia esperança para seguir em frente. Ele, esperança para voltar. Maria Thereza iria mostrar-se mais conformada, conseguia cumprir o que havia prometido a si mesma. Já não olhava para trás. Festejava a família, o novo lar e até a porta do apartamento. Assim escreveu em seu diário sobre o primeiro Natal no exílio:

> Nosso apartamento, nosso parque, nossa porta! Que histórias bonitas tivemos aqui! Nosso primeiro Natal, nossa primeira árvore, nossos amigos que nos esqueceram. Não fazem falta — meus filhos e meu marido formam um trio fantástico. Dá para deixar de lado os que ficaram para trás. Às vezes, as separações são uma maneira de sobreviver.
> Adoro essas surpresas da vida da gente. Ontem, conversando com Gonzalo, um grande amigo meu [de Punta del Este], ele me disse uma coisa bastante interessante: "Mais importante que os cartões de Natal que não recebeste dos amigos de longe são os cento e dois que recebeste dos amigos daqui."
> Que maravilha! Isso é gratificante e bate forte em meu coração.
> Do Brasil, recebemos cartão de Dener e de Virgílio, meu cabeleireiro, e mais ninguém. Jango não gostou porque só recebeu um, de Caillard, uma paixão de pessoa.

Enfrentando uma mistura de objetivos para o futuro, Maria Thereza abafava a mágoa que ela, abertamente, e Jango, em segredo, sentiam das pessoas que desapareceram das suas vidas.

Havia, porém, quem não se dobrasse. O mais surpreendente e indomável, Dener. Para os que orbitavam o novo círculo do poder, perturbar qualquer pessoa ligada a Jango traria muitos pontos. Se esse envolvido fosse famoso, melhor ainda. Tentaram faturar em cima da maior estrela da rede de amizades do casal presidencial. A participação de Dener na resistência política ao golpe resumiu-se ao telefonema que deu para Maria Thereza. Mesmo assim, no mesmo dia em que ela deixou Brasília, o costureiro recebeu uma ligação do delegado do bairro do Pacaembu, onde vivia:

— Eu soube que essa noite o senhor está revoltado. O senhor é amigo da família presidencial... e o senhor está mesmo revoltado?

— Revoltadíssimo, meu senhor. O que Maria Thereza fez é um crime. Um crime!

Fisgado palas palavras de Dener, o delegado o interrompeu:

— Mas o que ela fez?

— Eu fiz vestidos para Maria Thereza para todas as ocasiões. Para recepções, casamentos, para funeral, para solenidades oficiais. Só não fiz vestido para deposição porque ela não me pediu. Mas Maria Thereza tinha roupas apropriadas. Poderia usar um tailleur marrom, cinza grafite, ou um tailleur preto com blusa branca. Pois não é que ela perde a cabeça, fica nervosa, sei lá o que aconteceu...

O policial, acreditando na conversa, prosseguiu:

— O que aconteceu?!

E Dener, que não vira sequer uma imagem de Maria Thereza saindo do Torto nem imaginava como ela estava vestida, emendou:

— Ora, o que aconteceu! O que aconteceu foi que ela partiu para o asilo político de turquesa.

O delegado percebeu que fora apenas um coadjuvante em mais um show de Dener, que inventara a história, do princípio ao fim. Não satisfeito, ainda o provocou.

— Mas eu pensei que o senhor gostasse dos vermelhos.

Não era fácil vencer Dener.

— Depende, meu senhor. Eu não sei a que tom de vermelho o senhor se refere. Há o vermelho-sangue, o ciclâmen, o rosa-shocking, o flame, o vermelho púrpura, uma infinidade de matizes, e alguns de bom gosto.[8]

O delegado desistiu. Despediu-se e desligou o telefone.

Essa história, como várias outras em que Dener estava envolvido, ganhou várias versões e transformou-se em lenda. No telefonema que fez a Maria Thereza, horas antes de ela deixar o país, lembrou-lhe para não usar marrom, como fizera várias vezes. Ao ser chamado pelo delegado, o costureiro, a partir dessa história, imaginou fatos e aumentou o suspense, criando uma trama que comprovava que ele não dava a mínima para cores políticas. Assim, eliminava qualquer possibilidade de encontrarem uma ligação com Jango. Não havia nada mesmo, mas como os fantasmas estavam sendo perseguidos, ele se preveniu. Já sabia com o que estava lidando.

Menos de dois meses antes do golpe, ainda no governo Jango, Dener já havia escapado de outra. Uma pilhéria que quase se tornou verdade. Corria a piada de que sua habilidade com a tesoura era tão grande que teria sido nomeado tesoureiro da Caixa Econômica Federal.

Houve quem acreditasse.

Houve quem acreditasse e repercutisse a notícia.

Houve quem acreditasse e publicasse a notícia como se fosse verdadeira, como o *Diário da Noite* do dia de 17 de fevereiro. Dener tratou de desmentir bem ao seu estilo: "Para começar, nem tive o trabalho de ler a notícia. Quis saber o que era isso com meu gerente Edson e ele me informou do que se tratava. Quase tive uma coisa. Detesto dinheiro, principalmente contar dinheiro, e, segundo Edson, era isso que eu teria que fazer. Para mim dinheiro nunca valeu nada. Sou um artista."[9]

A fixação sobre Dener não ficou apenas nos telefonemas e nos boatos.

A pressão continuou com uma invasão a seu ateliê. Agentes do governo queriam uma declaração contra Maria Thereza a qualquer custo. Para sorte de Dener, na hora do ataque o deputado federal pelo PSD Cunha Bueno, por acaso, estava no local. Ele botou a comitiva militar para correr, dizendo: "Dener nunca fará isso, esqueçam! É um homem correto."[10]

Até nome de aeroporto tornou-se alvo de vingança. Em 1963, Jango e Maria Thereza visitaram o Mato Grosso. A primeira-dama precisou usar o banheiro do acanhado aeroporto de Cuiabá e Várzea Grande. Os administradores ficaram desesperados. Vendo as péssimas condições do único banheiro do terminal de passageiros do aeroporto, Maria Thereza pediu a Jango que reformasse o lugar. O presidente fez mais. O aeroporto ganhou melhores condições e teve sua pista asfaltada, sendo entregue no início de 1964. O pedido de Maria Thereza, feito quase publicamente, repercutiu na cidade. Os moradores, em agradecimento, sugeriram que o aeroporto fosse batizado com o nome da primeira-dama. Os militares, inconformados com a homenagem, mudaram o nome para Marechal Cândido Rondon.

Os amigos que ficaram no Brasil pagaram pela amizade com o casal proibido. O secretário de Maria Thereza, Barros Carvalho, responderia a um inquérito por tráfico de influência. Chegou a ser preso no Rio de Janeiro, mas nada foi provado contra ele. Não sofreu violência, porém, durante os interrogatórios, ouviu uma proposta que jamais esqueceu. Se fizesse acusações contra Jango, deixaria a prisão na mesma hora.

Para o casal Vinhaes sobrou uma investigação. Um homem que afirmava ser agente policial foi ao apartamento deles. Queria saber se não havia bens de Jango em nome de Aloysio e avisou que ficariam de olho. Mesmo assim, com os arapongas "de olho", jamais renegariam a amizade com o casal. Passariam a visitar a família no Uruguai ao menos uma vez por ano.

Juarez, o irmão mais novo de Maria Thereza, trabalhava no Instituto de Aposentadorias e Pensões dos Estivadores e Transportes de Cargas (IAPETEC), em Porto Alegre. Convocado a depor, foi levado para um quartel assim que se apresentou. Respondeu a um interrogatório e foi liberado. Passou a ser chamado para novos esclarecimentos a cada três dias. Transferido para Uruguaiana, continuou obrigado a se apresentar, então diariamente, no quartel do 8º Regimento de Cavalaria Mecanizado, no centro da cidade. Era levado para lá em um caminhão do Exército. Muitas vezes, o interrogatório não ocorria. Juarez era esquecido em uma sala e acabava sendo forçado a dormir lá. Quando havia interrogatório, as perguntas eram as mesmas. Sobre Maria Thereza, Jango, o que estariam fazendo no Uruguai, se tentaram contato, se Juarez teria se comunicado com eles...

O ano que mudou o Brasil estava quase terminando e uma onda de exilados tomava Montevidéu. Sem identidade, sem dinheiro e sem lar. Jango seguia participando de reuniões políticas, como se o poder no Brasil estivesse acessível. Maria Thereza, ao contrário, passou a olhar os fatos a partir de uma dimensão bem mais realista. Eram esses os dois caminhos que o exílio oferecia. A princípio, caminharam juntos. Com o tempo, seguiriam por trilhas que se perderiam uma da outra. As expectativas eram diferentes. O exílio, que invocava o passado, Maria Thereza passou a encarar como a vida a ser vivida. Por seu lado, Jango criou sua própria definição para o que estavam passando.

O exílio era "a invenção do demônio", disse durante uma conversa com Darcy Ribeiro. "Nós estamos aqui e não sabemos quando voltaremos, nós respiramos, mas não sabemos se estamos vivos, nós falamos, mas nossas palavras são ignoradas e não chegam ao povo brasileiro. Até quando, Darcy? Até quando?"[11]

Nesse caminho perdido encontrava-se o secretário de Jango, Eugênio Caillard, que era considerado um verdadeiro amigo por Maria Thereza. Em seu diário, o definira como "uma paixão de pessoa". Um homem de confiança de Jango desde os tempos de São Borja. Responsável pela agenda do presidente, não se deixava levar pela opinião dos interlocutores. Dava acesso ao gabinete a diferentes correntes políticas. Era educado e discreto, duas qualidades que Jango considerava quase obrigatórias para quem quisesse trabalhar com ele.

O golpe e o desterro arrasaram Caillard. Em junho de 1964 buscou asilo na embaixada do México, que, na época, não reconheceu o governo militar e abriu suas portas aos exilados. O número de brasileiros que correram para a embaixada era tão grande que o embaixador Alfonso García Robles, que ganharia o Nobel da Paz em 1982, determinou que o local servisse de abrigo para os brasileiros. Os serviços administrativos seriam realizados em outro endereço.

Em julho, Caillard e a esposa, Neusa, já estavam na Cidade do México. Mas era como se ele continuasse vagando sem destino. Não se conformava em ficar longe do Brasil nem se adaptava à nova vida. Ao mesmo tempo, deixava-se abater e não mostrava forças para querer ficar. Ainda assim lembrou-se do amigo Jango e enviou um cartão de Natal para a família Goulart.

Mesmo com o asilo obtido de maneira legal, deixou o México e seguiu para o Uruguai, onde encontrou outros exilados. O reencontro com Jango e Maria Thereza foi alegre, mas chocante. Maria Thereza ficou impressionada com a aparência do amigo, que, magro e abatido, já carregava no corpo as dores da saudade do país. Ao mesmo tempo, acentuou-se um processo de depressão. Neusa desabafou com Maria Thereza, contando que Caillard tomava remédios para dormir e para combater a doença, mas não reagia.

Caillard não tinha alma de exilado. Mesmo alertado por Jango e pelos amigos, decidiu retornar ao Brasil. Passou a ser perseguido. Novamente pediu asilo ao México, que já se encontrava sob novo governo, bem mais afinado com os militares brasileiros. Mesmo assim, recebeu abrigo na embaixada. No período em que ficou confinado, teve a companhia do líder das Ligas Camponesas, Francisco Julião, o mesmo que, durante o governo Jango, bagunçava o que Jango tentava manter: o equilíbrio de forças políticas. Além de Julião, o padre Francisco Lage estava com eles e mantinha-se atento ao estado de Caillard, que estava com os nervos em pedaços. Alternava dias de euforia com uma paralisante tristeza. No dia 3 de novembro de 1965, o encarregado de negócios da embaixada, Roberto de Rosenzweig, concedeu-lhe o asilo pela segunda vez.[12] O ex-secretário de Jango seguiria para o México novamente. Porém, apenas oito dias depois de a emissão do asilo ser confirmada, Caillard, ainda abrigado na embaixada, pediu a Julião e ao padre Lage que não o acordassem na manhã seguinte. Explicou que sentia necessidade de dormir bastante para que seu ânimo melhorasse. Naquela noite, Caillard tomaria, de uma só vez, todos comprimidos de seu frasco de remédio. Às dez horas da manhã, Julião foi despertá-lo. Estranhou a maneira como ele estava deitado. Caillard não respirava. Julião gritou pelo padre Lage, que correu e constatou que ele estava morto.

O novo embaixador do México, Vicente Sánchez Gavito, enviou ao Ministério das Relações Exteriores de seu país um informe confirmando o suicídio. Relatou que os militares brasileiros encarregados da investigação pressionaram a esposa de Caillard para que encontrasse um médico que atestasse que a morte ocorrera por "causas naturais".

Já acostumado a mandar e desmandar na imprensa do seu quintal, o governo militar brasileiro não conseguiu abafar a notícia no exterior. A agência Associated Press, baseada no informe do embaixador, divulgou a versão de suicídio.[13]

O exílio mostrava o que era. Uma epopeia de tragédias com atores errantes buscando reencontrar a própria história. Para Caillard, foi a morte.

Jango estava certo.

Era mesmo uma invenção do demônio.

13.
Uma dor assim pungente

O primeiro monumento público de Montevidéu, a Estátua da Paz, inaugurado em 20 de fevereiro de 1867, marcava um dos lugares mais sofisticados da capital uruguaia, a Plaza de Cagancha, onde ficava um prédio modernista que abrigava apartamentos residenciais, um centro comercial, e duas grandes salas de cinema, Plaza e Central. Um local adorado pelos uruguaios e que representava a era de prosperidade pela qual o país passara na década anterior, quando ficara conhecido como a Suíça da América. Contudo, se os depósitos bancários aumentavam rapidamente, uma crise social surgia aos poucos.

Maria Thereza enfim podia vibrar com momentos únicos. Frequentava as salas desses cinemas e, com algum esforço, arrastava Jango. Os gostos não batiam muito. Enquanto ela se emocionava com *Suplício de uma saudade*, cuja música-tema *Love is a many splendored thing* fizera enorme sucesso, Jango caía no sono e ficava sem saber que o mocinho do filme, interpretado por William Holden, morria no final. Com *...E o vento levou* foi pior. Jango dormiu durante quase toda a exibição. Maria Thereza ficou furiosa. Assim que o filme terminou, teve início uma inacreditável discussão:

— Jango, como tu podes dormir num filme desse?!

Ele iria cometer mais um erro. Não admitiria que pegou no sono.

— Não... eu vi quase tudo! Lembro que teve um incêndio.

— Sim, mas perdeste a melhor parte.

— Mas eu estava tão cansado que só aguentei até o incêndio.

Maria Thereza reclamava, mas na semana seguinte voltaria a chamá-lo. Ir ao cinema já era uma vitória. Retornavam ao tempo de namoro. Mais que ver o filme, sentia uma alegria na possibilidade de andar abraçada ao marido, comprar os ingressos e a pipoca, sentar-se na poltrona a seu lado. Um ritual muito raro para eles. O exílio que consumia Jango deixava também seus filhos felizes. As recordações desses momentos ficaram guardadas nas memórias de Denize, que finalmente podia passear com o pai, a mãe e o irmão. Agora seriam vários domingos em que ele mesmo prepararia o almoço. E o serviço era completo. Lavava a louça e arrumava a cozinha. Deixava tudo limpo e no lugar.

A elegância era uma marca dos uruguaios em Montevidéu. Uma diversão de Maria Thereza era sair para comprar roupas para a família. Essa era uma atividade que teria de fazer sozinha. Se dependesse de Jango, ele nunca entraria em uma loja na vida e só compraria as calças e camisas mais baratas que encontrasse.

Montevidéu era uma cidade que convidava o morador a andar por suas ruas. Com Jango e Maria Thereza não era diferente. Gostavam de passear pelas ramblas, as largas e belas avenidas que costeavam o rio da Prata. Perto do parque Rodó, brincavam em um tradicional parque de diversão. Jango sempre queria ir no trem-fantasma. Maria Thereza não se sentia bem, mas aceitava o desafio. Por vezes jantavam no El Galeón, um restaurante excelente e caro onde Jango aproveitava para ter conversas mais discretas com Raul Ryff e Doutel de Andrade. As crianças, porém, gostavam mesmo das pizzas do parque.

Com os filhos na escola e rapidamente adaptados à cidade, com a amizade de Berta, Yolanda e Ana Lúcia, e com Jango falando em uma possível volta à rotina de fazendeiro, a vida seguia normalmente para Maria Thereza, o que, para uma mulher casada com João Goulart ou a esposa de "O Doutor" ou "El presidente", era, sem dúvida, um grande alívio.

O ritmo sossegado e o excesso de tranquilidade da cidade acabavam por iludir e relaxar demais os novos moradores. No dia 7 de abril de 1965, João Vicente e Denize, junto com os filhos de Waldir e Yolanda, saíram do apartamento da Leyenda Pátria. Deveriam ir para a casa de Waldir. No caminho, tiveram outra ideia e decidiram pescar no rio da Prata. Não que alguém ali esperasse pegar algum peixe, o que valia era a brincadeira. Os meninos seguiram na frente. Quando as meninas estavam atravessando a Rambla la Estacada, fora da faixa de pedestre, Denize foi atropelada. O motorista não teve culpa e parou para socorrê-la. Havia outro homem no carona. João Vicente entrou no carro e viu sua irmã deitada, com muito sangue no rosto e um ferimento no olho que o impressionou. No caminho, Denize teve uma convulsão e vomitou, quase se sufocando. O motorista foi rapidamente para o Hospital Espanhol, no bulevar Artigas.

Denize seguiu para a emergência. Um dos homens levou João Vicente para a Leyenda Patria. Ao chegarem ao prédio, o menino, que se mantinha calmo, descontrolou-se, não esperou por eles e correu para a escada, chorando e gritando. Subiu rapidamente os três andares. Entrou berrando pela porta da cozinha, onde Maria Thereza preparava o almoço, e contou o que acontecera. Jango conversava na sala com alguns amigos, entre eles Alonso Mintegui, e ouviu o filho. Em seguida, o motorista, que seguiu João Vicente pela escada, chegou. Maria Thereza já chorava com a notícia que o filho dera, quando Jango entrou na cozinha. Pela primeira vez, o menino iria ver o pai perder o controle, agarrar o homem e ameaçá-lo de morte se algo acontecesse com Denize.[1]

Assim que Jango e Maria Thereza chegaram ao hospital, foram tranquilizados pelos médicos. As radiografias de crânio e de coluna não apontavam sequelas. Quando entraram para vê-la, acalmaram-se. Denize estava com uma aparência boa e tinha um curativo na cabeça. No quarto, os médicos voltaram a dizer que os ferimentos eram leves. Somente então Maria Thereza parou de chorar.

Com cuidado, a equipe informou que, apenas para observação, Denize ficaria mais um dia no hospital. Jango e Maria Thereza passaram a noite ao lado da filha. Na manhã seguinte, logo cedo, um visitante inesperado surgiu para prestar solidariedade a Jango, perguntando sobre Denize. Era o homem que vigiava, seguia e relatava todos os passos de Jango, o embaixador do Brasil no Uruguai, Pio Corrêa. Talvez seu maior inimigo, ele agora oferecia apoio à família. Os detalhes do atropelamento foram anotados na ficha de Jango nos órgãos de segurança do Brasil e do Uruguai. O serviço de espionagem brasileiro trabalhou rápido, e o embaixador, mais ainda. Maria Thereza não lembrou quem era aquele homem, o mesmo que lhe dera um grande susto ao meter a cara na janela durante a visita de Tito. Para ela, foi melhor não o ter reconhecido. Não bastasse o susto, teria de suportar Jango e Pio Corrêa atuando no teatro político que ela abominava. Nenhum dos dois acreditava na cena representada. Cumprimentaram-se e conversaram sobre o ocorrido. O visitante colocava-se à disposição para qualquer tipo de ajuda. O visitado agradeceu e polidamente recusou.

Nesse mesmo dia, o motorista e sua esposa visitaram Denize, levando flores para Maria Thereza. Jango aproveitou e desculpou-se pela atitude que tivera.

O atropelamento de Denize foi notícia no Brasil. Uma nota sobre sua recuperação foi publicada no *Correio da Manhã* do dia 9. Já o colunista do *Diário de Notícias*, Ibrahim Sued, entrevistou Maria Thereza, por telefone, mais de vinte dias depois do acidente. Ibrahim aproveitou para sondar a possibilidade da volta de Jango. Recebeu a resposta. "Não é verdade. Ele não está pensando nisso." O colunista então perguntou sobre ela. Maria Thereza disse que gostaria de ir ao Rio para acompanhar o pai que iria fazer exames médicos, mas ainda estava traumatizada pelo que havia acontecido no enterro de sua mãe. Disse que tinha "receio" de que não a deixassem entrar. Antes de desligar, Maria Thereza perguntou se Farah Diba, esposa do xá Reza Pahlevi, que governava o Irã, iria mesmo ao Brasil. Ibrahim confirmou. Ela repetiu a expressão que costumava usar para demonstrar admiração: "Que espetáculo!"

O cuidado que teria de dedicar à recuperação da filha realmente adiou a viagem que Maria Thereza planejava fazer ao Brasil. Ainda assustados com o que ocorrera no cais de Santo Tomé, o casal decidira tentar outro caminho. Jango enviou um documento ao ministro da Justiça Milton Campos pedindo autorização para a visita. E foi o infalível Pio Corrêa quem confirmou a viagem, garantindo que ela não seria "molestada pelo DOPS desde que não ficasse comprovada qualquer implicação política na viagem". Na já absurda legislação que informalmente valia, a aparência virava critério. Um dos diplomatas do Itamaraty explicou: "Trata-se de uma bela senhora. Alheia a questões políticas e, aparentemente, interessada em regressar ao convívio dos parentes."[2]

A edição da *Manchete* do dia 15 de maio aproveitou a visita do xá Pahlevi e publicou uma foto de Farah Diba na capa. Havia outra chamada: "As 23 primeiras-damas da República". A beleza driblava a censura. Sobre Maria Thereza, a reportagem apresentava palavras incomodamente liberadas, mas que ficariam proibidas em breve, como "exílio". Apresentando as esposas dos presidentes, o texto era rico em elogios a ela: "A figura gentil de Maria Thereza, a mais jovem e a mais bela de todas as primeiras-damas. Assumindo o seu posto em setembro de 1961, dona Maria Thereza o deixaria a 1º de abril de 1964, para acompanhar seu marido ao exílio."

Um ano depois do golpe, com Maneco Leães, Bijuja, Lutero Fagundes e agora também Arthur Dornelles, seu motorista, levando e trazendo documentos e dinheiro — ganho com a venda de tropas de gado das fazendas gaúchas —, Jango poderia enfim voltar aos negócios. Havia autorizado Bijuja a vender uma de suas fazendas. Decidira investir no Uruguai.

Bastou esse tempo no país para Jango ter a certeza de que deveria dedicar-se a uma cultura desprezada por lá. O Uruguai não fazia plantio de arroz, então ele passou a procurar lugares que tivessem uma boa qualidade para o cultivo do grão. Sabia como descobrir isso. Quando foram conhecer a fazenda El Rincón, ele surpreendeu Maria Thereza ao se abaixar, pegar um pouco de terra e colocar na boca.

— Jango, tu estás louco? Comendo terra?
— Só quero ver se a terra é ácida ou se é boa para plantação de arroz.

A terra passou no teste de Jango e assim ele resolveu comprar El Rincón, uma fazenda com mais de 6 mil hectares, localizada no departamento de Tacuarembó, no norte do Uruguai, a 400 quilômetros de distância de Montevidéu e a 500 quilômetros de São Borja. Não era apenas um negócio. Significou muito mais. Após um ano de indefinições, Jango voltava a motivar-se e a reencontrar-se com uma grande paixão. Maria Thereza alegrou-se ao notar o entusiasmo com que ele falava da fazenda:

— Isso aqui é um paraíso para plantar arroz.

E praticamente só falou sobre isso nas semanas seguintes. Não lhe faltavam ideias. Assim como não demorou para transformá-las em uma realidade que mexeria com a economia do Uruguai. Assim que assumiu a fazenda, Jango construiu uma represa que seria utilizada para irrigar a plantação de arroz. Ele se tornaria o primeiro empresário a fazer uma obra como essa no país. Foi um sucesso. O país que demonstrava simpatia a Jango, mas o vigiava em segredo, apoiou o empreendimento. E recebeu a recompensa. Jango revelou seus projetos e dividiu informações com o governo uruguaio, sem se preocupar com uma possível concorrência. Logo, outros produtores rurais estariam fazendo o mesmo. Aumentando os laços, Jango incentivaria o governo a apoiar o plantio de soja. E chegaria a se oferecer para ajudar no desenvolvimento de outras culturas. Para cuidar da fazenda, chamou Percy Penalvo, que estava exilado em Rivera, vivendo com a esposa, Celeste. Percy fora vereador do PTB, o mesmo partido de Jango, e sofrera perseguição política.

Rapidamente, El Rincón começou a produzir arroz em alta quantidade e com ótima qualidade. Para concentrar todas as etapas do processo, Jango decidiu também fazer o processamento e o beneficiamento dos grãos. Porém, precisaria de outra fazenda. Em 1966, compraria El Milagro, na cidade de Maldonado, vizinha a Punta del Este, onde a família alugava casas nas temporadas e nos feriados escolares. Maria Thereza continuava lotando o carro com os filhos e seus amigos. Às vezes, o passeio era para El Rincón, e a cada passeio a quantidade de crianças aumentava. Colegas de João Vicente, como Gabriel, Roberto Haase e Roberto Ulrich, juntavam-se à turma.

El Milagro foi vendida por 18 milhões de pesos por Enrique Foch Diaz, um advogado uruguaio e ex-piloto da Força Aérea, que mantinha uma boa intimidade com os militares de seu país. Jango, por sua vez, estava longe de perder a vivência política. Queria os inimigos por perto. Seguia a lei do exilado. Reaprendia a sobreviver. Já estava bem alertado sobre a proximidade de Foch Diaz com os militares do Uruguai e, em consequência, com os do Brasil. Sabia com quem estava fazendo negócio. Foch Diaz havia comprado a fazenda havia menos de um ano por 6 milhões. Porém, efetivamente, tirara do bolso um milhão e financiara o restante. Ainda não havia pago as outras parcelas quando soube que Jango procurava uma fazenda nas condições da sua. Mesmo tendo feito esse belo negócio, não se sentiu constrangido e se tornaria o seu mais novo velho amigo, bravateando que "El Presidente" agora era seu conhecido. Jango sabia que Foch Diaz tinha contatos no Exército uruguaio, o que poderia, a qualquer momento, ser útil para um asilado.

Como fizera em El Rincón, realizaria muitas obras em El Milagro, como a construção de um moinho e um frigorífico. Lá seria feito o abate do gado, que abasteceria o açougue San Fernando, que também adquirira. Jango, assim, investia em arroz e carne e controlava ambos os processos do início ao fim. Em Tacuarembó, na fazenda El Rincón, eram feitos o plantio do arroz e a engorda do gado. Em Maldonado, no engenho de El Milagro, era feito o processamento do arroz vendido com a marca "Arroz Maldonado", além do abate, da industrialização e da distribuição da carne. Formou a holding Exportaciones Rurales S.A., que tinha Maria Thereza como uma das sócias. Sem a política a tomar seu tempo, erguia um pequeno império que chegaria a exportar meio milhão de dólares ao ano.[3] Com o dinheiro que vinha para suas mãos, comprava fazendas e outros imóveis.

Os uruguaios ficavam satisfeitos em ter um asilado como esse, uma pessoa que trazia tamanho volume de investimento e conhecimento para o país. Mesmo assim, o governo era obrigado a mandar alguns recados e, assim, acalmar o vizinho, porque o eficiente Pio Corrêa não deixava de lembrar que Jango vinha infringindo as regras do asilo político.

Com os projetos nas fazendas, Jango ocupou o tempo e recuperou parte do ânimo. Ficou claro para os que o cercavam que ele ganhara uma forte motivação. Maria Thereza era quem mais percebia isso. Jango passou a ficar cada vez mais tempo fora de Montevidéu, mas estava feliz. Aos poucos, por opção, criou a rotina de permanecer na fazenda de segunda a sexta e, nos fins de semana, ficava com a família em Montevidéu. Informação que foi passada ao serviço secreto uruguaio por Hugo, que, entre uma brincadeira e outra, não deixava de reparar nos detalhes que cercavam a rotina da família.

Jango voltava a trabalhar e a projetar novos negócios, mas a saudade do Brasil o machucava. O isolamento nas fazendas, a longo prazo, faria com que se recolhesse ainda mais, apesar de participar do dia a dia com os empregados, com quem voltava a fazer a roda do chimarrão, e receber amigos com um bom uísque e comendo churrasco do jeito que gostava: gordo e malpassado. Nesse momento, com os militares endurecendo o governo no Brasil, passou a receber mais visitas. Além das irmãs, ministros do seu governo, jornalistas e amigos como Tertuliano dos Passos, Raul Ryff, Yara Vargas, Moreira Salles, Edmundo Moniz, José Gomes Talarico, Terezinha Zerbini (esposa do general Euryale), Ênio Silveira, Wilson Fadul e Marcello Alencar.

Aliviada, Maria Thereza quis acreditar que essa nova fase o motivaria a encarar o futuro, porém não deixava de definir Jango como uma bomba-relógio de frustração. Era preciso desarmá-lo de sua tristeza.

Em El Milagro, Jango recebeu, de bombacha e chimarrão, a visita de João Pinheiro Neto, que, dentre várias funções no seu governo, fora o presidente da arquitemida Supra, a Superintendência da Reforma Agrária. Almoçaram carneiro assado, beberam uísque e conversaram sobre a situação política. Para o amigo, Jango mostrou-se mais conformado e repetiu sua profecia:

— Pinheiro, não te preocupes com as más notícias sobre o Brasil. Estou bem informado. A ilusão do golpe passageiro, ilusão que também foi a minha nos primeiros dias disso que se chama de "revolução", acabou. Você está certo: é coisa para muitos anos, e o estrago será terrível. Bons amigos como você têm vindo sempre aqui e, com a melhor das intenções, recomendam-me cuidar da saúde. Este velho coração, eu sei, começa a fraquejar... querem que eu fique bom para retornar ao Brasil em boa forma. Tu me conheces, não gosto de contrariar ninguém, mas, sinceramente, não acredito em nada. Tenho dito a Maria Thereza que se prepare para voltar viúva e avó. Tudo me diz que não voltarei a ver minha terra.[4]

Assim como acontecia com o Hotel Alhambra e com o restaurante O Cangaceiro, a tranquila rotina de Jango nas fazendas facilitava o serviço de espionagem. Parecia que ele ainda estava em campanha. A mania de receber pessoas que surgiam em suas fazendas contando as mais variadas histórias enfurecia Maria Thereza. Ela voltava a alertar que não era seguro confiar em qualquer um que aparecesse. Já perdia a paciência quando seus comentários sobre a fazenda eram ignorados. Os empregados não lhe davam atenção. E Jango ainda tinha de ouvir constrangidas reclamações que eles lhe faziam, com o máximo cuidado possível, sobre sua mulher.

Alertado constantemente por brasileiros que o visitavam e pelo seu próprio "serviço", ele tomaria mais cuidados. Ao telefone, garantia que estaria em um lugar no dia seguinte e aparecia em outro. Com o tempo, até os empregados não acreditavam mais em suas informações. O que impressionava Maria Thereza era que Jango sabia que estava sendo monitorado, mas ela não entendia suas atitudes. Às vezes, era extremamente cauteloso. Em outras, abria a fazenda a qualquer desconhecido que quisesse entrar.

Se Jango, mesmo antes do golpe, era admirado pelo povo uruguaio, o sucesso nos negócios, sua presença forte e cativante e sua simpatia acabariam por transformá-lo, longe de ser essa sua intenção, em uma lenda local.

Maria Thereza percebia atentamente o que estava acontecendo ao redor do furacão Jango — os exilados e seus pedidos; os políticos e seus favores; os empresários e suas propostas; os empregados e sua devoção cega; e, claro, a fácil disponibilidade das mulheres que surgiam à frente de seu marido. Ela via, não gostava do que estava se formando ao seu redor, e mandava recados simples e bem fáceis de serem compreendidos.

"Me esqueçam definitivamente como eu já os havia esquecido." Mais de um ano no Uruguai e era claro que houvera uma inversão entre os pensamentos de Jango e Maria Thereza. Enquanto ele continuava acreditando que seria possível jogar no tabuleiro político brasileiro, Maria Thereza não via mais motivo para demonstrações forçadas de amizade e paciência. Em resposta ao *Diário Carioca*, que publicara uma nota afirmando que ela havia encomendado dez vestidos a Dener, Maria Thereza enviou um telegrama ao jornal e a vários colunistas sociais do Brasil: "Nunca encomendei modelos Dener conforme divulgado [no] *Diario*. Peço que retifiquem notícia inexata dada com tanto destaque. Me esqueçam definitivamente como eu já os havia esquecido. Maria Thereza Goulart."[5]

A falsa informação, como seria fácil supor, poderia ter o próprio estilista como fonte, já que, coincidentemente, estava lançando uma nova coleção, mas Maria Thereza não quis saber. Em um telegrama de cinco linhas, colocava fim a páginas de elogios e declarava guerra aos jornalistas que a idealizaram. Ela jamais esqueceria de que saiu de seu país às pressas e que os pertences e lembranças da sua família haviam sido saqueados. Sua imagem ou a opinião de outros sobre sua imagem pouco lhe importava. Nem passava por sua cabeça a possibilidade de fazer política. Essa declaração que desagradava a quem a colocara em um lugar de destaque poderia significar o seu fim, se houvesse outra chance para João Goulart, que jamais falaria algo parecido.

A paciência de Maria Thereza havia acabado.

A vida que vivia era em Montevidéu, na rua Leyenda Patria.

A vida que seu marido imaginava viver era no Brasil, na sua São Borja, no agito do Rio de Janeiro e no poder de Brasília.

Seria difícil que o casamento superasse tamanha distância de quilômetros e de pensamentos.

A Presidência havia terminado. Os pedidos, não. Em Montevidéu, as cartas continuavam chegando. O volume de correspondência comprovava que a popularidade do casal seguia alta. A maioria era endereçada a Jango. Mas Maria Thereza não ficava um dia sem receber ao menos uma carta. Uma das que mais a marcou foi escrita por uma mãe que pedia ajuda para o filho estudar. O surpreendente era que a mulher era portuguesa e morava em Lisboa.

Uma parte dos objetos que estavam na Granja do Torto fora devolvida pelo governo. Ou melhor, fora enviada pelos Correios. Roupas colocadas na mesma caixa de pratos, vidros e cristais. Uma combinação perfeita, cuidadosamente pensada e realizada. Os cristais e vidros quebravam e seus cacos rasgavam o tecido. A foto assinada de Che Guevara, pela qual tanto esperava, ela nunca mais viu.

Outra pequena parte dos objetos pessoais da família foi entregue a Iolanda, que despachou uma mala para o irmão. O conteúdo decepcionou o casal, mas a mala chegou inteira. Jango ainda escreveu à irmã e pediu a ela que verificasse se as cartas de Juscelino haviam sido enviadas. Perguntou sobre um quadro da Igreja da Conceição. Iolanda, que enviara tudo o que haviam lhe entregado, não tinha mais informação. Jango receberia, mais tarde, duas telas: uma, da jangada Maria Thereza, e outra, com um índio retratado. João José conseguiu recolher outros pertences deixados de lado pelos militares ou esquecidos pelos funcionários. Fez até uma pasta. Não havia nada de valor histórico ou que merecesse ser arquivado, apenas cartas com pedidos pessoais e de emprego, cartões e material burocrático referente à LBA. Os objetos de valor que ficaram na Granja do Torto continuariam desaparecidos. A versão oficial era de que teriam sido despachados pelo novo inquilino, Ernesto Geisel, chefe do gabinete militar do governo Castello, para o embaixador em Montevidéu, Pio Corrêa, que deveria devolvê-los.[6] Jango e Maria Thereza nada receberam.

As correspondências e lembranças pessoais perderam-se. Os bichos, cachorros, roupas, perfumes, vestidos de Dener, fotos das crianças, documentos, brinquedos, as joias e os quadros sumiram. Um Kharmann-Ghia, um Opel, um Impala e a Mercedes evaporaram da garagem do Torto. Para recuperar os automóveis, Jango pediu ajuda a Serafim Vargas, que conseguiu autorização para retirada. Assim que os carros foram liberados, Jango enviou uma procuração para Napoleão Barbosa de Carvalho, motorista e segurança da Presidência, que pegou a Mercedes em bom estado. Maria Thereza havia dito que ela poderia buscar o carro, mas Jango achou que isso seria uma humilhação:

— Como vais te prestar a um serviço desse?

Ela deu uma resposta que demonstrava a diferença de visão que surgia entre os dois. Enquanto Jango sonhava com Brasília, ela mantinha os pés no chão do exílio:

— Se tu deres essa procuração, a gente nunca mais vê o carro.

Maria Thereza acertou. Procuração na mão é vendaval. Napoleão esqueceu-se dos proprietários e preferiu vender o automóvel. Maria Thereza nunca mais iria dirigir seu carro. O espantoso era que o fato de o automóvel ter pertencido à primeira-dama era um chamariz para a venda. Os futuros proprietários, sem saber que Napoleão enganara Jango e vendera o carro sem autorização, fariam questão de valorizar o automóvel divulgando que aquela era "a Mercedes da primeira-dama".

A procuração entregue por Jango a Napoleão foi a gota d'água porque havia mais por trás dessa discussão. Não era só um automóvel. Era que opção seguir. Qual caminho deveria ser trilhado a partir do momento em que tinham pisado no Uruguai. Os novos amigos eram muitos. Já não era possível manter controle sobre tanta gente que rodeava Jango. Maria Thereza escolheu desconfiar. E falava. E repetia para ele que devia se afastar. Os exilados continuavam recebendo ajuda de Jango, que pagava água, energia elétrica e as despesas de uma casa, que, apesar de ficar na Rambla España, no elegante bairro de Pocitos, recebera dos próprios moradores o apelido de "Vietcong".[7]

Jango colaborava, mas não encorajava as ações dos exilados. Preocupava-se com sua condição e em seguir as regras que o governo uruguaio suavemente lhe impunha. O dinheiro doado pelo ex-presidente acabava muitas vezes desviado, o que provocava mais problemas para o próprio Jango, que era acusado de abandoná-los. Surgiam, assim, discussões internas sobre quem deveria administrar os recursos. E Maria Thereza só queria que Jango se afastasse.

Entre a fazenda e a cidade, o casal encontrava bons momentos quando estava junto. El Milagro tornara-se uma colônia de férias.[8] Parentes, funcionários, amigos de João Vicente e de Denize, os convidados de Maria Thereza e Jango participavam de churrascos, festas de aniversário, partidas de futebol e reuniões políticas.

Gostaram tanto do lugar que passaram a alugar casas em Punta del Este, vizinha a Maldonado. As residências em Punta tinham nomes. A primeira que alugaram, em janeiro de 1965, foi a Casa Ventisco. Maria Thereza apaixonou-se pela cidade. Em breve, Jango compraria uma linda morada na Calle 20, aumentando ainda mais a quantidade de primos e amigos brasileiros que, para a alegria do casal, os visitavam com frequência.

Jango adorava apostar nos cassinos de Punta del Este, dividindo-se entre as roletas do Nogaró e do San Rafael. A figura de Jango, o ex-presidente brasileiro, poderoso e milionário produtor rural, acabou criando várias lendas sobre suas noites nesses lugares. Fatos que, contados de crupiê para crupiê, eram aumentados em número, drama, fortuna e fama. *Invenciones* sobre como ele ganhara centenas de milhares de dólares em uma única noite ou de que ele largava seu dinheiro dentro de uma caixa de sapato no banco do carro. Lendas que reforçavam o que ocorria durante a entrada do casal, uma chegada que provocava segundos de silêncio e uma imediata — e discreta — correria dos funcionários. *"La mujer del presidente"* chamava a atenção, *"muy delgada e elegante"*, como reparavam os crupiês, que não ousavam ir além dessas colocações. Longe de mostrar um método profissional, Jango, com um copo de uísque na mão, costumava andar pelas mesas enquanto apostava nas roletas, comprovando que jogava muito mais pelo prazer do desafio do que pelo dinheiro. Gostava também de jogos mais tradicionais, como o bacará ou, no Uruguai, *"punto y banca"*.

Sempre bem produzida, Maria Thereza sabia que precisava estar à altura do marido. Ela gostava de jogar, mas se houvesse alguma atração musical, preferia ver o show, e arrastava Jango com ela. Às vezes, o azar era grande e ele lhe dava a chave do carro:

— Vai lá no cofre e traz mais dinheiro porque hoje estou perdendo.

A beleza de Maria Thereza ajudava a reforçar o mito que cercava Jango. Se ele causava tamanha admiração até entre os homens, o que não aconteceria com as mulheres que o olhavam sem cessar. Maria Thereza enfrentava uma forte competição. Os funcionários dos cassinos costumavam comentar que, se Jango chegasse sozinho ao cassino, ele com certeza iria embora acompanhado.

Com mais frequência do que gostaria, Maria Thereza viveu alguns momentos bem tristes ligados ao tratamento que Jango recebeu em Punta, por bajulação ou, pior, por desprezo, o que a revoltava ainda mais. Várias vezes, brasileiros em férias no balneário atravessaram a rua para não cruzar com ele. Certa noite, no cassino, chamou a esposa para irem embora, apesar de terem chegado havia pouco tempo. Maria Thereza percebeu que ele estava triste. Encontrara um grupo de conterrâneos em uma mesa e aproximara-se para puxar conversa. Eles se levantaram e foram para outro lugar, deixando-o plantado. Nesse grupo, nenhum político, ou militar, ou conhecido do ex-presidente, o que o deixou mais arrasado. Fatos como esse deixavam Maria Thereza enfurecida. Enquanto Jango tornava-se ressentido, ela afastava qualquer lembrança do Brasil. Em pensamentos e atitudes. Quando percebia que havia brasileiro por perto, era ela quem fazia questão de ficar longe.

Perdendo ou ganhando, na volta para casa, no carro, Jango não falava. Maria Thereza arriscava uma conversa:

— Jango, o que tu tens?

— Nada, Teca, estou só pensando.

Tantas vezes ouviu essa resposta que acabou criando um mantra: "Lá vai o meu Buda com seus pensamentos indecifráveis..."

O ano de 1966 terminaria com um fato que abalaria a fortaleza que Maria Thereza montara no exílio. Waldir Pires, com dificuldades em conseguir emprego, humilhado semanalmente ao ter de se apresentar — seguindo a determinação de Pio Corrêa — na embaixada brasileira, decidira mudar-se para Paris. Estava determinado. Aprendeu a falar francês durante o exílio e conseguira um bom cargo de professor na França. Os filhos seguiriam com ele. Foi mais uma despedida difícil para Maria Thereza. Ela e Yolanda haviam se tornado confidentes. A esposa de Waldir também sentia deixar a amiga, comovida pela forma espontânea e generosa com que tratara seus filhos.[9] Restou o vazio. Cinco crianças que brincavam em seu apartamento e que, de uma hora para outra, ela não iria mais ver. Foi um adeus difícil e incerto. Pio Corrêa agiu rapidamente. Aproveitou para pressionar o governo uruguaio, que cancelou a permissão de reingresso de Waldir no país.

O fantasma do medo precisava ser alimentado. No raciocínio que assombrava os golpistas, a ida de Waldir para a França poderia fazer parte de uma conspiração internacional para montar um contragolpe que levasse Jango novamente ao poder. A espionagem continuava sem parar. As constantes viagens de Jango a Punta del Este para passar o fim de ano com a família foram anotadas e divulgadas no informe do Ciex de 9 de janeiro de 1966.

Foi somente nesse ano que Maria Thereza conseguiu uma cédula de identidade provisória, de número 1.280.604, expedida pela Polícia de Montevidéu. Não que o governo uruguaio, o serviço secreto ou os espiões estivessem criando obstáculos, mas porque, eternamente despreocupada com tudo o que se relacionasse a documentos e contratos, nem sequer chegara a pensar em pedir uma. Jango não a alertou e ela nem imaginava que seria preciso fazer essa documentação. No comunicado, a Polícia ainda se explicou, afirmando que o documento fora feito porque ela não apresentara uma residência legal no país. Assim, Maria Thereza ganhava mais uma identidade. Com Jango resolvendo todos os seus problemas, ela não esquentava a cabeça. Durante os dois anos em que vivera no Uruguai, com as atenções voltadas para seu marido, não procurou qualquer órgão público para justificar sua permanência no país.

Essa falta de preocupação, além de seu próprio modo de vida, não deixava de ser um reflexo dos primeiros anos de exílio. Vibrou de felicidade ao ganhar um Porsche vermelho de Jango em maio de 1966, que recebeu surpresa e com a explicação de que se tratava de um presente de aniversário antecipado. Imediatamente, deu uma volta no carro com Denize. Ficou muito contente. Chegava a estranhar por que Jango gostava tanto de lhe dar carros, se ela preferia joias ou peles. Ou como escreveu em seu diário: "Pra falar a verdade, eu gosto de tudo o que é bonito."

Jango e Maria Thereza eram apaixonados por velocidade. Desde o velho jipe em São Borja, sempre ganhava carros de Jango, que aproveitava para investir e até fazer dinheiro com os automóveis que comprava e vendia. Maria Thereza decidiu ir além. Passou a participar de gincanas e corridas no Club del Bosque Punta del Este. O Alfa Romeo 1300 Julieta, outro presente, batizado de "perigo vermelho", era seu carro preferido para essas competições, mas sua melhor colocação foi um terceiro lugar. Se estivesse sozinha, dirigia em alta velocidade. Com os filhos no carro, era a mais cuidadosa das motoristas. A paixão por motores não era uma moda passageira. Realmente sabia se virar, entendia de mecânica, reconhecia falhas no motor e trocava pneu com facilidade. Apesar disso, reclamava com Jango quando ele dirigia acima do limite permitido.

No dia 28, ainda no mês de maio, seria realizada uma das mais badaladas festas da sociedade uruguaia. Uma amiga faria aniversário e convidou o casal. A confirmação da presença de Jango aumentou a expectativa em torno da festa, o que colocava Maria Thereza sob pressão. Ela entendeu os recados que corriam e preparou-se. Mandou fazer uma minissaia bem curta, de couro, vermelha (a mesma cor de seu Porsche), combinando com suas botas. Usaria, como aprendeu com Dener, uma meia fina tom de pele. Com a fibra de quem vai para uma guerra, já estava preparada. Tinha uma certeza. O comprimento de sua saia iria gerar comentários, mas nem ligava. Conhecia bem o ciúme de Jango, no entanto ele quase não reclamava de suas roupas. As minissaias estavam na moda, mas ainda causavam estranheza.

A festa prometia.

Seria realizada em um dos locais mais elegantes de Montevidéu, um clube na Rambla Pocitos. E Maria Thereza de fato tornou-se protagonista.

Não foi por estar com Jango.

Não foi pela sua beleza.

Não foi pelo tamanho da saia.

Ela sabia que, ao lado do homem mais cobiçado do lugar, precisava disputar com ele. Não contra ele, mas para deixar claro o aviso. Ela era a mulher de Jango. E não era fácil ser a mulher de Jango. Precisava vencer. Aquilo não era uma festa, era uma competição contra todas as mulheres do mundo. Dessa maneira enxergava qualquer evento a que ia com o marido. Um pequeno descuido, e velhas e novas amigas surgiriam a seu lado.

Tinha certeza de que ele seria assediado. Sempre.

Tinha de ser melhor que todas elas. Sempre.

Na chegada, muitos olhares e o costumeiro silêncio. Formaram-se, em seguida, os naturais grupos de homens e mulheres, quando Maria Thereza passou a ouvir inevitáveis comentários sobre Jango. Um teste de paciência. Brincadeiras, piadas, observações que foram irritando-a profundamente. Até que uma delas, com quem Maria Thereza não tinha a menor intimidade, aproximou-se. E ultrapassou o limite.

— Cuidado, seu marido aqui é um símbolo sexual entre minhas amigas.

— Quem são suas amigas, querida?

— Elas são bastante desconhecidas para você, por isso não vale a pena mencionar nomes.

— Querida, se não vale a pena mencionar os nomes é porque são insignificantes demais.

E virou-lhe um tapa no rosto com sua infalível canhota. A uruguaia ficou furiosa, mas não revidou.

Quem estava próximo viu a reação de Maria Thereza, mas fingiu que nada havia acontecido.

A festa cumpriu o que prometera. Depois disso, a uruguaia manteve-se em um canto e Maria Thereza em outro. "Foi o ponto alto da noite", escreveria em seu diário. Jango conversava com amigos do outro lado do salão e não viu a cena. A notícia chegou rapidamente até ele, mesmo assim deixou a conversa para a volta. No carro, perguntou:

— Que que aconteceu, Teca?

— Uma mulher muito louca estava me perturbando e me tirou do sério.

Não seria fácil ser dona da sua atenção exclusiva, ela sabia. Jango tornara-se um ídolo para os uruguaios. A população de Punta se sentia agradecida àquele presidente brasileiro que escolhera a cidade para seus negócios. Corria a brincadeira, confirmada pelo jornalista uruguaio Jorge Otero, de que, se pudesse se candidatar à Presidência daquele país, ele venceria as eleições.[10]

A pressão que desgastava Maria Thereza também vinha de outras maneiras. Na edição francesa da revista *Marie Claire*, uma reportagem com o título "Que fim elas levaram?" atualizava a matéria da *Time* e da *Paris Match* para mostrar que, após um infortúnio, muitas primeiras-damas, como Jacqueline Kennedy, Sukarno e a própria Maria Thereza, passaram das primeiras páginas para uma completa obscuridade.

Outra revista, essa surgindo como uma novidade que renovava o jornalismo brasileiro, a *Realidade*, publicou, em julho de 1966, uma reportagem sobre os dias de Jango em El Rincón, confirmando sua preferência pela solidão. Lá ele contava com a exagerada atenção de Tito Fiodermundo, um empregado homossexual de temperamento forte que trabalhou no apartamento de Leyenda Patria e foi levado por Jango para ficar nas fazendas, atuando como seu valete, cozinheiro e mordomo. Tito demonstrava ser extremamente fiel ao patrão. Sua dedicação beirava a arrogância, provocando certa inveja dos outros empregados. Seus excessos geravam desconfiança até do próprio Jango. Apesar disso,

Maria Thereza deu crédito a ele, um pouco ressabiada. Para Tito, ela deixara uma série de observações sobre o que Jango poderia ou não fazer, principalmente em relação à sua dieta. Tudo isso foi descrito pelo autor da matéria da *Realidade*, Luís Fernando Mercadante, que registrou que Jango passava os cinco dias da semana em El Rincón e que, aos sábados, voava para Montevidéu, para se reunir "por dois dias à mulher e aos dois filhos". Mercadante testemunhou que o plano de Maria Thereza e Tito não estava dando certo. "Tito tinha ordens expressas de Maria Thereza (...) para moderar a alimentação do marido (...) Jango não se abala. Espera uma das idas de Tito à cozinha e toma o prato de um visitante retardatário."

Era em Tacuarembó que ficavam quase todos os cachorros que a família criava. Da raça afghan hound: Chanel, Betânia e Kafka; o pastor-alemão Risk; a dupla de cocker spaniels Tic e Tac; os vira-latas Charlie e Jimmy; e muitos outros que ganharam o mesmo nome: Sinatra. Um deles chamava a atenção por perceber, com uma espantosa antecedência, que o avião de Jango iria chegar. Latia e chamava os outros cães para a cabeceira da pista, onde esperariam o dono. Em Leyenda Patria, reinavam o doberman Zorba e dois perdigueiros, Tintim e outro Sinatra.

De todos os cachorros, Jango se apegara demais ao que Maria Thereza considerava o mais feio que tiveram, Ranger, um pastor-alemão desengonçado, que, por mais banho que tomasse, continuava cheirando mal. Gostava de chafurdar onde era feito o abate do gado, deliciando-se com as carniças. Era por Ranger que Jango tinha um enorme carinho. Passagens inacreditáveis comprovavam seu apego ao cachorro. Após um dia de trabalho, Jango telefonou para Maria Thereza, que estava na casa da Calle 20, a menos de 10 quilômetros de distância, e avisava que iriam jantar fora.

— Teca, te prepara. Em uma hora eu passo aí.

Maria Thereza arrumava-se até com certa rapidez. Quase nunca deixava o marido esperando. Mas era Jango entrar no carro para deixar a fazenda, e Ranger começava a uivar, deixando seu dono sofrendo de pena. Na hora em que Jango chegava à casa da Calle 20, Maria Thereza era só elegância, mas quando ela abria a porta do carro, dava de cara com uma surpresa. Ranger no banco traseiro.

— Ah, não, Jango. Não vou. Com esse cheiro insuportável não dá. Pode ir para o restaurante de carro que eu vou a pé. A gente se encontra lá.

— Mas tu tens uma implicância com meu cachorro.

Maria Thereza chegava ao restaurante e Jango já estava na mesa. Ranger, que já era conhecido na cidade, deitado tranquilamente debaixo da sua cadeira.

Depois de um desses muitos jantares que fizeram em companhia de Ranger, Jango quis jogar no cassino. Tinha uns palpites e disse que precisava apostar, mas seria rápido. Dessa vez, Maria Thereza não pôde entrar.

— Tu ficas aqui segurando o Ranger que eu vou jogar só uma vez. Estou com intuição de uns números.

A elegante Maria Thereza ficou lá, de vestido, segurando Ranger pela coleira. Umas amigas pararam para conversar com ela, que se distraiu. A coleira escapou de suas mãos e o pastor-alemão saiu correndo.

Quase na mesma velocidade, Maria Thereza entrou no cassino e avisou Jango:

— O Ranger escapou!

Jango se transformou e não quis acreditar na versão dela.

— Escapou nada! Tu que deixaste ele ir embora.

Ele ficou desesperado. Ofereceu recompensa para quem encontrasse o cachorro e pagou por anúncios nas rádios. Não foi trabalhar no dia seguinte. Rodou pela cidade à sua procura. Dois dias depois, Ranger foi encontrado, para alegria de Jango e alívio de Maria Thereza, que já se preocupava com seu desespero.

Assustadora mesmo foi a reação de Jango quando Ranger morreu ao afogar-se na piscina da fazenda de Maldonado durante a noite. Ficou inconsolável. Dessa vez sobrou para Tito, que foi demitido imediatamente. Foi a vez de o empregado ficar desolado:

— Mas, senhor, eu não vi, eu não fiz isso. Por favor, não me mande embora.

A raríssima cena se repetiu. Jango chorou com a morte de Ranger, que foi enterrado na fazenda em clima de respeito. Após muita insistência de Maria Thereza, Jango se deu conta de que Ranger já estava velho e que Tito não teve nada com sua morte. O mordomo foi readmitido.

As perigosas disputas de tiro ao alvo ficaram nas lembranças, mas, em pleno exílio, sobrava disposição para outras brincadeiras arriscadas. Em Maldonado, Jango estava marcando o gado. Maria Thereza entrou no cercado e foi advertida pelo marido.

— Cuidado com os touros. É melhor tu saíres daqui.

— Que nada, Jango — retrucou ela, sem dar atenção.

Mal entrou no cercado, os touros correram em sua direção. Ela se assustou e fugiu. Não conseguiria pular a cerca e se jogou por baixo para sair, ralando o braço e sujando a roupa. Do lado de fora, em segurança, buscou Jango, que lançava um olhar como se dissesse "eu te avisei".

Outra vez, o casal voltava de Punta para Montevidéu. Maria Thereza reclamou várias vezes que o marido estava correndo muito. Repetia sem parar:

— Jango, para de correr que eu estou ficando com medo. Prefiro ir a pé.

Jango escolheu não diminuir a velocidade. Maria Thereza continuou.

— Se tu quiseres correr, eu vou a pé.

Jango parou o carro.

— Agora tu desces. Eu não estou correndo muito?!

Ele achou que Maria Thereza iria voltar atrás. Ela saiu do carro. Jango acelerou e partiu sem ela, que ficou à beira da Ruta 1, a estrada que liga Punta à capital uruguaia.

Maria Thereza não se abalou. Foi para o meio da rodovia e pediu carona. Dois carros passaram e não pararam. Mas o motorista de um velho caminhão, que vinha bem mais lento, estranhou ver uma mulher sozinha e parou no acostamento.

— Ai, senhor... o senhor vai para Montevidéu?

— Sim.

— Pode me levar?

— Como não? Pode entrar.

Maria Thereza pegou carona com o caminhoneiro, que ouvia o tango *La última noche* no toca-fita a um volume ensurdecedor.

Mal o motorista acelerou, Maria Thereza viu Jango voltando de carro para buscá-la, mas não disse nada. Deixou o carro do marido passar.

A viagem, na carona de um caminhão, não foi confortável, porém o motorista fez questão de deixá-la na Leyenda Patria. Estava bem, mas com um pouco de dor de cabeça por causa do volume dos tangos. Os versos do refrão custaram a sair de sua cabeça: *Porque te fuiste aquella noche? Porque te fuiste sin regresar?*

Jango apareceu em seguida. Ambos faziam força para agir com naturalidade. Nenhum dos dois queria se dobrar. Havia alívio e dúvida no rosto de Jango, que não admitiu sua preocupação, refletida na pergunta que misturava espanhol com português:

— *Qué pasó?* Eu voltei e não te encontrei mais...

— O que aconteceu foi que eu tive de voltar de caminhão com um homem que ouvia tango o tempo todo.

Jango tentou mostrar irritação, mas Maria Thereza fez uma observação final:

— Tu que me mandaste descer.

Jango não quis prosseguir.

Havia desentendimentos por motivos ainda menos sérios. As roupas de Jango. O casal chegou a brigar por causa de um casaco de camurça surrado que ele não tirava. Só não usava quando estava lavando. A peça estava velha, com a costura aberta, o que deixava os bolsos pendurados. Maria Thereza então comprou um novo da mesma cor e modelo, e deu o velho casaco para um senhor chamado Victor, a quem a família ajudava com roupas e alimento. E recomendou várias vezes:

— Seu Victor, não venha na fazenda com o casaco porque o doutor vai ver e vai ficar bravo comigo.

— Pode deixar, dona Maria Thereza.

Dias depois, ela e Jango chegavam de carro em El Milagro e encontraram seu Victor deixando a fazenda. Ele não dera importância às recomendações de Maria Thereza. Estava usando o antigo casaco de Jango.

— Olha isso! Seu Vitor tá usando o meu casaco?!

Maria Thereza teve de confessar:

— Jango, eu dei o casaco a ele porque os bolsos estavam caindo.

— Ah, que mania tu tens de dar minhas roupas!

— Jango, se tu encontras um brasileiro no cassino com aquele casaco, vão dizer que tu estás passando fome aqui.

Mesmo contra sua vontade, a Jango restou usar o casaco novo.

Confirmando o que Maria Thereza repetia ao ouvido de Jango, seus bons momentos no exílio aconteciam com os mesmos amigos. Em Maldonado, mais um almoço. Dessa vez com Amaury Silva, Raul Ryff, Gomes Talarico e Doutel de Andrade. Desde que o conhecera, ainda solteira, Maria Thereza não perdia a chance de conversar com Doutel. Tinham estilos parecidos e não poupavam ninguém. Doutel falava o que pensava de maneira irônica sem se preocupar em agradar, o que fazia de suas histórias as mais divertidas.

Foi Jango quem preparou o cardápio para o encontro: carne de cordeiro com maçã. Um prato muito saboroso que comprovava seu talento para a cozinha. Ele caprichou nas suas sobremesas favoritas: ambrosia e fio de ovos. Já Maria Thereza fizera um pudim de pão.

Terminado o almoço, Jango anunciou sua ambrosia com entusiasmo e pediu a Maria Thereza que servisse o pudim de pão, que estava com uma ótima aparência. Quando ela tentou cortá-lo, descobriu que sua sobremesa estava dura. Não havia faca que a vencesse. Doutel não perdeu nem tempo, nem a piada. Batizou o pudim de "torpedo". O constrangimento de Maria Thereza transformou-se em gargalhada. Iria descobrir que cometera um erro durante o preparo. Colocara o pudim quente na geladeira. Ainda assim, sem repetir a mesma falha, tentou algumas vezes refazer a receita, mas nunca acertou.

Chegava o mês de agosto. Chovia e fazia frio no Uruguai. Maria Thereza gostava desse clima. Explicava sua preferência dizendo que a sombra era passageira, que nuvens passariam e iriam abrir caminho para o sol. Apesar de se aproximar mais um aniversário, mantinha a mesma força e ainda tinha sonhos para realizar em 1966. Encontrava as motivações em sua família. Ao contrário de Jango, festejava ter sido esquecida. Mais que isso, sentia-se livre.

Alguns dias antes de fazer mais um aniversário, percebendo que suas anotações estavam rendendo, decidiu escrever um livro. Mas já colocava em dúvida, no próprio diário, se conseguiria completar esse sonho, porque sabia que raramente chegava ao fim dos seus projetos. Para manter-se motivada, repetia a si mesma que o objetivo era mostrar aos filhos tudo o que passaram. Essa era sua função, como Jango lhe passara a missão. Quem deveria manter a família unida deveria ser ela.

No seu aniversário, uma festa surpresa a emocionou. Darcy e Berta, com apoio de Jango, organizaram um almoço com todo o cuidado para que ela não desconfiasse. Funcionou. Além deles, outros amigos estavam lá para homenageá-la. Ana Lucia, Amaury Silva, Ivo Magalhães, além de Norma e Berta, as donas da loja que Maria Thereza amava. Teve uma sensação feliz ao ver o bolo, todo branco. Jango, revivendo a festa que tinha terminado em tapa, disse em tom de brincadeira:

— Agora não podes mais usar minissaias tão curtas.

Depois do almoço, absolutamente agradecida, olhava para si mesma e via-se como uma mulher adulta. A grande felicidade que sentia não pertencia a ela. Sua maior alegria era ver os filhos crescerem bem. Os amigos de João e as amigas de Denize eram presença frequente no apartamento. E Maria Thereza adorava ver a casa cheia, e os filhos, entrosados. As ausências de Jango, da família e dos pais foram preenchidas pela imensa satisfação de acompanhar as descobertas que faziam. Gostava de sentir a energia deles. Brincava, andava de bicicleta no parque, corria, se escondia, abria a imaginação e entrava no mundo fantástico de João Vicente e Denize.

Maria Thereza acertava ao encontrar neles um motivo para se agarrar, porque as notícias do Brasil eram preocupantes. O estado de saúde de seu pai piorara. Dinarte fora operado novamente, dessa vez em Montevidéu, mas o distúrbio renal persistia. Estava com uremia. Um dos seus rins não funcionava e o nível de ureia no sangue era alto, o que o forçava a usar uma bolsa de drenagem, que odiava, mas que aumentaria a sua expectativa de vida. Dinarte não aceitava a própria situação. Queria tirar a bolsa a todo custo e voltar a trabalhar. Jango, que estava pagando o tratamento do sogro, foi um dos que tentou convencê-lo:

— Se o senhor tirar a bolsa, vai ter pouco tempo de vida.

O orgulhoso gaúcho retrucou:

— Não importa. Eu prefiro ter pouco tempo, mas sem isso.

Dinarte tinha 85 anos. Para realizar seu desejo, seria necessária uma outra cirurgia, que seria feita no Brasil. Jango, Dinarte, Maria Thereza, Juarez e João José conversaram sobre essa nova operação. Os médicos explicaram que ele corria o risco de diminuir sua sobrevida para apenas seis meses. Mesmo assim, Dinarte preferiu essa opção. Dizia que tinha seu trabalho e seus negócios e não queria que ninguém o visse com uma bolsa colada ao corpo.

Bancando a nova operação, Jango acionaria vários contatos em Brasília e no Rio. O governo militar, enfim, permitiu que Maria Thereza retornasse ao Brasil pela primeira vez após o golpe. Acompanharia o pai, cujo estado de saúde era cada vez pior. A operação de Dinarte aconteceria em Porto Alegre. Antes, no Rio, ele seria examinado por outros médicos. A permissão para entrada de Maria Thereza no país passou por idas de emissários ao consulado-geral em Montevidéu, onde Jango tentava obter um passaporte para ela, o que foi negado. Ele chegou a blefar para conseguir o passaporte, dizendo que Maria Thereza estava se naturalizando uruguaia.[11] Fez então novas consultas. As negociações foram complicadas, mas a autorização saiu. Pressionado, Jango exigiu que Maria Thereza evitasse a imprensa no Brasil. Recomendou inúmeras vezes que não desse entrevista nem sequer falasse com repórteres. Temia que qualquer comentário pudesse gerar críticas a uma mulher que acompanhava o pai doente e tinha o marido no exílio. E se ela soltasse o verbo e fizesse críticas fortes contra o governo, seria pior. A sua permanência no país, assim como o asilo de Jango no Uruguai, ficariam ameaçados.

Era como se Jango continuasse no poder. A imprensa criou uma enorme expectativa sobre a visita da ex-primeira-dama. O governo militar parecia sentir-se ameaçado pela presença de Maria Thereza. Três meses antes, o *Diário de Notícias* já fazia muito agente secreto perder o sono ao colocar uma foto da ex-primeira-dama na capa. A chamada do jornal informava que militares vigiavam os aeroportos "ante a notícia de que a sra. Maria Thereza Goulart teria comprado passagens para vir ao país com os filhos Denize e João Vicente". O

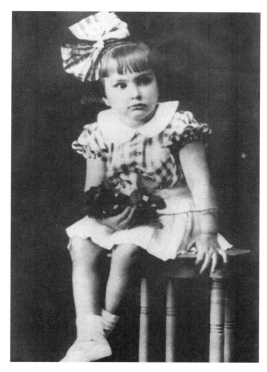

O primeiro retrato de Maria Thereza. Ela deu essa foto de presente para sua mãe assim que a reencontrou, depois de quase um ano sem vê-la.

Com 8 anos de idade, vivendo na casa da tia Dinda.

Tanira, Getúlio Vargas, Maneco, Terezinha, Maria Thereza e Jango na fazenda do Itu, no início dos anos 1950.

Às vésperas de completar 15 anos, Maria Thereza (de vestido estampado) com Dinda e a prima Daniza.

Os namorados Jango e Maria Thereza, em 1953, na praia de Icaraí, em Niterói.

Poucos dias antes do casamento, suas duas últimas fotos como solteira.

Na cerimônia religiosa do casamento, em 1955, a noiva Maria Thereza com um corte de cabelo e um arranjo floral feitos por ela e por sua mãe.

Maria Thereza pronta para esquiar. Fotografada por Jango durante a lua de mel em Bariloche.

Em Washington, 1956, durante a primeira visita
oficial como esposa do vice-presidente.

Na fazenda Pesqueiro, onde passaram o Natal de 1956: o vice-presidente
na rede e Maria Thereza com João Vicente,
recém-nascido, nos braços.

A foto preferida de Maria Thereza mostra a alegria da jovem mãe com João Vicente e Denize no colo. Copacabana era só felicidade.

Maria Thereza com Denize, uma perfeita sintonia entre mãe e filha.

No aeroporto de Barcelona, a nova primeira-dama, visivelmente encabulada, recebe suas primeiras honras oficiais. Atrás dela, o médico Antoni Puigvert. Segurando o pacote com flores, Joan Gaspart Bonet.

Maria Thereza lê o discurso de posse na Legião Brasileira de Assistência (LBA). Atrás dela, Maria Dias Lima. À sua esquerda, Risoleta Neves.

Na sede da LBA ao lado do irmão João José.

No Palácio da Alvorada, usando um vestido criado por Dener, Maria Thereza com o coque que ganharia o seu nome.

Maria Thereza com Dener e Yara Vargas.

A foto de capa do *Jornal do Brasil* que provocou enorme repercussão: na igreja de Santa Edwiges, em Brás de Pina, a primeira-dama acompanha Avelar no cortejo que abriu a cerimônia de casamento do motorista do presidente.

Em Recife, Maria Thereza participa de mais um evento da LBA, com sua secretária Maria Elisa (de pé, ao centro).

Maria Thereza entre Ieda Maria Vargas, então Miss Universo, e a Miss Estados Unidos.

A última festa de aniversário antes do Golpe, com Maria Moreira, Barros Carvalho e Dener.

A dois meses do Golpe de 1º de abril: Maria Thereza de braço dado com um oficial da Marinha; e, ao lado, com João Vicente e Denize, sob o olhar da tripulação perfilada na entrega do submarino *Rio Grande do Sul*.

No Uruguai, pronta para competir e acelerar o seu Alfa Romeo 1300 Julieta, o "perigo vermelho".

Nos bastidores do *Programa Flávio Cavalcanti*, entre Dener, Tetê Nahas e Armando Marques.

Maria Thereza com os netos Alexandre e Christopher em Punta del Este.

Na elegante boate Crocodilus, Maria Thereza exibe o visual dos anos 1980.

A reportagem da *Time* que apresentou Maria Thereza ao mundo. A primeira-dama conquistava novos admiradores, entre eles, Frank Sinatra.

No Brasil, as redações travavam uma competição para flagrar, descrever e exibir a primeira-dama. Nas publicações da França, Espanha e Alemanha, o sucesso de Maria Thereza se repetiu. Aqui e na página seguinte, uma seleção das suas principais capas de revista.

colunista Ibrahim Sued, que conversara com Maria Thereza sobre o acidente de Denize, acalmava os militares, alertando que a espera seria "em vão" porque Jango não permitiu a visita alegando que a ocasião não seria "propícia".[12]

A autorização para uma viagem no fim de setembro gerou uma superpopulação de policiais e agentes do DOPS e do SNI nos aeroportos de Porto Alegre e do Rio.[13] As listas de passageiros eram checadas e examinadas. Não faltaram avisos, alertas e informes. Uma informação secreta com data de 2 de setembro revelava que representantes de Jango estiveram na embaixada do Brasil em Montevidéu "para efetuar sondagens sobre a possibilidade de lhe (a Maria Thereza) ser concedido passaporte comum brasileiro" e que foram comunicados de que, sendo ela cidadã brasileira, não precisaria do documento, bastaria apresentar a carteira de identidade.

Em Montevidéu, Jango continuava preocupado:

— Os jornalistas vão cair em cima de ti. Fique quieta. Não diga nomes e não responda nada. Se não der para evitar, responda o mínimo necessário.

Jango sabia que eram vigiados, mas não tinha noção de que a vigilância cumpria 24 horas por dia, sem um minuto de liberdade. Temia que Maria Thereza falasse sobre as visitas que receberam nesse tempo de exílio, como se os serviços secretos não tivessem tudo anotado.

Sobre a repercussão de sua presença no Brasil, uma notícia surgia e providencialmente mudava o foco da viagem. O *Jornal do Brasil* de 1º de outubro trazia em sua capa uma manchete-bomba: "Maria Teresa (sic) e Goulart se desquitam"; no texto: "Dona Maria Teresa (sic) assinou sábado, em Montevidéu, o processo de desquite amigável do ex-presidente João Goulart, e tem-se como certo que ela passará hoje por Porto Alegre, com destino ao Rio de Janeiro."

Agora sim, as cenas que seriam vistas no aeroporto do Galeão se tornariam mais justificáveis. Maria Thereza, já desacostumada a ser manchete, apenas ouviu comentários sobre a publicação. Não leu a matéria nem poderia medir a repercussão que uma nota como essa poderia provocar. Tinha certeza de que saíra casada do Uruguai e não sabia que estava se desquitando.

A chegada da ex-primeira-dama, que usava um tailleur de lã verde e chapéu da mesma cor, provocou uma correria de repórteres e fotógrafos.[14] Às 21h20 de 2 de outubro de 1966, Maria Thereza, depois de dois anos, seis meses e um dia, retornava ao Brasil. No Galeão, ao lado do pai e do irmão João José, ela ficou surpresa com o assédio e até tentou driblar os jornalistas, mas não foi bem-sucedida em cumprir a missão passada por Jango. Além da imprensa, o carro que os levou até o edifício Chopin em Copacabana foi acompanhado por investigadores do DOPS. No apartamento onde a amiga Maria Moreira estava morando a pedido da própria Maria Thereza, a tia América, Inês Vargas, filha de Yara, e Odilia Maria Flores da Cunha, noiva de João José, esperavam por eles. Odilia era neta de Flores da Cunha, líder histórico da UDN, partido que fizera uma feroz oposição a Getúlio Vargas.

Logo que entrou, Maria Thereza sentiu uma emoção forte. Reviu a tia América, que lhe deu rosas amarelas.

— Há tanto tempo que não vejo rosas amarelas... — disse ela, comovida.

Ela levou o pai até o quarto e percorreu o apartamento comentando com o irmão como era bom estar ali. Lutava para não deixar as lágrimas escaparem. Os repórteres, que já haviam praticamente invadido a sala de visita, perceberam certa tristeza enquanto ela falava.

Aos jornalistas, Maria Thereza cumpria o *script* e ressaltava que não sofrera nenhuma restrição do governo brasileiro para viajar.[15] Além de confirmar o que não houve, garantia ao *Jornal do Brasil* que João Goulart não fizera qualquer observação sobre sua viagem, quando, na verdade, havia lhe passado várias recomendações.

Dar a ordem era fácil. O que Jango não sabia era que ela já estava "sob a expectativa de dezenas de jornalistas, que continuavam a encará-la como uma das mais belas mulheres que nasceram nesta terra e, portanto, um assunto permanente", conforme escrevera o repórter Glauco Carneiro,[16] de *O Cruzeiro*, revista que, curiosamente, trazia uma foto do general Costa e Silva na capa, com apenas uma chamada sobre "a volta de Maria Teresa (sic) Goulart".

Na revista *Manchete*, a matéria assinada por José Rodolpho Câmara, o promotor dos bailes do Itamaraty, que chamava Maria Thereza de "eterna debutante", uma expressão que já a irritava, dava o mesmo destaque: "A volta da bela senhora." Ele descrevia em detalhes o vestido e o chapéu que estava usando. A *Manchete* também publicou uma foto que demonstrava como seria difícil para ela seguir as recomendações do marido: Maria Thereza tentando sair do carro para entrar no Chopin, cercada por fotógrafos, jornalistas, infalíveis curiosos e admiradores anônimos de Jango que buscavam informações sobre o ex-presidente.

A pergunta sobre o desquite repetia-se. Maria Thereza negou. Em seguida, pediu licença e telefonou para Jango, o que surpreendeu os repórteres. Não conseguiu falar com ele, que havia levado as crianças ao cinema. Deixou recado de que estava no Chopin e que seu pai passava bem. A intenção de Maria Thereza era falar com o marido e passar o telefone ao repórter que estivesse mais perto. Assim, tiraria dela o peso das respostas que se forçava a dar, entregando essa responsabilidade a Jango.

Percebendo que a ligação não fora atendida, Carneiro questionou se a notícia da separação tinha algum fundamento. Maria Thereza sorriu, com um ar de quem "secretamente zomba" e respondeu: "Não é verdade. Soube aqui que eu tinha decidido desquitar-me."

A reportagem da *Manchete* foi mais simpática a ela. Era de esperar, dada a admiração de Câmara por Maria Thereza. A matéria citava até o nome de João Goulart. Sobre o desquite, segundo a revista, teria sido outra a resposta: "Vocês jornalistas inventam cada uma. Eu e Jango só fomos saber disso pelos jornais, aliás (...) na certa pensaram que as viagens de Jango, que são frequentes, ao interior de Uruguai, onde desenvolve suas atividades de homem permanentemente ligado à fazenda e à terra, deveriam indicar que nós nos separaríamos." Câmara também escreveu que ela reclamou do vento frio que soprava na capital uruguaia e ressecava sua pele. Aos olhos do jornalista da *Manchete*, Maria Thereza estava "mais esguia e elegante".

Foi a primeira vez que a imprensa anunciou a separação de Jango e Maria Thereza. O *Jornal do Brasil* daquele dia voltara a confirmar o desquite, dessa vez com detalhes. Os filhos ficariam com o pai e a pensão de Maria Thereza seria de 5 milhões de cruzeiros mensais.

Durante a entrevista, na frente dos repórteres, Maria Thereza prometeu a Odilia e à mãe dela, Maria Celeste Flores da Cunha, que voltaria para o casamento e traria João Vicente e Denize consigo. Tentava desviar a atenção, mas outros assuntos não pareciam interessar. Ela, porém, insistia. Falava na expectativa da recuperação do pai e que gostaria de levá-lo a Porto Alegre e de lá ao Uruguai. Guardava essa esperança, mas já havia ouvido dos próprios médicos que ele teria de seis meses a, no máximo, um ano de vida.

Sobre política respondia prontamente: "Não entendo nada disso." Mesmo quando não era questionada, insistia em dizer várias vezes que viajara somente para acompanhar o pai na consulta médica. Garantiu que as crianças estavam se adaptando bem, já falavam espanhol e que a família era muito bem-tratada no Uruguai. Acrescentou que só ouvira falar de Frente Ampla no Brasil. Porém, ao citar o movimento comandado por Carlos Lacerda que pretendia unificar a oposição ao governo militar, reunindo as lideranças de Juscelino, Jango e do próprio Lacerda, acabava provocando uma nova avalanche de perguntas sobre política. E sua resposta era a mesma:

— Não entendo nada disso.

Era importante repetir essa frase. Sua vinda só aconteceu depois de um processo desgastante. O Ciex estava lá para isso. Já havia distribuído, em 23 de setembro, uma "Resposta ao pedido de busca nº 2553, comunicando que Maria Thereza pretendia viajar nos próximos dias ao Brasil, acompanhando seu pai enfermo (...) Para tal fim solicitou título de viagem brasileiro, já que o documento de viagem que possui atualmente é passaporte brasileiro perempto".

As autoridades garantiam à imprensa que Maria Thereza teria total liberdade no país. Não foi bem isso que ocorreu quando ela encarou a fila de desembarque, a alfândega e os policiais da imigração no aeroporto do Galeão. O que os jornalistas não perguntaram e as reportagens não publicaram foi que Maria Thereza só entrou no Brasil após mostrar o atestado de saúde de Dinarte, assinado por médicos uruguaios, comprovando que ele precisaria fazer uma nova cirurgia que já estava marcada. Os policiais perguntaram quanto tempo ela pretendia ficar, por uma "questão de proteção a ela mesma", seja lá o que isso pudesse significar. Ao receber esses questionamentos, Maria Thereza sentiu mais medo ainda. Principalmente ao perceber — com os próprios olhos e não por meio de advertências do marido e de amigos — que seus passos seriam seguidos por investigadores do SNI e do DOPS, apesar da unanimidade de declarações garantirem ao público que haveria "total liberdade" para a ex-primeira-dama. Total liberdade, desde que vigiada e acompanhada. Seu plano de viagem era bem conhecido pelos serviços brasileiros. Já no dia 13 de setembro, o Ciex enviara a informação número 319/66, com a classificação "secreto", informando que "segundo declarações de uma doméstica a serviço de Maria Tereza (sic) Goulart, sua patroa estaria pretendendo viajar ao Brasil".

A volta de Maria Thereza ao Brasil recebeu destaque até entre a arapongagem internacional. A embaixada norte-americana telegrafou ao Departamento de Estado em Washington informando sobre a sua chegada ao Rio. O telegrama, datado de 3 de outubro de 1966, relatava que Maria Thereza viajou com o pai e o irmão e que "ela negou rumores" de que iria se separar, dizendo que gostaria de voltar para sua família assim que o pai se recuperasse. Para Maria Thereza foi "permitida" liberdade de movimento no Brasil, desde que ela se abstivesse de atividades políticas e não desse entrevistas.

Outra grande preocupação externada por Philip Raine, que respondia interinamente pelos negócios da embaixada norte-americana, era que a vinda de Maria Thereza despertasse especulações de que ela seria emissária na negociação da *Broad Front*, como os norte-americanos chamavam a Frente Ampla. Raine, porém, finalizava o telegrama achando "pouco provável" que Maria Thereza funcionasse como emissária porque Goulart estava bem representado no Brasil e as relações entre os dois "nem sempre foram idílicas". Discussões de casal saíam da cama e mesa e se tornavam assunto do Departamento de Estado norte-americano. Aos jornalistas que insistiam, Maria Thereza repetia que só ouvira falar no Brasil sobre Frente Ampla. Era mentira.

Ela realmente não participava, mas ficava impossível não viver a movimentação que havia com a proposta que tirava o sossego do apartamento da Leyenda Patria. Lacerda conseguia o feito de ter desestabilizado o governo de Jango e, dois anos depois do golpe, ainda ser capaz de provocar brigas entre o casal. Jango não descartava a possibilidade de juntar-se a ele, mas, só de perceber sua intenção,

Maria Thereza, totalmente contrária, começava a protestar. E o diálogo terminava em discussão. Para os jornalistas, ela dizia nem saber o que era a tal Frente Ampla, mas a conhecia muito bem e mantinha sua certeza pessoal de que Jango jamais aceitaria dialogar com seu maior opositor. Nas conversas íntimas com a tia América e com parentes mais ligados a Brizola, dizia duvidar que Jango assinasse qualquer manifesto que viesse de Lacerda.

Contudo, o que mais a perturbava em sua tumultuada volta era a insistência nas perguntas sobre o desquite. Pega de surpresa, sentia uma aflita necessidade de esclarecer que não estava se separando. Ao mesmo tempo, no Uruguai, Jango começava a escrever cartas para amigos reclamando das entrevistas de Maria Thereza e pedindo que eles a advertissem, o que aumentava os boatos. A crise conjugal que não existia até então começava a despertar com muita força. Não bastassem para ela as espionagens uruguaias, brasileiras e norte-americanas, a pressão de policiais e repórteres, e a doença do pai.

A cara feia do governo militar não rendia belas capas. A visita de Maria Thereza era uma chance de vender revistas e jornais. O Chopin tornou-se um dos lugares mais seguros do Rio. Policiais não tão bem disfarçados passaram a circular pelo prédio desde a chegada de Maria Thereza. Mais que homens do DOPS, do SNI e do Conselho de Segurança, havia jornalistas bem menos discretos fazendo revezamento na portaria e solicitando entrevistas quase todos dias. Esses, sim, não falhariam na perseguição a qualquer notícia que envolvesse seu nome ou sobrenome. Percebendo que não desistiriam, Maria Thereza passou a receber os repórteres na sala que Jango costumava usar como escritório, onde havia dois retratos autografados, um de Kennedy e outro de Sukarno, além de fotografias dos filhos e um busto de Getúlio. Ela achava engraçado que, em contraste com tamanho empenho para tentar entrevistá-la, as perguntas careciam de criatividade e não variavam. A saudade dos filhos, de Jango, do Rio e da praia; a vida no Uruguai; o estado de saúde de seu pai; a moda; Dener; o tempo de primeira-dama... De vez em quando, um questionamento sobre Brizola recebia uma resposta acrobática. Eram amigos, "mas residiam em locais diferentes e distantes".

Para o tema da política, ela acionava o procedimento padrão "nada entendo sobre isso". E, claro, não faltavam, nunca, dúvidas sobre o desquite, o divórcio e a separação. Ouvindo sem parar *Que c'est triste Venise* de Charles Aznavour na vitrola, Maria Thereza esticava as respostas sobre os filhos, a escola dos filhos, a adaptação dos filhos, quanto eram ótimos alunos, como estavam felizes no Uruguai. Só um tema recebia mais atenção. A cada mínima chance que tinha, enfatizava que não houvera "qualquer problema com as autoridades sobre sua vinda ao Brasil"[17] e que a única advertência que recebera de Jango, com quem garantia falar diariamente, era que ela voltasse depressa. E, infalivelmente, suas declarações terminavam com a mesma frase: "Todos estavam felizes no Uruguai."

Era bom mesmo ser feliz no Uruguai. O procurador-geral da Justiça Militar, Eraldo Gueiros Leite, garantira que a senhora Maria Thereza Goulart tinha "livre trânsito no Brasil" e que não existia "qualquer possibilidade" de ser presa, porque ela "não respondia a qualquer IPM nem estava arrolada" como testemunha contra Jango. O ministro Murgel de Resende, do Supremo Tribunal Militar, reforçava a enorme confiança que sentiam. Mais detalhadamente, explicava que Maria Thereza só poderia "ser presa com ordem de autoridade e com vistas a fato que constitua crime". Ela poderia ficar tranquila. Bem tranquila. Nenhum crime seria fabricado contra ela enquanto estivesse no Brasil: "Seria um absurdo instaurar um IPM depois que a sra. Maria Thereza Goulart chegasse ao Brasil para saber se ela praticou qualquer crime."

Até Mourão Filho, que a essa altura largara a farda de general e era ministro do STM, endossava as gentilezas em relação a ela. Bem a seu estilo, explicava que "o criminoso era o sr. João Goulart. E a sua esposa não corria perigo algum".[18] Com tantas garantias vindas de pessoas nas quais não acreditava de modo algum, o mínimo que deveria fazer era permanecer alerta.

Os jornais e as revistas reproduziam suas declarações. Repetiam o clichê de que o tempo e o exílio não fizeram Maria Thereza perder sua beleza. Uma exceção em meio a tantas bajulações foi o *Correio da Manhã*, que, além de publicar seu desmentido sobre o desquite, não glamourizou tanto sua presença, destacando uma frase que refletia a realidade que vivia. Entendendo seus verdadeiros sentimentos, o jornal publicou que ela garantira que "não sentiu nenhuma emoção ao desembarcar no aeroporto" e que encontrou "um povo frio, bem diferente do que ela conhecia".

Misturando essas emoções, Maria Thereza só não contava com o que iria presenciar. Antigos amigos passariam a ignorá-la, esforçando-se para ficar longe dela. Era o preço de ser a esposa de um presidente desterrado.

Os primeiros dez dias da volta de Maria Thereza foram decepcionantes para os jornalistas. Saiu apenas uma vez, para ir ao cinema assistir ao clássico *Doutor Jivago*. A rotina do prédio, porém, já estava bem alterada com a presença de jornalistas, policiais e espiões.

Na segunda semana, finalmente deixou o apartamento. A reportagem da revista *O Cruzeiro* flagrou sua visita para conhecer o Aterro do Flamengo, ao lado de João José, Odília e Ana Lúcia.

A matéria de *O Cruzeiro* mais uma vez não citava o nome de João Goulart, mas se referia a Maria Thereza como a ex-primeira-dama. Descrevia o passeio pela cidade, onde ela poderia "passear e fazer compras, apreciar o Rio sem que batedores ou admiradores lhe restringissem o campo visual e tirassem, com sua onipresença, o encanto de andar só e de se sentir solitária", e destacava que ela não fora reconhecida nas ruas e nas lojas. Ao contrário da impressão que passava, a reportagem não fora combinada antes nem tivera a autorização de Maria Thereza. Em um lance de sorte, os repórteres Glauco Carneiro e o fotógrafo Rubens Américo estavam em frente ao apartamento quando eles saíram. Claro que os seguiram. Conseguiram registros exclusivos, como Maria Thereza andando pelas ruas, tomando picolé e comprando um autorama para João Vicente e uma boneca para Denize.

Apesar de ocultar o nome de Jango, o texto trazia referências diretas ao exílio, explicando que ela preferia as roupas daqui porque "traziam uma sensação de Brasil". O artigo terminava de forma nostálgica: "E, depois de tudo isso, vestiu-se totalmente de Brasil para aguentar outros meses de exílio."[19]

Jango ficou muito irritado ao ler a revista. Sem ter noção do cerco, achou que Maria Thereza, com o pai doente e o marido exilado, não deveria ter participado da reportagem. Em uma carta a Percy Penalvo, escreveu que havia pedido a ela que não se encontrasse com "A.L." (muito provavelmente Ana Lúcia). Confirmava-se aí mais uma característica do ciúme de Jango, que fazia restrições até às amigas da esposa. Maria Thereza desobedecia a uma ordem específica de seu marido, que havia feito restrições diretas ao convívio com Ana Lúcia. Casada com Eloy Dutra, Ana ficava mais no Rio que no Uruguai, provocando também a solidariedade masculina.

Com certeza, Jango ficou mais nervoso quando soube que, no domingo, dia 23, ela foi à praia com um maiô abóbora com detalhes em verde. Com a ajuda de Maria Moreira, achou que, no domingo, com mais gente na praia, não seria notada. Um tremendo erro de avaliação. O óbvio disfarce — chapéu e óculos escuros — em nada adiantou. Assim que foi descoberta nas areias de Copacabana, tornou-se o centro das atenções. Teve de voltar rapidamente para o Chopin, com medo de ser fotografada. Não foi, mas ganhou todos os olhares.

Jango saberia de tudo. Pouco importava que, além da ida ao cinema e ao Aterro, nos seus outros 21 dias de Brasil, Maria Thereza tivesse ficado trancada no apartamento. Ele iria receber onze cartas anônimas detalhando as atividades da esposa, que, cansada das mesmas perguntas, estava determinada a acabar com os boatos sobre a sua separação. Nem que, para isso, precisasse fazer o que Jango não queria. Concedeu uma entrevista para o programa do "Homem do Sapato Branco" da TV-Rio, na qual desmentiu, mais uma vez, o desquite. Foi quando soube de uma nova fofoca que envolvia seu nome. A última que corria era que teria acertado na loteria no Uruguai. Ela negou. Garantiu que nunca havia entrado em uma casa lotérica. Até para dar palpite sobre resultado de Fla-Flu ela foi ouvida. Arriscou que o rubro-negro iria vencer o clássico. E acertou.

Maria Thereza acompanhou a operação e o início da recuperação do pai, conforme havia combinado com Jango. Dinarte insistiu com os filhos que, assim que melhorasse, queria voltar para o Rio Grande do Sul, organizar seus papéis e deixar tudo em ordem. Sabia que estava perto da morte. Seriam 44 dias de Maria Thereza no Brasil, o que aumentaria a irritação de Jango, que dissera para ela permanecer por uma semana somente.

As cartas e anotações de Jango não deixavam claro se a sua preocupação com Maria Thereza era política — com a esposa de um ex--presidente em reportagens que mostravam que estava tudo bem, quando não verdade não estavam — ou se aquele monte de reclamação era apenas o desabafo de um marido ciumento. Fosse o que fosse, Maria Thereza passou a incomodar-se com os telefonemas e recados repletos de desconfiança. Chegou até a imaginar que o seu ciúme poderia ser uma estratégia para justificar as suas infinitas escapadas.

Era claro que sua longa permanência no Rio, as entrevistas, os passeios e até as enfáticas respostas aumentavam a suspeita de um fato que lutava para desmentir. Na capa do *Diário de Notícias* de 11 de novembro, mais uma manchete sobre o grande assunto: "Desquite é caso consumado". O jornal, velho fabricante de mentiras sobre ela, garantia que ela não voltaria ao Uruguai.

Maria Thereza aproveitou a eleição para o Legislativo e retribuiu o gesto de coragem do único deputado que saiu em sua defesa. Apesar de não poder comparecer às urnas, declarou voto em Noronha Filho. Dessa vez, nenhum repórter questionou os seus motivos.

O estratégico e fulminante retorno de Maria Thereza ao Uruguai ocorreu um dia após a eleição. Com tantos jornais repetindo que ela se separara de Jango, a vigilância dos espiões e da imprensa diminuiu. Na segunda-feira, dia 14, ela pôde ir ao Instituto Felix Pacheco para regularizar seu passaporte sem pareceres e opiniões de juízes e ministros. Com um belo drible, conseguiu renovar o documento, cuja validade estava expirada. A atenção do país estava concentrada na eleição. Maria Thereza aproveitou-se. Retornou a Montevidéu sem dar a menor satisfação a nenhuma autoridade. No seu embarque, dia 16, não havia um jornalista sequer. E surpreendentemente não foi barrada nem chamada a prestar esclarecimentos no aeroporto. Nem ao menos foi revistada.

O governo militar falhou feio, mas não se esqueceria.

No Uruguai, Maria Thereza precisaria explicar ao marido por que não fez o que ele pedira. Jango estava realmente irritado com ela. Logo no reencontro, ainda no aeroporto, já reclamava.

— Eu falei nada de entrevistas, mas tu passeaste pelo Rio!

Jango falou e falou. Maria Thereza tentou apenas uma vez dizer que queria desmentir os boatos sobre o desquite, mas não conseguiu. Ficou então calada, ouvindo. Por causa disso, não houve briga. Jango ainda continuou bravo com ela por alguns dias.

O inesperado retorno de Maria Thereza constrangeu os jornalistas — que passaram quase dois meses garantindo que ela não voltaria ao Uruguai — e provocou um aumento da vigilância oficial sobre ela. O Ciex acompanhava o que acontecia com Jango e Maria Thereza como quem não perdia um capítulo de novela. Repassava curiosos detalhes do relacionamento e lançava leves ironias, como no informe secreto 648, de 20 de dezembro de 1966: "João Goulart se encontra bastante deprimido com a separação conjugal imposta pela esposa Maria Thereza e as perspectivas sombrias (para si) da nova Constituição brasileira. No momento, não quer saber de política nem mesmo de contatos com asilados brasileiros."

Os informes e as informações do Ciex e do SNI, com suspeitas para todos os lados, causavam estranhezas mas vibravam com as idas e vindas do romance mais vigiado da ditadura. Absurdos que eram repassados com a observação de "secreto". O mais estapafúrdio dos fiascos foi a informação 1414 distribuída pelo SNI com data de 5 de janeiro de 1967. Segundo os arapongas, a exilada Katia do Prado Valadares teria sido convidada por Jango para morar na fazenda de Tacuarembó. Katia era filha do médico, crítico de arte e intelectual baiano Clarival do Prado Valadares e casada com Marcos Antônio da Silva Lima, que, antes do golpe, atuava como vice-presidente da Associação dos Marinheiros e Fuzileiros Navais do Brasil. Segundo a furada versão do serviço secreto, Katia seria a pivô da separação de Jango e Maria Thereza.

A contrainformação tornava-se mais importante que a informação, afinal a verdade não era tão palpitante quanto os espiões desejariam. Em janeiro de 1967, Katia não estava em Maldonado. Na realidade, ela se asilara com o marido em Cuba. Um erro de mais de 7 mil quilômetros.

O casal cuidava do filho de 1 ano de idade e preparava a mudança para a Tchecoslováquia, um país que não registrava Cuba como procedência no passaporte para deixá-lo "limpo" na eventualidade de um retorno ao Brasil[20] ou outro país sob ditadura. De Cuba, Katia seguiria para Praga sem colocar os pés no Uruguai. Ela havia visto Jango apenas uma vez em toda a sua vida, a uma boa distância, no Comício da Central. O erro do SNI, de tão gritante, gerava até suspeitas de que a intenção não era acertar. Uma barbeiragem desse tamanho poderia até levantar a teoria de que o SNI desejava plantar essa informação para ligar Jango aos marinheiros e fuzileiros no exílio. Assim, quem lesse essa nota poderia pensar que Jango estava conspirando ao lado deles. SNI e Ciex se revelavam grandes criadores de história, com a fofoca pautando a obra.

Em 18 de dezembro, o *Jornal do Brasil* informou que mais uma entrevista de Jango, dessa vez à *Manchete*, não chegaria às bancas. Era censurada a matéria em que o ex-presidente admitia que poderia receber Carlos Lacerda e na qual criticava violentamente, como jamais fizera, o governo militar. Haveria várias fotos de Maria Thereza na reportagem proibida e a reprodução de uma declaração de próprio punho em que ela desmentia, mais uma vez, a separação. "O nervosismo natural, decorrente da situação em que ele se encontra, gera inevitáveis conflitos familiares",[21] escreveu.

Além da censura, desencadeava-se uma caça às bruxas. Designado pelo jornal *O Globo*, onde trabalhava, para cobrir a viagem do novo presidente, Costa e Silva, a Punta del Este em março de 1967, o jornalista Carlos Chagas visitou Jango, tomou café feito e servido por Maria Thereza e ouviu do ex-presidente que ele seria o último a voltar porque sentia o dever de prestar solidariedade aos exilados. Esse gesto de amizade fez com que Chagas enfrentasse uma série de problemas profissionais.[22]

Em junho de 1967, oito meses depois da cirurgia, o estado de saúde de Dinarte agravou-se. Desenganado pelos médicos, pediu que fosse levado de Porto Alegre para São Borja, onde desejava morrer. Lá, foi internado no Hospital Ivan Goulart, o mesmo onde sua esposa Giulia falecera. Avisada imediatamente, Maria Thereza preparou sua viagem.

Jango pediu a Maneco que a levasse de Cessna para São Borja. Nem sequer pensaram em consultar o governo brasileiro. Após a visita de 44 dias ao Rio de Janeiro e de ficar com o passaporte regularizado, acreditavam que não haveria embaraço algum e que a crueldade feita na ocasião da morte de Maria Giulia não se repetiria.

Não seria possível e aceitável que se repetisse, pensaram.

Assim que o Cessna de Jango pousou no aeroclube da cidade, no dia 24 de abril de 1967, o "livre trânsito" propagado anteriormente virou farsa. Logo que desceu do avião, Maria Thereza, usando uma saia escocesa xadrez e uma malha preta de lã com gola alta, percebeu que havia algo estranho. Quase uma centena de militares patrulhavam o lugar.

— Maneco, acho que vão nos prender.

— Não, absolutamente. A gente tem autorização de voo e de pouso.

Maneco havia feito o pedido de entrada e, durante o voo, comunicou às autoridades que trazia a ex-primeira-dama.

— Mas então para que essa gente toda aqui?

Assim que desceram do avião, Maria Thereza foi cercada por militares, que a obrigaram a subir em um jipe do Exército. Maneco teve de permanecer dentro do Cessna, o que até achou bom, porque passou a temer uma sabotagem e assim poderia vigiar a aeronave. Conduzida diretamente ao hospital, Maria Thereza não teve chance de falar com ninguém. Desceu do jipe e entrou, escoltada por dois soldados, um de cada lado, que mostravam serviço e mantinham as armas em punho. Não cumprimentou ninguém, nem poderia parar. Só trocou olhares com seus familiares. A escolta seguiu a seu lado até a porta do quarto onde o pai estava:

— A senhora pode ficar com seu pai por 15 minutos.

Os militares ficaram do lado de fora, contando os segundos. Maria Thereza entrou sozinha, mas havia amigos e parentes no quarto. Ana Maria Guimarães, com 13 anos, filha de um grande companheiro de Jango, Florêncio Guimarães — ex-prefeito de São Borja — não via Maria Thereza desde o golpe e ficou encantada com a elegância e a firmeza que ela transmitia. Ficou mais admirada ao testemunhar que, mesmo pressionada pelos soldados, ela não fraquejou.

Dinarte estava inconsciente, mas despertou com a chegada da filha, como se a estivesse esperando. Os parentes deixaram o quarto para que os dois se despedissem. Do diálogo que tiveram, Maria Thereza se lembraria apenas de uma frase:

— Acho que eu vou morrer, minha filha.

Dinarte era uma pessoa conhecida em São Borja e a sala de espera estava lotada. Havia muitas pessoas querendo vê-lo, mas a notícia de que Maria Thereza chegara a São Borja provocou uma correria ao hospital, o que aumentou a preocupação dos militares que a conduziam.

A visita durou exatamente os 15 minutos estabelecidos pelos militares. Maria Thereza quis ficar um pouco mais, mas eles foram irredutíveis.

— Não, não! Vamos embora! A senhora vai embarcar agora!

Maria Thereza saiu da mesma maneira que entrou. Manteve a cabeça erguida. Não chorou. Não daria a um monte de curiosos o gosto de ser vista derramando lágrimas em público. Mais uma vez a raiva que sentia superava a tristeza. Aquela perigosíssima mulher merecia agora a escolta de quatro soldados armados. Refizeram o caminho da porta do quarto ao jipe, do jipe ao aeroclube, e direto ao avião. Maneco, que realmente não chegara a sair do Cessna, acionou os motores.

O avião decolou. Minutos depois, às 14h de 6 de junho de 1967, Dinarte faleceu. Maneco recebeu pelo rádio a comunicação do Aeroclube de São Borja. Apesar de saber a resposta, arriscou perguntar se poderia voltar. Os militares negaram o pedido. Maria Thereza foi proibida de acompanhar o velório do pai, como fora impedida de ir ao velório da mãe.

Não esperava essa atitude. No Rio, chegara a ir à praia. Por que o governo militar a impediu de ir ao velório e ao enterro do pai?, perguntava-se. A explicação poderia estar na maneira como driblara a vigilância e saíra do Brasil em novembro sem dar satisfações ao governo. Ou então, em uma questão bem mais caseira, o que explicaria o excesso de zelo do coronel Léo Etchegoyen,[23] chefe da Polícia Civil do Estado do Rio Grande do Sul, o mesmo que a proibira de atravessar o rio para se despedir de sua mãe. Foi Etchegoyen também que, durante a Campanha da Legalidade que lutava para garantir a posse de Jango, comandou a patrulha avançada para prender Leonel Brizola.[24] O coronel mostrava-se muito preocupado com uma ameaça de 1,62 metro e 47 quilos, receando que ela pudesse prejudicar os rumos do governo militar. Decidiu atacar com todas as armas, a começar por proibi-la de acompanhar as cerimônias fúnebres dos pais.

Jango ficou revoltado com o modo como a trataram. Inconformado, sem ter a quem dirigir a pergunta, repetiu em voz alta várias vezes:

— Como podem escoltá-la até um hospital e te deixar 15 minutos com teu pai, sabendo que ele estava à beira da morte? Por que isso?

As variadas e assustadoras reações do governo militar às entradas de Maria Thereza complicavam qualquer tentativa de organização de Jango. Não era possível prever o que o Brasil faria e quanto de pressão exerceria contra o Uruguai se ele fosse adiante com o plano de viajar para a Europa. O Ciex já havia informado o governo brasileiro de que existia uma forte corrente no Uruguai para que, apesar de Jango ser um asilado político, lhe fosse concedida autorização para deixar o país com suspensão, pelo tempo da viagem, de sua qualidade de asilado, condição a que retornaria assim que regressasse.

Pouco mais de um mês depois da morte de Dinarte, Maria Thereza enfrentaria um novo teste sobre as variadas recepções que recebia. O casamento de João José e Odilia seria realizado no dia 14 de julho. Com medo, ela arriscaria novamente, mas dessa vez outros fatos apontavam que não haveria, no Rio, a medonha reação com que fora recebida no Rio Grande do Sul. A noiva carregava o sobrenome Flores da Cunha, família tradicional da UDN que agora se unia aos Fontella e, indiretamente, aos Goulart. O *Correio da Manhã* fazia blague e chamava o casamento de uma "quase frente ampla estadual".[25] Surgia um fenômeno que se repetiria, com frequência, no mundo da zona sul carioca, um lugar onde generais do golpe e parentes de exilados e torturados eram vizinhos, frequentavam os mesmos eventos sociais e chegavam até a ter laços de sangue.

Através de solicitações oficiais, Jango consultou a posição da embaixada brasileira no Uruguai. O governo permitiu a entrada de Maria Thereza e de seus filhos e não exigiu prazo de retorno. Contudo, ela estava traumatizada pela brutalidade vivida durante as mortes da mãe e do pai. Assim que desceu no Galeão, no mesmo dia do casamento, dirigiu-se às autoridades e respondeu pacientemente a todas as perguntas "aonde vai?... A que horas vai?... Quando volta?..."

A cerimônia de casamento seria realizada na Igreja São Francisco de Paula. Mas o interrogatório no aeroporto e a demora na entrega do vestido de Denize, desenhado pela própria Maria Thereza, atrasaram o início da cerimônia. Como Denize, que seria dama de companhia, iria com Maria Thereza no mesmo carro de João José, a tradição se inverteu. O noivo chegou uma hora atrasado.

Jango lhe fizera as mesmas recomendações de se manter longe dos jornalistas, e Maria Thereza lutou para cumpri-las, mas foi alçada à categoria de grande atração. Cercada por repórteres, e revendo pessoas de quem já havia esquecido e que lhe traziam péssimas lembranças, fugiu às amenidades recomendadas pelo marido. Engasgada com a escolta que a impedira de acompanhar o enterro do pai, ela aproveitou a chance e falou, em poucos minutos, muito mais do que havia dito em seus quase dois meses anteriores de Brasil, declarando antes da cerimônia para os jornalistas que estavam na entrada da igreja: "Quando puder, meu marido volta ao Brasil, porque o seu desejo é viver mesmo no país onde nasceu."[26] A repercussão foi inevitável. A manchete da página cinco do *Diário de Notícias* de 15 de julho seria: "Maria Teresa diz na Igreja: Goulart voltará ao Brasil".

Era de esperar que uma festa em que o pai da noiva, que fora o todo-poderoso da UDN na Câmara dos Deputados, estivesse repleta de convidados nada simpáticos a Jango. Maria Thereza preparou-se para encontrá-los. Já na igreja, alguns deles apressaram-se para saudá-la. Trocou cumprimentos absolutamente formais com o marechal Eurico Dutra e com o deputado Ranieri Mazzilli. Foi mais rápida e indiferente com o general Amaury Kruel. Apesar de fazer força para atuar e não demonstrar o que estava sentindo, Maria Thereza percebia que, mesmo sendo a irmã do noivo, sua presença não deixava de ser considerada surpreendente.

Na recepção, apesar de muito bem tratada pela família da futura cunhada, sentia-se como uma estranha que incomodava. Por sorte, estava com Denize, a dama de honra que roubava a cena de tão bonita aos 8 anos de idade. Assim, Maria Thereza fugiu das atenções. Postou-se, estrategicamente, em um canto do salão. Observava. Percebeu ali que o tempo passara de uma maneira diferente no Brasil. Ficou feliz ao ver Yara entrar no salão. Assim que se encontraram, foram para uma sala mais reservada.

Ajudada pela prima, ela conseguiria suportar a pressão que sentia, mas um detalhe destruiu de vez a resistência íntima que construíra. Encontrou Diraci, aquela que se enfiava dentro da Mercedes para passear com a primeira-dama. Esposa de Edgard Santos Vale, militar que trabalhava na Granja do Torto, Diraci usava no braço uma pulseira que fora desenhada exclusivamente para Maria Thereza. Ficar frente a frente com um dos saqueadores da Granja do Torto não fizera parte da sua preparação. Chamou seu irmão, pediu desculpas e, chorando, explicou-lhe que não suportava mais:

— Quero sair daqui.

Enquanto o irmão providenciava a condução para ela, Maria Machado, a sogra de João José, a acompanhou. A irmã da noiva veio em seguida. Era Fernanda, que admirava Jango, e que, ao lado de Yara, a ajudou muito. Depois de menos de uma hora, Maria Thereza deixou a festa em lágrimas. As lições do exílio foram importantes, mas ver sua pulseira no braço de outra pessoa trouxe imediatamente a lembrança de como sofrera ao deixar o país.

O dia seguinte foi mais calmo. Um domingo feliz para Denize que, no Chopin, matou a saudade e brincou com Cintia, Claudia e Roberto, os filhos de Aloysio e Terezinha Vinhaes. Ainda abalada pelo que tinha acontecido na festa e já preocupada com a manchete do *Diário de Notícias*, Maria Thereza mandou dizer aos jornalistas, postados na porta do prédio, que falassem com sua filha. Como na maior parte da sua última visita, passou o dia no apartamento. Os repórteres consolaram-se batendo fotos de Denize, que brincava na praia com os amigos, todos supervisionados por Terezinha Vinhaes. Denize até então não tinha lembrança do Brasil nem se recordava de que era brasileira. Mas, ao entrar no apartamento e rever suas bonecas, emocionou-se a ponto de preocupar sua mãe.

Alertada sobre a vigilância que sofria, Maria Thereza decidiu adiantar o regresso. Pedro, marido de sua prima Terezinha, levou-os para o Galeão. Lá compraram as passagens poucas horas antes do embarque. Essa preocupação não valeria o esforço. A realidade era que o governo militar, dessa vez, decidira vigiá-la bem. Os arapongas do Ciex acompanharam seus passos e anotaram sua estratégia no informe 448, de agosto de 1967. Ela nunca mais voltaria a enganar o serviço de espionagem. Depois de 48 horas de Brasil, ela e Denize retornavam ao Uruguai.

Após o casamento, começou a nascer um lento afastamento entre os irmãos João José e Maria Thereza. Viviam em lados opostos. A distância também contribuiu. Os encontros e telefonemas tornaram-se raros. A lembrança mais forte que guardou, contudo, era uma certeza que jamais imaginou que teria. Sentiu que o Brasil não era mais, nem voltaria a ser, o seu lugar.

14.
Não há de ser inutilmente

— Teca, o Lacerda vem aqui conversar comigo.

Jango estava na cozinha do apartamento e ouviu uma leve risada de Maria Thereza, que lavava um copo na pia e nem se mexera. Perguntou o que ele dissera. Pensou que não havia entendido.

— O que tem o Lacerda?

— É... ele vem aqui... pra conversar...

— Ah, tá.

Maria Thereza continuou lavando a louça. Jango estranhou que a mulher aceitasse a notícia de modo tão fácil. Decidiu repetir.

— Teca, o Lacerda vem até aqui.

— Peraí... tu não estás brincando?

— Não.

— Isso é sério?

— É. O Lacerda vem aqui.

— Tu não estás brincando?

— Não.

— Quando? Por quê?

Até ali, Jango mostrara firmeza nas respostas. Com essas duas perguntas, surgiram pausas nas explicações:

— Vem aqui... porque a gente tem um assunto muito sério pra conversar... pra ver se dá certo a Frente Ampla... nós estamos preparando uma aliança...

— Mas tu vais mesmo fazer essa aliança? Com Lacerda?!
— Sim. Ele chega aqui nas próximas semanas.
— Ah, tá. Mas onde? Ele vem aqui em casa?!
— Vem. Aqui em casa.
— Lacerda?! Aqui?!
— Sim.
— Mas depois de tudo o que esse homem fez. Tu vais fazer um acordo com ele? Não estou entendendo.
— É, não dá para entender mesmo, Teca.

Maria Thereza nada mais perguntou.

Jango se calou.

Afora essa pergunta que ficaria sem explicação, ela não questionaria mais a decisão de Jango, mas sentiria uma decepção pela escolha que seu marido havia feito. Reconhecia que não entendia nada de política. Dava seus palpites — muito mais do que deveria, reconhecia ela — em momentos da vida de casal. Às vezes, errava feio, como fizera ao defender Amaury Kruel.

Havia um ponto, porém, que Maria Thereza considerava sagrado. A enorme admiração que sentia pelos ideais que Jango defendia. Assim como na vida particular, em que não se preocupava com dinheiro e negócios porque depositava plena confiança nele, que era o seu protetor, que a aconselhava e orientava. Além de esposa, era fã do político Jango, mas dessa vez o seu silêncio era a inevitável consequência de uma decepção com o presidente que sempre admirara. Doía porque não vira, na atitude de Jango, nenhuma hesitação. Ficou bem claro que ele também queria encontrar-se com Lacerda, e até pôde perceber uma satisfação dele.

Apesar da certeza de que a esposa não aceitaria sua decisão, a silenciosa calma com que recebeu a notícia surpreendeu Jango, que esperava gritos e reclamações, afinal, Maria Thereza exibia posições firmes quanto às pessoas que se aproximavam dele no exílio.

Ela realmente mudara. Depois de três anos de Uruguai e de tantas surpresas, aquilo era mais um desses fatos que teria de enfrentar. Estava se acostumando, mas não se esquecia do verdadeiro horror que sentia à figura de Lacerda. Porém o considerava inteligente — tão inteligente quanto macabro.

Mesmo assim, a atitude de seu marido era algo difícil de compreender e, muito mais ainda, de engolir. Não conseguiria, de um dia para o outro, esquecer o pavor que sentia por Lacerda. Durante o governo de Jango, chegou a pensar que, por trás das suas motivações, havia mais que uma disputa política. Desconfiava que ele sentia um certo prazer psicológico a cada vez que trabalhava para destruir as ideias de seu marido. Como alguém poderia inventar tantos absurdos?, perguntava-se. Chegava a ter medo de ler jornais e encontrar um artigo ou uma entrevista de Lacerda. Nem passava perto da *Tribuna da Imprensa*, o jornal que, desde que Jango surgira no cenário nacional, não lhe dera trégua e o classificara, em editoriais e reportagens, como "o maior de todos os demagogos". Afirmando que participava de uma "oligarquia de assassinos", destinando-lhe críticas pontuais como "figura ratona"[1] ou criando situações que não existiam: "Comunistas e janguistas preparam a subversão da ordem";[2] "A *Tribuna* tem as provas da traição de Jango ao Brasil."[3] Os ataques continuariam mesmo após o golpe: "Infame líder dos comuno-carreiristas-negocistas-sindicalistas. Um dos maiores gatunos que a História já registrou."[4]

Das inúmeras acusações contra seu marido, uma delas nunca lhe saíra da cabeça. Em 15 de setembro de 1955, o jornal de Lacerda trouxe a seguinte manchete: "Jango explora o lenocínio". Fosse publicada cinco meses antes, essa acusação atingiria somente o adversário político. Da maneira como fora escrita, aquelas palavras também respingavam nela. No dia em que a *Tribuna da Imprensa* chegou às bancas com mais essa gritaria, o casamento de Maria Thereza e Jango tinha menos de cinco meses. Foi o primeiro ataque que sofreu. Viriam outros, tantos outros que passaria a nem se importar mais. Desse, jamais esqueceria.

Houve momentos piores, mais rasteiros. Em um dos inúmeros programas de TV ao vivo de que participou, fazendo mais um de seus discursos contra o governo, Lacerda apontou uma diferença entre ele e Jango:

— Eu agarro o touro pelas guampas; agarro o touro pelos chifres.

A expressão, que no Rio Grande do Sul significava "encarar um problema de frente, com coragem", foi entendida pela plateia carioca como uma suspeita de traição conjugal. Empolgado com a gargalhada do público, Lacerda arrematou:

— E ele os tem.[5]

Essa declaração alcançou tamanha repercussão que houve até um posicionamento dos oficiais militares então simpatizantes a Jango. Amaury Kruel começou a articular a realização de um comício em desagravo ao presidente. Só se falava em Lacerda, que estava muito satisfeito. Atingira seu objetivo.

Para Jango, depois de alguns anos de briga e mais três de exílio, essas e outras ofensas estavam enterradas. O animal político superava o marido ciumento. Maria Thereza era somente a esposa. E explodia por dentro. Jamais entenderia o mundo em que o marido e Lacerda viviam. Perguntava a si mesma como seria possível que Jango já tivesse esquecido de tudo o que Lacerda falara e escrevera sobre ele. Ela guardou o ressentimento. E esmiuçava-o.

Contudo não ficara sabendo que Lacerda, escanteado pelos militares, escrevera uma série de corajosos artigos para o *Jornal da Tarde* em 1967, nos quais revelava que "desafetos e adversários políticos assopravam intrigas sobre a vida conjugal de Jango e o serviço secreto do Exército se encarregava de espalhar".[6]

O espanto de Maria Thereza era tão forte que ela não conseguia dominá-lo. Não parou mais de pensar nesse encontro. Depois, chegou a acreditar que se Lacerda estava procurando Jango, e se Jango estava aguardando Lacerda, havia possibilidade de acontecer algo sem dimensões, algo que nunca se imaginou.

Ameaçado pelo regime militar que, àquela altura, já era o dono da bola e do campo, Lacerda arriscava e jogava pesado na formação da Frente Ampla, um movimento político que propunha a volta do regime democrático no Brasil. Idealizador da Frente, pretendia mostrar que ele, Juscelino e Jango, os três maiores líderes políticos do país, estavam juntos contra o governo.

A vinda de Lacerda era o resultado de mais de um ano e meio de negociações e de dezenas de reuniões preparatórias regidas pela desconfiança, envolvendo Wilson Fadul, Amaury Silva, Cláudio Braga e, principalmente, José Gomes Talarico que, entre uma viagem e outra — e uma prisão e outra —, atuou como um dos principais representantes de Jango. De todos que estavam a seu lado, apenas Darcy Ribeiro não quis saber do encontro. Com a liberdade que só um verdadeiro amigo tinha, recusou-se a participar. "Ah, Jango, mas Lacerda é dose demais pra gente", justificou.

Lacerda também pagava seu quinhão. Sofreu boicotes e ataques de quem, antes, o admirava. A viúva do major Rubens Vaz, morto no atentado da rua Tonelero, manifestou-se contra a reunião. Mas nada poderia demovê-lo. O ex-governador e Juscelino já haviam assinado um documento que ficou conhecido como "Pacto de Lisboa", um embrião da Frente Ampla.

Muito mais do que Juscelino, Jango, generais e espiões, Lacerda deveria se preocupar, atentamente, com as ex-primeiras-damas. Dona Sarah dera trabalho e perturbara Juscelino. Agora, Maria Thereza era quem impunha um desafio.

Para que o encontro fosse realizado, era absolutamente natural que um teatro político acontecesse no dia combinado. Jango e Lacerda contracenavam no palco perfeito. Voltavam a ser protagonistas. Compreendiam que os olhares do governo militar, dos políticos, arapongas e imprensa dirigiam-se à possibilidade da realização dessa reunião, que, ironicamente, deveriam manter em segredo.

O espetáculo não estreara, mas prometia. Os bastidores já valiam a pena. Na sala de espera do aeroporto do Galeão, Lacerda fora obrigado a mostrar seu talento ao escapar das perguntas dos repórteres e do general Amaury Kruel, que o encontrara por coincidência e quis saber para onde iria. "Buenos Aires", respondeu Lacerda sem mentir, já que a primeira escala do voo seria a capital argentina.[7] Para esse encontro, o próprio Jango pediu a Lacerda que levasse o repórter Carlos Leonam, um raro profissional que contava com a confiança de ambos. Leonam havia feito a cobertura da visita presidencial ao México e aos Estados Unidos em 1962 pela *Tribuna da Imprensa*. Jango considerou as reportagens equilibradas, um tremendo elogio para um jornalista que trabalhava no jornal de Lacerda.

Passava das duas da tarde quando o voo 845 pousou no aeroporto de Carrasco. Jango estava em Punta del Este, a 132 quilômetros do local da reunião. Fazia parte do jogo de cena. Ele só tomou o rumo de seu apartamento na rua Leyenda Patria ao receber um telefonema confirmando a chegada de Lacerda, Leonam e Renato Archer, secretário-executivo da Frente Ampla e representante de Juscelino. Cláudio Braga foi escolhido por Jango para receber Lacerda.

Montevidéu estava vazia na tarde de domingo. O estádio Centenário iria receber o maior clássico do futebol uruguaio: Nacional e Peñarol. Pouco antes da quatro da tarde, Jango chegou ao apartamento. Providencialmente, seu sobrinho, Nonô Vicente, filho de Iolanda, levara João Vicente ao jogo.

Às cinco da tarde do domingo, 24 de setembro de 1967, Goulart abriu a porta de seu apartamento para um acontecimento inacreditável da história do país. Jango cumprimentou Renato Archer com um abraço. Em seguida, estendeu a mão para Lacerda:

— Governador, é um prazer recebê-lo em minha casa.[8]

Lacerda tranquilizou-se com a recepção, mas manteve o tom formal:

— Presidente, como vai?

Os dois cumprimentaram-se como se nada houvesse entre eles. Eram velhos conhecidos, não seria possível negar. Renato Archer, Cláudio Braga, Amaury Silva e Ivo Magalhães acompanharam a cena. Leonam observava e escreveria sobre o encontro na edição de 7 de outubro de 1967 da revista *Fatos e Fotos*, que traria uma foto de ambos na capa.

Lacerda agradeceu o gesto e logo revelou seu maior temor:

— Presidente, eu sabia que, como político, entenderias o meu gesto. Meu receio era dona Maria Thereza. Sendo mulher, não sabia como ela me receberia aqui, pois podia culpar minha atuação política por toda essa tristeza.[9]

Jango deu sua versão:

— Ela ficou um pouco chateada, mas depois aceitou.

Aproveitou o momento e a chamou. Maria Thereza entrou na sala com Denize, que estava envergonhada. Jango as apresentou. Lacerda esbanjou simpatia com a tímida garota. Em seguida, cumprimentou Maria Thereza, beijando sua mão.

— Eu já a conheço das revistas e dos jornais, mas há muito tempo gostaria de conhecê-la pessoalmente.

— É, as pessoas mudam.

A frase — que poderia ter um outro sentido — foi dita sem a intenção de provocar, juraria ela depois. Nervosa, teria se atrapalhado ao tentar demonstrar que estava bem diferente dos tempos de primeira-dama. Nesse curto intervalo, ela observou Lacerda, viu um homem elegante e excessivamente perfumado que falava com uma voz sensual e pausada e possuía um olhar que incomodava. "Como são as coisas... Carlos Lacerda na minha casa, quando eu poderia imaginar?"

Assim Maria Thereza e Lacerda foram apresentados.

Em várias entrevistas, Maria Thereza garantiu que houvera um encontro casual em frente ao prédio da Leyenda Patria. Ela estaria voltando da escola após deixar os filhos, e Lacerda, não a reconhecendo, a abordou perguntando se sabia onde Jango morava. Esse esbarrão acidental nunca existiu. Era domingo. Não havia aula. Maria Thereza não poderia estar retornando do colégio. Além disso, Jango tomara cuidados e preparara todos os detalhes. Desde achar uma atividade para João Vicente até enviar emissários que jamais deixariam Lacerda sozinho buscando informações sobre o seu endereço.

O grupo passou para a sala de visitas, enquanto ela e Denize voltaram para a cozinha. Ivo, Cláudio, Amaury e Leonam só observavam. Não houve nem a tradicional conversinha amena. Jango principiou a falar sobre a ideia da Frente Ampla. Archer, estrategicamente, interrompeu-o e passou a explicar os detalhes do movimento, fazendo uma introdução para que Lacerda apresentasse a proposta. Pouco depois, Maria Thereza voltou à sala e serviu bolo e café.

A conversa seria novamente interrompida com a chegada de João Vicente e Nonô, depois que o "superclássico" terminou em zero a zero. Jango chamou o filho, que, ao contrário de Denize, já chegou cumprimentando a todos em espanhol: *Todo bien?*

Lacerda sorriu e abraçou João Vicente. Foi então que Jango pediu aos filhos que trouxessem os cadernos para Lacerda ver. Enquanto folheava as páginas e elogiava as crianças, ouviu de Jango uma frase cortante, que doeu mais que qualquer tapa de Maria Thereza:

— É muito duro para mim ver meus próprios filhos sendo alfabetizados em espanhol.

Lacerda imediatamente abaixou a cabeça. Segundo algumas pessoas que o observavam, seus olhos marejaram. Para outras, estava apenas envergonhado.

A conversa seguiu. Maria Thereza voltaria à sala para oferecer aperitivos e uísque. Quando se deram conta do horário, já era quase meia-noite. O tema da primeira parte da conversa foi somente a Frente Ampla. Archer e os outros assessores saíram para jantar. Lá fora, espiões uruguaios e brasileiros faziam a festa e detalhavam caprichosamente qualquer movimentação no apartamento, marcando os horários de quem entrava e quem saía. O horário e a sequência de pessoas foram registrados no informe 557 do Ciex, com data de 13 de outubro.

Para ganhar tempo, Jango e Lacerda não deixaram o apartamento. Continuariam conversando, a sós, sobre assuntos mais reservados. Lacerda, já com seu cachimbo, aceitou o convite de Jango que pegou Maria Thereza de surpresa:

— Fique, governador! Maria Thereza vai preparar uma carne deliciosa. Olha que ela é especialista!

Na verdade, quem havia ensinado a receita fora o próprio Jango, que deixou o convidado sozinho por um minuto, foi até a cozinha e disse baixinho:

— Teca, prepara uma carne porque nós vamos ficar por aqui.

Como estava acertado que eles sairiam para jantar, Maria Thereza não se preocupara com o jantar.

— Mas o que eu vou fazer agora, de repente?

— Faz aquela carne.

E Maria Thereza foi para o fogão.

Porém o que Jango e Maria Thereza não contavam era que Lacerda também iria para a cozinha. Ele tinha sua receita para os bifes e deu sua opinião, de um modo insuportavelmente gentil. Justamente para ela, que estudara em um colégio que formava moças para cuidar de uma casa. Justamente para ela, que aprendera a fazer churrasco com um gaúcho da fronteira.

Fritar bifes e ouvir instruções de Carlos Lacerda, em sua própria cozinha, no país onde estavam exilados por culpa, em especial, daquele visitante... Realmente sua vida era cheia de surpresas.

Mesmo com as orientações de Lacerda, Maria Thereza manteve a carne de Jango exatamente como ele preferia. *Bife ancho*, corte tradicional do Uruguai, malpassado.

Ali, na cozinha, Jango, Lacerda e Maria Thereza participavam do jogo da política em seu lado humano, quase impossível de existir. O mais estranho — e aquilo tudo já era muito estranho para ela — era mudar e sentir que o momento era de paz. E longe, bem longe, de um cenário abstrato de poder e de ataques hediondos, ela acreditava que estava vendo nascer um desejo de união. Prestou atenção no que viu e registrou essas lembranças em seu diário.

> Uma figura de homem bonito, alegre e com um olhar ferino, que sai de repente da ternura para a agressividade com uma espantosa facilidade. Agride com gestos e palavras, mas sabe ser um perfeito cavalheiro. Gosto de analisar sua personalidade hoje, que está dentro da minha casa, no país em que estamos exilados e longe daquelas críticas violentas que eu costumava ler, cheias de ódio e agressão ao meu marido. Hoje tudo é mais real, mais humano e parece que essas imagens de glória se encontram para fixar esperança. Não sei se será tarde ou se será o caminho certo. Sei que gosto desse encontro, mas vai ser duro e longo o trabalho de conciliação. Não sei por que tenho a sensação de reconstruir um templo, descrevendo seus combates, suas vitórias e suas campanhas. Nós é que sabemos de verdade.

O grande inimigo estava em sua casa, mas ela, no fundo, descobriu que desejava que os dois se entendessem.

Não esquecia nem perdoava, porém. Sabia que algumas horas de conversa seriam quase nada perto das infinitas palavras que ele destinara para atacar Jango. Apesar disso, gostou de vê-los juntos. O exílio de Jango e o ostracismo de Lacerda igualava-os, mas jamais poderia entender a razão que movia os dois homens que comiam *bife ancho* na sua cozinha.

Maria Thereza preferiu dar mais uma chance. O único sentimento possível e comum entre Jango e Lacerda era a esperança. Ambos precisavam se agarrar àquele movimento, importante para o Brasil, mas vital para quem tinha a política no sangue.

Por fim, gostou do que viu. Havia conhecido presidentes, reis e um papa. Ninguém confundiu tanto seus sentimentos quanto Lacerda. Não sabia — e continuaria sem descobrir — se deveria devolver suas agressões ou agradecer-lhe por resgatar seu marido. Sim, a expectativa, os telefonemas e as reuniões geraram momentos felizes para Jango. Fizeram-no renascer.

Enquanto Jango e Lacerda conversavam sobre o Brasil, os militares, a Frente Ampla, o golpe, a democracia, a América do Sul e o mundo, Maria Thereza jantou sozinha. João Vicente e Denize já dormiam. Voltou à sala para se despedir, pediu licença e foi para o quarto. Estava vencida pelo sono. Mas Jango e Lacerda não. Motivados pelo encontro e comprovando a fama da resistência física que ambos demonstravam durante reuniões políticas, seguiram firmes no segundo ato, acertando o passado até as 4h da manhã da segunda-feira, dia 25, quando o visitante voltou ao hotel.

Menos de seis horas depois, Lacerda deixou o seu quarto. Dezenas de jornalistas o esperavam no hall. Archer pediu a eles que estivessem no apartamento de Jango às 11h da manhã, quando seria distribuída uma nota à imprensa. Às 9h30, horário registrado pelos agentes do Ciex que montavam vigia no parque em frente ao prédio, Lacerda, Archer e Leonam estavam de volta à Leyenda Patria. O objetivo agora era fazer a redação final do manifesto. Meia hora depois, chegavam Ivo Magalhães e Alonso Mintegui.

Como Archer e os assessores de Jango não se entenderam, foram escritos dois manifestos. Leonam ficaria com a tarefa de juntar e copidescar as duas versões lá mesmo, na cozinha de Jango.[10] Esse texto foi corrigido à mão por Jango, que acendia um cigarro atrás do outro, e por Lacerda, que fumava cachimbo. Ambos estavam de paletó e gravata. Leonam datilografou a versão aprovada, que somente seria distribuída após o almoço na churrascaria La Azotea, na praia de Pocitos, para onde Jango, Lacerda e Ivo seguiram à 13h20 da tarde. Desse encontro no restaurante participaram também Amaury Silva, Cláudio Braga, Alfredo Ribeiro Daudt, Clidenor de Freitas, José Gomes Talarico e Alonso Mintegui.

Às 16h10,[11] eles retornaram e concederam a prometida entrevista coletiva. O manifesto foi entregue aos jornalistas. O ambiente na despedida era bem mais leve, porém Lacerda não parava de surpreender Maria Thereza, que levou mais dois choques em forma de pergunta:

— Dona Maria Thereza, a senhora está com quantos anos?

Espantada, permaneceu calada, mas achou que a interrogação de Lacerda surgiu por causa da roupa que usava. Vestia uma saia de padronagem hippie, que estava se tornando moda, e botas de couro. Talvez percebendo no rosto a surpresa de Maria Thereza com a pergunta, Lacerda não esperou a resposta e emendou outra, decisiva:

— O que a senhora está achando desse encontro em sua casa?

— Governador, tenho pouca idade para estar aqui, mas sou feliz por ser jovem. Uma pessoa jovem conduz melhor a família e a própria cabeça. Quanto ao encontro, posso lhe dizer que foi muito importante para mim. O senhor me passou outra imagem e hoje a mágoa que eu sentia já está se enfraquecendo diante de seu charme que se impõe, apesar de todas as transformações e destruições. Nós somos prisioneiros e dificilmente poderemos trabalhar o engrandecimento do nosso templo que é o Brasil.

Lacerda levantou-se. Com um olhar sério, deu um beijo em sua face. E completou:

— Vamos lutar muito nesta tempestade porque os ventos não estão a nosso favor. Com esses seus olhos bonitos e poderosos, a senhora, sem dúvida alguma, vai levar de volta o nosso presidente mais rápido do que todos pensam.

Jango sorriu:

— Governador, a única coisa que eu não quero nunca é que o Exército arranque os olhos de minha mulher.

Eles se forçaram a um sorriso com a piada nada sutil de Jango. Maria Thereza abriu uma garrafa de champanhe para celebrar a ocasião, que ficou mais alegre com a chegada de João Vicente.

— O senhor pode me mandar uns gibis do Brasil? Eu não lembro do senhor quando a gente morava lá. O senhor era ministro?

Lacerda explicou:

— Não, fui governador e agora não sou nada.

— Ah, meu pai também era presidente e agora não é nada.

E nessa hora todos riram muito. Entusiasmado, João Vicente continuou:

— É que aqui em casa está cheio de ministros todo dia. Eles também são proibidos de ir para o Brasil. O senhor também?

Sem responder, Lacerda garantiu:

— Eu vou mandar os gibis.

— Do Bolinha, tá bom?

Passava das 17h quando Lacerda deixou o apartamento.

Uma semana depois, João Vicente recebia uma caixa repleta de revistas em quadrinhos — do Bolinha, conforme o pedido — e chocolates. No cartão, Lacerda agradecia a acolhida e lembrava, com elogios, do jantar.

João Vicente gostou dos presentes. Por muito tempo repetiria a pergunta:

— E o governador, quando volta para ficar exilado com a gente?

Maria Thereza e Jango nunca mais veriam Carlos Lacerda.

Um mês após o encontro, o entusiasmo que sobrava diminuiu repentinamente. Che Guevara foi morto na Bolívia. Maria Thereza e Jango ficaram chocados. Conversaram durante dias sobre isso. Não sabiam, mas estavam a dois meses do início de um ano que não iria terminar.

O ano de 1968 não seria fácil.

O demônio iria aprimorar sua invenção.

15.
Que sufoco louco

A gaúcha Ieda Maria Vargas havia garantido que jamais se esqueceria da gentil recepção oferecida pelo presidente e pela primeira-dama logo após ela ter vencido o concurso de Miss Universo 1963. Famosa em todo o mundo, e mostrando mais fibra e caráter que vários homens públicos, Ieda teve a coragem de ir ao Uruguai convidar pessoalmente Jango e Maria Thereza para serem padrinhos de seu casamento com José Carlos Athanázio. O convite foi aceito, porém João Vicente substituiria o pai.

Abril de 1968. Maria Thereza voltava ao Brasil. A reação do governo militar sobre a liberação ou não de sua entrada no país continuava imprevisível. Para festas de casamento, pelo jeito, não haveria objeção, mas seria bom que ela continuasse atenta. Após cinco anos de exílio, sua popularidade se mantinha alta. A revista *Manchete* de 13 de abril destacou que Maria Thereza, com João Vicente, "muito crescido e bonito", ao seu lado, foi aplaudida à entrada da Igreja de São José, em Porto Alegre. Aos repórteres, aproveitou para fazer uma provocação pelo que aconteceu durante o casamento do irmão. Maria Thereza não esquecia: "É sempre bom, no exílio, receber atenção de amigos (...) Nestas horas, uma palavra toma contornos excepcionais. Nem todos cultivam a amizade dos que não têm poder." A reportagem revelava que ela permaneceria por apenas quarenta 40 horas, "anunciadas ao desembarcar" (sim, fora novamente interrogada). Questionada pelos jornalistas sobre a volta definitiva ao Brasil, Maria Thereza foi direta:

"Meu marido decidirá a oportunidade. Enquanto isso, cultivamos nossas saudades."

Na bolsa de apostas das redações do país, era barbada que Ieda Maria Vargas, vestida de noiva, seria a capa da edição da *Manchete*. Não foi. Naquela semana, um fato fez o Brasil tremer: milhares de estudantes saíram às ruas do Rio de Janeiro para sepultar o jovem Edson Luís, morto em um confronto entre estudantes e a Polícia Militar. Era essa a foto da capa. Outros catorze flagrantes ilustravam a reportagem. Uma delas mostrava dezenas de cartazes ao lado do corpo de Edson Luís: "Eis a democracia podre"; "Os assassinos pagarão pelos seus crimes! Custe o que custar!"; "Aqui está o corpo de um estudante morto pela ditadura". Na sequência, a revista mostrava a série de manifestações estudantis que tomava conta do mundo. Suécia, Bélgica, Estados Unidos, Alemanha, Tchecoslováquia, Itália, Inglaterra e, claro, a França, cujos movimentos se tornariam símbolo da onda que escancarava o terror para a classe média brasileira. Em coro, a multidão gritava: "Morreu um estudante. Podia ser seu filho!"

A ditadura estava de olho. Nos estudantes, no país e em Jango. No Brasil, o presidente Costa e Silva, que substituíra Castello Branco, não daria sossego às ações da Frente Ampla. Dedicou-se a montar uma escalada para destruí-la de vez. Impediria Lacerda de aparecer na TV. Ameaçaria Juscelino, que já tivera de prestar depoimentos em vários inquéritos, de ser mais uma vez convocado para depor. Por fim, no dia 5 de abril de 1968, o ministro Gama e Silva simplesmente baixou a Instrução nº 117, que proibia a divulgação de notícias e declarações de atividades da Frente Ampla. Jango ficaria arrasado. Acabava sua esperança de voltar a fazer política.

A sucessão de notícias ruins parecia um aviso. Ele precisava se cuidar. Em meados de 1968, sofreu um novo distúrbio cardíaco. Jango quis então que Euryclides Zerbini o examinasse. Sua rede de amigos levou o convite até o cirurgião. Zerbini chamou o colega Siguemituzo Arie para ajudá-lo. Disse a ele que viajariam ao Uruguai para realizar uma palestra. Somente quando desembarcou em Montevidéu, Arie soube o que iriam fazer. Apesar desses cuidados para manter a discrição, Zerbini chegou ao Uruguai cercado pela imprensa local. Em maio, o cardiologista havia realizado o primeiro transplante de coração da América Latina, no Hospital das Clínicas da Universidade de São Paulo (USP). Zerbini e Arie foram do aeroporto para o hospital. Devidamente vigiados pelo serviço secreto brasileiro, os médicos brasileiros levavam um equipamento que não existia no Uruguai. Mais que uma conversa — nada além do que Jango esperava de qualquer médico —, Zerbini desejava realizar uma série de exames no seu difícil paciente. Seria feita uma cineangiocoronariografia, um procedimento invasivo que verificava o funcionamento das válvulas e do músculo cardíaco, detectando se havia obstrução nas artérias. Depois do exame em Jango, o equipamento seria doado e instalado definitivamente no Ospedale italiano Umberto I, que ficava próximo ao Parque Batlle.

Para a realização do procedimento médico, Zerbini se acertou com a administração do Umberto I. Porém, seria necessário que o paciente concordasse em, primeiramente, entrar em um hospital. Foi preciso muito esforço de Maria Thereza, João Vicente e Denize para convencê-lo. O pavor de Jango resultou em um desmaio logo após ter feito um exame de sangue antes do procedimento. Se houvesse necessidade, Zerbini e Arie estavam preparados para realizar uma intervenção cirúrgica. O resultado da cineangiocoronariografia revelou que Jango sofrera uma cardiopatia isquêmica (diminuição do fornecimento de sangue para o coração, provocada pelo entupimento das artérias). Zerbini indicou a Jango a clínica do Hôpital Cardio-thoracique et Vasculaire Louis Pradel, em Lyon, onde seria atendido por um dos melhores cardiologistas do mundo, o médico francês Roger Froment.

Zerbini passou as orientações que Jango estava cansado de ouvir. Deveria parar de fumar e de beber, mudar a alimentação e seu ritmo sedentário, além de trabalhar menos. Receitou-lhe um remédio vasodilatador sublingual. A conclusão de Zerbini deixou Jango desanimado. Apesar do seu estado de saúde, não mudaria seus hábitos imediatamente. Em vez de marcar logo uma consulta em Lyon — sabia que teria de passar por vários obstáculos para deixar o Uruguai —, preferiu seguir a tática do doente que foge do hospital acreditando que assim poderia se curar.

Na mesma época da visita de Zerbini, um macabro boato chegou à imprensa brasileira. Maria Thereza não reagiu, apenas sorriu ao ser procurada por jornalistas. Não desdenhava da notícia. Era um riso nervoso. A novidade do momento dizia que ela teria sido "assassinada por motivos políticos". Uma nota publicada no *Correio da Manhã* com a manchete "Maria Teresa mais viva do que nunca" trazia um surreal desmentido: "(Maria Thereza) declarou aos jornalistas que nunca foi vítima de atentado de espécie alguma quando vivia no Brasil e que, no Uruguai, 'ainda menos espera que isso venha a acontecer'".[1]

Ainda estavam apenas na metade de 1968. Viriam outras tristezas. Mais um grande amigo, destruído pela saudade, iria arriscar-se em um improvável retorno. Darcy Ribeiro, assim como Waldir Pires, não suportou o exílio. Aproveitou-se de um erro técnico no processo de julgamento que o condenou a três anos de prisão e conseguiu um *habeas corpus*, concedido pelo STF, para voltar ao Brasil em outubro. Essa frágil condição não dava qualquer esperança para outros brasileiros. Sentindo-se profundamente desolado, Darcy classificou o exílio de "frustração, chateação e obsessão".[2] Em uma época sem lei, Darcy deveria saber que um *habeas corpus* não significava muito. Seria preso no Brasil pouco depois. As outras notícias que vinham de lá, trazidas por Talarico, não eram melhores. Jango estava novamente impedido de negociar seus bens e o Exército continuaria mantendo soldados nas suas fazendas.[3]

Nesse mesmo mês, enquanto a ditadura militar esmagava o que sobrava de democracia no Brasil, a manchete mundial era bem mais leve. Jango, Maria Thereza, João Vicente e Denize voltavam a pé de um almoço no restaurante Malecón e pararam em frente a uma banca para comprar revistas. Nos jornais, a manchete era o casamento de Jacqueline Kennedy com Aristóteles Onassis. Surpresos, João Vicente, Denize e Maria Thereza comentaram a notícia. Jango ficou calado. Mesmo assim, ela puxou conversa com o marido:

— Jango, o que tu achas desse casamento?

O político respondeu:

— Não sei não, Teca. Do ponto de vista do povo americano, essa união não será bem-vista pela maioria dos eleitores do Partido Democrata.

Apesar de sua política externa desfavorável ao Brasil, Kennedy é um símbolo. Não sei se esse casamento será bem recebido por eles.

— Ô Jango, tu só pensas em política. Eu estou perguntando sobre Jacqueline. Ela tem que seguir com a vida e tem o direito de se casar de novo, não achas?

— E tu, Teca, se eu morrer por aqui, tu vais te casar de novo?

— Jango, tu não sabes conversar. Eu acho que ela tem todo o direito de se casar e ser feliz. E olha que o Onassis é um coroa charmoso.

— É, Teca, ela vai ter muito tempo para navegar. O Onassis é um grande armador e, com essa jogada, ele se tornará novamente bem-vindo com sua frota nos Estados Unidos.[4]

No Uruguai, nada seria como antes. Jorge Pacheco Areco, presidente eleito em dezembro do ano anterior, iniciou um processo de crescente autoritarismo. Utilizaria frequentemente as *Medidas Prontas de Seguridad*, leis de exceção que permitiam a restrição das liberdades individuais por até trinta dias. Também fechou jornais e dissolveu partidos e organizações ligados à esquerda. Atacou os direitos dos trabalhadores e os movimentos estudantis. Uma escalada de violência que deixava satisfeita a ditadura brasileira. O Uruguai azul de Maria Thereza começava a mudar de cor.

No Brasil, a realidade era ainda pior. Manifestações de estudantes, discursos parlamentares e ações dos exilados. A ditadura militar sentiu a pressão por democracia, mas a linha dura triunfou. Deixou de lado o constrangimento e baixou, em 13 de dezembro, o Ato Institucional nº 5, o AI-5. Sob a Presidência do general Costa e Silva, o regime mostrava sua face mais cruel e usava seu poder para atacar os inimigos. Com o AI-5, o governo ficava autorizado a decretar o recesso do Congresso, intervir em estados e municípios, cassar mais mandatos, decretar confisco de bens, suspender direitos políticos e a garantia de *habeas corpus*.

O Natal de 1968 não deixou lembrança.

Nos primeiros meses de 1969, o abatimento de Jango o consumia. Maria Thereza esforçava-se para mostrar-lhe um caminho, fazê-lo esquecer-se do Brasil e viver uma nova história. Escreveu-lhe uma carta na qual relacionou os motivos principais de seu desânimo. Falou sobre a decepção com pessoas que se diziam amigas e desabafou de forma dura. Alertava Jango. Tentava mostrar que ele precisava seguir em frente e deixar a política de lado. A tristeza de Maria Thereza, que percebia a solidão do marido, terminava por motivá-la. Ganhava forças para guerrear. Estava cansada dos lamentos que ouvia. Reclamava que sua insistência em reviver o passado chegava a prejudicar a ela própria e a seus filhos. Queria que ele enxergasse, aceitasse o que aconteceu e enfrentasse o abandono dos que orbitavam o poder.

Montevidéu, julho de 1969.

Jango,
  Às vezes sou forçada a reviver nossa curta vida de primeiros personagens do Brasil quando você retorna ao passado dentro dessa incrível melancolia, reagindo aos comentários e recordações, e me faz ficar horas e horas ouvindo as mesmas histórias. Sabe, eu gostava de tudo aquilo. As festas incríveis e as badalações em torno da tua pessoa. Mas sou franca, hoje não suportaria ouvir novamente frases como: "Ah! Como você estava divina, querida", "Como você é jovem e bela", "A mais jovem e bela primeira-dama do mundo". Tudo isso me cansava e as pessoas não viam que eu tinha outros desejos, outros projetos. Queria trabalhar, ser útil, apresentar realizações de importância principalmente no lado assistencial.
  Droga! Era isso que eu queria: trabalhar! Todos planejavam nossa vida e os movimentos de nosso dia a dia.
  Para de me falar de teus amigos!
  Eles não vão aparecer nunca por aqui!
  Eu estou preparada para tudo e há seis anos penso cada vez menos nos amigos que tive. Grande filósofo, meu pai, que sempre me ensinou que o mais difícil na vida é estar sozinho. Ele me fez aprender isso e me deu segurança. Vou ser assim sempre.
  Sinto falta de Dener, de Avelar, nosso mordomo, e de minha prima Terezinha. Eles vêm sempre me ver, quase todos anos. E me parece que tens ciúmes, pois tenho mais visitas que você.
  Teus amigos são caretas e eu não gosto deles. Eles têm medo de serem vistos contigo. Pavor de que alguém os veja em nossa companhia.

> Você hoje reclamou que vou estragar as minhas mãos de tanto fazer limpeza dentro de casa. Prefiro isso a tomar bebidas e remédios. Para mim é uma terapia, me tranquiliza, e adoro pensar que não tenho nenhuma empregada tomando conta de minha vida e desordenando minhas coisas.

Para Maria Thereza, os anos de exílio não doíam tanto quanto em Jango, que continuava carregando sua contradição consigo e sofrendo com o dilema do exílio. Ele não acreditava no retorno, porém mantinha a esperança de que poderia voltar ao Brasil no mês seguinte. Já Maria Thereza havia muito resolvera, como fora obrigada a fazer desde seus 4 anos, encarar o dia seguinte. Voltou-se para os filhos, superando assim a saudade. Foi além. À revolta contra o desprezo somou uma gratidão ao país que os acolhera. Tomou consciência de que não havia o que lamentar e acreditava que, se Jango se juntasse a ela nesse pensamento, poderiam ser felizes no Uruguai. Se dependesse só dela, a Maria Thereza que se adaptava de lar em lar iria tirar de letra. Mas ela precisava lutar, não por ela, mas por Jango, por seu olhar e por sua voz, que estavam perdendo a alegria de antes.

Em julho, quando escreveu essa carta, era o mês de férias de João Vicente e Denize. Iriam para Punta Del Este. Maria Thereza já fizera três viagens levando roupas e mantimentos para a casa de Punta. João Vicente iria levar quatro amigos, e Denize, quatro amigas. Maria Thereza sabia que se transformaria em motorista das crianças, todas com cerca de 10 anos. Mas não se importava. Só tinha medo de fazer alguma escolha de passeio que não agradasse os quase adolescentes.

Ela também queria aproveitar as férias para passar cinco dias em Buenos Aires, fazendo compras para a butique de Norma e Berta, as amigas das "roupas maravilhosas". Tornaram-se grandes companheiras, entendiam-se muito bem.

Para animar Jango, Maria Thereza dava indiretas. Comentava que passar o tempo na loja das amigas era ótimo, enquanto Jango deixava escapar um comentário de saudade. Maria Thereza lembrava então de dona Tinoca, que lhe confidenciara uma preocupação com o jeito fechado do filho. Ambas acabaram descobrindo um ponto comum.

Foram poucas, bem poucas, as vezes em que ouviram um "eu te amo" de Jango, apesar de terem absoluta certeza de que eram amadas por ele. No exílio, o seu isolamento se intensificara e o fazia distanciar-se ainda mais.

Preocupada, Maria Thereza já se irritava até com as visitas que ele recebia. De início, a chegada de velhos conhecidos o animava. Mas a conversa terminava no mesmo assunto. A volta para o Brasil. Em certos momentos, ele escapava, pedia licença e ia até a cozinha para respirar um pouco. Desabafava, falando baixo em seu ouvido:

— Estou cansado dessas histórias...

Com o fim das férias e um frio agosto a enfrentar, Maria Thereza fez um novo pedido a Jango. Ela apontava um caminho. A família — e só a família — era o que importava:

> Nossa volta parece um sonho cada vez mais distante. Nossas esperanças tornaram-se uma espécie de fantasia. Ninguém consegue enganar ninguém. Conhecemos perfeitamente a realidade e nossos altos e baixos já não me preocupam. Não quero nada ameaçando a segurança emocional de minha família. As conversas e opiniões de quem vêm de longe são ouvidas e tratadas com indiferença e definidas de forma objetiva.
>
> Estamos no mesmo barco e vamos nos salvar juntos sem auxílio de ninguém. Um dia chegaremos ao outro do lado do rio, em terra firme. Em casa temos um nome especial que criamos para nós quatro: os trapezistas. A cada vez que subirmos no trapézio, daremos saltos maiores. Nossas conquistas diárias pertencem a todos nós, e temperamos nossa existência rotineira e pacata com muitas doses de emoções para não cair na acomodação. Os riscos dão sabor à vida e eu quero seguir batalhando pelos meus novos anseios, deixando bem atrás a velha estrada.
>
> Nossa vida será uma festa e nossa música será ouvida para o sonho não ter fim.

As esquecidas recomendações de Zerbini precisavam ser levadas a sério. Cobrado por Maria Thereza e pelos filhos, era hora de Jango enfrentar carimbos, autorizações e desconfianças para obter um passaporte. Novamente teria de ir à embaixada e explicar que sua viagem seguia uma ordem médica. Seriam meses de burocracia, pedidos e humilhações. Maria Thereza acompanhava a tristeza de seu marido e notava que, a cada negativa do governo brasileiro, ele se mostrava cada vez mais abatido. Após muito esforço, ignorado pela ditadura de seu país, Jango acabou conseguindo com o governo uruguaio um documento provisório que permitia, uma — e somente uma — ida à Europa. Mesmo assim, voltar a ter o direito de viajar o deixou feliz.

Jango foi para a França. Além de uma necessidade médica, essa viagem era um antigo desejo de seus amigos, principalmente José Gomes Talarico, Roberto Alves e de seu futuro sócio no exílio Orpheu dos Santos Salles, que fora apresentado a Jango por Getúlio Vargas, para quem trabalhou no gabinete da Presidência. Orpheu sugeriu que fosse feito um grande encontro em Paris. Jango reagiu como alguém que cometeria uma traquinagem, afirmando que isso deixaria os "milicos em polvorosa". Concordou, mas sugeriu que os brasileiros exilados na Europa fossem contactados um a um para que a movimentação se realizasse de maneira discreta. Eles deveriam seguir separadamente para Paris, a fim de não levantar suspeita.

A partir dessa viagem, Jango, sempre com uma cuia de chimarrão a tiracolo, visitaria a França no mínimo uma vez por ano, respeitando uma série de cuidados. Com o natural aumento da vigilância, ele e Maria Thereza deixariam de voar no mesmo avião. Seguiriam com diferença de horas para o mesmo destino. Algumas vezes, Jango ia sozinho, e Maria Thereza, com os filhos. Ele passaria então a fazer a rota do Pacífico, evitando sobrevoar o espaço aéreo brasileiro. Nessa primeira viagem, no entanto, a família viajou junta pela Air France, fazendo conexão em Dakar, no Senegal.

O clima cinzento dominava a América do Sul, mas Paris seria uma festa. Um lugar para respirar mais tranquilamente. Essa viagem para a França inaugurava uma nova movimentação de exilados brasileiros. Jango, em Paris, se tornaria o ponto de encontro e reencontro de brasileiros que deixaram o país. Telegramas foram disparados avisando sobre a chegada do ex-presidente. Seus jantares e reuniões juntariam amigos, jornalistas, artistas, intelectuais e até franceses que não se viam desde 1964.

O primeiro passeio com a família foi uma escolha de Jango: a catedral de Notre-Dame, onde acendeu uma vela em memória de seu pai para cumprir uma promessa.[5] Muitos de seus companheiros de confiança, como Raul Ryff e Waldir Pires, haviam passado indicações que se tornaram referência para novos contatos na capital francesa. O correspondente Reali Jr., da rádio Jovem Pan e do jornal *O Estado de S. Paulo*, seria um deles. Reali, que trabalhou em São Paulo, tivera contato com o ex-presidente apenas nas poucas coberturas que fizera em Brasília. Outro jornalista, indicado por Ryff, conquistaria a confiança de Jango de tal maneira que seria visto como seu assessor informal na cidade. Pedro Taulois, sem receber remuneração alguma, passou a ser o intérprete de Jango em seus encontros, políticos ou não. No Brasil, eles haviam se encontrado somente uma vez, quando o presidente recebeu os correspondentes da agência Nova China (ou Xinhua) em Brasília. Taulois era o único brasileiro que trabalhava para essa agência. Após o golpe, sua casa foi invadida, mas ele conseguiu escapar. Menos sorte tiveram os chineses, que foram presos, roubados e torturados por militares. Um incidente diplomático que aconteceu basicamente por causa da temida nacionalidade dos jornalistas, e que ficaria sem solução por décadas, passando a ser conhecido no Brasil como "o caso dos nove chineses", e na China, "nove estrelas". Taulois viveu sete meses em esconderijos até conseguir entrar na França.

Foi ele quem organizou a agenda da família. Voltariam a se hospedar no Hotel Claridge's, como tinham feito durante a crise da posse. Espiões passariam então a frequentar o hall do hotel, onde até trocavam de lugar para ouvir melhor as conversas de Jango. Esqueciam-se, porém, de mudar a página do jornal que liam.[6]

Como tradutor, Taulois acompanhou Jango e Maria Thereza na primeira consulta a Roger Froment, chefe da clínica cardiológica do Hospital Louis Pradel, em Lyon. Froment, a quem Jango insistia em chamar de "Ferment", confirmou que seu coração necessitava de cuidados. Jango fazia o papel do bom paciente, mas, assim que o médico francês disse que iria realizar uma nova cineangiocoronariografia, transformou-se. A família precisou intervir. O próprio Froment foi ao quarto antes do procedimento para explicar as novas técnicas que estavam surgindo, garantindo que o exame era seguro. Mesmo assim, Jango precisou tomar um calmante. Três horas e meia depois, ele comemorava. O exame acabara e ele estava vivo.[7]

Com o resultado nas mãos, o cardiologista passou a série de recomendações que o paciente sabia de cor. Froment, no entanto, foi bem mais seco que os outros médicos amigos de Jango. Suas ordens eram radicais e incluíam o corte do cigarro e do álcool, e que passasse a ter um ritmo menos agitado de vida. Jango deveria tomar novos remédios que seriam manipulados na França e enviados para ele no Uruguai. Eram tantas cápsulas que ele precisaria abrir espaço em sua pasta para uma caixinha. Não seguiria rigorosamente os horários determinados nas receitas, mas não deixaria de tomar os remédios dia após dia. Logo depois da consulta em que o cardiologista francês confirmou o diagnóstico de Zerbini, Jango ficou preocupado. Despediu-se do médico garantindo que seguiria suas ordens. Contudo, empolgado com sua agenda europeia, foi dando menos importância às recomendações e diminuiu apenas a quantidade de bebida e de cigarro.

Depois de encomendar a formulação dos medicamentos, Taulois retornou a Paris. Iria usar o telefone sem parar, marcando novos encontros de Jango com o jornalista e deputado cassado Hermano Alves; o médico, escritor, embaixador nomeado por Jango e deputado cassado Josué de Castro; e a socióloga Violeta Arraes, irmã de Miguel.

Um dos encontros de Jango seria na Suíça e a família viajou com ele. Na estrada, ficaram impressionados com a paisagem. Um momento marcante para João Vicente e Denize, que viram neve pela primeira vez. Em Genebra, Jango encontrou-se com Paulo Freire. De volta à capital francesa, achou tempo para fechar alguns negócios. Um deles, a venda de quarenta cabeças de gado, presenciado por Reali Jr. durante um jantar no restaurante Le Pichet. Acertado o preço, Jango sentenciou:

— Vai lá, fala com o meu administrador e pede o gado.

O comprador estranhou.

— Mas como o seu capataz vai confiar em mim?

Imediatamente Jango pegou seu maço de cigarro e rasgou uma parte. Escreveu um recado. Assinou. Deu o minúsculo papel para o comprador:

— Pronto. Entregue isso a ele.[8]

Outras reuniões foram marcadas para o apartamento de Oscar Niemeyer, que não estava em Paris, mas emprestara o lugar para encontros mais reservados. Foi lá que Jango se reuniu com o editor Fernando Gasparian. Falaram sobre a criação e o financiamento de um jornal de oposição, um projeto que se tornaria real. Em 1972, de volta ao Brasil, Gasparian fundaria o semanário *Opinião*.

Ao contrário da mesmice das visitas que recebiam em suas fazendas, Maria Thereza via que Jango ficava feliz com as reuniões, percebia que havia menos lamentações nas conversas e que isso poderia fazer bem para seu marido. Exultante, em Paris viu o velho Jango. A esperança retornara.

16.
Era como se o amor doesse em paz

Jango e João Vicente sofreram e vibraram, acompanhando pelo rádio todos os jogos de um dos maiores times da história do futebol. Denize impressionou-se ao ver o pai tão feliz, mas não se empol ou. Somente pai e filho festejaram a conquista definitiva da Taça Jules Rimet. Era o tricampeonato mundial da seleção brasileira no México. A gremista Maria Thereza passou a Copa indiferente à movimentação na casa. Mais que indiferença, o que ela demonstrava era um sinal. Irritava-se ao perceber o nervosismo que sentiam durante as partidas.

— Jango, como tu podes torcer pelo Brasil depois de tudo o que aconteceu?

Distantes da festa do caneco, ambos viam suas convicções pessoais se enfraquecerem e tomarem direções diferentes. Jango se recolhia, enquanto a Maria Thereza, que enfrentava uma festa como se fosse uma batalha, brigando a tapa pelo que queria, dava lugar a uma mulher cansada de tentar equilibrar seus sentimentos. Ela, que era a principal motivadora da família, mostrava sinais de cansaço. Sua paciência estava terminando. No seu aniversário, no ano do "tri", escreveu:

> Às vezes, sinto a imposição do destino perturbando um pouco meu ânimo, e tenho a sensação de andar tropeçando pelos caminhos. Uma apreensão toma conta de meus pensamentos e não entendo o porquê de nada. Quero muitas coisas que me dizem respeito, mas é claro que elas estão bastante distantes, parecendo que os dias não prometem nada mais interessante.

Continuamos com nossa vida tranquila com tempo suficiente para lembrar os apertos no coração. Meus filhos são felizes, estamos todos juntos e continuo querendo provar a mim e aos outros que, com paciência, vamos vencer a solidão política. Sim, essa é com certeza a grande barreira de nossa vida. Jango passa da alegria ao tédio com frequência e me preocupa sentir que nossa presença não é suficiente. Sua melancolia bate forte e tenho a impressão de que sou uma máquina no tempo e que, dia a dia, tenho que prestar contas de meus sentimentos.

Estou tratando de trabalhar. Amanhã começo em uma butique a convite de umas amigas. Não estou querendo ficar em casa enquanto os meninos estão no colégio. É justamente um trabalho fora de casa que vai garantir meu estado emocional, que começa a apresentar sinais de vulnerabilidade. Tenho medo dos baques. Comprar roupas e andar sempre bonita não está fazendo nada bem para minha alma. Necessito fazer alguma coisa importante que ajude o tempo passar. Gosto de moda e isso soa ideal.

Na "solidão política" que arrasava Jango um pouco a cada dia, Maria Thereza enxergava a raiz de todos os problemas. Essa carta foi escrita um dia antes de ela começar a trabalhar na butique Ximena, das amigas Norma e Berta. Ficaria na loja no período em que as crianças estavam na escola. Mesmo com um salário simbólico, mostrava-se satisfeita. Preencheria seu tempo e ainda iria lidar com moda. Desde a época do Colégio Americano, descobriu a paixão por desenhar roupas. Criou até algumas peças para as amigas e uns vestidos para Denize — uma paixão aprendida na Fazenda Capão Alto e da qual desfrutara ao observar, bem atenta, as explicações de Dener.

No Uruguai, quase todas as roupas femininas usadas em grandes eventos eram importadas. Maria Thereza ficaria com a tarefa de viajar a Buenos Aires para escolher modelos que seriam revendidos na loja. Norma e Berta aproveitaram seu conhecimento e a chance de ter uma das mulheres mais elegantes do mundo a seu lado. Muito mais que um trabalho, a loja transformou-se em uma terapia para ela, assim como escrever no diário e fazer poesias. Adorava escrever, principalmente quando sentia o peso da solidão. Os filhos entravam na adolescência e aos poucos ela deixava de ser fundamental para eles. Tomavam pequenas decisões que mostravam isso. João Vicente só queria ir de ônibus para a Erwy School. Quando se atrasava, recorria à carona da mãe, porém pedia que parasse o carro na esquina, torcendo para que nenhum colega o visse acompanhado da "mãezinha".[1]

Na festa de fim de ano, antes de João Vicente começar o ginasial, houve na escola uma homenagem para os pais em que Jango caiu no choro no instante em que os alunos se aproximaram da bandeira do Uruguai e fizeram um juramento solene. A dor de Jango irradiou-se para Maria Thereza. Quatro anos após registrar em seu diário a felicidade de ganhar carros e joias de presentes, rompia o limite ao se rebelar contra a eterna imagem que tinham dela.

Os mais de quinze anos de casamento — dos quais mais de seis vividos sob o medo no exílio — mostravam seus sinais. Era quase impossível evitar o afastamento de Jango, que continuava se revezando entre as fazendas de Tacuarembó e Maldonado, enquanto Maria Thereza e os filhos ficavam em Montevidéu.

Ao mesmo tempo, como se não lhes bastassem os próprios obstáculos, teriam de se preocupar com o endurecimento do regime no Uruguai. No dia 31 de julho de 1970, enquanto a família passava férias em Punta, o governo de Pacheco Areco sofria um ataque que teria reflexo direto sobre eles. Os guerrilheiros uruguaios que formavam o Movimento de Libertação Nacional-Tupamaros sequestraram o norte-americano Dan Mitrione, agente da CIA que trabalhava, como a maioria deles, exibindo o cargo nominal de adido. No caso de Mitrione, adido cultural. Ele possuía vocação para adir. No Brasil, Mitrione já havia adido tortura a técnicas de interrogatório, ensinando uma geração de militares que não deixaria barato.

Os Tupamaros também capturaram o cônsul brasileiro Aloysio Mares Dias Gomide. Não foi surpresa as suspeitas iniciais recaírem sobre os exilados brasileiros. E o primeiro da lista era Jango, que se tornaria vítima de algumas humilhações. Militares uruguaios invadiram a fazenda El Rincón, em Tacuarembó, e olharam até debaixo das camas à procura do cônsul. Todos os quartos do Hotel Alhambra, que os espiões ainda acreditavam pertencer a Jango, foram revistados. Em Maldonado, o quarto de Jango foi vasculhado. Ele estava presente e deixou a fazenda com João Vicente antes de os militares saírem, chamando aquilo de alegoria. Foram para Montevidéu. À noite, jantaram no Columbia. Jango contou a Maria Thereza o que havia acontecido. Maria Thereza irritou-se ao vê-lo tão abatido. Tinha uma preocupação maior:

— Não dês importância, Jango. Não fiques assim nervoso porque isso vai te consumir. O médico já disse que não podes ficar preocupado e nervoso dessa maneira, tens que cuidar da saúde.

Jango não se animou. Repetiu a história de que ela voltaria ao Brasil viúva e com um neto no colo. Maria Thereza voltou a insistir para que ele abandonasse o pessimismo. Vendo que ele não se animava, tentou outro caminho:

— Para de tristeza, Jango. Vamos dançar esse tango que tu gostas tanto.

O velho cantor que se apresentava salvou o momento. Jango e Maria Thereza levantaram-se e foram dançar.[2]

O Uruguai de Pacheco Areco reforçou a vigilância sobre os milhares de exilados e selou um acordo de colaboração com os grupos policiais do país vizinho. A escolha do brasileiro que iria coordenar essa ação não poderia ser outra. Em novembro de 1969, o Uruguai recebia, pela primeira vez, a visita do delegado Sergio Paranhos Fleury, o líder do "Esquadrão da Morte" e o ungido pela ditadura para combater, de qualquer maneira, os movimentos contrários à ditadura militar.

Para Areco, os sequestros foram a desculpa para inflacionar a guerra contra os Tupamaros. Entregou ao exército essa briga. Em um país sem florestas, montanhas e selva, a única opção de resistência seria a guerrilha urbana. Com uma população de menos de 3 milhões de habitantes, qualquer festa de aniversário tornava-se suspeita.

Sem a liberdade que tinha e sem ter muito a escolher, Jango consolidava sua relação com o ditador paraguaio Alfredo Stroessner a ponto de chegar a voar de Tacuarembó direto para Assunção, desprezando a autorização dos governos uruguaio e argentino. Do lado paraguaio, tudo tranquilo. Havia ordem direta do presidente para nada ser perguntado a Jango, que nem passava pela imigração. Em uma dessas viagens, retornando ao Uruguai, o piloto Ruben Rivero decidiu enfrentar o mau tempo, mas foi obrigado a fazer um pouso forçado. A bordo, além de Jango, estava também Emanuel Fernando Mota dos Santos, conhecido como Maneco Bigode, sobrinho de seu amigo Bijuja. Como acontecia com alguns dos empregados, Maneco Bigode se tornaria motorista, secretário, cozinheiro e guarda-costas de Jango. Rivero venceu a tempestade, mas foi obrigado a pousar em uma estrada de terra. Não sabiam onde estavam. Havia a possibilidade de terem descido em solo brasileiro. Foi por pouco. O avião aterrissara em Paso de los Libres, cidade argentina que fazia fronteira com Uruguaiana, no Rio Grande do Sul.

O sumiço do avião de Jango passou a preocupar. Em Montevidéu, João Vicente, Denize e Maria Thereza receberam um telefonema de Percy Penalvo, que não teve cautela alguma e disse que o Cessna estava desaparecido com Jango a bordo. Em meio a muito choro, eles telefonaram para amigos na esperança de que tivessem notícias. O apartamento da Leyenda Patria ficaria cheio de gente e o telefone não pararia de tocar.

Jango, Rivero e Maneco Bigode foram detidos pelo governo argentino. Nervoso, Jango temia que a ditadura argentina tivesse encontrado uma boa desculpa para extraditá-lo para o Brasil. Em Montevidéu, circulava um boato sobre um acidente fatal com o avião, aumentando o desespero de Maria Thereza. O mais surpreendente foi que os amigos do Brasil souberam antes e informaram à família que o Itamaraty desmentira a morte de Jango. A ditadura brasileira já estava sabendo do acidente e mandara fechar a ponte Augustín Justo, que ligava Uruguaiana a Paso de Los Libres, sobre o rio Uruguai.

Jango e Maneco foram levados para um hotel na cidade argentina. De lá, ele telefonou para Maria Thereza e a tranquilizou. Mas havia muito a resolver. Rivero fora preso por haver sobrevoado ilegalmente o território argentino. O estranho era que Jango e Maneco Bigode foram bem tratados e dispensados em seguida. Jango, porém, recusou-se a sair sem Rivero, criando um embaraço para a Justiça argentina. Nada que a intervenção do comandante em chefe das Forças Armadas, o tenente-general Alejandro Lanusse, não resolvesse. Lanusse passou por cima dos procedimentos legais e liberou Rivero. Essa reação do governo argentino, colocando o avião presidencial à disposição de Jango, aumentou o alerta no Brasil.

Como a notícia do desaparecimento do avião havia repercutido na América do Sul, o governo uruguaio, com o embaixador Pio Corrêa pululando nos bastidores, não poderia mais fingir que não via os voos de Jango, que foi chamado a prestar esclarecimentos. Seco e direto, lembrou a seus interrogadores que era um dos maiores pagadores de impostos do Uruguai e que, se continuasse sendo maltratado, deixaria o país, reforçando os boatos de que aceitaria os insistentes convites de Stroessner e se mudaria para o Paraguai.

A ditadura brasileira comemorava o momento. Era a oportunidade de pressionar Pacheco Areco, sinalizando com uma ameaça comercial. Pio Corrêa exigiu que o Uruguai tomasse atitudes contra os exilados — que incluíam a facilitação de ações de agentes brasileiros em solo uruguaio — em troca da compra de trigo. Corrêa acenava com uma interligação entre as redes rodoviárias e um intercâmbio de energia elétrica.[3] Com um pezinho na própria ditadura e a balança comercial desmoronando contra si, o Uruguai, que mantinha em seu território Jango e Brizola, dois ambicionados troféus, abria mão de sua soberania diplomática e liberava o caminho para os espiões brasileiros. Agora eles poderiam se divertir legalmente e de mãos dadas e ganhariam um motivo-bomba para aumentar o cerco a Jango.

Ruben Rivero havia pertencido aos Tupamaros. Quando se afastou do movimento, foi pedir emprego nas fazendas de Jango. Tornou-se um de seus pilotos sem que o patrão imaginasse quais eram suas antigas atividades. Nesse ponto, Maria Thereza não errava. Jango contratava quem aparecia, sem pedir informações. Bastava que o candidato contasse uma história de perseguição política.

O piloto do ex-presidente do Brasil asilado no Uruguai mantinha contato com o grupo guerrilheiro que atacava o governo. A ligação com Jango foi óbvia. E o pior: Rivero não deixara de, eventualmente, servir aos Tupamaros, usando o avião de seu patrão. Assim que descobriu o envolvimento de Rivero, Jango buscou ajuda com seus contatos e até no próprio governo uruguaio. Foi o novo amigo Foch Diaz, com muita segurança, que incentivou Rivero a se entregar. Foch Diaz convenceu Jango de que nada aconteceria com Rivero e ofereceu-se para levar o piloto à Justiça. Assim que se entregou, Rivero foi jogado em uma cela para ser, em seguida, torturado, julgado e condenado a oito anos de prisão.

Foch Diaz justificou-se dizendo que não sabia que Rivero usara o avião de Jango para transportar Tupamaros. Empregados de Jango e exilados passaram a olhar para o uruguaio como um traidor. Que ele era uma farsa, não havia dúvida. Apesar de se promover como amigo de Jango, estivera no apartamento da Leyenda Patria somente duas vezes, uma delas para oferecer uma propriedade e, em outra, levou consigo uma pessoa para apresentá-la a Jango. Mesmo assim, se arvorava em dizer que frequentava a casa "del presidente".

Em silêncio, Maria Thereza montava em sua própria cabeça uma lista de aproveitadores que poderiam prejudicar Jango. Foch Diaz, para ela, era um dos mais perigosos. Além de forçar uma aproximação, ele também assediava constantemente uma secretária de Maria Thereza, uma bonita moça chilena chamada Luz María. Chegou a segui-la nas ruas. Luz María não suportou a pressão e pediu demissão. Maria Thereza estranhou e quis saber o motivo. Exigente com as empregadas, dessa vez estava surpresa. Era a primeira vez que alguém lhe pedia demissão. Luz María revelou então que não suportava mais a perseguição de Foch Diaz. Maria Thereza pediu que ela esperasse.

A solução veio rápido. Por acaso, Maria Thereza encontrou com Foch Diaz na saída de um café em Punta. Ela o agarrou pelo braço e deu seu recado em bom som:

— Vou lhe dizer só uma coisa: se o senhor não parar com essa história de perseguir a minha funcionária, vou mandar lhe dar uma surra, para o senhor não esquecer nunca mais.

— Mas isso é problema meu com ela.

— O senhor não pode fazer isso. Ela trabalha comigo e tem namorado. Já falei! Ou para ou vai levar uma surra.

A partir desse dia, Foch passou a chamar Maria Thereza de maluca. E não voltaria a mexer com Luz María.

Assim que Maria Thereza encontrou Jango, desabafou.

— Teu amiguinho, o Diaz, anda paquerando e perseguindo a Luz. Encontrei com ele e falei pra parar com isso, porque a Luz tem namorado e disse que eu iria arrumar alguém pra dar uma surra nele.

Maria Thereza não percebera que, mais que cultivar amizades duvidosas, a lei do exílio exigia outros sacrifícios. Foi então que descobriu, pela resposta de Jango, que ele também sabia quem era Foch Diaz.

— Acho que você fez muito bem feito. Esse cara é muito abusado.

Tornando ainda mais insuportável a vida da família Goulart no Uruguai, no dia 10 de agosto de 1970, os Tupamaros mataram Dan Mitrione. O Uruguai transformava-se assim em uma prioridade para os Estados Unidos, que teria plena liberdade de Areco para investigar com seus espiões a morte do agente da CIA. O cônsul brasileiro Aloysio Gomide continuaria em poder do grupo e seria libertado apenas em fevereiro de 1971, mediante pagamento de resgate. Até lá, a vigilância seria implacável.

Ostensivamente seguidos, Maria Thereza e Jango mostravam grande preocupação. Seus passos eram acompanhados por agentes uruguaios, brasileiros e norte-americanos que às vezes se trombavam e atrapalhavam um ao outro. Aproveitando a situação política dos vizinhos, o serviço brasileiro se espalhava pelo Uruguai, Argentina e Paraguai. Um relatório da embaixada brasileira em Assunção, com data de 25 de junho de 1970, informava que Jango estivera na cidade e se encontrara com um "indivíduo desconhecido" próximo ao aeroporto local onde seu Cessna pousara. Chamava a atenção a assinatura do documento produzido pela embaixada. Era do poeta e diplomata João Cabral de Melo Neto,[4] que servia na embaixada como ministro-conselheiro e esbanjava seu talento espionando para a ditadura militar. Eram muitos exilados iguais em tudo na vida...

No Brasil do presidente Emílio Garrastazu Médici, a situação não era melhor. Torturas, mortes, prisões arbitrárias, interrogatórios cruéis e, por vezes, totalmente sem sentido. Em um deles, comprovava-se que a fama de Maria Thereza ainda rendia debates, por mais insólitos que fossem. Em 12 de junho de 1970, o jovem economista norte-americano Werner Baer, professor da Universidade Vanderbilt, do Tennessee, voltava para o Rio após uma reunião em São Paulo. Ao entrar no apartamento que dividia com Riordan Roett, também professor da Vanderbilt, deu de cara com sete homens armados. Eram agentes brasileiros do DOPS, como descobriria mais tarde. O major que comandava a ação iniciou um interrogatório. Pediu a Bauer que dissesse seu nome, o que fazia no Brasil, se conhecia um homem chamado Carlos, sua opinião sobre a Guerra do Vietnã, o governo Kennedy, o movimento estudantil nos Estados Unidos e sobre o sequestro do embaixador da Alemanha Ehrenfried Ludwig Von Holleben. Nervoso, Bauer tentava se controlar, mas não soube o que responder quando o assunto mudou radicalmente:

— Acha Jacqueline Kennedy bonita? Ela era mais bonita que Maria Thereza, mulher de Goulart e ex-primeira-dama do Brasil?[5]

Em março de 1971, depois de mais de seis anos morando no apartamento da Leyenda Patria — o lugar onde Maria Thereza vivera por mais tempo —, a família mudou-se para uma bela residência em linhas modernas, inspirada no estilo inglês, que ficava na rua Jorge Canning, 2.393, a uma quadra do Parque Batlle, onde ficava o histórico estádio Centenário. Maria Thereza viu a casa e encantou-se. Lembrava-lhe uma igreja. Dessa vez, Jango comprou o imóvel.

Foi lá, na solidão coletiva do exílio, que a proposta veio de forma direta. A sós com Jango, Maria Thereza revelou sem rodeio:

— Jango, eu quero ter mais um filho.

O desejo de Maria Thereza, além da carga do exílio, vinha do sentimento que toma conta da mãe que vê seus filhos, antes tão dependentes, tornarem-se adolescentes e experimentarem o gosto da liberdade. João Vicente e Denize despertavam para uma nova fase, mais interessados em sair com os amigos do que acompanhar pai e mãe em passeios. Ela voltava a procurar uma nova saída. O trabalho na loja ajudava, mas era pouco. As constantes viagens de Jango, seu isolamento, as discussões, a distância e os dois caminhos diferentes que escolheram para enfrentar o exílio perturbavam o relacionamento.

O que Jango iria responder era um resumo do que tinham vivido desde o golpe, como cada um entendia o que deveriam ter feito. A resposta não veio do seu marido, nem do pai de seus filhos. O que mais irritou Maria Thereza foi que quem falou foi o presidente deposto:

— Imagina, que coisa ridícula. Como eu posso ter um filho que vai nascer no Uruguai?

— Qual é a diferença? Eu nem sei onde nasci e quando nasci.

— Não quero mais discutir isso. Não quero e pronto.

Maria Thereza insistiu. Insistiu muito com o marido. Jango não queria. Maria Thereza queria muito. E agora queria pelo mesmo motivo que Jango não queria. Depois do que ouviu, surgiu para ela outro forte motivo para que seu filho nascesse no Uruguai. A notícia de que um presidente exilado teria um filho em outro país estremeceria de vez qualquer possibilidade de entendimento político.

Ele não aceitaria isso e ela jamais concordaria com a sua justificativa.

Para Maria Thereza, foi o pior argumento que poderia ter ouvido. Com um filho, se sentiriam mais felizes e suas vidas se transformariam, pensava ela. Ao mesmo tempo, apostava que Jango poderia encontrar uma nova motivação. Ouvir um não por causa da política — a maldita política — a deixou arrasada. Pensou em desistir de provar para ele que poderia haver futuro sem Brasil.

A discussão sobre o pedido de Maria Thereza não encontrou solução. Ficaram sem se falar. A rotina e a tristeza pareciam finalmente dominá-la. Mas era a indiferença de Jango, com seu sonho de retorno, o que mais a magoava.

Outro acontecimento colaborou para detonar a onda de nostalgia pela qual passava. Em um jantar com Ieda Maria e seu marido, que os visitavam, Maria Thereza reparou que Jango dedicava atenção a uma loira no restaurante onde estavam. Mais tarde, descobriria tratar-se de uma famosa modelo argentina que Jango já conhecia bem.

Arrasada com a resposta de Jango que lhe tirava a chance de ter uma nova alegria no exílio — e tendo certeza de que o nascimento de uma criança poderia ser a cura para a tristeza do marido —, Maria Thereza pediu a seus irmãos que fossem buscá-la. Mais uma vez, queria pensar e ficar longe. Desejava passar uns dias em Porto Alegre. Telefonou também para Terezinha, que se surpreendeu ao perceber que não havia na voz da prima o nervosismo decorrente de uma discussão, mas notou que ela estava bem abatida. Preocupados, Terezinha, Pedro, João José e Juarez foram a Montevidéu buscá-la.

Jango fingia não ver o que acontecia. Estranhamente concordou com a viagem, alegando que isso faria bem a ela. Acostumada aos protestos do marido, Maria Thereza ficou mais desolada ao perceber que Jango não reclamou, justamente ele, que a perturbava muito toda vez que ela viajava para o Brasil. Em meio àquela sucessão de fatos, Jango também notava que Maria Thereza estava esmorecendo.

No fim de março de 1971, ela se despediu do marido, que, como sempre, tinha a tranquila certeza de que a esposa voltaria logo.

Maria Thereza partiu sem saber, como sempre, o que aconteceria com sua vida.

Pela primeira vez, pensava seriamente em separação.

Só não esperava que outras decepções surgissem tão cedo e que o Brasil — o outro Brasil — aprontasse com ela mais uma vez.

Em dois Fuscas, um com Juarez e João José e outro com Terezinha, Maria Thereza e Pedro ao volante, eles deixaram Montevidéu. Antes de alcançarem o posto militar situado entre as cidades de Pelotas e Rio Grande, Pedro, cansado de dirigir por mais de 550 quilômetros de uma só vez, encostou o carro para que Maria Thereza dirigisse.

Juarez e João José seguiram sem parar e abriram uma longa distância do outro Fusca. Quando chegaram, por volta das oito da noite, ao posto da Polícia Rodoviária Federal no quilômetro 516 da BR-116, estavam bem à frente. Passaram pela barreira policial e prosseguiram. Os irmãos nem notaram que o carro de Pedro, com Maria Thereza ao volante, fora parado pelos policiais, que pediram seus passaportes. Com os documentos nas mãos, os oficiais entraram na cabine. Pedro desceu do carro para levar os papéis do automóvel, que os policiais não haviam pedido. Ele entrou, entregou e retornou para o carro. Os policiais voltaram trazendo apenas dois passaportes. Não foi difícil deduzir de quem era o documento que estava faltando.

— Ih, tem coisa... e é com você, Maria Thereza — cravou Pedro.

Só então Maria Thereza lembrou que, abalados por mais uma discussão, ela e Jango nem sequer comunicaram as autoridades brasileiras sobre a viagem.

— O senhor e as senhoras podem fazer o favor de descer do carro? — solicitou o militar.

Assim que saíram, soldados tomaram o Fusca e fizeram uma revista completa, sem nenhum cuidado. Olharam os bancos, o motor e o porta-malas, onde encontraram várias caixas de um remédio que Terezinha comprara para o filho. Na bolsa de Maria Thereza, havia dois sacos de açafrão. Também pegaram sua agenda. Em seguida elas foram conduzidas, de jipe, para o quartel do 7º Grupo de Artilharia de Costa Motorizado (7º GACosM),[6] que ficava a quase 70 quilômetros de distância, na cidade de Rio Grande. Sem que elas soubessem, Pedro também fora levado para a mesma unidade militar.

Maria Thereza e Terezinha foram deixadas em uma sala que ficava em um pavilhão. Lá seriam interrogadas por um oficial brasileiro que estava acompanhado por alguns soldados:

— De onde vocês vêm? O que estão trazendo? O que fizeram lá?

Elas iam responder, mas não tiveram tempo. Os militares saíram sem falar nada. As primas permaneceram ali, sem água e sem comida, por um tempo que ambas estimaram ter sido mais de uma hora. O oficial retornou acompanhado por duas policiais bem gordas. Parou em frente e ficou olhando para elas. Um teatral silêncio para certificar-se de que prestavam atenção nele. Virou-se para as policiais e disparou:

— *Bueno, ahora es con ustedes.*

Assim que o oficial deixou a sala, a mais gorda das policiais mandou que Maria Thereza a acompanhasse. A outra ficou vigiando Terezinha.

Para a franzina Maria Thereza, a mulher parecia-lhe enorme, socada em um uniforme militar que lhe dava uma aparência maior ainda, com o cinto da calça dividindo-a ao meio. Ela falava sem parar e dava ordens em espanhol com sotaque uruguaio. A prisioneira vestia uma camisa branca, calça jeans e botas. Usava também um colete, que esqueceu na sala onde estava Terezinha.

Levada para uma sala bem menor, Maria Thereza não entendia o que acontecia. Queria saber o que estava fazendo ali. A policial fechou a porta e, em espanhol, começou a dar ordens.

— Por favor, tire as botas.

Maria Thereza tirou as botas.

— Por favor, tire a camisa.

Ela tirou a camisa.

— Agora, tire o sutiã.

Seus olhos começaram a lacrimejar, mas nada falou.

— Por favor, tire a calça... e a calcinha.

A frase *"sácate la bombacha"* não sairia mais de suas lembranças. As lágrimas secaram e se transformaram em ódio. Tomada de raiva, protestou:

— A calcinha também?! Por quê?

— Porque sim, porque tenho ordens.

Até aquele instante, Maria Thereza colocara as outras roupas no chão. Porém ficou segurando a calcinha e o sutiã com a mão. Estava nua na frente da policial que passou a rodeá-la, sem tocá-la. Maria Thereza tentou se cobrir, mas a mulher mandou que ela mantivesse os braços afastados do corpo. Deu uma, duas, três voltas olhando para Maria Thereza, que suportou a humilhação. Não derramou uma lágrima, mas não conseguia esconder o que sentia. Raiva e pânico que se misturavam com força e faziam seu corpo tremer. Havia, dentro dela, uma vontade de saltar em cima da policial e lutar. Mas começou a tremer tanto que esquecera. Controlar o próprio corpo passou a ser sua maior preocupação, porém não conseguiu dominar o medo. Tinha certeza de que seria torturada. Após examiná-la, a policial disse que ela poderia vestir a roupa. Com dificuldade, Maria Thereza vestiu a calcinha e o sutiã e abaixou-se para pegar a roupa. Foi quando viu vultos na única janela que havia na sala. Outras pessoas a observavam, além da policial uruguaia.

Assim que voltou ao salão, viu a prima chorando.

— Terezinha, a gorda vai fazer você tirar a roupa.

— Ai, não.

— Te prepara. E para de chorar.

Agora era Maria Thereza quem ficaria esperando. Terezinha retornou aos prantos. Ficaram juntas. Foram levadas novamente ao alojamento, onde Maria Thereza se revezava entre, durona, mandar a prima parar de chorar, para, em seguida, esmorecer, abraçá-la e deixar algumas lágrimas caírem. Seu corpo ainda tremia.

De todos os terrores que viveu e tentava organizar em sua cabeça, o maior deles foi ouvir a policial falando em espanhol *"sácate la bombacha"*.

A frase ecoava em sua mente e lhe provocava um ódio incontrolável. O que acontecera ali era uma constatação da ligação clandestina que unia as ditaduras da América do Sul com o intuito de perseguir, capturar, torturar e matar dissidentes, sem respeito a leis, fronteiras, soberanias e diplomacias. Eram tempos estranhos. Uma policial uruguaia revistava uma exilada dentro de um quartel militar em território brasileiro. Em breve, essa relação que já existia no início da década de 1970 iria ganhar um nome.

Depois do interrogatório, Maria Thereza e Terezinha permaneceram sozinhas no alojamento durante a noite. Dormiram em camas dobráveis. Receberam um cobertor bem fino, comum nos quartéis. Terezinha não parou de chorar. Sua aflição era maior porque não vira mais Pedro desde o momento em que tinham sido levadas.

Às cinco da manhã, toque de alvorada. Cada uma delas mantinha o seu sentimento. Maria Thereza estava furiosa. Terezinha ainda chorava e, assustada ao ouvir o som da corneta, em seu desespero, fazia piada sem querer:

— Olha aí, só falta a gente ter de desfilar junto com os soldados.
— Terezinha, não chora! Não chora!

Foram levadas para uma cozinha, onde tomaram um copo de café com leite e comeram dois pães com manteiga — pães bem grandes, mas sem sabor.

O comandante surgiu para anunciar:
— Nós vamos fazer uma reunião daqui a pouco.

Elas retornaram para o alojamento e Terezinha voltou a chorar, dessa vez de alívio. Pedro estava esperando por elas. A emoção não permitiu que dissessem algo compreensível. Maria Thereza só lembrou que, após certo tempo de conversa, Pedro comentou:

— Depenaram o carro. Até as rodas eles tiraram.

Quando se acalmaram e passaram a falar mais calmamente, soldados entraram no alojamento. Conduziram os três presos até uma sala ampla, com uma grande mesa que ficava em um tablado de meio metro de altura, onde estavam quatro oficiais. Eles mandaram que os três se sentassem em outra mesa defronte à deles, que se encontrava em um nível inferior. O comandante permaneceu sentado, enquanto um capitão tomou a palavra:

— Dona Maria Thereza, levante-se, por favor. Por que a senhora saiu do Uruguai?

Maria Thereza omitiu a briga com Jango.

— Desejava ir a Porto Alegre, ficar uns dias com a minha prima Terezinha e rever minha família.

— Qual o endereço e o telefone do lugar onde a senhora vai ficar?

O inquisidor anotou. Com a agenda de Maria Thereza em mãos, o interrogatório iria longe, ainda mais porque não havia método algum que fizesse sentido nas perguntas que se seguiram:

— Quem é Matilde?

— É uma amiga minha, dona de uma loja. Ela vende roupa no Uruguai.

Maria Thereza estivera com Matilde havia poucos dias. Na ocasião, ela mostrara as fotos de seus filhos e esquecera algumas com Maria Thereza. Uma delas era do filho adolescente de Matilde, que tinha uma longa barba.

— Quem é esse na foto?

— É um dos filhos de Matilde.

— Essa Matilde é casada ou solteira?

— É casada e tem quatro filhos.

— E por que essa foto está na agenda da senhora?

— Por que ela esqueceu e eu fiquei de devolver.

Irônico, o capitão provocava.

— Esse "filho da sua amiga" está sendo procurado?

— Não sei.

— Como ele se chama?

— Não me lembro.

Houve uma pausa nas perguntas para o capitão revirar algumas folhas da agenda.

— Quem é Ben Everett?

— O dono de uma loja que vende carro. Comprei meu carro dele.

— Ele mora no Uruguai?

— Não, mora no Brasil.

— Quem é Berta?

— Minha sócia na loja.

— Quem é Norma?
— Minha outra sócia.
— Quem é Ximena?
— Ximena é o nome da loja.

O capitão prosseguiu, dessa vez exibindo os saquinhos com açafrão que foram retirados da bolsa. Somente ele e Maria Thereza estavam de pé. Os outros oficiais, Pedro e Terezinha acompanhavam sentados em silêncio. Mostrando o condimento, perguntou:

— A senhora pode me dizer o que é isso aqui?
— Isso é açafrão, um tempero para colocar no arroz.
— Ah, é? Tempero para arroz. E por que a senhora está trazendo isso na bolsa?
— Porque uma amiga minha me pediu pra comprar e fica mais seguro levar na bolsa, porque a embalagem de plástico pode rasgar na mala.
— E a senhora toma algum remédio?
— Não.
— Mas encontramos uma quantidade enorme de caixas de remédio no carro.
— Esses remédios não são meus.
— De quem são?
— Da minha prima. Ela tem um filho que precisa tomar esse medicamento no Brasil, e no Uruguai o preço é bem menor.
— A senhora não toma remédio?
— Não.
— Nem para emagrecer?
— Não.
— Mas a senhora é muito magra.
— Sou. Sempre fui.
— A senhora tem depressão?
— Não.

Seguiu-se uma pergunta para cada anotação que havia na agenda. Outras amigas, amigos, os horários no dentista, reunião na escola, filhos... uma longa sessão de questionamentos quase sem sentido, mas o modo como estava sendo conduzido o interrogatório implicava uma culpa de Maria Thereza. Era como se ela fosse a responsável por todos estarem ali.

O interrogatório de mais de duas horas terminou sem que nenhuma pergunta sobre João Goulart fosse feita. Pouco importava, o que valia era o circo que tinham armado. O quartel havia detido, tirado a roupa e interrogado a mulher do Jango. Agora era exibir o troféu. Não sem antes repetir o processo com os outros presos.

O capitão apontou então para Terezinha.

— Por que a senhora compra esses remédios e nessa quantidade?

— Comprei porque a médica do meu filho receita.

Mais e mais perguntas.

Em seguida, foi a vez de Pedro, que tinha deixado no carro um mapa mal desenhado à mão com a localização do sítio de um amigo, que o convidara para uma visita. Foi o suficiente...

— Que lugar é esse? Para onde o senhor ia?

Pedro, nervoso, levou um longo tempo para explicar que aquilo era um inocente mapa desenhado à mão. Sua explicação se tornou a resposta mais demorada de todo o interrogatório.

Então veio o mais surpreendente. Os três foram convidados para um almoço preparado especialmente para eles. Terezinha recusou, mas Maria Thereza estava com muita fome.

— Terezinha, já que fizeram o almoço, vamos almoçar.

— Eu não. Que coisa horrível. Não tenho fome e não sei como você pode ter fome agora.

— Eu estou com fome e vou comer.

Os oficiais não aceitaram a recusa de Terezinha. Queriam mostrar seu discreto charme e se despedir como grandes anfitriões. Insistiram. No cardápio: frango, maionese de batata e uma salada de tomate cortado em quatro grandes pedaços, com muito queijo ralado. O frango estava crocante e saboroso. De sobremesa, goiabada com queijo. Eles almoçaram com seus interrogadores e foram liberados. Maria Thereza, Terezinha e Pedro retomaram o caminho com o Fusca, que, à medida do possível, estava devidamente remontado. Os remédios, os papéis, o açafrão e os objetos pessoais foram devolvidos.

Pedro estava indignado:

— Eu vou aos jornais denunciar que você foi presa sem motivo.

— De jeito nenhum. É isso que eles querem. Esse comandante só quer mostrar serviço e dizer para todo mundo que me prendeu. E tem mais: por favor, não falem nada para o Jango. Ele ia ficar descontrolado se soubesse que me fizeram tirar a roupa e poderia cometer uma loucura.

Em Porto Alegre, Maria Thereza emoldurou o papel com o mapa que Pedro desenhara e lhe deu de presente.

João Goulart nunca ficou sabendo o que acontecera durante a viagem.

Maria Thereza ficaria pouco mais de um mês na casa de Terezinha, mas não teve tempo para lidar com o que se passou no quartel nem pensar no rumo de seu casamento. Seria obrigada a enfrentar mais um assustador imprevisto. Precisou voltar às pressas para o lado do marido.

No dia 7 de maio, Jango dirigia sua picape, levando alguns funcionários na caçamba. Ele saíra da fazenda de Tacuarembó e ia para a cidade, mas a caminhonete derrapou e capotou em um trecho da estrada que estava em obras, com asfalto irregular e muitas pedras espalhadas.

Um funcionário temporário de Jango, apelidado de "Bico Fino", usava um blusão com gola alta que fora tecido por sua mãe. A roupa enganchou na grade de proteção da caminhonete. O empregado morreu na hora. A polícia uruguaia levou Jango, em estado de choque, ao hospital. Bijuja e Arthur Dornelles, que estavam em São Borja, foram até o local, chegando por volta das 8h do dia seguinte. De lá, Arthur seguiu imediatamente para Porto Alegre. Jango chamava por Maria Thereza.

Foi o próprio Arthur quem lhe deu a notícia, já ressaltando que Jango passava bem. A primeira reação de Maria Thereza foi pensar na perna de Jango. Dornelles voltou a tranquilizá-la:

— Não, não aconteceu nada com ele.

No hospital, Jango recebeu a visita de um senador e de um ministro uruguaios, e do ex-major argentino Pablo Vicente, representante do ex-presidente Juan Perón. Jango não sofrera nenhum trauma, porém ficou em observação. Quando Maria Thereza chegou, ele estava bem, mas mesmo assim foi levado para um hospital em Montevidéu. Com o susto, e com Jango abalado pelo acidente e pela trágica morte do funcionário, houve uma natural quebra de resistência e o casal se reaproximou. Os pensamentos durante a viagem foram tão assustadores que Maria Thereza até se esquecera da briga. Nos dias seguintes ao acidente, Jango teve dificuldade para dormir. Mesmo assim, quando ela questionava por que ainda estava acordado, ele inventava uma desculpa e fugia da pergunta.

Maria Thereza também era silêncio. Guardou para si seu desejo e nunca mais voltou a falar sobre ter um mais filho.

De volta à casa da rua Canning, Maria Thereza experimentaria a lição que vivia dando em Jango e que acabaria servindo a si própria de forma assustadora. Havia contratado uma empregada chamada Alicia, que demonstrava uma irritação fora do normal a cada ordem que recebia. Com menos de um mês de trabalho, Maria Thereza a advertiu:

— Alicia, a louça fica suja o dia todo na pia. É para lavar logo. Não deixe pra depois.

A empregada reagiu:

— Você vai parar de me dizer essas coisas.

Descontrolada, Alicia pegou uma faca e, xingando muito, partiu para cima de Maria Thereza, que ficou imóvel. A cozinha possuía uma porta grande de entrada, que servia de ligação para as salas. Ao lado dessa porta havia outra, com tela, que dava acesso direto ao jardim, onde Pedro Roa regava as plantas. Ele ouviu os gritos e correu. Entrou na cozinha, dominou Alicia e imediatamente a colocou para fora da casa. Jango ficou impressionado ao saber pela boca de Maria Thereza o que acontecera, mas foi à forra pelo tanto que ouvira sua esposa reclamar:

— Então tu também tens mania de colocar gente que não conheces dentro de casa?

Meses após o incidente com a empregada, um amigo de João Vicente chegou com um jornal em que estava estampada a foto de Alicia. Ela estava presa. E o pior: durante o período em que trabalhou na casa, Alicia era foragida da Justiça uruguaia. Havia escapado da prisão e fora contratada por Maria Thereza, a mulher do ex-presidente do Brasil, a mesma que reclamava da maneira fácil e tranquila com que o marido escolhia seus empregados. Jango passou a fazer mais comentários sobre as escolhas de Maria Thereza, enquanto ela ficou um tempo sem reclamar dos empregados dele.

A lição serviu bem. Assimilando as provocações de Jango, Maria Thereza passaria a cobrá-lo ainda mais. Ela não se conformava em vê-lo querer levar uma vida como se fosse um cidadão comum, sem tomar precauções de segurança. Por causa do moinho de arroz, Jango contratava temporariamente quem aparecesse para trabalhar em suas fazendas, fosse brasileiro ou uruguaio, sem perguntar nada. Muitos o procuravam dizendo que eram exilados. Mas a fila era grande. Contrabandistas e foragidos também desejavam trabalhar para *"el presidente"*.

Com a lembrança de uma faca apontada contra si, Maria Thereza não conseguiria lidar com empregados que entravam e saíam das fazendas sem a menor cerimônia. Ela insistia e reclamava com Jango, que não se importava. Maria Thereza exigia rigor nas escolhas. Porém, dentre essas contratações, histórias com improváveis finais felizes aconteciam com Jango.

Assim que cumpriu pena por assalto a banco, o uruguaio Itar Neri Gutierrez Porlén procurou a fazenda de Jango em Maldonado. Sua intenção era assaltar o ex-presidente do Brasil. Chegou lá no fim da tarde, quando Jango, sozinho, estava saindo de carro. Ele olhou para Gutierrez e perguntou:

— Tchê, que estás procurando? Quer emprego?

E, entregando a chave da casa para ele, disse:

— Toma, fica cuidando da casa pra mim.

Quando Jango retornou, Gutierrez Porlén estava lá vigiando a casa conforme ele pedira. Quando soube, Maria Thereza não acreditou:

— Agora até assaltante tu estás pondo na fazenda?

Gutierrez Porlén trabalharia para Jango durante vários anos sem causar nenhum problema.

Havia também quem visitava a fazenda apenas para aproveitar o telefone e fazer longas ligações internacionais. Qualquer um também poderia chegar e emendar uma conversa com Jango, o que facilitava até o trabalho dos espiões. E as palavras de Maria Thereza ficavam ao vento. A essa altura, ela queria que o marido colocasse um funcionário na porteira da fazenda, para verificar as pessoas que entravam. Era comum ver gente fotografando a fazenda. Questionados, os curiosos diziam que eram turistas e que admiravam *"el presidente"*.

Para o governo uruguaio, o desejo de Jango realizar mais uma viagem à França em novembro de 1971 seria bem oportuno. O Brasil, já comandando as operações subterrâneas entre os dois países — o sequestro do cônsul Gomide extrapolara essa situação —, estava preocupado com as eleições presidenciais no vizinho, a ponto de o Estado-Maior das Forças Armadas (EMFA) e o Itamaraty planejarem uma invasão se o bloco da esquerda vencesse. Era a "Operação 30 horas",[7] que seria liderada pelo general Breno Borges Fortes, comandante do III Exército, com sede em Porto Alegre. Assim, quanto mais longe Jango estivesse, melhor para o Uruguai. Foi uma votação abarrotada de acusações de fraude e sabotagens patrocinadas pelo Brasil.[8] O candidato dos militares, Juan María Bordaberry, apoiado pelo governo norte-americano, venceu o representante da esquerda Wilson Ferreira Alduñate por apenas 12 mil votos.

Jango estava em Paris. Dessa vez apenas João Vicente o acompanhou. Novamente o lobby do hotel Claridge's registrava a presença de políticos, artistas, professores e jornalistas. Pedro Taulois estava lá, como também muitos espiões. Sobre a ausência de Maria Thereza, Jango teve de aguentar uma provocação do agora consagrado diretor de cinema Glauber Rocha:

— Jango, vieste sozinho a Paris para dar uma escapada de dona Maria Thereza?[9]

Jango não revelou a ninguém, mas Maria Thereza precisou ficar com Denize. Retraída e calada, a filha mais nova, às vésperas de completar 15 anos, entrara em um processo depressivo. Não comia. Mentia para os pais, dizendo que já havia se alimentado, e estava muito magra. O medo político que pairava no ar, a eterna incerteza, as ameaças que via o pai sofrer, a provável nova mudança de país que a afastaria mais uma vez de seus amigos, as brigas dos pais e o abatimento que tomava conta da família atingiram em cheio a tímida adolescente. Maria Thereza dedicou-se à filha, que tinha por característica guardar para si as dores que sentia. Foi mais uma fase difícil, enquanto o Uruguai tornava-se cada vez mais perigoso.

Para Maria Thereza, ficava cada vez mais difícil juntar os pedaços que o exílio dilacerava.

Fazia frio em Montevidéu na tarde da última sexta-feira de julho de 1972. Era o terceiro dia seguido de uma chuva que diminuía de intensidade por alguns minutos para em seguida transformar-se em temporal. Três dias cinzentos. A Maria Thereza restava olhar pela janela de sua casa na rua Canning. Ela gostava de ver as gotas caírem com força. Via a chuva e seu futuro passarem. Uma paisagem em um só tom. O importante, pensava, era tentar cumprir a promessa de não sentir falta do passado, mas a pergunta vinha e girava ao redor de sua cabeça: "Por quanto tempo ainda ficaremos aqui?" Já eram oito anos de uma vida que não era a dela, que não era a de seu marido, que não deveria ser a dos seus filhos.

O Uruguai azul desaparecera. Na solidão cinza, sentia o peso da derrota. A promessa definitivamente fora quebrada. Estava entregue. Não tinha mais vontade de lutar. Sentia falta dos amigos que deixaram o país e que eram bons motivos para manter Jango feliz. Era forçada a reconhecer para si mesma. A saudade do Brasil machucava de um modo insuportável.

A angústia vencia. Seu ideal fora esquecer para proteger. Criar uma barreira que impedisse a tentação de libertar uma dúvida amordaçada: "E se?... E se?... Oito anos..." Quanto tempo já se passara. Quanto tempo ainda estaria por vir. A dor do exílio machucava demais. Era melhor não a enfrentar. Como resistir, se Jango parecia ter desistido, fechando-se no próprio silêncio? Ela jurou não fraquejar e lutar para que sua família tivesse paz. Havia, de certa maneira, conseguido. Jango fazia grandes negócios, recebia amigos — cada vez menos, mas ainda era querido pelos uruguaios. João Vicente e Denize tinham se adaptado ao país e à escola, tornaram-se ótimos alunos e construíram sólidos relacionamentos. A alegria de vê-los crescer era sua força motriz. Porém, ironicamente, a independência cada vez maior dos filhos a deixava perdida.

Escreveu em seu diário que só desejava "escapar das garras das bruxas" que estavam habitando a sua cabeça. Se não acabasse com elas, seria engolida pelo medo que ela mesma criara. Na tarde cinza, não suportou ficar em casa. A chuva caía forte. Abriu a porta e saiu para andar, sem rumo, por quase uma hora. Deu uma volta no Parque Batlle. Quando estava voltando, com as roupas totalmente encharcadas, encontrou um amigo de Jango, Walter Nessi, que era integrante do governo uruguaio.[10]

— Está tudo bem com a senhora?! — perguntou.
— Sim.

Maria Thereza seguiu adiante, passando por ele como se fosse um dia comum. Nessi recuou e insistiu:

— Mas está tudo bem?
— Está, pode deixar. Eu estou só espantando meus fantasmas.

Nessi permaneceu parado, olhando, por muito tempo, Maria Thereza seguir em frente e entrar em casa. Ela estava feliz com a água que lhe ensopava o corpo. Mas precisava se trocar rapidamente. Já estava na hora de buscar os filhos no colégio. Era o último dia de aula antes de entrarem de férias. Era apenas mais um dia. Nesse mesmo estranho dia, participou da reunião de pais e mestres na escola dos filhos. Só recebeu elogios. João e Denize eram excelentes alunos. Da angústia profunda a uma grande alegria. Um sobe e desce perigoso. Havia pelo que lutar, como escreveu: "Bom demais! Vê-los juntos, com tantos amigos, brincando, jogando e participando totalmente deste mundo novo."

Ainda fez um poema sobre seu passeio na chuva.

Ando buscando el amigo
Porque estoy sola
Y tengo ganas de llorar

Supongo que me esperaba
En el parque
Donde simpre caminaba
Conta las estrellas
Habrá llegado?

Mejor me voy
Para que quiero el amigo
Si puedo llorar sola?

Viver a vida que poderia viver era só o que restava, mas o fantasma de uma vida não vivida continuava lá.

Após o passeio na chuva, recorreria frequentemente à imagem de "bruxas voando ao redor de sua cabeça". Dias depois, encontrou Susana Piegas, filha de Nair e Enrique, um fazendeiro uruguaio velho amigo de Jango, com quem fechara vários negócios. Assim como acontecera outras vezes, Maria Thereza descobria uma companheira de muitas histórias a partir de uma amizade do marido. Susana tornou-se presente e não se importava em ajudar Maria Thereza em festas e aniversários, passeios de criança e viagens a Punta. Passavam dias e dias conversando. Susana enfrentava um momento difícil. Perdera o noivo de maneira trágica e tentava reconstruir a vida.

Saíram para tomar um café, mas Susana deu outra sugestão.

— Maria Thereza, estou com uma vontade de tomar champanhe. Tu não tomas comigo?

— Hoje eu vou tomar, porque as bruxas estão soltas na minha cabeça há tempos.

Pediram uma garrafa. Susana, admiradora da alegria de Maria Thereza, confidenciou-lhe que estava conhecendo uma nova pessoa. Enquanto a ouvia, Maria Thereza reparou no colar que ela usava, um presente do ex-noivo. Com a experiência de quem sabia o que era lutar contra o próprio passado, Maria Thereza quis ajudá-la.

— Susana, por que você está usando esse colar? Isso não é bom.

Enquanto tomavam toda a garrafa, Susana repetiu o que ouvira de Maria Thereza.

— É... tem dia em que as bruxas realmente estão soltas.

Na semana seguinte, Susana passou uma semana na casa da Canning. Tempos depois, apresentaria a Maria Thereza seu novo namorado, com quem viria a se casar.

Em Punta del Este, nas férias de julho, Maria Thereza fora convidada pela amiga Claudia Jimenez, proprietária de uma loja de roupas infantis, para ir até o Casino Nogaró. Jango havia avisado que ficaria na fazenda. Maria Thereza aceitou a proposta. Ao chegarem ao Nogaró, o cassino estava quase vazio. Jogaram um pouco, mas Claudia lembrou que haveria um show no San Rafael. Maria Thereza preferia ver o show, qualquer que fosse, a jogar. Claudia ainda brincou:

— Então vamos lá. Mas vamos com cuidado, vai que a gente encontra seu marido por lá.

Com Claudia ao volante, seguiram para o San Rafael, cassino localizado a 15 minutos do Nogaró. Entraram e se dirigiram à parte do teatro e, como o show iria demorar, foram dar uma volta pelas mesas de jogo. Foi quando Maria Thereza viu Jango, sentado de costas para ela, abraçado a uma loira. Ficou arrasada. Era a mesma loira que ela fingiu não ver enquanto jantavam com Yara Vargas. A dor que sentiu não poderia ser medida em lágrimas. Exceto no dia em que flagrou uma vedete no carro de seu marido, naquilo que Jango classificou de "uma inocente carona" na Copacabana dos anos 1950, era a primeira vez que via Jango com outra mulher. Escutar, ouvir comentários, piadinhas e indiretas era o máximo que enfrentara. Porém agora eram seus olhos que testemunhavam Jango com o braço aberto tocando o ombro e envolvendo uma loira na sua frente.

Jango e a modelo argentina estavam no balcão do bar bebendo com pessoas conhecidas, o que aumentou sua humilhação. Estava envergonhada pelo papel que fazia ali. Claudia se preocupou com a reação de Maria Thereza:

— Maldita hora que eu fui te trazer para cá.

— Claudia, não quero mais ficar aqui. Me leva embora.

Maria Thereza pediu a Claudia que a deixasse na casa da Calle 20. Mas, no caminho, mudou de ideia e disse para ela ir até a fazenda de Maldonado. Se Jango fosse atrás dela, ele iria, em primeiro lugar, para a Calle 20. Do jeito que estava, não queria encontrar com ele. Não sabia o que poderia fazer. Mais uma vez, a raiva era bem maior que a tristeza. Na fazenda, pegou algumas roupas, mas não fez uma mala. Colocou tudo em uma sacola plástica e foi para a rodoviária, de onde embarcou em um ônibus para Montevidéu. Abrigou-se na casa de uma amiga, Matilde Saporta, que lhe emprestou dinheiro para que viajasse a Porto Alegre.

No cassino, os amigos em comum, constrangidos, demoraram um tempo para falar com Jango. Ninguém teve coragem de avisá-lo na hora em que fora flagrado. Ele foi até a casa da Calle 20, mas não a encontrou.

Assim que chegou em Porto Alegre, Maria Thereza pediu ajuda de Terezinha e Pedro, que mais uma vez se surpreenderam com sua presença e com seu estado. Ela contou o que tinha acontecido e disse a Pedro, que era advogado, que desejava se separar. Pedro tentou convencê-la a não tomar essa decisão.

— Maria Thereza, pense bem. Você vai ficar marcada como a mulher que voltou para o Brasil e abandonou o marido no exílio.

Somente a partir daquele momento, a manchete tantas vezes publicada, divulgada, retorcida e forçada tornava-se verdadeira. Ela assinaria o primeiro papel que visse pela frente. Maria Thereza queria realmente se separar de Jango.

Menos de um dia depois, ele já sabia onde Maria Thereza estava. Esquecendo-se das motivações da esposa, estava irritado com Claudia, que a tinha levado ao cassino, e com Terezinha e Pedro, que a acolheram.

Maria Thereza saiu de Punta sem avisar ninguém, nem os filhos, mas tinha certeza de que estava tomando a atitude correta. Não conseguiria ficar em casa esperando por Jango. Não suportaria ouvir, fosse qual fosse, a justificativa ou a explicação, afinal, haveria uma desculpa. Sempre havia. Não havia dúvida de que teriam uma briga horrorosa e não queria passar por isso.

Iria apenas desabafar em seu diário.

> *Você foge de minhas mãos*
> *De meu coração*
> *E de minha vida.*
> *Fico assim perdida*
> *Como se fosse um estranho objeto*
> *Sem forma, sem dono,*
> *Repartida*
> *Dançando com minha ilusão.*

Jango enviou cartas e telefonou, mas não conseguiu falar com Maria Thereza, cujo aniversário se aproximava. Estava aflito. Não queria que ela passasse a data longe dele e dos filhos. Mobilizou sua tropa. Em uma nova tentativa, mandou mais uma carta e um presente — uma caixa de chocolates — por intermédio de José Gomes Talarico, que viajou a Porto Alegre com essa missão. Mais uma vez, Jango despachava um mensageiro para resolver seus problemas pessoais. Fazia política também na vida íntima. Maria Thereza recebeu os presentes, leu a carta e disse a Talarico que aguardasse, porque responderia na mesma hora, naquele que era o dia do seu aniversário.

Porto Alegre, 23 de agosto de 1972.

Jango,
    Até agora tenho seguido meu caminho tentando me convencer de que a vida é fácil e feliz sem a tua presença. Tinhas razão quando dizias que, se um dia eu te perdesse, somente então me daria conta da imensidão de sentimentos que se perderiam junto conosco. Hoje, estou convencida de que só se consegue mudar o mundo exterior modificando o mundo interior que há em nós. Tudo o que temos de reação é fruto de nossa consciência e quando se consegue alterar sua percepção, é o mundo que se vê.
    Eu tenho tentado, mas ainda não consegui chegar do outro lado do caminho onde está a mágica mental que assegura o sucesso. Será que consigo?
    Sou teimosa e sabes até que ponto aposto em mim. Mas, às vezes, penso que sigo, depois de tantos anos, aprisionada dentro de algo que eu mesma construí para ser feliz contigo. Uma vez fui feliz! Fui tão grandiosamente feliz contigo que, com amor e sentimentos absolutamente perfeitos, me convenci a mim mesma de que tudo seria eterno, mesmo mexendo todas as peças do tabuleiro da vida. Mas, assim como estou, me sinto incompleta e imparcial entre o passado e o futuro.
    Vou seguindo, sabe? Estudando um pouco de cada um de nós dois, sem solução para te apresentar. Tens alguma que não possa doer em ninguém?
    Pensa e manda um aviso. Sem pensar naquela loira, penso em meu futuro com grande responsabilidade. Minha cabeça e meu espírito andam mais ou menos juntos e estou tomando várias decisões importantes. Mas, no fundo, estou reagindo mais do que agindo?
    Por que tens sempre a maldita ideia de me convencer de que sempre tens razão? Não manda mais ninguém atrás de mim, vou ficando aqui por algum tempo. Estou morrendo de saudades dos meninos.
    Esta idade é horrível. As pessoas têm medo de mim. Acho engraçado quando penso nisso.

Termino, porque Talarico está esperando. Será que ele vai ler minha carta?

(Ainda tenho vontade de te jogar aquela pedra de volta.)

Maria Thereza

(Me manda meus perfumes. Chocolate engorda e tu bem que adorarias me ver gorda e velha.)

Maria Thereza relembrava dois fatos que marcaram a história do casal. Um deles aconteceu durante uma discussão que tiveram porque Jango havia dado o seu cavalo, Zuper, para um empregado utilizar no trabalho da fazenda. Porém, o que a deixara nervosa foi que Jango tomara a decisão sem sequer falar com ela.

Muitas reclamações depois, o assunto parecia ter terminado. Até ela ver seu antigo cavalo com sela e arreio. Voltaram a discutir. Jango, contudo, não queria saber.

— Agora não adianta mais reclamar, Maria Thereza.

— Ah, não adianta?

Ela abaixou, pegou uma pedra e atirou nele. Passou perto. Jango desviou-se e ficou encarando-a. Ela voltou para a sede pisando duro e ficaram sem se falar por um bom tempo.

Outro ponto descrito na carta eram os presentes de Jango. Maria Thereza provocava Jango dizendo que ele só deixaria de ter ciúme dela quando ela engordasse, por isso a observação irônica que finalizava a carta.

Maria Thereza permaneceu em Porto Alegre por mais uma semana, período em que recebeu diariamente flores, presentes e telefonemas de Jango. No sétimo dia, retornou a Montevidéu. Voltou muito mais pelos filhos, era fato. Mas fora também vencida pela insistência do marido. Ela passara por uma sucessão de emoções: primeiro, tristeza e vergonha; em seguida, raiva. Quase dois meses depois, a indiferença tomava conta de seu coração. Jango precisaria ser o que nunca fora. Surpreendê-la como jamais fizera.

No dia 30 de agosto, Maria Thereza desembarcou no aeroporto de Carrasco. Jango a esperava com um buquê. Ele gostava de presenteá-la com flores. Mas acontecia ali algo que ela jamais vira o marido fazer.

Uma atitude que destruiu qualquer resistência e emocionou Maria Thereza. Foi a primeira — e seria a única — vez que Jango, sozinho, deixava-se revelar em público.

Quando Maria Thereza encontrou-o, cheio de dúvidas, parado e frágil, segurando um buquê, comoveu-se. Compreendeu imediatamente o que ele teve de superar para chegar até lá; o quão difícil e desafiador era, para aquele gaúcho, postar-se, com flores na mão, entregando-se a um julgamento e aguardando a compreensão da mulher que amava, e ainda sob olhares de desconhecidos. Jango enfrentara e vencera a si mesmo com o gesto mais romântico que fez em toda a vida do casal. Abertamente, demonstrou o que sentia. Maria Thereza finalmente testemunhava um ato rasgado de romantismo vindo do marido, que estava ali, na sua frente, com medo de perdê-la.

Ficaram frente a frente. Miraram-se com olhos marejados e imediatamente caíram na risada. Riram a ponto de chamar a atenção das outras pessoas, que não percebiam o que estava acontecendo. Entre idas e vindas, eles se entendiam. De um jeito único. Nesse clima, Maria Thereza perguntou:

— E a famosa loira?

— Voou embora — respondeu ele laconicamente.

— Espero que a próxima seja morena, se é que já não ande alguma à tua volta.

Em casa, João Vicente e Denize fizeram uma festa enorme para recebê-la. À noite, foram jantar no restaurante El Galeón, acompanhados de Amaury Silva e de um homem "com cara de cubano" que Maria Thereza não conhecia. Não prestou atenção na conversa. Para ela, até o vento de Montevidéu estava agradável. Para completar a noite, Maria Thereza ganhou um cavalo de Jango. Escolheu o nome: Vip.

A saudade era grande e mascarava qualquer imperfeição.

João e Maria recomeçavam sua história. Mais uma vez.

17.
E nuvens lá no mata-borrão do céu

Apesar do natural distanciamento dos adolescentes de seus pais, Maria Thereza tentava manter-se próxima dos filhos. Denize, com seus 15 anos, recuperando-se do processo depressivo, não se arriscava a ter um namorado porque sabia que o pai jamais aceitaria. Não bastasse isso, João Vicente vigiava e entregava Denize para Jango, o que era motivo de algumas brigas entre os irmãos. Ela, com um espírito bem mais tranquilo, acabou aprendendo a lidar com o ciúme do pai e do irmão.

Os colegas de João Vicente e Denize praticamente não saíam da casa da rua Canning. As amigas de Denize se davam muito bem com Maria Thereza e chegavam até a pedir suas roupas emprestadas. Eram novas motivações que surgiam. Com as forças que buscava manter, Maria Thereza só pensava em seu "trio fantástico", como se referia a Jango, João Vicente e Denize. Valeria mais esquecer o que ficou para trás do que se lamentar. Para ela, a dor que viviam era fácil de suportar. Ela carregava consigo histórias de mudanças e separações que a ensinaram a deixar de lado o que ficou para trás.

— Jango, tem um homem no telefone dizendo que é o Perón. Ele quer falar contigo.

Para surpresa de Maria Thereza, era o próprio. O ex-presidente argentino preparava sua volta ao poder e queria saber se poderia contar com Jango. Insistiu para que ele o visitasse em Puerta de Hierro, local de seu exílio na Espanha, assim que voltasse à Europa. Para essa viagem, era necessário que Jango conseguisse um novo passaporte. A partir de 1972, reiniciaria sua vexaminosa saga para obter o documento. Solicitou-o primeiramente à embaixada brasileira, justificando que iria submeter-se a tratamento médico na França, mas o pedido foi negado pelo próprio presidente Emílio Garrastazu Médici.[1]

Jango iria realmente se consultar com o doutor Froment, porém as outras motivações para suas viagens já eram bem conhecidas pelos arapongas. Maria Thereza acompanhava o marido ao consulado, onde presenciava e sofria com sua tristeza. Ele demonstrava seu inconformismo e questionava os funcionários do consulado, que respondiam que estavam seguindo ordens vindas do Brasil.

Apelou ao governo uruguaio, que deixou claro: se Jango saísse de seu território, a condição de asilado político seria suspensa. Por fim, o Uruguai negou-lhe o pedido e apenas prorrogou seu título de viagem nº 11.453, expedido pelo Ministério do Interior, válido por mais 120 dias para destinos na Europa Ocidental, com permissão de reingresso no país.

Flertando com a ditadura, o governo uruguaio fazia pose. Era contra assustadores amigos de comunistas, mas não muito. Por mais que Jango representasse uma ameaça aos parceiros militares brasileiros, não havia como desprezar um empresário que injetava mais de meio milhão de dólares por ano na economia do país. Amigos, amigos, mas rasgar dinheiro não.

Mantendo a tentativa de despistar a vigilância dos agentes uruguaios e brasileiros, a família viajaria separadamente. Antes de seguir para a Europa, Jango, com seu título de viagem prorrogado, acompanhado por João Vicente, passou por Buenos Aires. De lá, partiu em direção à capital francesa. Maria Thereza, em outro voo, embarcou com Denize em Montevidéu.

Em Paris, Jango voltou a reunir-se com os exilados, participou de jantares e realizou uma discreta viagem a Puerta de Hierro, na região metropolitana de Madri. Perón o aguardava.

Voltaram a se reunir dias depois em um hotel, onde Maria Thereza pôde ver e cumprimentar rapidamente o ex e futuro presidente argentino, que fez um comentário sobre a prisão de Rivero. Perón estava bem informado e demonstrou saber muito sobre a repressão que aumentava no Uruguai.

— Janguito, prepare-se porque no ano que vem estaremos juntos na Argentina. Deixe o Uruguai que a coisa não está boa lá.

Quando contou sobre a reunião para Maria Thereza, Jango repetiu essa frase várias vezes.

Acompanhando o encontro, João Vicente tomou café servido por José López Rega — o faz-tudo que mais tarde organizaria o grupo de extermínio Aliança Anticomunista Argentina, a Triple A, uma organização terrorista de direita que iria realizar atentados e assassinar opositores e pessoas ligadas à esquerda peronista — e achou curioso ver que seu pai chamava Perón de "presidente", enquanto o argentino o chamava de "Janguito".

Perón também solicitou a Jango a elaboração de um plano para expansão das exportações agropecuárias argentinas para os países da Europa e do Oriente Médio. A cada mudança de assunto, pressionava Jango, insistindo que sua família deveria ir para a Argentina. O conteúdo dessa conversa foi distribuído no informe 180/73 do Ciex, com data de 5 de abril de 1973. A fonte só poderia ter sido López Rega. Em 20 de junho, depois de costurar uma negociação política que envolvia a aprovação das Forças Armadas e a renúncia já programada do presidente Héctor Campora, Perón retornou à Argentina. Terminavam seus 18 anos de exílio.

A América do Sul tremia. No dia 27, uma semana após a volta de Perón, o presidente uruguaio Juan María Bordaberry anunciava — em um discurso transmitido pelo rádio e pela TV — que fecharia o Senado e a Câmara Federal e criaria um Conselho de Estado com respaldo das Forças Armadas. O crescimento dos Tupamaros foi uma de suas desculpas. Repetia-se a fórmula brasileira. Um golpe instalava uma ditadura para evitar um boato de golpe e ditadura. Em outubro, Perón seria eleito presidente pelo voto dos argentinos, tendo sua mulher, María Estela Martínez de Perón, a Isabelita, como vice.

Àquela altura, no Uruguai, Bordaberry assumia o seu papel de marionete dos militares, que tomavam as ruas prendendo qualquer pessoa que lhes parecesse suspeita. Grupos em restaurantes, reuniões de estudantes e até festas em família seriam consideradas ameaças à segurança do país. Era o fim da trégua para Jango. Isso ficaria claro após a criação do Conselho de Estado. Maria Thereza, ao dar carona a uma amiga de Denize, se esquecera de pegar os documentos do seu Opel verde e foi parada por um bloqueio policial.

Ela tentou argumentar:

— Eu deixo o carro aqui e vou buscar os documentos. Moro bem perto daqui.

Mas os policiais não quiseram saber:

— Não. Não. Os documentos deveriam estar com a senhora. Vamos apreender o carro.

Maria Thereza foi liberada. Voltou para casa e pegou os documentos, mas passou a tarde na delegacia, sendo atendida somente depois da chegada de Jango. Mesmo assim, o carro só seria liberado depois de dois dias.

O Uruguai transformava-se. Deixava de ser um lugar acolhedor para virar um cenário de medo, em que policiais paravam automóveis e ônibus e ameaçavam mulheres e crianças. Durante suas muitas idas à delegacia mais próxima da rua Canning, Jango acabou arrumando um grande novo amigo. Garcia, um sargento que atuava como comissário na delegacia e que passaria a receber, quase diariamente, litros de leite e bons quilos de carne diretamente da fazenda de Jango. Era uma maneira de se proteger do que viria a acontecer. Tempos de exílio.

Os passos da família Goulart agora seriam vigiados atentamente por quatro serviços de espionagem uruguaios: do Exército, da Polícia, do SID e até dos Narcóticos, em uma mistura às vezes bem desorganizada de informes e memorandos.

Sem Maria Thereza na capa, a revista *Fatos e Fotos* do dia 9 de abril de 1973 trazia uma reportagem com uma manchete bem chamativa: "Vou casar? Eu não sabia disso." A matéria de João Eustáquio, com fotos de Wilson Lima, narrava a visita que Maria Thereza e Denize tinham feito a Porto Alegre. Segundo o texto, essa viagem seria um presente de 15 anos para Denize, que estava ansiosa para rever as amigas. Um conveniente exagero do repórter, já que Denize fizera aniversário cinco meses antes. Além disso, depois de nove anos longe do país, sem ter vivido em Porto Alegre, Denize não tinha raízes na cidade e só contava com seus parentes na capital gaúcha.

O outro motivo para a visita seria, segundo a matéria, "desfazer boatos que correram". Maria Thereza desmentia a notícia de que iria se casar com Fernando Riet, vice-cônsul uruguaio na região sul do Brasil, conforme a reportagem. Maria Thereza não conhecia Riet nem sabia de quem se tratava, porém, no Rio Grande do Sul, a imprensa chegava a dar datas para o casamento. Mais uma vez, ela se explicava: "Não sei como podem surgir essas coisas. Depois de nove anos de ausência, as pessoas começam a inventar. Nem sequer conheço o vice-cônsul. Se vivemos distantes um do outro, meu marido e eu, é que tenho de ficar em Montevidéu, por causa da escola dos filhos, e ele nas fazendas, pois, para que a terra dê dinheiro, é preciso trabalhar duro. Nunca pensamos em nos separar." Também destacou a acolhida do Uruguai à família e a semelhança dos costumes entre os dois povos: "Sempre que venho a Porto Alegre viajo de ônibus, o que é agradável. Nem sinto que atravessei uma fronteira. As únicas diferenças são a língua e o frio."

As separações temporárias de Jango e Maria Thereza eram um prato cheio para a imprensa, alimentada por boatos distantes e pelo silêncio obrigatório da censura. Até a data de seu casamento era marcada sem ela saber quem era o noivo da vez. O repórter não deixou de notar que Maria Thereza mexia muito as mãos e as unhas, visivelmente nervosa, enquanto concedia a entrevista. Quem diria, já tinham se passado mais de cinco anos sem falar com a imprensa.

Em uma de suas primeiras e mais polêmicas atitudes, a ditadura militar do Uruguai baixou no dia 14 de agosto de 1973 o decreto 650. Uma "medida patriótica" que ficou conhecida como a "veda de carne". Ficavam proibidos a venda, a compra e o transporte de carne bovina para consumo interno em território uruguaio. Um fracasso em forma de ajuste econômico, feito com a intenção de aumentar as exportações, sem levar em conta que mais de 30 mil empregados que trabalhavam diretamente no comércio de carne seriam prejudicados. Um pouco mais de capricho e a lei poderia destruir o mercado interno e provocar até falta de alimento para a população.

Duas semanas após a lei entrar em vigor, como sempre faziam quando Maria Thereza ia à estância de Maldonado, os empregados colocaram uma peça de filé-mignon de aproximadamente 5 quilos, bem embalada, no porta-malas de seu carro. Se a carne era de propriedade da família e não fora comercializada, não haveria dificuldades, pensaram Jango e Maria Thereza. Eles se despediram. Jango iria para Tacuarembó, enquanto ela seguiria para Montevidéu pela Rota 39.

No início da madrugada de 31 de agosto, ainda na estrada, Maria Thereza foi parada por um bloqueio policial.

— Documento, senhora.

Ela pegou os documentos que estavam no porta-luvas de seu Karmann-Ghia TC azul e entregou.

— Vai para onde?

— Montevidéu.

— Preciso verificar o porta-malas do carro.

Maria Thereza entregou a chave e, obedecendo aos gestos do policial, permaneceu sentada. Os policiais abriram o porta-malas e, assim que viram a carne, soltaram berros de comemoração.

— Olha o que eu encontrei aqui! Ah, o que vai fazer com isso?

Assim que ouviu os gritos e as perguntas, ela saiu do carro. Um dos policiais sacou o revólver e apontou para ela. Aos empurrões, com a arma em punho, ele a forçou a voltar para o banco do motorista.

— A senhora está presa porque não se pode transportar carne. É proibido. Não sabia?

— Mas do que o senhor está falando?

— Como não sabe de nada? O carro é seu e não sabe de nada? É uma otária, coitada, não sabe de nada... Não sabe o que é a lei da veda de carne?

O policial que segurava a arma entrou no carro e se sentou no banco do carona. Encostou o revólver em sua barriga. Falava sem parar e marcava suas palavras com cutucões doloridos em sua costela.

— Dirija até La Floresta. Vamos.

"La Floresta" era um minúsculo balneário, localizado a 81 quilômetros de Punta e 54 de Montevidéu, e que, na época, tinha menos de mil habitantes. Lá havia uma delegacia de polícia que ficava em um casarão de dois andares, em um local deserto, cercado de árvores.

Com uma arma encostada em sua barriga, Maria Thereza dirigiu até a delegacia. Nervosa, não dizia nada, ao contrário do policial que ria e zombava dela. Quando chegaram, foram para dentro do casarão. O policial entregou Maria Thereza com certo ar de satisfação, como se ela fosse um troféu. Provavelmente, era realizada uma das primeiras prisões relativas à lei da "veda de carne", que rapidamente se tornaria símbolo da recém-instalada ditadura. O comércio de carne passava a ser um crime gravíssimo e o carro seria tomado pelo Estado.

O andar térreo da delegacia era grande e tinha poucas divisórias. Ao todo, no lugar, havia quatro policiais. Mais calmo, o oficial que a levara permaneceu na entrada do casarão. Maria Thereza foi convidada a sentar-se em uma cadeira que ficava em frente à mesa de um dos policiais, que tinha um grosso bigode. A seu lado havia outra cadeira. Dali, podia ver uma cela com dois garotos, presos por porte de drogas. A seu lado, uma poltrona vazia parecia bem mais confortável que a cadeira onde sentara.

Antes que os policiais falassem, Maria Thereza tentou se identificar e explicar que não comprara nem vendera carne. A cada tentativa, era interrompida pela mesma resposta, a cada vez em um tom mais alto: "*No importa.*"

Era agosto e o inverno estava rigoroso. O casarão, com tijolos vazados, ajudava a baixar a temperatura ainda mais. Mesmo vestindo um casaco de pele, uma calça grossa e botas, Maria Thereza sentia muito frio.

Não foi permitido que desse um telefonema sequer.

— Vou ficar aqui até quando?

— Até quando nós quisermos — respondeu o policial de bigode grosso.

Um outro oficial, sem nada falar, pegou a bolsa de Maria Thereza e se afastou. Porém, seu parceiro, que se chamava Dante e era o mais alto dos policiais que lá estavam, protestou:

— Nada disso. Dê a bolsa para a senhora.

A bolsa foi devolvida. Seria sua salvação.

Eram quase três da manhã.

Suas pernas tremiam. Não sabia se era por causa da temperatura ou do medo. Os policiais cumpriam sua monótona rotina e não lhe davam maior atenção. A presença de Maria Thereza era ignorada. Para tentar espantar o frio, ela venceria as horas seguintes andando pelo salão. Arriscou até uma conversa com os dois garotos presos.

— Por que vocês estão aqui?
— A gente tinha uns cigarros de maconha no carro.
— Vocês não estão com frio?
— Estamos. Mas temos que aguentar.
— E os pais de vocês?
— Já avisamos. Mas não sabemos onde eles estão agora.

O carro dos garotos estava estacionado em frente à delegacia, ao lado do Karmann-Ghia de Maria Thereza.

Quando o sol surgiu, Maria Thereza sentiu cansaço e sono. Passara a noite em claro. O corpo doía com a baixa temperatura. Voltou à cadeira em que foi quase interrogada e ficou encolhida por alguns minutos. Não aguentou muito tempo. O frio era tanto que, sem pedir autorização a nenhum guarda, levantou-se e sentou-se na poltrona. Dobrou as pernas e colocou-as junto ao corpo, abraçando a si mesma. Não conseguiu dormir. Dante se aproximou:

— A senhora não quer subir? No outro andar bate um pouco de sol.
— Sim, por favor.

Dante mandou então que outro guarda, que estava armado, a acompanhasse. Ela foi levada para o terraço, onde uns fiapos de sol marcavam o início da manhã. Lá estava mais quente que dentro do prédio. O guarda desceu e ela ficou sozinha. Em seguida, ele retornou trazendo um copo.

— Quer tomar um café?
— Sim, obrigada.

Depois de beber, Maria Thereza perguntou:

— Por que o senhor não deixa os dois garotos que estão na cela virem pra cá? O frio lá dentro está insuportável.

O guarda nem esboçou resposta e a deixou sozinha novamente. E lá ela ficou por um longo tempo. Perto do meio-dia, ouviu um carro se aproximar. Era a primeira vez que um automóvel se aproximava da delegacia desde que ela chegara ali. O pai, a mãe e o irmão de um dos rapazes presos saíram do automóvel.

Maria Thereza desceu rapidamente. Tentaria um contato. Eles entraram, olharam para ela e a cumprimentaram:

— Boa tarde.

Iria aproveitar a chance para pedir ajuda, mas o policial percebeu:

— Não se pode falar com ela.

Maria Thereza desistiu e ficou observando. Pela maneira como o pai agia, desconfiou de que ele era advogado. Os policiais concordaram em libertar o seu filho, mas queriam deixar o outro jovem preso. O pai protestou:

— Então peço que o senhor estabeleça uma fiança, porque o outro rapaz é amigo do meu filho e também meu vizinho.

Maria Thereza ouvia com atenção.

O policial bigodudo, que continuava sentado enquanto os familiares estavam em pé, concordou. O pai pegou a carteira do bolso e pagou a fiança, entregando o dinheiro aos policiais. A cela foi aberta. Os garotos andavam com dificuldade. Maria Thereza sentiu pena deles. Passavam frio e fome havia horas. O pai ainda teve de ouvir mais uma recomendação do oficial.

— E que eles larguem da erva.

A mãe dos garotos trocou um olhar com Maria Thereza, que sorriu rápida e discretamente e fez um breve aceno com o rosto para a mulher que voltaria para casa com seu filho.

Por volta das 14h30, os policiais lhe trouxeram um lanche e um suco de laranja. Desconfiada, e sem conseguir reconhecer do que o sanduíche era feito, Maria Thereza não comeu. Agradeceu e polidamente recusou, mas bebeu o suco. Lembrou-se então que tomara café. A desconfiança de que poderia haver algo na bebida surgiu apenas naquela hora.

Mais de 12 horas após a prisão, finalmente os militares a chamaram para um interrogatório formal. Uma chuva de perguntas e algumas surpresas:

— Quem é a senhora? De onde a senhora vem?

— Sou brasileira, mas moro aqui no Uruguai. Sou casada com o ex-presidente do Brasil, João Goulart.

— Presidente?! Como assim? Presidente do Brasil?!
— Sim, sou a esposa de Goulart.
— Como?! A senhora é esposa do presidente Goulart?
— Sim.
— Mas então é "a senhora de Goulart"?
— Sou.
— Mas, se a senhora é a esposa de Goulart, onde ele está?!
— Não sei. Quando nos despedimos, ele ia para Tacuarembó.

O policial vacilava, mas mantinha a pose:

— Bem, como vamos fazer? Porque a senhora vai ter de ficar aqui. Não pode sair! E tem mais: o carro fica conosco, porque a lei determina que o carro apreendido com carne passa a ser propriedade do governo.

— A única coisa que peço é que avise meus dois filhos que estão me esperando em Montevidéu.

— Não podemos fazer isso.

— Por favor.

— Não podemos.

Maria Thereza preferiu ficar quieta, não discutir mais nem pedir favores. Logo após o interrogatório, os policiais deixaram rapidamente o lugar. Apenas Dante ficou na delegacia. Sem falar nem pedir autorização, ela voltou para o terraço e lá ficou até o último raio de sol. Quando desceu novamente para a grande sala, já estava escuro. Dante ofereceu uma Coca-Cola. Ela agradeceu novamente e aceitou a bebida. Afinal, pelo jeito, aquele seria seu jantar.

O sumiço dos outros policiais poderia ter uma explicação. Na mesma tarde, a fazenda El Milagro, em Maldonado, foi invadida por militares, que revistaram até a cozinha à procura de carne escondida.

Na delegacia, o fim da tarde anunciava mais uma noite gélida.

Dante quebrou o silêncio:

— A senhora não quer mais nada? Um café?

— Um café eu quero, por favor.

Ele se levantou e lhe deu um copo:

— Senhora, se quiseres, eu ligo para sua família e aviso que a senhora está aqui.

A sós com esse militar, antes de ficar feliz com a proposta, Maria Thereza foi tomada de desconfiança e pânico. Por que aquele homem havia se oferecido para dar um telefonema? Estavam sozinhos e ela voltou a sentir medo. Procurou dar uma resposta contida:

— Por favor, se o senhor puder me fazer essa gentileza.
— A senhora tem dinheiro?
— Tenho cem dólares e alguns pesos.
— Então...?

Ela pegou a bolsa e contou as notas.

— Cem dólares e vinte pesos — disse ela, entregando o dinheiro ao policial.

Como o acesso ao telefone da fazenda de Tacuarembó, onde ela acreditava que Jango estava, era muito ruim, deu o número do telefone da casa da rua Jorge Canning. Se Denize e João Vicente não estivessem, pelo menos tinha certeza de que Pedro Roa atenderia.

O militar voltou para informar Maria Thereza.

— Já liguei para sua casa e avisei a seu empregado. Falei com um senhor chamado Pedro.

— Obrigada.

— Eu queria pedir mais uma coisa. Meu sonho é ter um relógio da marca Casio. Quando a senhora sair, será que poderia comprar um para mim?

Sem esboçar qualquer gesto de ameaça, ele deu um pedaço de papel com o número de um telefone. Agindo naturalmente, e com uma certa sutileza, perguntou:

— A senhora pode me avisar assim que conseguir esse relógio?

Anestesiada pelo frio e pelo medo, ela pegou o papel e acenou com a cabeça.

— Sim. Aviso.

Maria Thereza enfrentaria mais uma noite na poltrona. A manhã de 1º de setembro foi praticamente igual à do dia anterior. Porém, à tarde, Maria Thereza, sem ter visão da entrada da delegacia, ouviu um carro. Era Jango, acompanhado por um de seus funcionários e por um coronel uruguaio. Eles se dirigiram à sala do comissário. Um policial quis mostrar serviço e veio falar com ela:

— Senhora, seu marido está aqui. Estamos arrumando a documentação para liberá-la. A senhora vai poder sair, mas precisa esperar um pouco.

— Sim, obrigada.

Mesmo sem ter visto Jango, não desconfiou de que o policial estivesse mentindo e não alterou seu estado de espírito. Estava com fome, sem banho e sentia fortes dores no corpo por causa do frio. Dez minutos depois, o mesmo homem retornou.

— A senhora está liberada. Desculpe qualquer incômodo. Estamos às ordens para qualquer coisa de que precise.

Foi então que viu Jango, que estava com seu olhar marcante que ela conhecia bem.

Tentando se conter para não desabar no choro, Maria Thereza aproximou-se dele e o abraçou.

— Me leva pra casa.

O Karmann-Ghia não foi apreendido e o funcionário de Jango o levou para Montevidéu. Maria Thereza voltou no carro de Jango, que assumiu o volante. O coronel uruguaio foi no banco do carona. Ao longo do trajeto, Jango pouco perguntou. Maria Thereza entendeu. Não sabia quem era o militar. Mais uma vez, sua saída era o silêncio. Segurou a emoção. Nada falou e não chorou.

A explicação para a demora da chegada de Jango provavelmente estaria na exceção à lei que o governo uruguaio divulgaria em seguida. Aos donos de frigorífico seria permitido agora transportar carne para consumo próprio. Jango negociara com os militares. Sua influência permanecia forte, mas ficou claro que ele teve de oferecer algo em troca. Só conseguiu libertar Maria Thereza após pedir ajuda abertamente e nas sombras, por intermédio de Foch Diaz.

Cinco quilos de carne transportados no porta-malas de um Karmann-Ghia estariam longe de significar um propósito comercial. Na ação de defesa, impetrada pelo advogado de Jango, Manuel Cardoso de los Santos, para o chefe de polícia do departamento de Canelones, coronel Don José M. Martin, a explicação era que essa carne viera de dois animais abatidos antes de 15 de agosto, data em que entrou em vigor o decreto 650/973, que proibia o abate para venda. Maria Thereza ficou com 5 quilos, o restante iria servir como refeição para os empregados.

A prisão de Maria Thereza provocaria uma ação do governo uruguaio contra a Magotel S.A. (a empresa de Jango responsável pelo abate de carne), que ordenava o confisco de oito touros, seis vacas e um novilho encontrados no pasto da El Milagro, onde funcionavam também o frigorífico e o moinho de arroz.

Os animais apreendidos seriam enviados ao Matadouro Municipal de Maldonado, que tinha licença para trabalhar durante a "veda", mas, ironicamente, a carne teria de voltar ao frigorífico de Jango, o único que possuía condições de fazer o processamento. Além de perder os animais, Jango precisaria fazer o favor de trabalhar gratuitamente para a ditadura uruguaia.

Na defesa, o advogado tocou nesse ponto e foi além ao contestar a lei — que àquela altura já permitia a exceção para os proprietários —, esclarecendo que esses poucos animais não seriam abatidos para comércio, o que era verdade, já que o gado de engorda de Jango ficava na fazenda El Rincón, em Tacuarembó. Com a exceção criada para os donos de frigoríficos, o prejuízo financeiro de Jango se limitou aos animais apreendidos.

Logo que foi libertada, nem passou pela cabeça de Maria Thereza atender ao pedido do policial Dante. Porém, pensou melhor e apressou-se em comprar o relógio Casio. Imediatamente telefonou para avisá-lo. Combinou que a entrega seria no mesmo lugar onde esteve presa. Quando chegou em La Floresta, não saiu do carro. Tocou a buzina. Apareceu um policial e ela pediu que chamasse Dante, que veio em seguida.

— O relógio — disse Maria Thereza, mostrando uma pequena caixa. Entregou-lhe e saiu com o carro. Nem esperou para ouvir o agradecimento.

Precisava voltar logo para El Milagro, em Maldonado, e esperar notícias.

João Vicente estava preso.

Terça-feira, 11 de setembro de 1973. Dez dias após Maria Thereza ser solta, um golpe militar no Chile derrubou o governo constitucional do presidente socialista Salvador Allende. Na quinta-feira, dia 13, João

Vicente, que estudava à noite, foi informado de que haveria um conselho de classe pela manhã. Havia recebido um telefonema do próprio diretor do Liceo Departamental de Maldonado, Apolinário Perez, conhecido defensor dos militares. João Vicente tinha 16 anos, mas, como a lei uruguaia permitia, já dirigia o próprio carro.

Assim que desceu de sua Brasília, ele foi cercado e recebeu ordem de prisão de soldados armados do Batalhão da Engenharia nº 4. Percebeu que havia seis caminhões do Exército fechando as saídas da escola. Mais de trinta alunos foram detidos. A sua namorada, Stella Katz, também foi presa, mas seria liberada em seguida.

Os soldados alegaram que estavam investigando uma denúncia de uso de drogas, porém outro ponto em comum unia os prisioneiros considerados "usuários". Todos faziam parte do Movimiento de Independientes 26 de Marzo, fundado em 1971, que apoiava o MLN-Tupamaros. Dois tenentes infiltraram-se no colégio, participando do dia a dia, das festas e das assembleias do grupo, nas quais João Vicente havia feito discursos. Foi fácil levantar uma lista com o nome dos estudantes. Dentre os presos, apenas um deles estava com maconha, uma quantidade de 40 gramas. Os alunos foram encapuzados, colocados em um caminhão do Exército e levados para o Batalhão de Engenharia nº 4, comandado pelo tenente-coronel Artigas Bianchi, em Laguna del Sauce, a mais de 100 quilômetros de Montevidéu.

Assim que chegaram, receberam ordem de descer, ainda encapuzados, do caminhão. Para verificar se realmente não estavam enxergando, os soldados simulavam uma agressão contra os alunos. Quando João Vicente saltou do caminhão, um de seus maiores amigos, "Nacho", achou que João Vicente iria receber um soco do soldado e pulou na sua frente. Agarrou a arma do militar e partiu para a briga. Outros soldados o imobilizaram e o surraram. "Nacho" era o apelido de Ignacio Grieco, que era dois anos mais velho que João Vicente.

Largados em um grande galpão, foram mantidos encapuzados. A primeira atitude dos militares foi raspar o cabelo de todos os estudantes. Já era noite quando fizeram a primeira refeição. Para comer, só podiam retirar o capuz até a altura do nariz. Fazia frio, muito frio no inverno de 1973.

Maria Thereza e Jango estavam na fazenda de Maldonado quando foram avisados naquela mesma manhã. Ela já temia por essa prisão. João Vicente era o mais jovem de uma turma que provocava militares nas ruas, marcando ponto nas reuniões do 26 de Marzo. Ficou desesperada, mas não surpresa. Repetia a si mesma de forma aflita: "eu sabia, eu sabia". Lembrou-se de quando deu carona para João Vicente e dois amigos. Estacionou o carro em uma praça para comprar remédio em uma farmácia e pediu a eles que esperassem. Quando voltou, minutos depois, já havia um policial enquadrando os três. Ela se aproximou do policial:

— O que está acontecendo aqui?
— É a mãe de vocês?
— Sim.
— Então, vão embora daqui.

Contudo, Maria Thereza não teve tempo para se preocupar com João Vicente. A reação de Jango a assustou. Ele teve um ataque de fúria. Assim que recebeu a notícia, um Jango absolutamente descontrolado entendeu que a prisão do filho era a maneira do governo militar de atacar a ele próprio.

— Isso foi para me agredir.

Fora de si, Jango deixou a fazenda dando ordens aos gritos para Maria Thereza, que não teve como responder.

— Fica aqui, quieta, e não saias. Eu vou procurar o João Vicente.
— Eu não posso ir junto?
— Fica aqui com a Denize! Não saia daqui!

Em Laguna del Sauce, um a um, os estudantes foram chamados para o primeiro interrogatório. Pelos relógios que pôde ver, João Vicente notou que permaneceram cinco horas em pé. Ele foi conduzido para uma sala e sentou-se em uma cadeira à frente de uma mesa com mais de cinco militares. Ainda de capuz, foi só o que conseguiu enxergar.

— Primeira pergunta: qual o teu nome?
— João Vicente Goulart.
— *Alias?*
— *Alias?!*
— É! Codinome?

— Não tenho codinome.
— Como não?! Sabemos quem tu és... Janguito, coloque Janguito.
João Vicente nada falou.
— Janguito, quem traz as armas para o Movimiento 26 de Marzo?
— Não sei.
— O teu pai está envolvido com os Tupamaros?
— Não.
— Quem é Maneco que traz as armas do Brasil para o Uruguai?
— Maneco é um dos pilotos do meu pai, mas ele não traz armas.
— Não sabes quem traz as armas para o Movimiento 26 de Marzo? E para os Tupamaros?
— Não sei.
— Ah, não sabes? Muito bem.
Ouviu o barulho das cadeiras. Os interrogadores se levantaram. Um deles chegou bem perto e bateu em seu ombro.
— Perdeste, Janguito, perdeste.
A frase e o gesto foram repetidos, com longos intervalos, por mais dois interrogadores.
— Janguito, não dizes nos teus discursos que não gostas de milico? Então toma.
Um deles colocou uma pistola 45 em sua mão. Essa pergunta comprovava que havia agentes infiltrados nas reuniões do movimento.
João Vicente recebeu uma ordem.
— Atira. Já que tu não gostas de milico, atira!
João Vicente nem fez menção de erguer a mão que segurava a arma. Em seguida, um deles mexeu no capuz e colocou fios em suas orelhas.
— Não queres dizer quem traz as armas? Vê se tu gostas disso.
A máquina de choque elétrico foi acionada. João Vicente deu um pulo. Depois de um tempo, que não conseguiu precisar, os choques pararam. Antes de saírem da sala, um dos militares avisou:
— Sabemos que teu pai está junto com os Tupamaros, viu?
João Vicente tremia. Ficou sozinho. Sem saber o que fazer, sentindo os efeitos dos choques, permaneceu sentado. Dois soldados entraram na sala e o levaram. No galpão, os amigos conseguiram trocar algumas palavras. Foi quando João Vicente soube que tivera sorte. Nacho também tinha sido torturado com choques. Em seu órgão genital.

Nervoso com a prisão do filho, Jango sofreu uma alteração em sua pressão arterial. Teria de tomar remédio e ser acompanhado por um médico durante a busca. Já havia gasto uma parte de seus trunfos e um bom dinheiro para tirar Maria Thereza da prisão da "veda de carne". Agora repetia a ação e, trilhando vários caminhos, tentava conseguir a liberdade de seu filho. Acionou novamente a rede que construíra. Primeiro, procurou o comissário Garcia, a quem, além de abastecer a geladeira, considerava um "amigo policial". Garcia pesquisou nas delegacias e não encontrou João Vicente. "Com a polícia, ele não está", garantiu, e levantou a suspeita de que o Exército poderia ter feito essa operação sem comunicar à polícia, algo absolutamente comum naquela época.

Jango então telefonou para Ivo Magalhães. O outrora amigo se distanciara dos refugiados políticos para tornar-se um grande parceiro da ditadura uruguaia e um dos negociadores de uma das maiores obras de engenharia já realizada no país, a Central Hidrelétrica Constitución, conhecida como Represa do Palmar, um negócio bilionário. A bondade da ditadura brasileira foi fundamental para o projeto. A escolha de um exilado brasileiro para tornar-se um dos homens fortes de uma estatal uruguaia deixara o país perplexo. O financiamento e o crédito do Banco do Brasil, como resultado do "Tratado de amistad, cooperación y comercio", poderiam ajudar a explicar tamanho espanto. A empresa brasileira Mendes Júnior faria a obra civil, e a francesa Alstom ficaria encarregada da parte elétrica. Nessa ligação entre uma ditadura e outra, o ex-amigo de Jango.

Não demorou para que Ivo retornasse com a informação correta.

— Ele está no Batalhão de Engenharia nº 4.

Sabendo que João Vicente estava em poder do Exército, Jango voltou a procurar Foch Diaz, que conseguiu comunicar-se com os responsáveis pela prisão. A rapidez com que Foch Diaz arrumou um acesso aos militares confirmava sua intimidade com a ditadura uruguaia. De qualquer modo, no desespero, Jango parecia agir do mesmo modo como encarava a roleta de um cassino. Colocava muitas fichas em várias mesas. Aceitava o jogo e apostava alto.

Ao mesmo tempo que descia ao porão uruguaio, Jango chamava novamente seu advogado Manuel Cardoso de los Santos e tentava uma via legal. Houvera uma série de irregularidades na prisão de João Vicente. Tentou-se um pedido de *habeas corpus*. Preso e incomunicável havia mais de 24 horas, sem se avistar com um juiz, João Vicente, aos 16 anos, estava sujeito ao "Código del Niño", que no artigo 128 proibia a prisão preventiva de menores de idade. Na ação, o advogado atacou a farsa montada pelo Exército e questionou que, se a investigação era sobre consumo de drogas, deveria estar na jurisdição civil e não na área militar.

Contudo, em 1973, as leis já não tinham valor no Uruguai. João Vicente teria de passar mais uma noite detido. As poucas horas de sono eram interrompidas por soldados que entravam no galpão. Acordavam aos gritos os estudantes, que dormiam encapuzados. Eles eram levados para os fundos do quartel, onde havia um gramado molhado pelo orvalho, chamado de "*la pocilga*" (o chiqueiro). Recebiam a ordem de correr encapuzados. Assim faziam. Os tombos eram inevitáveis, para diversão dos militares.

No segundo dia, a pressão para a liberação de João Vicente aumentou. Seria preciso reforçar a versão da prisão por porte de drogas. João Vicente — somente ele — foi chamado para um novo interrogatório, dessa vez quase sem perguntas sobre seu pai. O mesmo cenário do dia anterior. A sala, a mesa, a cadeira, o capuz e os interrogadores:

— Janguito, vocês fumam maconha no colégio?
— Todo mundo fuma.
— E tu?
— Eu também.

Após esse interrogatório, mais rápido e sem choques elétricos, dois tenentes o levaram para o Consejo del Niño, entidade que cuidava dos menores infratores no Uruguai. Foi lá que Jango foi buscá-lo. Ficou inconformado ao vê-lo de cabeça raspada e perdeu novamente o controle. João Vicente nunca vira o pai demonstrar tanta raiva. Chorando, sentindo a violência praticada contra seu filho, ele gritava:

— Isso foi contra mim, não foi contra ti. É a mim que querem atingir!

João Vicente já havia assimilado — e bem — a prisão, mas a reação do pai o deixou assustado.

— Tu não vais voltar ao colégio assim. Ninguém vai te humilhar. Ninguém vai te ver assim.

E então decidiu adiantar a viagem à Europa.

— Tu vais comigo a Paris.

João Vicente não retornou ao Liceo naquele ano. Foi reprovado por faltas. Só voltou a estudar quando seu cabelo cresceu. Os alunos maiores de 18 anos permaneceram 22 dias presos.

Querendo faturar com a libertação de João Vicente, Foch Diaz procurou Jango, garantindo que sua influência fora decisiva para a soltura do garoto.[2] Com uma chocante rapidez, o Uruguai havia se tornado outro país. Pessoas que caminhavam em grupo nas ruas eram abordadas por estarem conversando ou rindo. Deveriam explicar de onde vinham, o que estavam fazendo e para onde iriam. Se um motorista ultrapassasse uma viatura de polícia, seria considerado um inimigo do Estado. Após Jango ser obrigado a expor sua informal rede de proteção por duas vezes em um curto período de tempo, os serviços uruguaios dedicariam toda a atenção para analisar seus deslocamentos. Ficaria obrigado, dessa vez para valer, a emitir uma comunicação formal ao governo sempre que deixasse o Uruguai para ir até a Argentina ou ao Paraguai.

Para Maria Thereza, já acostumada com as prisões uruguaias, o maior choque foi ver o filho com o cabelo raspado. João Vicente contou ao pai uma parte do que ocorrera na prisão. Para a mãe, disse apenas que ficara na cadeia e, sem ter como esconder, que o cabelo fora raspado. Maria Thereza reagiu dizendo que ele "até ficara bonitinho". Passado o terror do seu desaparecimento, ela acreditou na versão do filho. Tinha na lembrança a sua última prisão, episódio em que, além de suportar a estupidez dos policiais, nada mais lhe acontecera. A verdade para ela somente surgiria 43 anos depois, quando João Vicente lançou o livro *Jango e eu: memórias de um exílio sem volta*, no qual relembrou o período do exílio e narrou em detalhes tudo o que passara na prisão.

A influência de Jango despencava na mesma proporção que a liberdade no Uruguai. Não tinha mais a antiga presença política que era respaldada, em parte, pela própria população do Uruguai. E mais: se antes os espiões brasileiros eram discretos, agora ostentavam a amizade com o poder. As prisões de Maria Thereza e de João Vicente escancararam essa mudança.

A decepção com o que via acontecer ao país que, nove anos antes, saudara como seu novo lar, tomou conta de Maria Thereza. Antes, estava apenas triste. Depois das prisões, o que sentiu foi pavor. No início do exílio, o casal nem pensaria na possibilidade de sair do Uruguai. Agora, não tinham dúvidas. Deixariam o país. Jango, no entanto, ainda precisava desesperadamente de um passaporte.

Um mês após a libertação de João Vicente, Maria Thereza presenciaria um dos momentos mais felizes vividos pelo seu marido em todo o período de desterro. No dia 16 de outubro de 1973, o casal desembarcou em Assunção, atendendo a um convite do presidente Alfredo Stroessner. Eram amigos desde as primeiras reuniões que tinham feito, mais de dez anos antes, para iniciar o projeto Sete Quedas, que resultaria na construção da hidrelétrica de Itaipu.

O casal foi levado para o hotel Guaraní, um prédio marcante na capital paraguaia. Hospedaram-se na maior suíte que Maria Thereza havia visto na vida. Tudo por conta do governo paraguaio. A expectativa de Jango fugia da normalidade. Para surpresa de Maria Thereza, que, assim como Jango, não sabia o que Stroessner pretendia, via seu marido misturar euforia com impaciência, típicas de uma criança que vai ganhar um presente.

Levados para o encontro com Stroessner, o mistério terminou. Ele entregou a Jango um passaporte paraguaio. Maria Thereza percebeu o quanto ele se emocionou. O passaporte trazia como profissão de Jango: ex-presidente da República Federativa do Brasil. Stroessner, satisfeito com a reação de Jango, virou-se para Maria Thereza e perguntou de um jeito simples:

— A senhora quer um também?

No presente recebido havia uma grande ironia histórica. Democraticamente eleito vice-presidente pelas urnas, Jango recebia seu passaporte das mãos do líder de uma violenta ditadura militar que estava espalhando terror e morte por seu país. Stroessner, ainda em abril de 1964, oferecera asilo a Jango, repetindo que "o Paraguai estava de braços abertos" e que podia contar com ele.

Enquanto Jango e Stroessner conversavam sobre política, Ligia e Maria Thereza relembravam a visita que a paraguaia fizera ao Brasil. Desde os momentos ruins da operação da filha até o ensaio da Mangueira. Agora, encontravam-se em situações bem diferentes, porém Ligia não mudara seu comportamento nem se esquecera de como Maria Thereza a ajudara. Mantinha uma simplicidade nos gestos e no comportamento, algo incomum nas esposas de presidentes que Maria Thereza conhecera.

Eles almoçaram no Palacio de los López, a luxuosa sede do governo. Stroessner prometeu outro presente para Jango. Garantiu que iria devolver a escultura de 1,40 metro de São Francisco de Borja, tomada nos saques que ocorreram em São Borja em 1865, durante a Guerra do Paraguai. A imagem foi enviada para o endereço de Jango no sítio do Capim Melado, onde não havia funcionários. Lá, a estátua permaneceria esquecida por décadas.

À noite, o casal foi comemorar no restaurante Hermitage. Jango vivia um raro momento. Comoveu-se ao ouvir a cantora Gloria del Paraguay, que lá se apresentava. Ela interpretou uma das músicas favoritas de Jango, a guarânia *Saudade*, composta pelo escritor brasileiro, ex-deputado federal pelo PTB, e ex-embaixador do Brasil no Paraguai, Mario Palmério. Fora Jango quem nomeara Palmério para o cargo em 1962, e, nesse cargo, o escritor permaneceu até o golpe.

Si insistes en saber lo que es saudade,
Tendrás que antes de todo conocer,
Sentir lo que es querer, lo que es ternura,
Tener por bien un puro amor, vivir!

Después comprenderás lo que es saudade,
Después que hayas perdido aquel amor.
Saudade es soledad, melancolia,
Es lejanía, es recordar, sufrir.

No Brasil, as palavras eram outras. A discussão sobre a concessão ou não de passaporte para Jango gerava quilos de pareceres, comunicados e opiniões livres — e outras forçadas — entre os membros do governo. Para Jango, pouco importava. Não viu constrangimento em usar o passaporte paraguaio. Preocupava-se com a viagem para a França. Tinha pressa em tirar João Vicente do Uruguai.

18.
Pra lá deste quintal era uma noite que não tem mais fim

Em um documento com data de 15 de novembro de 1973, o serviço secreto uruguaio informava que, segundo declarações de Margarita Suarez, empregada que trabalhava na casa da rua Canning, Jango viajara para Buenos Aires no dia 2 de outubro e de lá seguiria para Paris.

A uruguaia Margarita, uma mulher negra, alta e forte, tinha total confiança de que Maria Thereza seguiria acreditando que essas informações foram conseguidas muito mais pela inocência da empregada do que pela possibilidade de ela ser uma espiã infiltrada. Além disso, como o documento foi escrito quando Jango já estava na França, seria esperado que, àquela altura, todos os empregados já soubessem do paradeiro dos patrões.

Contudo, nos documentos do serviço secreto, o nome de Margarita surgia entre aspas, o que poderia indicar que ela realmente estivesse trabalhando infiltrada e que essa fosse uma denominação fictícia.[1] Apesar de ter sido pega, algumas vezes, ouvindo conversas atrás das portas, Margarita fora uma das melhores empregadas que passou pela casa, conforme a exigente opinião de Maria Thereza. Além de realizar bem o serviço, cuidava de João Vicente e Denize e tinha paciência com a bagunça dos amigos dos filhos e dos encontros promovidos por Jango Margarita também acompanhava a família nas viagens para Punta Foi ela quem pediu demissão, alegando que precisava rever a família.

Maria Thereza aceitou uma recomendação de Margarita e contratou sua amiga Josefina para substituí-la. Mais de um ano depois, Margarita voltou a fazer contato. Telefonou perguntando se haveria alguma vaga para ela, mas Maria Thereza não sabia nem em que país iria morar e, por isso, não poderia recontratá-la.

Ao contrário de Margarita, havia um funcionário que ganhava as suspeitas de Maria Thereza. Corvo Garcia raramente abria a boca. Andava pelos cantos e não participava das conversas. Caminhava, dava voltas, olhava. Sua figura chegava a assustar Maria Thereza.

— Ai, Jango, que mania que esse cara tem! Esse homem não trabalha? Fica o dia inteiro andando?

E lá ia Jango defender seus funcionários:

— Trabalha sim, ele dirige o trator.

A suspeita de Maria Thereza era quase uma unanimidade entre os outros empregados. Corvo não tinha amigos e era alvo da desconfiança de todos eles.

Com ou sem Margarita, a vigilância atenta sobre Jango se justificava. Em outubro de 1973, ele fizera muito mais que viajar para a capital argentina a fim de embarcar para Paris. Em Buenos Aires, encontrou-se com o secretário de Perón, Vicente Solano Lima, com o ex-senador uruguaio e seu grande amigo Zelmar Michelini, e com o ex-presidente da Bolívia, Juan José Torres. Tanto Torres quanto Michelini estavam exilados na Argentina.

Vinte e um dias após o embarque de Jango, Maria Thereza e Denize fariam o mesmo trajeto. Em Buenos Aires, seriam recebidas por uma representação peronista liderada pelo major Pablo Vicente. Maria Thereza trazia recados do marido. Em voos e datas diferentes, o casal só se reencontraria em Paris, conforme registrou a Divisão de Segurança e Informações do Ministério das Relações Exteriores, que produziu a informação confidencial nº 170/2. Maria Thereza, João Vicente e Denize iriam, em voo direto, atravessando o Atlântico. Um mês depois do regalo de Stroessner, Jango seguiria para a França pela rota do Pacífico.

Mais uma vez a capital francesa era cenário de uma grande movimentação de exilados e espiões. Facilitando a vida dos amigos e dos arapongas, voltavam a hospedar-se no Hotel Claridge's. Os voos diferentes resultaram em uma inútil tentativa de despistar o serviço de espionagem. Suas movimentações continuavam sendo vigiadas e foram descritas no informe do Ciex, nº 021/74, de 9 de janeiro de 1974. O mesmo documento relatava os encontros com Celso Furtado, Tertuliano dos Passos, Miguel Arraes, o jornalista Carlos Castello Branco — o Castelinho — e o casal Waldir Pires e Yolanda.

Jango mal pisara na França e Pedro Taulois já estava preocupado em marcar as passagens de volta, nunca de primeira classe, o que Jango considerava um desperdício. Repetia a mesma brincadeira: "Primeira classe, não, Pedro. Chega na mesma hora que a segunda classe." Ser o secretário informal de Jango em Paris não era fácil. Ele mantinha o mesmo ritmo que empregava em suas fazendas. Atrasava um encontro porque um exilado surgia de repente e esticava uma conversa imprevista. E quando queria desmarcar uma reunião, Taulois era o escalado para dar a notícia.

A agenda de Jango em Paris estava longe de ser a de um turista, e entre uma folga e outra, ele deveria ir a Lyon, para a consulta com o doutor Roger Froment. Amigos como o professor e físico Ubirajara Brito, que, indicado por Darcy Ribeiro, se tornaria outro representante do ex-presidente na Europa, o ajudavam a cumprir sua maratona de encontros.

Acompanhando Jango e vendo a velocidade com que fazia reuniões, almoços, jantares e conversas madrugada adentro, Maria Thereza foi a primeira a descobrir qual era a real intenção de seu marido. Seu modo de agir escondia um segredo que não conseguiu ocultar da esposa. Maria Thereza, que ficava a seu lado em todos os encontros, notou que Jango dava orientações diferentes — e até conflitantes — para as várias pessoas com quem se reunia. Algumas solicitações, mais caprichadas, eram impossíveis de serem realizadas. E Jango sabia disso. Às vezes, repetia o mesmo pedido a diversos interlocutores. Insistia em solicitar, a qualquer conhecido que encontrava, que entrasse em contato com o governo militar para avaliar a opinião sobre sua possível volta ao Brasil.

Acuado no Uruguai e ressabiado com a influência que López Rega demonstrava sobre seu amigo Perón, que estava muito doente e já se mostrava debilitado fisicamente, Jango começava a atirar para todos os lados em busca de um lugar seguro.

Além de acompanhar os detalhes de sua ação, Maria Thereza surpreendia-se com um Jango mais falante e alegre na França, onde ele relaxava e se esquecia das ameaças e tensões da América do Sul. Na Paris do final de 1973, houve pequenos momentos de emoção, quando Jango, ao pegar o carro na garagem do hotel, foi reconhecido pelo manobrista francês, que quis cumprimentá-lo. E outros, engraçados, em que Maria Thereza reencontrava o marido brincalhão que desaparecera no exílio. Taulois, solícito a qualquer pedido, era um dos alvos preferidos das suas investidas. De surpresa, durante um jantar, Taulois fazia um comentário leve, sem maiores consequências. Jango esboçava uma reação forte, apenas para se divertir, e perguntava:

— Pedro, tu estás louco?

Taulois ficava constrangido e, embaraçado, refazia o comentário, justificando-se. Maria Thereza, conhecendo a brincadeira, intervinha:

— Jango, como é que estás chamando o teu amigo Pedro de louco?

Então o sorriso de Jango denunciava a armação. Taulois também ficava surpreso quando ele chamava Maria Thereza de "gorda", mas não ousou perguntar se aquilo era uma brincadeira com a silhueta de Maria Thereza ou apenas uma provocação. Bem-humorado, Jango chegava a teorizar que o melhor remédio contra os distúrbios do coração era caminhar e fazer exercício. Justo ele.

Era Taulois quem indicava as melhores lojas para o casal. Ele os acompanhava e se surpreendia com a paciência que Jango demonstrava ter, esperando calmamente a esposa olhar as vitrines. Maria Thereza esforçava-se para que Jango ao menos experimentasse algumas camisas, mas isso era impossível. Ela acabava comprando roupas sem saber se ficariam boas ou não nele. Nas butiques mais sofisticadas, Jango estranhava os modelos e comentava com Taulois:

— Eu não compro camisa de seda não, isso é coisa de rico.

Se Maria Thereza não estava com eles, Jango escapava e pechinchava na Monoprix, loja famosa por seus preços populares. Definitivamente, ele não se sentia à vontade em locais que exageravam na sofisticação. Taulois testemunhou o seu constrangimento quando foi obrigado a almoçar em um dos restaurantes mais elegantes de Paris, o Le Fouquet's. Para despistar as escutas telefônicas, Perón avisou que telefonaria para o restaurante onde poderiam falar com mais segurança. Contra sua vontade, e reclamando dos preços, Jango comeu um filé, esperou e falou com o presidente argentino. Porém, até a ligação ocorrer, Taulois teve de aguentar os comentários de Jango:

— Pedro, aqui só tem grã-fino.

Os momentos em que Maria Thereza via Jango divertir-se como há muito tempo não fazia eram os hilariantes encontros noturnos no Claridge's, com a roda de amigos ouvindo Glauber Rocha falar sem parar sobre o Brasil e os filmes que gostaria de fazer sobre Jango. Maria Thereza espantava-se com o jeito com que Glauber expunha suas ideias. Era irrequieto e cativante. Revelou que gostaria de escrever sua primeira peça de teatro e que seria sobre Jango. Uma mistura de fatos reais com ficção, que terminaria com o velório do ex-presidente e com o povo comendo seu cadáver. A sinopse deixou Jango espantado:

— Mas o que é isso, Glauber? Vamos fazer umas mudanças? Eu ainda não morri... — respondeu, entre risos, mas com uma leve apreensão.

A peça *Jango, uma tragedya* se tornaria o único texto de Glauber para o teatro.

Maria Thereza adorava ficar apenas ouvindo a conversa. Impressionava-se com os comentários de Jango e do jornalista Castelinho sobre os militares. Parecia que ambos haviam decorado o Almanaque do Exército. Nem sempre as histórias terminavam em risadas.

Aproveitando um momento livre, cuidadosamente armado por Taulois, Castelinho acertou com Jango uma conversa bem mais reservada com o general Breno Borges Fortes,[2] o mesmo da Operação 30 Horas, que pretendia invadir o Uruguai. Fortes, um entendido em exílio de Jango, agora era chefe do Estado-Maior do Exército e falaria em nome do general Ernesto Geisel, já ungido como o novo presidente em substituição a Médici. No horário acertado, Jango estava com Taulois e Maria Thereza em uma mesa do bar do Claridge's. Haviam combinado que eles iriam deixar a mesa assim que Castelinho e Borges Fortes chegassem, porém Jango, de última hora, pediria que Taulois ficasse, alegando que era seu professor de francês. A desculpa sem sentido pegou. A saída de Maria Thereza serviu como uma demonstração de confidencialidade por parte de Jango. Taulois ouviu boa parte do diálogo. Muito direto, Jango abriu a conversa lembrando que os dez anos de suspensão de seus direitos políticos terminariam em menos de seis meses e que iria voltar ao Brasil. Expunha seu desejo de retornar e fixar-se no Rio de Janeiro. Fazia mais. Exigia que todos os exilados voltassem com ele. O general Fortes, cortando qualquer esperança, já anunciava que não seriam permitidos os regressos de Brizola, Miguel Arraes, Luiz Carlos Prestes, Francisco Julião e do padre Lage. Sobre o Rio de Janeiro, outro veto. Borges Fortes disse que tentaria ver se ele poderia morar em São Borja, onde seria mantido confinado. Jango não concordou com o que ouviu.

A princípio, essa tática beirava uma inocência suicida, porém havia uma possibilidade que poderia estar passando por sua cabeça. Jango mirava no seu grande desejo. Retornar ao Brasil. Queria tanto isso que a outra opção era não ter nada a perder.

A conversa foi seguindo, regada a muito uísque.

Tanto uísque que Fortes já se permitia umas intimidades.

— Pois é, Jango...

O general foi cortado bruscamente por uma reprimenda.

— Senhor?!

Essa foi, possivelmente, a única vez que se mostrou incomodado por ter sido chamado de Jango. O diálogo não evoluiu além disso. Sobre o corte que Jango dera no general Fortes, Taulois, mais tarde, comentaria:

— Gostei da reação do senhor.

— Pois é, Pedro, qualquer filho da puta pode me chamar de Jango, mas ele não...

A maneira como interpelou o general Fortes surpreendeu Castelinho. O jornalista contava com a confiança de Jango. Seria provável que tivesse havido um incentivo — ou até um pedido — de Jango para que Castello, ao divulgar a notícia do encontro em sua importante coluna no *Jornal do Brasil*, carregasse no tom em um artigo corajoso.

> Não sofreu o sr. Goulart condenação nem responde a processo, muito embora tenha tido seu nome envolvido em pelo menos sete dezenas de inquéritos policiais-militares. Tecnicamente, nada obsta a que ele ponha fim ao seu exílio voluntário (...) O sr. Goulart, por sua vez, parece desejar a volta ao Brasil, quando nada para devolver aos seus filhos um lar e uma vivência brasileiros e para reencontrar, na plenitude, o seu próprio estilo de vida, afetado por quase 10 anos de exílio. Como dissemos, não há objeções ao seu retorno, mas nada indica que, desembarcando ele no Rio de Janeiro, não sofra o mesmo constrangimento a que são invariavelmente submetidos os exilados com direitos políticos suspensos que voltam ao país, ou seja, detenção para prestar declarações ou depoimentos.[3]

Pela repercussão alcançada por essa nota, Jango conseguia realizar o que planejara.

Confirmando o que Maria Thereza via Jango fazer nas reuniões, o jornal uruguaio *El Pais* estranhou a possibilidade da volta imediata de Jango. As fontes entrevistadas para a reportagem, identificadas como assessores do ex-presidente, declaravam que não havia nada oficial sobre seu retorno.[4] Como somente Maria Thereza entendera, era isso que Jango queria: confundir. E agia com eficácia suficiente para iludir até os espiões brasileiros. Para uns amigos, pedia que sondassem a sua volta. Para outros, solicitava informações sobre Paris e Londres, afirmando que iria se mudar para a Europa. Para dar mais veracidade ao roteiro, Maria Thereza e Denize diziam, a qualquer um que perguntasse, que estavam procurando apartamento na Europa.

De Paris, Jango seguiu para uma longa viagem por vários países acompanhado por Ubirajara Brito, Taulois e João Vicente. A primeira parada foi em Lyon, onde se consultou com Roger Froment. O cardiologista foi duro com o paciente:

— Presidente, se a gente não quer viver, não vive.

Froment verificou que Jango não havia seguido nenhuma das recomendações que passara. Receitou novos remédios, que deveriam ser manipulados por laboratórios franceses. Alertou-o para que já fizesse o pedido e começasse a tomá-los o mais rápido possível. Encerrou a consulta com um comentário irônico:

— Levando em conta que o senhor nunca fez o que devia fazer, que nunca se alimentou como devia alimentar-se e que continua a beber e a fumar, seu estado cardiológico é de um magnífico homem forte.[5]

O grupo seguiu para Genebra, onde Jango, trabalhando informalmente para Perón, participaria de uma reunião agendada pelo amigo sobre a indústria frigorífica argentina. Haveria outros encontros, com Miguel Arraes e Paulo Freire. Antes de retornarem a Paris, passaram por Lyon para pegar os remédios receitados por Froment.

Na madrugada de 12 de dezembro de 1973, João Goulart, Maria Thereza, João Vicente e Denize chegaram a Caracas vindo de Paris. Tentavam despistar o serviço de informações do Brasil e do Uruguai. Jango pretendia se encontrar em sigilo com o presidente da Venezuela, Carlos Andrés Pérez. Mais secretamente ainda, participaria de uma reunião com Tancredo Neves. O tema era o mesmo de Paris: a volta de Jango ao Brasil.

A Divisão de Segurança e Informações do Ministério das Relações Exteriores acompanhou a viagem da família, conforme informação DSI/172. Em um hotel da capital venezuelana, Jango registrou-se com outro nome. À noite, a família trocou de hotel. No dia seguinte, o repórter do jornal *El Mundo*, Germán Hauser, aguardou por quase todo o dia. Até que Jango apareceu, vindo da rua "cansado", e pediu a chave do quarto na recepção. Foi quando Hauser surgiu, fazendo perguntas e ouvindo evasivas.

Querendo se livrar do repórter, Jango disse que estava preocupado porque Maria Thereza não estava bem e se recuperava no quarto. Demonstrava preocupação com a esposa, que, em ótima saúde, esperava por ele. Foi mais uma tentativa de Jango para despistar o jornalista, que prosseguiu:

— E o que senhor pensa do regime militar em seu país?
— Os regimes passam e os povos e os países ficam.

Com a ajuda de uma amiga, Marta Salazar, Jango se encontraria com Andrés Pérez, que acabara de vencer as eleições presidenciais. Provavelmente, depois de se acertar com Perón, Jango queria montar um eixo democrático na América do Sul. Argentina e Venezuela seriam os polos. E Jango serviria como ponto de união entre Perón e Perez. Mais uma opção para deixar o Uruguai e garantir a segurança, dele e da família.

Em Buenos Aires, Jango foi recebido pelo representante de Perón, Pablo Vicente. Faria um relato sobre as reuniões na Europa. Com menos de dois meses no poder, o presidente argentino, já muito doente, não conseguia evitar que o poder de López Rega crescesse. Apesar disso, bancou mais uma vez a mudança e a segurança de Jango em Buenos Aires. Pablo Vicente falou em nome de Perón, garantindo que Jango não seria incomodado. Maria Thereza teria um novo endereço, uma das raras vezes em que se sentiu feliz em deixar o lugar onde estava vivendo. O Uruguai tão acolhedor dos primeiros anos de exílio se transformara em um lugar do terror. Após as prisões, não confiava mais no país. Porém fazia força para se enganar. Apesar da violência crescente no Uruguai, detestou ir para a Argentina. O problema era outro. João Vicente e Denize sofreriam de verdade. Em plena adolescência, teriam de deixar as amizades que construíram. E Maria Thereza conhecia bem a dor da despedida e da reconstrução. Sofreu ao ver os filhos passarem pelo mesmo sentimento que a marcava. Mas, naquele momento, não havia outra opção.

Em Montevidéu, ainda antes da mudança, Jango dividira sua preocupação com a família. Explicou que Perón, doente e cansado, não teria forças para reunificar o país. O plano de exportação de carnes que apresentou fora boicotado por López Rega, mais preocupado em criar uma força paramilitar de extrema direita, a Triple A. Sabiam que, ao contrário da promessa de Perón, não encontrariam um lugar seguro.

Foi com esse espírito de dúvida que a família se mudou para Buenos Aires no início de 1974. Ao desânimo de Maria Thereza somava-se a tristeza de João Vicente e Denize, que só concordaram em deixar o país porque não havia outra saída. A vida em Buenos Aires até que começou bem melhor do que esperavam. Um apartamento na rua Jorge Newbery foi o primeiro endereço na capital argentina.

Com a ilusão da segurança prometida por Perón, o casal tentava reviver o início do exílio em Montevidéu. Porém foram raras as vezes em que foram ao famoso teatro Gran Rex. Não estavam dispostos a ser felizes na Argentina, mesmo depois de Jango comprar um luxuoso apartamento na avenida del Libertador, em frente ao Hipódromo de Palermo. De olho na corda bamba em que Perón se equilibrava, Jango tomava precauções. Contratou um motorista para Maria Thereza. Ela estranhou, já que, no Uruguai, dirigia o próprio carro e fazia várias vezes o trajeto entre Punta e Montevidéu sem que Jango desse qualquer importância. Ele lhe deu uma justificativa estranha: explicou que ela não conhecia a cidade e que seria mais fácil locomover-se com um motorista. Maria Thereza concordou, com a certeza de que o verdadeiro motivo não era esse. Jango não estava escondendo os perigos que pairavam no ar — até porque as prisões de Maria Thereza e João Vicente deram-lhes a dimensão da real perseguição que sofriam.

A insegurança pela qual passavam fora sua arma de convencimento, principalmente em relação aos filhos, para deixarem o Uruguai. Mas o próprio Jango não ficou totalmente satisfeito com a mudança para a Argentina, apesar da garantia de Perón, e falava abertamente sobre as ameaças que poderiam sofrer.

Foi ele quem escolheu o motorista de Maria Thereza. Rubén Cané havia sido cantor de tangos e tinha uma bela voz. Cantava enquanto dirigia e quando estava descansando. Jango também comprou — talvez no embalo das várias ações que fez para tentar reanimar a esposa — uma Mercedes-Benz para ela, o que já não a empolgava como antes.

Os momentos felizes aconteciam se recebessem visitas. O casal gostou de reencontrar Pedro e Terezinha no apartamento de Palermo. Enquanto mostravam o novo lar, Jango brincou.

— Terezinha, eu estava louco para fazer uma carne, mas a Teca não me deixa cozinhar aqui, porque ela acha que eu vou estragar a cozinha.

Notando o abatimento de Maria Thereza, que precisou abandonar a parceria com Norma e Berta em Montevidéu, e quebrando uma regra sua, Jango apresentou a ela um amigo italiano, jovem e bonito, Luigi, que planejava montar uma loja em Buenos Aires. Luigi já estava de olho em um ótimo ponto, na bela rua Marcelo T. de Alvear, a mesma onde ficava o Teatro Coliseo. Maria Thereza não queria adaptar-se ao modo de vida argentino, mas se interessou pela ideia de Jango, que não perdeu tempo. Alugou a loja e comprou o ponto, e Luigi e Maria Thereza tornaram-se sócios. Dessa vez com contrato assinado, meio a meio, e a infalível supervisão de Jango. Luigi ficaria com a administração e Maria Thereza atenderia os clientes. Ambos participariam das compras das roupas. Luigi concordou com as exigências de Jango, mas fez um único pedido: que a loja tivesse seu nome. E assim foi feito. "Da Luigi".

Era a chance de Maria Thereza realizar plenamente o sonho da adolescência, já que não seria mais somente uma consultora. Teria a responsabilidade de gerir os destinos da loja e poderia aplicar o que aprendera com Dener. Combinações, cores, estampas, tecidos e cortes. Encantou-se com o projeto e reconheceu que Luigi tinha, além de um gênio muito forte, bom gosto e talento. Fariam uma boa dupla. Luigi viajava e informava-se sobre os modelos e as tendências na Europa. Por vezes, até comprava vestidos para produzir peças semelhantes no ateliê, que ficava no subsolo da loja. O contrato previa que Luigi ganhasse com essa confecção, podendo inclusive vender para outras butiques. Feliz com seu trabalho, Maria Thereza também se arriscava na criação de alguns modelos e dava palpites nas criações do sócio, que se revelava um bom administrador. Turbinada pela fama de oferecer o atendimento de uma famosa primeira-dama, a butique tornou-se um sucesso, vendendo além do que esperavam. Entusiasmada, Maria Thereza chegava a lotar o próprio carro e levar as roupas pessoalmente nas casas das clientes. Estava ocupada e dedicada ao novo trabalho e arrastava consigo Denize, que chegava a ajudar na loja, mas, ao contrário da mãe, sem se empolgar.

A "Da Luigi" serviu como válvula de escape para Maria Thereza, que mergulhou no trabalho, levando consigo a dúvida sobre a repentina disposição de Jango, que incentivou, ajudou e foi fundamental para a existência da loja. Além disso, permitiu que ela trabalhasse ao lado de um charmoso italiano. Eram muitas exceções de uma só vez para um Jango que sempre quisera a esposa como uma tradicional dona de casa.

Apesar da personalidade marcante de Luigi, a parceria foi em frente. Ele engatou um namoro com uma funcionária da loja, Inez, que se tornou amiga de Maria Thereza. Satisfeita com o trabalho, ela jamais esperaria que um dos piores momentos de sua vida fosse ocorrer dentro da loja de que gostava tanto. Um assalto. Era hora do almoço e Inez estava fora. Maria Thereza, sozinha, escrevia um poema no balcão. O ladrão entrou. Ela largou o lápis e foi atendê-lo:

— Senhor, o que deseja?

O assaltante tirou a arma da cintura e a colocou em cima do balcão:

— *Yo quiero plata, mucha plata.*

Sem vacilar, no mesmo instante, Maria Thereza abriu a gaveta onde ficava o dinheiro. Havia um valor alto porque não faziam depósitos havia dois dias, mas ela se manteve calma. Assim que recolheu o dinheiro, o ladrão apontou para a escada que levava ao subsolo, onde ficava a oficina de Luigi e o estoque. O assaltante olhou para ela:

— Você vai descer a escada.

— Por quê?

— Desce! Desce!

Nesse momento, Maria Thereza desesperou-se. "Esse cara vai fazer miséria comigo", pensou. Permaneceu parada por alguns segundos, mas o ladrão apontou a arma para ela. Com dificuldade para se apoiar no corrimão, pois seu braço tremia, ela desceu bem devagar uns cinco degraus. O assaltante a acompanhou, mas, logo em seguida, sem falar nada, subiu correndo e saiu apressado da loja.

Maria Thereza voltou para o lugar onde estava. Atônita, pegou o papel e completou o poema escrevendo "neste momento, fui assaltada", como se pedisse ajuda. Deixou a gaveta aberta. Inez, que estava almoçando, voltou e encontrou Maria Thereza parada no mesmo lugar, olhando fixamente para o papel.

— Ai, Inez, fui assaltada.

A colega ficou mais abalada do que Maria Thereza e teve uma reação surpreendente ao ver a gaveta vazia. Era o dia de acertar o pagamento no restaurante e Inez se preocupou com isso.

— E a conta no restaurante?

Maria Thereza e Inez poderiam pensar em qualquer outra coisa, mas fecharam a loja e foram falar com o dono do restaurante, que compreendeu a situação. Foi ele que percebeu que ambas ainda estavam atordoadas com o assalto. Ofereceu ajuda. Elas ainda garantiram que o pagamento seria feito no dia seguinte. Maria Thereza aproveitou e pediu um lanche, chamou Inez e revelou que sentia uma vontade rara:

— Preciso beber algo urgente.

Com a agitação que cercava o Uruguai, a indefinição na Argentina e já falando abertamente com Maria Thereza e os filhos sobre uma possível mudança para a Europa, Jango decidiu antecipar sua volta àquele continente. Cinco meses depois da última viagem, a família retornava a Paris. Havia muito a conversar.

Maria Thereza admirava-se com o modo com que Jango enchia Pedro Taulois de perguntas sobre o ritmo e o funcionamento da cidade. Mostrava-se curioso sobre o dia a dia do parisiense e como funcionava o sistema de transporte. Tirava dúvidas até sobre o mercado de arte. Tinha interesse sobre o que regulava os preços dos quadros.

— Pedro, vamos visitar umas galerias para você me explicar.

Após mais uma consulta médica em Lyon — e de mais uma bronca do cardiologista Roger Froment —, a família seguiu para a Espanha.

Jango estava na Espanha em 25 de abril de 1974, o mesmo dia em que os capitães portugueses fizeram a Revolução dos Cravos. Caía o governo de Marcelo Caetano, herdeiro da ditadura de Salazar. Ao ideal de devolver o país à democracia seguiu-se uma enorme agitação política. Nos alarmistas informes brasileiros, uma ameaça comunista poderia tomar o poder em Portugal. E uma observação, que buscava forçar uma ligação a todo custo: Jango estava na Espanha quando a Revolução aconteceu. O delírio parou por aí. Nem o mais ferrenho araponga fermentou a teoria de que Jango pudesse ter, de alguma maneira, participado da Revolução dos Cravos. Na Espanha, viveram um raro momento. Jango queria apenas descansar. Passaram por Biarritz e voltaram a hospedar-se, depois de dez anos, no Hotel Roger de Flor, em Lloret del Mar.

Apesar das dúvidas em relação ao futuro, a Argentina, nos primeiros meses de 1974, com Perón no poder, era um dos lugares mais seguros da América do Sul para Jango. Ele também comprara um pequeno apartamento de "contrafrente", palavra sutil usada para classificar imóveis com paredes sem janela ou vista externa, chamadas de *medianeras*, no Hotel Liberty, na avenida Corrientes, 626, quase esquina com rua Florida, mesmo hotel onde também viviam exilados e amigos. Dependendo do horário em que terminava suas reuniões, Jango passava algumas noites lá. Acrescentando mais um cuidado ao seu comportamento, Jango começava a diminuir seus deslocamentos noturnos.

Além da loja para Maria Thereza, algumas atitudes de Jango davam pistas de que eles poderiam ficar em Buenos Aires por mais tempo, tanto que João Vicente, após uma conversa com a família, matriculou-se no curso preparatório para ingresso na Universidade de Buenos Aires. Enquanto a Argentina tornava-se uma possibilidade, o Uruguai ficava fora dos planos. Em junho, Jango vendeu a casa da rua Canning, mas manteve o acordo com o Hotel Columbia, porque precisaria voltar com frequência ao país, já que suas fazendas continuavam produzindo em grande escala.

O presidente Perón morreu em 1º de julho de 1974. Sua esposa e vice, María Estela Martínez de Perón, a Isabelita, já totalmente manipulada por López Rega, assumiu o governo. Em conversas no Hotel Liberty e em família, Jango comentaria: "Essa não fica muito tempo no poder." Abalado pela morte do amigo, o choro de Jango durante o enterro foi registrado pelos serviços secretos.

A incerteza estampava o rosto dos argentinos. Para os exilados, sobrava uma interrogação de medo e suspeitas. Não demorou para terem uma amostra do que viria. Parado em uma blitz, Cláudio Braga, que também se mudara para a Argentina, dirigia um carro que pertencia a Jango, e foi levado para a delegacia. O documento do automóvel ficara no apartamento de Jango, que não estava em Buenos Aires naquele dia. Sobrou para Maria Thereza, que atendeu o telefonema da polícia e teria de esclarecer por que Braga dirigia um carro que estava em nome de seu marido. Na delegacia, mais uma vez, ela foi maltratada. Era o aviso. Permaneceu mais de cinco horas aguardando ser chamada. Os policiais foram agressivos e, dessa vez, sabiam que estavam falando com a esposa do ex-presidente do Brasil. Durante esse período, Cláudio ficou em uma cela.

A vida em Buenos Aires sem Perón seria exatamente como esperavam. Quase igual aos últimos momentos no Uruguai. Acostumaram-se com o terror de cada dia. Maria Thereza almoçava com Inez em um restaurante perto da loja quando a polícia argentina invadiu o lugar. Com armas em punho, aos berros, mandaram que todos se deitassem no chão e ficassem quietos. Três rapazes que estavam em uma mesa próxima foram agarrados pelos policiais e arrastados para fora a pontapés.

Desde os primeiros dias de exílio, Maria Thereza, achava que o melhor para Jango era esquecer o Brasil.

Perguntava-lhe quantos estariam ao seu lado se ele não fosse milionário ou se não fosse um ex-presidente. Não se conformava com a onda de tapinha nas costas que surgia e desaparecia.

Sentia ainda mais porque, ao contrário do marido, as poucas amizades que fizera seriam para sempre. Ela aprendera a defender-se de tudo o que surgia de maneira fácil à sua frente. Amadurecera cedo e irritava-se com Jango porque ele próprio sabia que não podia confiar nas pessoas que levava para dentro de casa. Não se conformava com os desconhecidos no apartamento de Leyenda Patria e na fazenda de Maldonado, cujo portão ficava aberto para uma romaria de brasileiros e uruguaios que iam lhe pedir dinheiro, emprego, bicicleta e até carros.

Surgira assim um dos eternos pontos de discordância entre o casal, que poderia até ser explicado pela infância de ambos. Maria Thereza teve de crescer adaptando-se a mudanças em sua vida, enquanto Jango era o filho homem que cresceu cercado de irmãs e empregados. Para ele, sobravam companhias; para Maria Thereza, era necessário desconfiar. Demorou para ela acreditar que, quase dez anos depois do golpe, ainda poderia haver agentes infiltrados especificamente para vigiá-los e segui-los. Continuava, porém, colocando qualquer lealdade em dúvida, ao mesmo tempo que não pedia mais para Jango se afastar da política. Desistira.

Foi com esse espírito que participou, sem a força que demonstrava nos primeiros anos do exílio, dos preparativos para a festa dos 57 anos de Jango, que seria realizada na fazenda El Milagro em 1º de março de 1975. O evento tornou-se maior do que esperavam. Um churrasco de novilha, preparado em uma enorme churrasqueira, foi oferecido a mais de cem convidados. Todo tipo de amigo apareceu por lá, dos mais queridos até os que Maria Thereza desprezava. Muitas pessoas, velhos conhecidos, raros companheiros, oportunistas e, não poderiam faltar, alguns espiões. Todos comeram, beberam e saciaram-se. Os detalhes da comemoração, com fotos, foram parar no documento do SNI 308/SC-3/75. Confirmando a parceria já existente entre os serviços de espionagem do Brasil e do Uruguai, o mesmo documento iria parar no Dossiê 5001/75 da Polícia de Montevidéu e da Direção Nacional de Informação de Inteligência.

Os relatos dos espiões, mais uma vez, não foram totalmente fiéis aos acontecimentos. Pela manhã, Maria Thereza ajudou com a arrumação das mesas e cadeiras e até dançou um pouco, logo no começo do almoço; ao contrário do que informava o documento do SNI, que dizia que ela só aparecera por volta das 17h. A alegria inicial de Maria Thereza foi embora assim que se promoveu a procissão de convidados e o beija-mão. Antes do meio-dia, com a chegada de vários brasileiros que tinham vindo do Rio Grande do Sul, seu sorriso sumiu. Até o embaixador da Iugoslávia, que recebera do marechal Tito a ordem de cumprimentar Jango pessoalmente, apareceu por lá. Não faltaram carne e bebida, porém discursos, lamentações e politicagens sobravam. O jornalista e escritor Edmundo Moniz redigiu um manifesto para ser assinado por Jango. Como havia exilados por todos os lados, o texto sofreu com vários pitacos. Trechos foram cortados. Novas ideias, incorporadas. Jango não deu a menor atenção ao documento. Precisou até explicar que não via chance de uma rápida redemocratização e que não acreditava na anistia.

E Maria Thereza só observando, torcendo secretamente para que Jango, um dia, em vez de tentar mostrar sua visão com um discurso sereno e conciliador, explodisse e atacasse as pessoas que o cercavam. Ela encontrara até no horóscopo uma explicação para o comportamento do marido. Achava que um pisciano como Jango gostava de viver em um mundo fechado, voltado para si mesmo, e jamais externaria seus sentimentos de forma agressiva. Zodíaco à parte, Maria Thereza mantinha a esperança. Como gostaria de ouvir Jango desabafar, para o mundo ouvir, sobre a mágoa que carregava e as traições de que fora vítima.

Para aumentar seu desapontamento, duas amigas — desconhecidas para ela, mas aparentando serem próximas de Jango —, Eleodora e

Mary, também apareceram. Não havia razão para que ela, Denize e a amiga Susana Piegas permanecessem ali. Foram embora em seguida.

Os informes e relatórios dos serviços secretos apontaram que ela se irritou com a presença de Eleodora, chamada de "Eleonora" no informe. A dedução dos espiões foi a mesma da maioria dos convidados que viu Maria Thereza indo embora mais cedo. Erravam. O que mais a tirou do sério foi ver Jango sendo estimulado, pelos que o cercavam, a acreditar em uma possibilidade de retorno ao Brasil. Maria Thereza não perdia para mulheres, perdia para a política. Isso a irritava mais ainda.

Além de anotarem os mexericos, os arapongas tiraram fotos da festa. Não eram flagrantes escondidos, eram situações posadas, o que levava a crer que o fotógrafo tinha a confiança de todos. O araponga (ou a operação) responsável pela espionagem tinha o codinome de "agente B". Era um infiltrado que possuía fácil acesso a Jango e que periodicamente recheava o dossiê do ex-presidente com novas informações. Em uma das fotos, que se tornou símbolo da vigilância que os exilados sofriam, estavam, lado a lado: Arthur Dornelles, Lutero Fagundes, Jango, Aristides Souza (um eletricista apelidado de Titide), Francisco Banderó, João José e um empregado cujo sobrenome era Laudia. Em outro registro, Jango aparecia ao lado do cônsul-geral da Argentina no Uruguai e de Romeu José Fiori, político que participara da fundação do PTB de Vargas.

Não eram apenas as festas que eram bisbilhotadas por agentes. Eles tinham também acesso à correspondência do casal. Entre os documentos que constavam da ficha de Maria Thereza, havia uma cópia da defesa no caso do transporte ilegal de carne. Esses documentos e correspondências estavam no informe do SNI 178/SC-3/75 e teriam sido roubados pelo "agente B", o fotógrafo invisível, cujo trabalho iria repousar nos arquivos brasileiros do SNI, e da Polícia e da Direção de Informação uruguaias.

Em condições bem menos tensas, em maio de 1975, Jango e Maria Thereza receberiam no apartamento de Palermo os professores Hélio Silva e Maria Cecília Ribas Carneiro, que escreviam uma série de livros sobre a História do Brasil. Foi uma visita que deixou Maria Thereza contente pelo que ouviu do marido. Ao professor, ele explicou que perdeu a Presidência, mas ganhou os filhos porque, se continuasse no cargo, não teria dispensado a atenção que dera a eles nos anos de exílio, o que os transformou em seus "melhores amigos".[6] Hélio, que também era médico, ficou impressionado com a aparência física do ex-presidente e confidenciou à professora Maria Cecília que Jango, bem mais gordo do que a última vez que haviam se encontrado, aparentava estar com algum problema de saúde.

O que contara a Hélio Silva não era segredo. Sem dúvida, os filhos eram sua grande paixão. Com João Vicente já passava a viver a cumplicidade das noites. Presenteou o filho com uma moto na qual ele faria longas viagens, sem que Maria Thereza soubesse, claro. O segredo ficou entre os dois.[7]

Apesar da vigilância acirrada, não havia ameaça que impedisse Jango de realizar um bom negócio. Em Buenos Aires, ele já havia montado, em sociedade com Orpheu dos Santos Salles, a Companhia Brasileira de Exportação (Cibracex), em um belo escritório na rua Corrientes, 347, no prédio onde ficava o consulado da Alemanha Ocidental. A empresa tinha representação para importar da China desde produtos químicos farmacêuticos até filmes produzidos no país. O principal produto importado era a cogenina, base para a fabricação de antibióticos. O outro negócio não foi tão bem. Os filmes produzidos pelos chineses nunca entravam em circuito comercial. A exibição era proibida pela óbvia censura, que nem se preocupava em analisar a obra. Até documentários modorrentos sobre a natureza selvagem eram barrados. A decisão seguia uma lógica. Se o filme vinha da China, era o que bastava. Estava censurado, tanto no Brasil, quanto na Argentina.

Em setembro de 1975, Jango comprou mais duas fazendas, La Villa, que tinha uma área de 1.840 hectares, e La Susy, com 1.320. Ambas se localizavam na cidade argentina de Mercedes, província de Corrientes, que fazia fronteira com o Rio Grande do Sul. Enquanto Jango analisava a qualidade do solo de La Villa, Maria Thereza viu repetir-se o teste. Ele abaixou, pegou um pouco de terra e colocou na boca. Dessa vez, o vendedor, o fazendeiro argentino Martín Sehman, também testemunhou a cena.

No caminho de volta, Maria Thereza criou uma brincadeira que se tornaria recorrente entre o casal. Estavam en Paso de los Libres, próximo à ponte Augustin Justo, de onde viam Uruguaiana, quando comentou:

— Qualquer dia a gente podia inventar uma história e tu entravas por aqui disfarçado.

— Ah, capaz! Disfarçado, eu? Vão me reconhecer!

— Te arrumo uma barba e ninguém vai perceber.

O comentário deveria mesmo ser encarado como a mais inocente das brincadeiras. Nessa viagem, registros dos serviços de espionagem da Polícia Federal brasileira apontaram a passagem da família por Paso de los Libres. As ligações telefônicas que fizeram, enquanto estavam hospedados em um hotel da cidade, foram interceptadas e anotadas.[8]

Quase no fim de 1975, a família realizou uma nova visita a Paris. Jango faria mais uma consulta médica. Dessa vez, somente ele e Pedro Taulois foram para Lyon, de trem, passagem de segunda classe, como Jango ensinara a Taulois. Jango iria novamente ficar frente a frente com o doutor Roger Froment, que continuava admirado com certas decisões de seu paciente. O encontro, porém, foi bem diferente dos anteriores, afinal Jango finalmente decidira seguir as ordens médicas. Já diminuíra a bebida e um pouco do cigarro. Não fosse isso, talvez essa se tornasse sua última consulta com Froment, que havia perdido a paciência. Apesar das pequenas mudanças, o cardiologista foi duro. Jango ouviu que era ótimo conversar com ele, uma excelente pessoa, mas um péssimo paciente.

— Sr. Goulart, o senhor é adorável e simpático. Gosto muito de recebê-lo aqui. Mas recebê-lo apenas como amigo, porque, como médico, o senhor não me respeita. Nem respeita a dieta que deveria fazer, além de ignorar tudo o que falei sobre bebida e cigarro.

Jango reagiu e, com a ajuda de Taulois, garantiu:

— Doutor "Forment", agora eu vou fazer tudo o que o senhor mandar.

Froment não se abalou com a promessa.

— Espero que o senhor volte aqui como paciente. Se quiser voltar só para conversar, nós nos encontraremos como amigos.

De volta a Paris, Jango, Maria Thereza, João Vicente e Denize chegaram a olhar alguns apartamentos na cidade. Ele não demostrava entusiasmo, mas exibia sinais de que poderia efetuar a compra. Porém não achou nada que os agradasse. Antes de sair da França, Jango deixou um bilhete escrito à mão, com a sua caligrafia difícil de entender, para Taulois. Pedia que ele não se esquecesse de procurar um "apartamento de quarto e sala em Montmartre ou B. Latino [referindo-se ao Quartier Latin] ou outro bairro onde não seja muito caro". No verso de um papel amarelo de uma conta qualquer, Jango dava uma prova por escrito da sua intenção de mudar-se para a Europa.

De Paris, a família seguiu de carro a passeio para a Bélgica e para a Alemanha. Enquanto viajavam pela Europa, o terror tornava-se institucional na América do Sul. As operações coordenadas de espionagem, invasão de escritórios e residências, roubo, sequestro, tortura e morte de dissidentes, realizadas nos países sob ditadura, já existiam desde o início da década,[9] mas uma reunião secreta no Chile batizou a união clandestina entre os governos da Operação Condor. Comandado pelo coronel Manuel Contreras, chefe da Dina — Dirección de Inteligencia Nacional — do Chile, o encontro, realizado em novembro de 1975 — com Jango e Maria Thereza na Europa — na Academia de Guerra do Exército, em Santiago, contou com representantes reconhecidos da Argentina, Bolívia, Paraguai e Uruguai, além do próprio anfitrião. O Brasil assinou como "observador", mas mandou dois representantes selecionados pelo presidente Geisel, pelo general João Baptista Figueiredo — o chefe do SNI que era amigo de Jango e de Contreras e se tornaria presidente — e por Sylvio Frota, ministro do Exército. A trinca escolheu o coronel de cavalaria Flávio de Marco e o major de infantaria Thaumaturgo Sotero Vaz como os padrinhos brasileiros da Condor.[10] Foram Marco e Vaz que presenciaram a oficialização da colaboração internacional da qual o Brasil já se aproveitara muito. Assim, na América do Sul, deixavam de existir "oficialmente" leis, documentos, soberanias diplomáticas, fronteiras e direitos humanos.

O Brasil estava adiantado. Já fizera a limpa durante o governo Médici. Um trabalho tão bom que seria o modelo inspirador a ser seguido pelos vizinhos. O "Esquadrão da Morte" tornava-se exemplo. Sergio Fleury, delegado do DOPS de São Paulo que se especializara na repressão política, tornou-se ídolo de policiais argentinos e uruguaios. No Rio, os "Homens de Ouro", com o policial amigo de artistas e capa de revista Mariel Maryscott de Mattos como sua face mais visível, mantinham a ordem com o progresso de suas ações, que misturavam, à bala, segurança com corrupção.

Em uma coincidência de gosto que só poderia acontecer em um continente dominado por ditaduras, Fleury e Mattos adoravam o Uruguai e a Argentina. Na primeira metade da década de 1970, visitariam — juntos e separadamente — esses países mais de uma dezena de vezes. Nesse mesmo período, o Uruguai aprimoraria os serviços da Dirección Nacional de Información e Inteligencia (DNII), polícia política criada em 1967. Enquanto a Argentina, ainda em 1973, com o agonizante Perón na Presidência e López Rega dando ordens, criava a Triple A.

No Brasil de 1975, o serviço estava quase completo. Mas os exilados... esses davam trabalho. Com a Operação Condor, o caminho ficava mais tranquilo, afinal os governos signatários estavam organizados para capturar, torturar e matar. O macabro sucesso dessa operação iria gerar uma rede tentacular de práticas ilegais realizadas por grupos paramilitares que abusavam do poder. Era o terrorismo oficial de Estado.

Nem o sol apareceu. O verão de 1976 foi um dos piores da história do Uruguai. O mau tempo prejudicou muito os comerciantes, os hotéis e o turismo no país.

Na Argentina, em 24 de março de 1976, quatro meses após o batismo da Operação Condor, um golpe tiraria Isabelita Perón do governo. Uma junta militar, formada pelo general Jorge Rafael Videla, pelo almirante Emilio Massera e pelo brigadeiro Orlando Agosti, assumiu o poder e transferiu o terror do porão para a Casa Rosada, com duas características cruéis. Além de prisões, torturas e mortes, a ditadura argentina iria roubar os filhos de presas políticas e entregá-los a casais ligados ao governo. Também seriam usados os "voos da morte", nos quais prisioneiros políticos eram dopados e jogados vivos de aviões no rio da Prata.

Antes mesmo da queda de Isabelita, a Argentina já pertencia aos militares. Em outubro de 1975, o general Videla sentenciara: "Se for preciso, deverão morrer na Argentina todas as pessoas necessárias para alcançar a segurança do país",[11] e a presidente Isabelita ecoava: "Temos que matar e aniquilar a todos os guerrilheiros." Em janeiro de 1976, uma circular secreta da Armada Argentina já se esbaldava à sombra da Condor. Sete agentes brasileiros do SNI, lotados na embaixada em Buenos Aires, ganhavam liberdade oficial e carimbada para realizar operações antissubversivas na capital argentina. Eram dois majores, dois capitães e três agentes, com número de código e codinomes, como Trucha, Rayo, Puma, Rato, Luz. O oficial de enlace do SNI era o capitão Mário Lagos, código 003, Letra C, codinome Espina.[12]

Desde a Segunda Guerra Mundial, quando se temia uma invasão da Argentina pela fronteira sul do país em caso de vitória do Eixo, o III Exército[13] era o mais aparelhado grupamento militar do país. Após três décadas, era por lá que refugiados e perseguidos políticos tentavam a sorte em busca de uma fuga para a Europa. Porém, agindo como caçadores, havia homens fardados com o direito de matar e desaparecer com quem, de qualquer nacionalidade, lhes parecesse suspeito. Em maio, o poderoso III Exército distribuiu um pedido confidencial de busca com uma lista de 91 exilados brasileiros na Argentina, localizados com a fundamental colaboração dos espiões vizinhos.[14] Um dos nomes da lista, com o endereço de seu escritório — avenida Corrientes, 319, sala 347 —, era o de Jango. A sala foi invadida por agentes argentinos semanas depois.[15]

No final de 1975, de volta ao ninho da Condor, com Videla voando alto em um lugar onde outrora se achavam protegidos, João e Maria já não sabiam em quem ou no quê acreditar. Quem era amigo e quem era inimigo. Ele confiava em alguém de quem Maria Thereza desconfiava. Ela acreditava em alguém que despertava suspeitas de Jango. E as discórdias surgiam. E as discussões aumentavam...

E assim 1976 começara. Provavelmente, se vencessem só mais esse ano, Jango e Maria Thereza não seriam mais derrotados. Contudo, uma espiral de acontecimentos iria girar em uma furiosa velocidade. Uma escalada de mudanças. De governos, de casas, de países.

Na América do Sul, já haviam passado por três golpes de Estado.
Ditaduras cada vez mais unidas. Amigos proibidos cada vez mais longe.
Dentro de casa, muitas dúvidas, muito medo, muitas brigas. Uma separação por ano, uma reconciliação por ano.
Três prisões.
Maria Thereza passara a ter medo. Não era nem a sombra da menina de São Borja ou da mãe de família que chegou ao Uruguai determinada a manter a família unida.
As bruxas que antes ficavam rondando já não voltavam a seu lugar e agora destroçavam qualquer relação.
E, muito mais reais, passando bem perto de João e Maria, 37 mortes.
A invenção do demônio evoluía e chegava à perfeição.

19.
A esperança equilibrista

Logo no começo de 1976, após resolver problemas da fazenda de Maldonado, Jango voltava de carro para Montevidéu acompanhado de Percy Penalvo. Passariam bem perto do apartamento onde viviam Neusa e Brizola. Incentivado por Percy, decidiu visitar a irmã. Foi um momento de emoção para ambos, que não se viam havia mais de dez anos. Neusa não se contentou e deu um jeito de colocar Jango e Brizola na mesma sala e os dois acabaram conversando por horas. Sobre o passado, o pessimismo com que viam o futuro e as ameaças que estavam sofrendo. Saíram do encontro pensando na possibilidade de reatarem e com a certeza de que não estariam seguros na América do Sul.

Jango preferiu esconder esse encontro de Maria Thereza. Não falou sobre essa conversa e continuaria fazendo força para evitar qualquer comentário — para o bem ou para o mal — sobre Brizola na frente dela.

Maria Thereza e Jango pareciam preparados para tudo, mas o ano de 1976 mostrava-se incontrolável. A primeira surpresa partiu de João Vicente. Com uma fisionomia muito séria, chamou a mãe para uma conversa. Imediatamente, ela pensou em uma nova prisão. Não esperava a notícia de que a namorada do filho, Stella, estivesse grávida. João Vicente escolheu contar primeiramente para a mãe porque poderia imaginar qual seria a sua reação. Depois da surpresa inicial,

Maria Thereza ficou feliz e deu todo o apoio ao casal, incentivando-os a ficar juntos. Antes, porém, lhe fez uma pergunta.

— E agora, como será com o teu pai?

Era justamente isso que João Vicente esperava. Pediu sua ajuda para dar a notícia a Jango. Maria Thereza não contou no mesmo dia. Esperou para dar a notícia aproveitando uma oportunidade em que ele estivesse ocupado. A chance chegou quando ele estava dirigindo. No carro, ela foi direta.

— Te prepara porque tu vais ser avô.

— O que, Teca? Não estou entendendo.

— A Stella está grávida.

Jango parou o carro, virou para ela e fez gestos sem sentido. Maria Thereza cortou qualquer reação.

— Pode continuar dirigindo.

— Então tem que fazer esse casamento. Mas por que o João Vicente não me contou?

Maria Thereza chamou o filho e disse que agora era com ele. Pai e filho conversaram e se acertaram. Passado o impacto da novidade, esse seria o único motivo de comemoração no início de 1976, porque Jango se preocupava ainda com algo que nunca lhe faltara: dinheiro. Eternamente confiante em seus negócios, acreditava que apenas sua presença bastaria para o sucesso de seus investimentos. Até o ano de 1975 realmente bastou. Mas levara o seu maior golpe financeiro, provocado principalmente pelo fato de ser obrigado a depender de procurações para movimentar seus negócios. Com uma única exceção — quando o capataz da fazenda Três Marias em Mato Grosso, José Godoy Cangussu, sumira com o dinheiro das vendas de cabeças de gado e de várias ações ordinárias ao portador, da Brahma, Souza Cruz, Mesbla, Alpargatas e Willys —, ninguém tivera coragem de tentar enganar Jango. Com seus empregados e sócios, o esquema dos vales escritos em guardanapos de papel e maços de cigarro funcionara. Cangussu tornou-se uma lenda entre os funcionários de Jango, pois fora o único a desafiar o patrão. Até aquele momento.

Sebastião Maia ou Tião Maia ou T. Maia ou TM ou até "Tião Medonho", como era apelidado, tornara-se um grande empresário de gado e sócio de Jango em duas fazendas, uma no Pantanal e outra em Minas Gerais, e em vários outros negócios no Brasil. Sua figura peculiar — fazia questão de assumir abertamente o jeito caipira — inspirou o ator Lima Duarte na composição do personagem "Sinhozinho Malta" na novela de enorme sucesso *Roque Santeiro*, exibida pela Rede Globo em 1985.

Ainda na década de 1960, em um jantar no restaurante El Galeón, Maia propôs a Jango que lhe desse uma procuração das duas fazendas e oficializasse a sociedade em vários negócios. Maria Thereza, que jantava com eles, protestou na hora.

— Jango, não faz isso! Tu vais entregar essa procuração sem fazer recibo?

Jango parou e olhou para Maria Thereza.

— Tá certo. Vou fazer um recibo e colocar em teu nome.

Na sua pasta, Jango pegou uma folha de papel com o timbre do Hotel Columbia e escreveu que a procuração pertencia a Maria Thereza. Tião Maia concordou com a proposta e assinou na folha do Hotel Columbia a confissão de dívida. Claramente preocupada com o que estava sendo acertado, Maria Thereza nada mais falou.

Jango levava a sério a intuição de Maria Thereza. Chegava ao ponto de apresentar-lhe os candidatos a parceiros comerciais apenas para perguntar: "O que tu achas, Teca?" No código interno que havia entre marido e mulher, Jango não queria a opinião dela sobre a transação, ele desejava mesmo saber o que ela achara da pessoa. A pergunta de Jango "o que tu achas, Teca?" era frequente. Se Maria Thereza estranhasse e não fosse com a "cara", ou com a "*faccia* do cidadão", como o casal comentava entre si, o negócio corria risco de não ser fechado. Naquela noite em El Galeón, Jango não ligou para a sensibilidade de Teca, nem para os cutucões que ela lhe deu embaixo da mesa. Depois do jantar, insistiu para que ele cancelasse a procuração que dera a Tião Maia.

A sociedade funcionou ao longo de quase uma década, com Jango confiando no sócio. Porém, alegando que estava sendo perseguido pela ditadura militar, Maia lambuzou-se com a procuração assinada por Jango. Vendeu as fazendas, encerrou os negócios — pegando os lucros e deixando os prejuízos — e se mandou para a Austrália, onde comprou mais de meio milhão de hectares de terra (pouco mais que as áreas das cidades de São Paulo, Guarulhos, Campinas e Rio de Janeiro somadas). Quando Jango ficou sabendo o que o sócio fizera, enviou seu contador, Lutero Fagundes, ao escritório de Maia, que ficava no centro de São Paulo. Era tarde demais.

Ao menos Maia não mentira sobre suas motivações para deixar o Brasil. Realmente estava sendo perseguido pelo governo. Mas os motivos passavam longe de nobres conceitos como liberdade e direitos humanos. Em 1975, o ministro Mario Henrique Simonsen, cansado das rocambolescas transações de Maia, proibiu novos créditos a suas empresas. A ditadura militar sabia bem como Maia conseguia dinheiro para investimentos. A informação confidencial do Ministério da Aeronáutica nº 86/74, de 21 de fevereiro de 1974, apresentava um relatório das propriedades de Jango, dentre as quais duas fazendas de que o "Sr. Sebastião Maia (...) teria se apoderado ilicitamente". Já o informe confidencial nº 178 do SNI, com data de 12 de março de 1975, elaborado pelo eficiente "Agente B", comunicava ao governo brasileiro que, dentre a correspondência de Jango, "obtida de forma clandestina no domicílio do nominado", havia uma "relação de materiais e animais entregues ao sr. Tião Maia, então depositário da confiança do dr. João Goulart". As anotações roubadas foram feitas à mão por Jango. Nesse informe e na carta afanada havia o relato de que o medonho sócio "seria imputado de ter lesado ao sr. João Goulart em mais de CR$ 1.200.000,00", montante que, em 2018, equivaleria a pouco mais de 2,6 milhões de reais,[1] um valor relativo apenas às contas bancárias da sociedade entre ambos, sem contar a perda de patrimônio e as terras vendidas que chegariam a milhões de dólares na época. Havia ainda uma lista de 34 itens — de um automóvel Aero Willys a sacos de cal, passando por geladeiras, motores e um trator — que os empregados entregaram para Tião Maia, além de animais: 65 ovelhas, sete éguas, cinco pôneis, quatro touros, um búfalo, dezoito vacas, seis novilhas e 27 bois.

Depois de tornar-se milionário na Austrália, Maia se mudaria para os Estados Unidos, onde construiria um império imobiliário em Las Vegas e no Texas. Maia se tornaria uma exceção. Jango nunca mais admitiria nenhuma possibilidade de reconciliação com ele.

Era esse excesso de confiança de Jango que irritava Maria Thereza. Ela não acreditava em ninguém que surgia repentinamente ao lado do marido. Ele seguia aceitando essas amizades, recebendo pessoas e fazendo política, o que acabava tirando o humor da esposa. Sobre Tião Maia e o golpe financeiro que sofreu, Jango quase nada falou para Maria Thereza. Talvez quisesse se poupar do que, com certeza, escutaria.

Maria Thereza não percebia, mas o exílio também a destruía.

Quanto a Jango, Tião Maia deixaria de ser o seu maior problema.

Medonho mesmo seria o que viria a seguir.

20.
Mas eis que chega a roda-viva e carrega a roseira pra lá

Pouco antes da queda de Isabelita Perón, em março de 1976, um grupo paramilitar ligado à Triple A fora preso pelo exército argentino na cidade de La Plata. Os planos que estavam em poder dos paramilitares revelavam que um de seus objetivos era sequestrar João Vicente e Denize e exigir um resgate milionário para libertá-los.[1]

Até essa descoberta, Jango só recebera intimidações contra ele próprio. Conseguiria se segurar. Estava preocupado, mas não demonstrava medo. Porém, quando as ameaças se voltaram contra seus filhos, o desespero tomou conta dele, a ponto de Maria Thereza lembrar-se da reação do marido no enterro de dona Tinoca. Como raras vezes ela havia visto, Jango chorou.

— Ah, não, meus filhos, não. Quero meus filhos longe daqui.

Depois dessa notícia, cada um passou a temer pelo outro. A partir da prisão dos sequestradores, surgiam novas versões a cada dia. Maria Thereza chegou a ouvir que o plano seria assassinar Jango e sequestrar João Vicente e Denize. Outros falavam que eles não queriam dinheiro e sim mandar um aviso.

Recados não faltavam. Quase ao mesmo tempo, Jango era intimado a depor no Ministério do Interior do Uruguai. Respondeu que não iria — e não foi. Repetia para amigos e inimigos que não tinha se humilhado para os militares brasileiros e que não iria fazer isso perante os militares de outro país.

Passaram então a receber mais telefonemas anônimos, advertindo: "Te cuide", "Cuidado", "Estamos de olho". E o mais assustador: "Saiam daqui, porque a gente vai levar você e seus filhos para o fim do mundo."

Nas vezes em que atendeu o telefone, Maria Thereza nunca ouviu nomes. Apenas ameaças curtas. Estava assustada, não só pelas notícias e pelas ligações, mas porque seu eterno referencial, Jango, que jamais se mostrara preocupado com segurança, agora não parava de alertá-la sobre cuidados que deveriam ser tomados e passou a dar-lhe instruções, recomendando que não ficasse exposta na rua.

Sem opção, ele continuava sondando sua volta ao Brasil. Não se importava em revelar suas intenções à ditadura militar, a mesma que passara 12 anos vasculhando e xeretando sua vida pública e pessoal. Mesmo com a máquina a seu favor, o governo brasileiro não conseguira erguer nenhum processo, real ou ficcional, contra ele. Faltava encerrar o último, talvez o mais surreal de todos. Ainda havia um processo aberto contra Jango no qual ele era acusado de se apropriar de 12 litros de tinta para realizar a pintura de seu apartamento da rua Rainha Elizabeth.

Jango então decidiu convocar os velhos amigos, novos amigos, antigos aliados e os inimigos de sempre, aqueles que tinha certeza de que avisariam os líderes da ditadura. Com cada um tinha uma conversa diferente. Para alguns, mostrava-se indeciso. Para outros, exibia convicção. Pedia ajuda, dava instruções, confidenciava seus planos. A finalidade era a mesma: só queria saber como seria recebido no Brasil.

Em um curto período de tempo, encontrou-se com José Gomes Talarico; com o advogado Marcello Alencar; com Alonso Mintegui; com o seu ex-assessor, coronel Azambuja; e até com Ivo Magalhães. Escreveu cartas para o jornalista Barbosa Lima Sobrinho e para Serafim Vargas, pedindo que ele entrasse em contato com o presidente Ernesto Geisel. Também procurou Orpheu dos Santos Salles, seu sócio, para que ele tentasse uma consulta com o ministro do Exército, o general Sylvio Frota. Jango alardeava seus planos em praça pública, talvez para demonstrar abertamente que não ambicionava voltar ao poder e que tampouco seria uma ameaça.

Orpheu e Frota encontraram-se em um almoço. Orpheu iniciou a conversa bem suavemente e apresentou a proposta da mesma forma que Jango lhe explicou:

— General, o senhor sabe que eu sou amigo do presidente João Goulart.

— Orpheu, eu sei da tua vida mais do que tu, mas eu vou te contar uma coisa, meu pai era getulista... Mas diga.

— O Jango me pediu para saber a sua opinião sobre como o Exército receberia o fato de ele voltar para o Brasil e ficar em São Borja, onde divulgaria um manifesto comprometendo-se a não se meter em política.

O militar que ouviu o pedido controlava e tinha acesso aos comunicados e informes do SNI. Ele possuía total conhecimento de que o prometido isolamento político de Jango era balela e que arrumaria para si um baita transtorno se fosse favorável ao retorno do ex-presidente. O informe do SNI, datado de 15 de abril de 1975, que descrevia a festa de aniversário em Maldonado, e as conversas políticas tiveram um efeito devastador para quem desejava passar a imagem de "isolado político". Frota, assim como se referira a Orpheu, provavelmente também conhecia mais a vida de Jango que o próprio. Sabia sim que Jango atuava politicamente durante o exílio e que mantinha uma grande rede de informação, confirmada pela vigilância do SNI em Maldonado, que detectara um repentino aumento de contatos e visitas a Jango no início de 1975.

Maria Thereza acertara. A romaria e o beija-mão só haviam prejudicado Jango.

A resposta do poderoso ministro acabaria com qualquer dúvida.

— Diga a ele que não venha. Se ele vier, vai ser humilhado, porque será preso.

A gentil maneira como foi recebido e tratado por Frota surpreendeu Orpheu. Em breve ele entenderia o porquê. A partir desse diálogo, Orpheu seria preso e interrogado a cada vez que, voltando da Argentina, entrasse no Brasil.[2]

O polido general, ressabiado com a petulância de Jango, que mandava interlocutores para saber o que estava pensando, ainda enviou telegramas ao Departamento Geral de Investigações Especiais da Secretaria de Segurança Pública do Rio:

> Sendo constantes os informes de que João Goulart tentará regressar ao Brasil, por esses dias, determino a Vossa Excelência as seguintes providências: 1) João Goulart deverá ser imediatamente preso e conduzido ao quartel da PM, onde ficará em rigorosa incomunicabilidade, à disposição da Polícia Federal; 2) nenhuma medida policial deverá ser tomada contra seus familiares, que permanecerão em liberdade.[3]

Ao amigo Raul Ryff, Jango pediu que procurasse Humberto Barreto, o assessor de imprensa que gozava da intimidade de Geisel. A resposta foi outra. Barreto teria dito que não haveria impedimento formal, mas que a volta de Jango só poderia ocorrer após as eleições de 1976. Não contente, Jango determinou que Percy Penalvo procurasse o coronel Solon Rodrigues d'Ávila, comandante regional da Polícia Federal do Rio Grande do Sul. A resposta foi a mesma que Barreto dera. O mais surpreendente nessa conversa foi que Ávila alertou Percy de que Jango estaria mais seguro no Brasil que na Argentina e no Uruguai.[4]

Muitas e diferentes propostas. Inúmeros e diferentes interlocutores.

Os que vigiavam os passos de Jango poderiam ver uma tática desesperada, que, em vez de surtir efeito, alcançava o resultado contrário, como a reação do general Frota. Por outro lado, o que mais Jango poderia tentar?

Quem possuía o poder de decisão dava uma ordem implacável: "Prende e manda soltá-lo do outro lado da fronteira. Pode usar o AI-5 em cima dele", disse o presidente Geisel a seu secretário, Heitor Ferreira, e ao poderoso chefe da Casa Civil, Golbery do Couto e Silva, em 30 de janeiro de 1974. Golbery ainda fez o arremate: "Ele (Jango) seria uma belíssima cabeça para levar uma paulada."[5]

A Maria Thereza, Jango explicava que especulava por especular. Ou para se livrar logo das pessoas com quem estava conversando, que saíam satisfeitas por ganhar uma missão do ex-presidente. Outras vezes, as instruções eram detalhadas e completas. Cláudio Braga recebeu de Jango a determinação de entrar em contato com Almino Affonso, que fora expulso do Uruguai graças à atuação de Pio Corrêa. Jango passou uma lista de pessoas e desejava que Almino ouvisse todas elas. Para Braga e Almino, Jango foi incisivo e não demonstrou meio-termo.

Queria que eles espalhassem a notícia de que o ex-presidente estava com a firme intenção de retornar ao Brasil.

Assim, Jango apresentava um leque de intenções que confundiria os serviços argentino e uruguaio e os espiões de plantão. A decisão real de Jango já estava tomada. Maria Thereza até participou da escolha, se bem que ela desconfiava de que o marido só aceitaria um resultado. Apenas ela, João Vicente e Denize sabiam qual seria.

João Vicente casou-se com a uruguaia Stella Katz em abril. A festa contou com a presença de vários exilados. Jango não queria uma grande cerimônia, para não chamar atenção. Maria Thereza insistiu e conseguiu preparar uma bela recepção. O casamento civil foi realizado na fazenda El Milagro e o religioso foi celebrado pelo bispo de Maldonado. Como sempre, convidados ou não, espiões uruguaios desejaram felicidades aos noivos.

Dias após o casamento, Jango colocou a primeira parte de seu plano em prática. João Vicente e Stella mudaram-se para Londres. Alugaram o segundo piso de uma residência na 55 Mount Avenue, em Ealing Broadway, um bairro de classe média na zona oeste da capital inglesa. A casa pertencia a um armênio de sobrenome Bedrossian, cuja mãe, que vivia no térreo, logo tratou de fazer amizade com o jovem casal.

João Vicente estudaria Agricultura no Merrist Wood Agricultural College, em Guildford, pequena cidade a meia hora de Londres. Com apenas 18 anos, Stella recebia todos os cuidados e era poupada dos verdadeiros motivos da viagem. Somente mais tarde ficaria sabendo que Jango os mandara para Londres porque a família corria perigo.

Não bastasse o terror gerado pelas ameaças de sequestro dos filhos, Maria Thereza e Jango sofreriam outros traumas. O exilado Zelmar Michelini, ex-ministro e ex-senador do Uruguai, era um grande amigo de Jango. Na Argentina, passavam horas conversando. Maria Thereza observava que, nesses longos encontros, com Jango bebendo uísque, e Michelini, café, as aspirações se completavam. Os pensamentos batiam. Ela, que classificava todos os amigos de Jango, via que seu marido realmente ficava satisfeito ao reunir-se com Michelini, uma pessoa querida e agradável. Com o ex-presidente da Câmara dos Deputados do

Uruguai, Hector Gutiérrez Ruiz, outro que se refugiara na Argentina, Maria Thereza não tinha tanto contato. Mas, da mesma maneira que Michelini, via no rosto de Jango que ele confiava em Ruiz. Eram verdadeiros amigos.

No dia 21 de maio de 1976, os corpos de Zelmar Michelini e Gutiérrez Ruiz foram encontrados em um automóvel Torino Sedan, abandonado na esquina das autopistas Perito Moreno e Luiz Dellepiane. Havia outros dois corpos no carro. Eram dos militantes Tupamaros William Whitelaw e Rosario del Carmen Barredo, todos com sinais evidentes de tortura, espancamento e disparos por armas de fogo. Michelini teve os dedos e as orelhas cortados. Fora sequestrado no dia 18. Ele estava no quarto número 75 do Hotel Liberty, onde também dormiam dois de seus dez filhos — no mesmo hotel onde Jango tinha um quarto permanente.

Durante os dias em que Michelini e Ruiz ainda eram considerados desaparecidos, Jango escreveu a João Vicente. "Em Buenos Aires, o clima está cada vez mais tenso. Há dois dias sequestraram do Hotel Liberty e de sua residência os nossos amigos senador Michellini e deputado Gutiérrez Ruiz. Uma monstruosidade que me leva a pensar no meu futuro na Argentina. Aqui o espaço vai se tornando cada vez menor para os idealistas que não aceitam a violência e a opressão como formas de governo."

As mortes de Michelini e Ruiz provocaram a imediata lembrança do assassinato de Carlos Prats e de sua mulher, Sofía Cuthbert, em setembro de 1974. Refugiado na Argentina, o general chileno aliado de Salvador Allende estava acompanhado da esposa quando uma bomba colocada em seu carro explodiu. Um mês depois dos brutais assassinatos de Michelini e Ruiz, a Operação Condor mostrava que queria mais. Em junho mais um amigo de Jango, outro político de esquerda que estava asilado na Argentina, foi assassinado. O modo de atuação foi semelhante. Juan José Torres, presidente deposto da Bolívia, foi sequestrado e morto a tiros. Seu corpo apresentava marcas de tortura. No fim daquele mês, já apavorado com o rastro de sangue na América do Sul que agora chegava ainda mais perto de seu pai, João Vicente escreveria a Jango: "Por favor, não volte para a Argentina, dê uma procuração para o Cláudio ou para alguém, mas não volte, pois tu não precisas daquilo, tão pequeno na imensidade que tu representas. É a única coisa que te peço."

Receberam mais telefonemas anônimos, com uma única mensagem: "O próximo será você, Jango." Maria Thereza pediu que ele não fosse mais ao Liberty. Jango passou a dormir todas as noites no apartamento de Palermo, mas não contratou segurança nem pediu ajuda. Era dessa maneira que Jango e Maria Thereza tentavam levar uma vida normal em Buenos Aires.

Jango conseguia. Maria Thereza, não.

Entre torturas, medo, vigilância, mortes e absurdos interrogatórios, não havia mais América do Sul possível para a família Goulart.

Maria Thereza, sem compreender a condição de terror institucional pela qual passavam, seguia apavorada. As mortes de Ruiz e de Michelini a tinham deixado permanentemente assustada. Foi o momento em que a despreocupada Maria Thereza entrou em pânico. Lembrou-se de que Jango e ela frequentavam o Liberty com grande naturalidade, almoçavam e reviam amigos lá. O antigo local de encontro era agora uma aterrorizante recordação, a ponto de os funcionários afastarem-se do carro de Jango a cada vez que ele dava partida no motor. Temiam mais um atentado a bomba.[6]

A série de assassinatos na Argentina apressou o plano de Jango. Sem dar a mínima chance para a filha contestar, comunicou a Denize:

— As ameaças continuam. Tu vais morar em Londres também. Lá tu vais estar segura.

A filha repetia a saga da mãe. Quando criava raízes, era obrigada a se mudar. Denize nunca havia estado em Londres. Não sabia nem onde iria morar. Apesar disso, acatou as decisões do pai. Era apegada à mãe, mas, assustada pelo que via acontecer a seu redor, percebia que o melhor seria fazer o que o pai determinasse. Notou que sua mãe estava sem reação. Enquanto Jango mostrava-se corajoso e alerta, Maria Thereza tentava fugir do perigo evitando pensar nele, agarrando-se à ideia de que fingir que estava tudo bem era o melhor meio de enfrentar o cerco que se formava.

Jango seguia seu roteiro. Já havia decidido. Com os filhos seguros em Londres, ele e Maria Thereza iriam morar em Paris. A escolha era irreversível, apesar de não saberem por quanto tempo viveriam na capital francesa. Antes dessa decisão, Jango até fizera uma pequena encenação e fingiu dar opções à mulher. Não seria necessário. No fim, a eleita de ambos era a mesma cidade. A pergunta de Jango não deixava dúvida.

— Não gosto de Londres. É uma cidade muito agitada. É pra juventude. E tu, Teca, qual cidade preferes?

— Eu prefiro Paris.

— Ah, tu és muito chique. Então, está certo. Vamos pra Paris. Eu gosto da cidade e acho que aguentaria passar um bom tempo morando lá.

Havia um motivo a mais para Jango não desejar viver em Londres. Percebia que os gostos dos filhos estavam bem distantes dos seus. Restavam apenas lembranças dos passeios em que o pai escolhia os lugares e o que iam fazer. Achou que o melhor, para o crescimento deles, era que ficassem um pouco longe dos pais.

A conversa terminou com um bom sinal. Jango voltava a brincar com Maria Thereza. Um instante raro no meio do turbilhão.

— E Paris tem uma vantagem: lá tu vais poder comprar um perfume novo por dia — disse ele.

O futuro estava desenhado. O plano de Jango e Maria Thereza para 1977 seria viver, durante algumas semanas, ou alguns meses, ou o ano inteiro — ou talvez mais tempo — na capital francesa. Jango insistia em dizer — a Maria Thereza e a Taulois — que a casa ou o apartamento de Paris precisava ser pequeno, como já havia escrito no bilhete. A decisão de Jango, em conversa com Maria Thereza e com os filhos, fora tomada logo após a prisão do grupo que pretendia sequestrar João Vicente e Denize.

A partir daí, as especulações sobre a volta ao Brasil enveredavam-se por muitos caminhos na mente de Jango. O primeiro, que explicaria as várias reuniões e as pistas falsas, seria uma simples quimera. Enquanto os exilados, com seus planos políticos, e os militares, com o porrete de Golbery para dar em sua cabeça, viviam a expectativa de sua volta para o Brasil, Jango driblaria a todos e se tornaria asilado em Paris.

Outra opção, mais provável, seria mudar para a capital francesa e lá permanecer até conseguir o reconhecimento oficial de que poderia voltar ao Brasil. Jango não via chance alguma de conseguir essa autorização em 1976, apesar de receber frequentemente amigos brasileiros que deliravam quanto à real possibilidade de retorno, deixando Maria Thereza enfurecida. "Doutor, estão preparando a sua volta ao Brasil"' ouvira do piloto Manuel Leães. O silêncio era sua resposta. Jango sabia que a vontade de Geisel prevaleceria. E o general presidente foi e continuava sendo claro: Jango não poderia voltar. E se voltasse, seria preso.[7]

Discretamente, Jango criara uma operação para levantar dinheiro a que Maria Thereza obedecia sem questionar. Ele não se esquecera da dificuldade que foi conseguir sacar o próprio dinheiro para sustentar-se logo após o golpe. Passara a vender cabeças de gado, realizando uma movimentação financeira como nunca fizera antes. Porém não colocaria à venda suas fazendas, explicando que "a fábrica de terras já havia fechado faz tempo". Aos amigos e empregados que inevitavelmente o acompanhavam, Jango disfarçava. Falava que estava arrumando dinheiro para ajeitar o futuro dos filhos em Londres. Ao mesmo tempo, disparava — tanto falsos quanto verdadeiros — pedidos e articulações para que o governo militar permitisse sua volta. Jogo de cena. O objetivo era confundir.

O esforço financeiro da mudança para Paris significaria mais perda de dinheiro. Jango buscava tempo, mas os sequestros e as mortes dos amigos atropelaram seu planejamento. Seguiria para a Europa a fim de tirar Denize da Argentina o mais rápido possível. Faria duas viagens. Na primeira, mais curta, ficaria pouco mais de uma semana, para deixar a filha e rever João Vicente e Stella. Na segunda, com Maria Thereza, permaneceria mais tempo, alternando-se entre Paris e Londres.

No fim de julho, ele embarcou com Denize para hospedá-la na casa onde João Vicente e Stella viviam. A sua intenção era comprar a casa, onde a filha viveria no piso térreo e o casal no andar de cima. Assim Jango manteria os irmãos sob o mesmo teto, mas cada qual com sua privacidade.

Sozinha em Buenos Aires, Maria Thereza ficou apavorada, mas garantiu que ficaria bem. Disfarçou com um comentário irônico, que, ao contrário do que pretendia, evidenciava seu pânico: "Comigo não tem preocupação, acho até que os sequestradores nem ligam para mim." Anulada pelo próprio medo, Maria Thereza estava extremamente infeliz. Tinha apenas a companhia de uma nova empregada e de seu afinado motorista. Rubén Cané cantou como nunca naqueles dias, que foram os piores do seu exílio. Ela não tinha ninguém a seu lado. Fechava os olhos e torcia para que nenhuma bruxa lhe trouxesse notícias. A apreensão que a tomava, surpreendentemente, ajudou. Apesar de tudo, tentava manter a rotina de trabalho. Meio avestruz, repetia a si mesma que bastava não pensar no que estava acontecendo.

Com a certeza da mudança para Paris, precisava encarar o imprevisível Luigi e revelar que a sociedade seria desfeita. Esperava que ele ficasse nervoso com a notícia, mas Luigi aceitou. Já tinha o convite para trabalhar em uma grande casa de moda na Espanha e isso precipitou sua decisão. Ele entendeu. Qualquer um que vivesse na Argentina entenderia. Luigi sabia da perseguição a Jango. O plano de sequestro de João Vicente e Denize foi notícia em todo o país. O desespero era moda em 1976.

Acertaram que o contrato terminaria oficialmente em 1º de janeiro. Cedendo a uma leve pressão de Luigi, Maria Thereza concordou em trabalhar durante o final de ano, época em que havia mais movimento. Ele marcara desfiles na loja para apresentar a coleção de verão e precisaria de ajuda para vender o estoque.

Na Europa, antes de ir a Londres, Jango ficou quatro dias em Paris com Denize, aumentando assim a sua permanência, antes prevista para durar uma semana. Participou de reuniões, mantendo suas diferentes versões sobre o futuro. Taulois estranhou que ele não lhe cobrasse as indicações de moradias. Não sabia que Jango voltaria em seguida e permaneceria quase três meses por lá. Teriam tempo para procurar uma casa ou um apartamento. Após esses primeiros encontros na França, pai e filha seguiram para Londres, onde, sem controlar a saudade, João Vicente os recebeu no aeroporto. Ao conhecer a casa e rever Stella, Jango imediatamente comentou que não seria bom para a nora ficar subindo tanta escada. Não se conformou ao vê-la lavando roupa no tanque e comprou uma máquina de lavar em seguida.

Jango retornou sozinho para a Argentina, onde levantou mais dinheiro. Ao lado de Maria Thereza, voltou para Londres poucas semanas depois. João Vicente e Denize não se surpreenderam com a reação da mãe ao conhecer o lugar onde estavam morando. Emocionada por rever os filhos e a nora, achou a casa e o bairro lindos. Os filhos até riram, porque era esse comentário que esperavam da mãe. Ela e Jango hospedaram-se em um hotel a algumas quadras da casa.

Aproveitaram os dias para passear e matar a saudade dos filhos. Maria Thereza até fez uma nova amizade. Com simpatia de sobra, a mãe de Bedrossian praticamente impedia que eles entrassem ou saíssem da casa sem que antes tomassem um café, mesmo nos dias quentes do verão londrino. Ela, uma sorridente armênia, parecia adivinhar quando Maria Thereza descia a escada. "*Coffee, coffee*", repetia sem parar. Valia a pena, pois a mulher preparava saborosos cafés turcos e, mesmo sem falar inglês, esticava a conversa, lendo a sorte na borra que ficava na xícara. Não havia diálogo entre ela e Maria Thereza. Como ambas mal falavam inglês, faltavam palavras e sobravam sorrisos, com Denize tentando mediar a conversa.

Voltando a sentir uma segurança que não vivia havia tempos, Maria Thereza transformou-se. A dificuldade com a língua não a impediu de sair sozinha para fazer compras para a casa. Denize e João Vicente divertiam-se com os improvisos da mãe, que não se importava. Aprendeu a pegar táxi e a dar o endereço da casa no idioma local. Se o motorista perguntasse algo mais, não saberia responder.

Contudo, em um dos passeios que fizeram juntos, um descuido de Denize trouxe de volta o clima de vigilância que havia ficado para trás. Mãe e filha conseguiram arrastar Jango para um passeio pela moderna Bond Street, uma das principais ruas de compras do bairro de West End, onde havia, além de atrações turísticas, muitas lojas. Mas, no metrô, Denize esqueceu no banco a sua surrada bolsa jeans. Jango teve uma reação rara e deu uma bronca na filha. Havia na época o constante temor de atentados terroristas praticados pelo IRA, o Exército Republicano Irlandês. Eles tiveram de recuperar a bolsa no departamento de polícia. Lá, foram revistados, mostraram os documentos e precisaram explicar por que haviam deixado a bolsa no vagão.

Na metade da década de 1970, o choque causado pela cidade que era o centro dos movimentos culturais no mundo passava longe do fascínio que Paris mantinha sobre o casal. De Londres, ironicamente, Jango gostou dos restaurantes gregos. Adorava ver as danças e quebrar os pratos. E só. Maria Thereza e ele ficaram com a mesma impressão. Acharam a capital inglesa uma cidade chata. Surpreenderam-se ao constatar que as casas de show e outras atrações noturnas fechavam cedo. Porém percebiam que, ao contrário deles, os filhos se empolgaram. Tentaram fazer outros passeios, mas eles já tinham compromissos. Maria Thereza teve de ouvir um exagerado lamento:

— Está vendo, Teca? A gente vem pra cá, mas não curte nem os filhos porque cada um vai para um lado e a gente fica aqui.

Em agosto, Jango voltou para a França com Maria Thereza e Denize. Em Paris, novamente e apesar de tudo, a festa acontecia. Mais de quinze exilados e artistas encontraram-se com Jango para várias conversas nostálgicas.[8] Faltou rever um amigo. Pela primeira vez desde que começara a viajar para Paris, Jango não contaria com a ajuda de Taulois, que, repleto de compromissos de trabalho, precisou sair da cidade. Mesmo assim, cumprira seu dever e deixara por escrito uma lista com algumas indicações de imóveis.

Dessa vez, as conversas de Jango, Maria Thereza, exilados e jornalistas jamais seriam esquecidas por Carlos Castello Branco. Era com certeza a última vez que o grupo se reunia no Claridge's. O hotel, que funcionava desde antes da Primeira Guerra, iria transformar-se em um conjunto de galerias e em um apart-hotel. Com a ajuda de muitas garrafas de uísque, o falatório era animado e marcado por polêmicas de Glauber Rocha, para manter a tradição. Jango divertia-se e Maria Thereza ria com suas intermináveis intervenções. Madrugada adentro, muitos perderam para o sono e se retiraram, dentre eles, Maria Thereza. Castelinho percebera que Jango não o deixava sair. Os dois venceram os uísques e resistiram até o final.

Quando teve uma chance, Jango falou além do que Castelinho estava preparado para ouvir. Contou do clima ameaçador no Uruguai e na Argentina que forçara a mudança de seus filhos para Londres. E que ele e Maria Thereza se mudariam para a Europa. Castelinho ouvia um Jango absolutamente abalado pelas mortes de Michelini, Gutierres Ruiz e Torres. E veio a pergunta que chocou o jornalista.

— Castello, você mandou apurar a morte de seu filho?

Atordoado pela questão que lhe abria uma terrível ferida, Castelinho ficou esperando que ele dissesse mais, para poder ganhar tempo, mas Jango apenas o encarava, esperando uma resposta. Castello enfim respondeu que não, que acreditava que seu filho Rodrigo Lordello Castello Branco morrera mesmo em um acidente em maio daquele ano.

Jango discordou.

— Olhe, acho que você fez mal *[em não mandar investigar]* porque você causou muitos danos a esses militares.

Jango ainda revelou o motivo da pergunta:

— Eu tirei os meninos de Buenos Aires e os transferi para Londres, cidade de que não gosto. Mas eu não poderia deixar de fazer isso, porque senão eles seriam assassinados.

Tentando esconder o abalo que essas palavras lhe causaram, Castelinho contestava Jango, dizendo que o ex-presidente era *persona non grata* da ditadura. Sobre si, o jornalista lembrou que ao longo da carreira não havia criticado o golpe, nem militara na esquerda, e não achava que alguém pudesse matar seu filho para atingi-lo.

Vendo que o jornalista não se rendia, Jango, o fraco, o vacilante, o inocente, o indeciso, revelava-lhe o que sabia de verdade, longe das negociações políticas e bem perto do subterrâneo das ditaduras:

— Acho que você não está entendendo. Eles não gostam de você! Eles matam pessoas, Castello!

Essa conversa deixou uma cicatriz em Castello. Na realidade, o jornalista guardava suspeitas sobre o acidente e sobre a investigação. Sobre esse encontro, escreveria: "Seu ar (de Jango) era de indefinível tristeza."[9]

Apesar das tentativas de Jango para despistar os amigos, alguns deles já tinham certeza de que o casal iria viver na capital francesa. Os jornalistas não se deixaram enganar por suas respostas vagas. Reali Jr.,[10] Jorge Otero[11] e o próprio Castelinho[12] publicaram notícias sobre a mudança de Jango, desejo materializado no bilhete que escrevera a Taulois. A Castelinho, admitiu:

— Eu sei viver é por lá, na minha região, no sul. Se me fecham todas as portas, só me resta comprar um apartamento por aqui. Pelo menos ficarei perto dos meus filhos, que estão estudando em Londres.[13]

A mudança para Paris era a busca por um lugar seguro, mas a volta ao Brasil, em um futuro não tão distante, continuava como o objetivo final. Ao lado do uruguaio Jorge Otero, Jango, Maria Thereza e Denize andaram pelas ruas de Paris, seguindo as indicações de Taulois. Descontraído, ele acrescentou mais uma razão para a escolha:

— Eu gosto também de Paris porque a gente pode sair à noite e se divertir.

Os momentos de liberdade na França foram interrompidos por uma notícia vinda do Brasil que trouxe o terror de volta. Juscelino Kubitschek morrera em um acidente de carro na rodovia Dutra. Assim que novas informações chegaram, aumentaram as suspeitas de uma ação planejada.

A morte de Juscelino e as dúvidas sobre o acidente provocaram novos encontros e prolongaram a estada em Paris. Jango iria reunir-se com José Gomes Talarico, Jorge Otero, Tertuliano dos Passos e Ubirajara Brito, que o acompanharia até Lyon para mais uma vez encontrar-se com seu cardiologista. De lá, seguiria em um carro alugado para Bruxelas com Maria Thereza e Denize. Na Bélgica, Jango se encontrou com seu ex-secretário, Dirceu di Pasca. Hospedaram-se em um belo hotel, onde Jango iria se reunir com interessados em investir em criação de gado.

Em Lyon, mais uma consulta. Escreveu, em 13 de setembro, uma carta a Cláudio Braga contando, com uma visão otimista, a opinião do doutor Roger Froment, mas voltava a destacar os boatos de que estava retornando para o Brasil. "Os resultados (foram) bem razoáveis, considerando que não me sujeitei nunca a prescrições e regimes (...) soube aqui que, no Brasil, as coisas 'esquentaram' com a notícia sobre o meu possível regresso."

Porém não demonstrou esse otimismo para Pedro Taulois. O amigo telefonou para Jango. Ouviu dele que Froment continuava receitando os mesmos remédios, que deveriam ser tomados diariamente. Um vasodilatador sublingual e outros que eram encomendados por Jango nas farmácias francesas para serem enviados a Buenos Aires...

Taulois notou o desânimo de Jango.

— Mas como o senhor está se sentindo?

— Estou como a tropa do Fernando Machado,[14] recuando e com pouca munição.

Bem à sua maneira enigmática, Jango falava, pela primeira vez, sobre morte. Taulois ficou impressionado e chorou durante a conversa.[15]

A incontrolável agenda de Jango, sem Taulois, alterava-se a cada instante. A morte de Juscelino mudara seus planos. Assim, Maria Thereza, amarrada aos compromissos que assumira com Luigi, precisaria viajar para Buenos Aires sem retornar a Londres. Quando soube que a esposa voltaria antes do nascimento do neto, Jango não perdeu a chance de provocá-la com uma pergunta que, Maria Thereza desconfiava, ele aguardou anos para fazer.

— Tu não vais? Não queres ser avó, é isso?

Após deixar Maria Thereza no aeroporto, Jango soube do sucesso de um livro que era a moda do momento: *A dieta do dr. Atkins*. Um controverso método de emagrecimento desenvolvido pelo norte-americano Robert Atkins, que propunha uma dieta à base de proteínas e gorduras, cortando o carboidrato. Como a obra era febre na Europa, Jango, já bem acima do seu peso ideal, comprou o polêmico livro e decidiu — sem consultar o seu cardiologista — que seguiria rigorosamente as indicações por conta própria.

No dia 2 de outubro, Jango e Denize retornaram a Londres. Ele viveria o que Maria Thereza classificou como a sua maior alegria no exílio, o nascimento do neto. Mas tê-lo por perto não foi uma boa ideia. Ficou tão nervoso que mais atrapalhou que ajudou, dividindo as atenções com Stella. Convencido pelos filhos a ficar no hotel, foi lá que recebeu a notícia de que era avô. No dia 5 de outubro, nasceu Christopher, o tão aguardado neto. Nesse clima de emoção e lágrimas, foram tantos pedidos de João Vicente e Denize que Jango concordou. Ele e Maria Thereza retornariam em dezembro e passariam o Natal em Londres. Os filhos sabiam muito bem por que estavam na Inglaterra e não queriam que o pai pisasse na Argentina novamente. Temiam que ele pudesse sofrer um atentado. Jango minimizou essa possibilidade.

Após fazer a matrícula de Denize, e eufórico com a chegada do neto, Jango retornou, sozinho, a Paris. Sem Taulois, somente Jorge Otero sabia de seus encontros. Jango reuniu-se novamente com Castelinho. Foi procurado por Neiva Moreira e pelo ex-governador de Pernambuco

Miguel Arraes, que o alertaram. Seu nome estaria nas listas de políticos que seriam assassinados por grupos paramilitares.

O vai e vem entre duas importantes cidades da Europa era facilmente acompanhado pelos serviços secretos e pelas embaixadas. Mais uma vez, Jango tinha a honra de ser espionado por um grande escriba. Seu ex-ministro, Roberto Campos, era agora embaixador do Brasil em Londres. Fez direitinho a lição de casa. Já ensaiando a entrada para a Academia Brasileira de Letras, Campos gastava sua pena para informar o Itamaraty sobre as movimentações de Jango, apresentando a absurda justificava de que conseguira as informações com os familiares de Jango. Os únicos "familiares de Jango" em Londres eram João Vicente e Denize, que nunca se encontraram com o embaixador.

Os detalhes das informações eram os mesmos que Jango havia passado a Castelinho em Paris. Provavelmente, o jornalista, a pedido de Jango, revelou a Campos o que tinham conversado. Mais uma tentativa para que o governo Geisel ficasse mais tranquilo em relação a uma volta que não ocorreria tão rapidamente.[16] Pelo menos era essa a versão que Jango desejava que chegasse a Geisel.

Ainda no mês de setembro do sangrento ano de 1976 aconteceria um dos mais ousados atos da Operação Condor. Uma bomba explodiu no carro do ex-chanceler chileno Orlando Letelier, que estava com sua secretária, Ronni Moffit. Ambos morreram na hora. Letelier fora uma peça-chave do governo Salvador Allende. Dessa vez, havia uma ousadia que tornava a ação mais chocante. O atentado fora realizado em Washington.

Confiante, o porão chileno achou que os norte-americanos ignorariam um assassinato cometido na capital do seu país, um erro que só a certeza da impunidade poderia bancar. Mas a investigação foi imediata. Em pouco tempo, já se sabia como a ditadura chilena de Augusto Pinochet havia planejado e praticado o atentado. Na Casa Branca poderia estar a explicação para essa onda de assassinatos que se espalhava pela América do Sul. Os Estados Unidos estavam em clima eleitoral. O democrata Jimmy Carter tinha chances reais de ser eleito presidente e a defesa dos direitos humanos na América do Sul era uma de suas bandeiras de campanha. Assim, as ditaduras precisavam correr, apressar o extermínio de opositores e expurgar seus países. Além disso, a torneira iria fechar. A emenda Harkin, aprovada na mesma época, suspendera créditos do Banco Interamericano de Desenvolvimento e a ajuda militar a países governados por ditaduras.[17]

Na América do Sul, a união do terror continuava fazendo vítimas, mas encontrava tempo para cair no ridículo. O jornalista Edmundo Moniz, constantemente vigiado, retornou ao Brasil e foi levado para prestar esclarecimentos na Polícia Federal do Rio de Janeiro. Moniz, o mesmo que incentivara a redação de um manifesto durante o aniversário de Jango, só estreitara o relacionamento com ele durante o exílio no Uruguai. Em meio a um interrogatório de três horas, precisou responder a perguntas que indicavam sérios distúrbios de surdez entre os arapongas:

— O que o senhor sabe sobre a vida íntima do casal Goulart?
— Não entrei nas particularidades do casal.
— O que o senhor sabe sobre uma boate de propriedade de Maria Thereza Goulart em Buenos Aires?
— Em relação à boate, trata-se, na verdade, de uma butique de roupas.

Assim que Maria Thereza retornou à Argentina, Luigi saiu em viagem. Trabalhar voltava a ser a melhor defesa para ela. Poderia se ocupar e tentaria fugir do medo, enquanto circulava pelas ruas de uma Buenos Aires onde eram concedidos 32 portes de arma aos adidos militares, com função administrativa, que atuavam na embaixada brasileira.

Após o seu mais longo afastamento da América do Sul, quase quatro meses, Jango embarcou para Buenos Aires em 11 de outubro, acompanhado por Jorge Otero. Assim que entrou no avião, militares invadiram a Fazenda Rancho Grande. O aeroporto Salgado Filho, em Porto Alegre, foi fechado. Temia-se que Jango decidisse voltar ao Brasil. Precavido, havia telefonado para Maria Thereza, pedindo que ela fosse encontrar Otero no aeroporto, mas não disse que estaria no voo. Tinha certeza de que estava sendo grampeado. Contou à esposa que iria permanecer mais alguns dias na Europa e que Otero estava levando uma encomenda para ela.[18] A encomenda era ele próprio.

Agora eram apenas Jango e Maria Thereza na Argentina. Não foi preciso mais que um dia juntos para que ela estranhasse o novo hábito de Jango. Depois de ouvi-lo alardear as qualidades da dieta que estava seguindo e de ver o seu novo café da manhã, Maria Thereza pegou o livro de que tanto o marido falava. Folheou e rapidamente pôde concluir:

— Jango, esse livro é um horror. Tu não podes levantar de manhã e comer um filé com ovo frito! Uma pessoa com problema de coração! Tu não podes comer isso!

— Mas essa dieta emagrece. Está fazendo sucesso na Europa.

— Essa dieta faz mal. Essa gordura pode entupir suas veias.

Maria Thereza, usando linguagem popular, acertava ao questionar a dieta adotada por Jango, que restringia o consumo de carboidrato, mas liberava a ingestão de gordura saturada, aumentando o risco de obstrução das artérias, que poderia provocar um ataque cardíaco. Jango não ouviu a esposa. Ficava satisfeito ao ver os resultados rapidamente diante do espelho. Tivera uma perda de peso notável e, se houve algo bom na adoção da dieta, foi que ele obedeceu o que o livro determinava e cortou a bebida. Mas não largou o cigarro. Continuava fumando dois maços por dia.

Para um homem com o histórico de saúde de Jango, fumar e fazer essa dieta por conta própria era como jogar roleta-russa. Maria Thereza insistia:

— Jango, tu estás fumando muito.

E o argumento já estava pronto:

— Mas, Teca, já parei de beber, parei de comer, agora eu tenho de fumar mais.

Apesar da atenção que dedicava à sua dieta, a maior preocupação de Jango era levantar dinheiro e viabilizar um modo de administrar seus negócios a partir da Europa, onde estaria morando.

Pouco antes do aniversário de Jango, ainda em fevereiro daquele ano, o governo uruguaio iniciara uma pressão para que ele renunciasse à condição de asilado político. Certo da mudança para a Europa, aceitou a proposta. Descartar a cidadania uruguaia não atrapalharia seu projeto. No dia 9 de novembro, escreveu ao Ministério das Relações Exteriores solicitando a renúncia à condição de asilado político que recebera em

21 de abril de 1964. Ao abdicar da condição de asilado, Jango poderia solicitar a oficialização de sua residência no Uruguai, o que facilitaria suas movimentações, já que, de mudança para Paris, ainda teria de entrar e sair do país para verificar seus negócios. Iria enfim se livrar da obrigação de comunicar ao governo uruguaio o destino e a duração de suas viagens. Contudo, desistir da condição de asilado representava um grave risco. Havia a real possibilidade de que, sem essa condição, pudesse ser extraditado e caísse nas mãos da ditadura brasileira.

Na carta que escreveu ao Ministério, Jango explicava que cumpria, com sua atitude, um requisito prévio e fundamental para pedir residência no Uruguai, país ao qual se sentia unido "não só por razões afetivas" como também "pelas atividades comerciais". A ditadura uruguaia foi rápida para se livrar dessa batata quente. Em uma semana, o Ministério das Relações Exteriores informou que ele deixara de ter asilo político no país. Em uma coincidência que fazia pensar, Jango passava a ser um indocumentado, a mesma condição de Zelmar Michelini, Gutiérrez Ruiz e Carlos Prats quando foram mortos.

De todos os pedidos que Jango fez aos amigos envolvendo a possibilidade da sua volta, um dos mais detalhados foi para Cláudio Braga. Revelou-lhe um plano no qual ele e Maria Thereza, a partir de Paris, iriam para Roma visitar o papa e seguiriam para os Estados Unidos, onde Jango se encontraria com o senador Edward Kennedy. Com essas viagens alcançando uma esperada repercussão internacional, aterrissariam no Rio de Janeiro de surpresa e sem comunicar ao governo brasileiro. Segundo essa versão, sua esperança era de que, agindo assim, conseguiria um salvo-conduto "informal", apostando que sua chegada seria acompanhada pela imprensa brasileira e de todo o mundo e que dificilmente o governo militar ordenaria sua prisão. Havia uma enorme chance de que esse fosse o verdadeiro plano que estava na cabeça de Jango. Porém ele só faria isso depois da mudança para Paris. Não havia como saber a data para essa ação. Jango pediu a Braga que guardasse "absoluta reserva" quanto a esse projeto e que ele se reunisse com Almino Affonso e convocasse Waldir Pires para organizar essa operação.

Para Cláudio, Jango ainda solicitou que viajasse para Uruguaiana e entrasse em contato com estancieiros da região que participariam de remates nos dias 6 e 7 de dezembro. Jango iria vender gado gordo para ter muito mais dinheiro em mãos. Combinou com Cláudio que se encontrariam no dia 5 na sua estância, La Villa, em Mercedes. Cláudio dormiria na casa do fazendeiro Carlos Piegas, irmão de Susana, a amiga de Maria Thereza. Antes disso, Jango venderia gado em um leilão que seria realizado perto de Maldonado. A prioridade era desfazer-se de tudo o que não necessitasse da sua presença nem gerasse rendimentos diretos. Apesar da tensão em que viviam, Maria Thereza percebia uma contida euforia do marido. Ele estava realmente feliz com a perspectiva de mudança. Em breve, o casal estaria flanando pelas ruas de Paris ao lado de velhos amigos. Mas o que achavam melhor era que estariam longe do ambiente de terror que destruía suas vidas. Faltava pouco.

Na tarde de sexta-feira, dia 3 de dezembro, Jango e Maria Thereza chegaram na fazenda El Rincón, em Tacuarembó. Jango dirigia seu automóvel Opel Rekord azul metálico com capota preta, com placa de Maldonado. Minutos depois, uma caminhonete antiga também entrou na fazenda. Ao volante, Robert Ulrich, de 20 anos, admirador e motorista de Jango. Antigo colega de João Vicente no colégio, Ulrich nascera no Peru e era bem mais conhecido pelo óbvio apelido de Peruano. Ele estava acompanhado por Alfredo Pérez y Pérez, o Alfredito, um menino de 12 anos, engraxate, que Jango tirara das ruas de Punta del Este três anos antes. Alfredito costumava ficar na frente do Casino Nogaró, pedindo dinheiro. Certa noite, Jango entregou a chave do carro e disse para ele cuidar do automóvel. Quando Jango voltou, o garoto havia feito mais e limpara o carro. Conversaram por um bom tempo e ali iniciou-se uma amizade. Jango sempre lhe dava uma bela gorjeta. Passou a levar roupas para ele e, finalmente, o abrigou na fazenda de Maldonado. Alfredito, muito falante, passou a acompanhar Jango em suas viagens.

Se Alfredito se dava bem com Jango, o mesmo não valia para Maria Thereza. A desconfiança continuava sendo a sua regra de seleção para quem tentava se aproximar dela e da família. Como sabia que Jango tinha amigos demais, desconfiava de todos que o cercavam, alertando Jango até sobre Alfredito:

— Olha, não traz esse garoto aqui pra casa. Ele fica ouvindo todas as conversas. Não estou gostando disso. Tu não sabes com quem ele teve ligações.

Jango não deu atenção ao aviso da esposa, que achava que o garoto poderia ser usado facilmente por qualquer pessoa que quisesse informações sobre eles. Isso era uma possibilidade real. Bastava ser provocado para que Alfredito abrisse a boca e contasse, com ares de intimidade, tudo o que fizera ao lado do "Doutor".

Em El Rincón, Percy não se surpreendera com a presença de Jango. Era um dos poucos empregados que sabia que o patrão estaria lá na sexta-feira. Antes de Ulrich entrar na fazenda, Jango apressou-se para falar com Celeste, esposa de Percy. Preparava uma brincadeira:

— O Peruano vem vindo aí dirigindo um carrão. O Percy não tinha pedido uma caminhonete? Então, está chegando. A senhora vai ver...

Disse isso e deu uma gargalhada:

— Quero ver a cara dele.

Percy reclamava fazia tempos a compra de uma caminhonete. Ele atendeu. E em um leilão arrematou uma Chevrolet verde-escura, modelo "Marta Rocha", bem conservada, porém muito rodada, com mais de quinze anos de uso.

Revelado o plano, Jango pediu:

— A senhora me faz um mate, dona Celeste?

Maria Thereza não mantinha com Celeste a mesma intimidade que Jango. Ela entrou na casa, cumprimentou a esposa de Percy e perguntou se havia algum rádio na casa. Celeste disse que o único aparelho da casa ficava na cozinha. Maria Thereza agradeceu, pediu licença e foi atrás do rádio. Tentaria sintonizar uma emissora brasileira. Buscava notícias sobre os resultados das eleições para prefeitos e vereadores no Brasil, realizadas no dia 15 de novembro. Seu irmão João José candidatara-se a uma vaga de vereador no Rio pelo MDB. Em sua plataforma de campanha, defendera a volta de Jango e de todos os cassados. Como a contagem das cédulas era feita manualmente, a apuração demorava semanas. Maria Thereza permaneceria ao lado do rádio, de cabeça baixa. Passou um bom tempo tentando encontrar, sem sucesso, uma estação de rádio brasileira. Desistiu e juntou-se a Jango, Percy e Celeste. Sentou-se à mesa, mas não participou da conversa.

No sábado, dia 4, pela manhã, sob um sol escaldante, Jango, Maria Thereza e Percy foram de avião, pilotado por Pinocho Perossio, a um leilão de gado em Arbolito, a 150 quilômetros de Tacuarembó. Jango pediu a Celeste que não dissesse a ninguém o que fariam. Nesse remate, Jango vendeu milhares de dólares e recebeu o pagamento em dinheiro vivo, que foi colocado em sua maleta preta.

Enquanto estavam no leilão, Cláudio Braga telefonou várias vezes para a fazenda. Insistiu e repetiu que precisava falar urgentemente com Jango, acabando assim com o plano que tentava manter sua presença na região em segredo. Assustada com a insistência de Cláudio, Celeste ligou, no telefone à manivela, para a fazenda em Arbolito e avisou Jango. Vendo que sua estratégia fora desmontada, e preocupado com uma possível escuta, Jango disse um palavrão que surpreendeu Celeste, já que era a primeira vez que ela via o patrão tão irritado. Pediu a ela que dissesse para Cláudio que não sabia onde ele estava.

Ainda no sábado, cumprindo as instruções de Jango, Robert Ulrich, o Peruano, pegou o Opel e seguiu, acompanhado de Alfredito, para a cidade de Paysandú, onde atravessariam a ponte General Artigas, cruzando o rio Uruguai, para alcançar Colón, na Argentina. O destino final era Monte Caseros, cidade argentina também à beira do rio. Na margem uruguaia ficava Bella Unión. Ali os rios Uruguai e Cuareim, para os uruguaios — ou Quaraí para os brasileiros — se separam, formando a tríplice fronteira entre Uruguai, Argentina e Brasil, representado pela cidade gaúcha de Barra do Quaraí.

Em Monte Caseros, Ulrich e Alfredito esperariam por Jango e Maria Thereza, que chegariam na manhã do dia seguinte. Ulrich estava surpreso. Era a primeira vez que iria encontrar o patrão no meio de um percurso, mas nem imaginava perguntar os motivos. Jango pensara nos detalhes. Conseguira uma procuração para que Ulrich atravessasse a fronteira com seu carro. Seguindo a ordem de Jango, Ulrich deveria telefonar para Tacuarembó e confirmar que a viagem ocorrera sem complicações. Mas, enquanto falava com Celeste, cometeu um erro.

— Dona Celeste, diga ao doutor Goulart que está tudo bem aqui e que estou às suas ordens.

Ulrich se esquecera do combinado. Não poderia falar nomes durante a ligação. O segredo da presença de Jango na região era destruído definitivamente.

No domingo, bem cedo, Jango, Maria Thereza, Percy e Perosio deixaram El Rincón. Jango levava consigo uma valise com roupas, um relógio e 280 mil dólares em notas, dinheiro que conseguiu com a venda de gado, a maior que fizera. Maria Thereza ajudara Jango a conferir o dinheiro várias vezes na noite anterior. Exceto pelos telefonemas, o plano seguia como Jango pensara.

— Esse dinheiro, e mais o que eu vou conseguir no remate em Mercedes, é pra gente viajar e resolver a nossa vida em Paris.

Seguiram até o aeroclube de Maldonado. De avião, voaram mais de 300 quilômetros até pousarem na cidade uruguaia de Bella Unión. Percy recomendou, uma vez mais, cautela para Jango. Preocupado com a ida do patrão para a Argentina, perguntou se ele levava dinheiro. Jango mostrou-lhe um grande maço de dólar e outro, menor, uns trocados em guarani. O empregado estava receoso porque, nas suas viagens a pedido de Jango, fora preso algumas vezes em Bella Unión e achava prudente manter distância da cidade.

João Goulart e Maria Thereza atravessaram o rio de lancha — na verdade, um barco de pesca motorizado —, cruzando a fronteira pelo rio Uruguai de maneira clandestina. Também era a primeira vez que Jango agia desse modo, fugindo da burocracia e da polícia alfandegária. O casal escapava assim dos controles da fronteira uruguaia e da Direção da Aeronáutica argentina, que exigia de Jango o envio de um telegrama com 48 horas de antecedência para entrar por avião no país. No telegrama deveria constar o dia, a hora, o local de aterrissagem e os nomes dos passageiros que o acompanhariam. Tudo o que Jango não queria: revelar seus passos.

Enquanto atravessava o rio Uruguai ao lado de Maria Thereza, Jango, que renunciara à condição de asilado político, não possuía qualquer documento de identificação emitido pelo governo uruguaio, que aceitara seu pedido, mas ainda não entregara a ele a carteira de residente.[19] Ao cruzar clandestinamente a fronteira, Jango arrumava encrenca com os dois países. Sua saída do Uruguai era ilegal, e a situação na Argentina, irregular.

Eram quase 11h quando Jango e Maria Thereza entraram no Opel. Jango assumiu a direção, com Maria Thereza a seu lado. Peruano e Alfredito sentaram-se no banco traseiro. Seguiram na direção nordeste para Paso de los Libres, 150 quilômetros distante.

Antes das 13h, chegaram a Paso de los Libres. Assim que Maria Thereza avistou a ponte que une a Argentina e o Brasil, fez a velha piada que o casal conhecia bem.

— Já que estamos aqui, por que não damos um pulinho no Brasil?

Jango, tenso, irritou-se:

— Que brincadeira mais fora de hora é essa, Maria Thereza?

Jango realmente não gostou do comentário. A prova era que chamara a esposa pelo nome, em vez do "Teca", apelido exclusivo que usava.

Ela não entendeu a reação do marido.

— Ah, desculpe, não falei por mal, estava só brincando...

Pararam para almoçar no Hotel Alejandro I em Paso de los Libres, onde encontraram alguns conhecidos e conversaram sobre compra e venda de gado. No restaurante do hotel, Jango bebeu água mineral com gás e comeu um bife. Maria Thereza pediu um sanduíche e um refrigerante, enfrentando os protestos de Jango que queria que ela também comesse bife. Ele continuava seguindo a dieta do dr. Atkins. Como era comum a qualquer empregado de Jango, Ulrich comeu na mesma mesa com o casal. Assim que terminou, ele saiu do restaurante e foi chamar Alfredito, que vigiava o carro, para almoçar. Foi então que Ulrich viu Cláudio Braga passar dirigindo seu automóvel. Voltou ao restaurante e comentou com Jango:

— Doutor, o Cláudio Braga passou por aqui. O senhor quer que eu o chame?

— Não, não precisa.

Jango e Maria Thereza ainda caminharam pela cidade e fizeram rápidas compras, demorando mais do que o esperado. De lá, seguiriam direto para a cidade de Mercedes, onde ficava uma das mais lindas fazendas de Jango, La Villa.

Peruano e Maria Thereza ofereceram-se para dirigir. Seriam mais 130 quilômetros de estrada até La Villa. Jango recusou. Fazia questão de conduzir o carro. Durante o trajeto, Maria Thereza notou que Jango mantinha um olhar estranho, fixado nas pedrinhas que batiam no para-brisa. Ela insistiu.

— Jango, não queres que eu dirija um pouco?

Ele virou o rosto para Maria Thereza, que se assustou. Sua face a impressionou. Jango demonstrava exaustão e abatimento.

— Jango, tu estás se sentindo bem?

— Teca, estou bem. É que estou um pouco cansado.

Impressionada com o rosto encovado e os olhos fundos de Jango, voltou a perguntar:

— Queres que eu dirija?

— Não, Teca, eu estou bem.

Antes das 17h, chegaram em La Villa. O administrador da fazenda, Julio Vieira, o único uruguaio que trabalhava lá, dormia, aproveitando a folga de domingo. Vieira, um pedreiro e faz-tudo, fora indicado por Percy para trabalhar provisoriamente na estância. Dentro de um mês, conforme acertado com Jango e como parte dos planos, o próprio Percy iria se tornar o administrador da fazenda. Ele preparava a mudança com a família e já pedira a transferência escolar de seus filhos, Izar, Neuza e Paulo.

Na bela varanda da casa da estância, Maria Thereza acompanhou o início da conversa entre Jango e Júlio. Quando passaram a falar sobre o gado, ela foi para o quarto, onde deixou uma maleta de roupa. Antes, ainda brincou com Ulrich, que, desajeitado, lavava uma calça jeans no tanque: "Lavando a roupa, Peruano?!"

No diálogo que teve com Vieira, Jango deu ordens sobre o recolhimento de gado para vacinação, vistoria e aparte. Avisou-lhe que, na segunda-feira de manhã, encontraria com Cláudio Braga para finalizar um negócio. Iriam visitar Carlos Piegas e, acompanhado por Enrique, pai de Carlos, participariam de outro remate. A venda de um lote de gado já estava acertada. Era necessário apenas fechar a negociação.

Terminada a conversa, Jango tomou banho e foi cuidar do belo jardim da fazenda, pelo qual era apaixonado. Fazia questão de plantar flores típicas da região. A cada vez que visitava La Villa, trazia uma nova muda. Até uma bananeira ele chegara a plantar. Maria Thereza ficou aliviada ao vê-lo cuidando do jardim. Estava preocupada com o cansaço que ele demonstrou durante a viagem. Bem mais animado, Jango disse que ele mesmo iria preparar a comida.

Ao anoitecer daquele dia, o primeiro da semana, Jango preparou a ceia. Fez arroz com carne de ovelha na panela. Foi um agrado para a esposa, que gostava muito desse prato. Seguindo as regras do seu regime, que não permitia que se alimentasse à noite, ele não comeu ou comeu bem pouco, ao contrário de Maria Thereza, que repetiu. Jango admirou-se ao ver a esposa comendo bem mais do que costumava e mostrou-se satisfeito. Não perderia a chance e provocaria Maria Thereza, comentando sobre seu peso. Ele tomou chá de alface — adorava chá e tomava qualquer tipo a qualquer hora. Já havia emagrecido graças à dieta do livro, que seguia rigorosamente, e estava determinado a usar as camisas xadrezes e as calças jeans que Denize lhe dera de presente em Londres.

Jango e Maria Thereza ainda ficaram conversando com Vieira, Ulrich, Alfredito e mais quatro empregados. Ela não permaneceu com eles por muito tempo. Pediu licença e foi para o quarto. Tomou banho e vestiu um pijama, mas não dormiu. Ficou sentada na cama, com o abajur aceso, lendo um livro que ganhara de presente de Jango: *Alegria de viver*, de Phil Bosmans. Peruano, com sono, recolheu-se logo depois. Antes, pôde ver que Jango preparava outro chá. O empregado estranhou. Iria ficar no outro extremo da casa. Costumava dormir ao lado do quarto do patrão, mas deduziu que, com a presença de Maria Thereza, o casal talvez quisesse mais privacidade.

Passava das 23h quando Jango foi para o quarto. Fazia calor. Tomou outro banho, bem mais rápido. Pegou uma revistinha do *Tex*, o famoso caubói dos quadrinhos, mas desistiu de ler e deitou-se. Maria Thereza fez menção de apagar o abajur, mas Jango não se incomodou:

— O Cláudio vem aqui logo cedo pra gente fechar o remate. Não vou ler, Gorda. Mas, se quiseres, podes continuar lendo.

Jango nada mais disse. Era por volta da meia-noite. Julio trouxera um copo com água para Jango. Maria Thereza não reparou se ele tomou o remédio. A confusão particular que Jango fazia com seus remédios era tanta que nem ela e nenhum de seus funcionários entendia seu método. Não seguia horários rígidos e engolia os remédios a qualquer momento e em qualquer lugar.

Terminava o dia 5 de dezembro.

Jango pegou no sono em seguida. Não costumava dormir com tanta facilidade. Maria Thereza leu por aproximadamente vinte minutos Apagou o abajur e ajeitou-se na cama. Cochilou, mas logo despertou. Não sabia calcular por quanto tempo dormira. Ventava muito. A janela de um dos vários quartos batia forte sem parar. O barulho a acordou, mas teve medo de se levantar. A casa era grande e escura. Ficou lá, revirando-se na cama, tentando esquecer o barulho. Foi quando percebeu que Jango passou a respirar com dificuldade. Assustada, acendeu o abajur. E chamou:

— Jango, Jango!

Ela viu então que Jango estava em uma posição em que não costumava dormir. De lado, de costas para ela. Ele sempre dormia com a barriga para cima. A sua respiração ofegante e em alto volume tomava conta do quarto. Um som horrível. Maria Thereza deu a volta na cama e foi para o lado dele. Tentou acordá-lo. Jango estava com a boca aberta, buscando ar de maneira aflita, mas não conseguia respirar. Segurava com força o travesseiro. Deu um gemido mais alto e seco. Maria Thereza começou a sacudi-lo e gritou seu nome. Como ele não reagia, saiu correndo em busca de ajuda. Aos berros, entrou no quarto onde Ulrich dormia, mesmo assim ele não acordou. Precisou chacoalhá-lo. Ele levantou e se impressionou com o semblante de Maria Thereza, que, ao verificar que ele despertara, saiu em direção à porta da casa gritando.

— O Jango está passando mal!

Maria Thereza abriu a porta. Viu uma lâmpada acesa na área onde tinham conversado, próxima à casa onde Julio morava, a menos de 100 metros da residência principal. De pijama e descalça, corria desesperada: "Socorro! Socorro!" Já estava perto da casa quando Julio Vieira, que vinha com uma arma na mão, apontou para ela. Ao ouvir os gritos, ele pensara que algum ladrão entrara na casa. Maria Thereza assustou-se ainda mais:

— Não! Julio, Julio! É o Jango! Ele está passando mal!

Os dois foram para o quarto, Julio trazia a arma nas mãos. Ulrich já estava lá, desesperado, sem saber como agir. Jango respirava com dificuldade. Julio passou por Ulrich e imediatamente tentou realizar uma massagem cardíaca e respiração boca a boca. Alfredito veio em seguida. Maria Thereza chorava muito. Depois de permanecer paralisado por alguns segundos, Ulrich percebeu que nada poderia fazer ali. Assustado, saiu berrando que iria buscar um médico. Correu e pegou o Opel de Jango. Na fazenda não havia telefone.

A cidade de Mercedes ficava a 14 quilômetros de La Villa. Dirigiu em altíssima velocidade. Lembrou-se de Martín Sehman, única pessoa que conhecia na região porque fora ele que vendera a fazenda para Jango. Parou na frente da casa de Sehman, buzinando. Saiu do carro aos berros:

— Don Martín, doutor Jango está passando mal. Precisamos de um médico.

Sem sair da casa, Sehman indicou o médico Ricardo Rafael Ferrari, um clínico geral que tinha especialização em pediatria, que morava perto dali. Ulrich dirigiu até a casa de Ferrari e repetiu o que fizera na casa de Sehman. O médico saiu da casa e Ulrich pediu ajuda. Ferrari voltou para pegar uma maleta, o que desesperou Ulrich, mas voltou em seguida. No carro, Ferrari pediu mais informações sobre o que estava acontecendo. Ulrich respondeu que Jango estava passando mal. O médico disse que não sabia quem era Jango. A estrada de terra era cheia de buracos. Ferrari, assustado, protestava:

— Diminua a velocidade! Você vai nos matar!

— Não posso. É muito urgente. Vamos correr.

Maria Thereza esperava. Saía na varanda, aguardava o carro e voltava para o quarto, já sem esperança. Chorava. Os funcionários ficaram parados na entrada da casa, sem tomar atitude alguma. Por segundos, lembrou-se dos olhares que a destruíram na Granja São Vicente.

Ulrich chegou pouco depois. Entre a ida e a volta, não demorara mais de 30 minutos. Saiu do carro e levou o médico até o quarto, onde estavam Maria Thereza, Julio, Alfredito e outros empregados. Ao entrar no quarto, o olhar desorientado de Maria Thereza chamou a atenção de Ulrich. Ferrari auscultou Jango, levantou a planta do pé, buscou reações, examinou os olhos, as pálpebras e as secreções na boca e no nariz; colocou o corpo de lado, pressionou o tórax, virou o corpo procurando sinais de violência, de algum ferimento, ou de que houvera ingestão de substância tóxica ou veneno.[20] Virou-se para Maria Thereza e disse o que todos já sabiam, mas não queriam admitir.

— Senhora, seu marido está morto.

A frase chocou Maria Thereza. Ela, Ulrich e Alfredito passaram a chorar descontroladamente. O médico então mostrou um hematoma na região do peito e disse:

— Ele teve um infarto.

Maria Thereza notou então o lado esquerdo do peito de Jango, que estava totalmente roxo.

— Se a senhora quiser, podemos chamar um especialista em coração.

Maria Thereza respondeu com uma frase desconexa, em que citou Londres quando queria dizer Paris:

— Ele era cardíaco... estava sendo tratado em Londres... Tenho um filho que mora lá. Para que trazer outro médico se ele está morto?

— Ele estava tomando algum remédio?

— Sim, ele era cardíaco.

Ela se levantou, pegou os remédios e mostrou ao médico. Apesar de produzida na França a fórmula estava com o rótulo em inglês, e Ferrari concluiu que era um remédio para dilatar as coronárias. O remédio foi colocado em cima de um móvel ao lado da cama. Mais tarde, Julio iria retirar o frasco e guardá-lo consigo por anos, até jogá-lo no lixo.

Maria Thereza não reagia e não sabia o que fazer. Apesar de estar ao lado dos funcionários da fazenda, sentia-se completamente só. Julio, Ulrich e os outros empregados, por sua vez, esperavam que ela desse alguma ordem.

Foi o médico que, ao pedir para ser levado de volta para a cidade, tirou Maria Thereza de seu estado. Ela pediu a Peruano que telefonasse para avisar da morte de Jango. Teria dito a ele para tentar se comunicar com Brizola. Queria saber como deveria fazer o enterro. Em seus pensamentos, achava que o melhor a fazer seria enterrá-lo na própria fazenda, perto do jardim de que ele gostava tanto. Não considerava a volta ao Brasil. Não era um sentimento de ódio nem vingança. Apenas um raciocínio natural, afinal, pois era o Brasil que não queria Jango.

Por volta das 4h da manhã, Ulrich e Alfredito voltaram à cidade. Levavam Ferrari, que, durante o trajeto, pediu para ser deixado na delegacia local. O médico agora sabia quem era Jango e solicitaria aos policiais que avisassem as autoridades argentinas, deixando a critério delas quaisquer atitudes que deveriam ser tomadas.

Ulrich preocupou-se com os telefonemas. Só poderia buscar ajuda com Martín Sehman. Já não se lembrava, ou não tinha mais certeza, de que Maria Thereza pedira para falar com Brizola. Assim, meio sem jeito por entrar na casa de uma pessoa importante da cidade no meio da noite, Ulrich contou com a ajuda de Abel, filho de Sehman. No frescor de seus 20 anos, Ulrich sabia de cor o número de alguns funcionários de Jango. A primeira pessoa para quem Peruano ligou foi Maneco Leães em Porto Alegre. Em seguida, telefonou para Percy Penalvo, que ficou chocado. A ligação estava péssima. Ambos choravam muito. Só então lembrou-se de perguntar sobre o enterro, mas, ainda abalado, confundiu-se e misturou tudo o que havia escutado:

— Dona Maria quer saber onde enterrar o corpo — disse ele.

— Em São Borja, Peruano. Diga a ela para enterrar em São Borja. Peruano, você precisa falar com o pessoal daí para comunicar o governo da Argentina. Eu falo com o pessoal do Brasil.

Em Maldonado, Percy começou a dar uma série de telefonemas. Imediatamente avisou Bijuja e Carlos Piegas, mas sua principal preocupação era falar com Londres. Tentou várias vezes e não conseguiu. Entrou em contato com Leonel Brizola e deu-lhe a notícia. Disse que mandaria Pinocho de avião até a fazenda dele para buscar Neusa. Quando o avião voltou, Brizola estava a bordo. Houve um bate-boca. Percy alertava que ele seria preso se entrasse no Brasil. Após muita discussão, Brizola concordou em permanecer no Uruguai.

Somente às 9h da manhã, no horário de Londres, Percy conseguiu completar a ligação para João Vicente, que não fora à faculdade porque havia marcado uma consulta médica para Christopher. Denize saíra cedo, pois tinha aula no curso de inglês.

Sem saber o quê e como falar, Percy foi o mais direto possível.

— João Vicente, o doutor Jango morreu.

João Vicente reagiu aos berros.

— Não, Percy! Não pode ser!

— Te preparas que vais ter que vir para cá com Denize, Stella e teu filho.

Em choque, João Vicente chorava muito. Pelo pensamento do filho passava o mesmo sentimento de sua mãe.

— Não quero que o enterrem no Brasil, não quero! Ele não merece ser enterrado lá com essa ditadura.[21]

Os gritos de João Vicente acordaram Stella. Ela então telefonou para a escola da cunhada. Denize sentiu logo que havia algo estranho quando a secretária entrou na sala, avisando que havia uma ligação urgente. Percebeu que Stella, apesar de tentar disfarçar, estava chorando ao telefone.

— Vem para casa porque seu pai não está passando bem.

Denize chegou e viu João Vicente gritando de tanto chorar. Denize recebeu a notícia, mas viu o estado do irmão e guardou sua dor, tentando acalmá-lo. Enquanto buscavam pensar no que deveriam fazer, receberam vários telefonemas. Um deles, de Tito Ryff, filho de Raul. Ele estava morando em Londres e os ajudaria a conseguir passagens para o Brasil.

Em La Villa, logo após Ulrich e Alfredito saírem com o médico, Maria Thereza pediu a Julio que ficasse no quarto e vigiasse o corpo. Já havia empregados que ela nem conhecia dentro da casa. Pegou uma roupa na maleta e foi para outro quarto tirar o pijama. Enquanto se trocava, lembrou-se da valise em que Jango guardara os documentos, seu relógio, talões de cheque e os 280 mil dólares. Quando voltou, percebeu que Julio não impediu o acesso ao quarto, a essa altura, já repleto de gente. A valise não estava mais no lugar onde Jango a deixara. Pensou que alguém pudesse tê-la guardado. Perguntou algumas vezes, mas os poucos que responderam garantiram que não sabiam de nada.

Minutos depois, chegavam Carlos Piegas e a esposa, acompanhados pela irmã dele, Susana, e o marido, Cesar Augusto, além de Cláudio

Braga, que dormira na fazenda de Carlos. Os empregados avisaram Maria Thereza, que deixou o quarto para encontrá-los. O abraço interminável de Susana e o choro que nasceu significaram muito para ela. Finalmente tinha uma amiga a seu lado.

— Eu estava tão sozinha... Que bom que você chegou! Eu não sei o que fazer... Eu não sei o que fazer!

Susana ficou em silêncio, apavorada com o estado da amiga e com o que via, classificando a cena como um espetáculo de terror.

— Que coisa horrível, Maria Thereza.

Ela os levou até o quarto. Ainda chorava quando percebeu que a valise havia reaparecido, mas notou que algumas camisas, que estavam no guarda-roupa, tinham sumido. Levou a maleta para outro dormitório e verificou que havia apenas o passaporte de Jango, um talão de cheque de um banco do Uruguai e outro da Inglaterra.

Ainda era madrugada e mais de cinquenta pessoas já estavam em La Villa. Terezinha e Pedro chegaram em seguida. Repetia-se a comoção que viveu ao ver Susana. Um outro abraço, mas o mesmo apoio. A prima chorava demais. Maria Thereza só agradecia. Estava aliviada ao ver Pedro. Era a primeira pessoa mais íntima com quem poderia dividir uma preocupação. Sentiu-se confiante e, soluçando, falou para o grupo que estava a seu lado:

— A gente tem de se comunicar com alguém importante no governo argentino para avisar que o Jango faleceu neste buraco.

Pedro, sem saber o que Maria Thereza havia pedido a Ulrich — que ainda não voltara —, lembrou-se da mesma pessoa.

— Vamos ligar para o Brizola, porque ele tem autonomia para conversar com alguém importante.

Ela se lembrou de que falara algo sobre Brizola para Ulrich, mas não se recordava exatamente o que dissera. Em seguida pediu a Cláudio e Pedro que cuidassem do quarto. Mas Cláudio respondeu que seria melhor que ele fosse para a cidade cuidar dos documentos.

Maria Thereza saiu da casa e, em busca de privacidade, entrou no carro da prima para desabafar. Contou a Terezinha o que havia acontecido desde a saída de Tacuarembó. A viagem, o almoço, e insistiu em falar sobre o rosto cansado de Jango.

— Não acredito que isso está acontecendo... Não acredito!
Terezinha só ouvia. Maria Thereza lamentava-se.
— Já falei com essas pessoas daqui, Terezinha, mas aqui ninguém me ouve.
E continuava falando muito. Narrava acontecimentos sem ligação. E pedia ajuda.
— Terezinha, que coisa estranha. A valise com o dinheiro sumiu, eu comecei a falar e a procurar e a valise apareceu sem o dinheiro. O que que eu faço?
— Olha, eu não sei, mas é melhor tu ficar quieta. Já entrou tanta gente no quarto que vai ser difícil saber quem foi.

O sol nasceu anunciando um dia de muito calor. Mais uma linda alvorada marcava Maria Thereza. Juarez e as irmãs de Jango chegaram quase ao mesmo tempo. Elas se mobilizaram e improvisaram um velório. Maria Thereza não foi consultada, mas achou uma boa ideia. Pediu, mais uma vez, que só permitissem a entrada de parentes e amigos no quarto.

Com os primeiros raios de sol, Peruano e Abel Sehman foram à funerária Hermanos Bollini. Foi o empregado de Jango quem fez o contrato. Lembrou-se do patrão e escolheu o caixão que tinha um valor intermediário, nem o mais simples, nem o mais luxuoso. Abel pagou na hora pelos serviços funerários. Também em Mercedes, Cláudio Braga cuidava da burocracia e conseguia autorização para o traslado do corpo, sem a qual não poderiam deixar a Argentina e atravessar a fronteira.[22] A delegada Teresa de Sandoval assinou o documento e avisou as autoridades argentinas. Mais de seis horas haviam se passado após a morte de Jango, e o governo argentino não enviara nenhum representante nem pedira autópsia — um descaso que ajudou a agilizar o processo.

O médico Ferrari foi chamado à delegacia. O registro em cartório da morte (*acta de defunción*) traria a informação de que Jango falecera de "*enfermedad*", segundo o atestado médico de óbito (*certificado médico de defunción*) anexado ao registro e preenchido por Ferrari,[23] que ainda questionou os policiais por que não fora enviado um médico forense para examinar o corpo.

Quase duas horas depois de Peruano ter contratado o serviço, os funcionários da funerária chegaram em La Villa.²⁴ O quarto ficou vazio para que realizassem o procedimento. Foram eles que trocaram as roupas — escolheram a melhor camisa que sobrara, xadrez azul e branca —, além de prepararem e colocarem o corpo no caixão comprado por Ulrich.

Depois que terminaram, os funcionários alertaram Maria Thereza de que seria necessária uma complementação do valor. Novamente Abel Sehman antecipou-se e garantiu o pagamento.

Com os documentos nas mãos, poderiam iniciar o cortejo para São Borja. Entre os que estavam em La Villa, a maior preocupação era saber como iriam atravessar a fronteira, uma vez que tinham apenas a autorização da Argentina, mas o governo brasileiro não se pronunciara quanto à realização do enterro no país. Em Porto Alegre, Pedro Simon, líder do MDB na Assembleia Legislativa, tentava conseguir a liberação para a cerimônia acontecer na terra de Jango. Ao mesmo tempo, o coronel Azambuja procurava velhos companheiros de farda.

Um clima de insegurança e revolta tomou conta do Rio Grande do Sul. A notícia da morte do ex-presidente parou Porto Alegre. A Rádio Guaíba passou a transmitir diretamente de São Borja. Nos principais telejornais, a notícia foi tratada com discrição, sem fotos e sem exibição de imagens de arquivo. No Rio de Janeiro, a rádio Jornal do Brasil e a Rede Globo receberam ordens da Polícia Federal. Ficava proibida a divulgação de comentários ou reportagens sobre a vida e a atuação política de Jango. Só seria permitida a leitura de uma nota sobre o falecimento.²⁵

A rádio Jornal do Brasil se insurgiu contra a determinação. Passaria a repercutir a morte de Goulart, apesar de a vigilância estar em alvoroço. A nota 1.025/76 do Cisa, datilografada e com anotações à mão, advertia o ministro da Justiça, Armando Falcão, de que o ministro das Comunicações, Quandt de Oliveira, estava ciente de que a emissora carioca estava passando dos limites ao colocar no ar entrevistas com Doutel de Andrade, Hermes Lima e Darcy Ribeiro, que classificaram Jango como "pacifista, renovador e democrata". Trechos do discurso na Central do Brasil também estavam sendo transmitidos. O alarme soou nos botequins. O informe mostrava preocupação pelo fato de a notícia ser livremente divulgada nos bares e nas padarias do Rio, onde as emissoras eram ouvidas em um alto volume.[26]

Em Brasília, uma sucessão de atropelos. O presidente do Senado, Magalhães Pinto, ordenou que a bandeira fosse hasteada a meio-pau. O pavilhão nacional assim ficou por seis horas. Como Geisel não decretou luto oficial, a bandeira voltou ao ponto mais alto do mastro. Para os ventos da capital, nada havia acontecido.

Já passava do meio-dia quando o cortejo, com um documento que garantia apenas que o corpo poderia deixar a Argentina, partiu em direção a São Borja. Uma ambulância levava o caixão. O sol batia forte. Maria Thereza foi no banco traseiro do carro de Carlos Piegas, com Cláudio Braga no banco do carona. A esposa de Piegas estava ao lado de Maria Thereza, que não se lembrou de pegar a valise de Jango.

Na fronteira, Ney Faria, o cônsul brasileiro em Paso de los Libres, impediu a entrada no Rio Grande do Sul. No lado brasileiro, havia jipes com soldados armados com metralhadoras. O cortejo parou aproximadamente 100 metros antes da ponte Augustín Justo, que ligava Paso de Los Libres a Uruguaiana. Bastavam 2 quilômetros e 400 metros sobre o rio Uruguai para alcançarem o Brasil.

A ditadura estava preocupada e preparou-se para a guerra com armas de humilhação em massa. As primeiras ordens indicavam que deveriam voltar e seguir por terras argentinas — um desvio que aumentaria o percurso em 500 quilômetros — até Santo Tomé, onde, no mesmo lugar onde Maria Thereza ficou olhando a outra margem do rio esperando a permissão para acompanhar o enterro da mãe, o cortejo deveria atravessar de balsa ou de lancha, como se fossem contrabandistas. Outra opção sugerida pelos militares foi uma travessia de barco pelo rio Uruguai.

Maria Thereza não pensava em como passariam pela ponte. Voltava a sentir uma antiga e conhecida tristeza. Estava cansada e não tinha disposição para lutar. Uma única lembrança aliviava seu sofrimento. Sabia como ninguém que Jango tinha medo de sentir dor e lembrou-se da frase que dissera algumas vezes: "Se Deus for bom comigo, eu vou morrer dormindo porque não quero sentir dor." Era pouco, mas era a única consolação para o vazio tornar-se menos cortante. As imagens da morte de Jango não lhe saíam da cabeça — e nunca mais a abandonariam.

Presa em seus pensamentos, Maria Thereza via e ouvia os comentários sobre as ordens dos militares, mas demorou para voltar à realidade de um sol escaldante. Sua melancolia só aumentava. Nem imaginou enfrentar e questionar as ordens dos militares. Estava entregue. Olhando os soldados e as discussões que se formavam, teve certeza de que seriam derrotados mais uma vez e teriam de retornar. Sentiu um medo real porque se lembrou de que, para fazer o desvio que os militares determinavam, seria necessário embalsamar o corpo. Não acreditava que houvesse alguém capacitado para isso ali na fronteira. Pensou tudo isso, mas continuou calada. Por ela — a Maria Thereza que não fazia concessão aos que se aproximavam de Jango por puro interesse —, ele seria enterrado no jardim da fazenda La Villa, um lugar que tinha certeza que o marido amava, tinha certeza.

O impasse e o sol.

Um caixão, soldados armados e o sol.

Com os carros parados, aguardando a liberação, os militares brasileiros agora queriam que o esquife fosse retirado da ambulância para verificação. O cortejo ficou à espera, impedido de enterrar um brasileiro em sua cidade.

Foi quando um ex-ministro de Jango mostrou sua coragem. Almino Affonso não teve medo das armas e da ditadura. Ele recebera a notícia em Buenos Aires, onde preparava sua mudança definitiva para o Brasil. De madrugada, acordou com o telefonema da esposa de Cláudio Braga, que lhe deu a notícia da morte, explicando que o corpo estava em Mercedes e seguiria para São Borja.

Almino e a esposa de Braga seguiram para Uruguaiana. Assim que chegou na fronteira, ele ouviu rumores de que o governo brasileiro não deixaria o corpo entrar no Brasil. Almino ficou aguardando e por iniciativa própria iniciou a luta pela liberação da entrada do corpo.

No momento em que as metralhadoras pararam o grupo, Almino já discutia com o cônsul brasileiro.

— Há procedência nessa atitude?

— Tenho ordem de proibir a entrada do corpo — respondeu o militar responsável.

— Isso é um absurdo.

Almino seguiu protestando com veemência. Após quase uma hora de bate-boca entre ele e as autoridades alfandegárias e consulares, houve uma consulta ao vice-presidente, o general gaúcho Adalberto Pereira dos Santos, que teria autorizado, sem consultar o presidente Geisel, a liberação da entrada do corpo em território brasileiro. Almino ganhou. Mas teve de ouvir as exigências. O governo só toleraria que o cortejo fosse diretamente para São Borja, sem parar em Uruguaiana ou em outra cidade nem ter a pretensão de ir a Porto Alegre. Os carros deveriam acompanhar o ritmo e a velocidade das viaturas da Polícia Federal. E assim que chegassem em São Borja, deveria ser feito o enterro, sem velório. A maior preocupação dos militares era impedir que a população gaúcha transformasse o funeral em uma grande manifestação popular.

A ordem agora era ir o mais rápido possível. "Toca e toca, anda rápido, ele não pode ficar aqui", ordenaram os militares.[27]

Surgiriam várias versões sobre a autorização que permitiu a entrada do corpo no Brasil e o enterro em São Borja. Alguns amigos e ex-amigos de Jango, avisados por telefone, buscaram o superintendente regional da Polícia Federal, coronel Solon D'Ávila, em Porto Alegre, para pedir apoio.

Outro que teria ajudado foi Mario Della Vecchia, que tinha ligações familiares importantes com o governo. Sua filha era casada com o coronel Washington Bermudez, assistente direto do vice-presidente.

Ao mesmo tempo que brotavam consultas e opiniões de todos os lados, o ministro do Exército, Sylvio Frota, ordenava que o corpo fosse trasladado de avião e enterrado imediatamente. Ao saber que Santos havia permitido a entrada de um cortejo de carros que atravessaria 200 quilômetros em pleno solo brasileiro, Frota avisou o presidente Geisel.

Essa decisão tornara-se fundamental para a imagem do governo brasileiro. Sim, eram raros os momentos em que a ditadura se preocupava com isso. Aquele era um deles. Dificilmente poderia haver qualquer ordem que não passasse pela aprovação do presidente Ernesto Geisel, que acabou permitindo a entrada do corpo, com a condição de que não houvesse manifestações políticas e que o Exército acompanhasse o trajeto "para evitar que os adeptos do Janguismo explorassem o cadáver".[28]

O que se seguiu no interior da caserna demonstraria que Geisel autorizou, mas não assumiu. A ordem para a entrada do corpo faria estragos entre os mais fracos. Solon D'Ávila foi afastado da Polícia Federal e teve de enfrentar um IPM aberto contra si. O coronel Bermudez, na lista de promoções a general, viu seu nome ser cortado. Azambuja foi transferido seguidamente por "necessidade de serviço" e impedido de fazer exames para o Estado-Maior. Desistiu do Exército, pediu que fosse para a reserva, fez vestibular e formou-se engenheiro.

Geisel permaneceu mudo. Já havia impedido que o Senado hasteasse a bandeira a meio-pau. Nem lembrou que, quatro meses antes, havia determinado o cumprimento de três dias de luto oficial pela morte de Juscelino Kubitschek.

Fez o mínimo de maldade possível.

O cortejo finalmente poderia seguir. Para governos tão zelosos por informação e vigilância, algo impensável acontecia. O corpo de um ex-presidente passava por dois países sem que nenhum dos governos se lembrasse de pedir algo básico em um caso como esse: a autópsia.

Assim que o corpo entrou no Brasil, aconteceu o que iria acontecer.

Aconteceu o que deveria acontecer.

Aconteceu o que a ditadura temia que acontecesse.

O vermelho maragato e o branco chimango tomaram conta da estrada. Começou um emocionante acenar de lenços. Gaúchos com seus trajes típicos e formais surgiam das veredas e formavam um corredor que se emoldurava de saudade. Em lágrimas, vendo o povo dar adeus a Jango, Maria Thereza mudou de ideia. Jango deveria mesmo ser enterrado em São Borja, pensou. O sol brilhava forte e dominava o céu azul que se misturava ao verde dos campos dos Pampas. As cores que marcaram Maria Thereza — cores da infância, do exílio, das tragédias e de mais uma despedida, a pior de todas.

Havia chovido forte e as estradas ainda estavam molhadas. O povo — nos carros, nas caminhonetes, a cavalo e a pé — saiu para acenar, formando uma procissão atrás de seu presidente pela BR-472. Maria Thereza voltou a chorar descontroladamente. Agora, já doía o arrependimento de ter pensado em enterrar Jango em La Villa. Sem dúvida, o lugar dele era ali. Olhava dos dois lados da estrada e via rostos emocionados gritando "Jango! Jango!". Em instantes, mais de trezentos carros seguiam a ambulância em direção a São Borja.[29]

No fim da tarde, os sinos da Igreja de São Francisco de Borja anunciaram a chegada do cortejo, então com mais de quinhentos veículos.[30] Não houve arma e coragem para impedir. A população da cidade tomou o caixão nos braços e o levou para a igreja, contra a ordem dos soldados, da Polícia Federal e de quem quer que fosse. O cordão de isolamento mostrou-se inútil. O cerco militar foi rompido com facilidade, apesar do visível aumento de número de militares que nada fizeram contra a multidão aglomerada à porta da igreja. Dessa vez o governo não pôde conter a vontade do povo. Haveria velório.

Apesar da multidão que cercava a igreja, Maria Thereza conseguiu manter a calma. Chegou a temer uma correria ou um tumulto, principalmente porque os policiais continuavam lá. Ela era parada e cumprimentada a todo instante. Ouvia mensagens de pêsames e perguntas, às quais respondia melancolicamente. Reencontrar amigos contou muito para superar a dor. Um dos mais surpreendentes abraços que recebeu foi de Djanira, que, ao lado da mãe Marcisa, saíra de Brasília para o velório. Maria Thereza e Djanira ampararam-se por um longo tempo. O abraço terminou em um choro sentido.

Havia mais pessoas com quem poderia contar. As irmãs de Jango, arrasadas, não saíram de perto do caixão e cuidaram do corpo. Assim, com o velório acontecendo, a maior preocupação de Maria Thereza passou a ser a chegada de João Vicente e Denize. Estava aflita com a demora dos filhos.

A noite chegou. A madrugada avançou e continuava fazendo muito calor. Maria Thereza deixou a Igreja para descansar na casa de Juarez. No velório, o corpo, que não havia sido embalsamado, passou a exalar mau cheiro. Houve a necessidade de se levar o caixão para uma parte reservada da igreja. Algumas pessoas, Almino Affonso entre elas, acompanharam a retirada. O médico Odil Rubim Pereira foi chamado. Ele fez uma rápida limpeza no corpo, retirando as secreções, e aplicou um tamponamento no nariz e na boca com gaze e algodão. Somente isso poderia ser feito. Pereira notou que o corpo fora tecnicamente mal preparado pela agência funerária.[31] Iolanda acompanhou a abertura do caixão pelo médico, ajudou a limpar o rosto do irmão e achou que Jango estava muito bonito.[32]

Quanto à roupa que fora colocada, Jango estava com calça jeans e a camisa xadrez que levara na mala, que renderia o comentário de que fora enterrado de pijama, o que seria uma enorme surpresa, uma vez que Jango nunca usou pijama. Dormia de camiseta e de cueca, mesmo com Maria Thereza insistindo para que usasse os elegantes pijamas de seda que ela escolhia. (Apesar da negativa do marido, Maria Thereza não desistia de comprá-los, para alegria de amigos como Talarico, que acabavam ganhando os pijamas de presente.) Além disso, durante o período do exílio, Jango usava paletó e gravata apenas para entrar nos cassinos e nas viagens à Europa. Jamais levava roupa social nas viagens às fazendas.

Durante a madrugada, chegaram a São Borja mais políticos. Pedro Simon, Paulo Brossard, João Carlos Gastal, Tancredo Neves, Eliseu Paglioli e prefeitos, deputados estaduais e vereadores da região. Poucos, bem poucos, falaram com a imprensa. O deputado Pedro Simon, que calculou em 10 mil o número de militares na cidade,[33] foi procurado por um oficial, que ordenou que se terminasse logo com o velório.

Porém o enterro não seria realizado sem a presença de João Vicente e Denize. Eles conseguiram as passagens, mas ainda não haviam tirado o passaporte de Christopher. João Vicente lembrou-se de uma carta que recebera do pai, em que ele, precavido, perguntava sobre os documentos do neto, alertando que seriam importantes para enfrentar qualquer eventualidade. Para espanto de João Vicente e de Denize, a embaixada brasileira em Londres fez o passaporte de Christopher com uma rapidez surpreendente e ainda apresentou os pêsames a ambos.

João Vicente, Stella, Christopher e Denize voaram pela British Airways até Madri, onde pegaram um avião da Iberia, que atrasou a partida para esperá-los. Fizeram uma viagem de silêncio e dor para o Rio, sem saber onde e como seria o enterro. No Brasil, foram recebidos por Waldir Pires, Raul Ryff e Darcy Ribeiro. Imediatamente todos seguiram de jatinho, fretado por Luiz Macedo, sobrinho de Jango, filho de Elfrides, para São Borja.

Em São Borja, antes de irem para a igreja, passaram na casa de Juarez, onde Maria Thereza os esperava. Denize abraçou-a e encontrou em seus braços uma proteção que ainda não havia recebido. Pôde enfim desabafar e deixar as lágrimas caírem. Disse que aquele era o dia mais triste da sua vida.

Stella pegou o filho, que dormia, e o entregou a Maria Thereza. Ela não sabia como estava suportando tanta emoção. No mesmo dia em que enterrava o marido, recebia nos braços o primeiro neto. Maria Thereza chorava a ponto de seu corpo tremer, mesmo assim Christopher não acordou.

Agora ela poderia voltar ao Brasil.

Tinha um neto no colo.

A profecia de Jango se cumpria.

21.
Mesmo calada a boca, resta o peito

Quando João Vicente entrou na igreja, agarrou-se ao caixão, chorando e gritando "Meu pai! Meu pai! Não é justo, meu pai, não é justo!". Denize não sairia do lado da mãe. João Vicente juntou-se a elas. Ficaram no mesmo banco, em silêncio.

Às 14h, foi celebrada uma missa de corpo presente. Ao fim da celebração, o caixão foi coberto com uma bandeira do Brasil. A presidente da Comissão Central do Movimento Feminino pela Anistia (MFPA) do Rio Grande do Sul, Zulmira Guimarães Cauduro, mais conhecida como Mila, entregou a Denize uma faixa branca com a palavra "anistia" escrita em letras maiúsculas e na cor vermelha. Denize transformou a dor que sentia em um gesto inesquecível. Estendeu a faixa sobre o caixão, colocando-a ao lado da bandeira do Brasil. A morte de Jango encontrava sua imagem eterna. A foto histórica estampou a capa do *Jornal do Brasil* do dia 8 de dezembro e repercutiu em todo o mundo.

Passava das 15h. O cortejo até o cemitério iria começar. Um momento crítico. O motorista do carro fúnebre bem que tentou abrir caminho em meio à multidão. Formou-se um pequeno tumulto entre a população e os soldados, que reagiram, sem maior gravidade. Os gaúchos retiraram o esquife do carro para carregá-lo nos braços. Gritos como "Jango é nosso", "Liberdade" e "O povo carrega Jango" davam o tom. Eram 30 mil pessoas espalhadas pelos quase 2 quilômetros que separavam a Igreja do cemitério Jardim da Paz.[1] Uma tragédia poderia acontecer. O povo brasileiro voltava a gritar "Jango" e "Liberdade" e xingava os militares, que desapareceram das ruas. Os ouvidos do SNI, porém, anotaram essas palavras. A manifestação popular espontânea transformou-se em um ato contra a ditadura.

Muitas pessoas queriam ficar perto do caixão apenas para tocá-lo. Quem não acompanhava o cortejo ficava na porta das casas, acenando. Maria Thereza e suas cunhadas quase não conseguiram entrar no cemitério. Precisaram de ajuda, tamanha era a massa humana que se aglomerava na entrada.

Foi difícil fazer o esquife chegar ao mausoléu da família Goulart, que ficava quase ao lado do de Getúlio Vargas. Assim que o caixão pousou sobre o túmulo, o deputado Pedro Simon, do MDB, pronunciou um discurso em que destacava a semelhança das mortes de Jango e Vargas. Ambos tinham visitado São Borja pela última vez quando eram presidentes. E ambos voltaram mortos. Simon foi muito aplaudido. Para irritação dos oficiais, após o pronunciamento de Simon foi a vez de Tancredo Neves tomar a palavra. O mineiro pregou a reconciliação nacional e lamentou que Jango tivesse morrido longe do calor humano de sua gente. Darcy Ribeiro também desejava discursar, mas até os amigos mais próximos temeram pelos seus explosivos rompantes, e ele não falou. (Pensando especificamente em Darcy, os criativos militares haviam determinado que políticos que tivessem os direitos cassados não poderiam se pronunciar publicamente.)

Eram 16h30 quando Tancredo encerrou seu discurso. O corpo foi colocado no jazigo. Com dificuldade, Maria Thereza, Denize, João Vicente e Stella deixaram o cemitério. Durante o enterro, realizado, como se esperava, sem pompa nem honras oficiais, os militares tentaram apressar a cerimônia, mas não conseguiram. A multidão não foi embora. Duas faixas permaneceram estendidas: "São Borja chora a perda de mais um filho ilustre" e "Jango continuará conosco".

O velório e o enterro foram atentamente acompanhados pelos serviços secretos do Brasil, do Uruguai e da Argentina. O SNI produziu várias informações, dentre elas a de nº 033/115/APA/76, que circulou com data de 24 de dezembro de 1976 e relatava que o padre

Wiro Rauber fizera um sermão curto durante a missa e não tocara em temas políticos. Havia mais uma lista, com detalhes de como tinham se comportado 52 pessoas "vinculadas ao ex-presidente (...) que participaram de atos em sua homenagem". O primeiro nome da lista era o de Maria Thereza. Sobre ela, somente um dispensável complemento: "Esposa de João Goulart". O nome mais enigmático era o último da lista, Ivo Magalhães. A respeito dele havia informações de que possuía "procuração para gerir os negócios de João Goulart no Paraguai, na Argentina e no Uruguai" e que "há dois meses vinha sendo chamado insistentemente pelo ex-presidente" e "não atendeu aos chamados, assim como não compareceu ao enterro".

Valeria a pena seguir Ivo Magalhães mais atentamente. Enquanto o corpo de Jango era velado, ele estava na fazenda El Milagro, em Maldonado. Chegou, entrou e passou a dar ordens a Tito, o dedicado empregado de Jango. Ivo ergueu a cama de Jango, retirou uns pacotes e ordenou que Tito os colocasse no seu carro. Também quebrou um cofre forte, que estava vazio. Tito não concordou com o que Ivo fez, mas só protestou, afinal estava diante de um dos procuradores de Jango, que repetia isso a cada reclamação do empregado. Assim que Ivo deixou a estância, Tito avisou a todos sobre o que ocorrera.

Arthur Dornelles passou por uma situação parecida. Foi a La Villa para buscar os pertences do seu patrão. Na valise de Jango, encontrou o mesmo que Maria Thereza: um passaporte e talões de cheque de um banco do Uruguai e da Inglaterra. O relógio e os 280 mil dólares desapareceram.

Maria Thereza, Denize, João Vicente, Stella e Christopher ficariam hospedados na casa de Juarez. A presença de amigos e parentes foi importante, mas a revolta e o abalo de João Vicente deixou a todos em alerta. Porém, Maria Thereza iria perceber que, mais que o filho que desabafava e chorava constantemente, quem estava precisando de ajuda era Denize. O silêncio da filha passou a preocupá-la. Enquanto João Vicente decidia voltar a Londres para providenciar sua mudança para o Brasil a fim de assumir os negócios do pai, Denize não demonstrava motivação alguma e se recolhia, inconsolável, cada vez mais fechada em si mesma. Cheia de dúvidas, ela pensava de modo diferente do irmão.

"Sem o pai, voltar ao Brasil para quê?" — e assim, com essa pergunta, ela respondia a quem a incentivava a viver no país.

Na quarta-feira, dia seguinte ao enterro, Maria Thereza foi ao banco retirar dinheiro. Precisava devolver o que Abel Sehman lhe emprestara para as despesas funerárias. Não conseguiu. A conta conjunta que tinha com Jango estava zerada. Estranhou, mas não ficou desconfiada. Achou que Jango não utilizava a conta e por isso não havia saldo.

Os dias e as noites seguintes ao enterro assustariam Maria Thereza. O sofrimento silencioso de Denize já a apavorava. Além disso, via repetir-se, com João Vicente, o que acontecia com Jango. Crescia o número de pessoas que passaram a cercar seu filho pedindo ajuda e propondo negócios mirabolantes.

A família permaneceu em São Borja até a missa de sétimo dia, quando foram para Porto Alegre, onde seria feita outra celebração, presidida por Dom Vicente Scherer, que realizara o casamento de Jango e Maria Thereza. Também houve uma missa no Rio, na qual compareceram Darcy, Doutel, Tancredo, Raul Ryff, Hermes Lima, Amaral Peixoto, Ivete Vargas e até Osvino Ferreira Alves, Pery Bevillacqua e Amaury Kruel. Realizada no dia 13 de dezembro, na Igreja da Candelária, a celebração contou com a presença do delegado Deuteronômio Rocha dos Santos, do Departamento Geral de Investigações Especiais (DGIE) da Divisão de Polícia Política e Social (DPPS). Deuteronômio fez uma lista com o nome das pessoas que compareceram, descrevendo as atitudes que tiveram à saída. A veiculação da notícia sobre a missa no *Jornal Nacional* da Rede Globo foi proibida.[2] Até então, as homenagens a Jango foram pacíficas, porém a missa de trigésimo dia em Porto Alegre terminou mal. À saída da celebração, a tropa de choque atacou os participantes nas ruas próximas à Catedral Metropolitana.

Os espiões do SNI acabariam se especializando na liturgia católica. As celebrações religiosas por intenção da alma de João Goulart seriam acompanhadas, descritas e transformadas em informação, como a missa do segundo aniversário de morte, celebrada em 1978. Com a anistia quase chegando, arapongas vigiavam e detalhavam a homilia de Dom Antonio Cheiuche, que usara um tom político para elogiar

Jango. O espião estimou em 250 os presentes e fez uma pequena lista de destaques. Maria Thereza era o primeiro nome.[3]

Logo após as missas em memória a Jango, passado o mínimo de luto possível, alguns procuradores pediram uma reunião com João Vicente, Denize e Maria Thereza, que, sem qualquer apoio, precisaria aprender sozinha. Justamente ela, que mantinha uma relação formal com empregados e procuradores, despertando a antipatia de todos eles. Não escondia que odiava a maneira como se exibiam ao lado de Jango. No fundo, sabia que não havia outra saída a não ser confiar neles, porque Jango não podia entrar no Brasil para comandar os próprios negócios. A solução dele era assinar procurações aos montes. Para o frigorífico, os imóveis, as empresas, as sociedades, as fazendas, o gado... enquanto Maria Thereza observava Jango fazendo contas e prevendo quanto seria desviado, calculando perdas que teria com transações que demorariam para serem acertadas. Ela questionava Jango ao vê-lo entregar tantas procurações, mas acabava se conformando ao notar que o próprio marido já sabia o que iria ocorrer.

Maneco Leães e Manuel Viana Gomes foram os articuladores do encontro. Estavam preocupados demais com a possibilidade de a família tentar cassar as procurações. E sabiam que a maior dificuldade seria dobrar Maria Thereza. Amparados pela assinatura de Jango, pressionaram-na, comunicando que decidiram que João Vicente iria assumir toda a parte financeira e seria o administrador da herança. Maria Thereza reagiu. Leães e Gomes ergueram a voz para ela, dizendo que João Vicente era maior de idade e que teria o direito de escolher. Maria Thereza não se acanhou. Levantou-se e disse que iria emancipar Denize para que os dois irmãos dividissem igualmente os bens. João Vicente surpreendeu-se com a proposta dos procuradores, mas acabou convencido por eles, que o alarmavam dizendo que Maria Thereza não sabia nada sobre a administração dos bens e que ele deveria ficar à frente dos negócios. Com 20 anos de idade, ainda em choque pela morte do pai, João Vicente decidiu seguir os conselhos das pessoas que cercavam Jango.

Ao emancipar Denize, Maria Thereza tentava tirar o poder dos donos das procurações e garantir que a filha pudesse ter acesso aos bens de Jango. Outra preocupação de Maria Thereza era que João Vicente teria de viajar a Londres para cancelar a sua matrícula na universidade, desfazer os contratos de aluguel, acertar os documentos do filho e providenciar a mudança. Com certeza, ele demoraria para retornar.

O assédio dos procuradores não parou. Advogados se apresentavam a todo momento para cuidar do inventário. Alguns afirmavam que o próprio Jango os contratara havia tempos. Procurações brotavam. Como as suas imagem e presença garantiam a realização de boa parte dos negócios, germinavam cobranças de dívidas verdadeiras ou falsas, pouco importava. Era só o começo. E Maria Thereza sabia disso. Ela e seus filhos seriam roubados.

Irritava-se ao lembrar da mania de Jango de entregar autorizações de vendas de cabeças de gado em guardanapos e maços de cigarro, ou quando ele simplesmente orientava o comprador a se dirigir a uma de suas fazendas e falar que havia recebido "autorização do doutor". Tamanho ataque e tanto interesse em se aproximar da viúva e dos filhos podiam ser explicados. Estimava-se que as fazendas no Brasil, Uruguai, Argentina e Paraguai, os imóveis e os capitais investidos de Jango valiam 30 milhões de dólares à época.[4]

Maria Thereza via acontecer tudo o que dissera a Jango, mas se sentia culpada. Mesmo com ele não se esforçando para ensiná-la, percebia que deveria ter se informado sobre os negócios. Porém nunca tomara essa iniciativa. Encontrara em Jango o marido, o amante, o pai, o irmão, o amigo, o orientador. Ao seu lado, sentia-se plenamente protegida, sem se preocupar com atitudes básicas, como fizera ao nem pensar em pedir o seu documento de identidade no Uruguai no início do exílio.

Ao contrário dela, os procuradores estavam bem informados. Fixaram-se no regime de casamento para atacar seu poder de decisão. Como Maria Thereza e Jango casaram-se com separação total de bens atuais e futuros, eles tentaram tirar vantagem disso. Chegaram a ir ao Uruguai com uma cópia da certidão de casamento e contratar um advogado para impedir que ela herdasse os bens do marido no país. Esqueceram-se de que cada lugar tinha as próprias leis. Em seu desespero, acreditaram que documentos assinados no Brasil pudessem ter valor no Uruguai, país que não aceitava esse regime de casamento e que garantia uma parte da herança para a esposa.

Os bens que Jango possuía no Brasil ainda não eram a maior dificuldade. Um enorme nó surgia quando se buscavam as empresas, sociedades e fazendas que ele mantinha, como pessoa jurídica, no Uruguai, na Argentina e no Paraguai. Foi necessário contratar advogados especialistas nos três países. E assistentes. E pessoas que só se aproveitavam da burocracia para inventar mais obstáculos, aconselhados por procuradores que tinham interesse direto, cada qual em sua "procuração", criando um círculo de manipulação que terminava por jogar um irmão contra o outro.

Sem noção do patrimônio total que herdariam, João Vicente, Denize e Maria Thereza mostravam-se indecisos e divergiam, tornando o processo mais lento, o que só beneficiava quem estava com as procurações. O ideal seria realizar um processo rápido, porém os meses passavam sem que tomassem conhecimento do que possuíam, além de existir a real possibilidade de que alguns sócios com procuração pudessem vender propriedades até sem o conhecimento da família. Nessa situação, naquele clima, seria fácil dividi-los. Sem experiência e sem conhecimento, por mais que soubessem que poderiam ser prejudicados, a Maria Thereza, João Vicente e Denize só restava lutar contra pessoas que possuíam uma arma poderosa: a assinatura de Jango.

Arrasada pela morte do marido e perdida com o ataque que estava sofrendo, Maria Thereza agarrou-se na maior alegria que tivera nos últimos anos, o neto Christopher. Enquanto João Vicente e Stella estavam em Londres, o menino ficou sob os cuidados da avó. A nova relação que ela vivia, cuidando de tudo com o neto no colo, amenizou o seu período de luto. Uma felicidade que significava renovação. Apegou-se demais a ele, um presente que a motivaria com muita emoção, quando nada de bom parecia surgir.

Assim que foi emancipada e depois de conversar com a mãe, Denize passou para Cláudio Braga a administração de seus bens. Essa escolha deu margem a mentiras criadas pelos procuradores, que não viam limites nos seus ataques e passaram a lançar suspeitas covardes sobre um caso entre Maria Thereza e Cláudio Braga. Ao atacá-lo de várias formas, os procuradores possivelmente miravam os inventários de uma parte dos bens de Jango no Uruguai, administrados por ele e por uma comissão de liquidação das empresas, que tratava com transparência a herança de Jango.

No Brasil, a pressão continuava.

Maria Thereza acreditava ter um trunfo secreto. Jango havia lhe dado a chave do cofre do apartamento em Buenos Aires e fizera uma recomendação: "Só tu que tens a chave. Só abra numa emergência." Preocupado com o cerco das ditaduras da América do Sul, Jango fez mais do que deixar a chave com ela. Entregou-lhe um documento escrito de próprio punho e assinado, no qual declarava que o conteúdo era propriedade de sua esposa, mas os procuradores descobriram o documento e passaram a importuná-la. Conseguiram uma autorização na Justiça argentina para que ela abrisse o cofre, onde havia joias e 50 mil dólares. Leães e Viana insistiram tanto, exibindo papéis e carimbos, e repetindo que o conteúdo do cofre deveria entrar na herança, que mais uma vez Maria Thereza acabou concordando.

Porém os procuradores não sabiam — ou tinham se esquecido — que o sistema de vigilância e escuta dos serviços secretos continuava na ativa. Agentes uruguaios roubaram uma parte dessas joias, o que causou uma pequena crise interna no órgão. Sem nem sequer chegar perto de desconfiar dos verdadeiros culpados, acabou sobrando para a empregada que Maria Thereza tinha na casa. Ela foi mandada embora sob suspeita de ser a autora do roubo.

Além de pressionarem Maria Thereza, João Vicente e Denize, os procuradores isolaram pessoas que estavam dispostas a ajudar a família, os poucos que tinham a confiança de Jango. Percy Penalvo foi um dos que perceberam o que advogados e procuradores estavam fazendo com a família. Tentou evitar, mas, sem força, acabou afastado pelo grupo que o batizara com o apelido de "velho". Percy não deixou por menos e passou a chamá-los de "organização". A gota d'água para Percy foi quando Leães induziu João Vicente a comprar um avião novo, mas idêntico ao que Jango usava. Percy questionou a necessidade da compra. O argumento de Leães foi o mais torto possível. João Vicente era filho de um ex-presidente e poderia comprar o avião, justificou. Depois de nove anos trabalhando para Jango, Percy avisou que iria embora. Sua mudança coube em uma caminhonete, onde levou sua esposa Celeste e os três filhos, além de uma coruja, um quero-quero e três cachorros. Esquecido pela "organização", Percy só voltaria a ser procurado à beira da morte por Ivo Magalhães, que lhe fez um telefonema apenas para saber se ele tinha deixado algo escrito ou documentado sobre Jango.

A atitude dos procuradores acabou incentivando alguns empregados que perceberam uma chance de conseguir dinheiro fácil. Surgiram processos de usucapião e ações trabalhistas, que a família continuaria recebendo por décadas. Maria Thereza chegaria a ser citada quase quarenta anos após a morte de Jango. O autor da ação era herdeiro de uma pessoa que teria trabalhado para Jango em uma data anterior ao casamento e que pleiteava uma indenização. Maria Thereza venceria quase todos os processos na Justiça, mas não escaparia de ter sua conta bancária bloqueada algumas vezes.

Outros funcionários de Jango, por razões justas, passaram a reclamar do natural atraso dos pagamentos, já que a morte repentina de Jango provocou a interrupção dos negócios e desestruturou o ritmo de trabalho. Quase um ano se passara e não eram conhecidas as sociedades, propriedades e participações de Jango no Brasil, no Uruguai, na Argentina e no Paraguai. Percebendo o jogo de interesses que confundia João Vicente e Denize, Bijuja, o fiel amigo de Jango — e talvez o maior deles —, chamou a família e os procuradores para entregar a administração das fazendas e das empresas pelas quais era responsável. Ele já percebia que a "organização", movida por delirante incompetência ou a mais rasteira desonestidade, caminhava para destruir o patrimônio de Jango. Maria Thereza nunca tivera proximidade com Bijuja, mas só ouvia Jango elogiar o seu trabalho, além de conhecer sua história. Em um inevitável efeito cascata, foi a vez de o contador Lutero Fagundes seguir a atitude de Bijuja, explicando que, antes de ser acusado de mau administrador, preferia entregar suas funções. Ele e Bijuja não se conformavam especialmente porque muitas propriedades de Jango estavam sendo vendidas, uma atitude que — sabiam bem — o antigo patrão jamais tomaria.

Contudo, vender as propriedades seria a única maneira para saldar as dívidas. Sem conhecerem a engrenagem completa dos negócios — que, na verdade, só Jango dominava —, o assédio inicial fora tão grande, com advogados e dívidas surgindo por todos os lados, que a saída para levantar dinheiro só poderia ser essa. As desastradas sugestões de investimento tornaram-se decisivas para dilapidar o patrimônio deixado por Jango. Com Maneco Leães administrando parte de sua herança, João Vicente foi convencido a trocar a fazenda Rancho Grande — o último lugar onde Maria Thereza, Denize e o próprio João Vicente estiveram antes de partir para o exílio — por uma fazenda no Maranhão. A propriedade no estado nordestino era cinco vezes maior, mas ficava em uma área de conflitos, marcada por invasões de terra e onde grileiros faziam as leis.

Em uma sucessão de desastres administrativos, Maria Thereza jamais saberia como fora feita a venda do apartamento no edifício Chopin, realizada por Maneco, com a procuração nas mãos. Ela não viu o dinheiro da venda nem os quadros, relógios e objetos de decoração que lá estavam. Combatia uma luta triste. Queria apenas que os filhos ficassem com o que teriam direito.

A mais irônica situação ela vivia quando, sem poder acompanhar todos os processos, passava procurações para os seus advogados. Justamente ela, que sempre criticou o marido por distribuir sua assinatura, agora tinha de fazer o mesmo para lutar por seus bens. Podia até ver Jango zombando de sua cara. Muito mais triste e doloroso era assistir às traições que os filhos sofriam por parte de pessoas que diziam dar a vida pelo pai deles. Uma dor que não vinha só. Sentia seu estômago revirar para suportar os comentários de que havia ganho muito com a morte de Jango. A dor da perda somava-se a um ataque psicológico que a desestabilizava.

Maria Thereza, Denize e João Vicente não conheciam o Brasil de 1976. Não sabiam mais o quê e quem os expulsara. Caíram facilmente nas mãos dos que acenavam com um cumprimento e uma ajuda. Seriam arrasados.

Para Maria Thereza, suportar não bastaria. Havia mais a descobrir.

A dor e a humilhação estavam longe de acabar.

Deveria sentir-se na sua casa, no seu país, mas descobriu um lugar que não era mais o seu.

Nem nunca mais seria.

22.
Colher a flor que já não dá

Passar o primeiro Natal sem Jango doeu menos do que Maria Thereza esperava. Na casa de Terezinha, em Porto Alegre, ela e Denize receberam a visita de amigos, tios e primas. Um apoio importante. O rápido alívio serviu muito para o delicado período das festas de fim de ano.

Porém, no começo de janeiro, nem toda ajuda do mundo serviria para consolar Maria Thereza, que enfrentaria uma das maiores decepções de sua vida.

Foi Pedro, avisado por um amigo advogado, quem decidiu lhe contar em uma conversa reservada.

— Maria Thereza, preciso falar de um assunto que tu não vais gostar, mas precisas alertar o João Vicente e a Denize. Tem uma pessoa dizendo que é filho do Jango e que vai entrar na Justiça. Eu, como advogado, vou lhe dar um conselho: o João e a Denize têm de passar tudo para o teu nome, assim os bens ficam mais protegidos.

O conselho final não foi entendido por Maria Thereza. Depois de "filho do Jango", ela não ouviu mais nada. E nada falou. Paralisada, lembrou-se imediatamente do quanto Jango insistiu em casar, de seus pedidos, do avião trazendo Doutel, de como Jango a pressionou, das conversas com o pai, de suas dúvidas. As palavras de Pedro ficariam trancando sua garganta por muito tempo.

Pedro, em seguida, procurou João Vicente. A ideia era ganhar tempo para que se pudesse investigar com calma a notícia que surgia. João Vicente não se surpreendeu. Já ouvira o próprio pai garantir que ele nunca tivera relações sexuais com a mãe de Noé Monteiro da Silveira, que seria, na verdade, filho de Vicente, o pai de Jango. Por isso, não se preocupou com o conselho de Pedro. Achou que a ação não iria longe. Entre os empregados mais velhos, que trabalharam para Vicente, havia quase uma certeza de que Noé seria irmão de Jango. Mesmo estremecidos, Bijuja e Maneco Leães concordavam que essa versão era a verdadeira. Segundo a história que corria pelos cantos de São Borja, em 1933 Elfrida Dornelles da Silva, com 16 anos, engravidou. Dona Tinoca a mandou para a casa de um tio, ex-sargento do Exército, chamado José Machado da Silveira, que assumiu a paternidade, registrando a criança com seu sobrenome.[1] Naquele ano, Jango, então com 14 anos, estava estudando em um colégio interno em Uruguaiana.

Para Maria Thereza não haveria explicação aceitável. Se ela soubesse da existência de Noé, mesmo com a dúvida sobre a paternidade, não teria aceito o pedido de casamento. Era o que repetia a qualquer pessoa que tocava no assunto. Sentia-se, portanto, traída na alma. A dor machucava mais porque Jango admitia e contava tudo — quando provocado — sobre as noitadas, os casos, as escapadas, as vedetes. Mas a respeito de Noé, nunca dissera uma palavra.

Nas muitas entrevistas que deu, Noé justificou seu atraso de 43 anos alegando que não pediu o reconhecimento de paternidade enquanto Jango estava vivo para preservar a sua imagem política, mesmo estando afastado da vida pública havia doze anos. Depois da morte, sua preocupação com a reputação de Jango acabara instantaneamente.

Um mês após Maria Thereza receber a notícia, Noé Monteiro da Silveira entrou na Justiça alegando ser filho de Jango e pleiteando um terço de seus bens.

Sem ainda descobrirem tudo o que possuíam, nascia uma nova batalha para a família, dessa vez acompanhada e corneteada por manchetes de jornal. A disputa judicial resultaria em anos de bloqueio de bens, além de muitos papéis, documentos, carimbos e pagamentos para a Justiça. Denize e João Vicente continuavam, cada um, seguindo a orientação do próprio advogado, adotando caminhos diferentes. Para garantir os bens dos filhos, Maria Thereza abriu mão do usufruto de suas propriedades e as passou para os filhos. Assim, esses imóveis não poderiam, caso Noé vencesse, entrar na nova divisão de bens.

Ao fim de uma longa batalha judicial que se estendeu até 1984, Noé ganhou o direito a um terço das propriedades de Jango no Brasil. João Vicente, então deputado estadual, teve os bens bloqueados e enfrentou um período de dificuldade financeira. Iria denunciar na tribuna que os inimigos de Jango estavam recebendo parte do patrimônio de seu pai para facilitar essa ação. Suas palavras repercutiram. O tribunal de Justiça do Rio Grande do Sul questionou o PDT, partido de João Vicente. Até Brizola, na época governador do Rio de Janeiro — e todo-poderoso do partido —, interveio e pressionou o sobrinho para que não seguisse em frente. João Vicente acabou desistindo. Continuou com os bens bloqueados e perdeu o recurso.

Foi um processo repleto de estranhezas. A mais absurda delas foi a luta dos advogados de Noé para impedir que o teste de DNA fosse feito e usado no processo. Ainda incomum nos tribunais, o teste não foi realizado à época. O espantoso é que João Vicente e Denize entrariam, ao longo dos anos, com vários recursos para que o teste de DNA fosse aplicado. Os pedidos foram negados pela Justiça. A primeira vez, em 1987. A última, em 2008. Quarenta anos se passariam e a Justiça continuaria impedindo que uma prova científica encerrasse o mistério e concluísse se Noé era ou não filho de Jango, tornando o caso um dos únicos do mundo em que a paternidade fora decidida com base somente em alguns testemunhos.

Mais que qualquer valor ou propriedade, a humilhação que Maria Thereza sentiu durante o longo processo não poderia ser paga de modo algum. Para além de qualquer perda material, o surgimento de Noé abalou demais a imagem que Maria Thereza tinha de Jango. A ela restou a desconfiança sem resposta. Anos se passariam após a morte do marido, e Maria Thereza seguiria tentando decifrar o silêncio de Jango. Ele nunca dissera nada sobre Noé. O mesmo Jango que jamais escondera ou negara seus casos, suas argentinas e suas uruguaias. Essa interrogação revirava sua cabeça, trazendo mais dúvidas. Para pôr fim a essa dor, décadas depois, ela passou a acreditar que, se Jango soubesse que tinha um filho, ele teria lhe contado antes do casamento. Suas bruxas deram lugar a algo mais racional e ela até passou a achar possível que Noé fosse realmente filho de Vicente e irmão de Jango.

A notícia sobre o surgimento de um herdeiro de Jango fora do casamento repercutiu. Em 1982 foi a vez de Ema Rodrigues de Lencina entrar com uma ação de investigação de paternidade. Sua mãe, Laires Rodrigues de Lencina, empregada da família, teria ficado grávida de Jango em 1943. Ema foi criada pela irmã de Laires, Juraci, casada com Gregório Fortunato, o "Anjo Negro", influente secretário e chefe da guarda pessoal de Getúlio Vargas. Nesse caso, o juiz que recebeu a ação não aceitou seguir adiante com o processo.

No início de 1977, ao mesmo tempo que Maria Thereza tomava conhecimento da existência de Noé, a família alugou um apartamento na rua Ramiro Barcelos, em Porto Alegre. João Vicente decidiu fixar-se na capital gaúcha, preocupado em entender e retomar os negócios do pai. Para Maria Thereza, estava bom. Apegara-se muito a Chris. Ficaria bem mais feliz e tranquila ao lado dos filhos e do neto. Denize, porém, sentia-se perdida. Porto Alegre não era a melhor escolha para ela. Não tinha identidade nem raízes com a cidade, mas acreditava que voltar a viver no Uruguai ou na Argentina seria como dar um passo atrás. Morar nesses países só faria sentido para ela se o pai estivesse a seu lado, assim como ficar no Brasil só faria sentido se ele pudesse estar lá. Na sua desesperada saudade, não encontrava opção. Era como se a invenção do demônio continuasse funcionando.

Denize não conseguira escolher onde morar e o que fazer. Passou o ano de 1977 sem estudar. A única cidade no Brasil com a qual mantinha algum laço era o Rio de Janeiro. Percebeu isso quando passou uns dias na casa do tio João José. Do Rio, restavam breves lembranças da infância, mas gostou de "conhecer" a cidade novamente. Acabou escolhendo o Rio. Uma decisão que preocupou Maria Thereza, já que a filha fora criada no Uruguai e a vida no Rio, principalmente a noturna, era bem diferente. Assim, Maria Thereza, que também continuava sem endereço, achou melhor acompanhar a filha.

Enquanto o imóvel da rua Rainha Elizabeth era reformado, alugaram um quarto e sala na rua Barata Ribeiro, em Copacabana. Para Maria Thereza, os primeiros dias na cidade foram de praia, festas, reuniões sociais e políticas no apartamento de Yara Vargas, com muita gente nova para conhecer. Contudo, por mais que tentasse preencher seu tempo, não se livrava de um sentimento de tristeza que a perseguia.

Denize, aos poucos, reencontrava-se. Decidiu cursar História na PUC. Voltar a estudar foi a redescoberta de seu caminho. No Uruguai, levara uma vida normal desde que lá chegara, aos 6 anos de idade. Quando voltou ao Rio, estranhou o interesse da imprensa por ela, o que chegava a incomodá-la. Aos poucos, misturando palavras em português com espanhol, deixava de sentir-se estrangeira em seu país e começava a encontrar uma identidade com o Brasil.

Como seria natural em um relacionamento mãe e filha que moravam sozinhas, Maria Thereza reforçou a atenção sobre Denize, o que provocaria um desgaste no dia a dia. Com seus 20 anos, em uma cidade que despertava culturalmente, apesar das migalhas de abertura política prometidas pelo presidente Ernesto Geisel, a noite do Rio voltava a pulsar na onda da era disco brasileira. Após uma violenta década de silêncio, os jovens, principalmente, passavam a frequentar lugares onde podiam extrapolar. Foi nesse momento que, apesar da posição de mãe liberal de Maria Thereza, surgiu um infalível choque de gerações. Denize incomodava-se ao chegar das festas e ver sua mãe na janela do apartamento esperando por ela. Mas o abalo entre elas não durou muito. Anos de convivência, lado a lado, haviam construído uma amizade sólida e franca. Mãe e filha sempre tinham se dado bem. Eram companheiras. Depois de uma boa conversa, sem maiores mágoas, ficou decidido que Denize iria morar sozinha em outro apartamento, enquanto Maria Thereza ficaria no apartamento da rua Rainha Elizabeth nos dias em que estivesse no Rio.

Maria Thereza incentivou a decisão da filha e fez pose de moderna, mas só depois que Denize foi embora percebeu a razão da enorme melancolia pela qual passava. Exceto no curto período na Granja São Vicente, jamais ficara só. Agora estava sem Jango. Sem João Vicente. Sem Denize. Sozinha, mas longe da tranquilidade. Suas bruxas, com uma assustadora frequência, iam visitá-la e avisavam que nunca mais haveria a infância e a adolescência dos filhos, nem a volta ao Brasil ao lado do marido. Era como se não houvesse mais futuro. Sabia que o melhor a fazer com suas bruxas seria enfrentá-las. Mas não naquele momento. Decidiu deixar para depois.

O fato de possuir um apartamento no Rio não significava nada para sua identidade. Ao contrário de Denize, Maria Thereza enganava a sensação de sentir-se uma estrangeira. Ou mais grave, uma exilada em seu país. Não encontrava rumo, nem perspectiva. Permanecer no Rio somente se tornara uma possibilidade porque ali era um lugar onde, no início dos anos 1980, as pessoas estavam pouco ligando para o que o outro fazia ou deixava de fazer. Não ouvia comentários. A maioria não a olhava de forma estranha por estar em um restaurante ou por, em um sábado à noite, dar uma esticada a uma casa noturna, sozinha ou acompanhada. Com essa quase opção pelo Rio, não conseguiria administrar o enorme apartamento em Palermo. A despesa era alta, e as recordações da Argentina, nada boas. Driblando os procuradores, retomou o processo de venda do apartamento de Buenos Aires, que havia interrompido por causa da morte de Jango.

Porém decidiu manter a casa na cidade a que realmente se apegara, Punta del Este. Se fosse obrigada a escolher um lugar para se fixar, ficaria ali. Apesar dos últimos meses que vivera no Uruguai ao lado de Jango e dos filhos, quando saíram às pressas para buscar abrigo na Argentina de Perón, o que marcou na memória foi a acolhida que tivera no dia de um azul inesquecível. Ao contrário dos filhos, o sentimento de apego ao Brasil não voltou naturalmente. Nem esperava por isso. Passaria a viver sem lar, mas ia a Punta constantemente. Matava a saudade do neto em Porto Alegre. Voltava ao Rio e ficava com Denize. Visitava os parentes em São Borja, mas logo queria ir embora. Nenhum desses lugares era o seu e o Brasil seguia sem lhe dar uma chance. Havia uma eterna cobrança sobre ela. Ou pela exigência de que cumprisse o papel de eterna viúva — o oposto da vida livre que tentava levar, com jantares e festas — ou pela cobrança de uma participação política, uma vocação que nunca tivera. Contudo, essas duas exigências não a afetaram em nada.

A liberdade sem endereço duraria por anos. Passara o exílio imaginando que voltaria a morar no Brasil assim que pudesse, mas só quando pôde escolher viu claramente o que passou. O sofrimento aumentava a vontade de retornar ao Uruguai. Sentimento estranho. Não entendia o que acontecia com ela própria, mas havia muito mais do que seu espírito de cigana naquela ausência de decisão. Desconfiava de sua nova vida. Ou talvez estivesse simplesmente amedrontada. Quanto a criar laços de amizade, novamente, esse seria mais um problema. Confiar em uma nova pessoa que quisesse, de maneira desinteressada, conhecer a bonita e famosa viúva de um ex-presidente era um desafio difícil. Percebeu, assim, que tinha mais amigos no Uruguai do que no Brasil, o que fez aumentar sua vontade de morar definitivamente em Punta. Já contava com a *cédula de identidad*, o que facilitaria bastante o pedido de cidadania.

A mágoa com o Brasil, que ainda vivia em uma ditadura militar, a mesma do golpe que a expulsara, não passava. A maneira como Jango sofreu e como, doze anos depois, fora desprezado a tal ponto de ser enterrado sem honras cívicas aumentara sua ferida. Os acontecimentos que se seguiram após a morte do marido abriram uma porta que julgava bem trancada. Por lá escaparam suas bruxas. Já não se aceitava mais como brasileira nem com qualquer outra nacionalidade.

Era uma estranha. Não sabia o que fazer nem para onde ir. Não se sentia em seu país. Não se adaptava. Não esquecia o passado.

Uma ironia que machucava. Agora que estava de volta, não sentia a menor vontade de ficar.

Lutava com a dúvida, controlando a sensação de que tinha uma doença contagiosa que afugentava as pessoas que antes se esforçavam para se aproximar. Não era fácil apagar a dor, a perseguição, o terror das ditaduras, a morte de Jango e o medo, o medo, o medo. Era uma cota alta de perdão para uma pessoa apenas.

No Brasil, sentia saudade do Uruguai, mas já não conseguia separar o que era rancor do que era tristeza. Parou muitas vezes para pensar, sem entender, se o amor ao país vizinho não seria um ressentimento pelo tratamento que recebeu e continuava recebendo. Doía constatar que os primeiros anos de exílio de uma família unida, de um apartamento cheio de crianças, de Montevidéu e Punta, nunca mais retornariam.

Uma vida que fora, apesar de tudo, leve, tranquila e azul.

Em 21 de maio de 1977 fechou-se uma macabra matemática. Nesse dia, Carlos Lacerda faleceu. Menos de um ano depois do acidente fatal de Juscelino e seis meses após Jango morrer no exílio. Ele havia se internado no dia anterior, com uma forte gripe, na Clínica São Vicente. Morreu de endocardite bacteriana, uma infecção no coração. Em um espaço de dez meses, os principais opositores da ditadura e fortíssimos candidatos em uma eleição presidencial desapareciam em condições suspeitas que faziam pensar.

Comprovando que o encontro da Frente Ampla no apartamento da rua Leyenda Patria havia mudado a sua opinião, Maria Thereza foi ao cemitério São João Batista, mas não conseguiu cumprimentar a família. Havia muita gente e a multidão a assustou. Ela chegou no momento em que se formava um pequeno tumulto na entrada porque as pessoas não conseguiam chegar à capela onde o corpo estava sendo velado. Nem tentou ir adiante.

As três mortes suspeitas fizeram com que a atenção a Leonel Brizola aumentasse. Em setembro, expulso do Uruguai sob a estranha alegação de que corria risco de vida e que o país não tinha como garantir sua segurança, Brizola surpreendeu o mundo e viajou para Nova York, aceitando a oferta de asilo político do presidente dos Estados Unidos Jimmy Carter,[2] que já se posicionava contra as ditaduras militares. O recado de Carter era claro: os Estados Unidos não iriam mais aninhar ditaduras e generais na América do Sul.

Essa orientação, no entanto, custaria a cruzar a linha do equador. Viúva de Jango e com uma mínima participação política, Maria Thereza limitava-se a frequentar, sem muita empolgação, algumas reuniões políticas, ao mesmo tempo que chamava os saguões de aeroporto de lar. Acreditava assim que as ditaduras sul-americanas haviam diminuído a vigilância sobre ela. Afinal, não haveria mais motivo para que continuasse sendo seguida pelos serviços secretos. Iludia-se. Maria Thereza permanecia sob suspeita. A informação 0096 do Cisa, com data de 15 de fevereiro de 1978, registrava que ela e Denize estiveram, no dia 4 do mesmo mês, no aeroporto do Galeão, onde embarcaram em um voo da companhia Cruzeiro do Sul com destino a Buenos Aires. Mãe e filha nem desconfiavam. Demorariam décadas para descobrir que ainda eram vigiadas.

Em uma dessas idas e vindas ao Rio, Maria Thereza foi procurada por Vera Lúcia, filha da costureira Matilde, proprietária do ateliê onde um de seus vestidos de renda desenhados por Dener fora deixado, dias antes do golpe, para um conserto no ombro. Seguiram-se doze anos em que Vera Lúcia e Matilde guardaram e cuidaram do vestido usado por Maria Thereza em um dos bailes de debutante organizados pelo colunista José Rodolpho Câmara, da revista *Manchete*. Matilde devolveu a peça, que estava impecável, a Maria Thereza. Passada a euforia por conseguir de volta um vestido que Dener fizera para ela, lembrou-se de que jamais soubera o que aconteceu com suas outras roupas, fotos, joias, objetos pessoais... Mais que descobrir onde estavam, ela queria entender qual seria o verdadeiro interesse de quem se apossou deles.

Tocar, sentir e ver de perto o vestido provocaram mais um ajuste de contas interno de Maria Thereza. Ao levar essa lembrança de volta para sua casa, acabou convencendo-se de que viera ao mundo para perder coisas, que talvez seu destino fosse viver sem um endereço fixo, que o seu lugar fossem todos os lugares, o que poderia justificar a sua constante desistência. Um entusiasmo inicial imenso que terminava em poucos dias, como os vários cursos e projetos que jamais terminou. As ideias que tinha e que não transformava em realidade. Os sonhos que ficavam pelo caminho.

Novamente era verão em Punta. E a casa da Calle 20 transformava-se em atração turística. O lugar era alvo dos flashes de turistas. Não por ser a residência de uma famosa primeira-dama. Quem olhava para os janelões da casa via lindos pôsteres — de Jango, dos filhos e de Maria Thereza — pendurados nas paredes da sala. Era comum ver turistas parados do outro lado da rua fotografando o interior da residência. Ela nem se incomodava. Em Punta, a casa ficava de porta aberta para receber amigos e a Maria Thereza desconfiada do Brasil dava lugar a uma mulher bem mais tranquila e feliz.

O Uruguai já vivia uma fase bem menos radical na política. Em 1980, o governo militar havia sido derrotado em um plebiscito no qual tentara dar um ar de legitimidade à sua ditadura. Até o retorno à democracia era mais fácil no país vizinho.

Após catorze anos, Maria Thereza voltava a ser capa de revista. A *Manchete* de 1º de abril de 1978 trazia uma foto sua com a chamada "Minha vida com Jango". Na entrevista, ela revelava que estava escrevendo um livro chamado *Puertas cerradas*. Sua fixação em portas era transformada no título de suas memórias. Parecia que, desde criança, já sabia que iria ter de abrir e atravessar portas em sua vida. Boa parte do texto sairia das anotações de seu diário. Sobre o conteúdo, explicava: "É uma história minha, de uma moça despreparada, que chega — ainda muito jovem — a ser esposa de um presidente da República. Eu consegui me equilibrar, porque confiava em Jango. Sempre confiei muito nele."

Na mesma edição, a *Manchete* publicava uma parte da série de matérias com o norte-americano Vernon Walters, que fora o oficial de ligação entre o exército brasileiro e o Comando dos Estados Unidos na Segunda Guerra e que, a partir de 1963, atuara como adido militar (sim, Walters também foi um dos que exibiram um cargo nada assustador para esconder sua função de espião) do embaixador Lincoln Gordon, trabalhando na conspiração que culminaria no golpe. Walters revelava para a *Manchete* que foi procurado por "uma pessoa" que garantia que poderia matar Jango em troca de 5 mil dólares. A proposta, segundo o norte-americano, foi rejeitada. Provocada pelo repórter, Maria Thereza disse que ficou chocada ao saber que houvera uma oferta para assassinar seu marido.

A reportagem lembrou que, durante o governo Jango, Maria Thereza pensou que Walters fosse produtor de cinema. A confusão surgiu de um comentário de Walters, que, em visita ao Palácio da Alvorada (sim, os "adidos" passeavam por lá), elogiou o projeto arquitetônico e disse que aquele lugar poderia ser cenário para um filme.

A presença de Maria Thereza no Brasil voltava a chamar atenção. O interesse pela ex-primeira-dama aumentava, atraía olhares e flashes. Era convidada para os principais lugares da moda, como o Hippopotamus de Ricardo Amaral, que deixara o jornalismo para se tornar um dos reis da noite carioca. Ela descobriria, com surpresa, que ainda havia curiosidade pelo que fazia ou deixava de fazer. Agora com um cigarro na mão, hábito que passou a ter muito mais para acompanhar os amigos do que por gosto pessoal, retornava às colunas sociais. O Rio foi ganhando sua simpatia. Ainda não completamente dominada pela violência e corrupção, a cidade guardava as boas lembranças dos passeios com os filhos pela praia. Tempo feliz. Tinha saudade. Quem acompanhava seus passeios pela noite, além de ficar tentado a cobrar uma posição de eterna viúva, também poderia imaginar que Maria Thereza se esbaldava.

Mas o ano de 1978 não estava sendo fácil.

Incentivada por amigas que garantiram que haveria uma surpresa para ela, Maria Thereza aceitou o convite para jantar na Boate Sótão, que estava no auge. Uma elegante boate gay que rompeu o padrão e passou a ser frequentada por heterossexuais e jovens. O sucesso da casa tornou-a reconhecida internacionalmente. No embalo da onda disco, artistas como Mick Jagger, Caetano Veloso, Florinda Bolkan, Cat Stevens e Raquel Welch estiveram na Sótão,[3] um dos primeiros lugares da noite carioca onde ser conhecido era um requisito para a entrada.

Foi lá que Maria Thereza reviu o seu guru. O reencontro entre ela e Dener foi emocionante. Ele, encantado com a presença de uma de suas musas. Ela, feliz em voltar a rir e conversar com o amigo que tanto a ajudou, mas disfarçando o choque que sentiu ao testemunhar sua aparência debilitada. Dener estava com cirrose, perdera seu império e deixara de ser o mestre da moda no Brasil, mas ele seguiu vivendo e esbanjando como nos bons tempos. Agora estava empregado em uma loja de vestidos de noiva em um bairro popular de São Paulo.

Em breve, haveria uma chance para a dupla voltar a trabalhar junta. O apresentador Flávio Cavalcanti, percebendo a repercussão que a presença de Maria Thereza alcançava, convidou-a para participar do júri de seu programa na TV Tupi. Ela aceitou, mas não conseguiu vencer a timidez. Não se saiu bem frente às câmeras. Na sua vez de opinar, não fazia mais do que rápidos comentários. Foram poucas aparições. Não se sentiu à vontade, ao contrário do velho amigo Dener, que, mesmo abatido pelo consumo excessivo de álcool, continuava dando um show, fazendo uma caricatura de si mesmo com acidez e deboche, o que o transformava no mais impagável dos jurados e uma das grandes atrações do programa.

Maria Thereza divertia-se muito mais nos bastidores, com as conversas de Marisa Urban, Pedro Aguinaga, Tetê Nahas, Armando Marques, Marcia de Windsor, Danuza Leão, Alvaro Valle e sua antiga fã Germana de Lamare. Todos eles muito bem tratados pelo apresentador, que, já sabendo dos problemas de saúde de Dener, dobrava o valor do cachê para o estilista. Após o programa, os jurados saíam para jantar no restaurante Castelo da Lagoa, do então rei da noite, o empresário espanhol Chico Recarey, que oferecia o jantar gratuitamente. Era quando Maria Thereza chocava-se ao ver que Dener já não se alimentava. Enquanto todos comiam, ele apenas bebia. Era comum os participantes do jantar insistirem para que ele colocasse um pouco de comida no prato. Alguns jurados abriam mão do cachê, orientando os funcionários da produção a repassar o valor para Dener, claro, com a ressalva de que não poderiam explicar por que seu cachê aumentara tanto.

Mesmo quando não participava mais do programa, Maria Thereza arrumava um jeito para encontrá-lo sempre que ele ia ao Rio. Dener notava a sua preocupação, mas não perdia a pose e costumava brincar com Denize.

— Como você ficou uma moça bonita! Pode esperar, vou fazer seu vestido de debutante.

Denize ria:

— Dener, agora não dá mais, já tenho mais de 20 anos. Só se for o meu vestido de casamento.

Desencantado e falido, o guru da ex-primeira-dama morreu aos 42 anos, em novembro de 1978, devastado pela bebida. Maria Thereza foi a São Paulo para o enterro que parou a cidade. O cortejo necessitou de batedores da polícia para abrir caminho entre a multidão, que acenava lenços brancos nas proximidades do cemitério do Morumbi. Ela não falou com muitas pessoas. Manteve-se recolhida, emocionada, sentindo a falta do amigo, que foi enterrado em um jazigo da família de Alik Kostakis, a colunista que admirava a dupla.

Em menos de quinze anos, o Brasil de Dener tornara-se um país *prêt-à-porter*.

Para homenagear uma pessoa que fora decisiva em sua vida, voltou ao diário que tentava transformar em livro.

> Eu costumava chamá-lo de "Príncipe", "Guru", mas ele foi mais que isso. Foi a música de fundo de meus momentos de glória. Dener não vestia somente o corpo, ele também enfeitava a alma da gente com bom gosto e carinho. Nele tudo era harmonioso. Seu olhar, suas mãos e sua própria personalidade sem mistérios. Tudo era talento e perfeição diante do cotidiano obsessivo do sucesso. Manejava o poder e a glória com humildade. Tinha valor suficiente para saber definir o que havia realmente de melhor para nós.
>
> Perfeccionista, criador e sensitivo, gostava do luxo com absoluta consciência de que tudo na vida era uma nuvem passageira no céu de suas ideias e emoções.
>
> Seu talento era tanto que não dava lugar para a ambição. Meu grande amigo de momentos complicados, meu conselheiro, meu irmão. Foi o grande laço colorido que encontrei em nossas vidas e que até hoje tenho gravado em minhas lembranças. Tenho certeza de que, onde ele estiver, estará esperando os amigos com uma grande festa com gente linda e muito champanhe. Lá chegarei um dia com aquele vestido branco de cetim bordado conforme combinamos. Atendendo a seu pedido, nunca vou usar a cor marrom.

O ano de 1978 poderia ser um período de redescobrimento para Maria Thereza, mas só fez seu sentimento de desencontro aumentar. Sofreu mais uma perda que jamais conseguiria superar: a morte de Dinda. Ao realizar um exame de rotina em São Borja, ela teve uma forte reação alérgica ao contraste. Foi transferida para Porto Alegre, mas o quadro era irreversível. Maria Thereza deixou o Rio para ficar a seu lado e acompanhar os últimos dias da tia que considerava sua segunda mãe. Apesar de seu estado de saúde ser crítico, Dinda manteve a consciência e percebia o que estava acontecendo.

Antes de falecer, fez um comentário doído do qual Maria Thereza nunca esqueceu:

— Isso não deveria ter acontecido. Eu não deveria estar aqui.

Maria Thereza sofreu junto com Dinda. Apesar de estar se acostumando — também — à dor da morte, dessa vez viveria algo bem mais cruel. Com Jango, o choque e a perplexidade. Com Dener, uma perda esperada. Porém, com Dinda, a morte veio de forma repentina, mas, ao mesmo tempo, lenta e aterrorizante, de uma maneira com a qual Maria Thereza não se conformaria:

> Fortaleza espiritual com qualidades superiores em todos os sentidos.
> Guiou-me passo a passo pela vida na trilha ascendente do amor.
> Fui criança, fui adolescente e fui adulta sempre acomodada na ternura de seus braços e abraços.
> A seu lado, nunca tive dúvidas sem esclarecimentos, rancores sem perdão ou lembranças sem alegrias. Ela era um eterno e doce sorriso. Me ensinou a olhar sempre para o alto, conhecendo os verdadeiros valores da vida. Minha mãe, minha fada madrinha e minha luz de energia absoluta. Assim cresci e me tornei mulher sempre amparada em seu carinho.
> Quando ela partiu, chorei de angústia e tristeza pela sua ausência e pela transformação de meus sentimentos. A morte, para mim, se transformou em algo assustador. Senti, em seu último olhar, que ela sabia que ainda não era sua hora. Por um grande erro médico, seu caminho foi cortado. Eu lhe pedi perdão por não ter feito nada para impedir que ela me deixasse. Ainda sinto o calor de sua mão tocando a minha no último adeus.

Pela segunda vez em menos de sete meses, Maria Thereza voltava a ser capa da *Manchete*. A edição chegou às bancas com a data de 11 de novembro, mas a entrevista e a ousada foto foram realizadas em outubro, antes das mortes de Dener e de Dinda. Na capa, Maria Thereza aparecia com uma estola de pele, um tomara que caia e uma saia com uma fenda que permitia que sua perna esquerda ficasse à mostra. Na chamada: "A nova vida de Maria Teresa (sic) Goulart".

O texto, assinado por Márcio Chalita, destacava um antigo desejo: "Quero ser fotógrafa" e chamava Maria Thereza de "autora". Novamente o seu livro virava assunto. *"Puertas cerradas* lembra a porta que nos fecharam no Brasil quando saímos." Revelou que o primeiro título em que pensou era muito impessoal: "Infância — adolescência — casamento — vida — exílio e morte".

Ao jornalista, Maria Thereza detalhava sua rotina no Rio, enquanto preparava sua entrada no mundo dos negócios. Pensava seriamente em montar uma loja. Fazia curso de fotografia e frequentava aulas de dança, mas apenas para manter o preparo físico. Ia à praia e dava uma esticada no famoso clube noturno Regine's — adorava o lugar, vivia lá com Denize. Frequentava o badalado bar-restaurante Antonio's, no Leblon. Essas atividades, segundo a matéria, não conseguiam "apagar as lembranças" do tempo de primeira-dama. As fotos de Paulo Scheuenstuhl repercutiram mais que a reportagem. Pela primeira vez, Maria Thereza aceitava ser fotografada de biquíni, usando um modelo do estilista Guilherme Guimarães à beira de uma piscina.

Acreditando que o tratamento houvesse mudado, passara a facilitar o trabalho dos jornalistas. A revista *Status*, em setembro de 1978, fez festa quando publicou, em parceria com o *Coojornal*, uma entrevista com ela. A edição chamava a reportagem de "depoimento íntimo", destacando que tentava ouvi-la havia mais de um ano. O título da matéria forçava ainda mais: "Maria Teresa (sic) conta tudo" — um exagero para um texto que informava mais uma vez que ela escrevia um livro de memórias chamado *Puertas cerradas* e que mantinha seus 43 quilos em 1,63 metro de altura. Apresentada como "a mais bela e cobiçada viúva do país", ela, curiosamente, explicava por que não gostava de dar entrevista. "Não gosto de jornalista. Eles distorcem as palavras e raramente dizem a verdade." Revelou também que pretendia continuar com seus endereços em Porto Alegre, Buenos Aires, Montevidéu e Rio de Janeiro.

Também reconhecia publicamente o que qualquer amigo sabia. Tinha dificuldades para persistir com seus planos: "Não são poucos e os mudo de hora em hora." Contou que gostava de ficar em casa, que cozinhava bem e que estava lendo o best-seller *O vale das bonecas*, de Jacqueline Susan. Entusiasmou-se ao falar do neto Christopher e dos preparativos para o casamento de Denize. Sobre sua infância, fez uma comparação entre sua mãe e a personagem Ana Terra, de *O tempo e o vento*, clássico do escritor gaúcho Érico Veríssimo. Foi uma entrevista em um tom mais incisivo. "Agora, com os filhos encaminhados, penso em desfrutar uma liberdade total, apesar de sempre ter sido livre. Independente. Sei que sou voluntariosa, agressiva, mas sou honesta, direta, franca. Não minto para ninguém. Faço apenas o que quero fazer e ninguém tem nada com isso. Sou dona do meu nariz."

Como se tornara rotina, desmentia mais uma vez um possível casamento. Ou melhor, desmentiria qualquer casamento que viesse a ter. Mesmo assim, mentiras sobre possíveis romances não paravam de surgir. Para a reportagem da *Status*, ela admitiu que, irritada com essas perguntas, atendia telefonemas de jornalistas e não negava. De propósito. Apenas para confundir quem inventara a notícia. "Pensem o que quiserem, mas, por favor, me deixem em paz."

Ao mesmo tempo, dava uma resposta bem mais séria, confirmando seu verdadeiro objetivo de vida. Não ter plano ou sonhar com algo bem mais difícil de realizar: "Comprar uma ilha em algum lugar do Pacífico (...) quero voar. Assim ninguém se mete na minha vida. Quando pensam que eu estou em um lugar, já viajei para outro."

Maria Thereza iria seguir o que professava. A década de 1980 surgia prometendo liberdade. Talvez houvesse algo a aproveitar. A Lei de Anistia sancionada pelo novo presidente João Figueiredo iria permitir a volta dos que partiram num rabo de foguete. O Rio viveria uma explosão de jovens fenômenos culturais na música e no teatro com uma nova geração que encontraria ali o seu momento. A liberdade passaria para os hábitos e para os relacionamentos, bem mais abertos e descompromissados.

A determinação de Maria Thereza em sentir e dizer o que pensava só fraquejava se o assunto fosse o que mais detestava: política. Nesse ponto, o depoimento dava uma rara escapada. Deixava claro: "Não me obriguem a falar de política. Não entendo e não gosto. O que poderia dizer do general Figueiredo? Apenas que ele é simpático. E dos militares? Apenas que todos são verdes."[4]

Fugia de qualquer pergunta sobre o assunto e essas declarações ajudavam a tirá-la da mira dos serviços secretos, que ainda a mantinham no radar. Apesar da prometida abertura política, Maria Thereza não conseguia superar o medo do que passara nas ditaduras da Argentina e do Uruguai. Queria voltar a viver em paz. Evitara qualquer contato com Ernesto Geisel, sobre o qual ouvira, algumas vezes, a opinião de Jango. Só isso bastou para ficar alerta e bem distante.

Apenas no governo João Figueiredo, aceitando um convite do próprio presidente, retornaria a Brasília. A primeira vez depois do 1º de abril de 1964. Sem sentir emoção alguma, no dia 24 de maio de 1983, ela foi recebida em audiência por Figueiredo. Estava acompanhada por João Vicente, na época deputado estadual pelo PDT do Rio Grande do Sul. Maria Thereza mantinha certa simpatia pelo presidente que fora, antes do golpe, corajosamente honesto com seu marido. O próprio general confirmou isso. Contou que gostava do estilo de Jango e que o avisara das ameaças contra ele. Lembrou-se também de um fato que Maria Thereza não esquecera. Antes de abril de 1964, o então coronel procurara Jango para comunicar que iria para o lado dos conspiradores.

No encontro com Maria Thereza e João Vicente, Figueiredo praticamente só falou sobre Jango. Sua intenção era dar uma anistia "simbólica" ao ex-presidente. Mas nem com tantos elogios eles caíram nessa. Em vez de um documento, um pronunciamento e uma cerimônia oficiais, eram esmolados um aperto de mão e uma audiência de 15 minutos. Esse gesto do general presidente fazia parte do movimento de abertura política que o governo lenta, bem lentamente, realizava. Figueiredo já havia recebido Jânio Quadros e a esposa de Juscelino, dona Sarah.

Terminada a audiência, Maria Thereza teve de enfrentar mais de cinquenta repórteres que a aguardavam. Ficou constrangida ao responder a uma pergunta sobre se ela "guardava mágoa". Escondeu o que sentia. Fugiu da questão, enfocando que sua intenção era agradecer ao presidente a abertura política que conduziria o Brasil de volta à democracia. Retomava o estilo defensivo que marcou seu período como primeira-dama, quando dizia que tudo era lindo. "Foi uma audiência maravilhosa. Tivemos uma conversa muito cordial e produtiva em favor da concórdia da família brasileira."[5] Foram suas poucas palavras, assim como mínima era a sua participação política. Restringiu-se a um apoio inicial à reestruturação do PTB, na época em que Brizola ainda lutava para reconquistar a legenda, e, posteriormente, à criação do PDT, novo partido de seu cunhado. Não por ele, mas pela família.

O casamento de Denize, em março de 1980, foi a primeira grande festa, realizada no Brasil, marcada pela presença dos anistiados. A lista de convidados poderia ser a mesma dos políticos mais odiados pela ditadura: Leonel Brizola, Waldir Pires, Darcy Ribeiro (que não compareceu), Miguel Arraes, Tancredo Neves e Ivete Vargas. Maria Thereza dedicou-se pessoalmente ao planejamento da cerimônia, realizada no Outeiro da Glória, e da recepção, no Copacabana Palace. Organizou um casamento que repercutiu nas colunas sociais e, inevitavelmente, nas páginas de política. Um detalhe que poderia explicar a saga da família não escapou aos ouvidos de quem esteve na festa. O espanhol era tão falado quanto o português. Dos amigos de Denize, havia mais uruguaios que brasileiros.

O casamento da filha representou uma perda para Maria Thereza, que não deu o braço a torcer nem escancarou essa dor. A partir daquele dia, ganhava mais um forte motivo para não se prender a um único endereço. Morar um pouco em cada lugar serviria para driblar a solidão. Ficar longe de Denize seria difícil. A convivência com a filha sempre fora muito intensa. Iam juntas aos mesmos lugares, faziam os mesmos passeios. Os gostos eram parecidos. Dias depois do casamento, a pergunta ecoava em sua cabeça: "O que que eu faço agora?" Foi então que buscou seu diário para escrever sobre os filhos:

> Eles são a minha grande obra, a realização de meu grande sonho e os grandes personagens de meu mundo. Sem eles não teria alegrias, eu não teria uma história. Nosso amor nasceu do primeiro olhar e do primeiro beijo. Foi crescendo com o tempo, com os primeiros passos e os primeiros abraços. Até hoje caminhamos juntos pela vida e somos companheiros fáceis na hora do ataque. Não há surpresas nem medos em nosso caminho. Somos um só. Meus filhos são minha força e meu equilíbrio emocional.
>
> Agradeço a Deus todos os dias por ter tido a ventura de ser mãe de dois seres tão absolutamente grandiosos. Que ele me faça partir antes da Terra, porque sem eles não teria mais vida.

Voltar a fazer poesias também era a saída que encontrava para matar a saudade de Jango.

Solidão
Partida sem regresso
De uma alma vazia
Que deixou sem estrelas
O meu céu
E perdida em ausências
Pelas noites tão frias
Fico rodando sem rumo
Na doce ilusão que
outro alguém chegaria

E escreveu também sobre o enigma Jango.

> Silencioso até mesmo nos momentos mais difíceis de sua vida, sem nunca falar de seus sentimentos, seus medos e seus sonhos. Havia um mundo interior e imenso dentro de si onde estavam guardados todos os segredos de seu coração e de sua vida. Nada era conhecido totalmente de sua personalidade, nem mesmo pelas pessoas que conviviam com ele em família. Mesmo sendo um homem de muita vivência, era tímido e um grande solitário. Intuitivo e brilhante, sabia conduzir sua inteligência de maneira sábia e discreta.

Em uma de suas idas a Porto Alegre, Maria Thereza foi conhecer a nova casa de João Vicente e Stella e matar a saudade de Christopher, que fazia 4 anos, e Alexandre, o seu outro neto com 1 ano e meio. Havia também mais um motivo. Stella estava grávida de oito meses e ela acompanharia o nascimento de seu terceiro neto, que se chamaria Marcos Vicente.

Na primeira visita que fez à nova residência do filho, Maria Thereza vestia uma camisa de seda branca, calça jeans e botas, e usava um cordão de ouro, o único item que poderia fugir a seu estilo marcado por uma elegante simplicidade. Com a postura ensinada por seu guru, desceu as escadas e deixou absolutamente admirado um jovem decorador que jamais se esqueceria dessa primeira vez em que se encontraram. Maria Thereza, por sua vez, impressionou-se com ele. As roupas, o cabelo e o porte fizeram-na lembrar imediatamente um velho amigo. Em vez de se apresentar ou cumprimentá-lo, já que nunca o havia visto antes, abriu-se e revelou, impressionada, a associação que suas lembranças fizeram:

— Que susto! Como você é parecido com o Dener!

O jovem decorador era Luiz Jacintho Pilla,[6] que guardou para sempre a emoção desse primeiro comentário. Conhecer pessoalmente Maria Thereza era para ele como estar diante de um ídolo.

Jacintho e Dener poderiam até ser parecidos aos olhos de Maria Thereza, mas tinham diferenças marcantes. Ele era bem mais discreto e menos polêmico que o famoso estilista, porém, como seguia sua regra de vida, ela obedeceu à sua imediata impressão. "Foi com a *faccia*" de Pilla e apostou que ali encontrava um amigo para toda a vida. Estava certa.

E como precisava de uma amizade naquele momento. Agora com os dois filhos casados, não sabia onde morar, com quem conversar ou para onde ir. Foi então que uma proposta surgiu de forma inesperada, abrindo uma porta e mostrando um caminho exatamente quando se sentia perdida. Maria Thereza estava almoçando com Jacintho no mais famoso hotel de Porto Alegre, o Plaza São Rafael, quando o presidente da Rede Plaza, João Ernesto Schmidt, foi até a mesa e disse que seria uma honra se ela ficasse morando no hotel por tempo indeterminado. Schmidt ofereceu-lhe uma suíte, afirmando que seria decorada conforme a orientação da hóspede. Garantiu que ela não teria de pagar pelo quarto e que cobraria apenas o que consumisse. Mais que um bom negócio, Maria Thereza viu naquilo um sinal para a cigana encontrar um rumo. Aceitou a ideia de mais uma mudança, participou da decoração e fez questão de colocar lindas fotos de Denize, João Vicente e Jango na parede.

O convite fez muito bem a ela. Apesar de possuir um apartamento no Rio e uma casa em Punta del Este, somente se encontrou ao receber um convite para "morar" em um lugar que não era seu. A certeza de que não conseguiria permanecer em um endereço fixo era tanta que, quando estava no Rio, também passaria a hospedar-se nos hotéis de Copacabana. Confirmava assim sua vontade de não criar laços e mantinha a curiosa mania — aprendida com a mãe e aprimorada no Colégio Americano — de arrumar a sua cama e a suíte. As camareiras dos hotéis ficavam surpresas ao encontrar o quarto muito bem organizado.

Em Porto Alegre, na sua nova vida como hóspede, Maria Thereza poderia contar ainda mais com a amizade de Jacintho. Um grande companheiro de viagens e festas no momento em que ela frequentava, já sem muito entusiasmo, os lugares da moda sem dar a mínima importância ao que estariam pensando sobre ela. Até onde seria possível.

A nota escrita por Ibrahim Sued em *O Globo* de 15 de agosto de 1980, que levava o título de *Casamento bomba*, surpreendeu Maria Thereza. Ibrahim garantia que ela se casaria em outubro com o industrial irlandês Alex Haighs e se mudaria para Paris, onde viveria "permanentemente". Ficou irritada com a publicação. Estava realmente começando a namorar, mas não com um industrial. Haighs era executivo do Royal Bank of Canada e trabalhava em Buenos Aires. Mas casamento estava longe do pensamento de Maria Thereza. Morar em Paris — com as cortantes lembranças que essa proposta trazia — não estava, sem dúvida alguma, em seus planos. E "morar permanentemente" em qualquer lugar que fosse era uma expressão que ela não conhecia o significado.

A notícia não repercutiu. Recebeu os telefonemas de sempre. E deu as negativas de sempre. Mas a primeira página do *Jornal do Brasil* de 9 de outubro de 1980, que trazia em um dos seus destaques "O noivo de Maria Teresa (sic)", destacando que ela iria casar-se, até o fim do ano, com o industrial francês Pierre Dreumont, a tirou do sério. Com motivo. A data do casamento, o nome e a profissão do "noivo" mudavam em menos de três meses.

Maria Thereza irritou-se ao ver a matéria publicada. Ficou assombrada ao descobrir que ela "se casaria" agora com um industrial francês, de Nice, Pierre Dreumont, uma pessoa que nem sabia se existia de verdade. Se fosse há alguns anos, não se espantaria. Porém, baixara a guarda. Havia se desacostumado a ler no jornal fatos sobre si que ela nem imaginava. O industrial não era industrial. O francês não era francês.

O namoro com Haighs durou pouco mais de dois anos sem que Maria Thereza mudasse seu ritmo de vida. Desde o início do romance, deixara claro que não queria se casar. Em comum, tinham o gosto por viagens e por conhecer novos lugares. E ambos eram do signo de Virgem, o que agradou Maria Thereza. Atencioso e gentil, tornou-se um companheiro enquanto estiveram juntos. O namoro até fez Maria Thereza chegar a pensar em fixar-se no Brasil. E acabou exatamente como ela imaginava que terminaria. Decidiram se separar porque Maria Thereza sabia que o relacionamento não iria longe. Achava que o namorado deveria seguir a vida dele, se casar e ter uma família. Nesses dois anos, Maria Thereza não apresentou o namorado a João Vicente, que sabia do romance da mãe. Ela jamais acreditou que o relacionamento pudesse ir além.

Antes de terminar, ainda tentou, através de seu diário, acertar as contas com Jango:

> Não foi fácil ser a esposa de Jango. Eu era jovem demais e, naquele momento, sua carreira política crescia dia após dia. Éramos companheiros, nos amávamos muito, mas, principalmente, nos unia uma grande amizade. Era um sentimento inexplicável que eu não conseguia definir claramente. Era um misto de atração com admiração. Depois de certo tempo, comecei a sentir que nossa relação foi ficando um tanto distante por causa das separações constantes por seus compromissos e viagens.
>
> Em alguns momentos, eu sofria em silêncio sem questionar o problema. Era uma confusão delicada de pensamentos que dificultavam minhas reações e tornavam complicadas as formas de soluções corretas. Dia a dia eu me sentia mais incapaz de demonstrar meus sentimentos de intolerância, com medo de prejudicar ainda mais nossa relação. Algumas vezes eu tentava mudar os pensamentos, mas me dava conta de que não era bem isso de que eu necessitava. Eu tinha uma missão: ser a jovem esposa de um vice-presidente também jovem e bonito. Apenas isso, sem problemas, compreender as diferenças!
>
> Eu seguia apostando no meu futuro de sonhos.
>
> Queria ter filhos, uma família feliz e ser e ter o que era certo para mim. Alguns sonhos foram deixados de lado para poder transformar o meu mundo de 18 anos, me adaptando, com o poder. Me tornei mais vulnerável e tudo foi acontecendo em várias etapas. Fiquei grávida e a alegria transformou tudo à minha volta. Essa transformação, eu não conseguiria sozinha.
>
> Amadureci de repente, minhas decisões já não eram cheias de dúvidas e minhas emoções eram concentradas no começo de uma nova vida.

Usei meu talento um pouco criativo para aceitar o que me parecia contra ou a favor conseguindo saber e entender quais eram nossas prioridades.

Em alguns momentos me preocupava com as mulheres que circulavam em volta de meu marido, mas nunca perdi o humor. Elas eram todas belas, porque ele tinha bom gosto.

Com ou sem namorado. Noiva ou solteira. E novos pedidos de entrevista para velhas perguntas. Maria Thereza tentava escapar. Após três dias de insistência, um jornalista da revista *Veja* conseguiu o encontro. Haveria uma tensa entrevista de mais de três horas realizada no Plaza São Rafael. A nota, publicada na edição de 23 de dezembro de 1981, descambava para o deboche, enumerando — ou inventando — projetos que ela não terminou e anunciando sua nova investida, além de, prosseguindo o erro de quem não fizera o trabalho direito, trocar o nome, a profissão e a nacionalidade de seu namorado:

> Maria Teresa (sic) Goulart (...) já prometeu, em 1977, lançar suas memórias. Também ameaçou, em 1978, virar fotógrafa. E anunciou um casamento que não se realizou, com o industrial francês Pierre Dreumont, em 1980. Este ano, ela parte para mais um projeto. Em companhia do cineasta Silvio Tendler, autor de *Os anos JK*, foi ao Uruguai e à Argentina buscar filmes em que o ex-presidente aparece e escolher locais para um documentário que pretende rodar em janeiro chamado *Os anos Goulart*. Maria Teresa, que gestará 15 milhões de cruzeiros no projeto, está entusiasmada: "Conseguimos filmes emocionantes da chegada de Jango ao exílio", diz ela. "Mas preciso recuperar também os da época em que ele era presidente. Com a confusão de 1964, não sei se estão no Palácio do Planalto, ou onde foram parar."

Dessa vez, ao ler a notícia, não aguentou. Telefonou para o jornalista:

— Você ficou maluco? Mais de três horas para dar essa nota cretina? Não me casei porque não quis. E não quero me casar. Não sou fotógrafa porque não tenho mais paciência de fazer cursos. E não escrevi o livro porque não quero publicá-lo. Não me perturbe mais.

O autor da nota poderia ficar satisfeito. Não só com essa resposta, mas com o fato de que o projeto que era alvo da sua ironia foi até o fim. Silvio Tendler realmente realizou o filme que se tornou um dos documentários mais marcantes da redemocratização brasileira. A única alteração foi o título. Em vez de *Os anos Goulart*, recebeu o nome de *Jango — Como, quando e por que se depõe um presidente da República*. Denize foi produtora, com uma participação financeira fundamental para o documentário que, conforme a própria revista *Veja* de 22 de fevereiro de 1984, teria seu certificado de exibição negado pela censura do Rio de Janeiro. Na edição de 28 de março, a revista classificava o filme de "uma biografia emocionada do presidente derrubado" e "um retrato lancinante dos traumas e da tragédia brasileira dos últimos trinta anos". A revista redimia-se com a obra, não com Maria Thereza, que não gostou muito do documentário por dar voz a algumas pessoas que só rodeavam Jango e que, na opinião dela, não eram seus verdadeiros amigos.

A história não terminou no telefonema. Maria Thereza não estava mais presa ao protocolo. Guardou a *faccia* do jornalista. Acreditava que poderiam se cruzar algum dia. Quando pudesse, iria enfrentá-lo. Mais de dez anos depois da entrevista no Plaza São Rafael, reencontraram-se em uma festa. Ele quis puxar conversa, mas a menina do Pampa não havia esquecido:

— Dona Maria Thereza, como vai a senhora? Tudo bem?

— Já escreveu seu livro?

— Que livro?

— Ué, você não escreveu um livro como eu? E está casado?

— Não. Estou separado.

— Pois é, você se lembra do que escreveu? Na época você escreveu que eu não escrevi um livro nem me casei.

— Ah, mas a senhora não esqueceu isso?

— Não, querido. Não me esqueço das coisas com facilidade.

Quando Maria Thereza chamava alguém de "querido", ela estava no limite. Dessa vez, era definitivo. Esgotava-se sua paciência com os jornalistas. Contudo, apesar de ainda sofrer alguns ataques sem motivo, isso estava deixando de ser a regra. Podia andar sozinha — ou até acompanhada — nas ruas sem ser importunada. E não havia mais seguranças a seguindo. Apesar da solidão que batia forte, ser esquecida pela imprensa a deixava feliz.

Após o término do namoro, Maria Thereza teve um rápido romance com um empresário paulista. Em comparação com o atencioso irlandês, achava o novo namorado muito chato. A tentativa durou pouco mais de um mês. Nem precisou se preocupar com o futuro da relação. Por isso, jamais esperaria que o terceiro namorado a fizesse reviver alguns momentos de paixão e ciúme bem semelhantes aos que tivera com Jango.

Em 1983, Maria Thereza foi apresentada por Jacintho Pilla a um jovem e tímido gaúcho, estudante de Direito, que não sabia quem ela era, apesar de ter ficado visivelmente interessado na nova amiga. Reencontraram-se em uma festa em Gramado, na serra gaúcha. Foi quando perceberam que existia uma atração entre eles. Mantiveram contato e, pouco depois, iniciaram um namoro. Os sentimentos comuns foram valorizados no início da relação. A diferença de idade, mais de vinte anos, acentuava interesses bem distintos. Naturalmente retraído, o jovem universitário tinha um círculo de amizades diferente do de Maria Thereza, que era reconhecida em vários lugares, o que fazia com que ele evitasse locais de agitação social. Não desejava promover-se à custa do namoro com uma mulher famosa. Se o evento pedia a presença da figura pública de Maria Thereza, ela ia sozinha. Os amigos mais próximos e familiares aceitaram bem o namoro. Denize entendia os namoros da mãe, mas não deixava de demonstrar uma ponta de ciúme. Maria Thereza, depois de tomar coragem, até apresentou o jovem namorado a João Vicente.

Mais que a fama e os olhares que despertava, o namorado notava que Maria Thereza, aonde quer que fosse, não passava despercebida. Havia uma mistura de curiosidade e fascínio sobre ela, que terminava por corresponder à atenção recebida e contagiar os que estavam à sua volta. Em 1984, o casal passou o Réveillon em Recife, junto com Denize e Ana Maria Guimarães, em um hotel de frente para o mar. Minutos antes da virada do ano, desceram com uma garrafa de champanhe para brindar na praia. Em frente à portaria, centenas de pessoas cantavam e pulavam. Maria Thereza foi reconhecida e levada para o meio da rua, enquanto seu nome era festejado. "Maria Thereza Goulart! É a Maria Thereza Goulart!", gritavam. Dessa vez, não sentiu medo. Foi cumprimentada, recebeu e desejou "feliz ano-novo", sem perder o ritmo do frevo, de uma maneira que surpreendeu até Denize, que tinha certeza de que a mãe nunca aprendera os passos da dança, apenas havia visto pela TV. Uma cena inesperada e encantadora. Da mesma maneira alegre com que fora levada, ela foi "devolvida" na porta do hotel. Não sentiu temor por estar no meio de uma pequena aglomeração e agradeceu.

Vendo a cena, foi a vez de Ana Maria lembrar que, um ano antes, a surpreendente Maria Thereza ameaçara ir embora de uma festa de Natal, realizada na casa que Denize comprara em Angra dos Reis. Ao ver a quantidade de bebida e o excesso de animação dos convidados, Maria Thereza fez com que as garrafas fossem guardadas e ainda deu um sermão em todos, lembrando que a data não deveria ser comemorada daquela maneira.

O casal seguiu em frente e apenas aproveitou o momento. Não foi necessário que se justificassem e se explicassem. Havia a certeza, compartilhada por ambos, que o romance precisaria acabar um dia. O jovem estudante entendeu bem a mulher que tinha opiniões avançadas para a época, fosse no comportamento, totalmente livre de preconceitos, fosse no espírito alegre que não se importava com o que iriam pensar dele ou dela ou deles, fosse na aparência, porque já tinha três netos e continuava linda e atraente, uma exceção à época.

A personalidade marcante, refletida em posturas inesperadas e comentários irônicos e diretos que encantaram Jango no começo de namoro, conquistara também o jovem. O casal circulava por lugares públicos, ia à praia, e não era perturbado. Quanto mais ficavam juntos, mais entendiam o sentido da relação. E, por isso, jamais chegaram a conversar sobre projetos em comum.

Dessa vez era Maria Thereza quem sentia a insegurança de ser a pessoa mais velha na relação. E assustava-se porque voltava a viver uma forte paixão. Era, esse sim, o seu grande amor depois de Jango.

A diferença de idade e o decorrente ciúme, com as brigas que surgiam, encurtaram o tempo que poderiam ficar juntos. Ambos sabiam que haveria uma data para o fim. Desde seu início, não seria uma história de amor em que seriam felizes para sempre. O relacionamento terminou de repente, na volta de um passeio na fazenda de Denize. Buscou ajuda do amigo que havia apresentado os dois. Revelou a Jacintho o que a incomodava:

— Eu gosto muito dele. É um amor de pessoa, mas não dá mais porque eu acho que ele tem de seguir o próprio caminho. Vai ser difícil pra mim, mas não dá pra ficar junto.

Foram mais de quatro anos. Um tempo que fez bem a Maria Thereza. Sentiu-se bem por sentir-se amada. Reencontrou uma motivação, porém não ousou sonhar. Ainda mais ela. Nunca esqueceu que a relação precisaria terminar antes que a separação se tornasse uma dor quase insuportável. A história se repetia.

Foi somente após esse relacionamento que Maria Thereza escolheu o Rio para morar. Mais de dez anos sem Jango e ela voltava quase definitivamente ao apartamento da rua Rainha Elizabeth, onde vivera os primeiros tempos de casamento, onde seus filhos nasceram. Nos anos que se seguiram, Maria Thereza teria rápidos namoros, mas aquele sentimento jamais se repetiu. A decepção com as fofocas de que era vítima se materializaria em indiferença. Pouco se importava.

Fazia ginástica, passeios, encontrava amigas e viajava. Continuava linda. Beleza que, somada a sua elegância, provocava algumas situações curiosas. Viajando com Jacintho, eles foram confundidos, em Buenos Aires, com artistas de cinema do Brasil, provocando uma pequena confusão no hotel onde estavam hospedados.

A década de 1980 ficava mais tranquila. Sua maior alegria era rever os netos. Uma ou outra entrevista, perguntas sobre moda, possíveis namoros e a infalível dúvida sobre se iria se casar novamente. Nada mais. Levar sua vida com sossego era o que queria. Até as bruxas que habitavam sua cabeça ficaram mais calmas. Mas ainda estavam lá.

Para ela, o futuro estaria inevitavelmente ligado às lembranças do que viveu. No centro de um delirante redemoinho de onde parecia nunca mais sair.

De volta ao passado. Eternamente.

23.
Essa palavra presa na garganta

Foram vários telefonemas. Alguns encontros esquecidos e outros cancelados em cima da hora por Maria Thereza, um tanto desconfiada com a insistência do interlocutor. Uma pessoa que não lhe inspirava confiança e fazia ressurgir péssimas recordações. Enrique Foch Diaz ligava, deixava recado e mandava aviso por conhecidos, alegando que tinha um assunto importante a tratar. Maria Thereza não lhe dava importância, mas o uruguaio a atormentou tanto que ela concordou, pensando mais em se livrar dos recados que recebia onde estivesse. Aceitou recebê-lo no Plaza São Rafael. O primeiro encontro foi marcado para janeiro de 1982. Era um esforço que não a empolgava. Desde a morte de Jango, não havia visto Foch Diaz, o conveniente amigo que tinha forte influência entre os militares da ditadura uruguaia.

O que ele contaria nessa reunião, porém, iria mudar sua vida para sempre. Era a primeira vez que alguém lhe falava cara a cara:

— Dona Maria Thereza, vim aqui para dizer que o doutor Jango foi assassinado.

Ela esperava por uma estapafúrdia proposta de negócio, um pedido de dinheiro ou uma reclamação. Não estava preparada para essa suspeita.

— Mas por que o senhor está dizendo isso? Como o senhor pode afirmar isso?

— Eu tenho certeza de que o doutor foi assassinado. Tenho certeza, vou atrás disso e vou provar isso.

A afirmação abalou Maria Thereza. Esqueceu-se das sérias restrições que fazia a seu interlocutor, aquele que, ao mesmo tempo que se apresentava como íntimo de Jango, não só se insinuava para ela, como também para suas amigas e empregadas. Foch Diaz aproveitou e pediu-lhe uma procuração para que ele pudesse ter acesso a documentos nos cartórios e escritórios de propriedade de imóveis. Iria fazer uma investigação particular. Ainda chocada com o que ouvira, concordou. No escritório do escrivão César Devicenzi, a procuração foi feita, assinada e entregue a Foch Diaz, que à época disse que Maria Thereza fora amável com ele e lhe dera apoio. No dia 31 de janeiro de 1982, Foch Diaz passou a ter acesso à contabilidade dos bens de Maria Thereza no Uruguai e na Argentina. A procuração também determinava que os administradores deveriam facilitar o acesso do uruguaio aos livros contábeis.

Mas o pedido não iria parar apenas na procuração. Nos dois meses seguintes, Foch Diaz não deixou Maria Thereza em paz. Passou a exigir dinheiro para investigar. Muito dinheiro. Aparecia de surpresa nos lugares onde Maria Thereza estava. Telefonava constantemente. Reclamava que não conseguia se comunicar com ela, que viajava sem avisar e o deixava esperando.[1]

No dia 19 de março, a paciência acabou. No último encontro forçado que tiveram, Maria Thereza desabafou:

— Não quero saber mais disso e o senhor não me procure mais. Chega dessa conversa.

Ela cassou a procuração, revogando as autorizações dadas a Foch Diaz, que agora pedia a interferência de Cláudio Braga. Foi pessoalmente a seu escritório. Queria que, além de Maria Thereza, Denize também lhe desse dinheiro para as investigações. Falou para Cláudio que 20 mil dólares pagariam os serviços realizados até então. Braga se negou a ajudar e disse que iria alertar Denize, posicionando-se contra qualquer pagamento. Foch Diaz irritou-se e saiu do escritório ameaçando:

— Tu vais cair do cavalo.

Maria Thereza e Denize então procuraram Braga, pedindo ajuda. Já sentiam medo da obsessão do uruguaio. Enquanto havia dinheiro, ele ficou do lado de Maria Thereza, mas agora, inconformado, partiu para a vingança. Foch Diaz apresentou uma denúncia por "morte duvidosa" ao juiz do Tribunal Criminal de Curuzú Cuatia, no departamento de Corrientes, na Argentina, levantando suspeitas contra Maria Thereza.

Sem consultá-la, Brizola e Gomes Talarico repercutiram a denúncia, o que deixou Maria Thereza enfurecida. O juiz Juan Spinoza solicitou a exumação do corpo, mas ela, João Vicente e Denize foram contra. Apesar de criticados por alguns inocentes úteis, não havia outra escolha. Jamais poderiam confiar o corpo de Jango à ditadura argentina. O surgimento de suspeitas sobre sua morte repercutiu na América do Sul. Em uma viagem que Maria Thereza fez ao Uruguai, acompanhada de Jacintho, os jornalistas do país lotaram o hall do Hotel Victoria Plaza, em busca de uma declaração, mas ela fez apenas rápidas observações. Para o jornal *O Globo*, Maria Thereza criticou abertamente os que deram crédito à acusação de Foch Diaz: "Eles nunca se importaram com o Jango quando ele estava vivo. Será que estão se importando agora? Isto é sensacionalismo e maldade. São pessoas que querem se promover e não olham os meios para conseguir isso."[2]

Atacou qualquer teoria apresentada pelo uruguaio, dizendo não saber o que se passava na cabeça "desse homem" e até suspeitando de que ele poderia estar sofrendo de distúrbios psíquicos. Nessa entrevista, alegou que não achou necessária a autópsia: "Vi meu marido sofrendo o enfarte. Pouco depois de falecer, ele ficou com o lado esquerdo do peito inteiramente roxo, devido aos hematomas, o que comprova essa afirmação." Garantiu que entraria com um processo contra Foch Diaz, o que não foi necessário. O juiz responsável pelo caso, Espinoza, mandou arquivar a denúncia por falta de provas e "seriedade". Diaz não desistiu e protocolou uma denúncia contra Ivo Magalhães e Cláudio Braga pelo roubo de parte do patrimônio de Jango.

Essa reportagem provocou uma nova corrida de jornalistas atrás de Maria Thereza, que concedeu uma outra entrevista ao *Zero Hora*, do Rio Grande do Sul. Para Foch Diaz, reservou a classificação de "mau-caráter, doente mental" e disse que ele passava por uma "crise financeira". Ficara calada durante todo o exílio. Não havia mais motivo para silenciar. Aos que se proclamavam amigos de Jango, deixou um desabafo guardado por anos:

> Eu não admito que nenhuma pessoa dê opinião sobre a morte de Jango porque a única pessoa que estava junto quando ele morreu era eu. O Jango não teve amigos, não teve companheiros, sequer uruguaios, que lhe dessem uma palavra de conforto, que lhe estendessem a mão de vez em quando. Quando a gente está doente, sofrendo, recorre aos amigos, aos conhecidos, para ter um pouco de apoio, de conforto. O Jango não teve isso (...) sofreu uma pressão muito grande, a pressão política, em consequência da situação no Uruguai e na Argentina. Era um homem que dormia num lugar e não sabia se iria amanhecer nesse lugar, tais eram as ameaças, os telefonemas, a pressão que estavam fazendo sobre a pessoa dele (...) Digo sinceramente que os últimos dias de Jango foram realmente cruéis. Foram dias de angústia. Vi-o chorar de tristeza e de impotência contra aquele estado de coisas. Não havia sequer uma pessoa, um amigo ao lado, para conversar, para trocar ideia. Se Diaz acha realmente que a morte dele não foi natural, em parte talvez tenha razão. Foi uma morte acossada pelos próprios uruguaios, patrícios seus, e não houve problema nenhum de troca de remédios. Jango estava num regime de alimentação controlada rigoroso e nunca foi um homem de tomar remédio que não soubesse o que era. Isso deve ser uma promoção de Enrique Diaz, que está escrevendo um livro sobre a vida e a morte de Jango. Ele sabe, mais do que ninguém, que Jango morreu de um infarto total.[3]

Maria Thereza manteria essa opinião por muito tempo. Com o Brasil governado por uma ditadura militar, tinha certeza de que não surgiria nenhuma prova sobre um plano para assassinar Jango. Nada que a fizesse mudar sua convicção de que a morte fora natural.

Além da exaustiva batalha com Foch Diaz, que desapareceu estrategicamente depois do arquivamento da denúncia, Maria Thereza teria outro momento de luta. No final de 1983, com o dinheiro da venda do apartamento em Buenos Aires, iniciou um antigo projeto. O sonho que nasceu com Dener e se consolidou vendo Luigi trabalhar. Montar uma elegante butique que seguiria seu estilo de vestir. Com a marca "Maria Thereza" registrada, ela comprou um grande espaço em um shopping center em fase final de construção em Porto Alegre e contratou o decorador Paulo Zoppas, que se empolgou com as ideias que ouvia.

Ele passou a viajar e comprar as peças e os acessórios, sempre com a aprovação de Maria Thereza, que elogiava o seu bom gosto. Zoppas tornou-se assim o administrador da loja, mostrando muito conhecimento também na parte contábil. Outros dois amigos, Paulo Gasparotto e Roberto Gigante, jornalistas e colunistas sociais que alcançavam grande repercussão no Rio Grande do Sul, deram orientações e fizeram uma excelente divulgação, que apontava que esse investimento de Maria Thereza seria um sucesso.

A dois dias da inauguração, com a loja lotada de roupas importadas e com os convites distribuídos, um vazamento de água provocou uma inundação no local. Praticamente todo o estoque foi perdido. Arrasada, Maria Thereza chorou muito ao ver a destruição. E não conseguiu segurar a decepção, a ponto de desistir de tentar recomeçar. Possíveis sócios se ofereceram e ela recebeu sondagens para montar a loja em outro local, mas nem tentou desafiar sua sina de ter e perder. Conseguiu apenas vender, a preço de custo, a parte da mercadoria que não fora atingida pela água. Mais uma vez teria de contratar advogados. Entrou com uma ação contra o shopping. Para sua surpresa, perdeu e ainda teve de pagar uma indenização para o proprietário do empreendimento.

Era momento de abrir uma nova porta e buscar o que restara. Ficou a certeza de que, além de Jacintho, podia contar com pessoas de confiança — naquele momento, algo bem mais importante para ela — como Paulo Zoppas, Paulo Gasparotto e Roberto Gigante, e outros companheiros fundamentais em sua luta. Sentiu-se menos perdida ao fazer amigos a quem, sempre que os reencontrava, dedicava uma palavra de agradecimento. Eles não sabiam, mas a acolhida que lhe deram teve uma importância fundamental no destino de sua vida. Fora como se reencontrasse um caminho.

Ainda em 1982, uma caixa enorme e bem pesada foi entregue em seu apartamento na rua Rainha Elizabeth. Não havia informações sobre o remetente. Era a imagem peregrina de São Francisco de Borja, a mesma que Stroessner havia mandado para o sítio Capim Melado durante o exílio da família. Sem a presença de Jango, a imagem, assim como vários objetos que lá estavam, fora surrupiada e ficara perdida por anos. Maria Thereza, João Vicente e Denize tentaram então devolver a imagem, mas não encontraram interesse dos políticos de São Borja. A estátua foi levada para o apartamento de Denize e lá permaneceu por 28 anos até que, graças ao esforço de Christopher, voltou a São Borja em 1º de maio de 2010, após 145 anos longe da cidade.

Dessa vez Maria Thereza reencontrara um objeto que não era seu. A sina — ou a certeza — continuava. Para fazer a mudança dos móveis e objetos que estavam no apartamento de Buenos Aires, ela contratou a Transportadora Coral. Nunca mais veria seus pertences, nem as roupas de Jango, além de uma parte de suas correspondências, caixas com fotografias, peças de decoração e até aparelhos domésticos. A mudança de Maria Thereza jamais chegaria ao destino. Com mais de trinta ações na Justiça, o dono da transportadora, o empresário Bernardo Carlos Weinert fugiria para Mendoza, na Argentina, onde se tornaria proprietário da Bodega y Cavas de Weinert e um dos maiores produtores de vinho do país. No Brasil, entraria em outra lista, bem menos honrosa, a dos maiores devedores da União. Além de sumir com os bens de seus clientes, Weinert deixou de pagar a Previdência e os direitos trabalhistas dos funcionários. Para Maria Thereza, isso não era nenhuma surpresa. O estigma de que viera ao mundo para perder coisas a perseguia.

A alegria que Maria Thereza demonstrou ao provar que sabia dançar frevo não se repetiu no desfile das escolas de samba de 1985. Fora convidada por Ibrahim Sued, homenageado da Acadêmicos de Santa Cruz com o enredo "Ibrahim, de leve eu chego lá". Maria Thereza seria um dos destaques ao lado da ex-miss Marta Rocha. Porém a desorganização da escola a impediu de mostrar que também tinha vocação para o samba. Um acidente envolvendo os carros alegóricos da escola e da Beija-Flor atrasou o início do desfile, na segunda-feira, em mais de duas horas. Nesse longo intervalo, a bagunça desfilou pelo Sambódromo.

Dessa vez não haveria entusiasmo que a fizesse manter a calma. Maria Thereza passou mal com as aglomerações que se formavam. Teve medo de subir no carro que estilizava uma taça de champanhe, com 8 metros de altura. Ela usava um vestido prateado de paetê, colado ao corpo. Precisaria enfrentar uma escada e, lá em cima, colocar o restante da pesada fantasia. Mas o carro alegórico não estava pronto. Viu que funcionários da escola montavam as peças de sustentação e que o lugar destinado a ela não oferecia segurança alguma.

— O que vocês estão fazendo?
— Soldando umas peças. É que o carro não está pronto ainda.
— Mas como eu vou subir com essa roupa e nessa altura?
— A senhora não pode subir porque esse carro vai precisar ir aberto, o seu apoio não vai ser colocado.

Assustada com o que ouviu, ela desistiu. Procurou Ibrahim para se desculpar. Quando o encontrou, era tarde. Ele dormia profundamente em um dos carros. Não havia como acordá-lo. Já havia festejado demais. Quem se deu bem foi Carlinhos Beauty, o cabeleireiro que Maria Thereza contratara para penteá-la e ajudá-la a se vestir.

— Vou embora, Carlinhos. Se você quiser, pode ficar com a fantasia.

Carlinhos aceitou. Saiu dali direto para o baile Grande Gala Gay, onde fez o maior sucesso com a fantasia da ex-primeira-dama. A Acadêmicos de Santa Cruz realizou um desfile fraco e foi rebaixada. A Mocidade Independente venceu, mas o que entrou para a história foi o desfile da escola Caprichosos de Pilares com o samba-enredo "E por falar em saudade...", sucesso em todo o país:

> *Diretamente, o povo escolhia o presidente*
> *Se comia mais feijão*
> *Vovó botava a poupança no colchão*
> *Hoje está tudo mudado*
> *Tem muita gente no lugar errado.*

A julgar pela letra do samba, Maria Thereza também estava na escola errada. Deveria ter desfilado na Caprichosos.

Já morando a maior parte do tempo no apartamento da rua Rainha Elizabeth, Maria Thereza deixara para trás as longas temporadas no Hotel Califórnia na Avenida Atlântica. O medo da violência, que aumentava no Rio, foi fundamental para essa decisão. Dez anos após sua volta, a noite carioca perdera o encanto. Ela se cansara da badalação. Mas, dos amigos, não esquecia. Escreveu sobre eles em seu diário, que continuava longe de se tornar um livro:

> Meus amigos de fé,
> Todas as alegrias são passageiras. As derrotas, também.
> Os momentos da vida nos atrasam se não estivermos preparados emocionalmente para conviver com eles.
> Durante toda a minha vida tive a sorte de ter facilidade para lidar com as situações.
> Nada para mim foi muito, tudo foi relativo, na medida dos meus anseios. Foi assim que descobri onde encontrar os amigos certos e verdadeiros, que são contados nos dedos de minhas mãos e gravados no fundo do meu coração. Eles são uma luz que ilumina minha alma e minhas lembranças passadas e presentes.
> É difícil esquecê-los nesta vida agitada, em que submergimos entre a distância, as alegrias e as dificuldades.
> Alguns desses amigos já partiram para sempre e, quando a saudade bate forte, me seguro na força de seus ensinamentos em vida, recordando nossos momentos de cumplicidade e ternura. Sempre que ouço alguém falar de amigos, me vem a ansiedade de falar seus nomes.

Enquanto passava uns dias na casa de João Vicente, que estava morando em Brasília, Maria Thereza leu o livro que, à época, se tornara febre na capital federal. Lançado em 1984, *De Aknaton a JK — Das pirâmides a Brasília*, escrito por Yara Kern, defendia que, em razão de sua localização geográfica, coincidências matemáticas e seu desenho, Brasília seria uma reprodução da cidade egípcia de Akhetaton, e que Juscelino Kubitschek seria a reencarnação do faraó Akhenaton. Kern fazia grande sucesso com suas ideias, ao mesmo tempo que a região se tornava polo de várias seitas, religiões e grupos ligados a doutrinas espirituais e mitológicas.

Impressionada com o livro, procurou a autora e participou — do início ao fim, com uma assiduidade surpreendente — de dois cursos sobre meditação. Empolgada, comprou pedras, discos de música, incensos e uma pirâmide, que foi colocada no apartamento da rua Rainha Elizabeth.

Se houvesse algum parente ou conhecido com problemas físicos, mentais e até financeiros, ela o convidava para relaxar sob a pirâmide.

A nova filosofia durou até o primeiro susto, quando um amigo que estava com uma forte dor de cabeça usou sua pirâmide, mas não melhorou. Passou mal a ponto de ser levado ao hospital. Percebeu então que estava exagerando e deixando-se envolver demais pela meditação. Desistiu da nova fase e assim como a pirâmide entrou, saiu.

Para vencer o medo da rotina, também fazia atividades mais comuns, como ginástica e pilates, almoçava com amigas e resolvia pessoalmente os problemas que surgiam. Passou a cuidar sozinha da casa, limpando e arrumando o apartamento ela própria. Mantinha o sonho. Matriculou-se, mas não terminou um novo curso de fotografia.

Assim que sua mudança para o Rio foi tornando-se definitiva, a atenção sobre ela foi voltando. Em uma escala bem menor em relação à década anterior, o que ela vestia, o que pensava, aonde ia, com quem ia ainda interessavam. E ela não mudaria por causa disso. Ficara calada por muito tempo, enquanto sorria para pessoas que não lhe eram agradáveis para não prejudicar Jango, mas o exílio e a morte de seu marido consolidaram sua nova visão. Não devia nada a ninguém.

Assim, a vida de Maria Thereza caminhava enfim para uma normalidade. Era enfim apenas uma avó que gostava de caminhar pelo Rio. Era essa a aparência, mas ela continuava sentindo falta de algo que não sabia explicar. Tomou uma decisão que não chegava a ser surpreendente. Mesmo com a mudança para o Rio, não conseguira ver o Brasil como seu país. Decidiu pedir cidadania uruguaia em julho de 1988. A quem perguntava o motivo, dizia apenas que tinha vontade de morar lá. Dez anos não tinham sido suficientes para que seu amor ao Brasil ressurgisse. Só não seguiu em frente porque as dificuldades burocráticas a desanimaram.

Mas essa atitude serviu para libertar-se de uma dor que tentava esconder. Não perdoava o Brasil. Nunca sentira, de verdade, vontade de ficar. Não se livrara da melancolia que se transformava em ressentimento. Se pretendia esquecer o passado, fizera uma péssima escolha ao decidir morar no Rio, onde fregueses e perseguidos da ditadura se esbarravam a toda hora.

A cidade e o país viviam a confusão política que se seguiu com o fim do governo de João Figueiredo, o último presidente da ditadura militar. Em janeiro de 1985, a chapa da Aliança Democrática, formada por Tancredo Neves e José Sarney, colocou ex-exilados ao lado de ex-integrantes da ditadura e venceu a eleição indireta realizada no Colégio Eleitoral. Durante a campanha, Tancredo buscou e recebeu o apoio da viúva de Jango. Mas a redemocratização ainda era história da carochinha. A repercussão do encontro entre Maria Thereza e o candidato fizera surgir fantasmas de pijama. Perguntado se o apoio não poderia trazer embaraços com os militares, Tancredo respondeu: "Mas será possível que a visita de uma viúva de um ex-presidente neste país seja a base de uma crise militar? Vamos ter calma, isto é o cúmulo."[4]

Um dia antes de assumir a Presidência, em 15 de março, Tancredo foi internado. Após uma série de erros médicos, operações e boatos, o presidente eleito faleceu no dia 21 de abril. José Sarney, ex-UDN e importante aliado dos militares durante a ditadura, seria o presidente. Governou como assumiu. Um acidente no poder. Além disso, a união de vítimas e algozes de um mesmo lado não poderia terminar bem. Em 1989, com o governo Sarney aos trancos e barrancos, e uma péssima administração refletida em baixos índices de popularidade, seria realizada a primeira eleição direta desde aquela que elegera o marido de Maria Thereza vice-presidente.

Com o país afundado em uma crise econômica, sem resolver suas diferenças ideológicas depois de uma transição calminha, seria natural que a campanha presidencial de 1989 despertasse amor e fúria, destruindo amizades — e até afetuosos relacionamentos — enquanto construía convenientes relações. E claro que o voto de Maria Thereza, a viúva do presidente deposto pelo golpe de 1964, seria importante. Procurada por vários partidos, sua decisão foi surpreendente.

Maria Thereza não mudara. Mas, dessa vez, poderia mostrar o que pensava, o que sempre pensou. E fez sua escolha. Um ato de coragem porque sabia que teria de enfrentar sua família. A ideia partiu da equipe responsável pela campanha de Fernando Collor de Mello, que a procurou pedindo que gravasse uma declaração de apoio ao candidato.

Maria Thereza aceitou. O problema era que Brizola também concorria à Presidência. Mal sua declaração foi exibida no horário político, ela passou a ser cobrada.

O peso da declaração provocou um contra-ataque terrível. Os Vargas, São Borja e o Rio Grande do Sul deram-lhe as costas. Além da patrulha dos amigos, a família revoltou-se contra ela. Somente Denize ficou a seu lado. Maria Thereza teve de repetir a vários jornalistas que não sofrera pressão para declarar o voto em Collor. E que não sentia obrigação alguma de apoiar Brizola. Em entrevista a O Globo, confirmou seu voto em Collor, elogiou os candidatos e tergiversou sobre Brizola: "Inteligente. Um homem que tem um passado bonito."[5]

De todas as reações, a que mais lhe doeu foi a de Yara Vargas. Seu apoio a Collor custou a amizade da prima, brizolista ferrenha. A tia América, ao lado de quem passara momentos marcantes, ficaria quase dez anos sem falar com ela.

Esse foi o preço.

Maria Thereza comprou a briga em que Jango nunca entrou.

O foco da declaração ficou na inesperada — para o público, para a imprensa e para quem não acompanhou o governo Jango — escolha, que foi explorada como uma troca. A esposa de Jango não iria apoiar Brizola e preferia votar em Collor. Mas havia também outras razões. Maria Thereza era amiga de Leda Collor, mãe do candidato, e de Ledinha, sua irmã.

Outro motivo era bem mais subjetivo, trazia-lhe lembranças tristes e talvez tenha sido o que mais a tocou. A cada crítica que Rosane Collor esposa do candidato, sofria, a cada boato sobre ela, Maria Thereza lembrava-se do tempo em que fora primeira-dama, o que aumentava a identificação. E claro, havia a sua opinião. Ela — assim como a maioria dos brasileiros, conforme as urnas comprovariam — acreditou que Collor era a melhor opção.

Apesar de ter sido convidada, Maria Thereza não foi à cerimônia de posse de Collor. Eles se encontrariam poucas vezes. As desavenças familiares criadas a partir de sua declaração foram desaparecendo com o tempo. Com exceção de Yara, que nunca mais voltaria a falar com ela.

Provocada por um repórter do *Jornal do Brasil*, deu então um conselho à nova primeira-dama, que não chegara a conhecer pessoalmente: "Fique sempre linda e de boca fechada."[6]

Ainda no governo Sarney, com o país nominalmente livre da ditadura militar, Maria Thereza foi a uma festa em que reencontrou Yolanda e Waldir Pires. Durante a conversa, Pires ficou espantado ao saber que Maria Thereza não recebia a pensão a que tinha direito como viúva de um presidente. Ele a orientou para que procurasse mais informações em seu banco. Maria Thereza foi ao gerente de sua conta no Banco do Brasil. O que ouviu não foi muito animador:

— Olha, dona Maria Thereza, tem dinheiro aqui para a senhora receber, mas é uma coisa tão pequena, um valor irrisório.

Maria Thereza nem reclamou, mas o gerente do banco insistiu:

— Desculpe me meter na sua vida, mas por que a senhora não entra na Justiça?! É um absurdo! A senhora tem direito a uma pensão como esposa de Presidente.

Mesmo assim, não se empolgou. O valor mensal da pensão que recebia, no auge do Plano Cruzado, era de 200 cruzados (o equivalente, em 2018, a cerca de 210 reais).[7] Nem passou pela sua cabeça entrar na Justiça buscando uma aposentadoria melhor. O motivo era o mesmo do tempo da ditadura: não confiava em quem estava no poder.

Um encontro casual a fez mudar de ideia. Maria Thereza acabava de chegar de um voo no aeroporto de Brasília e encontrou dona Sarah Kubitschek, viúva de Juscelino, e notou que ela estava com dificuldade para andar. Recuperava-se de um acidente após levar um safanão de um assaltante e não tinha condições de carregar suas malas. Ambas estavam sozinhas. Maria Thereza pegou as malas de Sarah, colocou-as em um carrinho e a acompanhou até o ponto de táxi. Pediu ajuda, explicando quem era a senhora que estava acompanhando, mas os funcionários do aeroporto não lhe deram atenção.

Pouco depois, recebeu um telefonema de agradecimento. Foi quando comentou com Sarah sobre sua pensão. Em seguida, recebeu outra ligação. Era Yolanda Costa e Silva, viúva do general e ex-presidente Arthur Costa e Silva, que sucedeu Castello Branco na ditadura militar.

Falante e extrovertida, Yolanda logo convenceu Maria Thereza a entrar na Justiça pedindo equiparação com a pensão que elas recebiam.

Naquele mesmo ano de 1989, Maria Thereza ainda tentou a anulação do pacto de separação de bens assinado no casamento, assim teria direito a 50% do patrimônio de Jango, diminuindo o número de propriedades destinadas a Noé pela Justiça brasileira. Pouco antes, ele entrara na Justiça uruguaia pedindo metade dos bens herdados por Denize. Em resposta, Maria Thereza voltou então a pressionar a Justiça para que Noé fizesse o teste de DNA, o que, inexplicavelmente, continuou sendo negado.

O conselho de Yolanda Costa e Silva foi seguido, mas Maria Thereza só começaria a receber a pensão como viúva de ex-presidente em 1991, quase quinze anos após a morte de Jango. Mesmo assim, teria direito a um valor menor do que era pago às outras viúvas. Só conseguiria igualar sua pensão em dezembro de 1997, porém recebendo abaixo do que determinava a lei, criada durante o governo Collor, que equiparava a pensão de viúva de presidente ao salário de um ministro do STF.

Enquanto o país voltava a discutir política nas ruas, a amizade de Maria Thereza com o jornalista Palmério Dória, apresentado a ela por Tarso de Castro, transformava-se em um descompromissado namoro. Nas conversas e viagens para a casa de Denize em Angra dos Reis surgiu a ideia natural de que ele escrevesse o seu livro de memórias, cujo título já estava escolhido havia tempos: *Puertas cerradas* ou *Portas fechadas*. Foram dezenas de fitas gravadas, mas Palmério nunca chegou a terminar a obra.

Como Maria Thereza prometera a si mesma sobre qualquer relacionamento que tivesse, o namoro terminou sem nenhuma reviravolta emocionante. Formalmente, nem houve um fim. Palmério recebeu uma oferta de trabalho em Belém e saiu do Rio. Maria Thereza concluiu então que o projeto do livro fora, mais uma vez, adiado. Como fazia desde sua infância, perdera o entusiasmo pela ideia, enquanto jornais e revistas publicavam notas[8] que se referiam às suas memórias.[9]

Assim, depois de mais de um ano sem qualquer contato, Maria Thereza surpreendeu-se com uma reportagem publicada, em agosto de 1991, na inovadora revista *Interview*, que entrava em uma nova fase, com uma linha editorial mais ousada e irreverente. E justamente esse texto marcava a guinada da revista, de um *society light* para textos obrigatoriamente polêmicos que, algumas vezes, terminavam em agressão. Os autores da matéria eram Paulo Silber e o próprio Palmério. O título da reportagem "A primeira-dama que levou à loucura príncipes e plebeus" já dava pistas sobre o enfoque escolhido.

Maria Thereza detestou o linguajar da publicação, que abusava da informalidade, carregada de expressões que ela não usava. "Jango tinha paixão pelo jogo e pelo álcool"; "Na frente dos outros, Jango era maravilhoso, mesmo quando tomava umas e outras. Mas comigo ele virava bicho"; "Não houve uma vedete do Carlos Machado que o Jango não tivesse faturado" (no corpo da matéria, a palavra "faturado" era substituída por "comido"); "Se eu quisesse, eu seria uma messalina. Na época fiquei sabendo, por certas pessoas, que fui amante de meio Brasil, pelo menos de uma grande parte dos homens brasileiros. Nunca, nunca, nunca."[10]

Curiosamente, nas minguadas linhas que dedicou à política, a reportagem esqueceu-se da polêmica e pegou leve com a opinião de Maria Thereza em relação ao cunhado: "Naquela época o Brizola tocou um pouco de fogo no circo."

O que mais a decepcionou foi que, de todas as centenas de entrevistas que concedeu, somente as frases dessa reportagem ficaram e passaram a ser reproduzidas em novos livros e publicações, sendo usadas principalmente por autores contrários ao governo Jango, que se deliciaram com o texto. Lamentou muito porque sempre manteve respeito por Jango e se posicionou em sua defesa. Jamais atacara a memória do marido.

Na maior parte da reportagem, porém, o texto a cobria de elogios, celebrando a "década de 1980 de Maria Thereza". Sem citar as várias casas por onde passou, o texto destacava a sua capacidade de se reinventar, lembrando-se dos momentos ruins e das contas não acertadas. "Levar calote, se esquivar das rasteiras, e até debitar o prejuízo, afinal, não é nenhuma novidade para Maria Thereza. Que o diga o fazendeiro Tião Maia. Ele saiu do Brasil com metade dos bens de Jango. Só não foi o que estava no nome de Maria Thereza."

Referia-se ao ex-sócio de Jango e ao arrependimento por não ter impedido o marido de fechar negócio com o sujeito. Mantinha a esperança de poder acertar-se com ele. Talvez nos mesmos moldes com que se encontrara com Assis Brasil:

> O Tião Maia roubou. Eu estava junto quando Jango e ele fizeram o negócio. Na época, Tião não era tão rico assim. Roubou mesmo. Jango deu uma procuração de todos os bens que tinha para Tião administrar. E ele nunca mais apareceu para prestar contas. Ele vendeu todas as coisas do Jango. Fazendas, carros, caminhões, gado, tudo. Depois foi para a Austrália. Mas um dia, eu tenho esse pressentimento, a gente vai se encontrar...

No mesmo mês da publicação, a revista *Veja* trazia a matéria de capa "O casamento em crise" sobre os problemas conjugais do casal presidencial Collor de Mello. O texto da *Veja* fazia a inevitável comparação entre os primeiros casais e, já citando a publicação da *Interview*, seria o primeiro, de uma série sem fim, a ecoar as frases dessa entrevista. Porém, para surpresa de Maria Thereza, a reportagem da *Veja* posicionava-se a seu lado:

> Na galeria de casais presidenciais, jamais houve uma dupla tão falada quanto Maria Thereza e João Goulart — ao menos até a semana passada (referindo-se à briga entre Fernando Collor e Rosane). Maria Thereza foi a primeira-dama mais jovem e mais bonita da História brasileira, e na época em que morou no Alvorada estava também na boca do povo. "Se dependesse da fantasia popular, eu teria sido amante de metade da população masculina e o Jango da metade de todas as mulheres brasileiras", recorda-se Maria Thereza. "Éramos jovens, éramos bonitos, atraíamos a inveja e a curiosidade de todo mundo." A julgar pelos rumores da época, o casamento iria terminar no dia seguinte. Comprovou-se, mais tarde, que era bastante sólido, Jango foi deposto e Maria Thereza não saiu de seu lado nos anos do exílio. Ele morreu aos 58 anos, na Argentina, em sua cama de homem casado, e a mulher que estava a seu lado era Maria Thereza.[11]

No fim, com a *Interview* e a *Veja* nas mãos, pensou: "Uma reportagem a mais, uma reportagem a menos..." o que a magoava realmente era o esquecimento a que Jango estava sendo condenado. Não entendia por que ele não recebia o reconhecimento do país. Revoltava-se contra a injustiça que ele sofrera. Não encontrava justificativa para o que tinham passado. Deixaram tudo o que possuíam para começar uma nova vida em outro país e, durante todo aquele tempo, enfrentou o sofrimento de ver o marido se recolhendo em sua tristeza.

Fizera questão de passar a década de 1980 bem longe da esperança que surgiu com o fim da ditadura. Soube se empolgar apenas com quem valia a pena. E agora havia: netos, muitos netos. João Vicente casara-se pela segunda vez e, além de Christopher, Alexandre e Marcos filhos de Stella, ele tivera mais três: Vicente, João Marcelo e José. E havia também as meninas, Barbara e Isabela, filhas do segundo casamento de Denize.

Oito netos que seguiam a tradição criada por Christopher, que, desde pequeno, passou a chamá-la de Tetê e não de avó. O apelido pegou entre eles também.

Antes motivo de grande entusiasmo, já detestava ser lembrada do aniversário e receber os parabéns. Preocupava-se com a forma. Continuava fazendo ginástica e caminhadas para manter os mesmos 47 quilos que tinha quando casou. Estar bem-vestida também era uma preocupação, apesar do talento natural de ficar elegante mesmo de jeans e camiseta.

Enquanto o Brasil sofria com o agonizante fim do governo Collor, uma descoberta mudaria a história da América do Sul e, não havia como fugir, mexeria mais uma vez com Maria Thereza. Em dezembro de 1992, o advogado e professor paraguaio Martín Almada encontrou documentos e provas das ações da rede de terror criada pelas ditaduras da América do Sul. Foram anos de esforço para descobrir, nos fundos de uma delegacia da cidade de Lambaré, região metropolitana de Assunção, livros encadernados, pastas, fitas cassete, fichas completas com endereços e telefones de perseguidos pela ditadura, folhas avulsas, fotografias, álbuns de casamento, batizado, aniversário e formatura; dossiês e relatórios com as assinaturas, feitas de próprio punho, dos responsáveis pelas ações paramilitares realizadas na Argentina, Bolívia, Brasil, Chile, Paraguai e Uruguai.

Estava comprovada a existência de um intercâmbio do terror, envolvendo as ditaduras da América do Sul, que trocavam informações secretas sobre cidadãos que buscaram refúgio em outros países, desrespeitando-se fronteiras e soberanias diplomáticas, criando um esquema macabro de colaboração alicerçado na violência. Esse sistema clandestino perseguiu, prendeu, torturou e matou seus opositores das mais chocantes formas, como nos "voos da morte".

A descoberta tornou mundialmente conhecida a Operação Condor.

Com toda a discrição possível a um país que não queria incomodar seus antigos ditadores e torturadores, a notícia da descoberta de Martín Almada foi parar nos jornais brasileiros, mas acabou convenientemente esquecida pelo governo, afinal, era melhor não mexer com isso, já que o país nem dava conta de ter um presidente eleito que terminasse o próprio mandato. No mesmo mês em que o mundo se chocou com as provas de sangue da Operação Condor, o presidente Fernando Collor renunciou, em uma manobra para frear o seu processo de cassação, decorrente do impeachment aprovado pelo Congresso. O vice, Itamar Franco, interino desde 2 de outubro, assumiria a Presidência definitivamente em 29 de dezembro de 1992.

Assim, Maria Thereza não poderia esperar nada além de páginas de jornais que lembrassem, em 1994, do aniversário de 30 anos do golpe militar. No dia 25 de março, o *Jornal do Brasil* publicou um artigo de Maria Thereza — editado a partir de um depoimento dado por ela ao jornalista Hélio Sussekind — que ganhou o título de "A queda de todos nós". Em tom de desabafo pessoal e político, ela fez um resumo de seus sentimentos, sem deixar de citar as passagens mais importantes do governo, do comício, do exílio e até da participação norte-americana no golpe.

> Meu marido é, até hoje, a mais discutida e analisada figura política da recente História do brasil. Um foco que se explica não apenas pelo que realizou ao longo de sua vida pública como

principalmente, pelo que não realizou, pelo veto que a ele e ao país foi imposto. Tanto interesse, no entanto, torna inevitável a emergência de certos mitos ou erros de interpretação que só o depoimento de quem viveu de perto os acontecimentos pode reparar.

Não há como negar que o comício de 13 de março acirrou as disposições golpistas. Mas a minha opinião é de que o golpe estava decidido há bem mais tempo. Basta que se recorde o episódio da renúncia de Jânio Quadros e a "dificuldade" para a posse de Jango. Não posso concordar, portanto, com os que insistem numa suposta "inabilidade" de meu marido. Não há como evitar percalços em terreno minado. Tudo o que se precisava era de um pretexto. Não fosse o comício, outro seria fabricado. O fato era que Jango não podia permanecer no poder.

Outro mito diz respeito às más influências que teriam "desencaminhado" Jango. Será possível tratar como más influências um San Tiago Dantas, um Darcy Ribeiro, um Evandro Lins e Silva, um Almino Affonso, um Celso Furtado? A verdade é que Jango se cercou do que havia de melhor no Brasil, tendo formado um dos maiores ministérios de nossa história.

Fala-se no Partido Comunista. Jango queria uma autêntica e ampla reforma agrária? Sim, para isso criou a Supra. Ele queria que o Brasil fosse dono de suas riquezas? Sim, por isso anunciou a nacionalização das refinarias de petróleo. Sem sombra de dúvida, meu marido tinha um projeto de Brasil. Um projeto moderno e socializante, cujas propostas coincidiam em muitos pontos com as dos comunistas.

A verdade é que Jango tinha uma única preocupação: melhorar a vida do camponês sem terra, do operário das cidades, dos desvalidos e desassistidos. Por isso, naquele momento, fala a língua do povo. Até o Comício da Central eu nunca tinha estado tão perto do povo. Nas semanas que antecederam o golpe, recebemos inúmeras ameaças de atentado e de morte. Diziam que iam explodir o palanque se Jango insistisse no comício. O que poucos sabem é que no dia 13 de março de 1964 ele foi desaconselhado pelo médico a comparecer ao comício — para evitar "emoções fortes".

Nem por um instante, porém, pensou em acatar a recomendação. Só a custo consegui que me deixasse acompanhá-lo. Para minha felicidade, pois poucas vezes alguém teria tido a oportunidade de observar uma correspondência tão forte entre um político e sua plateia. Uma interação tão extraordinária que fez com que Jango, ao final, ignorasse as folhas datilografadas com o discurso que eu lhe entregava, passando ao improviso mais aberto e arrebatado. Mas tenho certeza de que, se pudesse, teria repetido infinitamente aquela noite pelo que ela significou de proximidade e identificação com a alma popular.

Um último mito diz respeito à possível apatia de Jango quando da deflagração do golpe. Sustentam alguns que ele poderia ter resistido. Mas como pedir a um povo sacrificado que pegasse em armas (que não havia) e derramasse seu sangue por uma causa que naquele momento já estava perdida?

Jango saiu da cena política como entrou: com dignidade e discrição. Eu estava em Brasília no dia 31. No dia 1º embarquei para São Borja e, dois dias depois, para Montevidéu, onde, no dia 6 [*ainda confiando no que escrevera em seu diário, Maria Thereza voltou a se enganar sobre a data de chegada de Jango, que entrou no Uruguai no dia 4*], Jango se juntaria a mim e aos filhos, vindo do Rio Grande do Sul. Foi um processo muito rápido, cuja resistência teria causado não uma guerra civil, mas a chacina dos que se aventuraram a enfrentar os golpistas.

Vivemos momentos terríveis no exílio. Fui presa algumas vezes no Uruguai. As ameaças continuaram por muito tempo. Nem por isso conseguiram subtrair aqueles anos à minha vida. Tinha meus filhos para criar, meu marido. Era jovem e quando se é jovem se tira força do nada. Jango, sim, foi um homem triste no exílio. Jamais acreditou que voltaria. Quando completei 30 anos, no Uruguai, lembro que durante a festa me disse: "Você está fazendo 30 anos no Uruguai; você também vai fazer 40 anos no Uruguai." E brincou que eu só deixaria o exílio já avó, o que de fato aconteceu.

Jango só voltou à sua terra morto. Foi um dos mais dolorosos e belos momentos de minha vida. Mesmo com todas as dificuldades — como a tentativa de impedir que eu pudesse acompanhar seu corpo —, foi magnífico ver os trabalhadores do campo, enxadas na mão, acenando para o carro, à margem da estrada numa última homenagem. À medida que avançávamos, a multidão afluía. Foi o seu reencontro com o povo — um reencontro que não conseguiram evitar.

A queda de João Goulart foi a queda de todos nós, de um Brasil que acreditava em seu presente e que sabia que o futuro não pode ser um alvo eternamente inalcançável. Espero que este olhar para o passado tenha o efeito de nos devolver a crença no presente.

Em setembro de 1994, a *Veja* voltaria a citar Maria Thereza. Na interpretação da jornalista Dorrit Harazim, que escreveu uma reportagem sobre Ruth Cardoso, esposa do então candidato à Presidência Fernando Henrique Cardoso, os boatos pareciam enterrados de vez: "Jamais houve mulher como Maria Tereza Goulart, na beleza e no imaginário popular. A promiscuidade que lhe foi atribuída não resistiu ao tempo — era inversamente proporcional à inveja das mulheres e ao ódio político dos adversários do marido."[12]

Menos de um ano depois, a mesma revista publicou uma reportagem não assinada repleta de ataques gratuitos, repercutindo uma dívida que Maria Thereza teria com a butique Scarphé. Ela comprou roupas na loja, mas viajou logo em seguida e, sem muita surpresa para quem a conhecia de perto, esqueceu-se de fazer o pagamento. A loja fez uma cobrança judicial que saiu mais cara do que a dívida original porque houve a necessidade de contratação de advogados. O assunto rendeu, com repórter pulando o portão do prédio da rua Rainha Elizabeth para conseguir uma declaração.

Apesar da pressão que suportou e das situações pelas quais passou, Maria Thereza continuava a mesma. Com sua cabeça fresca e, definitivamente, sem vocação para fazer negócios, uma certeza que só surgiria com o tempo. Foi avalista de uma amiga em um contrato de aluguel. A amiga não honrou os pagamentos nem avisou Maria Thereza, que acabou sofrendo uma execução judicial com valores que alcançaram quase 10 mil dólares.

Influenciada pelas datas, um sentimento de melancolia retornou com força em 1996, vinte anos após a morte de Jango. Recorreu a quem sempre procurava quando queria falar dos seus segredos. Ao caderno que lhe servia de diário.

> *Quero partir um dia*
> *Sem dizer adeus*
> *E naquela sala fria*
> *Onde ficarão os meus sonhos*
> *E os teus*

Não haverá mais alegria
Não haverá mais nada
Apenas os abraços e os amigos
Tristes calados
Entre as flores já despedaçadas.

Ressabiada com o que lia sobre ela, Maria Thereza aceitou dar uma nova entrevista, somente porque se impressionou com o esforço do jornalista Luiz Antonio Ryff. O sobrenome também pesou na decisão. Luiz Antonio era neto do assessor de imprensa e fiel amigo de Jango, Raul. As declarações fizeram barulho, a começar pela manchete na primeira página do jornal *Folha de S.Paulo* de 23 de novembro de 1997: "País ainda é uma droga, diz mulher de Jango".

A reportagem alardeava que ela não gostava de entrevistas e lembrava do pedido que fizera para que a esquecessem. (Ryff pesquisara. Realizou um trabalho cheio de detalhes e que fugia dos clichês.) A primeira pergunta referia-se ao telegrama que Maria Thereza enviara, em maio de 1965, ao *Diário Carioca* e a alguns colunistas sociais para desmentir a informação de que encomendara, em pleno exílio, dez vestidos a Dener: "Me esqueçam definitivamente, como eu já os havia esquecido", escrevera. Provocada pelo neto de Raul, Maria Thereza não fugiu da pergunta e confirmou que "estava cansada da aparência de primeira-dama. Fiquei com o estigma da mulher bonita, jovem e burra".

Também não deixou sem resposta as insinuações de que Jango fora um fraco na Presidência — polêmica ressurgida com o lançamento da biografia de Ernesto Geisel, e com as transcrições das gravações do presidente norte-americano Lyndon Johnson. Maria Thereza não justificou. Fez mais. Desafiou:

> Quero que mostrem então se apareceu alguém forte depois do Jango (...) Não acho que tenha sido fraco. Mas acho melhor ser fraco do que ladrão. Nunca tiveram nada para dizer dele. Incompetente não era, porque teve uma carreira brilhante como político (...) Hoje o povo continua querendo tudo o que o Jango queria. E continua não tendo nada. A História do Brasil é essa. E ainda dizem que o Jango era fraco. Quero que me mostrem então se apareceu alguém forte depois do Jango.

Realmente estava sem paciência. Questionava as teses e teorias que brotavam a respeito do governo Jango, formuladas e ruminadas durante a ditadura e aceitas bovinamente por jornalistas e historiadores que faziam parte de uma mansa manada. Maria Thereza não se conformava. Devolvia. Contundente como raras vezes fora. Foi a sua mais franca e direta entrevista, na qual confirmou que Jango sabia da participação dos Estados Unidos no golpe.

Ela falou mais.

Das brigas: "Quando (Jango) bebia, havia momentos em que ficava um pouco agressivo. Mas eu também não era fácil. Sou muito temperamental. Tenho um gênio difícil. E enfrentei uma pessoa de gênio difícil. Havia entre nós certo conflito de temperamento."

Dos boatos de infidelidade e dos casos que lhe foram atribuídos: "Tive uma educação muito severa. Não fui preparada para essas coisas de namoro e homem. Casei virgem aos 17 anos. Hoje é fora de moda. Mas não gosto dessas coisas de sai com um, sai com outro. Ninguém venha me dizer que uma primeira-dama tem condições de ter uma aventura. Você tem sempre uma pessoa junto por questões de segurança. Mesmo assim, isso nunca me passou pela cabeça. Era casada com um homem bonito, poderoso, rico, com as mulheres o desejando. Eu ia procurar quem?"

Das cantadas: "Claro que eu era paquerada. Mas você não pode se fascinar com nada que é poderoso. Nem com a beleza. Porque tudo acaba. A beleza acaba, o dinheiro acaba. A idade chega."

Falou até sobre as plásticas: "Não dá para deixar nada despencar. Tem que segurar quanto puder."

Maria Thereza decidira. Nenhuma insinuação ficaria sem resposta.

E seria bom ela se preparar.

Uma antiga briga iria ressurgir.

Dez anos após a campanha presidencial em que apoiara Fernando Collor, uma entrevista de Leonel Brizola aos jornalistas Aziz Filho e Paulo César Teixeira, da revista *IstoÉ*, reacendeu as diferenças entre Maria Thereza e seu cunhado. Quase toda a entrevista, que levou o sugestivo título de "Sr. Metralhadora", fora sobre a atualidade política, mas Brizola não resistiu à pergunta "Por que o senhor brigou com seu cunhado João Goulart?". Atribuiu o fim da amizade a uma divergência por ocasião da instituição do parlamentarismo depois da crise da renúncia de Jânio. Mas não parou por aí. Tocou em um assunto delicado e que perseguia Jango:

> Quando a notícia do acordo (a adoção do parlamentarismo) chegou à multidão em frente ao Palácio Piratini, em Porto Alegre, ele foi vaiado por 100 mil pessoas. As mulheres tiravam a calcinha e diziam: "Toma! Veste!" Aquilo o ofendeu muito. Logo após o golpe de 1964, propus que ele nomeasse ministro da Guerra o general Ladário Telles, comandante do III Exército, e que eu virasse ministro da Justiça. O Ladário era fantástico: "Presidente, tenho armas para distribuir a 110 mil civis. Mas sou legalista, preciso de ordem para agir." Aí Jango falou: "Se a minha presença no governo for à custa de derramamento de sangue, prefiro me retirar." E foi pescar no rio Uruguai.

Brizola disse ainda que Jango "tinha temperamento para a política do cochicho. Era bom negociador, mas tinha dificuldade de assumir situações de risco, audácia."[13]

Ao ler a entrevista, Maria Thereza voltou a perder a paciência com Brizola. Ela e Denize enviaram uma carta à redação da revista, que publicou o texto na edição seguinte:

> (...) será que quando o Dr. Brizola fala em falta de audácia ele se refere, por exemplo, ao fato de Jango nunca ter concordado com ele em fechar o Congresso Nacional, por ser acima de tudo um grande democrata, um homem absolutamente íntegro e honesto? — qualidades essas que o Dr. Brizola parece desconhecer (...).
>
> Sobre a passagem das calcinhas, atribuímos isso a mais uma agressão gratuita do Dr. Brizola, pois basta conhecer um pouco da História recente para saber que são absolutamente fantasiosas tais afirmações (...).

Na mesma semana da publicação, Maria Thereza e Brizola se encontraram frente a frente em um jantar comemorativo no apartamento de Denize, para o qual Brizola fora convidado antes da publicação da entrevista. Com a reportagem da *IstoÉ* em sua cabeça, Maria Thereza conversou com os convidados mas ignorou o concunhado, que compareceu como se nada houvesse acontecido.

Depois de algumas desviadas de olhares, Brizola a chamou:
— Maria Thereza, venha cá, senta aqui um pouco comigo.

Ela foi. Preparada para a briga. Bastou uma pergunta.
— Maria Thereza, me diga uma coisa, tu tens alguma coisa complicada comigo?
— Não, não tenho nada complicado contigo. A única coisa que eu acho, já que Jango está morto, é que deveria haver um respeito maior. Já basta o que falam mal dele nos jornais e nas revistas, tu, principalmente, não deverias também ajudar a falar. Então tu dizes que o Jango foi fraco? Que não tinha audácia? Que o Jango foi não sei o quê? Eu não gostei.
— E é por isso que tu estás magoada comigo?
— Eu não tenho mágoa de ti. Pra mim, tu és indiferente. Agora, só não vou admitir que tu dês uma entrevista para uma revista falando mal do meu marido. Isso não. Eu acho que não fica nem bem pra ti.
— Ah, mas é isso? Tu estás magoada comigo por causa dessa reportagem. Mas isso é coisa de jornalista, minha filha. Isso é jornalista que distorce tudo o que a gente diz.

Chegou então o momento em que Maria Thereza parou de discutir. Estava esperando a culpa recair sobre os jornalistas. Balançava a cabeça apenas para sair daquela situação. Fingiu acreditar. Ficou assim convencionado, sem empolgação alguma por parte de Maria Thereza, um acerto entre ambos.

Poucos dias depois, Brizola enviou uma carta para Maria Thereza, que a leu, emoldurou e pendurou na parede. Era o pedido de desculpa de seu concunhado.

Rio de Janeiro, 14 de fevereiro de 2000.

Maria Thereza, João Vicente e Denize, estou dirigindo-me a vocês por um motivo que, para mim, creiam, tem muita significação. Vocês tiveram razão, ao enviar aquela carta para a revista *IstoÉ*. É natural que vocês se sentissem magoados com o que se publicou, integrando com destaque malicioso a minha entrevista. Venho dizer-lhes que em nenhum momento esteve na minha intenção desmerecer a memória do Jango, cuja personalidade tem sido motivo de minhas meditações e o papel histórico de grande importância que desempenhou na vida de nosso país sempre vem pesando, cada vez mais, no meu julgamento. Reconheço que o professor Darcy Ribeiro teve toda razão ao afirmar que Jango caiu mais pelas suas virtudes e propostas que pelos seus defeitos — os quais todos nós somos portadores. Muito menos imaginei que pudesse, com minhas palavras, que foram retiradas de um contexto geral e publicadas da maneira que o foram, fazê-los sofrer, como se não bastasse tudo o que temos passado em matéria de incompreensões. Por isso, quero pedir-lhes as minhas sinceras desculpas. Não tive nenhuma intenção. Ainda mais nestes tempos em que estamos convivendo num clima de tanta fraternidade.

Era isso que eu desejava transmitir-lhes e a toda família Goulart, particularmente à nossa querida Landa.

Com o abraço afetuoso do Leonel Brizola.

Mesmo com sua opinião pessoal a respeito de Brizola formada há décadas, ela jamais questionara a ajuda que seus filhos, principalmente João Vicente, lhe deram. Como também nunca arriscou qualquer palpite ou opinião sobre escolhas financeiras, políticas ou pessoais que tomavam, deixando para eles a decisão de resolver seus problemas da maneira que achassem melhor.

Com a mudança do calendário, e o início dos anos 2000, teve o que classificou de um "ataque de melancolia". Em agosto, no mesmo dia em que completava mais um aniversário, escreveu uma nova poesia:

Um dia eu vi
O desespero em seus olhos
E perguntei
Por que as nuvens
Passam tão depressa
E não vejo o sol nascer

Em tua alma?
É o passar do tempo
me dissestes
É o vento que vem
depois da calma
nas dores
que passei

As nuvens, o vento e o passar do tempo mudavam lentamente. A percepção que imprensa, políticos e historiadores tinham sobre a morte de Jango, também. A suspeita de assassinato sempre existira, mas Maria Thereza mantinha a mesma opinião. Vira Jango morrer. Viveu e sofreu aquele momento e nunca mais se esqueceria.

Ao contrário da mãe, João Vicente era o mais desconfiado, mas não pôde seguir em frente com suas investigações. Estava tentando evitar que os bens da família continuassem desaparecendo. Denize chegou a pensar na possibilidade de assassinato, mas não achou que isso poderia ser real. Só despertou para isso com o surgimento de novas provas.

A convicção de Maria Thereza nasceu do trauma dos dias cinzentos, marcados profundamente pelas mortes de Zelmar Michelini e Gutiérrez Ruiz, o que a levou a pensar que, se Jango fosse assassinado, seria de uma maneira violenta. Nem cogitou a possibilidade de haver uma ação mais inteligente com a finalidade de eliminar seu marido.

Longe de ditaduras e vivendo, em diferentes níveis, uma liberdade democrática, os países da América do Sul revelavam uma trágica verdade nos anos 2000. Ao contrário dos vizinhos Uruguai, Paraguai e da Argentina, o Brasil democrático não se esforçava na investigação sobre o extermínio programado de líderes e militantes contrários à ditadura militar. Somente no governo Fernando Henrique Cardoso houve uma efetiva desclassificação de documentos secretos, mas com um mínimo empenho para se apurar a relação da — agora inquestionável — Operação Condor. E de todas as suspeitas, as estranhas mortes de Juscelino, Jango e Lacerda em um período menor de um ano eram as que mais despertavam teorias.

O Brasil de 1992, ano em que os papéis da Operação Condor foram descobertos, talvez não estivesse preparado para olhar-se no espelho. Porém, depois de 25 de abril de 2000 seria impossível ignorar que o país estava envolvido do bico às penas. Nesse dia, o *Jornal do Brasil* publicou uma reportagem histórica de José Mitchell e Luiz Orlando Carneiro confirmando que Jango e Brizola tinham sido vigiados, ao mesmo tempo, pelos serviços secretos da Argentina e do Uruguai. A matéria também levantava a possibilidade de Jango ter sido vítima da Operação Condor.

Na esteira das investigações, das suspeitas sem fim e de novos documentos que surgiam, a Câmara dos Deputados, aceitando um pedido do deputado Miro Teixeira (PDT-RJ), criou em maio de 2000 uma comissão externa exclusivamente para investigar a morte de Jango. A proposta de Teixeira foi acatada pelo presidente da Câmara Michel Temer (PMDB-SP). Chegou-se a falar da exumação do corpo de Jango. A presença de Maria Thereza, João Vicente e Denize, chocados com as reportagens do *Jornal do Brasil*, na primeira audiência pública reforçava essa possibilidade.

A instalação da Comissão era uma boa ideia, repleta de — aparentemente — ótimas intenções. Transformou-se em uma patetada sem fim, com muitas lentes voltadas para quem não tinha a menor noção do que se passou. Políticos, parentes, amigos e funcionários de Jango foram convocados para depor. O deputado Reginaldo Germano (PFL-BA) foi escolhido para ser o presidente da Comissão; Coriolano Sales (PMDB-BA), o primeiro vice-presidente; Marcos Rolim (PT-RS), o segundo; e o são-borjense Luis Carlos Heinze (PPB-RS), o terceiro. Miro Teixeira seria o relator.

O excesso de holofote e uma absurda falta de conhecimento básico da história recente do país atrapalharam os deputados, que se transmutaram em detetives para realizar uma peça cheia de erros, buracos e megalomania, externada já no pomposo e controverso nome "Comissão Externa destinada a esclarecer em que circunstâncias ocorreu a morte do ex-presidente João Goulart, em 6 de dezembro de 1976, na estância de sua propriedade, na província de Corrientes, na Argentina". O desastre parecia inevitável. A começar pelo presidente da Comissão, Reginaldo

Germano, que mais tarde seria condenado por improbidade administrativa nas investigações da Operação Sanguessuga, ou a Máfia das Ambulâncias, e chegaria a ser preso por receptação de carro clonado.

Muita gente ficou entusiasmada com a criação da Comissão. Enrique Foch Diaz ressurgiu e voltou ao ataque. Aproveitou a possibilidade de ligação da morte de Jango com a Operação Condor para ampliar o leque de acusados, fazendo o samba do acusador doido, misturando os procuradores de Jango com os militares, os governantes da época e com Maria Thereza e João Vicente. Criava assim uma conspiração político-econômica-cívica-militar-passional. Poderia parecer movido por ideais, mas sabia jogar com marketing. Montava um teatro repercutido por jornais e revistas e tentava faturar. Lançou nessa época o livro *João Goulart — El crimen perfecto*, em que juntava o argumento da apropriação dos bens de Goulart com as ações dos serviços de inteligência da Operação Condor, apontando suas suspeitas para Cláudio Braga e Ivo Magalhães, e respingando em Maria Thereza.

Para escrever o livro, Foch Diaz ouviu os empregados de Jango, os mesmos que não tinham ligação alguma com Maria Thereza, afinal ela sempre se esforçara para que esses relacionamentos continuassem formais e distantes. Cada funcionário deu uma opinião, contou um fato, seguindo a visão oblíqua e parcial que tinha de um indecifrável Jango. Palpites não faltaram. O uruguaio usava a parte que lhe conviesse. Como já tinham se passado mais de vinte anos da morte de Jango e, se crime houvesse, estaria prescrito, sobre Foch Diaz ficou a suspeita de que sua principal motivação era vender livro.[14] Fazer barulho, mas sem entrar em detalhes. Uma leitura mais atenta de sua obra desmontaria seus argumentos. Eram erros absurdos cometidos por alguém que se dizia tão amigo de Jango.

Foch Diaz dedicava um dos capítulos para elogiar a beleza física de Maria Thereza e semear ataques vazios. Afirmava que ela amava ser fotografada.[15] Uma pena que Foch Diaz nunca tivesse se encontrado com o jornalista Antonio Maria, que reclamava porque ela não queria aparecer, não sorria nem gostava de ser fotografada. Os críticos de Maria Thereza precisavam se entender. Foch Diaz também relatava que ela trouxera quinze malas de "pele de onça"[16] quando buscava asilo no Uruguai. Só não explicava como, no Cessna 310 bimotor prefixo PT-BSP, poderiam caber essa bagagem e ainda Maneco, Denize, João Vicente, Etelvina e Maria Thereza. Não elucidou como eles e as quinze malas — que não apareceram nas fotos do jornal *La Mañana* — couberam no táxi que os levou para a casa de Alonso Mintegui.

Insinuava que Maria Thereza tivera casos com vários homens, mas não citava um nome sequer. Para aliviar a série de ataques, lançava-lhe uma defesa eventual, justificando que ela teria a mesma predisposição natural que Jango tinha de confiar nas pessoas que os rodeavam.[17] No fim do livro, coroando a própria covardia, Foch Diaz, depois de levantar várias suspeitas, redimia Maria Thereza e, sem um mínimo de coerência, entrava em contradição, mudava de opinião e a colocava, junto com Brizola e João Vicente, como uma das "vozes que clamam pelo esclarecimento da morte" de Jango. Bem discretamente, afirmava em apenas uma linha do livro que fora o governo brasileiro — e não Maria Thereza — que se negara a pedir a autópsia.[18]

A linha cronológica do livro era uma barafunda. Uma sequência de erros sobre os acontecimentos ocorridos no sábado, dia 4 de dezembro de 1976. Um deles, porém, fazia grande diferença. Foch Diaz mentia e escondia o fato de que Jango e Maria Thereza chegaram juntos a El Rincón. Inventou que Maria Thereza surgiu sem avisar, oferecendo-se para viajar com Jango.[19] Claro que, assim descrita, a delirante teoria da esposa assassina que aparecia de surpresa ganhava mais sabor nas mentes criativas de deputados mal informados. Mais um embuste que expunha uma obstinada premeditação de Foch Diaz para prejudicar Maria Thereza.

Para tornar mais incompreensível a cambulhada de palavras que chamou de livro, Foch Diaz já havia escrito, na página 69, que Jango e Maria Thereza tinham ido ao cassino de Punta (que ficava a mais de 500 quilômetros de distância de El Rincón) no dia 4.

As datas também não eram o forte de Foch Diaz. Ele afirmou que o dia 5 de dezembro era um sábado. Garantiu que Ulrich conduziu o carro na viagem para La Villa, quando fora Jango o piloto do Opel Rekord azul metálico com capota preta, placa de Maldonado, e não um Ford Falcon, como relatou.[20]

O uruguaio mostrou-se surpreso com a rápida presença de Cláudio Braga em La Villa após a morte de Jango. Desconhecia que Cláudio estava dormindo na casa de Carlos Piegas e que os três — Jango, Cláudio e Piegas — participariam de um remate na segunda-feira. Sobre o velório, Foch Diaz explicava que Denize estava em São Borja aguardando a vinda de João Vicente de Londres. Não sabia nem que a filha de Jango estava estudando na Inglaterra.

Havia falhas mais risíveis, que escancaravam um descuido gigantesco para alguém tão obcecado pela beleza da esposa de Jango, como a referência a *"el negro pelo"*[21] de Maria Thereza, esquecendo que seus cabelos eram castanho-escuros. Ou que possuía uma loja de roupas masculinas, quando eram roupas femininas.[22] E derrapava doze anos ao dizer que Jango tivera um infarto em 1974 no México.[23]

Erros tão graves que até um deputado poderia perceber. Espantoso era ver que os representantes do povo brasileiro davam crédito a um autor que afirmava que a Granja do Torto era a casa particular de Jango.[24] Omissões que poderiam levantar a dúvida se os despreparados deputados se deram ao esforço de ler o livro de Foch Diaz ou se estavam simplesmente indo no embalo.

Comissão pronta, cheia de deputados ávidos por minutos de fama. Um suposto velho amigo que reapareceu com o estratégico lançamento de um livro repleto de denúncias aumentando o interesse pela investigação. Só faltava um fato novo para transformar essa pantomima em superprodução. Talvez o surgimento de uma pessoa que tivesse efetivamente participado das espionagens à família Goulart. Um arapongada arrependido seria perfeito.

24.
Silêncio na cidade não se escuta

Enquanto a Comissão fazia barulhentas diligências, o jornal *Zero Hora* de 21 de junho de 2000 apresentava ao Brasil Mario Ronald Neira Barreiro ou Mario Ronald Barreiro Neira ou Omar Gaston Paulino Duarte ou Antônio Meireles Duarte ou Ronald Mario Neira Barreiro (como chegaria a ostentar em sua página no Facebook). Com esses nomes, Neira Barreiro (como será chamado pelo autor a partir de agora) fora preso várias vezes no Brasil e no Uruguai por roubos e assaltos.

Ao contrário do que afirmava, Neira Barreiro não era um agente do serviço de inteligência do Uruguai, mas um radiotécnico responsável pelas gravações das escutas da polícia de Montevidéu. Integrante, por vontade própria, do grupo radical de ultradireita Garra 33 e, depois, do Gamma, ambos do Uruguai. Com a redemocratização, tornou-se mais um que seguiu uma trilha natural. Da repressão, passou a viver de crimes. Um fenômeno comum na América do Sul, onde torturadores e policiais da ditadura deram as mãos a corruptos e corruptores, passando a trabalhar juntos na extorsão de cidadãos e comerciantes. E se não recebessem o que chamavam de colaborações financeiras, reciclavam velhas práticas de extorsão, tortura e assassinatos. Neira Barreiro, por sua vez, enrolou-se ainda mais e enveredou pelo caminho dos assaltos a caminhões de transporte de valores, além de tráfico de automóveis.

No Uruguai, a turma ganhou um nome: Polibanda. Procurado pela Justiça de seu país, Neira Barreiro fugiu para o Brasil, mas continuou cometendo crimes. Até ser preso e condenado. Foi o jornalista uruguaio Roger Rodriguez, alertado pelo presidente do Movimento de Justiça e Direitos Humanos Jair Krischke, o primeiro a publicar sua história no jornal uruguaio *La República*.

Na entrevista a Rodriguez, Neira Barreiro mostrava conhecer detalhes sobre a atuação da ditadura uruguaia. Falava demais. O que impressionava, à primeira vista, era o conhecimento que demonstrava sobre detalhes de fatos ocorridos com a família Goulart. Tivera acesso, sem dúvida, aos relatórios dos serviços de espionagem, porém enrolou a si próprio nos vários depoimentos que deu à imprensa, dentre os quais à TV Senado, à Polícia Federal e ao próprio Rodriguez. Além disso, há coincidências gritantes entre o que narrou e o livro *João Goulart — Lembranças do exílio*, publicado no ano seguinte, mas cujo conteúdo fora coletado por Otero ao longo de várias conversas com Jango na década de 1970, registradas por escutas clandestinas do serviço secreto uruguaio, as mesmas a que Neira Barreiro tinha livre acesso.

Apesar dos absurdos do livro de Foch Diaz, os deputados da Comissão mostravam-se empolgados com o que imaginavam ou desejavam descobrir. Por incompetência, preguiça, ignorância ou vaidade, embarcaram na história de Foch Diaz e se refastelaram com o surgimento da figura de Neira Barreiro.

As intenções eram boas. A morte de Jango não poderia ser excluída das investigações sobre a repressão. Havia circunstâncias estranhas que seguiam a mesma linha de tempo da Operação Condor, escancaradas pelas reportagens publicadas no *Jornal do Brasil*. Contudo, os deputados demonstravam que não conheciam História, muito menos os fatos e as pessoas envolvidas, além de embaralhar nomes e sobrenomes. Soltavam perguntas irrelevantes sobre a aparência de Maria Thereza, convocavam testemunhas sem nenhum critério e davam atenção a quem queria aparecer.

Era óbvio que os deputados procurariam Foch Diaz. Como não faziam ideia do que se passara nos últimos dias, meses e anos de Jango no exílio, engoliram sem dificuldade as bravatas do uruguaio, que não perderia a chance. Enviou um exemplar de seu livro para cada deputado da Comissão. Eles passaram a ver Maria Thereza como suspeita. Não faltariam especulações sobre as infidelidades do casal.

No depoimento à Comissão, Foch Diaz foi interrogado pelo deputado do PMDB do Distrito federal, Jorge Pinheiro, outro que se empolgou com o falatório e decidiu dar uma de detetive. Empolgado com suas investigações, Pinheiro fez perguntas a Foch Diaz e, em seguida, já vomitava acusações.

— O senhor acha, já que afirmou que Maria Thereza teria matado o Presidente, que ela tinha um caso com Cláudio Braga...

Foch Diaz preferiu uma resposta curta:

— Pode ser.

Pinheiro não ficou contente. Achou que já resolvera o caso.

— ... já que a fama dela não era muito boa e ele (Cláudio Braga), depois, ficou como seu procurador, não é isso? O senhor acha que havia alguma coisa entre eles? Porque ela só o mataria por vingança, por interesse de ficar com alguma coisa ou algo parecido.

O pastor e deputado Jorge Pinheiro não fez a lição de casa, apesar de ter sido relator da viagem que uma delegação de cinco deputados fez ao Uruguai e à Argentina. Pinheiro passeou bastante e voltou convencido de que Jango fora assassinado. Declarou isso à imprensa, porém não apresentou provas. Repetiu o que ouviu de Foch Diaz, atestando assim que não conhecia o caso. Talvez estivesse mais preocupado com a próxima campanha, quando seria reeleito pelo estado de Goiás. Cinco anos após mostrar tanto esforço, seria condenado, tal qual o presidente da Comissão, por improbidade administrativa por ter participado da Operação Sanguessuga, a Máfia das Ambulâncias. E não foram só eles. O primeiro vice-presidente da Comissão, Coriolano Sales, seria outro a ter o nome envolvido na Operação Sanguessuga, mas renunciaria ao mandato para fugir do processo de cassação.

Também chamado a dar depoimento, Leonel Brizola manteve o velho estilo. Dessa vez, os deputados ouviram quietinhos. Ninguém ousou questionar o líder político que defendeu Maria Thereza e Ivo Magalhães. Brizola, assim como o jornalista Jorge Otero, que também depôs, mudaram a maneira como a Comissão enxergava Foch Diaz. Ambos levantaram a possibilidade de ele ser um agente duplo. Opinião compartilhada por Miro Teixeira. E, muito possivelmente, pelo próprio Jango, que fazia questão de mantê-lo por perto para pedir ajuda se necessitasse.

A suspeita de que Foch Diaz pudesse ser um agente duplo surgia tarde demais. Além disso, nada poderia superar a trama de novela que fora criada: uma primeira-dama que planejou a morte de um presidente. O interesse da Comissão pelo relacionamento de Jango e Maria Thereza fez com que os boatos deixassem a Câmara e fossem para os jornais. Inevitavelmente.

Maria Thereza combinou com Denize e com a neta Barbara uma caminhada pela orla de Ipanema na manhã de sábado, mas quando chegou ao apartamento da filha, percebeu que havia algo errado ao ser recebida por Denize.

— Mãe, você não acredita no que saiu em *O Globo*!

Ela pegou o jornal, leu e sentiu, por alguns segundos, uma vontade de chorar. Mas engoliu em seco. Um tempo em silêncio e as poucas lágrimas secaram.

Antes de a avó chegar, Barbara havia lido a coluna de Hildegard Angel, publicada em 19 de maio de 2001. A filha mais velha de Denize tinha 10 anos. Ela chamou a mãe:

— Olha só o que estão falando da Tetê no jornal, mãe!

> Versão de envenenamento de Jango leva viúva a depor
> Maria Thereza Goulart confirmou sua presença, dia 6 de junho, em Brasília, na comissão instalada na Câmara dos Deputados para investigar a morte do ex-presidente João Goulart. Ela vai, pela primeira vez, comentar a hipótese de que Jango tenha sido envenenado e, neste caso, a ex-primeira-dama seria a principal suspeita.

> Há tempos corre o rumor de que teria havido um complô para matar Goulart. A novidade é o suposto envolvimento da viúva. A versão aparentemente fantasiosa ganha impulso quando se sabe que ele morreu em sua "La Villa", em Mercedes, província de Corrientes, Argentina, quando dormia com a mulher, apesar de já estarem — sabia-se — separados.
> O mais obstinado defensor dessa tese é um amigo de Jango, o corretor Enrique Foch Diaz, que acusa abertamente Maria Thereza, num depoimento gravado para os parlamentares, em que sugere que ela teria trocado os remédios dele e misturado ao copo d'água o mortal gás sarin. Ele diz ter quase certeza da participação dela numa trama para matar Jango, envolvendo política e seu rico patrimônio em terras e aviões. (...)

Naquele sábado de manhã não houve passeio, não houve almoço.

De tanto reler a nota, decorou as frases. A repercussão foi avassaladora. O artigo também apontava que Maria Thereza "receária perder a posição" para uma jovem uruguaia que era a namorada da vez de Jango, como se as escapadas do marido merecessem dela tamanha reação. Ainda no sábado, Maria Thereza precisou atender a vários jornalistas. Disse que a Comissão da Câmara não era séria e queria apenas "fazer marketing". Criticou a seleção das pessoas escolhidas para dar depoimento. Logo na segunda-feira, procurou seus advogados Marcelo de Borba Becker e Yuri Grossi Magadan, que ajuizaram ação por dano moral.

Em uma semana, Maria Thereza emagreceu 4 quilos. Não conseguia se alimentar. Passou a ser parada nas ruas por pessoas que comentavam a notícia, umas para apoiá-la, outras para especular. Teve medo de ser agredida. Achava que iriam reconhecê-la e apontá-la na rua como a mulher que matou o marido. Não saía mais de casa. Não ia a restaurantes, cinema ou locais públicos. E o telefone não parava de tocar.

Começava aí um ano de dor para Maria Thereza.

A nota de *O Globo* fez com que ela desistisse de dar seu depoimento. Com o circo formado em torno da investigação, comunicou sua posição à Comissão. Atordoada com a publicação do jornal, Maria Thereza, assim como os deputados da Comissão, os jornalistas e os indignados de plantão, não parou para analisar o mais hilariante trecho da nota de Hildegard: "Ela teria trocado os remédios dele e misturado ao copo d'água o mortal gás sarin."

O sarin era o composto orgânico 2-(Fluoro-metil-fosforil) oxipropano, criado para a empresa IG Farben na década de 1930, na Alemanha, para ser usado, a princípio, como pesticida na agricultura. A substância foi batizada com as iniciais dos sobrenomes dos quatro cientistas que a criaram: S de Gerhard Schrader, A de Otto Ambros, R de Ernst Rüdiger, IN de Hermann Van der Linde. A IG Farben se tornaria apoiadora do nazismo e forneceria o pesticida Zyklon-B para as câmaras de gás nas quais milhões de judeus foram exterminados. O sarin, um líquido incolor, sem cheiro, sem gosto e altamente volátil, em contato com o ambiente transforma-se em um gás fatal, que atua no sistema nervoso central, provocando vesicação da pele e queimaduras no pulmão. Assim, grupos terroristas passaram a usar o gás,[1] que foi classificado como arma de destruição em massa pelo Conselho de Segurança das Nações Unidas.

A manipulação do sarin exigiria um laboratório que trabalhasse com pressão positiva e adequação do tímpano para evitar lesões no ouvido. Ao terminar a operação, seria necessária uma cuidadosa descontaminação. A "mistura" de sarin na água exigiria um ambiente hermeticamente fechado, e a inserção de outro gás (oxigênio ou gás carbônico) para manutenção da mistura sem que o sarin evolvesse para sua forma gasosa. Além disso, essa operação deveria ser feita em ambiente fechado, caso contrário, assim que o frasco fosse aberto, o sarin, comprimido e diluído, escaparia em segundos em sua forma gasosa, matando rapidamente quem estivesse por perto.[2]

A ridícula história criada por Foch Diaz, na qual a Comissão acreditara, tiraria nota zero depois de meia dúzia de perguntas feitas por um professor de química. Invenções à parte, a ciência ensinava que, se um "copo d'água com o mortal gás sarin" fosse levado para o quarto, Jango morreria antes de beber o líquido, como também Julio Vieira, que levara o copo, e Maria Thereza, que estava deitada na cama, ou seja, no mesmo ambiente.

Quatro dias após a publicação, *O Globo* retomou o assunto. A coluna de Hildegard ouvia Miro Teixeira, que fora o único que enxergara mais longe durante a realização da Comissão. Não houve retratação, o jornal apenas publicou a versão de Miro, que saiu em defesa de Maria Thereza. Na segunda manchete, Maria Thereza continuou sem nome e ficou mais irritada com o título "Relatório de Miro isenta viúva de Jango". Perguntava-se como estaria isenta de algo que não tinha feito.

> O autor da denúncia de assassinato contra Maria Thereza, Enrique Foch Diaz, que se apresenta como grande amigo de João Goulart, é visto pelo deputado Miro Teixeira como um agente duplo. O que estará revelado no relatório final da Comissão que investiga a morte de Jango.
>
> Miro, relator da Comissão e detentor de todos os documentos, afirma categoricamente que tentar envolver o nome de Maria Thereza Goulart no episódio é uma manobra para desviar o foco. Por caminhos investigatórios, como os depoimentos de Arraes, Neiva Moreira e outros amigos de Jango, amigos de verdade, a Comissão encontra pegadas, pegadas de pássaro, de condor. Da Operação Condor!
>
> Vejam vocês: morre em circunstâncias estranhas um presidente brasileiro exilado na Argentina, os dois países em regime militar, e nem lá nem cá permitem a autópsia. Não foi a viúva que a impediu. Foram os governos! (...) O relatório do Serviço Secreto do Exército, que o deputado Miro Teixeira obteve na Abin, com o general Cardoso, mostra como tudo foi monitorado: quem estava lá, quem não estava e por quê!
>
> Dar o crédito desse enredo a Maria Thereza, e aprofundar investigações nessa direção, à custa do erário, como fazem deputados, é querer tirar a discussão do eixo central: a participação de militares brasileiros na Condor. E o assassinato de Jango por ela.
>
> Matar os monstros não é tão difícil, remover os despojos é que é, já dizia Golbery sobre o SNI. O Condor vive, e sobrevoa as investigações tentando bicar a boa-fé de deputados incautos.[3]

Era pouco.

Mesmo com essa retratação disfarçada, Maria Thereza não se animou. Fechou-se em seu apartamento. Levou quase um ano para tomar coragem e voltar a sair.

Após ser apontada como assassina do marido, Maria Thereza não deixaria ninguém sem resposta. A edição de 13 de novembro de 2002 da revista *Veja* festejava o lançamento do livro *A segunda chance do Brasil a caminho do primeiro mundo*, de Lincoln Gordon, o fofoqueiro embaixador norte-americano durante o governo Jango. A plácida reportagem endossava os ataques de Gordon. "Goulart é descrito no livro como vacilante e despreparado — o que, aliás, coincide com o julgamento histórico feito posteriormente pelos próprios brasileiros." No entanto, não era feita referência à Operação Brother Sam, trazida à tona por um mestre do jornalismo brasileiro, Marcos Sá Corrêa, que fora editor da revista em seus bons tempos. Em um trabalho espetacular, Sá Corrêa pesquisara centenas de documentos da Biblioteca Lyndon Johnson, na Universidade do Texas, para escrever a obra *1964 visto e comentado pela Casa Branca*. Logo no primeiro capítulo, escancarou a verdadeira participação norte-americana no golpe.[4] De forma surpreendente, a revista ignorou um artigo publicado na própria *Veja* em 24 de junho de 1992, assinado por outro grande nome do jornalismo, Elio Gaspari. O artigo era sobre o livro *The Chairman*, do americano Kai Bird, que revelou memorandos de conversa — guardados no arquivo do departamento de Estado — que comprovavam que "a mineradora Hanna e a CIA ajudaram mesmo a derrubar Jango".

Na edição seguinte, de 20 de novembro, a resposta de Maria Thereza foi publicada na seção de cartas. A ex-primeira-dama que não se envolvia em política, mas não se esquecia das pessoas. De Gordon, então, jamais: "Tais declarações, vindas de quem vêm, para nós da família não são uma ofensa, e sim mais um motivo de orgulho da imagem de nosso pai e esposo, que morreu no exílio como exemplo de luta na defesa da liberdade e da soberania nacional."

Ao passar como uma pluma sobre o apoio dos Estados Unidos aos militares brasileiros, a reportagem da *Veja* provocou a indignação de João Vicente e Denize, que reagiriam em breve, de uma maneira inédita e surpreendente. Mas, antes deles, Maria Thereza iria muitas vezes à Justiça.

Em setembro de 2004, três anos e quatro meses após a publicação da nota em *O Globo*, a 5ª Câmara Cível do Tribunal de Justiça do Rio de Janeiro condenou o jornal a pagar uma indenização de 30 mil reais a Maria Thereza por danos morais. "O que se percebe da leitura dos autos é que a autora da notícia deu divulgação nacional ao que era um simples boato", considerou o relator Carlos Ferrari, que classificou a notícia de "sensacionalista". Ferrari observou que o tom mudara na segunda notícia, mas o estrago estava feito. "O que propalou o tal Enrique Foch ficaria restrito a um universo insignificante de pessoas, como é próprio de tudo o que é fofoca, não tivesse *O Globo* publicado a notícia desonrosa."

Maria Thereza ganhou uma outra ação em que pedia reparação por dano moral. O jornal *Hoje em Dia — Caderno de Brasília* também foi condenado a pagar 30 mil reais — atualizados pelos índices oficiais — por ter reproduzido a coluna de *O Globo*. A edição de 13 de maio, além de fotos de Maria Thereza e de Jango, sapecou na manchete de capa: "Comissão suspeita de envolvimento de ex-mulher na morte de Jango".

Depois de muita bobagem ser dita e repetida, de gastar dinheiro do contribuinte, atacar a imagem de Maria Thereza e, inexplicavelmente, não chamar Neira Barreiro — o pseudoespião uruguaio — para depor, a Comissão Externa da Câmara Federal encerrou seus trabalhos em 2001. Sem nada provar. Sem nada desmentir. Sem nada a apresentar sobre o que deveria investigar.

E o livro de Foch Diaz continuava repercutindo, mesmo sofrendo condenações e com o descrédito manifestado pelo relatório de Miro Teixeira. Maria Thereza ficara chocada com o conteúdo, porém, experiente pelas acusações que já estava acostumada a ouvir, dessa vez não entrou na Justiça. Desconfiava de que uma briga nos tribunais era tudo o que Foch Diaz queria. Contudo, ela apoiou o processo que Cláudio Braga moveu na Justiça do Uruguai. Em dezembro de 2002, a juíza Graciela Eustachio determinou a retirada dos livros à venda, proibiu novas tiragens e condenou Foch Diaz a sete meses de prisão por crime de difamação.

O que sobrou após a Comissão ter atrapalhado muito mais que prestado algum serviço, além de colocar Foch Diaz e Neira Barreiro em destaque, foi a desconfiança de que o monte de acusações sem provas serviu para demolir qualquer suspeita séria sobre um possível assassinato de Jango. Apesar disso, a reportagem do *Zero Hora* com o uruguaio Neira Barreiro, que estava preso no Rio Grande do Sul, continuaria intrigando documentaristas, jornalistas e a família.

Se o interesse pela investigação sobre a morte de Jango diminuíra, a curiosidade pela ex-primeira-dama mantinha-se em alta. E o que não faltava era criatividade para novas invenções.

Um recurso manjado. Uma revista semanal aproveitaria um produto do seu grupo de comunicação para requentá-lo, promovê-lo e servi-lo a seus leitores como sua grande reportagem. A edição da *Época* de 17 de abril de 2003 pegava carona no sucesso da novela da Rede Globo, *Mulheres apaixonadas*, de Manoel Carlos, e prometia, na capa, uma matéria que aprofundasse o tema dos relacionamentos amorosos em que esposas ou namoradas seguiam o parceiro de forma obsessiva, imaginando serem vítimas de traição. Porém, o título escolhido, "Loucas de amor", não parecia ajudar essas mulheres.

No texto, três linhas inseridas de maneira irrelevante, que não acrescentavam nada ao conteúdo, feriam apenas uma pessoa: "A ex-primeira-dama Maria Tereza Goulart engolia em silêncio as traições do marido, João Goulart. Os casos de Jango eram públicos, o que aumentava a humilhação. Maria Tereza acabou virando alcoólatra." Sem mais nenhuma palavra sobre Maria Thereza, a reportagem criava mais uma lenda sobre ela. Haja fígado. Se a afirmação fosse verdadeira, ela deveria ter começado a beber na adolescência, ainda na década de 1950.

Após ler a matéria, Maria Thereza caiu no choro. Aquelas foram lágrimas de ódio. Na cabeça, uma pergunta: "Não bastava me chamarem de assassina, agora eu sou alcoólatra também?" Mais uma vez chamou a sua dupla de advogados. Novamente entrou com ações de danos morais na Justiça do Rio. Novamente ganhou o pedido de indenização, mesmo assim não ficou satisfeita. Ficou com a eterna dúvida sobre de onde — ou de quem — teriam vindo aquelas informações.

Enquanto procurava respostas, agora para o alcoolismo que não havia, recebeu um reconhecimento que jamais poderia esperar. Em 2004, com o aniversário de 40 anos do golpe, Maria Thereza e João Vicente foram recebidos no Senado. Ela não esperava que o evento fosse tão grande. Pensou que receberia cumprimentos em uma sala reservada, e nada mais. No entanto, houve uma verdadeira homenagem a seu marido, na sessão aberta pelo senador Jefferson Perez, do PDT. Sucederam-se discursos. O senador Pedro Simon, que se tornara um amigo de todas as horas, a deixou emocionada ao falar no plenário sobre o governo Jango. Maria Thereza foi aplaudida de pé. Ela e João Vicente foram convidados a sentarem-se à Mesa Diretora da Casa, saudados pelos parlamentares.

Espantada com o fato de o reconhecimento a Jango, o primeiro desde o golpe, vir do Senado brasileiro, ficou com a sensação de alma lavada. Um momento que ficaria gravado em sua memória. "Quarenta anos é um tempo muito longo, acabamos esquecendo várias coisas. Mas não há como deixar de relembrar os fatos", comentou.

Quarenta anos realmente era muito tempo. Os senadores mostraram-se muito atenciosos. Até mesmo os velhos opositores. O senador Antonio Carlos Magalhães (PFL-BA), um dos que questionaram o enriquecimento de Jango na onda de acusações pós-golpe, também a cumprimentou.

Enquanto Maria Thereza deixava o plenário acompanhada por Eduardo Suplicy, Simon abraçou Roberto Saturnino, que disse: "Pedro, como é bom lembrar essa época." Ela estava feliz e emocionada. Acreditou na homenagem como um ato sincero e de reconhecimento. Acima de tudo, sentia-se aliviada. A notícia sobre a sessão do Senado correu o mundo.

A poucos quilômetros dali, o presidente Luiz Inácio Lula da Silva fazia cara de paisagem. Para ele, não havia necessidade de acertar as contas com o golpe militar. Por ocasião do aniversário da queda de Jango, o presidente divulgou, através do porta-voz André Singer, uma mensagem pífia com uma visão um tanto particular:

> Devemos olhar para 1964 como um episódio histórico encerrado. O povo brasileiro soube superar o autoritarismo e restabelecer a democracia no país. A nós corresponde lutar diariamente para consolidar e aperfeiçoar essa democracia reconquistada. Cabe agora aos historiadores fixar a justa memória dos acontecimentos e personagens daquele período.

Até então, Maria Thereza não imaginava que Jango voltasse a ser lembrado. Só teve certeza de que o marido ainda era muito querido ao acompanhar o neto Christopher em sua campanha para deputado estadual. A recepção que recebia dos gaúchos das pequenas cidades a comoveu.

Em outubro, Maria Thereza, João Vicente e Denize foram recebidos pelo ministro da Justiça do governo Lula, Márcio Thomaz Bastos. Eles protocolaram um pedido de reparação da imagem do presidente na comissão de anistia do Ministério da Justiça. Também solicitaram declaração póstuma da condição de anistiado político para Jango e de anistiada para Maria Thereza, que tentava, mais uma vez, obter uma reparação econômica e uma pensão retroativa, apesar de a lei determinar que o acumulado retroagisse até cinco anos da data do requerimento inicial de anistia.

Quatro anos depois desse pedido, a Comissão do Ministério da Justiça concedeu anistia a Jango e a Maria Thereza, com um pedido oficial de desculpas feito pela União, reconhecendo a perseguição política à família. Era a primeira vez que um ex-presidente era anistiado no país. Com a decisão, Maria Thereza passaria a receber mensalmente uma indenização de R$ 5.425,00, valor equivalente ao salário de um advogado sênior, tendo em vista que Jango era bacharel em Direito. Foram acrescidos os retroativos relativos ao período de setembro de 1999 a novembro de 2008, que seriam pagos ao longo de dez anos. Já pelos anos em que viveu no exílio no Uruguai e na Argentina, receberia 100 mil reais. A questão da indenização gerava dúvida. Apesar das decisões favoráveis a Maria Thereza, ela não conseguiu receber. Somente em 2010 o Superior Tribunal de Justiça (STJ) garantiria o pagamento da indenização retroativa referente à anistia *post-mortem* (período de setembro de 1999 até o julgamento do processo em 2008) que totalizaria R$ 643.947,50. Porém a União não fez o pagamento retroativo e Maria Thereza não aceitou um acordo para receber o valor de forma parcelada. Ingressou no STJ com um mandado de segurança contra o ato omissivo do Ministério do Planejamento. A ministra Eliana Calmon, relatora da ação, concordou com o entendimento do STJ, uma vez que havia dinheiro para garantir as indenizações de anistiados, determinando que, se não houvesse verba para pagamento integral e imediato, deveria ser emitido um precatório. Mesmo assim, Maria Thereza continuaria sem receber.

Em 2012, o Ministério do Planejamento determinou a redução da pensão. Maria Thereza entrou com um novo mandado de segurança, justificando que havia dois fatos distintos e que a indenização que teria como viúva de anistiado (e que nem sequer recebera) não poderia ser confundida com sua pensão de viúva de ex-presidente. O STJ decidiu a favor de Maria Thereza, alegando que ela se enquadrava em dois parâmetros diferentes — viúva de presidente e anistiada — e reconhecia, mais uma vez, que a reparação de 480 salários mínimos deveria ser paga em uma única parcela.

A Justiça determinou, mais uma vez.

Maria Thereza ganhou, mais uma vez. Mas o dinheiro ela não recebeu.

A história de Jango, bem lentamente, voltava a fazer parte da história do país. As manifestações de reconhecimento não deixavam de espantá-la. Calejada com os ataques que sofreu — e irritada com o desdém à memória do marido —, foi percebendo que uma parte da população guardava admiração por Jango, o que não lhe garantia que estivesse livre de inexplicáveis reações de ódio.

Uma das mais famosas fãs de Frank Sinatra, Maria Thereza cultivava seus ídolos na música. Como a maioria das pessoas da sua geração, preferia o rock. Gostava de Elvis Presley, Rolling Stones, Madonna e Carlos Santana. Quando soube que o guitarrista iria apresentar-se, em março de 2006, na Praça da Apoteose no Rio, tratou de formar um grupo para ir ao show. Com Denize, Ana Maria Guimarães e amigos, acompanhou da pista, mas a uma distância bem segura da multidão que se aglomerava na frente do palco. Após o espetáculo, conforme combinaram, Denize iria buscar o carro, enquanto eles esperariam a saída da maior parte do público. Tudo isso para evitar que Maria Thereza tivesse de enfrentar o amontoado de pessoas que se formaria à saída. Denize foi sozinha. Maria Thereza ficou olhando a filha e não entendeu por que ela, a alguns metros dali, voltou-se para uma mulher e começou a discutir. Apesar de estar ao celular falando com as filhas, Denize pôde ouvir perfeitamente a desconhecida, mirando Maria Thereza, que vestia jeans, camiseta e tênis, comentar: "Maria Thereza, quem diria, acabou no Irajá." A frase, adaptada do famoso título da peça de teatro escrita por Fernando Mello "Greta Garbo, quem diria, acabou no Irajá" foi dita no instante em que Denize passava a seu lado. Ela parou e encarou a mulher:

— O que você está falando da minha mãe?

Pega de surpresa, ela balbuciou algo, visivelmente envergonhada. Denize não insistiu. Deu-lhe as costas e seguiu.

Assim como comentários desse tipo apareciam do nada, vindos de pessoas que ela nem sabia quem eram, velhos conhecidos voltavam a assombrar, ressurgindo de uma hora para outra. Em uma entrevista à repórter Simone Iglesias publicada na *Folha de S.Paulo* de 21 de janeiro de 2008, Neira Barreiro voltava a chamar atenção para si, garantindo que ele próprio fazia escutas, monitorava e registrava as conversas de Jango. Neira Barreiro realmente dominava — e fazia questão de exibir isso — detalhes que somente quem esteve perto de Jango poderia conhecer. Contava fatos que davam a certeza de que, se não participara da campana, tivera acesso aos grampos e às escutas dos serviços de espionagem.

Poucos dias depois, a Comissão de Cidadania e Direitos Humanos da Assembleia Legislativa do Estado do Rio Grande do Sul constituiu a Subcomissão para investigar as circunstâncias da morte do ex-Presidente João Goulart. Dessa vez, a investigação seria feita de maneira bem diferente em relação ao fiasco montado na Câmara dos Deputados. João Vicente, Christopher e Jair Krischke, presidente do Movimento de Justiça e Direitos Humanos, analisaram atentamente as declarações de Neira Barreiro. O coordenador e relator da subcomissão, deputado Adroaldo Loureiro, do PDT, estudara os fatos e tinha conhecimento sobre o que escreveria. Logo na abertura dos trabalhos, os integrantes da Subcomissão fizeram questão de destacar que a morte de Jango ocorreu ao mesmo tempo que a Operação Condor dominava a América do Sul, sequestrando e assassinando adversários. Mas as informações eram divulgadas sem alvoroço, até mesmo para destacar a dificuldade de acesso a documentos. Com um posicionamento equilibrado, queriam demonstrar a necessidade da investigação da morte de Jango, deixando de lado suposições e fofocas.

Os organizadores da Subcomissão sabiam que, 32 anos depois, não havia esperança de que uma prova decisiva surgisse. Era importante debruçar-se sobre o principal fato novo das investigações: o homem que garantia ter participado do assassinato de Jango. Neira Barreiro provocava várias reações e dava margem a, não uma, mas várias teorias da conspiração.

Impressionado com a postura e as palavras do uruguaio nas entrevistas publicadas pelo *Zero Hora* e pela *Folha de S.Paulo*, João Vicente, passando-se por um produtor da equipe da TV Senado que gravava o documentário *Jango em 3 atos*, ouviu do próprio Neira Barreiro que o pai fora assassinado. Nessa entrevista, realizada no presídio de alta segurança de Charqueadas, no Rio Grande do Sul, onde o uruguaio cumpria pena por roubo de automóvel e porte ilegal de arma, Neira Barreiro afirmou que os remédios foram roubados do Hotel Liberty. Nesse ponto a precisão da informação era impressionante. Jango realmente recebia os medicamentos que vinham da França no Liberty. Neira Barreiro afirmou que somente um comprimido do frasco fora adulterado, o que impediria a comprovação de assassinato. E garantiu — falando muito, mas sem apresentar prova — que o composto adicionado ao comprimido não era veneno, mas tinha a capacidade de aumentar a pressão e o ritmo do músculo cardíaco, o que poderia se tornar fatal para uma pessoa com o histórico médico de Jango.

No depoimento à Subcomissão e nas anotações feitas enquanto esteve preso, Neira Barreiro enumerou as equipes de espionagem uruguaias e seus nomes pomposos, como Sigma, Antares, Orion, explicando que pertencia à equipe Centauro, que, por sua vez, era uma unidade do grupo Gamma. Envolveu também os governos do seu país, dos Estados Unidos e do Brasil na trama. Citou Frederick Latrash, chefe do escritório da CIA no Uruguai, o general Luis Vicente Queirolo, comandante do Exército na segunda metade dos anos 1970, além de um brasileiro tão intruso quanto íntimo, Manoel Pio Corrêa, que não poderia faltar na lista. Era o homem que assombrara cada movimento da família Goulart no exílio.

Ao mesmo tempo que despertava dúvidas com as histórias que contava, Neira Barreiro fazia pensar. Lançou suspeitas sobre Ivo Magalhães, o exilado brasileiro que ficara íntimo da ditadura uruguaia. Com admiração, citou o delegado brasileiro Sergio Paranhos Fleury, do DOPS de São Paulo, líder do Esquadrão da Morte e visitante costumeiro do Uruguai. Na versão que Neira Barreiro deu à Subcomissão, Fleury teria dado a ordem para assassinar Jango, seguindo orientações de Geisel. Conforme suas declarações, a morte teria sido decidida em agosto de 1976, durante uma reunião em Montevidéu, da qual participaram Fleury, Queirolo, Latrash e Carlos Milles, médico patologista que colaborava com o serviço secreto do Uruguai.

Revelou que, em sua juventude, participou de um grupo radical de direita chamado Juventud Uruguaya de Pie e entrou no serviço secreto. Confirmou que faziam escutas 24 horas por dia pelos lugares onde Jango estava, com microfones escondidos nos cômodos das casas. E contou que tudo o que acontecia era gravado e transcrito.

Neira Barreiro não conseguia manter a mesma história por muito tempo, porém surpreendia e assustava quem era próximo a Jango com lembranças exatas. Não havia dúvida de que ele vigiara Jango.

Como ele, no início do seu trabalho de escuta na década de 1970, demorara um tempo para ver pessoalmente Maria Thereza, criara uma grande expectativa, com base nos comentários dos colegas. Quando, durante uma campana, a observou pela primeira vez, declarou que "seu queixo caiu".[5]

Riu ao contar que, em uma das escutas, eles gravaram Maria Thereza cantando *Ding dong esas cosas del amor* e *Ella ya me olvidó*, músicas de Leonardo Favio, famoso astro argentino. Não só Neira Barreiro como os outros agentes responsáveis pelas gravações divertiam-se e concordavam que ela cantava mal. Bem menos engraçada era a constatação de que Maria Thereza era realmente fã de Leonardo Favio. Na vitrola da De Luigi, só tocavam os seus discos. Na Canning, havia outros. Tirando o lado desafinado de Maria Thereza, o que surgia era aterrorizante. Todas as conversas, os segredos e as intimidades de cama e mesa sussurrados no apartamento de Leyenda Patria e na casa da rua Canning foram gravados e ouvidos pelos espiões.

UMA MULHER VESTIDA DE SILÊNCIO

Com tantas informações e comentários precisos que reviraram suas memórias, o impacto provocado por Neira Barreiro fez com que Maria Thereza considerasse a possibilidade de assassinato de Jango. Mais que isso, aos jornalistas que inevitavelmente a procuraram, passou a cobrar investigações do governo brasileiro. Ficou impressionada com o que leu. Quase tudo o que o uruguaio falou havia acontecido. Teve o estranho sentimento de ver ressurgir a ameaça do passado, um medo que voltava como se os anos cinzentos do Uruguai tivessem retornado.

Neira Barreiro não parou por aí. À TV Senado, recordou uma batida de carro envolvendo João Vicente. O incidente não foi registrado em nenhuma delegacia. Deu também o número do telefone da família, 73321. Aos deputados gaúchos, destrinchou passagens sobre a festa de casamento de João Vicente e Stella, destacando o trabalho do famoso "agente B", o mesmo que teria tirado as fotos no aniversário de Jango. Nesse ponto, Neira Barreiro manteve seu estilo. Falou, falou e não disse o nome do espião.

As declarações de Neira Barreiro tornaram-se notícia em todo o país. E novamente a rotina de Maria Thereza foi bruscamente alterada. Dessa vez, passou a ser parada na rua e em lugares públicos. Após décadas de acusações, e suspeitas, e fofocas, e grandes manchetes para pequenas notas de correção, até uma ida ao supermercado Zona Sul, a poucos metros de seu apartamento na Rainha Elizabeth, voltava a ficar insuportável. Pessoas que ela não conhecia a abordavam lamentando o assassinato de seu marido, ao mesmo tempo que cobravam uma atitude da família contra Neira Barreiro. Constrangida, mais uma vez trancou-se no apartamento. Evitou até caminhadas na praia para tomar água de coco, um pequeno desejo que realizava com prazer. Miudezas a que não teria mais direito até que a notícia perdesse força. Não que estivesse fugindo da briga, mas já estava cansada. Não deixou de notar, porém, que o número de pessoas que a pararam na rua fora bem maior que os dez amigos que participaram da missa pela alma de João Goulart em 2008.

Discordou dos filhos, que decidiram ajuizar uma ação de indenização por danos morais, patrimoniais e à imagem contra, simplesmente, os Estados Unidos. A motivação dos irmãos fora o livro *A segunda chance do Brasil — A caminho do primeiro mundo*, de Lincoln Gordon. Depois da crítica publicada na *Veja* cinco anos antes, João Vicente e Denize ficaram inconformados com a passividade da imprensa brasileira, que, em vez de questionar a atuação de Gordon, foi no embalo do ataque a Jango. Na obra, o ex-embaixador reconheceu o que sempre negara: a participação e o financiamento norte-americano no golpe de 1964, revelando o conteúdo de telegramas do Departamento de Estado para a embaixada, como o enviado no dia 30 de março de 1964, com o número 1.296:

> (...) com respeito à capacidade de apoio pelos Estados Unidos, podemos atuar prontamente com medidas financeiras e econômicas. Com respeito à assistência militar, os fatores logísticos são importantes (...) O senhor deverá pedir aos nossos adidos (...) que preparem recomendação sobre os tipos de armas e munições mais provavelmente necessárias, levando em consideração o seu conhecimento da situação.[6]

O ex-embaixador também admitiu que a CIA financiou, com dinheiro americano, as atividades do Ibad e do Ipes, e as campanhas políticas de deputados contrários a Jango nas eleições de 1962.[7] À época, uma CPI foi criada e tornou público o apoio. O maior escândalo de financiamento de campanha eleitoral até então. A CPI do Ibad-Ipes, cujo vice-presidente era o deputado do PTB Rubens Paiva, abalou o Congresso. (Rubens Paiva pagaria com a vida pela denúncia. Em janeiro de 1971, foi preso, torturado e morto pela ditadura militar.)

Em junho de 2007, a notícia sobre a ação — que corria em segredo — foi publicada na coluna de Ancelmo Gois em *O Globo*. O valor da indenização, solicitada pelo juiz e calculada por uma perita, era de 3 bilhões e 496 milhões de reais. Apesar do número estratosférico, o problema maior era o que a ação pleiteava em si. Uma família brasileira queria ter o direito de citar o governo norte-americano em juízo. O pedido precisaria ser julgado nos tribunais brasileiros. O que seria analisado era se os Estados Unidos teriam dado o dinheiro para os golpistas seguindo um ato de gestão ou de império. A ação da família Goulart só prosseguiria se a atitude norte-americana fosse considerada um ato de gestão, realizado sem autorização formal do governo e do Congresso norte-americanos.[8] O ato de império seria a ordem ou decisão, vinda de seu poder e de sua própria legitimidade. Se a Justiça brasileira entendesse que houve um ato de império, a ação não poderia seguir em frente.

Como era de esperar, juiz após juiz, tribunal após tribunal, recurso após recurso, e a questão acabou no STF quase oito anos depois de seu início. Em 2010, a relatora, ministra Ellen Gracie, negou o pedido de indenização.

A derrota da família foi notícia no Brasil sem muito destaque, mas repercutiu pela América do Sul. Se o Judiciário permitisse, esse processo faria surgir uma onda de novos pedidos nos países que tiveram ditaduras militares financiadas pelos Estados Unidos.

Uma encrenca desse tamanho, historicamente, não era para o Brasil.

Haveria mais surpresas. Uma descoberta assustadora sobre uma pessoa que Maria Thereza acreditou ser um verdadeiro amigo de Jango. Em setembro de 2013, João Vicente recebeu um telefonema de Erimá Pinheiro Moreira, que era major em 1964, e queria dar um depoimento para o Instituto Presidente João Goulart. Em uma entrevista gravada pelo próprio João Vicente, o major revelou que, enquanto o general Amaury Kruel não se decidia sobre que lado apoiaria, pediu para usar o seu laboratório particular. Pensando que Kruel utilizaria o local para organizar a resistência ao golpe, Erimá, seu subordinado à época, concordou. Na hora combinada, Kruel apareceu e solicitou que Erimá aguardasse por quatro pessoas, um deles o presidente da Federação das Indústrias do Estado de São Paulo (Fiesp), Raphael de Souza Noschese, o mesmo que costumava frequentar os bailes em prol da LBA. Quando chegaram, três deles carregavam malas. Temendo um atentado, Erimá exigiu que fossem abertas. Liberou a entrada dos visitantes e aguardou o fim da reunião. Então Kruel pediu a Erimá que levasse as malas para seu carro. Mais tarde, Erimá ouviu pelo rádio a adesão de Kruel aos golpistas. Protestou formalmente e pediu transferência. Foi cassado. Inconformado, fez um relatório por escrito com firma reconhecida e o entregou ao general Luís Carlos Guedes, um dos organizadores da conspiração militar que derrubou Jango. Surpreendentemente, a investigação seguiu adiante o quanto pôde. Em 1966, Kruel pediu reforma e foi aproveitar a vida. Seria eleito deputado federal pelo MDB. Apesar do claro afastamento que houve entre o casal Kruel e Maria Thereza, essa acusação a entristeceu ainda mais. Durante o governo de seu marido, acreditara firmemente na fidelidade de Kruel a Jango.

Mais decepcionada ainda com o ex-amigo e assustada com as revelações de Neira Barreiro, Maria Thereza encontrava no Uruguai um pouco de paz. Lá poderia fazer passeios mais tranquilos. Não seria parada na rua nem ouviria comentários contra si. Mesmo com as viagens ao Uruguai se tornando raras, reviveu bons momentos quando retornou a Montevidéu, com Denize, para andar por lugares que lhe eram bem familiares.

A primeira parada não tinha nada de turística. Desejava provar que suas memórias não a estavam enganando. Como ela levava Denize e João Vicente para a Erwy School, queria confirmar se naquele quarteirão havia uma padaria chamada La fuerza del destino. Enquanto Denize revia a escola, Maria Thereza conferiu. E lá estava *la panadería*, no mesmíssimo lugar, do mesmo jeito e com o mesmo nome.

Matou saudade do *pancho*, o cachorro-quente do Uruguai. Para ela, o melhor *pancho* de Montevidéu ficava em um quiosque na Plaza Independencia e era servido acompanhado por uma deliciosa mostarda branca. Ao procurar pelo quiosque, descobriu que o sucesso do lanche fez com que os donos abrissem um restaurante. Não resistiu e, além de matar a fome, foi falar com os proprietários. Queria saber detalhes sobre a mostarda, mas descobriu que a receita era um segredo de família.

De volta ao Rio, ainda era parada na rua por pessoas que admiravam o presidente Jango e queriam apenas conversar um pouco, ou por outras que queriam alertá-la sobre teorias da conspiração. Inevitavelmente convidada para entrevistas, mas detestando ser chamada de "primeira-dama", com *ganas* de pular no pescoço do jornalista que a apresentasse como "nossa eterna primeira-dama", uma classificação que a fazia sentir-se mal. "Coisa mais cafona", pensava. Mas não falava.

Nas ruas de Copacabana, em Porto Alegre, no Uruguai ou em Brasília. As viagens, as brigas na Justiça, os aniversários, a saudade, os documentos secretos desclassificados pela CIA e as reportagens que lia traziam fortes lembranças de Jango, a ponto de voltar a escrever sobre ele depois de muito tempo.

> Jango, o amigo
> Como falar do homem que conheci e amei em plena adolescência?
> Sua presença era uma festa constante e sua personalidade forte dava suporte a meu mundo de sonhos e fantasias.
> Me lembro de seu sorriso e sentia medo de suas ausências. Foram poucos nossos anos juntos. Quanta ternura e quantas aventuras por nossos caminhos juntos.
> O entardecer colorido das fazendas, o fogo ardente das lareiras no frio inverno do Uruguai, as noites sem fim, nossos filhos crescendo como as flores em nosso paraíso de temporais e calmarias. Sua voz franca e autoritária, corrigindo nossos erros, nos dando consciência para a superação de todas as coisas desfavoráveis que apareciam em nosso dia a dia.
> Ele foi a grande pedra de base para a construção de nossas vidas, a grande energia e a grande luz.
> Era o homem mais atraente que habitava neste planeta. O amigo certo de todas as horas, que faltou um dia sem tempo de me dizer por quê.

Para ela, as emoções ligadas a Jango já estavam guardadas em uma caixa da memória, talvez a mesma em que prendia suas bruxas. Em silêncio, dominava a dor e a revolta por tudo o que sofrera. Em alguns meses, o golpe completaria 50 anos ainda não resolvidos. Nem por ela, nem pelo Brasil.

Antes, porém, no final de 2013, o governo Dilma Rousseff fez por Jango o que Figueiredo achou que um aperto de mão resolveria, ou o que Fernando Henrique e Lula, justificando-se com o bordão da consolidação democrática, deixariam passar. Finalmente seriam concedidas as honras de chefe de Estado ao único presidente brasileiro a morrer no exterior na condição de exilado.

O governo Dilma faria mais e autorizaria a investigação da condição da morte de Jango. No dia 13 de novembro, no cemitério Jardim da Paz, em São Borja, uma equipe de peritos formada por brasileiros, argentinos, uruguaios, cubanos e pelo Comitê Internacional da Cruz Vermelha recolheram os restos mortais de Jango, que foram colocados, com o caixão original, dentro de uma nova urna para serem transportados para Brasília, onde seria realizada a homenagem. A ministra Maria do Rosário, da Secretaria dos Direitos Humanos da Presidência da República, o ministro da Justiça, José Eduardo Cardozo, e o neto de Jango e Maria Thereza, o médico João Marcelo, acompanharam o processo, um trabalho que demorou mais de vinte horas. O esquife, apesar de degradado pelo tempo, não apresentava sinais de violação.

No dia 14, parentes, ministros e políticos reuniram-se para receber os restos mortais de João Goulart na Base Aérea de Brasília. Maria Thereza, vestindo um conjunto branco, ficou ao lado da presidente Dilma Rousseff. Lá estavam, emocionados, todos os seus netos, além de Denize, João Vicente, sua esposa Verônica Fialho Goulart, os ex-presidentes José Sarney, Fernando Collor e Lula, além da presidente, que, pouco antes, postara em sua conta do Twitter: "Essa cerimônia que o Estado brasileiro promove é uma afirmação da nossa democracia. Uma democracia que se consolida com este gesto histórico."

O período de tempo em que aguardou a urna funerária provocou um momento de muita comoção para Maria Thereza. Quando viu o caixão ser retirado do avião da Aeronáutica e ouviu a salva de 21 tiros durante a execução do hino, os olhos de Maria Thereza se encheram de lágrimas. Chegou a imaginar que Jango poderia estar mesmo ali. Um sentimento real de que ele estaria a seu lado em poucos minutos. O passado voltava de uma só vez com uma força incontrolável. Mas ao ver o caixão carregado por soldados do Exército, da Marinha e da Aeronáutica, com a bandeira do Brasil, enxergou a verdade. Não que as emoções diminuíssem. O filme da morte projetou-se em sua mente. A noite quente de dezembro em La Villa era sua única visão.

O esquife foi colocado bem à sua frente. A bandeira foi retirada e dobrada pelos soldados e deixada sobre o caixão. Dilma orientou Maria

Thereza e, juntas, foram depositar uma coroa de flores. A presidente passou a coroa para Maria Thereza, mas ambas colocaram as flores. Em seguida, abraçaram-se. Tamanha emoção fez com que Maria Thereza explodisse em um choro como nunca fizera em público. Pediu desculpas para a presidente Dilma, que também chorava:

— Desculpe. Desculpe. Mas não consigo me controlar.

— Não precisa se desculpar. Todos aqui estão emocionados.

Elas retornaram. A bandeira foi entregue a Dilma, que a ofereceu a Maria Thereza. Ela abraçou a bandeira e novamente chorou. Em menos de trinta minutos, o Brasil acertou as contas com o passado.

O esquife foi retirado e seguiu, sob escolta militar, para o Instituto Nacional de Criminalística, onde seria feita outra perícia. Mais de um ano depois, o laudo da autópsia, realizada em laboratórios de Portugal e da Espanha, apontaria para um resultado inconclusivo.

Maria Thereza descreveu várias vezes para seus filhos e netos a impressão que sentiu imaginando que Jango poderia chegar a qualquer momento. Mas o dia 6 de dezembro de 2013 a comoveria muito mais. Ela e sua família foram para São Borja, onde seria realizado o segundo enterro de Jango. Agora era a vez dela e da sua cidade.

Ao descer do avião, reviveu imediatamente o dia 6 de dezembro de 1976. A imagem, inesquecível, era a mesma. O povo gaúcho saía de suas casas para saudar e aplaudir o presidente. Seguiram para a Igreja Matriz com a multidão acompanhando o esquife. As pessoas nas calçadas, com bandeiras e lenços, acenando para o caminhão de bombeiro que levava os restos mortais de Jango. Maria Thereza olhava, atônita. Não deixava de estar um pouco surpresa. "Que coisa maravilhosa e emocionante", pensava. "Meu Deus do céu, tantos anos depois e esse povo todo na rua para homenagear Jango." Percebia uma emoção verdadeira no rosto de cada morador.

A multidão era tão grande que a brigada militar teve de suspender o acesso à igreja. Um pequeno tumulto formou-se e a entrada foi novamente liberada. Comovida, Maria Thereza voltou a chorar. Fugia dos jornalistas e postava-se ao lado dos filhos e dos netos. Na Igreja, lotada, seria celebrada uma missa de corpo presente. Durante a celebração, discursaram a ministra Maria do Rosário e João Vicente, que, ovacionado, encerrou seu pronunciamento com a frase: "Meu pai Jango, vá em paz. A democracia venceu."

Maria Thereza continuava chorando. Mas aquele, finalmente, era um choro de paz. A bandeira que cobria o caixão foi oferecida a ela, que a entregou ao Memorial João Goulart. Um pequeno museu criado na Casa Amarela, a antiga residência da família Goulart, onde, no portão, ela e Jango haviam se conhecido.

Uma nova agitação surgiu nas ruas próximas ao cemitério. Carregando fotos de Jango e bandeiras do Brasil e do Rio Grande do Sul, a população que não conseguiu se aproximar forçava a passagem. Mais uma vez a brigada militar precisou intervir. O acesso só foi liberado ao fim do enterro. Os moradores, aos gritos de "Jango, Jango", passaram a depositar um pouco de terra e de cimento no túmulo, como forma de homenagem. Outros deixavam presentes e flores ao lado do jazigo.

Somente após o sepultamento, Maria Thereza aceitou falar. Agradeceu ao povo de São Borja a homenagem comovente, a admiração e o respeito demonstrado a Jango. Estava de volta à São Borja de sua infância.

— Eu nasci aqui, me criei aqui, eu adoro São Borja, mas não pensei que fosse ser assim. Superou a minha expectativa. Me emocionei de ver o povo na rua. (...) Realmente o povo de São Borja recebeu o momento com muito carinho. Foi uma homenagem muito marcante na minha vida. Depois de tantos anos, o povo ainda se lembra do meu marido. São Borja está no meu coração. É importante o resgate da memória de um presidente que foi injustiçado e que fez tantas coisas bonitas pelo Brasil. Ele foi bom, foi honesto, foi correto e bem-intencionado. Foi realmente um resgate muito importante.[9]

Pouco depois, ainda fascinada pela manifestação popular, escreveu um agradecimento.

> Mensagem de Maria Thereza ao povo de São Borja.
>
> Depois de algumas horas longe de São Borja, ainda sinto emoção com o povo que nos recebeu com tanto carinho em momentos jamais esquecidos por mim e por minha família. Quero hoje, em qualquer lugar onde estiverem, agradecer a todas as pessoas que me proporcionaram esses momentos. Agradeço aos amigos, às autoridades presentes,

ao senhor prefeito e seus assessores, ao comandante do Exército e sua guarnição, aos policiais civis, e ao padre Irineu, que fez suas orações tão significativas, iluminando ainda mais esse evento. Porém, meu agradecimento mais profundo eu dirijo a esse povo simples e carinhoso, que encheu as ruas, caminhou conosco lado a lado, estando presente na última despedida de Jango. Agradeço pelas lágrimas que caíram do meu rosto ao olhar a multidão acompanhando esse adeus trinta e sete anos depois.

Obrigada pelos abraços, pelas fotografias pedidas, e pelos beijos que me deram com tanto carinho. Me sinto honrada de ter nascido nessa terra e de ter estado ao lado desse Grande Brasileiro que hoje pertence à História. Quero também fazer um agradecimento muito especial à ministra Maria do Rosário, que com sua simplicidade e competência nos acompanhou em todos os momentos com extrema dedicação.

Que Deus abençoe a todos!

Maria Thereza Goulart

No dia 18 de dezembro, prosseguindo os ritos formais, o Congresso Nacional realizaria uma sessão solene na qual devolveria, de maneira simbólica, sem consequência para a legislação em vigor, o mandato de presidente a João Goulart. Foram necessários cinquenta anos para reconhecer-se que, quando o senador Auro de Moura Andrade declarou vaga a Presidência, Jango estava no Brasil e não deixara a nação "acéfala". A sessão presidida por Moura Andrade foi anulada e o novo texto foi promulgado pelo presidente do Congresso, Renan Calheiros. Ao devolver o mandato a Jango, o Congresso reconhecia a ilegalidade do golpe militar.

A cerimônia contou com a presença da presidente Dilma, de ministros e autoridades. Houve discursos do senador Pedro Simon, que recordou o pronunciamento feito no enterro de Jango em 1976, e do senador Randolfe Rodrigues, que chegou a lembrar que Maria Thereza fora proibida de acompanhar o enterro de sua mãe. Também atacou o golpe: "A anulação dessa farsa não tem efeitos práticos sobre os males praticados pela ditadura, não repara a tortura, os crimes, tudo o que ocorreu nos 21 anos de ditadura. Mas traz o simbolismo de um resgate histórico." João Vicente também discursou. A sessão foi encerrada com a cantora Fafá de Belém cantando o Hino Nacional.

Em menos de uma semana, as dores de décadas desapareceram. Suas bruxas escaparam, mas não a rondaram. Foram embora para sempre. As cerimônias em Brasília e o segundo enterro de Jango em São Borja reescreviam a História. Para Maria Thereza, era bem mais do que esperava testemunhar.

À noite procurou João Vicente. Estava exausta. Disse que não daria mais entrevistas. Já escrevera o agradecimento a São Borja e falara com várias revistas e jornais antes das cerimônias. Considerava que agora tudo estava realizado.

— João, depois do que vivi em São Borja e em Brasília não quero falar mais nada. Eu lavei a alma. Tudo está bem para mim agora. Meu passado está bem tranquilo. Não espero nem quero mais nada.

Pediu a ajuda do filho para evitar o assédio de repórteres e contou que gostaria de escrever mais um texto. Nessa mensagem, publicada em jornais, revistas e sites, Maria Thereza fez mais que agradecer. Resumiu a sua vida.

O que o golpe mudou em minha vida?

É muito difícil ter as respostas certas para essa pergunta.

Até hoje, cinquenta anos depois, eu me questiono para conseguir entender o porquê daqueles momentos tão assustadores que de repente mudaram o rumo de nossas vidas, de nossa pátria e de nosso povo.

As mudanças foram infinitas.

Perdi pessoas que eu amava sem poder dizer adeus.

Perdi amigos, perdi meu lar e perdi minha pátria.

Fiquei sem meus sonhos, vivendo uma realidade de incertezas e desafetos.

Tive medo sim e pensei que aqueles momentos eram de uma perseguição coletiva que acabaria envolvendo nosso futuro.

Esse medo tornou-se um grande inimigo capaz de me confundir entre o ódio e o perdão.

Eram muitas perguntas sem respostas, que me faziam pensar algumas vezes que nós éramos os responsáveis por todos aqueles acontecimentos.

O tempo foi passando e os desafios foram diários.

Esquecer não foi fácil e eu aprendi muito com o sofrimento.

Aconteceram novas mudanças, meus filhos cresceram, voltamos para a nossa pátria, para uma nova vida e novos amigos em um tempo de esperança.

Nossas vidas, no entanto, ficaram com um grande espaço vazio sem a presença de nosso melhor amigo, pai e companheiro.

Hoje sinto meu coração comprometido com o passado e, em vários momentos de melancolia, olho para o céu azul e me encontro de volta no Uruguai mudando os rumos de meus pensamentos neste tempo de espera para outros caminhos.

Sei que minha vida mudou, continuo meu destino, até quando não sei.

25.
Vai valer a pena ter amanhecido

Por escolha própria, Maria Thereza alternava-se entre Rio e Brasília, com roupas metodicamente divididas entre as casas de Denize e João Vicente. Costumava ficar com Terezinha em Porto Alegre, mas a prima, amiga e confidente faleceu em 2016, deixando lindas lembranças da parceria que começara na infância.

Os netos, as netas e os bisnetos continuavam sendo a maior de suas alegrias. Dava-se bem com os jovens. Conversa de gente velha a entediava. Preferia falar sobre cinema, ginástica, flores e felicidade.

"Viva a vida, Maria Thereza", dizia a si mesma. Passara por muito mais do que sonhara. Vivenciara momentos de uma leve e absoluta felicidade que, em um átimo, podiam se transformar em dores insuportáveis. Voltara a assustar-se com o Brasil e as decisões que o país tomou em 2018. O inexplicável Brasil que parece gostar de amedrontar e sabotar a si mesmo. Maria Thereza, porém, enfrentara seus desafios e vencera. E os desafios que surgiriam agora nunca mais seriam maiores do que ela.

Enfim decifrava o que sabia desde criança em Capão Alto, quando reclamava que as portas da fazenda eram muito velhas. Antes de seu pai ir até São Borja, nas esporádicas viagens que fazia para realizar negócios, ele perguntava o que os filhos queriam. Maria Thereza dava sempre a mesma resposta:

— Pai, traz uma porta pra mim.

Era o que desejava. Era do que precisaria por toda a vida. Portas que se abrissem para novas esperanças e a ajudassem a percorrer os caminhos que surgiam — e que, agora, ela já sabia trilhar.

A vida seguiu com Maria Thereza vivendo como nasceu, de passagem.

E por todo o tempo abrindo portas.

Procurando saídas e buscando ser feliz.

Abrindo portas.

Em silêncio.

Agradecimentos

Meu agradecimento a Maria Thereza Fontella Goulart, pelo tempo, paciência, confiança, dúvidas, lições, discussões, conversas, entendimentos e desentendimentos e aos "que horror" e "que espetáculo" que pontuavam suas respostas e apontavam caminhos.

Também, na mesma proporção, meu grande agradecimento a Denize Goulart, pela dedicação, pelos e-mails e pelos "conteúdos" dos e-mails; e a João Vicente Goulart, pela troca de ideias.

A Monica Gonçalves dos Santos, a Moniquinha, e sua intercessão providencial.

A Jair Krischke e ao seu infindável conhecimento e marcante trabalho à frente do Movimento de Justiça e Direitos Humanos (MJDH), cujos arquivos e documentos foram fundamentais para esta obra.

À motivadora e atenta ajuda de Neuza Penalvo.

Meus agradecimentos a toda a equipe da Editora Record: Carlos Andreazza, Duda Costa, Thaís Lima e Luciana Aché. Agradeço também a Cristiane Pacanowski, que colaborou com o processo de edição do texto.

Agradecimentos especiais a Alexandre Ricardo Peres, Alexandre Sousa, Aline Schons, Amanda Carrara, Ana Leticia Lycarião, Ana Maria Guimarães, Andre Leite, Andrea Minota Brandão, Andressa Nogueira, Antonio Carlos Mugayar Bianco, Beatriz Moravec, Carolina Tenório, Chico Ornellas, Claudio Chiavarini, Claudio Rodrigues, Danilo Toth

Lombardi, Eduardo Miranda, Eloi Schons, Fabiano Cypel, Gabriel Chiavarini, Gonçalo Junior, Henrique Peres, Jacqueline De Ridder Vieira, Joaquim Ferreira dos Santos, Jupira Carrara, Julio Balasso, Júnia Paiva, Lourdes Peres, Luciana Villas-Boas, Luiz Akio, Luiz Cláudio Cunha, Luiz Eduardo Alves de Siqueira, Luiza Villamea, Maria Izabel Fidalgo, Marcelo Peres, Marcio Knoeller, Marcos Perez Tarazona, Marcos Savignano, Maria Jandyra Cavalcanti Cunha, Mariana Jardim Braga, Mário Magalhães, Marina Solti, Max Maneschy, Nathan Knoeller, Nelson Lott, Nilo Schons, Osvaldo Maneschy, Roberto Managau, Roger Rodriguez, Rodrigo Patto, Rubiara Costa, Sandro Rossi, Sérgio Cursino, Silvio Luiz, Svea Kroner, Susanne Bartsch, Teresa Alciaturi, Verônica Fialho Goulart.

Meu agradecimento aos funcionários do Colégio Metodista Americano de Porto Alegre; da Biblioteca Nacional do Uruguai; e à redação do jornal *Diari de Girona*.

Uma saudade doída e um agradecimento eterno a minha mãe, Ignez, e ao meu pai, Carlos.

Meu agradecimento às duas forças criativas que são minha grande motivação, Lucas e Bruno.

E toda a minha gratidão a Isabel, companheira de vida e de muito mais, para quem tudo é possível.

Notas

2. A primeira volta do parafuso

1. Uma outra linha de historiadores considera 1687 o ano de fundação de São Borja, porque somente nesse ano "a Redução foi oficialmente instalada, passando a ter livros próprios de assentamento e de batismo (...) até 1687, (São Borja) era uma espécie de colônia ou posto avançado na margem esquerda do rio Uruguai", conforme afirma Apparicio Silva Rillo em *São Borja em perguntas e respostas*: monografia histórica de costumes — coleção tricentenário nº 2 (1982).
2. "Com o dólar na época valendo Cr$ 20,00, calcula-se, em moeda americana, a fortuna em gado em US$ 506.630,001. Para o valor do dólar em 1946, tratava-se de muito dinheiro." Jorge Ferreira, *João Goulart*: uma biografia, p. 48.
3. "(Para Jango) O Casablanca tornou-se o seu segundo lar." Ruy Castro, *A noite do meu bem*, p. 185.
4. Ruy Castro, *A noite do meu bem*, p. 45.
5. Maria do Carmo Teixeira Rainho, *Moda e revolução nos anos 1960*, p. 174.

3. A gota de orvalho numa pétala de flor

1. Revista *Time*, 14 de maio de 1956.
2. "As vedetes do teatro rebolado estupefaciavam os homens com seus quadris — mas de que adiantava, se depois de rosetar eles não queriam esse tipo de mulher para constituir família?" Joaquim Ferreira dos Santos, *Feliz 1958*: o ano que não devia terminar, p. 50.

3. Paulo Francis, *O afeto que se encerra*, p. 68.
4. "Mulheres dos anos dourados, muitas delas viveram a adolescência nos anos 1950. Educadas para serem boas esposas, donas de casa e mães, valorizavam aspectos tradicionais das relações de gênero — o casamento, a família conjugal. Possuíam escolaridade mais alta do que aquela das gerações anteriores, estavam inseridas no mercado de trabalho, mas, em grande parte, abriam mão da profissão após o casamento e o nascimento dos filhos." Maria do Carmo Teixeira Rainho, *Moda e revolução nos anos 1960*, p. 131.
5. *Jornal das Moças*, n° 2.178, 14 de março de 1957.
6. "Íamos muito à sua casa. Maria Thereza (...) cansou de fazer jantar para a gente, de botar comida na mesa. Ficávamos discutindo até uma, duas da manhã." Hércules Corrêa em depoimento a Angela de Castro Gomes e Jorge Ferreira em *Jango: as múltiplas faces*, p. 105.
7. Joaquim Ferreira dos Santos, *Feliz 1958*: o ano que não devia terminar, p. 36.
8. Para a lista de vedetes: Joaquim Ferreira dos Santos, *Feliz 1958*: o ano que não devia terminar, p. 11.
9. Ruy Castro, *Estrela Solitária*: um brasileiro chamado Garrincha, p. 194.
10. Joaquim Ferreira dos Santos, *Feliz 1958*: o ano que não devia terminar, pp. 164-165.
11. Rubem Braga, *Ai de ti, Copacabana* em *Coleção Melhores Crônicas — Rubem Braga*, p. 71.
12. Paulo Francis, *O afeto que se encerra*, p. 67.
13. "A explosão imobiliária ainda estava em fase de cartucho, sem estopim. Não existiam o atolhamento e apertos de hoje, o barulho infernal de automóveis sem silenciador, poluindo o ar, ou as multidões de miseráveis e de prostitutas dos diversos sexos que se tornaram constantes atuais; nem a zona sul se tornara alvo dos aspirantes nacionais à classe média, que não nos permitem mais um metro de solidão." Paulo Francis, *O afeto que se encerra*, p. 68.
14. *O Cruzeiro*, 18 de julho de 1959.
15. O sistema eleitoral continuava determinando votações separadas para presidente e para vice.
16. *El País* (Espanha), 18 de maio de 1990.
17. "(Maria Thereza Goulart) é uma jovem senhora de vinte e poucos anos que chama a atenção pelo seu jeito de menina. Ou seja: como mulher de político, dispõe do necessário e do suficiente para despertar fantasias ou bisbilhotices, mexericos e intrigas. Se fosse deselegante, feia e desajeitada, não despertaria nada do que desperta, nem inveja, e dela — no máximo —

iriam rir com piedade." Flávio Tavares, *O dia em que Getúlio matou Allende e outras novelas do poder*, p. 249.
18. Depoimento do coronel Luiz Helvécio da Silveira Leite a José Amaral Argolo e Luiz Alberto Fortunado em *Dos quartéis à espionagem*: caminhos e desvios do poder militar, p. 115.
19. *O Globo*, 29 de julho de 1961.

5. A segunda volta do parafuso

1. *Jornal do Brasil*, 28 de setembro de 1961.
2. *Jornal do Brasil*, 1º de setembro de 1960.
3. *Diário de Notícias*, 13 de novembro de 1960.
4. *Diário de Notícias*, 26 de fevereiro de 1962.
5. *Jornal do Brasil*, 5 de outubro de 1961.
6. *Jornal do Brasil*, 28 de dezembro de 1961.
7. Valores corrigidos com base no índice IGP-DI (FGV) setembro de 2018: de 5 a 10 mil reais, aproximadamente.
8. Valores corrigidos com base no índice IGP-DI (FGV) em setembro de 2018: de 4 a 8 mil reais, aproximadamente.
9. Ruy Castro, *A noite do meu bem*, p. 329.
10. *O Cruzeiro*, 30 de setembro de 1961.
11. *Fatos e Fotos*, 4 de novembro de 1961.
12. *Diário da Noite*, 5 de dezembro de 1961.
13. *Diário da Noite*, 8 de novembro de 1961 e 27 de novembro de 1961.
14. *Diário da Noite*, 1º de dezembro de 1961.
15. *Diário Carioca*, 21 de dezembro de 1961.
16. "Naquela quase década de 1955 a 1964, enquanto não baixaram sobre nós os obstinados do retrocesso, da estagnação, da censura, da vulgarização massificada da cultura, do circo permanente em TV, os subprodutos culturais do sistema de 1964". Paulo Francis, *O afeto que se encerra*, p. 112.

6. O vento vai levando pelo ar

1. *Jornal do Brasil*, 12 de outubro de 1961.
2. *Diário de Notícias*, 16 de marco de 1962.
3. *Diário de Notícias*, 24 de março de 1962.
4. *Diário de Notícias*, 22 e 23 de março de 1962.
5. *Diário Carioca*, 25 e 26 de março de 1962.
6. Maria do Carmo Teixeira Rainho, *Notas sobre a presença de um costureiro francês no Rio de Janeiro (1958-1967)*, p. 7.

7. *Correio da Manhã*, 30 de maio de 1962.
8. Ainda utilizada no Brasil nos anos 1950, a expressão "alta-costura" é patenteada e só poderia ser usada por costureiros que pertencessem à Câmara Sindical da Alta-Costura de Paris.
9. Ivana Guilherme Simili, *A primeira-dama Maria Thereza Goulart e o costureiro Dener*: a valorização da moda nacional nos anos 1960.
10. O primeiro produto feito inteiramente na fábrica da Avon na zona sul de São Paulo foi o batom *Clear Red*.
11. Eric Hobsbawm, *Era dos extremos*: o breve século XX, 1914-1991, p. 325.
12. "Os jovens operários almofadinhas do passado às vezes tomavam seus estilos de alta moda na camada social alta ou de subculturas de setores da classe média, como a boemia artística; as moças operárias, mais ainda. Agora parecia verificar-se uma curiosa inversão. O Mercado de moda para os jovens plebeus estabeleceu sua independência e começou a dar o tom para o Mercado grã-fino. À medida que o blue jeans (para ambos os sexos) avançava, a *haute couture* de Paris recuava, ou antes aceitava a derrota usando seus prestigiosos nomes para vender produtos do mercado de massa, diretamente ou sob franquia". Eric Hobsbawm, *Era dos extremos*: o breve século XX, 1914-1991, p. 324.
13. *Última Hora*, 21 de junho de 1962.
14. Maria do Carmo Teixeira Rainho, *Moda e revolução nos anos 1960*, p. 141.
15. *Diário de Notícias*, 25 de fevereiro de 1962.
16. Pomona Politis no *Diário de Notícias*, 28 de fevereiro de 1962.
17. *Diário de Notícias*, 25 de março de 1962.
18. Jorge Ferreira, *João Goulart*: uma biografia, p. 278.
19. *O Estado de S. Paulo*, 11 de abril de 1962.
20. *Jornal do Brasil*, 8 de maio de 1962.
21. Carlos Dória, *Bordado da fama*: uma biografia de Dener, p. 16.
22. Ibrahim Sued, *Em sociedade tudo se sabe*, p. 121.
23. "Os vestidos de Maria Thereza ajudavam a reforçar a imagem das etiquetas que tinham manufaturas no eixo Rio-São Paulo." *Veja Especial — Brasília 50 anos*, p. 162.
24. Carlos Dória, *Bordado da fama*: uma biografia de Dener, p. 29.
25. "Thereza Goulart inovou, sim. E divulgou um profissional que aqui trabalhava e fez o seu ofício de costureiro ser respeitado." Ruth Joffily, em entrevista ao autor, fevereiro de 2015.
26. *Manchete*, 2 de junho de 1962
27. Para os boatos sobre a licença e para os diálogos, *Manchete*, 2 de junho de 1962.
28. *Jornal do Brasil*, 9 de setembro de 1962.

29. *Jornal do Brasil*, 23 de setembro de 1962.
30. *Jornal do Brasil*, 13 de setembro de 1962.
31. "... enquanto os rumos da política brasileira não se tornassem mais claros uma visita de Kennedy seria inoportuna. Kennedy não se sentia à vontade em perturbar um promissor relacionamento pessoal com Goulart, por isso aceitou o meu conselho com duas condições: 1) que o adiamento tivesse uma data certa (o encontro foi remarcado para novembro, mas acabou sofrendo novo adiamento); e 2) que eu fosse a Washington fazer-lhe uma análise completa." Lincoln Gordon, *A segunda chance para o Brasil*: a caminho do primeiro mundo, p. 325.

7. Mesmo a tristeza da gente era mais bela

1. *Diário da Noite*, 28 de maio de 1964.
2. Augusto Nunes, em entrevista ao autor, fevereiro de 2016.
3. Germana de Lamare, em entrevista ao autor, março de 2015. Germana era uma das jovens que passou a comprar qualquer revista que trouxesse uma foto ou uma notícia sobre a primeira-dama.
4. "É de se pensar que a definição de um modelo de beleza fixado a partir de um ponto, isto é, da 'morena' Maria Thereza Goulart, foi crucial para que a estética feminina da mulher brasileira começasse a ser valorizada pela moda. Do exposto, conclui-se que a história da moda brasileira e feminina encontrou em Dener e Maria Thereza (e vice-versa) um ponto de apoio que possibilitasse compreender a cultura das aparências para definir o nacional, em particular, a beleza da mulher brasileira e os modos pelos quais as roupas podiam contribuir em sua valorização. O que o figurinista e a cliente comunicam são imagens de roupas feitas por brasileiros e usadas por brasileiras que se tornam estratégicas no mundo de imagens de moda e na formação das subjetividades femininas *prêt-à-porter*, ou seja, na maneira como as brasileiras passaram a se olhar e a se ver." Ivana Guilherme Simili, *A primeira-dama Maria Thereza Goulart e o costureiro Dener*: a valorização da moda nacional nos anos 1960.
5. *Jornal do Brasil*, 13 de maio de 2001.
6. *Jornal do Brasil*, 3 de outubro de 1962.
7. *Jornal do Brasil*, 24 de outubro de 1962.
8. "Tancredo Neves foi primeiro-ministro de setembro de 1961 até junho de 1962. A sua vitória foi esmagadora: 259 votos a favor, 22 contra e sete abstenções. Ele foi sucedido por Brochado da Rocha. Tratava-se de um político de pouca expressão nacional que na época era secretário do Interior e Justiça do Governo Leonel Brizola no Rio Grande do Sul. Eleito por 215 votos contra

58, Brochado da Rocha foi chefe de governo até setembro de 1962, ou seja, por menos de três meses. Seu sucessor foi Hermes Lima, o último a ocupar o cargo de primeiro-ministro. Curiosamente, Hermes Lima não foi eleito primeiro-ministro; tornou-se chefe de governo graças à Lei Complementar nº 2 que permitia a formação de um gabinete provisório sem o voto parlamentar. Apenas no final de novembro o seu governo foi sancionado pelo Congresso com 164 votos a favor e 137 contra." ALMEIDA, Alberto Carlos. Os gabinetes parlamentaristas. FGV/CPDoc. Disponível em: <http://cpdoc.fgv.br/producao/dossies/Jango/artigos/NaPresidenciaRepublica/Os_gabinetes_parlamentaristas>, acesso em 17 set. 2017.
9. *Manchete*, 8 de dezembro de 1962.
10. Geneton Moraes Neto e Joel Silveira, *Nitroglicerina pura*, p. 119.
11. *Correio da Manhã*, 19 de outubro de 1962.
12. Juca Chaves, em entrevista ao autor, maio de 2013.
13. Walter Firmo, em entrevista ao autor, dezembro de 2015.
14. "De cara, o Ipes recebeu US$ 500 mil dos Estados Unidos". *O Globo*, 16 de março de 2014.
15. Apesar de sua rica ação política nos vários setores de opinião pública e de suas tentativas de reunir as classes dominantes sob seu comando, o complexo Ipes/Ibad mostrou-se incapaz de, por consenso, impor-se na sociedade brasileira. Logrou êxito, entretanto, através de sua campanha ideológica e política, em esvaziar o apoio homogêneo ao Executivo e foi capaz de estimular uma reação generalizada contra o bloco nacional-reformista. No entanto, as atividades políticas do complexo Ipes/Ibad foram de suma importância na realização da crise do bloco histórico-populista. Elas estimularam uma atmosfera de inquietação política e obtiveram êxito em levar à intervenção das Forças Armadas contra o "caos, a corrupção populista e a ameaça comunista". (...) o Ipes conseguiu coordenar e integrar os vários grupos militares, conspirando contra o governo, e, de certa forma, proporcionar o exigido raciocínio estratégico para o golpe. René Armand Dreifuss, *1964: a conquista do Estado: ação política, poder e golpe de classe*, p. 337-338.
16. *O Globo*, 16 de março de 2014.
17 René Armand Dreifuss, *1964: a conquista do Estado: ação política, poder e golpe de classe*, p. 205.
18. "A participação do Ipes na derrubada do governo Goulart, em 31 de março de 1964, pelos militares, foi preferencialmente resultado de um trabalho propagandístico. Todavia, isso não impediu que alguns de seus membros, individualmente, atuassem de maneira mais direta. O reconhecimento dos seus préstimos pelo regime militar ocorreu em 7 de novembro de 1966, quando foi declarado 'órgão de utilidade pública' por decreto

presidencial." PAULA, Christiane Jalles de. O Instituto de Pesquisa e Estudos Sociais — Ipes. FGV/CPDoc. Disponível em: <https://cpdoc. fgv.br/producao/dossies/Jango/artigos/NaPresidenciaRepublica/O_ Instituto_de_Pesquisa_e_Estudos_Sociais>, acesso em 17 set. 2017.
19. Flávio Tavares, *1964*: o Golpe, p. 155.
20. "Há histórias maledicentes sobre a relação dos dois, mas pelo que ouço no gênero sobre quem conheço bem, não merecem crédito. O servilismo bem brasileiro, que faz a maioria das pessoas cordatas e obsequiosas pela frente, tem o seu reverso, em particular, às escondidas, produzindo a difamação sistemática e impiedosa de quem quer que se alce do meio-fio." Paulo Francis, *Trinta anos esta noite*, p. 32.
21. Paulo Schmidt, *Guia politicamente incorreto dos presidentes da República*, p. 268.
22. "A CIA já havia feito várias coisas como essa." William Blum em entrevista por e-mail ao autor, janeiro de 2010.
23. *Superinteressante*, abril de 2010.
24. A. J. Langguth, em entrevista por e-mail ao autor, março de 2010.
25. A. J. Langguth, *Hidden Terrors*, p. 92. (Em tradução livre do autor.)
26. René Armand Dreifuss, *1964: a conquista do Estado: ação política, poder e golpe de classe*, p. 179.
27. *Última Hora*, 23 de abril de 1963.
28. Carlos Dória, *Bordado da fama*: uma biografia de Dener, p. 52.
29. Dener Pamplona de Abreu, *Dener*: o luxo, p. 78.
30. *Última Hora*, 29 de abril de 1963.
31. *Jornal do Brasil*, 7 de outubro de 1963.
32. Em 1963, um vestido de Dener valia de 500 mil a um milhão de cruzeiros. Carlos Dória, *Bordado da fama*: uma biografia de Dener, p. 37.
33. Dener Pamplona de Abreu, Dener: o luxo, p. 76.
34. Dener Pamplona de Abreu, Dener: o luxo, p. 77.
35. "Ela teve um papel fundamental nesta mudança de mentalidade. Afinal, era um ícone de beleza e elegância e valorizou um talento brasileiro, quebrando o 'complexo de colonizado' reinante na moda (que acontece em grande medida até hoje)". Lilian Pacce, em entrevista ao autor, março de 2015.
36. *O Cruzeiro*, 28 de julho de 1962.
37. "Era o Zeitgest, o espírito do tempo, que ficou muito marcado por Jango e Kennedy, e Jacqueline e Maria Thereza." Jacob Pinheiro Goldberg, em entrevista ao autor, junho de 2017.
38. Stephen Battaglio, *David Susskind: A Televised Life*, p. 98.
39. François Forestier, *Marilyn e JFK*, p. 178. Apesar de ter rasgado, o vestido foi leiloado em 1999 pela Casa Christie's e atingiu o valor de um milhão de dólares.

8. É assim como a luz no coração

1. *Diário de Notícias*, 12 de janeiro de 1963.
2. *O Cruzeiro*, 9 de fevereiro de 1963.
3. Luiz Maklouf Carvalho, *Cobras criadas*, p. 405.
4. Jean Pouchard, *Diário Carioca*, 7 de maio de 1963.
5. Em 1930, a gaúcha Yolanda Pereira também venceu, mas o concurso era chamado de Desfile Internacional de Beleza.
6. *Última Hora*, 6 de junho de 1963.
7. *Correio da Manhã*, 4 de junho de 1963.
8. Ibrahim Sued, *Diário de Notícias*, 5 de junho de 1963.
9. *Correio da Manhã*, 22 de julho de 1963.
10. *Jornal do Brasil*, 25 de junho de 1963.
11. *Diário Carioca*, 17 de novembro de 1963
12. Pio Corrêa, *O mundo em que vivi* — Vol. II, p. 804.
13. Dados do Instituto Nacional de Meteorologia (Inmet).
14. *Diário da Noite*, 23 de setembro de 1963.
15. *Correio da Manhã*, 22 de setembro de 1963.
16. "Maria Thereza estava ali, 'esvoaçante', não só em torno da vida de Jango, mas também da vida do Brasil." Jacob Pinheiro Goldberg, em entrevista ao autor, junho de 2017.
17. Pio Corrêa, *O mundo em que vivi* — vol. II, p. 808.
18. Jorge Ferreira, *João Goulart*: uma biografia, p. 288.
19. "(...) o general Amaury Kruel, o criador do Esquadrão da Morte. Ele não só inaugurou uma instituição 'moderna', como instaurou uma realidade." Zuenir Ventura, *Cidade partida*, p. 11.
20. "A criação da SDE não só institucionalizou o Esquadrão da Morte, como aumentou o número de pontos de bicho, deu liberdade de ação aos bicheiros, estimulou o lenocínio e centralizou as verbas distribuídas por todo tipo de contravenção." Zuenir Ventura, citando o *Jornal do Brasil*, em *Cidade partida*, p. 52.
21. Zuenir Ventura, *Cidade partida*, p. 48.
22. "Se a diplomacia é inerente ao poder e à política, o guarda-roupa de Maria Thereza transformou-se em modelo diplomático na promoção da mulher e da moda brasileira tanto no cenário nacional quanto no internacional", Ivana Guilherme Simili, *A primeira-dama Maria Thereza Goulart e o costureiro Dener*: a valorização da moda nacional nos anos 1960.
23. O *Jornal do Brasil* de 9 de outubro de 1963 trazia outra lista de países: "Iugoslávia, Tcheco-Eslováquia, Itália, Alemanha Ocidental e França".
24. Barros Carvalho, em entrevista ao autor, outubro de 2014.

25. *Correio da Manhã*, 26 de setembro de 1963.
26. Pomona Politis, *Diário de Notícias*, 29 de agosto de 1963.
27. *Última Hora*, 3 de março de 1964.
28. *Jornal do Brasil*, 20 de fevereiro de 1964.
29. *Diário de Notícias*, 8 de outubro de 1963.
30. *Diário de Notícias*, 1º de agosto de 1963.
31. *Diário da Noite*, 5 de agosto 1963
32. *Diário da Noite*, 9 de setembro de 1963.
33. Ruy Castro, *A noite do meu bem*, p. 416.
34. *Diário de Notícias*, 8 de outubro de 1963.
35. Elio Gaspari, *A ditadura envergonhada*, p. 252.
36. John W. F. Dulles, *Carlos Lacerda*: a vida de um lutador — vol. 2: 1960-1977, p. 182.
37. Para o armamento e o reconhecimento por parte dos moradores, *Última Hora*, 12 de outubro de 1963.
38. Parecer do general Jair Dantas, ministro da Guerra, ao encaminhar o relatório à Justiça Militar, em Luiz Alberto Moniz Bandeira, *O governo João Goulart*: as lutas sociais no Brasil — 1961-1964.
39. Phyllis R. Parker, *1964*: o papel do Estados Unidos no Golpe de Estado de 31 de março, p. 76.
40. *Correio da Manhã*, 6 de maio de 1966.
41. Darcy Ribeiro, *Confissões*, p. 348.
42. *O Estado de S. Paulo*, 9 de novembro de 1963.
43. *Última Hora*, 5 de dezembro de 1963.
44. *Jornal do Brasil*, 28 de dezembro de 1963.
45. *Jornal do Brasil*, 23 de janeiro de 1964.
46. *Jornal do Brasil*, 1º de março de 1964.

9. E tudo se acabar na quarta-feira

1. *Manchete*, 14 de março de 1964.
2. *O Cruzeiro*, 21 de março de 1964.
3. João Pinheiro Neto, *Jango*: um depoimento pessoal, p. 67.
4. Elio Gaspari, *A ditadura envergonhada*, p. 252.
5. Nilo Dante, *Tribuna da Imprensa*, 14 de março de 1964.
6. Hércules Corrêa, *Memórias de um stalinista*, p. 89-90.
7. "A esposa de Jango demonstrou naquela noite ter muita coragem." Hércules Corrêa, *Memórias de um stalinista*, p. 89.
8. *Correio da Manhã*, 14 de março de 1964.
9. *O Estado de S. Paulo*, 14 de março de 1964.

10. Nilo Dante, *Tribuna da Imprensa*, 14 de março de 1964.
11. Araújo Neto, "A Paisagem", em Alberto Dines et al., *Os idos de março e a queda em abril*, p. 21.
12. Lúcio Flávio Pinto, em entrevista ao autor, fevereiro de 2016.
13. "No Brasil daquela época, a mulher jamais subia no palanque." Augusto Nunes, em entrevista ao autor, fevereiro de 2016.
14. Carlos Chagas, *O Brasil sem retoque*: 1808-1964, vol. II, p. 1.070.
15. Flávio Tavares, *1964*: o Golpe, p. 41.
16. Paulo Francis, *Trinta anos esta noite*, p. 37.
17. Thomas Skidmore, *Brasil*: de Getúlio a Castelo, p. 502.
18. *Jornal do Brasil*, 14 de março de 1964.
19. Sérgio Dávila, *Folha de S.Paulo*, 13 de março de 2004.
20. "Sua presença linda e elegante destoava do ambiente de pelegos. Seu sorriso tão raro era uma demonstração de que apoiava totalmente a ação do presidente. Seu comparecimento foi a nota mais humana dessa tarde política." Pomona Politis no *Diário de Notícias*, 16 de março de 1964.
21. Nilo Dante, *Tribuna da Imprensa*, 14 de março de 1964.
22. Lúcio Flávio Pinto, que acompanhava no meio do público o comício, em entrevista ao autor, janeiro de 2016.
23. Jacob Pinheiro Goldberg, em entrevista ao autor, junho de 2017.
24. *Diário da Noite*, 16 de março de 1964.
25. "Ali, no comício para as reformas, no dia 13 de março de 1964, na Central do Brasil, junto ao palanque onde Jango discursava com o dedo em riste, eu só tinha olhos para a primeira-dama, Maria Thereza Goulart. Como era linda, nossa dama... Estava um pouco atrás do marido, com um vestido azul--pavão, cabelo penteado em 'coque', no estilo dos anos 60, e olhava, com seus 28 anos, para a imensa multidão de operários da Petrobrás, com as tochas acesas ao cair da noite. Era uma visão de filme soviético: os operários, as faixas, as enxadas e foices dos camponeses mas eu só via o filme americano de Thereza Goulart. Havia algo dissonante em sua figura, como se ela estivesse deslocada, com seu penteado não proletário, a prova viva de que o marido entrava celeremente por um cano monumental. O próprio Jango não parecia convencido daquela zorra toda, numa atitude 'revolucionária' a contra-gosto, pois toda a sua natureza e 'design' mostravam um homem deprimido e conciliador." Arnaldo Jabor, *O Globo*, 5 de agosto de 2003.
26. "Paradoxalmente, uma das maiores alegrias de João Goulart foi o comício que provocou o fim do seu governo. Sabe por quê? Porque ele tinha ao lado Maria Teresa, e estava se vendo com Perón ao lado da Eva. Maria Thereza estava ali com ele, linda de morrer, com aquela beleza e juventude." Abelardo Jurema, depoimento ao CPDoc da FGV.

27. "Acabava ali também o verão dos inocentes (...) e três mulheres ocupavam a imaginação dos brasileiros: a jovem e comentada primeira-dama Maria Thereza Goulart; a angelical Miss Universo Ieda Maria Vargas; e a escandalosa e sensual BB." *Veja*, 26 de março de 2014.
28. "No comício da Central do Brasil, Maria Thereza estava na última moda (...) como também com um coque esmerado, como se usava na época, com maquiagem como se usava na época, sapatos da última moda da época. Ela era a moda, a última moda, ela era a modelo que lançava as tendências — como essa mulher poderia ser comunista?"; Ruth Joffily, em entrevista ao autor, março de 2015.
29. Carlos Chagas, *O Brasil sem retoque*: 1808-1964, v. 2, p. 1070.
30. Flávio Tavares, *1964*: o Golpe, p. 42.
31. Araújo Neto, "A paisagem", em Alberto Dines et al.,*Os idos de março e a queda em abril*, p. 39.
32. Carlos Chagas em *O Brasil sem retoque*: 1808-1964, v. 2, p. 1070; e Alberto Dines, "Debaixo dos Deuses" em *Os idos de março e a queda em abril*, p. 311, também afirmam que havia 200 mil pessoas. Marcos Napolitano em *1964*: História do regime militar brasileiro, na p. 55, aponta "mais de 200 mil pessoas". João Pinheiro Neto, *Jango*: um depoimento pessoal, p. 143, escreveu que havia mais de 300 mil.
33. "Estimativa para a população dos municípios das capitais baseou-se nos censos de 1950 e 1960 e, na hipótese de constância da taxa média geométrica anual de incremento, exclusive a possibilidade de possíveis desmembramentos da área territorial dos referidos municípios", Anuário Estatístico do Brasil — 1965. Fonte: Serviço Nacional de Recenseamento.
34. *Veja*, 16 de dezembro de 1987.
35. *Veja*, 14 de novembro de 1973.
36. *Última Hora*, 23 de março de 1964.
37. Depoimento do capitão Henrique Couto Ferreira Mello a José Amaral Argolo e Luiz Alberto Fortunato em *Dos quartéis à espionagem*: caminhos e desvios do poder militar, p. 51.
38. "Estimativa para a população dos municípios das capitais baseou-se nos censos de 1950 e 1960 e, na hipótese de constância da taxa média geométrica anual de incremento, exclusive a possibilidade de possíveis desmembramentos da área territorial dos referidos municípios", Anuário Estatístico do Brasil — 1965. Fonte: Serviço Nacional de Recenseamento.
39. Luiza Villamea, *Brasileiros*, dezembro de 2013. A reportagem mostra o trabalho do professor e historiador Luiz Antonio Dias, que mapeou as pesquisas do Ibope arquivadas na Unicamp. Outras pesquisas do Ibope,

igualmente positivas para João Goulart, foram reveladas pelo professor Antonio Lavareda, da Universidade Federal de Pernambuco, *IstoÉ Senhor*, 12 de dezembro de 1990.
40. Waldir Pires, que receberia a confirmação desse diálogo do próprio Jango durante o exílio no Uruguai, em entrevista ao autor, julho de 2010.
41. Raul Ryff, *O fazendeiro Jango no governo*, p. 27.
42. Jorge Ferreira, *João Goulart*: uma biografia, p. 472.
43. *O lado negro da CIA*, introdução e notas Cláudio Blanc, p. 108.
44. Jacinto de Thormes, *Última Hora*, 25 de março de 1964.

10. E a tarde caiu e o sol morreu e de repente escureceu

1. Lira Neto, *Castello*: a marcha para a ditadura, p. 253.
2. Jorge Ferreira, *João Goulart*: uma biografia, p. 474.
3. Jorge Ferreira, *João Goulart*: uma biografia, p. 478.
4. Para o diálogo entre Jango e Kruel, Jorge Ferreira, *João Goulart*: uma biografia, p. 485.
5. Jorge Ferreira, *João Goulart*: uma biografia, p. 493-496.
6. Almino Affonso, *1964 na visão do ministro do Trabalho de João Goulart*, p. 595.
7. Jorge Ferreira, *João Goulart*: uma biografia, p. 509.
8. Comandante da 3ª Divisão de Infantaria sediada em Santa Maria.
9. Entrevista com Maria Thereza Goulart. Disponível em: <http://www.pdt-rj.org.br/paginaindividual.asp?id=104>. Acesso em: 20 set. 2008.

11. Azul que é pura memória de algum lugar

1. Maria Thereza se tornava a segunda esposa de um presidente a seguir para o exílio. D. Sofia Pereira de Sousa, casada com Washington Luiz, acompanhou o marido, que, depois de alguns dias na prisão, partiu exilado para a Europa após a Revolução de 1930.
2. *Jornal do Brasil*, 4 de abril de 1964.
3. *Jornal do Brasil*, 5 de abril de 1964.
4. *Jornal do Brasil*, 4 de abril de 1964.
5. *Jornal do Brasil*, 21 de abril de 1964.
6. *Última Hora*, 31 de julho de 1964.
7. João Vicente Goulart, *Jango e eu*: memórias de um exílio sem volta, p. 52.
8. Revista *Time*, 10 de abril de 1964.
9. João Vicente Goulart, *Jango e eu*: memórias de um exílio sem volta, p. 46
10. Dinair Andrade da Silva, A imprensa platina e a Missão Especial do Brasil ao Uruguai, abril de 1964, *Revista Brasileira de Política Internacional*, v. 45, n. 2, Brasília, Jul./Dec. 2002.

11. Relatório da Missão Especial ao Uruguai, vol. II, doc. 5; em Dinair Andrade da Silva, A imprensa platina e a Missão Especial do Brasil ao Uruguai, abril de 1964, *Revista Brasileira de Política Internacional*, v. 45, n. 2, Brasília, Jul./Dec. 2002.
12. Dinair Andrade da Silva, A imprensa platina e a Missão Especial do Brasil ao Uruguai, abril de 1964, *Revista Brasileira de Política Internacional*, v. 45, n. 2, Brasília, Jul./Dec. 2002.
13. "O piloto, naturalmente no afã de mostrar-se mais oposicionista e, portanto, mais lacerdista, achou que devia contar uma das muitas anedotas que, na época, abundavam a respeito da primeira-dama do país, e pôs-se a fazê-lo. Quando lhe percebeu a intenção, Lacerda, encarando-o, franziu a testa e, em seguida, todo o rosto. Tal foi sua expressão que o homem interrompeu, no meio, a anedota." Antonio Dias Rebello Filho, *Carlos Lacerda: meu amigo*.
14. "Quem inventava essas piadas era o pessoal da UDN, entre os quais o meu pai, que era da UDN e tinha horror ao Jango e ao Getúlio." Ruy Castro, em entrevista ao autor, em março de 2016.
15. Jair Krischke, em entrevista ao autor, julho de 2012.
16. Agee, Philip, *Dentro da Companhia: diário da CIA*, p. 383-384.
17. José Amaral Argolo e Luiz Alberto Fortunato, *Dos quartéis à espionagem*: caminhos e desvios do poder militar, p. 235.
18. João Vicente Goulart, *Jango e eu: memórias de um exílio sem volta*, p. 76.
19. Pio Corrêa, *O mundo em que vivi — vol. II*, p. 848.
20. A existência do Ciex seria revelada em 2007, na premiada série de reportagens de Cláudio Dantas Sequeira publicada no *Correio Braziliense*.
21. "A existência do Ciex só seria confirmada em 2007", Luiz Cláudio Cunha em "A repórter pergunta, o ministro gagueja". *Observatório da Imprensa*: Disponível em: <http://observatoriodaimprensa.com.br/caderno-da-cidadania/_ed812_a_reporter_pergunta_o_ministro_gagueja/>. Acesso em: 21 dez. 2017
22. Pio Corrêa, *O mundo em que vivi — vol. II*, p. 862.
23. Elio Gaspari, *A ditadura envergonhada*, p. 185.
24. *Diário de Notícias*, 27 de maio de 1964.
25. "Maria Thereza acabou sendo usada politicamente não por Jango, como deveria, mas pelos seus inimigos que procuraram acabar com a imagem dela." Augusto Nunes, em entrevista ao autor, fevereiro de 2016.
26. *Diário de Notícias*, 26 de maio de 1964.
27. *Diário Carioca*, 13 de junho de 1964.
28. Jorge Ferreira, *João Goulart*: uma biografia, p. 556.
29. João Vicente Goulart, *Jango e eu*: memórias de um exílio sem volta, p. 56.

12. A terceira margem do rio

1. *Última Hora*, 12 de junho de 1964.
2. Arquivo CPDoc/FGV: Arquivo: João Goulart. Classificação: JG e 1964.04.00/1
3. *Diário de Notícias*, 21 de julho de 1964.
4. Jorge Ferreira, *João Goulart*: uma biografia, p. 561.
5. Yolanda Avena Pires, *Exílio*: testemunho de vida, p. 33.
6. Dirección de investigaciones, Depto. de inteligencia y enlace, 26 de março de 1967.
7. João Vicente Goulart, *Jango e eu*: memórias de um exílio sem volta, p. 113.
8. Dener Pamplona de Abreu, *Dener*: o luxo, p. 75.
9. *Última Hora*, 20 de fevereiro de 1964.
10. Carlos Dória, *Bordado da fama*: uma biografia de Dener, p. 24.
11. João Vicente Goulart, *Jango e eu*: memórias de um exílio sem volta, p. 97.
12. Archivo Histórico de la Secretaría de Relaciones Exteriores de México
13. Para a ação da embaixada do México após o Golpe, Daniela Morales Muñoz, *Asilo político en la embajada de México en Brasil, 1964-1966*: El primer contingente de exiliados de la dictadura militar.

13. Uma dor assim pungente

1. João Vicente Goulart, *Jango e eu*: memórias de um exílio sem volta, p. 109.
2. *Jornal do Brasil*, 30 de março de 1965.
3. Jorge Otero, *João Goulart*: lembranças do exílio, p. 195.
4. João Pinheiro Neto, *Jango*: um depoimento pessoal, p. 124.
5. *Diário Carioca*, 20 de maio de 1965.
6. Elio Gaspari, *A ditadura derrotada*, p. 85.
7. *Veja*, 2 de outubro de 1978.
8. João Vicente Goulart, *Jango e eu*: memórias de um exílio sem volta, p. 157.
9. Yolanda Avena Pires, *Exílio*: testemunho de vida, p. 73.
10. Jorge Otero, *João Goulart*: lembranças do exílio, p. 196.
11. Informe secreto do Ciex; índice: Viagem de Maria Thereza Goulart ao Brasil, data: 2 de setembro de 1966.
12. *Diário de Notícias*, 30 de junho de 1966.
13. *Diário de Notícias*, 1º de outubro de 1966.
14. *Jornal da Tarde*, 4 de outubro de 1966.
15. *Jornal do Brasil*, 4 de outubro de 1966.
16. *O Cruzeiro*, 16 de outubro de 1966.
17. *Diário de Notícias*, 4 de outubro de 1966.
18. *Correio da Manhã*, 2 de outubro de 1966.

19. *O Cruzeiro*, 20 de outubro de 1966.
20. "A Tchecoeslováquia era uma grande opção para os exilados brasileiros porque não assinalava Cuba, no passaporte, nem como destino nem como procedência. Era como se o período em que o exilado vivera em Cuba não tivesse existido. Na Tchecoeslováquia, os exilados preparavam a volta para o Brasil. Em breve, além dos brasileiros, essa rota seria utilizada por argentinos, uruguaios e chilenos." Jair Krischke, em entrevista ao autor, junho de 2016.
21. *Jornal do Brasil*, 18 de dezembro de 1966.
22. Carlos Chagas, *A ditadura militar e os golpes dentro do golpe*: 1964-1969, a História contada por jornais e jornalistas, p. 438.
23. Em 2014, a Comissão Nacional da Verdade incluiria Leo Etchegoyen no rol de autores de graves violações de direitos humanos (no capítulo 16 do volume I do relatório final da CNV, categoria B: "responsável pela gestão de estruturas onde ocorreram graves violações de direitos humanos").
24. *Zero Hora*, 28 de agosto de 2011.
25. *Correio da Manhã*, 13 de julho de 1967.
26. *Diário de Notícias*, 15 de julho de 1967.

14. Não há de ser inutilmente

1. *Tribuna da Imprensa*, 20 de setembro de 1955.
2. *Tribuna da Imprensa*, 22 de agosto de 1955.
3. *Tribuna da Imprensa*, 26 de setembro de 1955.
4. *Tribuna da Imprensa*, 2 de abril de 1964.
5. Marina Gusmão de Mendonça, *O demolidor de presidentes*, p. 298.
6. Flávio Tavares, *O dia em que Getúlio matou Allende e outras novelas do poder*, p. 250.
7. Carlos Leonam, *Os degraus de Ipanema*, p. 143.
8. Depoimento de Renato Archer ao CPDoc/FGV de maio de 1977 a agosto de 1978 em Marieta de Moraes Ferreira, *João Goulart: entre a memória e a história*, p. 187.
9. João Vicente Goulart, *Jango e eu*: memórias de um exílio sem volta, p. 154.
10. Carlos Leonam, *Os degraus de Ipanema*, p. 150.
11. Ciex nº 557, de 13 de outubro de 1967. Arquivo Nacional.

15. Que sufoco louco

1. *Correio da Manhã*, 31 de julho de 1968.
2. *Veja*, 2 de outubro de 1968.
3. Ciex nº 205, de 13 de maio de 1969 (secreto). Arquivo Nacional.

4. Para o diálogo, João Vicente Goulart, *Jango e eu*: memórias de um exílio sem volta, pp. 103-104.
5. João Vicente Goulart, *Jango e eu*: memórias de um exílio sem volta, p. 174.
6. João Vicente Goulart, *Jango e eu*: memórias de um exílio sem volta, p. 175 e Pedro Taulois, em entrevista ao autor, julho de 2014.
7. João Vicente Goulart, *Jango e eu*: memórias de um exílio sem volta, p. 179.
8. Reali Jr., em entrevista ao autor, outubro de 2009.

16. Era como se o amor doesse em paz

1. João Vicente Goulart, *Jango e eu:* memórias de um exílio sem volta, p. 152.
2. Para a invasão a Maldonado, o jantar e os diálogos, João Vicente Goulart, *Jango e eu*: memórias de um exílio sem volta, p. 220.
3. Pio Corrêa, *O mundo em que vivi* — vol. II, p. 885.
4. *Carta Capital*, 18 de março de 2009.
5. James N. Green, *Apesar de vocês*: oposição à ditadura brasileira nos Estados Unidos, 1964-1985, p. 260-263.
6. A partir de 30 de junho de 1972, passaria a ser chamado de 6º Grupo de Artilharia de Campanha.
7. Coronel Dickson M. Grael, *Aventura, corrupção e terrorismo*: à sombra da impunidade, p. 19.
8. *O lado negro da CIA*, p. 122.
9. João Vicente Goulart, *Jango e eu*: memórias de um exílio sem volta, p. 211.
10. Nessi chegaria a ser subsecretário de Julio María Sanguinetti, que se tornaria presidente do Uruguai em 1985.

17. E nuvens lá no mata-borrão do céu

1. Luiz Alberto Moniz Bandeira, apêndice da oitava edição de *O governo João Goulart*: as lutas sociais no Brasil 1961-1964, p. 435.
2. "Intervim junto ao general Christie e colocamos os rapazes em liberdade (...) Eu colaborei com o Exército em muitas coisas." Enrique Foch Diaz. Relatório da Comissão Externa destinada a esclarecer em que circunstâncias ocorreu a morte do ex-presidente João Goulart, em 6 de dezembro de 1976, na estância de sua propriedade, na província de Corrientes, na Argentina.

18. Pra lá deste quintal era uma noite que não tem mais fim

1. Jair Krischke, em entrevista ao autor, julho de 2012.
2. O general Breno Borges Fortes foi relacionado entre os 377 apontados como responsáveis por crimes da ditadura no relatório final da Comissão Nacional da Verdade.

3. Coluna do Castello, *Jornal do Brasil*, 27 de novembro de 1973.
4. *El País* (do Uruguai), 28 de novembro de 1973.
5. Flávio Tavares, *1964*: o Golpe, p. 258.
6. Depoimento de Hélio Silva ao *Coojornal*, dezembro de 1976.
7. João Vicente Goulart, *Jango e eu*: memórias de um exílio sem volta, p. 289.
8. Para o percurso da família Goulart, Informe 6656/75 MJ DPF. Arquivo Nacional.
9. Wagner William, "O primeiro voo do Condor", Revista *Brasileiros*, dezembro de 2012.
10. Luiz Cláudio Cunha. *Operação Condor*: o sequestro dos uruguaios. Anexo II, A Sombra do Condor. Porto Alegre: L&PM, 2008, p. 418-423.
11. Rodríguez Diaz, Universindo e Visconti, Silvia. "Antecedentes de la Operación Cóndor: la Conferencia de Ejércitos Americanos (Montevideo, 1974) y la coordinación de los servicios de inteligência y los aparatos represivos en el Cono Sur". Taller (segunda epoca). *Revista de Sociedad, Cultura y Política en America Latina*, vol 1, n° 1. Buenos Aires, out. 2012, p. 139-150.
12. Luiz Cláudio Cunha. As penas verde-amarelas da Condor. As conexões repressivas do Brasil com as ditaduras do Cone Sul. Palestra proferida no Seminário Internacional "O golpe de 1964 e a onda autoritária na América Latina", promovido pela Universidade de São Paulo (USP) e pela Brown University. Na Universidade de São Paulo, São Paulo, Brasil, em 26 de março de 2014.
13. Atual Comando Militar do Sul.
14. Luiz Cláudio Cunha. As penas verde-amarelas da Condor. As conexões repressivas do Brasil com as ditaduras do Cone Sul. Palestra proferida no Seminário Internacional "O golpe de 1964 e a onda autoritária na América Latina", promovido pela Universidade de São Paulo (USP) e pela Brown University. Na Universidade de São Paulo, São Paulo, Brasil, em 26 de março de 2014.
15. Subversivos brasileiros na República Argentina. Pedido de Busca Confidencial n° 124-B2-76, de 20/maio/1976. 2° Grupamento de Fronteira, em Cascavel, PR. 5ª Região Militar, III Exército. Arquivo CNV

19. A esperança equilibrista

1. Valores corrigidos com base no índice IGP-DI (FGV) em setembro de 2018.

20. Mas eis que chega a roda-viva e carrega a roseira pra lá

1. Flávio Tavares em "Ameaças terroristas não o perturbaram", *O Estado de S. Paulo*, 7 de dezembro de 1977 e *A trajetória política de João Goulart*,

FGV/CPDoc. Disponível em: <https://cpdoc.fgv.br/producao/dossies/Jango/biografias/joao_goulart>. Acesso em: 11 jan. 2017.
2. Para os diálogos com Jango e Sylvio Frota, Orpheu dos Santos Salles, janeiro de 2016.
3. Jorge Ferreira, *João Goulart*: uma biografia, p. 661.
4. *Zero Hora*, 14 de maio de 2000
5. Elio Gaspari, *A ditadura derrotada*, p. 428.
6. Sílvio Tendler, *Caros Amigos*, outubro de 2008.
7. Depoimento prestado por Ernesto Geisel ao Centro de Pesquisa e Documentação de História Contemporânea do Brasil (CPDoc) da Fundação Getulio Vargas, que está no livro *Ernesto Geisel* (Organizadores Maria Celina D'Araujo e Celso Castro), p. 409.
8. Carlos Marchi, *Todo aquele imenso mar de liberdade*, p. 16.
9. Para o encontro e para o diálogo entre Jango e Castelinho: Carlos Marchi, *Todo aquele imenso mar de liberdade*, p. 15-25. No mesmo livro, p. 45, Marchi escreve também sobre a desconfiança de Castello em relação à morte do filho: "Quando recebeu o cumprimento do sobrinho Paulo (que muito tempo depois seria secretário de Segurança em Brasília), fez-lhe de cara a pergunta: 'Você acha que foi acidente mesmo?' Ele repetiria essa mesma pergunta a Paulo muitos anos depois (...) Na verdade, ele não queria perguntar se fora acidente mesmo (a pergunta era um óbvio eufemismo), o que ele queria mesmo indagar era se Paulo achara que houvera sabotagem (...) Nos dias posteriores ao acidente chegou a Castelinho uma versão incriminadora: a perícia teria apurado que o cilindro mestre de freio (popularmente conhecido como burrinho) do Chevette de Rodrigo apresentava indícios de ter sido mexido, de maneira que vazasse todo o conteúdo do óleo quando o sistema de freios fosse acionado bruscamente."
10. "De qualquer modo, Jango estava sendo ameaçado. E seu plano era voltar para Paris, onde buscava apartamento. Pretendia ficar perto dos filhos, que moravam no Reino Unido, mas ao mesmo tempo não pretendia ficar demasiadamente próximo." Reali Júnior, *Reali Jr. às margens do Sena*, p. 126.
11. "Jango, nesses dias, estava plenamente convencido de que passaria a residir em Paris." Jorge Otero, *João Goulart*: lembranças do exílio, p. 44. "Era o caso de Jango, nessa madrugada de terça-feira, 12 de outubro de 1976, de sua poltrona na primeira classe, no voo que, sem escalas, levava-o de volta ao Rio da Prata, para providenciar sua futura residência em Paris." Jorge Otero, *João Goulart*: lembranças do exílio, p. 11.
12. Coluna do Castello, *Jornal do Brasil*, 7 de dezembro de 1976.
13. Idem.

14. Coronel brasileiro que comandou a 5ª Brigada da Infantaria na Batalha de Itororó durante a Guerra do Paraguai. Foi morto durante os combates da Batalha para a tomada da ponte sobre o arroio de mesmo nome.
15. Pedro Taulois, em entrevista ao autor, julho de 2014.
16. Carlos Marchi, *Todo aquele imenso mar de liberdade*, p. 26.
17. *Folha de S.Paulo*, 5 de dezembro de 2003.
18. Jorge Otero, *João Goulart*: lembranças do exílio, p. 16.
19. Jair Krischke, em entrevista ao autor, julho de 2012.
20. Depoimento de Ricardo Rafael Ferrari para a Comissão Externa destinada a esclarecer em que circunstâncias ocorreu a morte do ex-presidente João Goulart, em 6 de dezembro de 1976, na estância de sua propriedade, na província de Corrientes, na Argentina.
21. João Vicente Goulart, *Jango e eu*: memórias de um exílio sem volta, p. 314.
22. Depoimento de Ricardo Rafael Ferrari para a Comissão Externa destinada a esclarecer em que circunstâncias ocorreu a morte do ex-presidente João Goulart, em 6 de dezembro de 1976, na estância de sua propriedade, na província de Corrientes, na Argentina.
23. No atestado de óbito, a causa-mortis assinada por Ricardo Rafael Ferrari era infarto do miocárdio. No livro *Jango*: a vida e a morte no exílio, Juremir Machado da Silva trouxe o relato de três documentos. Em seu blog do *Correio do Povo*, Juremir postou, no dia 4 de agosto de 2013, as cópias da "acta de defunción" (registro em cartório), do "certificado médico de defunción" (atestado médico de óbito), e da "autorização para translado do corpo". Disponível em: <http://www.correiodopovo.com.br/blogs/juremirmachado/?p=4715>. Acesso em: 10 mar. 2017.
24. Robert Ulrich, em entrevista ao autor em maio de 2016.
25. *Veja*, 15 de dezembro de 1976.
26. "Comentários sobre a morte de João Goulart", Informe do Cisa/RJ 2147/CINF, de 6 de dezembro de 1976. Arquivo Nacional.
27. Depoimento de Leonel Brizola para a Comissão Externa destinada a esclarecer em que circunstâncias ocorreu a morte do ex-presidente João Goulart, em 6 de dezembro de 1976, na estância de sua propriedade, na província de Corrientes, na Argentina.
28. Depoimento prestado por Ernesto Geisel ao Centro de Pesquisa e Documentação de História Contemporânea do Brasil (CPDoc) da Fundação Getulio Vargas, que está no livro *Ernesto Geisel* (Organizadores Maria Celina D'Araujo e Celso Castro), p. 409.
29. Informação nº 033/115/APA/76 do SNI, 24 de dezembro de 1976. Arquivo Nacional.

30. Elio Gaspari, *A ditadura encurralada*, p. 317.
31. Depoimento de Odil Rubim Pereira para a Comissão Externa destinada a esclarecer em que circunstâncias ocorreu a morte do ex-presidente João Goulart, em 6 de dezembro de 1976, na estância de sua propriedade, na província de Corrientes, na Argentina.
32. "...porque no enterro, a última vez que eu o vi, estava muito bonito. Simplesmente vestido: com uma calça jeans e uma camisinha assim." Depoimento de Iolanda Goulart a Angela de Castro Gomes e Jorge Ferreira em *Jango*: as múltiplas faces, p. 24.
33. Jorge Ferreira, *João Goulart*: uma biografia, p. 678.

21. Mesmo calada a boca, resta o peito

1. Para o número de pessoas presentes no enterro, *Fatos e Fatos Gente*, 19 de dezembro de 1976.
2. Memória Globo, *Jornal Nacional*: A notícia faz história, p. 35.
3. Informação nº 040/116/APA/78 do SNI, com data de 13 de dezembro de 1978.
4. Elio Gaspari, *A ditadura encurralada*, p. 315.

22. Colher a flor que já não dá

1. Jorge Ferreira, *João Goulart*: uma biografia, p. 36.
2. *Folha de S.Paulo*, 22 de agosto de 2010.
3. Ibrahim Sued, Copacabana dos Prazeres Proibidos, *Status*, julho de 1977.
4. Para as declarações de Maria Thereza, *Status*, número 50, setembro de 1978.
5. *O Estado de S. Paulo*, 25 de maio de 1983.
6. Pilla se tornaria um famoso relações-públicas e agitador cultural no Rio Grande do Sul, comandando também a *WE Magazine*.

23. Essa palavra presa na garganta

1. Não era uma atitude exclusiva dedicada a Foch Diaz. Essa sempre fora uma característica da sempre tranquila Maria Thereza. E que iria levar ao desespero advogados e jornalistas que marcavam entrevistas com ela. O autor do livro pode testemunhar que dona Maria Thereza muitas vezes esquecia de compromissos marcados com boa antecedência.
2. *O Globo*, 24 de agosto de 1982.
3. *Zero Hora*, de 1º de setembro de 1982.

4. *Jornal do Brasil*, 6 de setembro de 1984.
5. *O Globo*, 16 de novembro de 1989.
6. *Jornal do Brasil*, 27 de dezembro de 1989.
7. Valor corrigido com base no índice IGP-DI (FGV) em setembro de 2018.
8. *O Estado de S. Paulo*, 18 de maio de 1989.
9. *O Globo*, 16 de novembro de 1989.
10. *Interview*, edição 141, agosto de 1991.
11. *Veja*, 21 de agosto de 1991.
12. *Veja*, 21 de setembro de 1994.
13. *Istoé*, 9 de fevereiro de 2000.
14. Luiz Alberto Moniz Bandeira, apêndice da oitava edição de *O governo João Goulart: as lutas sociais no Brasil 1961-1964*, p. 447.
15. Enrique Foch Diaz, *João Goulart: el crimen perfecto*, p. 17.
16. Idem, p. 19.
17. Idem, p. 114.
18. Idem, p. 162.
19. Idem, p. 147.
20. Idem, p. 157.
21. Idem, p. 19.
22. Idem, p. 20.
23. Idem, p. 168.
24. Idem, p. 91.

24. Silêncio na cidade não se escuta

1. "Em março de 1995, cinco integrantes da seita 'Verdade Suprema' abriram de maneira coordenada várias bolsas com gás sarin em diversos trens do metrô de Tóquio. O líquido, transparente e inodoro, alcançou quase num instante o estado gasoso e se propagou pelos vagões, o que provocou a intoxicação de 6.300 pessoas, das quais 13 morreram e dezenas ficaram em estado quase vegetativo." Tóquio homenageia vítimas 20 anos após ataque com gás sarin no metrô. *Portal de notícias G1*. Disponível em: <http://g1.globo.com/mundo/noticia/2015/03/toquio-homenageia-vitimas-20-anos-apos--ataque-com-gas-sarin-no-metro.html>. Acesso em: 20 set. 2015.
2. Dr. Juarez Montanaro, professor de medicina forense da Academia de Polícia Civil do Estado de São Paulo, em entrevista ao autor, outubro de 2015.
3. *O Globo*, 23 de maio de 2001.
4. "Dezessete comunicados do Estado-Maior Conjunto norte-americano registram a operação militar que, no dia 31 de março de 1964, foi acionada para 'marcar a presença dos Estados Unidos' no litoral brasileiro durante

os dias em que Goulart caía. Ela tinha um nome em código — Brother Sam (Irmão Sam). Mobilizou um porta-aviões, seis destróieres, um navio para transporte de helicópteros e quatro petroleiros. E ainda seus aviões de carga, oito de abastecimento, um de comunicações, oito caças e um posto de comando aerotransportado. Previu embarques de munição e um reforço de carabinas calibre 12 carregado para Porto Rico." Marcos Sá Corrêa, *1964 visto e comentado pela Casa Branca*, p. 15.
5. Depoimento de Mario Neira Barreiro para a Comissão de Cidadania e Direitos Humanos da Assembleia Legislativa do Estado do Rio Grande do Sul que constituiu a Subcomissão para investigar as circunstâncias da morte do ex-Presidente João Goulart.
6. Lincoln Gordon, *A segunda chance do Brasil*: a caminho do primeiro mundo, p. 112.
7. Uma CPI, cujo vice-presidente era o deputado Rubens Paiva, realizada em 1963 já havia investigado e denunciado o financiamento estrangeiro de campanha de vários candidatos. A repercussão do resultado da CPI foi grande. Depois do golpe, Rubens Paiva seria preso e assassinado.
8. *O Globo*, 1º de julho de 2007.
9. *Zero Hora*, 6 de dezembro de 2013.

Bibliografia e fontes

ABREU, Alzira Alves de et al. (coords.) *Dicionário histórico-biográfico brasileiro pós-1930*. Ed. rev. e atual. Rio de Janeiro: Editora FGV, CPDoc, 2001.

ABREU, Dener Pamplona de. *Dener*: o luxo. São Paulo: Cosac Naify, 2007.

AFFONSO, Almino. *1964 na visão do ministro do Trabalho de João Goulart*. São Paulo: Imprensa Oficial do Estado de São Paulo — Fundação do Desenvolvimento Administrativo, 2014.

AGEE, Philip. *Dentro da Companhia*: diário da CIA. São Paulo: Círculo do Livro, 1975.

AMARAL, Ricardo. *Ricardo Amaral apresenta Vaudeville*: memórias. São Paulo: Leya, 2010.

AMORIM, Paulo Henrique. *O quarto poder*: uma outra história. São Paulo: Hedra, 2015.

ARGOLO, José Amaral; RIBEIRO, Kátia; FORTUNATO, Luiz Alberto. *A direita explosiva no Brasil*. Rio de Janeiro: Mauad, 1996.

ARGOLO, José Amaral; FORTUNATO, Luiz Alberto. *Dos quartéis à espionagem*: caminhos e desvios do poder militar. Rio de Janeiro: Mauad, 2004.

BAHIANA, Ana Maria. *Almanaque 1964*: fatos, histórias e curiosidades de um ano que mudou tudo (nem sempre para melhor). São Paulo: Companhia das Letras, 2014.

BASTOS, Paulo de Mello; BASTOS, Solange; CAVALCANTI, Flávia (orgs.). *Salvo-conduto*: um voo na história. 2a. ed. rev. Rio de Janeiro: Família Bastos Produções, 2003.

BATTAGLIO, Stephen. *David Susskind*: A Televised Life. New York: St. Martin's Press, 2010.

BLANC, Claudio (org.). *O lado negro da CIA*. São Paulo: Idea Editora, 2010.

BRAGA, Kenny. *Meu amigo Jango*: depoimento de Manuel Leães. 2. ed. Porto Alegre: Sulina, 2004.

BRAGA, Rubem. *Ai de ti, Copacabana*. Rio de Janeiro: Record, 2004.

CARVALHO, Luiz Maklouf. *Cobras criadas*: David Nasser e o Cruzeiro. 2. ed. São Paulo: Senac São Paulo, 2001.

CASTELLO BRANCO, Carlos. *Retratos e fatos da história recente*: perfis. Rio de Janeiro: Revan, 1996.

CASTRO, Flávio Mendes de Oliveira. *Caleidoscópio*: cenas da vida de um diplomata, ou, Latindo para trás, em caminhão de mudança. Rio de Janeiro: Contraponto, 2007.

CASTRO, Ruy. *A noite do meu bem*: a história e as histórias do samba-canção. São Paulo: Companhia das Letras, 2015.

_____. *Chega de saudade*: a história e as histórias da Bossa Nova. São Paulo: Companhia das Letras, 1990.

_____. *Estrela Solitária*: um brasileiro chamado Garrincha. São Paulo: Companhia das Letras, 1995.

CHAGAS, Carlos. *A ditadura militar e os golpes dentro do golpe*. Rio de Janeiro: Record, 2014.

_____. *O Brasil sem retoque*: 1808-1964: a História contada por jornais e jornalistas, v. 2. Rio de Janeiro: Record, 2001.

CONY, Carlos Heitor; LEE, Anna. *O beijo da morte*. Rio de Janeiro: Objetiva, 2003.

CORRÊA, Hércules. *Memórias de um stalinista*. Rio de Janeiro: Opera Nostra, 1994.

CORRÊA, Marcos Sá. *1964 visto e comentado pela Casa Branca*. Porto Alegre: L&PM Editores, 1977.

CORRÊA, M. Pio. *O mundo em que vivi* — vol. II, 2. ed. Rio de Janeiro: Expressão e Cultura, 1995.

CUNHA, Luiz Cláudio. *Operação Condor*: o sequestro dos uruguaios: uma reportagem dos tempos da ditadura. Porto Alegre: L&PM, 2009.

D'ARAUJO, Maria Celina; CASTRO, Celso (orgs.). *Ernesto Geisel*. Rio de Janeiro: Editora FGV, 1997.

DINES, Alberto et al. *Os idos de março e a queda em abril*. Rio de Janeiro: José Alvaro Editor, 1964.

DÓRIA, Carlos. *Bordado da fama*: uma biografia de Dener. São Paulo: SENAC São Paulo, 1998.

DREIFUSS, René Armand. *1964*: a conquista do Estado: ação política, poder e golpe de classe. Petrópolis: Vozes, 2006.

DULLES, John W.F. *Carlos Lacerda*: a vida de um lutador — vol. 2: 1960-1967. Rio de Janeiro: Nova Fronteira, 2000.

FERREIRA, Jorge. *João Goulart*: uma biografia. Rio de Janeiro: Civilização Brasileira, 2011.

FERREIRA, Marieta de Moraes (coord.). *João Goulart*: entre a memória e a história. Rio de Janeiro: Editora FGV, 2006.

FERRI, Omar: *Sequestro no Cone Sul* — o caso Lílian e Universindo. Porto Alegre: Mercado Aberto Editora, 2001.

FICO, Carlos. *O grande irmão*: da Operação Brother Sam aos anos de chumbo. O governo dos Estados Unidos e a ditadura militar brasileira. Rio de Janeiro: Civilização Brasileira, 2008.

FOCH Diaz, Enrique. *João Goulart*: el crimen Perfecto. Montevidéu: Editorial Arca, 2000.

FORESTIER, François. *Marilyn e JFK*. Rio de Janeiro: Objetiva, 2009.

FRANCIS, Paulo. *O afeto que se encerra*: memórias. Rio de Janeiro: Civilização Brasileira, 1980.

_____. *Trinta anos esta noite*: 1964, o que vi e vivi. São Paulo: Companhia das Letras, 1994.

GASPARI, Elio: *A ditadura acabada*. Rio de Janeiro: Intrínseca, 2016.

_____. *A ditadura derrotada*. São Paulo: Companhia das Letras, 2003.

_____. *A ditadura encurralada*. São Paulo: Companhia das Letras, 2004.

_____. *A ditadura envergonhada*. São Paulo: Companhia das Letras, 2002.

GOMES, Angela Maria de Castro. *Jango*: as múltiplas faces. Rio de Janeiro: Editora FGV, 2007.

GORDON, Lincoln. *A segunda chance para o Brasil*: a caminho do primeiro mundo. São Paulo: SENAC São Paulo, 2002.

GOULART, João Belchior Marques; BRAGA, Kenny (coords.); SOUZA, João B. de; DIONI, Cleber; BONES, Elmar. *João Goulart*: Perfil, discursos, depoimentos (1919-1976). Porto Alegre: Assembleia Legislativa do Estado do Rio Grande do Sul, 2004.

GOULART, João Vicente. *Jango e eu*: Memórias de um exílio sem volta. Rio de Janeiro: Civilização Brasileira, 2016.

GRAEL, Coronel Dickson M. *Aventura, corrupção e terrorismo*: à sombra da impunidade. Petrópolis: Vozes, 1985.

GREEN, James N. *Apesar de vocês*: oposição à ditadura brasileira nos Estados Unidos, 1964-1985. São Paulo: Companhia das Letras, 2009.

HOBSBAWN, Eric J. *Era dos extremos*: o breve século XX, 1914-1991. São Paulo: Companhia das Letras, 1995.

LACERDA, Carlos. *Depoimento*. Organização de Claudio Lacerda Paiva. Rio de Janeiro: Nova Fronteira, 1987.

LANGGUTH, A. J. *Hidden Terrors*. Nova York: Pantheon Books, 1978.

LEONAM, Carlos. *Os degraus de Ipanema*. Rio de Janeiro: Record, 1998.

LIRA NETO. *Castello*: a marcha para a ditadura. São Paulo: Contexto, 2004.

_____. *Getúlio*: da volta pela consagração popular ao suicídio (1945-1954). São Paulo: Companhia das Letras, 2014.

_____. *Maysa*: só numa multidão de amores. São Paulo: Editora Globo, 2007.

_____. *Getúlio*: dos anos de formação à conquista do poder (1882-1930). São Paulo: Companhia das Letras, 2012.

MARCHI, Carlos. *Todo aquele imenso mar de liberdade*: a dura vida do jornalista Carlos Castello Branco. Rio de Janeiro: Record, 2015.

MEMÓRIA GLOBO. *Jornal Nacional*: a notícia faz história. Rio de Janeiro: Jorge Zahar Ed, 2004.

MENDONÇA, Marina Gusmão de. *O demolidor de presidentes*. 2. ed. São Paulo: Códex, 2002.

MONIZ BANDEIRA, Luiz Alberto. *O governo João Goulart*: as lutas sociais no Brasil — 1961-1964. 8 ed. rev e ampliada. São Paulo: Editora UNESP, 2010.

MORAES NETO, Geneton. *Dossiê Brasil*: as histórias por trás da História recente do país. Rio de Janeiro: Objetiva, 1997.

MORAES NETO, Geneton; SILVEIRA, Joel. *Nitroglicerina pura*. Rio de Janeiro: Record, 1992.

MORAIS, Fernando. *Chatô*: o rei do Brasil, a vida de Assis Chateaubriand. São Paulo: Companhia das Letras, 1994.

MOTTA, Rodrigo P. Sá. *Jango e o golpe de 64 na caricatura*. Rio de Janeiro: Jorge Zahar Editor, 2006.

NAPOLITANO, Marcos. *1964*: História do regime militar brasileiro. São Paulo: Contexto, 2014.

NERY, Sebastião. *Folclore político*: 1950 histórias. São Paulo: Geração Editorial, 2002.

OTERO, Jorge. *João Goulart*: lembranças do exílio. Rio de Janeiro: Casa Jorge Editorial, 2001.

PARKER, Phyllis R. *1964*: o papel dos Estados Unidos no Golpe de Estado de 31 de março. Rio de Janeiro: Civilização Brasileira, 1977.

PINHEIRO, Luiz Adolfo. *JK, Jânio e Jango*: três jotas que abalaram o Brasil. Brasília: Letraviva, 2001.

PINHEIRO NETO, João. *Jango*: um depoimento pessoal. 2. ed. Rio de Janeiro: Mauad X, 2008.

PIRES, Yolanda Avena. *Exílio*: testemunho de vida. São Paulo: Casa Amarela, 2001.

RAINHO, Maria do Carmo Teixeira. *Moda e revolução nos anos 1960*. Rio de Janeiro: Contra Capa, 2014.

REBELLO FILHO, Antonio Dias. *Carlos Lacerda*: meu amigo. Rio de Janeiro: Record, 1981.

RIBEIRO, Darcy. *Confissões*. São Paulo: Companhia das Letras, 1997.

_____. *Jango e eu*. Rio de Janeiro: Fundação Darcy Ribeiro; Brasília: Editora UnB, 2010.

REALI JÚNIOR, Elpídio. *Reali Jr. às margens do Sena*. Rio de Janeiro: Ediouro, 2007.

RYFF, Raul. *O fazendeiro Jango no governo*. Rio de Janeiro: Avenir Editora Limitada, 1979.

SANDER, Roberto. *1964: O verão do golpe*. Rio de Janeiro: Maquinária Editora, 2013.

SANTOS, Joaquim Ferreira dos. *Feliz 1958*: o ano que não devia terminar. Rio de Janeiro: Record, 1998.

SASAKI, Daniel Leb. *Pouso forçado*: a história por trás da destruição da Panair do Brasil pelo regime militar. 2 ed. Rio de Janeiro: Record, 2015.

SCHMIDT, Paulo. *Guia politicamente incorreto dos presidentes da República*. São Paulo: Leya, 2016.

SCHLESINGER JR., Arthur M. *Mil dias*: John F. Kennedy na Casa Branca. Rio de Janeiro: Civilização Brasileira, 1966.

SILVA, Evandro Lins e. *O salão dos passos perdidos*: depoimento ao CPDoc. Rio de Janeiro: Nova Fronteira; Editora FGV, 1997.

SILVA, Hélio; CARNEIRO, Maria Cecília Ribas. *Os Presidentes* — João Goulart: Golpe e Contragolpe 1961 — 1964. São Paulo: Grupo de Comunicação Três, 1983-1984.

SILVA, Juremir Machado da. *1964*: golpe midiático-civil-militar. Porto Alegre: Sulina, 2014.

_____. *Jango*: a vida e a morte no exílio. Porto Alegre: L&PM, 2013.

SKIDMORE, Thomas E. *Brasil*: de Getúlio Vargas a Castelo Branco, 1930 — 1964. 7. ed. Rio de Janeiro: Paz e Terra, 1982.
SPLENDORE, Maria Stella. *Sri Splendore* — Uma história de vida. Aparecida: Editora Santuário, 2008.
SUED, Isabel. *Ibrahim Sued*: Em sociedade tudo se sabe. Rio de Janeiro: Rocco, 2001.
TAVARES, Flávio. *1964*: o Golpe. Porto Alegre: L&PM, 2014.
_____. *O dia em que Getúlio matou Allende e outras novelas do poder*. Rio de Janeiro: Record, 2004.
VENTURA, Zuenir. *Cidade partida*. São Paulo: Companhia das Letras, 1994.
VILLA, Marco Antonio. *Jango*: um perfil (1945 — 1964). São Paulo: Globo, 2004.
VILLALOBOS, Marco Antônio. *Tiranos, tremei!*: ditadura e resistência popular no Uruguai: 1968 — 1985. Porto Alegre: EDIPUCRS, 2006.
WAINER, Samuel. *Minha razão de viver*: memórias de um repórter. 15 ed. Rio de Janeiro: Record, 1993.

Entrevistados

A.J. Langguth | Almino Affonso | Aloysio Macedo Vinhaes | Álvaro Nunes Larangeira | Ana Maria Guimarães | André Saboia Martins | Antonio Carlos Mugayar Bianco | Argemiro Dornelles | Arthur Dornelles | Augusto Nunes | Aurelio González | Barbara Goulart | Carlos Dória | Carlos Fico | Carlos Leonam | Carlos Marchi | Celeste Penalvo | Chico Anysio | Claudia de Andrada Tostes Vinhaes Grosso | Claudia Matarazzo | Cláudio Braga | Cynthia Tostes Vinhaes Fidalgo | Daniela Morales Muñoz | Denise Assis | Denize Goulart | Djanira da Silva Rodrigues | Dorrit Harazim | Eduardo Chuahy | Emanoel Fernando Mota dos Santos (Maneco Bigode) | Ércio Braga | Erimá Pinheiro Moreira | Ernani Azambuja | Fernando Lucchese | Flávio de Oliveira Castro | Flávio Tavares | Germana de Lamare | Helena Dornelles | Hélio Campos Mello | Ivana Simili | Jacob Pinheiro Goldberg | Jair Krischke | Jânio de Freitas | João Vicente Goulart | João José Fontella | Jorge Ávalos | Jorge Ferreira | José Carlos de Barros Carvalho | José Gayegos | José Mitchell | Juarez Fontella | Juarez Montanaro | Juca Chaves | Juremir Machado da Silva | Lauro Lott | Lia Fontella | Lilian Pacce | Lúcio Flávio Pinto | Luis Sáder | Luiz Jacintho Pilla | Luiz Macedo | Lutero Fagundes | Maria Aparecida Fernandes Estrada Ferreira | Maria Claudia Bonadio | Maria do Carmo Teixeira Rainho | Maria Stella Splendore | Mario Neira Barreiro | Marina Gusmão de Mendonça | Marina Oliveira | Marylou Simonsen | Neuza Penalvo | Odilia Maria Flores da Cunha

Fontella | Orpheu dos Santos Salles | Oswaldo Portella | Palmério Dória | Paulo Barata Ribeiro | Pedro González | Pedro Taulois | Raul Marques | Reali Jr. | Ricardo Boechat | Roberto Cristaldo | Robert Ulrich | Rodrigo Lacerda | Rodrigo Patto Sá Motta | Roger Rodriguez | Ronaldo Salvador Vasques | Rose Marques | Ruth Joffily | Ruy Castro | Sebastião Lacerda | Stella Katz | Susana Piegas | Teresa Franco | Terezinha Fontella | Terezinha Vinhaes | Ubirajara Brito | Verônica Fialho | Waldir Pires | Walter Firmo | William Blum | Zelia Barata Ribeiro Moreira da Silva.

Além das entrevistas realizadas com Maria Thereza Fontella Goulart nos dias 2 e 9 de setembro de 2006; 25 de janeiro de 2008; 12 de fevereiro de 2008; 27 e 28 de novembro de 2009; 5 de junho de 2010; 2 de junho de 2011; 20 de agosto de 2012; 28 e 29 de janeiro de 2014, 30 de abril de 2015; 29 de fevereiro de 2016; 1º, 2 e 3 de março de 2016; 29 e 30 de maio de 2017.

Outras fontes

Anuário Estatístico do Brasil 1965. Serviço Nacional de Recenseamento.
Archivo Histórico de la Secretaría de Relaciones Exteriores de México.
Arquivo da Dirección de investigaciones, Depto de inteligencia y enlace (Uruguai).
Arquivo do Movimento de Justiça e Direitos Humanos (MJDH).
Arquivo Nacional.
Comissão Nacional da Verdade. Relatório. Recurso eletrônico. Brasília: CNV, 2014. (Relatório da Comissão Nacional da Verdade, volumes 1, 2 e 3)
CUNHA, Cláudio Luiz. *As penas verde-amarelas da Condor. As conexões repressivas do Brasil com as ditaduras do Cone Sul*. In: Seminário Internacional "O Golpe de 1964 e a onda autoritária na América Latina", promovido pela Universidade de São Paulo (USP) e pela Brown University (Rhode Island, EUA) na Universidade de São Paulo, em 26 de março de 2014.
MORALES MUÑOZ, Daniela. *Asilo político en la embajada de México en Brasil, 1964-1966*: El primer contingente de exiliados de la dictadura militar. II Jornadas de Trabajo sobre Exilios Políticos del Cono Sur en el siglo XX, Montevideo, Uruguay, 2014. Agendas, problemas y perspectivas conceptuales. In: Actas. La Plata: UNLP. FAHCE. Disponível em: <http://www.memoria.fahce.unlp.edu.ar/trab_eventos/ev.3970/ev.3970.pdf>. Acesso em 11 jan. 2017.
RAINHO, Maria do Carmo Teixeira . *Notas sobre a presença de um costureiro francês no Rio de Janeiro (1958-1967)*. In: 9º Colóquio de Moda — 6ª Edição Internacional, 2013, Fortaleza. Anais Colóquio de Moda, 2013. v. 9.

Relatório da Comissão de Cidadania e Direitos Humanos da Assembleia Legislativa do Estado do Rio Grande do Sul que constituiu a Subcomissão para investigar as circunstâncias da morte do ex-presidente João Goulart.

Relatório da Comissão Externa destinada a esclarecer em que circunstâncias ocorreu a morte do ex-presidente João Goulart, em 6 de dezembro de 1976, na estância de sua propriedade, na província de Corrientes, na Argentina.

Relatório da Comissão Nacional da Verdade (10 de dezembro de 2014).

Relatório da Missão Especial ao Uruguai, vol. II, doc. 5; Dinair Andrade da Silva, A imprensa platina e a Missão Especial do Brasil ao Uruguai, abril de 1964, *Revista Brasileira de Política Internacional*, v. 45, n. 2, Brasília, Jul./Dez. 2002.

Relatório do Enviado Extraordinário e Ministro Plenipotenciário em Missão Especial junto ao Governo da República Oriental do Uruguai — 3 volumes, Jayme de Souza Gomes, 22 de maio de 1964.

RILLO, Apparicio Silva. *São Borja em perguntas e respostas: monografia histórica de costumes* — coleção tricentenário nº 2. [s.l]: [s.n.], 1982.

SIMILI, Ivana Guilherme. *A primeira-dama Maria Thereza Goulart e o costureiro Dener:* a valorização da moda nacional nos anos 1960. Revista História e Cultura. Franca, São Paulo. v. 3, n. 1, 2014.

Subversivos brasileiros na República Argentina. Pedido de Busca Confidencial nº 124-B2-76, de 20/5/1976. 2º Grupamento de Fronteira, em Cascavel, PR. 5ª Região Militar, III Exército. Arquivo CNV.

VISCONTI, Silvia e RODRÍGUEZ DÍAZ, Universindo. *Antecedentes de la Operación Cóndor:* la Conferencia de Ejércitos Americanos (Montevideo, 1974) y la coordinación de los servicios de inteligencia y los aparatos represivos en el Cono Sur. In: Taller, segunda época, Revista de Sociedad, Cultura y Política en América Latina, v. 1, n. 1, Buenos Aires, 2012, p. 139-150.

Índice onomástico

A
Abel Sehman, 486, 489, 490, 502
Abelardo Jurema, 225, 238, 239
Adalberto Pereira dos Santos, 493
Adauto Lúcio Cardoso, 167
Adhemar de Barros, 174, 193, 232, 238, 239
Adolfo Bloch, 142
Adroaldo Loureiro, 582
Afonso Arinos, 167
Aída Campos, 82
Aída Curi, 83
Albert Einstein, 150
Alberto Ferreira, 266
Alberto Nagib Rizkallah, 174
Alberto Pereira da Silva, 207
Alejandro Lanusse, 379
Alejandro Zorrilla de San Martin, 264
Alex Haighs, 531
Alexandre (neto de Jango e Maria Thereza), 529, 554
Alexandre Língua, 115
Alfredo Pérez y Pérez (Alfredito), 476-478, 480, 482, 484-486, 487
Alfredo Ribeiro Daudt, 360
Alfredo Stroessner, 378, 424, 425, 428, 543
Alik Kostakis, 120, 174, 522
Aliomar Baleeiro, 167
Almino Affonso, 99, 241, 242, 460, 475, 492, 493, 496, 556
Aloysio Macedo Vinhaes, 79, 115, 170, 287, 304, 349
Aloysio Mares Dias Gomide, 377, 382
Alvaro Valle, 522
Amaral Peixoto, 99, 502
Amaury Kruel, 110, 130, 140, 199, 200, 201, 237, 238, 239, 240, 285, 348, 352, 354, 355, 502, 587, 588
Amaury Silva, 233, 240, 241, 244, 246, 292, 330, 331, 354, 356, 357, 360, 403
Ambrosina Rodrigues, 68
América Fontella Vargas, 12, 16, 33, 34, 37, 38, 39, 43, 44, 46, 51, 52, 60, 66, 68, 71, 76, 78, 83, 85, 115, 118, 119, 125, 171, 194, 250, 260, 287, 334, 338, 549
Ana Maria Guimarães, 345, 535, 536, 581
Ancelmo Gois, 586
André Singer, 579
Andrea Morom, 125
Ângela Maria, 46
Angelita Martinez, 82
Ângelo Zamboni, 14, 59
Anita Bandeira, 59
Anselmo Duarte, 35, 126

Antoni Puigvert, 87, 95, 96, 97, 98
Antonio de Barros Carvalho, 90, 98, 100, 114
Antonio Carlos Magalhães, 579
Antonio Carlos Muricy, 218
Antonio Maria, 119, 124, 125, 133, 566
Araci Dornelles, 38, 46, 260
Araújo Castro, 90
Aristides Souza (Titide), 443
Aristóteles Onassis, 366
Arlindo Silva, 120, 121
Armando Falcão, 490
Armando Marques, 522
Arthur Costa e Silva, 550
Arthur Dornelles, 313, 392, 443, 501
Artigas Bianchi, 418
Assis Brasil, 199, 200, 201, 207, 233, 234, 237, 239, 240, 241, 244, 246, 258, 299, 553
Augusto Magessi, 155
Augusto Pinochet, 472
Aureliano Aguirre, 258
Aurelio González, 259, 261
Auro de Moura Andrade, 193, 242, 593
Aziz Filho, 560

B
Baby Bocaiuva, 225
Baby Jane Souza, 231
Badger da Silveira, 225
Barbara Goulart (neta de Jango e Maria Thereza), 554, 572
Barbosa Lima Sobrinho, 458
Beatriz Haedo, 130
Benjamin Vargas, 43
Bernardo Carlos Weinert, 544
Berta Gleizer Ribeiro, 287, 293, 294, 295, 296, 310, 331, 369
Bibi Ferreira, 115, 158
Bilac Pinto, 167
Bocayuva Cunha, 195

Braguinha (cozinheiro), 229, 239
Breno Borges Fortes, 395, 431
Brigitte Bardot, 151, 210
Brochado da Rocha, 148
Burle Marx, 194

C
Cacilda Becker, 126
Caetano Veloso, 521
Café Filho, 57
Caio de Alcântara Machado, 134
Câmara Sena, 270
Cândida Dornelles Vargas, 38
Cândida Guzmann, 67
Cândida Kruel, 110, 200
Cândido Aragão, 148, 225, 282
Carla Morel, 82
Carlinhos Beauty, 545
Carlinhos de Oliveira, 185
Carlos Andrés Pérez, 434
Carlos Castello Branco (Castelinho), 86, 190, 429, 431, 432, 468, 469, 471, 472
Carlos Chagas, 224, 344
Carlos Cunha, 263
Carlos Ferrari, 577
Carlos Lacerda, 57, 66, 94, 114, 152, 163, 164, 167, 193, 207, 217, 229, 232, 238, 240, 267, 269, 336-338, 344, 351-362, 364, 518, 564
Carlos Machado, 46, 82, 552
Carlos Milles, 584
Carlos Piegas, 476, 481, 486, 487, 491, 568
Carlos Prata, 106
Carlos Prats, 462, 475
Carlos Santana, 581
Carmela Teles Leite Dutra (dona Santinha), 161
Cat Stevens, 521
Cecil Borer, 207
Celso da Rocha Miranda, 102
Celso Furtado, 429, 556

Celso Peçanha, 117
Celso Ramos, 212
Cesar Augusto, 487
Charles Aznavour, 339
Charles Borer, 207
Charles Collingwood, 123
Charles Edgar Moritz, 111, 112, 146, 147, 188, 189, 191, 213
Chico Anysio, 164
Chico Recarey, 522
Christopher (neto de Jango e Maria Thereza), 471, 486, 496, 497, 501, 505, 525, 529, 544, 554, 580, 582
Chuck, 119
Clarival do Prado Valadares, 343
Clark Gable, 10
Claudia (filha de Terezinha Vinhaes), 79, 207, 300, 349
Claudia Jimenez, 398-400
Cláudio Braga, 288, 289, 290, 292, 354, 356, 357, 360, 440, 460, 462, 470, 475, 476, 478, 480-482, 487-489, 491, 492, 506, 540, 541, 566, 568, 571, 577
Clidenor de Freitas, 360
Clodsmith Riani, 222
Conrado Saez, 258
Coriolano Sales, 565, 571
Cunha Bueno, 303
Cynthia (filha de Terezinha Vinhaes), 79, 207

D
Daisy de Oliveira, 204
Dan Mitrione, 377, 382
Daniza (prima de Maria Thereza), 14, 39, 46, 50, 65
Dante Pelacani, 225
Danubio Santos, 289
Danuza Leão, 207, 522
Darcy Vargas, 72
Darcy Ribeiro, 144, 145, 160, 161, 178, 201, 208, 219-222, 225, 226, 227, 228, 230, 238, 240-243, 287, 288, 292-296, 305, 331, 355, 366, 429, 490, 497, 500, 502, 528, 556, 563
David Nasser, 151, 179, 185
David St. Clair, 151
David Susskind, 180
Dean Rusk, 234
Delminda Bandeira, 54
Dener Pamplona de Abreu, 136-139, 141-144, 153, 155, 156, 161, 170-179, 187, 195, 196, 203-206, 210, 212, 220, 224, 242, 243, 269, 275, 295, 301-303, 317, 319, 324, 338, 368, 376, 437, 519, 521-524, 530, 542, 559
Denize Goulart, 78-80, 85, 87, 90-92, 94-97, 102, 103, 105, 107, 110, 113, 130, 154, 158, 172, 175, 184-186, 194, 199, 207, 209-212, 215, 216, 224, 242, 243, 246, 248, 249, 251-257, 259, 261, 262, 265, 267, 277, 278, 283-287, 292, 293, 296, 297, 299, 300, 310-312, 320, 323, 331-333, 336, 340, 348-350, 356, 357, 360, 365, 366, 369, 373, 375, 376, 379, 383, 395-397, 403, 405, 406, 408, 409, 415, 419, 427, 429, 433-435, 437, 443, 446, 457, 461, 463-468, 470-472, 482, 486, 487, 495-497, 499-509, 511-516, 518, 522, 525, 528, 530, 534-537, 540, 541, 544, 549, 551, 554, 561, 562, 564, 565, 567, 568, 572, 576, 580-582, 586, 588, 590, 597
Deoclécio Barros Motta (Bijuja), 41, 263, 289, 291, 313, 379, 392, 486, 507, 508, 512
Deuteronômio Rocha dos Santos, 502
Dias Gomes, 126
Dick Farney, 159
Dickson Lobo, 243
Dilma Rousseff, 589, 590, 591, 593
Dinarte Dornelles, 11, 38, 39, 40
Dinarte Fontella, 11, 19-22, 24-27, 30, 32, 33, 42, 53, 54, 57, 59, 148, 331, 332, 336, 341, 344-347
Dirceu di Pasca, 100, 470

Djalma Maranhão, 282
Djanira da Silva Rodrigues, 79-81, 90-92, 94, 95, 97, 98, 102, 105, 108, 109, 113, 240, 287, 297, 495
Dom Antonio Cheiuche, 502
Dom Carlos Carmelo de Vasconcellos Mota, 171
Dom José Newton, 171,
Dom Vicente Scherer, 59, 100, 502
Domingos Mintegui, 253
Dorival Caymmi, 46
Dorrit Harazim, 558
Doutel de Andrade, 53-54, 73, 76, 144, 178, 224, 225, 241, 242, 287, 296, 310, 330, 490, 502, 511
Dulce Simonsen, 172
Dwight Eisenhower, 73

E
Éder Jofre, 126
Edgard Santos Vale, 109, 349
Edmundo Moniz, 316, 442, 473
Edson Luís, 364
Eduardo Suplicy, 579
Eduardo Victor Haedo, 130, 131, 133
Edward Kennedy, 475
Ehrenfried Ludwig Von Holleben, 383
Eleodora (amiga de Jango), 442, 443
Elfrida Dornelles da Silva, 512
Elfrides Goulart Macedo (Fida), 40, 59, 120, 271, 497
Eliana Macedo, 35
Elias Huerta Gonzalez, 140
Elio Gaspari, 576
Eliseu Paglioli, 496
Ellen Gracie, 587
Eloá Quadros, 110, 114, 136
Eloy Dutra, 225, 294, 341
Elpídio Reis, 147
Elvis Presley, 77, 78, 159, 581
Ema Rodrigues de Lencina, 514

Emanuel Fernando Mota dos Santos (Maneco Bigode), 379
Emílio Garrastazu Médici, 382, 406, 431, 446
Emilio Massera, 447
Emílio Trois, 28, 64
Ênio Silveira, 316
Enrique Foch Diaz, 314, 539, 542, 566, 573, 575, 577
Enrique Piegas, 481
Eraldo Gueiros Leite, 339
Érico Veríssimo, 525
Erimá Pinheiro Moreira, 587
Ermelino Matarazzo, 172, 209, 210
Ernani Azambuja, 202, 240
Ernesto Che Guevara, 91, 244, 318, 362
Ernesto Dória, 112
Ernesto dos Santos (Donga), 129
Ernesto Geisel, 281, 319, 431, 446, 458, 460, 465, 472, 491, 493, 494, 515, 527, 559, 584
Ernst Rüdiger, 574
Espártaco Vargas, 12, 33, 37, 38, 43, 59, 115, 142, 171, 222, 224, 230
Eugênio Caillard Ferreira, 108, 171, 240, 305
Eurico Gaspar Dutra, 161
Euryale Zerbini, 239, 316
Euryclides de Jesus Zerbini, 219, 364
Eva Wilma, 115
Evandro Lins e Silva, 172, 556
Evita Perón, 152
Expedito Machado, 204

F
Fabíola (esposa do presidente da Bélgica), 150
Família Alencastro Guimarães, 142
Família Baeta Neves, 142
Família Martins Guinle, 142
Família Mena Barreto, 142

Família Moura Combacau, 142
Família Queiroz Antunes, 142
Farah Diba, 144, 150, 312, 313
Fátima (irmã de Teresa Franco), 14
Federico Fellini, 165
Fernanda Colagrossi, 125
Fernanda Montenegro, 126, 170
Fernanda Sotto Maior, 81
Fernando Collor de Mello, 548, 549, 551, 553, 554, 555, 560, 590
Fernando Gasparian, 374
Fernando Henrique Cardoso, 558, 564, 589
Fernando Machado, 470
Fernando Mello, 582
Fernando Riet, 409
Fernando Torres, 170
Fidel Castro, 87, 157, 167
Flávio Cavalcanti, 521
Flávio de Marco, 446
Flávio de Oliveira Castro, 158, 193
Florêncio Guimarães, 345
Floriano Machado, 246
Florinda Bolkan, 521
Francisco Banderó, 443
Francisco Franco, 87
Francisco Julião, 149, 306, 432
Francisco Lacerda de Aguiar, 215
Francisco Lage, 306
Francisco Serrador, 125
Francisco Teixeira, 148
Franco Montoro, 90
Frank Sinatra, 150, 159-161, 326, 581
Frederick Latrash, 583, 584
Frei Muller, 184

G
Gabriel Hermes, 90
Gary Cooper, 10
George Harrison, 153
Gerhard Schrader, 574

Germaine Nicol, 77
Germán Hauser, 434
Germana de Lamare, 522
Getúlio Vargas, 12, 16, 19, 31, 33, 38, 41, 50, 51, 57, 80, 94, 202, 222, 250, 267, 281, 334, 338, 371, 500, 514
Giovanni Pascoalotto, 20
Glauber Rocha, 126, 395, 431, 468
Glauco Carneiro, 334, 340
Gloria del Paraguay, 425
Golbery do Couto e Silva, 168, 281, 460, 464, 575
Gordian Troeller, 149
Grace Kelly, 150
Graciela Eustachio, 577
Graco (irmão de Dinarte), 33
Gregório Fortunato (Anjo Negro), 514
Greta Garbo, 582
Guilherme Guimarães, 525

H
Haeckel Fontella, 59
Héctor Campora, 407
Hector Gutiérrez Ruiz, 462, 475, 564
Heitor Ferreira, 460
Hélcio José, 216
Helène Matarazzo, 136, 158, 172-175, 209
Hélio Silva, 443, 444
Hélio Sussekind, 555
Heloísa (enteada de Dinda), 14
Heloísa Macedo, 34
Henrique Couto Ferreira Mello, 231
Henrique Teixeira Lott, 57, 66, 85-89, 99, 148, 238,
Herbert Levy, 73
Hércules Corrêa, 222
Hermann Van der Linde, 574
Hermano Alves, 282, 373
Hermes Lima, 111, 148, 490, 502
Hildegard Angel, 572, 574, 575
Hilka Peçanha, 117

Horaildes Fontella Zamboni (Dinda), 9, 11, 12, 14-16, 27-33, 37-39, 43, 45-46, 52, 54, 56-59, 62-65, 120, 250, 260, 280-282, 287, 523, 524
Hugo Gouthier, 203
Humberto Barreto, 460

I

Ibrahim Sued, 47, 120, 158, 183, 196, 206, 209, 210, 266, 275, 282, 312, 333, 531, 544
Ieda Maria Vargas, 188, 363, 364, 384
Ignacio Grieco, 418
Ildo Meneghetti, 271
Ilka Soares, 115
Indalécio Wanderley, 149, 185
Inesinha Fontella Lopes, 142
Inez (amiga de Maria Thereza), 437, 438, 440
Iolanda Goulart (Landa), 40, 120, 563
Irene (irmã de Maria Thereza), 33, 43, 51
Irene Sciolette, 90, 98, 99, 102, 115
Íris Valls, 43
Irma (enteada de Dinda), 14
Isabela Goulart (neta de Jango e Maria Thereza), 554
Isabelita Perón, 407, 440, 447, 448, 457
Ítalo Pascoalotto, 20
Ítalo Rossi, 126, 170
Itamar Franco, 555
Itar Neri Gutierrez Porlén, 394
Ivan Goulart, 10, 40, 57
Ivete Vargas, 502, 528
Ivo Magalhães, 288, 289, 331, 356-357, 360, 421, 458, 501, 507, 541, 566, 572, 584
Ivone Teixeira, 186-187

J

Jacob Peliks, 67
Jacqueline Kennedy, 106, 123, 124, 126, 136, 139, 140, 150, 152, 156, 157, 159, 179, 180, 181, 185, 186, 199, 208, 216, 325, 366, 367, 383
Jacqueline Susan, 525
Jacques Heim, 119, 134, 136, 137
Jáder Neves, 184
Jair Dantas Ribeiro, 200, 222, 225, 237
Jair Krischke, 570, 582, 599
James Dean, 82-83
Jânio Quadros, 86, 89, 91, 93, 96, 112, 114, 118, 123, 131, 151, 190, 193, 527, 556, 561
Jardel Filho, 115
Jayme de Souza Gomes, 264
Jean Manzon, 151, 268, 269
Jean Pouchard, 119, 125, 156
Jefferson Perez, 579
Jerônima Zannoni, 29
Jerônimo André de Souza (Mestre Jerônimo), 80
Jerônimo Dix-Huit, 90
Jimmy Carter, 472, 518,
Joan Gaspart Bonet, 87, 92
Joan Gaspart Solves, 87
João Alonso Mintegui, 252-253, 257, 311, 360, 458, 567
João Figueiredo, 202-203, 446, 526-527, 548, 589
João Cabral de Melo Neto, 382
João Carlos Gastal, 496
João Ernesto Schmidt, 530
João Eustáquio, 408
João Gilberto, 126
João José (irmão de Maria Thereza), 21, 23, 59, 90, 91, 94-97, 102, 103, 112, 116, 146, 170-172, 174-175, 188-189, 240, 242, 243, 273, 319, 332, 334, 340, 347-350, 384-385, 443, 477, 514
João Luiz Moura Valle, 59
João Manoel Fontella, 19
João Marcelo (neto de Jango), 554, 590
João Pinheiro Neto, 316
João Vicente Goulart, 78-80, 84-87, 90-92, 94-97, 102, 105-107, 110, 113, 130, 154, 158, 172, 175, 179, 184, 186, 194, 199-200, 208-211, 215-216, 224, 242-

244, 246, 248-258, 261-262, 265, 267, 276-278, 283-287, 292-293, 297, 299-300, 310-311, 314, 320, 331-332, 336, 340, 356-357, 360-363, 365-366, 369, 373, 375, 377-379, 383, 393, 395-396, 403, 405-407, 415, 417-425, 427-428, 433-436, 440, 444, 446, 451-452, 457, 461-462, 464-467, 471-472, 476, 486-487, 495-496, 499-509, 511-515, 527, 529-530, 532, 535, 541, 544, 546, 554, 562-568, 576, 578-580, 582-583, 585-588, 590-591, 594, 597, 599
Joãozinho Miranda, 143
Joaquim Horta, 110-111, 188
John Herbert, 115
John Kennedy, 106, 124, 140, 148, 157, 162, 167, 181, 199, 208, 220, 367
John Lennon, 153
John McCone, 234
John S. LaDue, 141
Jorge Ben, 164
Jorge Otero, 325, 470-471, 473, 572
Jorge Pacheco Areco, 367, 377-378, 380, 382
Jorge Rafael Videla, 447-448
Jorgina (dona da lanchonete), 14
Jório Martins Ferreira, 158
José (neto de Jango), 554
José Álvaro, 120
José Anselmo dos Santos, 233
José Carlos Athanázio, 363
José Carlos de Barros Carvalho, 114, 132, 161, 162, 192-193, 196-198, 203, 242
José de Anchieta, 115
José Eduardo Cardozo, 590
José Ermírio de Moraes Filho, 174
José Godoy Cangussu, 452
José Gomes Talarico, 221, 316, 330, 354, 360, 366, 371, 400-402, 458, 470, 496, 541
José Henrique (filho de João Moura do Valle), 271
José Joaquim de Sá Freire Alvim, 112

José Lopes Bragança, 230
José López Rega, 407, 429, 435, 440, 447
José Machado da Silveira, 512
José Mitchell, 565
José Mujica, 292
José Pérez Caldas, 258
José Roberto (estilista), 143
José Roberto Avelar, 113, 154, 159, 195, 243, 368
José Rodolpho Câmara, 141, 187, 334, 519
José Ronaldo (estilista), 205
José Sarney 548, 590
Josip Broz (Tito), 193-199, 203, 208, 270, 312
Josué de Castro, 373
Jovanka (esposa de Tito), 193-195, 198-199
Juan José Torres, 428, 462
Juan María Bordaberry, 395, 407
Juan Perón, 87, 152, 392, 405-407, 428-429, 431, 434-436, 439, 440, 447
Juarez (irmão de Maria Thereza), 21, 23, 59, 63, 280-282, 304, 332, 384-385, 489, 495, 497, 501
Juarez Soares Motta, 246
Juarez Távora, 57
Juca Chaves, 163-164
Julcemira Fontella, 19
Julio Vieira, 481, 483, 574
Juraci Lencina, 514
Juscelino Kubitschek, 52, 66-68, 72-73, 85-86, 88, 99, 111-112, 113-114, 117, 130, 134, 137, 163-164, 201, 203, 208, 261, 267, 318, 336, 354-356, 364, 470-471, 494, 518, 527, 546, 550, 564

K
Katia do Prado Valadares, 343

L
Ladário Pereira Telles 148, 244
Lair Wallace Cochrane, 174

Laires Rodrigues de Lencina, 514
Lauro Lott, 240, 242-243
Leda Collor (mãe de Fernando Collor), 549
Ledinha Collor (irmã de Fernando Collor), 549
Léo Etchegoyen, 280, 346
Leonardo Favio, 584
Leonel Brizola, 37, 42, 59, 99, 100-101, 117-118, 200-201, 222, 225, 244-246, 271, 273, 290-291, 338, 346, 380, 432, 451, 485, 486, 488, 513, 518, 527-528, 541, 549, 552, 560-563, 565, 567, 572
Leônidas (amigo de Jango), 14
Leonor Mendes de Barros, 174
Leslie Hornby (Twiggy), 178
Ligia Jordan, 174
Ligia Mora Stroessner, 211
Lilia Xavier da Silveira, 125
Lima Duarte, 453
Lima Teixeira, 73
Lincoln Gordon, 155, 167, 169, 179, 232, 234, 520, 576, 586,
Lindolfo Silva, 225
López Mateos, 140
Lourdes Catão, 125
Lúcio Flávio Pinto, 225
Lucy (diretora da revista *Joia*), 142
Lucy Webb Hayes, 105
Luigi (sócio de Maria Thereza), 436-438, 466, 471, 473, 542, 584
Luis Abel Pedoya, 289
Luís Carlos Guedes, 587
Luis Carlos Heinze, 565
Luís Fernando Mercadante, 326
Luis Giannattasio, 264
Luis Vicente Queirolo, 583, 584
Luiz Antonio Ryff, 559
Luiz Dellepiane, 462
Luiz Helvécio da Silveira Leite, 88
Luiz Inácio Lula da Silva, 579-580, 589-590
Luiz Jacintho Pilla, 530-531, 535, 537, 541, 543
Luiz Macedo, 497
Luiz Orlando Carneiro, 565
Lutero Fagundes, 263, 289, 313, 443, 454, 508
Lutero Vargas, 43
Luz María, 381
Lyle Fontoura, 270
Lyndon Johnson, 238, 246, 559, 576

M
Madonna, 581
Magalhães Pinto, 491
Maneco Leães, 41, 43, 46, 59, 61, 244-245, 248-249, 251-253, 257, 280, 289, 313, 345-346, 420, 486, 503, 508, 512, 567
Maneco Vargas, 41, 43, 47, 60
Manoel Bernardez Muller (Jacinto de Thormes), 119, 133, 136, 209
Manoel Carlos, 578
Manoel Figueiredo Ferraz, 174
Manoel Pio Corrêa, 198, 270, 583
Manuel Cardoso de los Santos, 416, 421
Manuel Contreras, 446
Manuel Francisco do Nascimento Brito, 166
Manuel Viana Gomes, 503
Mara Rúbia, 82
Marcel Boussac, 136
Marcela Avelameda, 125
Marcello Alencar, 316, 458
Marcelo de Borba Becker, 573
Marcia de Windsor, 522
Marcílio (amigo de Jango), 14
Márcio Chalita, 524
Márcio Thomaz Bastos, 580
Marcírio Goulart Loureiro, 276
Marcisa da Silva Rodrigues, 79,
Marcos Antônio da Silva Lima, 343
Marcos Rolim, 565

Marcos Sá Corrêa, 576
Marcos Vicente (neto de Jango), 529
Maria Cecília Ribas Carneiro, 443-444
Maria Celeste Flores da Cunha, 335
Maria Della Costa, 126
Maria Dias, 111
Maria do Carmo Neves, 133
Maria do Rosário, 590, 591, 593,
Maria Elisa, 170, 240, 242-243
María Estela Martínez de Perón (Isabelita), 407, 440, 447-448, 457
Maria Esther Bueno, 126
Maria Giulia Giane Pascoalotto, 20-24, 26-30, 32, 38, 50, 55, 187, 210, 279-280, 344-345
Maria Goulart Dornelles, 60
Maria Helena Alves, 158
Maria Machado, 349
Maria Mirtô, 34
Maria Moreira, 108, 112, 125, 137, 155, 172, 184, 188, 203, 205, 212, 334, 341
Maria Odilia, 170
Maria Teresa Fróes, 165
María Teresa Paz Estensoro, 150
Mariel Maryscott de Mattos, 447
Marie-Thérèse Houphouet-Boigny, 150
Marilyn Monroe, 178
Marina Oliveira, 34
Mario Della Vecchia, 493
Mario Henrique Simonsen, 454
Mario Palmério, 425
Mario Pinotti, 111
Mario Wallace Simonsen, 95-96, 102
Marisa Urban, 522
Marli Sampaio, 118
Marlon Brando, 135, 155
Marta Rocha, 544
Marta Salazar, 434
Martín Almada, 554-555
Martín Sehman, 444, 484, 486
Mary (amiga de Jango), 443
Matilde Saporta, 399

Mauro Borges, 198
Mauro Valverde, 119
Max Rechulski, 96
Maximo Sciolette, 86, 90-91, 97-98, 171
Mena Fiala, 67
Michel Temer, 565
Mick Jagger, 521
Miguel Arraes, 222, 225, 429, 432, 434, 472
Miguel Macedo, 271
Miguel Viana Pacheco, 57
Miltinho (músico), 80, 159
Milton Campos, 312
Milton Lomacinsky, 123
Miro Teixeira, 565, 572, 575, 577
Moacir de Souza, 289
Moacir Santos Silva, 145, 218, 286
Modesto Dornelles, 38
Moraes Âncora, 240
Moura Brasil, 86
Muna al-Hussein, 150
Murgel de Resende, 339
Murilo Pessoa, 86

N
Naio Lopes de Almeida, 59
Nair (irmã de Jango), 40
Nair Piegas, 398
Nansen Araújo, 230
Napoleão Barbosa de Carvalho, 319-320
Napoleão Bonaparte, 86
Neira Barreiro, 569, 570, 577-578, 582-585, 588
  Antônio Meireles Duarte, 569
  Mario Ronald Barreiro Neira, 569
  Mario Ronald Neira Barreiro, 569
  Omar Gaston Paulino Duarte, 569
  Ronald Mario Neira Barreiro, 569
Neiva Moreira, 471, 575
Neli Ribeiro, 125
Nelson Coria, 285
Nelson Riet Correia, 211

Nelson Rodrigues, 127
Neusa Brizola, 40, 42, 59, 117, 120, 451
Ney Faria, 491
Nicolau Fico, 148
Nilza MacDowell da Costa, 125
Nitinha Bandeira, 54
Noé Monteiro da Silveira, 512-514, 551
Nonô Vicente, 356-357
Noronha Filho, 273, 342

O
Odil Rubim Pereira, 496
Odilia Maria Flores da Cunha, 334
Oldemar Braga Filho (Oldy), 176, 187
Oleg Cassini, 156
Olympio Mourão Filho, 237-238, 339
Onaldo Cunha Raposo, 273-274, 276
Orlando Agosti, 447
Orlando Letelier, 472
Orpheu dos Santos Salles, 371, 444, 458
Oscar Niemeyer, 126, 188, 374
Oscar Seraphico, 112, 240, 242
Osvaldo Cunha, 28
Osvaldo Pacheco, 222, 227
Osvino Ferreira Alves, 148, 225, 502
Oswaldo Lima Filho, 240
Otto Ambros, 574
Otto Willy Jordan, 171

P
Pablo Vicente, 392, 428, 435
padre Juan, 84
palhaço Carequinha, 116
Palmério Dória, 551-552
papa João XXIII, 85-86, 106, 115, 227
Patrick Peyton, 208
Paul McCartney, 153
Paulo Autran, 126
Paulo Barata Ribeiro, 71
Paulo Brossard, 496
Paulo César Teixeira, 560

Paulo Chagas, 191
Paulo de Oliveira Sampaio, 102, 106
Paulo Francis, 82, 224
Paulo Franco, 136
Paulo Freire, 373, 434
Paulo Gasparotto, 543
Paulo José, 39
Paulo Pinheiro Chagas, 190
Paulo Roberto da Costa, 216
Paulo Scheuenstuhl, 525
Paulo Silber, 552
Paulo Zoppas, 542-543
Pedro Aguinaga, 522
Pedro Batista da Silva, 67, 112
Pedro Müller, 121
Pedro Roa, 297, 393, 415
Pedro Simon, 276, 496, 500, 579, 593
Pedro Taulois, 372, 395, 429, 439, 445, 470
Pedroso Horta, 114
Percy Penalvo, 314, 341, 379, 451, 460, 486, 506
Pérez de Rozas, 95
Pérez Fontana, 258
Perito Moreno, 462
Pery Bevillacqua, 502
Phil Bosmans, 482
Philip Agee, 270
Philip Raine, 337
Philippe Halsman, 150, 268
Pierre Dreumont, 531, 533
Pierre Sallinger, 208
Pinheiro da Fonseca, 174
Pinky (filha de Samuel Wainer), 207
Pinocho Perossio, 478, 486
Pio Corrêa, 198-199, 270-271, 311-312, 315, 319, 322, 380, 460, 583
Plácida Pascoalotto, 20, 26, 38
Pombo Dornelles, 271
Pomona Politis, 120, 133, 139
Prado Kelly, 167
princesa Muna, 150
príncipe Philip, 131, 198

Q
Quandt de Oliveira, 490

R
Rafael Trujillo, 87
rainha Elizabeth, 73, 131
Randolfe Rodrigues, 593
Ranieri Mazzilli, 86, 93, 244, 261, 348
Raphael de Souza Noschese, 174, 587
Raquel Welch, 521
Raul Ryff, 85, 215, 225, 234, 239, 287, 296, 310, 316, 330, 372, 460, 497, 502
Reali Jr., 372-373, 469
Reginaldo Germano, 565-566
Renan Calheiros, 593
Renato Archer, 356-358, 360
Reza Pahlevi, 312
Ricardo Amaral, 139, 143, 171, 203, 209, 520
Ricardo Brandão, 282
Ricardo Rafael Ferrari, 484-486, 489
Richard Nixon, 73
Ringo Starr, 153
Riordan Roett, 382
Risoleta Neves, 111, 131
Rivadávia (irmão de Jango), 40, 49
Robert Atkins, 471
Robert McNamara, 234
Robert Ulrich, 314, 476-488, 490, 567
Roberto (filho de Terezinha Vinhaes), 79
Roberto Alves, 371
Roberto Campos, 472
Roberto de Rosenzweig, 306
Roberto Gigante, 543
Roberto Gusmão, 172
Roberto Haase, 314
Roberto Saturnino, 579
Roberto Silveira, 73
Roberto Suplicy, 174
Rodrigo Lordello Castello Branco, 469
Roger Froment, 365, 372-373, 406, 429, 433-434, 439, 445, 470

Roger Rodriguez, 570, 600
Rolling Stones, 581
Romeu José Fiori, 443
Ronni Moffit, 472
Rosane Collor, 549, 553
Rubem Braga, 82
Rubén Cané, 436, 466
Ruben Rivero, 378-381, 407
Rubens Américo, 216, 340
Rubens Paiva, 586
Rubens Vaz, 355
Rui Mello, 283
Ruth Cardoso, 558
Rutherford B. Hayes, 105
Ruy Lage, 230

S
Sacha Rubin, 81
Salvador Allende, 417, 462, 472
Salvador Dalí, 87, 150
Samuca (filho de Samuel Wainer), 207
Samuel Klabin, 174
Samuel Wainer, 76, 170, 200, 207
San Tiago Dantas, 112, 142, 144, 160, 161, 178, 188, 192, 234, 238, 261, 556
Sandra Cavalcanti, 158
Sarah Kubitschek, 72, 117, 267, 355, 527, 550
Sebastião Maia (Tião Maia; T. Maia; TM; Tião Medonho), 452-455, 552-553
Seixas Dória, 225
Serafim Vargas, 281, 319, 458
Sergio Brito, 170
Sérgio Magalhães, 223
Sergio Paranhos Fleury, 378, 447, 584
Sergio Roberto Ugolini, 174
Siguemituzo Arie, 364
Silas de Oliveira, 217
Silvio de Paula Ramos, 174
Silvio Mota, 211
Silvio Tendler, 533-534
Simone Iglesias, 582

Sirikit (esposa do presidente da Tailândia), 150
Sofía Cuthbert, 462
Solon D'Ávila, 460, 493, 494
Sônia Rivelli, 119, 124
Sophia Loren, 178
Souza Brasil, 122
Stella Katz, 418, 451-452, 461, 465-466, 471, 487, 496, 497, 500-501, 505, 529, 554, 585
Sukarno (presidente da Indonesia), 169, 325, 338
Susana Piegas, 398, 443
Sylvio Frota, 446, 458, 493

T
Tabajara Tajes, 285
Tancredo Neves, 99-101, 104, 111, 131, 133, 136, 141, 145, 148, 225, 234, 238, 241-243, 434, 496, 500, 502, 528, 548
Tanira (amiga de Maria Thereza), 14, 16
Tarsila Moura do Valle, 40, 59, 78, 271
Tarso de Castro, 551
Tavares de Miranda, 119-120
Tenório Cavalcante, 195
Teresa de Sandoval, 489
Teresa de Sousa Campos, 125
Teresa Franco, 14, 31, 32, 63-64
Terezinha Fontella, 14-16, 33, 35, 37, 39, 42, 43, 45-48, 50, 54, 59, 64, 67, 108, 112, 125, 188, 194, 240, 242-243, 280-282, 287, 349, 368, 384-392, 399, 400, 436, 488-489, 511, 597
Terezinha Vinhaes, 79-80, 85, 116, 170, 207, 287, 300, 349
Terezinha Zerbini, 316
Tertuliano dos Passos, 316, 429, 470
Tetê Nahas, 522
Thaumaturgo Sotero Vaz, 446
Thomas Skidmore, 225
Tito Ryff, 487

Tom Jobim, 126, 269
Tônia Carrero, 126
Tony Curtis, 115

U
Ubirajara Brito, 429, 433, 470
Ubiratan de Lemos, 185
Último de Carvalho, 274

V
Valdecir (amiga de Maria Thereza), 30
Valfrido Silva, 129
Ventura Rodríguez, 258
Vernon Walters, 520
Verônica Fialho Goulart, 590, 600
Vicente (neto de Jango), 554
Vicente (pai de Jango), 16, 40, 512-513
Vicente Luís (filho de João Moura), 271
Vicente Sánchez Gavito, 306
Vicente Solano Lima, 428
Vicentina (dona Tinoca), 40, 45, 49, 59, 65, 78, 84, 118, 120, 187, 286, 369, 457, 512
Victor Geraldo Simonsen, 172
Victor Pascoalotto, 20, 22, 24, 25, 27, 63
Vinicius de Moraes, 126
Violeta Arraes, 373
Vitória Pascoalotto, 20

W
Waldir Borges, 263
Waldir Pires, 144, 160, 222, 225, 287, 322, 366, 372, 429, 475, 497, 528, 550
Walter Firmo, 165
Walter Heller, 149
Walter Moreira Salles, 263
Walter Nessi, 396
Walter Pinto, 82, 164
Washington Bermudez, 493
Werner Baer, 382
William Holden, 309

William Whitelaw, 462
Wilson Fadul, 240-241, 244, 316, 354
Wilson Ferreira Alduñate, 395
Wilson Lima, 408
Wilson Mirza, 263
Wiro Rauber, 501

X
Xavier de la Riva, 140

Y
Yara Kern, 546

Yara Vargas, 73, 141, 172-173, 184, 191, 203, 212, 273, 316, 399, 514, 549
Yolanda Costa e Silva, 550-551
Yolanda Pires, 287, 292-296, 310, 550
Yuri Grossi Magadan, 573

Z
Zé Lopes, 177
Zélia Hoffmann, 164
Zelmar Michelini, 428, 461-462, 475, 564
Zulema (enteada de Dinda), 14
Zulmira Guimarães Cauduro (Mila), 499

Este livro foi composto na tipografia
Minion Pro, em corpo 11/15, e impresso
em papel off-white no Sistema Cameron da
Divisão Gráfica da Distribuidora Record.